U0043836

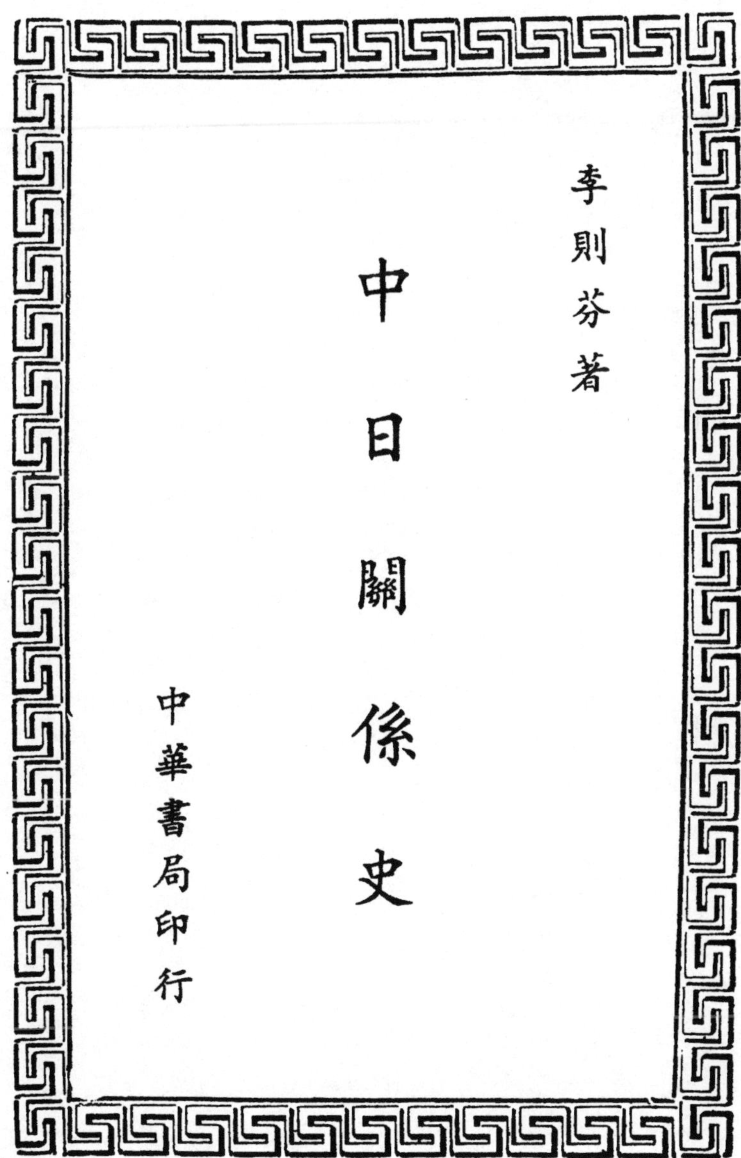

李則芬著

中日關係史

中華書局印行

序

中日兩國，同文同種，地理上只隔着一衣帶水，歷史上有二千年的悠久關係。以利害而言，兩國和睦，則東亞安定繁榮，否則亞洲板蕩，世界亦將擾攘不安。如所週知，和平共存之道，首須二國人民相互瞭解，而閱讀過去歷史，則爲增進瞭解的重要途徑。然國內迄今還沒有一部比較完整的中日關係史，不能說不是一件憾事。

本書之作，只是試圖填補這個缺憾，提供一本完整而可讀的二國關係史，以增進吾人對於日本的認識。作者以客觀的態度，審愼地選擇史料，作謹嚴的分析，與公正的敍述。儘管作者曾經躬逢其會，參加過八年抗日戰爭；書中且有不少地方，揭穿日本軍閥的歪曲宣揚，及日本外交的欺騙魔術；然而，現在的作者，只是一個治史的學人，不再是抗戰期間的將軍，本書所有述評，皆忠實地謹守着史學的立場，沒有一點意氣用事，沒有一點偏私之見。此書篇末所以沒有寫「戰後中日外交」一章，也正是要保持本書的客觀態度，以免誤將當前外交詞令與歷史混爲一談。

本書篇末，作者選了二幅照片，以代替中日戰爭的結論，也可作爲對於日本友邦人士的忠告。至於二千年中日關係史對於我國的啓示，也很明顯，只要中國能發奮圖強，文化經濟都能恢復過去的領導地位，則中日間所有陰影，皆將一掃而光，不復存在。那時候的中日關係史，將是友好合作，相互提携，爲世界大同而共同努力。

本書有一部分，曾以專文發表過，雖文章結構不盡相同，內容則並無變更。

邵毓麟先生曾審閱本書初稿，並鼓勵作者從速出版；馬定波學兄則在日本國內，替我搜集過好些照片；姚夢谷先生曾替我鑑定過日本字畫照片，一併致謝！

李則芬　五十七年七月於臺北景美鄉寓

中日關係史目錄

第二十二章　自九一八至八年抗戰……五六二

插圖：

照片：

中日關係史

第一章　日本華裔知多少①

第一節　傳說的先民關係

日本史學發達，然日本祖先由何而來，屬何民族，何時移居島上，何時開始建國，大和民族是一元或多元等問題，迄今還是議論紛紛，莫衷一是，恐怕永遠也不能獲得一致的結論。關於這些問題的探索，幾乎每一部日本史都有其一套說法，然每一個史家都拿不出絕對使人信服的理由。本書要想擇一介紹則無所適從，要想一一介紹則未免浪費篇幅。而且，作者也不想在開頭一章，長篇累牘地抄些令人頭痛的各家考古學說（只算學說而已；還不能算史）。因此，倒不如縮小範圍，只就日本先民與中國民族的血緣關係，談談歷史上的兩種傳說。現在先說徐福。

徐福故事的歷史依據　中國古籍上，關於徐福（亦作徐市）的事，有如下幾個紀錄。

「史記」秦始皇本紀二十八年：「齊人徐市等上書言，海中有三神山，名曰蓬萊、方丈、瀛洲，僊（仙）人居之，請得齋戒，與童男女求之。於是，遣徐市發童男女數千人，入海求僊人。」……三十五年：「韓衆去不報，徐市等費以巨萬計，終不得藥。」

「史記」淮南衡山列傳，伍被諫淮南王時，也曾提到徐福的事：「……秦始皇大悅，遣振（童）男女三千人，資之五穀種種百工而行。徐福得平原廣澤，止王不來。」（漢書伍被傳略同）

「魏志」倭人傳：「傳言秦始皇遣方士徐福，將童男女數千人入海，求蓬萊神仙，不得。徐福畏誅，不敢還，遂止此洲。世世相承，有數萬家，人民時至會稽。會稽東冶縣人有入海行，遭風流移至澶洲者，所在絕遠，不可往來。」（後漢書東夷傳及吳志孫權傳皆有此記載，大致相同。）

後人的論斷　我國早在北宋時代，已有人斷言日本國爲徐福所建。歐陽修的「日本刀歌」說：「其先徐氏詐斯民，採藥淹留草童老。百工五穀與之居，至今器玩皆精巧。」（此歌全文見第六章）

宋以後，大概也很盛行此說，因爲已有人引爲典故，用之於文書。例如，清康熙十九年，平南將軍賴塔（亦作賚塔）致書延平王鄭經（鄭成功子）說：「……若能保境息兵，則從此不必登岸，不必薙髮，不必易衣冠。稱臣入貢可也，不稱臣不入貢亦可也。以臺灣爲箕子之朝鮮，爲徐福之日本，與世無患，與人無爭，而沿海生民，永息塗炭，惟足下圖之。」②

清末，黃公度所著的「日本國志」，也推測日本國爲徐福所建。其最有力的理由是，日本傳國寶劍、鏡、璽三者，爲秦制。公度復有「詠徐福」詩一首（日本雜事詩），說得也很明顯，原詩如下：

避秦男女渡三千
海外蓬瀛別有天
劍璽永傳笠縫殿

尚疑世系出神仙

當代國人持此說者亦不少，尤以衞挺生爲最力，寫有二本專著，先出的一本「日本神武開國新考——徐福入日本建國考」，是純學術的論文；後出的一本「徐福與日本」，是與日人反覆辯論的文集。衞先生根據中國古籍，日本神話，地理常識，及日本考古界的發現等，列舉了許多理由，斷定徐福卽日本開國的神武天皇。

依然可疑　衞說有相當理由，也不無可疑之處。我以爲最大的疑問是，何以中國語言文字忽然斷絕？中國移民最善於保留原始語言，客家民族自中原南遷，歷時千年，還保留着中原古音；華僑僑居世界各地，代代相傳，而鄉音無改；一部秦民逃居南韓，成爲「秦韓」（卽辰韓，見魏志），其全部或一部，後來又移民日本（見下），然三國時代所見的「秦韓」，及隋大業四年使日的斐淸，在日本所見之秦氏後裔，依然「同於華夏」（見隋書）。以此數事爲例證，則衞說殊爲難信。

其次，衞先生花了很大工夫，旣然考證出當時「徐魯文化很盛」，而徐福又偕百工以行；那麼，兩漢魏晉時代的日本文化，決不會那麼低落——文字、度量衡、曆書、醫學、繪畫、雕刻、養蠶、紡織……皆自東晉時代起，始陸續由朝鮮傳入日本。尤其是，「史記」十二諸侯年表序說，「紂爲象箸而箕子唏」，可見中國早在殷商時代，卽已用箸，而「魏志」所說的日本人還是「手食」。

熊野徐福祠　此事關係日本皇族世系，爲日本人的大忌諱，如果沒有更進一步的證據，日人勢難接受，我們也未敢完全相信。但是，日本人所不承認的，僅爲「徐福卽神武天皇」之說，他們不但不否認徐福到了日本，而且樂而道之。有關徐福東渡日本，及熊野（在今和歌縣）的徐福祠與徐福墓的傳說，散見日本史籍地誌等文獻者很不少。那些古籍古蹟，是否後人好事者所爲，本書已不打算考據，也無意詳爲介紹，這裏只舉其二三事一談。

「神皇正統記」孝靈天皇之部：「四十五年乙卯，秦始皇卽位。始皇好神仙，求長生不老之藥於日本。日本欲得彼國五帝三皇之書，始皇乃悉送之。其後三十五年，彼國因焚書坑儒，孔子之全經，遂存於日本。」

江戶幕府初年的朱子學派大儒林羅山，在其「羅山文集」中也說：「徐福之來日本，在焚書坑儒之前七年矣。」

松下見林的「異稱日本傳」：「夷洲、澶洲皆日本海島之稱。相傳紀伊國熊野山下飛鳥之地，有徐福墳。又曰，熊野新宮東南之蓬萊山，有徐福祠。」

「善鄰國寶記」載，日僧絕海（五山文學巨子之一）入明，太祖皇帝召見，指日本圖，以問海邦遺跡，敕賦「熊野詩」，太祖亦依韻作和。

絕海詩

熊野峯前徐福祠
滿山藥草雨餘肥
只今海上波濤穩
萬里好風須早歸

明太祖和詩

熊野峯高血食祠
松根琥珀也應肥
昔時徐福求仙藥
直到如今竟不歸

和歌山縣撰有「和歌山縣史蹟名所誌」，其中有一段記徐福墓者：「秦徐福之墓在新宮町，墓前有石碑一，上刻『秦徐福之墓』五字，傳爲李梅溪所書。」

吳太伯後裔說　次一傳說，謂日本天皇爲吳太伯或夏后少康後裔。此說與徐福事相反，起於日本人自言，而見錄於中國古籍。現在先引「史記」等書，說明這二人的身分及其事蹟。

據「史記」吳太伯世家，太伯與其弟仲雍，同是周文王的伯父，太伯因避位讓季歷（文王父），偕仲雍同奔荊蠻，自號勾吳。荊蠻義之，從而歸者數千家，立之爲吳太伯，就是吳國的開國祖。少康封子於會稽之說，見「吳越春秋」及「史記」越王勾踐世家。據說，夏禹王周行天下，崩於大越。至少康，恐禹迹宗廟祭祀之絕，封其庶子於會稽，以守禹之祀。其子文身斷髮，披草萊而邑焉。

日人自言爲吳太伯或少康後人一事，始見「晉書」東夷傳，據稱：「倭人在魏時有三十國通好……自謂太伯之後……又言上古使詣中國，皆自稱大夫。昔夏少康之子封於會稽，斷髮文身，以避蛟龍之害。今倭人好沉沒取魚，亦文身以厭水禽。」

過去，日人對於這兩種傳說，多視爲奇恥大辱，不惜口誅筆伐，力斥其妄，且必欲消滅其跡。然而，信不信由你，此說始終存在。按上面所引「晉書」的紀錄，所說全是魏代的事，時在三世紀中葉，可見此說由來甚古。當時距離日本開國，實際不過二百多年，東方人家族觀念濃厚，家譜世代口傳，二百年前的事，所說當不會十分離譜（作者自己也還知道一點六百年前的祖先故事）。

後來，日人讀多了中國書，爲中國的夷夏觀念所影響，逐漸養成一種強烈的民族自尊心，乃創天神之說，自視大和民族爲天神子孫，對其他民族一概稱爲蠻夷。既然做了天神子孫，自然不許再有來自他國之說，認爲那是有汚神聖的。對於吳太伯後裔說，他們不承認「晉書」的紀錄，只說在後醍醐天皇時（一三一九—三九，中國元末），始有妖僧著書，持此說，詔命焚其書。

江戶幕府初年，編纂「本朝通鑑」時，有過這麼一個插曲。光裕天皇享和三年（一八〇三），林羅山奉將軍德川家光之命，仿司馬光「資治通鑑」例，編「本朝通鑑」。林羅山死時，還只完成四十卷，自神武至宇多天皇。後由其子春齋續編二百三十卷，寫到後陽成天皇爲止。據水戶史臣安藤爲章所著「年山打聞」說，「本朝通鑑」的初稿，在開頭那一卷內，曾書明「本朝始祖爲吳太伯之胤。」其說如下：

日本通鑑初亦有此紀錄　西山公（德川光圀）披閱其第一、二卷，讀至「本朝始祖爲吳太伯之胤」，驚曰：「異邦之書，或因天朝亦爲姬姓，乃有此訛傳。本朝自有『日本書紀』、『古事記』等正史，何得妄信外傳，以汚神聖？昔後醍醐天皇時，有一妖僧著書持此說，即詔焚其書。當廐戶皇子

（聖德太子）時，學問尚未成熟，且稱『日出處天子，致書日沒處皇帝』，以平等相抗。今稱吳太伯之胤，神州大寶將難免永爲外國附庸矣。此書爲我國萬代之羞，速命林氏刪此邪說，憑正史改正。」於是，此稿遂暫停付梓，以待修改。

現所流傳的「本朝通鑑」，自然再沒有「吳太伯之胤」一語，今人且力辯「年山打聞」爲妄。然在該通鑑「神代記」，仍有弘文院學士林恕的跋文，可以看出蛛絲馬跡。林跋略云：

以「日本書紀」爲正，參考「舊事記」、「古事記」，辨其異同，刪其繁冗。並仿「劉氏外紀」、「金氏前編」之例，兼採「倭姬世紀」、「元元集」等俗書，附於「神武紀」篇首，以尋神國源流，而崇皇胤正統。至於少康、太伯事，則爲異域傳稱，今不取。

地質學帶來吳越移民新說　自從江戶學派極力排斥之後，吳太伯後裔之說，消沉已久。但到了現代，由於地質學的考據，又發生吳越移民新說。地質學家認爲洪積世（Diluvial epoch）末期，地盤下降，朝鮮海峽已經形成，惟中國大陸東南沿海與琉球羣島之間，仍有「陸橋」可通。東京大學人類學教授長谷部言人博士據此推論，謂日本的先民，即係循此陸橋而來的長江以南人民。

雖然此說尚未獲得多數學者的同意，日本大多數史家還是主張大和民族來自北方，至少應以北方移民爲主。可是，由於陸橋學說的出現，又不免使人聯想起，吳太伯後裔之說，不一定完全無稽。自然，這是日本人無法接受的，儘管現在的天皇，已經沒有過去那麼神聖了。

第二節　最初的歸化人

華人的逋逃藪　不管怎樣，日本三島位於東亞大陸的東方，一向是大陸人民的逋逃藪，則是毫無疑問的。早在我國春秋時代，孔子就說過「道不行，乘桴浮於海。」晉王嘉也說「歷蓬瀛而超碧海」，可見中國人早就知道，東方有一些理想的流亡海島。

事實上，每當中國大陸或朝鮮半島大亂之際，就有不少流亡人士，舉家舉族移民日本，日人稱之爲「歸化人」，「姓氏錄」上列於蕃別。其中有許多華人，先到朝鮮半島寄居一段時間，甚或在半島傳了幾代人之後，再以韓人的身分，移居日本。後一種移民，由於原始家世無可考，而被日本政府當作朝鮮移民者，恐亦難免，姑置不論，這裏且將日本歷史上所載的最初歸化華人，及其後裔的繁衍情形，略述如下：

大約在公元四五世紀之交，相當於中國東晉末年，日本應神天皇在位期間③，中國有三個亡國的皇族後裔——其身分很可疑，姑不論其眞假——先後率其族人與部屬，移民於日本。這三族的首領是弓月君、王仁、阿知使主，他們三人及其子孫，對於日本文化的促進，有很大貢獻。

弓月君與秦氏後裔　自稱秦始皇後裔的功滿王，於日本仲哀天皇時（約在四世紀中葉）歸化日本。其子弓月君率其部族臣民，爲新羅所阻，仍滯留於朝鮮半島南部的加羅（亦作伽耶）。應神天皇十四年，弓月君向日本申請入境，天皇遣葛城襲津彥前往接引，三年不還。此時日本文化很低，亟需大陸工藝人才，天皇再遣平羣木兎宿禰，將兵擊新羅，以接應弓月君。新羅見日本興師問罪，大驚，遂讓弓月君率領他的人夫，與最初前來接引的襲津彥，一同去日。

弓月君亦稱融通王，他所率領的臣民，人數很衆，然諸史記載不一，有的說一百二十七縣百姓，有的說二十七縣百姓，「大日本史」秦酒公傳說是一百二十縣百姓。弓月君等到日本後，賜居於大和—朝津間的掖上。這一部移民，當係「魏志」東夷傳的「辰韓」（亦稱秦韓），或其中的一部，他們由於新羅興起，兼併諸韓，被迫移民日本。

弓月君生四子，稱眞德王、普洞王（亦作浦東君）、雲師王、武良王。仁德天皇時（當在晉宋之交），命諸秦氏分處諸郡，從事養蠶，織絹以貢。初時，秦民由秦氏自轄，首長稱秦造，「造」是日本古代郡國之主及部族首長的官稱，爲世襲職。仁德時代的秦造，大概是普洞王，天皇以其所貢絲綿絹充御服，柔軟溫暖，賜姓秦氏。

雄略天皇時代（四七〇—四八九，中國南朝宋齊之交），普洞王之子秦酒公（亦作秦酒王）有寵於天皇，因奏稱，秦氏分散各郡後，不歸秦造統屬，地方官吏任意驅使，請集其部民。天皇乃下詔，集秦民一百八十部（一說九十二部），一萬八千六百餘人，重歸秦造統屬。秦酒公率民養蠶織絹，所貢絹縑充積殿前，因賜姓禹豆麻呂④，又敕諸秦氏於宮廷之旁造大藏宮，以納貢物。自是始置大藏官員，卽以秦酒公爲長官，可說是日本歷史上第一任財政部長。

欽明天皇時（五三二—五七一，中國南朝梁陳之交），拜秦大津父爲大藏官，集其部民得七千餘戶，可見秦氏人口已大爲增加。隋大業四年，煬帝遣文林郎裴清（日史作裴世清）使日。裴清入日境後，曾至「秦王國，其人同於華夏」（隋書東夷列傳）。他所見的，大概就是這一部秦氏後人。

日本近代史上舉足輕重的島津氏 其後，秦氏繁衍於山城、大和、河內、和泉、攝津諸國。奈良時代（七一〇—七九四），秦氏後裔官居要職者，有圖書頭、主計頭、造酒正、參河守、長門守、飛驒守、備前守、日向守、播磨守、豐前守、因幡守、越後守、相模守、攝津介、山城介等⑤，而秦氏遂分佈於日本全國。由於人口繁衍及封地賜姓等關係，秦氏後人分爲惟宗、朝原、時原、高尾、河勝、已智、山村、島津、原、宗……諸氏。島津氏後爲九州三大巨族之一，以薩摩（今鹿兒島縣）爲中心，日本戰國末年幾乎奄有九州全部；宗氏則爲對馬島巨族，代爲對馬守。豐臣秀吉侵略朝鮮之役（一五九二—九八，明萬曆二十—二六年），有二位重要將領——宗義智、島津義弘（明史音譯作石曼子），都是秦氏後裔。

島津氏在日本近代史上，地位尤爲重要。江戶幕府時代（一六〇三—一八六七），島津氏仍世襲薩摩藩主，且以其本藩的兵力，征服琉球。自是之後，遂利用琉球爲中繼站，與外國通商，獲利甚厚。在日本鎖國期間，薩摩藩獨佔對外貿易之利，最爲富強。幕府末年，島津氏首倡尊王攘夷，打倒幕府，並領先奉還土地人民，使明治維新大業，得以順利完成。同時，島津氏及其薩摩藩武士，也就成爲中央政府的最重要角色，與另一維新主角長門藩主及其所屬藩士，平分政權，史稱薩長二閥。長門閥掌陸軍，薩摩閥掌海軍，明治時代的日本海軍，完全由薩摩藩人士包辦。

秦氏後人，還出過一位很著名的高僧——辨正。他於文武天皇大寶中（七〇一—七〇三），隨遣唐使入唐，爲學問僧（留學僧）。時唐玄宗（明皇）尙在東宮，辨正因善奕而獲其垂愛。其後，辨正仕唐不歸，娶華婦，生二子，名朝慶、朝元。辨正與長子朝慶，皆終老長安。朝元獨回日本，仕聖武天皇。天平四年（玄宗開元二十年），秦朝元爲遣唐判官，隨大使多治比廣成入唐，玄宗以其父辨正之故，愛屋及烏，賜贈甚厚。辨正晚年頗懷念日本，做過一首「懷鄉詩，」被收入於日本第一部漢詩集「懷風藻」（詩見第五章）。

王仁始傳文字　其次是王仁，他到日本的時間，還比弓月君早一年。據說王仁爲漢高祖後裔，至其祖父王狗時，始遷居百濟。王仁博通經籍，爲百濟博士。應神天皇十五年，百濟王遣使阿直岐，贈良馬與日本。阿直岐能讀漢經典，天皇留之，使爲太子稚郎子之師。阿直岐薦王仁，天皇即遣人往迎。應神十六年，王仁至日本，百濟王附贈「論語」十卷，「千字文」一卷。天皇命稚郎子以王仁爲師，習諸典籍。日本初無文字，西部（九州）因與大陸交通之便，有人略識漢字，朝廷之學習漢文，亦即中國文字之傳入日本，則自王仁始。

王仁到日本後，學會了日語，仁德天皇即位時（當在東晉末年或宋初），特作和歌以獻，故日人又稱王仁爲「和歌之父」。此事在日本文學史上很重要，後來和歌盛行，但不知還有多少人知道，和歌亦爲漢人所創。

王仁對於日本文化，有啓蒙之功，永爲日人所懷念。日本第一部漢詩集「懷風藻」序云：「王仁始導蒙於輕津，辰爾終敎於澤田，遂使俗習洙泗之風，人趨齊魯之學。」（此處所說的辰爾，下面當附筆介紹。）

王仁子孫居住河內（大阪附近），世以文字仕日本朝廷，其族稱「西文氏」，下面所述的阿知使主子孫則稱「東文氏」。王仁後裔日益繁衍，分爲淨野、武生、櫻野、古志（亦作高志）、栗栖、高道、下日佐等氏。奈良朝名僧行基，即出自古志氏，其事蹟如下：

行基十五歲出家，居藥師寺，此寺爲南都七大寺之一，在大和生駒郡。行基甚聰慧，初讀「瑜珈論」、「唯識論」，卽悟其意義。二十四歲受戒，旋卽周遊京畿，教化衆生，僧俗慕名相從者，數以千計。所至之處，居民皆出戶外禮拜。

行基常親率諸弟子，爲地方架橋、築堤，附近居民聞之，爭先恐後來助，頃刻工成。聖武天皇建東大寺，行基率弟子爲之營造，庶民受其勸告，亦踴躍參加。天平十七年（七四五），聖武天皇授行基大僧正，日本歷史上獲此榮銜的高僧，行基是第一人。

僧行基像

阿知使主及其後裔　在王仁至日本後數年，又有阿知使主（亦稱阿知王）一族移居日本。據說，阿知使主爲漢靈帝子延王之孫，曹魏篡漢後，阿知使主率領一部臣民，逃至朝鮮帶方郡（漢江流域）建國邑。應神天皇二十年，阿知與其子都加使主，率七姓十七縣人口，歸化日本，天皇賜以大和國高市郡檜前邑之地。

據「日本書紀」說，天皇曾命阿知使主經高句麗至吳，求得兄媛、弟媛、吳織、穴織四織工至日本⑥，履中天皇卽位前，住吉仲皇子反，阿知使主與平羣木兎告變，挾太子上馬而走，幸免於難。及太子即位（履中），賞阿知使主之功，擧爲藏官，賜食邑。

阿知使主一族日益繁盛，分佈於攝津、參河、近江、播磨、阿波諸國。雄略天皇朝（四七〇—四八九），敕該族定伴造（每一行業的首長），賜姓漢直，又稱「東文氏」。後來族人繁衍愈衆，分爲坂上、路、檜前、山口、調、內藏、大藏、櫻井、平田、池邊、丹波、長尾、井上、林、忍坂、高向、鞍作……等數十氏。諸氏中，尤以坂上氏最著名，出過一位大將軍坂上田村麻呂，生前一身繫國家的安危，死後被尊爲戰神。茲將其豐功偉績，作一簡述。

坂上田村麻呂墓

華裔名將坂上田村麻呂　日本本洲東北部奧羽地區，昔爲蝦夷之地，代有叛亂。桓武天皇在位期間（七八二—八〇五），大舉討伐，最初出師不利，無功而還。同皇延曆十一年至十四年，以大伴弟麻呂爲征夷大將軍，督大軍進討，其部將坂上田村麻呂大破蝦夷，奧羽悉平。

田村麻呂一戰成名，因功出任陸奧、出羽按察使兼陸奧守。

延曆十六年，升爲征夷大將軍。延曆二十年，田村麻呂再征蝦夷，賜節刀（義同中國的賜節鉞）。是年九月，這位大將軍盡殲蝦夷叛衆，俘其二酋，獻於京師。其後，田村麻呂歷遷參議、中納言、近衛大將、兵部卿。嵯峨天皇朝，平「藥子之亂」，拜大納言。其後人亦多承其先緒，出鎮奧羽。

田村麻呂死後，賜葬於山城國宇治郡栗栖寺，世稱其墓爲將軍塚。相傳很有靈異，每當日本國內有大故時，將軍塚輒嘯鳴，聲聞數國。據「源平盛衰記」說，先後有過三次墓鳴。後代的將軍，每於出征之前，詣將軍塚祈禱戰勝。又日本京都著名的淸水寺，亦爲田村麻呂所建。

掌管文教三百餘年的林氏　阿知使主後裔中，文風最盛的是林氏一族。江戶幕府初年的朱子學派大儒林羅山，受知於將軍德川家康，爲其侍讀。所有家康的對外國書，及所頒諸法度，皆由羅山起草。羅山文思敏捷，運筆如飛，頃刻千言。「羅山先生文集」序文說：「先生之學，以經爲主，以程朱之書爲翼，而考諸歷史。」

林羅山像

羅山著作很多，據說不下三百種。流傳後世者有「寬永諸家世圖傳」、「本朝編年錄」（後改名本朝通鑑）、「羅山涉獵抄」、「日本考」、「朝鮮考」、「神社考」、「野槌」、「宇多天皇紀略」、「鎌倉將軍家譜」、「京都將軍家譜」、「織田信長譜」、「豐臣秀吉譜」、「寬永私記」、「四書集注抄」、「駿府政事錄」、「羅山文集」、「羅山詩集」、「神道秘錄」、「折中俗解」等。

羅山子孫皆能克紹箕裘，世代文風昌盛，「大學頭」幾乎成了林氏的世襲官。換句話說，德川幕府三百多年的文教，悉以林氏世傳的朱子學衣缽爲依歸。

此外，近代日本政壇上的政黨著名人物大隈重信，犬養毅二人，據說也是阿知使主的後人。

附述王辰爾事

宋越倫先生近著「中日民族文化交流史」，以受知於敏達天皇（五七二—五八五）的王辰爾爲新歸化漢人。一如上面所引的「懷風藻」詩序所云，王辰爾對於日本的文教，關係重大，倘係歸化漢人，本書必須介紹。然作者不知宋先生依據何史，而我自己所有的參考資料，則與宋先生所說大異，故不敢貿然引用其說，當作歸化漢人介紹。玆依據「大日本史」船史辰爾傳，並參考青木武助所編的「大日本歷史集成」之解說，簡述王辰爾的事略，以供讀者參考。

辰爾本姓王，爲百濟貴須王的第六代孫。初，應神天皇向百濟請求派遣有學識的人士至日，貴須王遣其孫辰孫王（一名知宗王）往，遂歸化日本。辰孫王之子太阿郎王，爲仁德天皇近侍。太阿郎王生亥陽君，亥陽君生午定君，午定君生三子，辰爾爲其次子。

欽明天皇（五三二—五七一）以辰爾爲船長，征撿船賦，賜姓船史，故稱船史辰爾。此時，東西文二氏（阿知使主及王仁子孫）文風漸衰，學業荒廢，皆不及辰爾。敏達天皇卽位（五七二），辰爾以解「烏羽表文」之功，爲殿中侍臣。

所謂「烏羽表文」事件，其眞相如下：高麗王大概有意刁難，把國書寫在烏羽上，黑字在黑羽上無法辨認，舉朝束手無策。王辰爾把烏羽置於飯甑內蒸熱，然後用帛緊壓烏羽，將字跡印在帛上，便清晰可讀。

宋先生說高麗國書，係用漢文新文體寫的，舊歸化人讀不懂，新歸化人王辰爾一看就懂，從此舊歸化人失勢，新歸化人代之而興（記其大意如此）。

然照上面所述，則王辰爾並非漢人，因爲百濟王族爲高句麗分支⑦。王辰爾高祖辰孫王亦在應神天皇時移居日本，雖未必與弓月君、王仁、阿知使主等同時，相差總不會很久。他傳至王辰爾，已經歸化日本五代，尤不是新歸化人。且自應神至敏達，實際是相當於東晉末年至南北朝末年，短短百餘年間，中國文字並無變化。涉獵過中國文學史的人都知道，魏晉南北朝通常視爲同一時代，文學風格大致相同。何況國書是應用文，不是文學上的辭賦，考之中國歷史，應用文是罕有變化的。

歸化人是日本功臣 上述三族歸化漢人，以及後代陸續移居日本的漢人，不外二類，一爲因朝代變換而流亡的貴族知識分子，一爲懷有工藝專長的技術人員，皆爲促進日本文化的功臣。因此，他們幾乎包辦了朝廷的文書、財政、教育、工業，同時也就很受尊敬，其地位比一般平民高得多。大化革新時，天武天皇頒佈律令，定全國人民爲八等，以示尊卑。第一等爲「眞人」，是皇室子孫；第二等爲「朝臣」，第三等爲「宿禰」，皆爲大臣子孫⑧；第四等就輪到歸化人了，稱爲「忌寸」。換言之，歸化人僅在皇室及貴族之下，而在四民之上。

歸化人的數量也很衆，據「姓氏錄」所載，嵯峨天皇時代（八一〇—八二三），京都及畿內五國的氏族，有「皇別」三五七族，「神別」四四九族，「蕃別」（歸化人）三七四族。以氏族單位來算，歸化人幾乎佔了三分之一。「蕃別」各族中，漢裔佔一半；其餘半數，三分之二是百濟人，三分之一爲新羅、高麗人。

第三節　其後各代的移民

漢以後的新歸化人　繼秦漢二代的移民之後，幾乎歷代戰亂之餘，都有不少漢人移居日本。那些新歸化人，往往亦自稱中國帝王後裔。在「姓氏錄」所列的「蕃別」中，除上述三族外，復有如下許多氏族，據說其祖先都是落魄王孫前往日本的：

松野原氏，據說系出吳王夫差。

廣原、當宗、志賀、大友、安墀、春良、錦部、臺諸氏，據說是後漢獻帝的後裔。

高村、眞神、田邊、大原、廣海、吉水、交野諸氏，亦爲漢人後裔（初由安貴公率領四部歸化日本。）

大岡、河原、上、廣階、河內、御枚諸氏，據說是魏文帝後裔。

牟佐、茨田、蜂田、深根諸氏，據說是吳大帝孫權後裔。

赤染、常氏，據說是公孫淵後裔。

此外，散見其他史書的尙有：

攜藥書一百六十卷至日本的智聰，自稱梁武帝後裔。

楊侯（或陽侯）史眞身，據說是隋煬帝後裔。

山史田御方，據說是魏司空王昶的後裔。

唐末及五代，中國大亂，然移民歸化日本者似不多。其原因，大概是北路交通爲契丹所阻，南路航道初開，風濤險惡，且航海技術還很幼稚。同時，移民如非顯赫貴族，或有重大貢獻，則史上不錄。在此時期，比較著名的，有唐使沈惟岳（是護送日本大使高元度囘國的押水手官，非正式使節），留仕日本朝廷，賜日本姓清海。據「日本書紀」所載，與沈惟岳一同歸化的，共有唐人三十口。

宋元二代與日本斷絕邦交，貿易也是若斷若續，因大陸戰亂而移民日本者，紀錄上更少。但不是完全沒有，元末明初逃往日本行醫的陳順祖，卽爲一例。順祖及其子孫皆爲日本名醫，朝廷、幕府、大名（諸侯）及方外僧侶，皆對陳氏特別尊敬。

明末，有不少人逃往日本。當時江戶幕府實行鎖國令，只許中國、荷蘭二國商船，至長崎貿易，唐人留居日本者，亦限於長崎、平戶二處。平戶唐人尤多，隨船赴日經商的華人，稱那些久居日本者爲舊唐人。鄭芝龍初爲盜時，其首領顏思齊也是逃居日本的舊唐人，在那裏以裁縫爲生⑨。這些居留日本的華人當中，最著名的有二人，一卽鄭芝龍，一爲大儒朱舜水。前者在日本娶妻生子，後復囘國；後者則終老彼邦。這二人的事，與中日關係史大有關係，不可不提。

延平王鄭成功生於日本　鄭芝龍福建南安東石村人，明神宗萬曆四十年（日本慶長十七年，一六一二）至日本，時江戶幕府初建，德川家康曾召見芝龍，詢問中國事⑩。旋居九州平戶島，娶土人田川氏之女。田川氏懷孕，一日，在千里濱拾文貝，忽然腹痛，卽就濱內巨石分娩，生子名森，字大木，即鄭成功。

芝龍加入海寇顏思齊黨，顏死，黨人舉芝龍爲領袖。芝龍據臺灣，受閩督沈猶龍招撫，挈妻子回南安，富甲八閩。

芝龍既仕明，積軍功封南安伯。唐王聿鍵稱帝於福州，芝龍以擁立功，晉封爲侯，悉專軍事。清兵攻泉州，城破，芝龍的日妻田川氏登城樓，自刎而死。日本婦女嫁與華人而爲夫殉節者，田川氏爲第一人⑪。芝龍退保安平，降於清。成功諫父不聽，又痛其母死於非命，遂慷慨舉義兵，封延平王。鄭成功的事功，衆所週知，不贅。

鄭將軍遺蹤碑

平戶千里濱立有「鄭將軍遺蹤碑」，碑文長二千餘言，詳記延平王及其父母故事。據說是處現爲平戶高等學校所在，此碑仍在校園內。當地土人爲紀念鄭成功，稱其誕生之石爲「兒誕石」。十九世紀的日本名詩人梁川星巖詠鄭成功詩云：「飛鸞台⑫是公桑梓，應有英魂認得來。」可謂中日關係史上的一段佳話。

然而，日本人的事很不簡單，這個「佳話」背後，也許含有另一陰謀，意在爭取臺灣。李鴻章於馬關條約簽字後，回國奏稱：「臺灣兵爭所未及，必欲強佔。或有解之者……臺灣則鄭成功取之荷蘭，康熙年歸我版圖。鄭本日產，今日人乘勝據朝鮮，欲兼併其地，事非偶然。」日本人想吞琉球，就僞造琉球歷史（見十二章）；想打臺灣主意，就替鄭成功立碑，攀親道故，其用心亦良苦。

愛國志士朱舜水 朱舜水浙江餘姚人，本名之瑜，字楚璵，後改魯璵，到日本後始自號舜水。舜水幼年喪父，家道貧苦，然天賦聰明，好學不倦，故能博聞強記，學養湛深。三十九歲，始因蘇松等處監察御史的推薦，爲恩貢生。禮部尙書吳鍾巒見其貢劄，許爲「開國以來第一」。然舜水鑒於福王無德，馬士英擅權，先後十二次徵辟，皆堅辭不就，情願流亡海外。直至永曆十一年，魯王監國，詔書徵召，舜水才決心回國效命。此時他在安南，因拒絕向安南國王叩頭，而被囚禁，結果也沒有成行。

舜水自崇禎死後，即奔走於日本長崎、安南、暹羅等處，在外流亡十五年之久，曾七次赴日，六次至越。最後，一度隨鄭成功大軍北伐，不幸鄭軍兵敗。時舜水已六十歲，再至長崎，遂決心作久居計。江戶幕府親藩（德川家康子孫具有當選將軍之資格者）水戶學派領導人德川光圀慕其才行，迎爲賓師，待之甚厚。水戶學者多入其門，影響日本學術思想甚大。他死

朱舜水先生遺像

於江戶，享壽八十三歲。死後，德川光圀替他編成「朱舜水先生文集」二十八卷。我國近年亦編有「朱舜水全集」印行。

舜水學禮樂刑政，尤長詩書，然深惡宋明理學，謂其無益於天下國家。其學以經世致用爲目的，重躬行實踐，不重講學著述。舜水嘗言：「不佞生平無有言而不能行者，無有行而不如其言者。」他對於日本的影響，不在學說的傳授，而在於愛國精神的感召，及身體力行的陶冶。

黃公度詠朱舜水詩云（日本雜事詩）

海外遺民竟不歸
老來東望淚頻揮
終身恥食興朝粟
更勝西山賦采薇

此外，還有日軍及倭寇擄去的華人，諒亦不少。例如，中日白江口之戰前，百濟叛軍獻唐俘百人於日本，據「日本書紀」稱，「今美濃國不破、片縣二郡唐人是也。」元軍征日時，日本俘虜唐人二千餘（見第七章）。明代倭寇長期侵擾，被擄及自願附寇的華人很多，據明史，倭寇之兵，十之七八爲華人；盜魁汪直附於倭寇，其所部匪衆，且佔據日本九州西方的五島列島爲根據地，可見明代留落日本的華人一定不少。萬曆間朝鮮之役（見第九章），明方的和談代表沈惟敬，就是曾被倭寇擄往日本的一人。他在日本居留很久，如何回到中國，不得而知，相信一定還有很多被擄的人不得回來。又上述朝鮮之役，日軍所俘明軍官兵，雖已交換俘虜，但有一部分叛逃官兵，自動投日的，恐怕沒有遺送回國，始終流落在日本了。

最後要說的，是中國前往日本弘法的高僧，這一類僧人歷代皆有。最初，有梁人司馬達等，於繼體天皇十六年（南朝梁普通三年，五二二），經由朝鮮至日，在大和坂田原設佛堂，弘布佛法，是爲日本傳入佛法之始。然當時日人稱之爲「異域神」、「胡敎」，不敢信佛。

唐代名僧鑑眞　最著名的是唐僧鑑眞，他是揚州江揚縣（今江都縣）人，自幼慧敏過人，十四歲削髮爲僧。自是學德日進，歷遊長安、洛陽及江淮間，說戒律，建寺院，度四萬餘人，門徒甚盛。

日本聖武天皇天平五年（唐玄宗開元二十一年），日本學問僧榮睿、普照二人入唐，訪鑑眞於揚州大明寺，請其赴日傳戒。鑑眞慨然應允，然五次渡海，或被官方截回，或爲暴風所阻，皆不達。有一次竟被颶風吹到廣東海南島，使他獲得一個意外機會，遍遊粵桂，然亦因此而得目疾，終於失明。

唐僧鑑眞塑像

孝謙天皇天平勝寶五年（唐天寶十二年，七五三），鑑眞已逾六十，感於日使藤原清河的至誠邀請，復率弟子二十四人，隨同日使歸舟渡海。翌年正月，至日本京師，被孝謙天皇安置於東大寺，即於大佛前建戒壇。天皇、上皇、太后以下受戒者四百餘人，日本的律宗自此始。

鑑眞歷遊日本各地，東至下野（今栃木縣），西至筑前（今福岡縣），皆起戒壇。天平勝寶

於江戶，享壽八十三歲。死後，德川光圀替他編成「朱舜水先生文集」二十八卷。我國近年亦編有「朱舜水全集」印行。

舜水學禮樂刑政，尤長詩書，然深惡宋明理學，謂其無益於天下國家。其學以經世致用爲目的，重躬行實踐，不重講學著述。舜水嘗言：「不佞生平無有言而不能行者，無有行而不如其言者。」他對於日本的影響，不在學說的傳授，而在於愛國精神的感召，及身體力行的陶冶。

黃公度詠朱舜水詩云（日本雜事詩）

海外遺民竟不歸
老來東望淚頻揮
終身恥食興朝粟
更勝西山賦采薇

此外，還有日軍及倭寇擄去的華人，諒亦不少。例如，中日白江口之戰前，百濟叛軍獻唐俘百人於日本，據「日本書紀」稱，「今美濃國不破、片縣二郡唐人是也。」元軍征日時，日本俘虜唐人二千餘（見第七章）。明代倭寇長期侵擾，被擄及自願附寇的華人很多，據明史，倭寇之兵，十之七八爲華人；盜魁汪直附於倭寇，其所部匪衆，且佔據日本九州西方的五島列島爲根據地，可見明代留落日本的華人一定不少。萬曆間朝鮮之役（見第九章），明方的和談代表沈惟敬，就是曾被倭寇擄往日本的一人。他在日本居留很久，如何回到中國，不得而知，相信一定還有很多被擄的人不得回來。又上述朝鮮之役，日軍所俘明軍官兵，雖已交換俘虜，但有一部分叛逃官兵，自動投日的，恐怕沒有遺送回國，始終流落在日本了。

最後要說的，是中國前往日本弘法的高僧，這一類僧人歷代皆有。最初，有梁人司馬達等，於繼體天皇十六年（南朝梁普通三年，五二二），經由朝鮮至日，在大和坂田原設佛堂，弘布佛法，是爲日本傳入佛法之始。然當時日人稱之爲「異域神」、「胡教」，不敢信佛。

唐代名僧鑑眞　最著名的是唐僧鑑眞，他是揚州江揚縣（今江都縣）人，自幼慧敏過人，十四歲削髮爲僧。自是學德日進，歷遊長安、洛陽及江淮間，說戒律，建寺院，度四萬餘人，門徒甚盛。

日本聖武天皇天平五年（唐玄宗開元二十一年），日本學問僧榮睿、普照二人入唐，訪鑑眞於揚州大明寺，請其赴日傳戒。鑑眞慨然應允，然五次渡海，或被官方截回，或爲暴風所阻，皆不達。有一次竟被颶風吹到廣東海南島，使他獲得一個意外機會，遍遊粵桂，然亦因此而得目疾，終於失明。

唐僧鑑眞塑像

孝謙天皇天平勝寶五年（唐天寶十二年，七五三），鑑眞已逾六十，感於日使藤原清河的至誠邀請，復率弟子二十四人，隨同日使歸舟渡海。翌年正月，至日本京師，被孝謙天皇安置於東大寺，即於大佛前建戒壇。天皇、上皇、太后以下受戒者四百餘人，日本的律宗自此始。

鑑眞歷遊日本各地，東至下野（今栃木縣），西至筑前（今福岡縣），皆起戒壇。天平勝寶

八年，鑑眞任「大僧都」，居唐昭提寺。淳仁天皇天平寶字二年，鑑眞自以年老，辭大僧都，天皇更授以「大和尚」尊號。天平寶字七年（七六二），鑑眞圓寂，年七十七。

日本自設戒壇受戒，自鑑眞始。他所建的三戒壇，一在奈良東大寺，一在下野藥師寺，一在筑前觀音寺。東大寺與觀音寺戒壇曾因火災焚毀，後代重建者至今猶存。藥師寺的遺址則在室町幕府時代，改建爲足利氏的安國寺了。

鑑眞兼通醫學，尤精於本草學，在日本時，曾奉敕辨別藥物的眞僞。一度進藥醫治光明太后之疾，頗有效驗。著有「鑑上人秘方」一卷。日本醫學及本草學的發展，很受其益。因此，除「大和尚」尊號之外，日人又稱之爲「醫術之祖」。

唐以後去日的中國高僧，待下面宋明之部，再分別敍述。

①本章主要參考書籍：

「史記」、「後漢書」、「三國志」、「晉書」、「大日本史」、「古事記」、「日本書紀」、「神皇正統記」、「姓氏錄」、黃遵憲「日本國志」、余又蓀「日本史」、甘友蘭「日本通史」、王輯五「中國日本交通史」、陳水逢「日本文明開化史略」、宋越倫「中日民族文化交流史」、李季「二千年中日關係發展史」、杜新吾「中日關係簡史」、衛挺生「日本神武開國新考」、坂本太郎「新訂日本史概說」、川上多助「日本歷史概說」、青木武助「大日本歷史集成」、水野祐「日本民族之源流」、長谷部言人「日本人的祖先」、岡正雄等「日本民族的起源」、芹澤長介「先史時代」、內藤虎助郎「增訂日本文化史研究」、和哲辻郎「新編日本文化史」、家永三郎「日本文化史」、木宮泰彥「中日交通史」（陳捷譯）、田口卯吉「日本開化小史」（余又蓀譯）、高木健夫「新日本史」」（高一萍譯）等。

②錢基博的「清鑑」及連雅堂的「臺灣通史」皆載有此事。

③日本歷史昔稱二千六百年，依其「御代」推算，應神天皇與晉武帝同時，然此說今已無人相信（我國人士所著歷史仍有依此說者）。由於宋書日本五皇的考定，及高句麗好大王碑的出土，今已斷定應神與好大王為同時代人物，惟確實年代，各史家推算的仍有多少出入，照那珂博士的考定，應神年代為三六三——四一八。

④「禹豆麻呂」的解釋有二說，一說為盈積有利之義，一說為「太秦」二字的訓讀。

⑤日本昔分六十六國，大化革新之前，國之首長稱「國造」，以後稱「國司」。「守」是國司的代名，「介」相當於副國司。

⑥「古事記」則謂求吳織工一事，是在雄略天皇時代。

⑦亦有人以日史所說百濟王名字與朝鮮史不符，而懷疑王辰爾高祖辰孫王即王仁者。此說殊難成立，須知「宋書」的倭皇名字及世系，多與日本歷史不符，而日本史家並不否認宋書。

⑧歸化人亦有賜為「宿彌」的，例如唐使沈惟岳留日不歸，賜姓清海宿彌。

⑨以上見江日昇的「臺灣外記」第一冊。此書的可信度很低，但此處所引的事或可靠。

⑩鄭芝龍去日本的年份，諸說不一，此處根據日本葉山高行所撰的「鄭將軍遺蹤碑」碑文。

⑪錢基博的「清鑑」與此說異，據稱芝龍已降之後，成功母被清兵所淫，悲憤自縊而死。「清鑑」所據當係吳梅村的「鹿樵紀聞」。諸家鄭成功傳則多諱言。

⑫華人昔稱平戶為飛鸞台。

第二章　最初的中日交通①

第一節　自先秦到兩漢

日人不承認隋唐以前的封貢　日本自聖德太子起，有一股強烈和偏激的民族自尊心，到江戶幕府時代，這種心理更強，差不多江戶的歷史學派，都抱持着狹義的民族史觀。那時代的史家，只肯承認與隋的「平等外交」，視為中日正式通使之始，對於隋以前的中國歷史紀錄，概不認帳。德川光圀主編的「大日本史」，中國事自列傳「諸蕃」十一開始，由隋唐說起。前面作了一段說明，根本否定隋以前的中日通使，尤不承認漢、魏賜封倭王之事。據稱，中國在隋代以前，雖有秦漢後裔歸化日本，未聞有通使事。中國歷史所載日本風俗，虛實參半。至於所載朝貢、封爵等事，則古今所無。當時日本在朝鮮南部置任那府，分遣帥臣鎮之。高麗雖向日本稱臣朝貢②，仍奉中國的正朔，接受中國的封爵，或者任那帥臣亦隨高麗，而接受中國封號。又或是鎮西（九州）奸民假朝廷之名，以進貢謀利。中國歷史據此紀錄，不足信也。

「古事記傳」作者本宣居長，更是徹頭徹尾的民族歷史家，他所著的「馭戎概言」，更替「大日本史」上述理由補充幾句：「若謂曾奏明朝廷，朝廷許受中國封號，而自取其辱，恐未必然。」

「後漢書」倭人朝貢事，見諸帝紀，載明年月，毫不含糊。「魏志」作者陳壽，直接參考先後出使倭國的梯儁、張政二人的記事，係依據元始的(First hand)資料。這二部書的紀錄尙且不信，其他紀錄先秦事蹟的書籍，所說已嫌含糊，又雜詭異，那就更不用說了。

倭屬燕國　可是，信不信由你，既然要寫中日關係史，就不能不從頭寫起。只要是古籍所有的紀錄，都不能不提，本書雖不打算考據，却不能不作一個交待。好在此類資料很少，佔不了多少篇幅。

「山海經」海內北經：「倭屬燕」。

「史記」封禪書（漢書郊祀志同）：自宣威、燕昭使人入海，求蓬萊、方丈、瀛洲。此三神山者，傳在渤海中，去人不遠患(即使中途不遇暴風)，且至，則船風引而去。蓋嘗有至者，諸僊人及不死之藥皆在焉。其物禽獸盡白，而黃金銀爲宮闕。未至，望之如雲；及到，三神山反居水下。臨之，風輒引去，終莫能至云。世主莫不甘心焉……」此處下文及同書始皇本紀所說的徐福事，已見第一章，從略。

「漢書」地理志下「燕地」之部：「東夷天性柔順，異於三方之外。故孔子悼道不行，設桴於海，欲居九夷，有以也。夫滄浪海中有倭人，分爲百餘國，以歲時來貢見云。自危四度，至斗六度，燕之分也。」

王充的「論衡」，提到周時倭人進貢事，有三處：1.「儒增篇」：「周時天下太平，越裳獻白雉，倭人貢鬯草。」2.「恢國篇」：「成王之時，越王獻雉，倭人貢暢。」3.「超奇篇」：「暢草獻於倭。」③

以上幾個紀錄，不過聊備一格而已，因爲大和民族之開始建國，實際當與後漢建國很接近，上述幾個紀錄，即使果有其事，也是在大和民族開國以前的事，與現今的日本國無關。

後漢書的倭事　可是，後漢書的紀錄，則確爲研究日本歷史的重要資料。此書雖比「魏志」後出，不無遜色，但並非完全抄襲魏志，而有若干補充。此書有三部分記有倭事，茲依次摘錄原文如下（凡與魏志雷同者，下節再說）：

（甲）帝紀部分

光武中元二年（公元五七年）正月：「東夷倭奴國王遣使奉獻。」

安帝永初元年（一〇七）冬十月：「倭國遣使奉獻。」

（乙）東夷傳倭部分

東夷傳序文：建武之初，「遼東太守祭肜威震北方，聲行海表。於是，濊、貊、倭、韓，萬里朝獻。故章、和以後，使聘流通。」

傳文：「建武中元二年，倭奴國奉貢朝賀，使人自稱大夫，倭國之極南界也，光武賜以印綬。安帝永初元年，倭國王帥升等，獻生口百六十人，願請見。桓、靈間，倭國大亂，更相攻伐，歷年無主。有一女子，名卑彌呼，年長不嫁，事鬼神道，能以妖惑衆，於是共立爲王。」

（丙）鮮卑傳部分

「元和元年（八四）……檀石槐乃自循行，見烏集秦水，廣從（縱）數百里，水停不流。其中有魚，不能得之。聞倭善網捕，於是東擊倭人國，得千餘家，徙置秦水上，令捕魚以助糧食。」

這一段紀錄，似未見有人注意到，但與中日關係史大有關係。按檀石槐統治期間，鮮卑領土廣大，東部包含夫餘、濊貊之地，含朝鮮半島東北部的咸興平原及圖們江流域的今日中俄領土，其海岸線大約北自海參威以北，南至咸興。在這個地區的主要民族或最強的民族，中國歷史上名稱代有變更，古名肅愼，唐爲靺鞨，宋以後爲女眞。日本歷史上，肅愼渡海經略北海道，不止一次，而檀石槐這次的征倭，顯然也是同一路線，所俘當係北海道或奧羽的蝦夷。於是，我們可獲得二個認識：1.日本與大陸的交通，自始就不限於對馬海峽，只因日本平定蝦夷很晚，所以史家皆不注意北部這一條海上交通。2.檀石槐所俘爲北海道蝦夷，而後漢書亦稱之爲倭人，可見漢代所謂倭人，泛指日本三島的全部人民，則倭人並不限於九州各部落氏族。

第二節 魏志

魏志的價值 本來，倭人入貢及受封事，「後漢書」記載得那麼明確，已經是無可否認的事；但因陳壽的「三國志」比范曄的「後漢書」先出甚久，顯然是范曄的所本，而「魏志」所記的倭人事，又比「後漢書」詳細得多，所以治日本史者，特別重視「魏志」。現代的日本史家，差不多都承認「魏志」的價值，視爲研究日本史前史的一個鑰匙，只對於此書所記的日本地理及人民生活等，各人論斷不同，換言之，只有枝節問題，尙難解決。我們也承認中國歷史有含糊籠統之弊，常有細節上的錯誤，然大體上是正確的。

「魏志」的內容，包含着倭國三十個國家的地理位置，交通狀況，人民生活，卑彌呼女王的首都所在地，女王的統治方式，最後是與魏國通使的經過。這樣重要的一個文獻，不可不將其全文錄出。

括弧內所註今地名，以爭論較少者爲限。

與魏通使者三十餘國　倭人在帶方（今漢江流域）東南大海之中，依山島爲國邑。舊百餘國，漢時有朝見者，今使譯所通三十國。

從郡（帶方郡）至倭，循海岸水行，歷韓國（此書韓的定義是，在帶方之南，東西以海爲限，南與倭接），乍南乍東，到其北岸狗邪韓國（今釜山附近地區）七千餘里。始渡一海，千餘里至對馬國（對馬島）。其大官曰卑狗，副曰卑奴母離。所居絕島，方可四百餘里。土地山險，多深林，道路如禽鹿徑。有千餘戶，無良田，食海物自活，乘船南北市糴。

又南渡一千餘里，名曰瀚海（對馬海峽），至一大國（大字爲支字之誤，一支即一岐島）。官亦曰卑狗，副曰卑奴母離。方可三百里，多竹木叢林。有三千許家，差有田地。耕田猶不足食，亦南北市糴。

又渡一海千餘里，至末盧國（今九州西北部的松浦），有四千餘戶。濱山海居，草木茂盛，行不見前。人好捕魚鰒，水無深淺，皆沉沒取之。

東南陸行五百里，到伊都國（今福岡縣怡土）。官曰爾支，副曰泄謨觚柄渠觚，有千餘戶，世有王，皆屬女王國。郡使往來，常所駐。

東南至奴國（今儺，在博多附近）百里，官曰兕馬觚，副曰卑奴母離，有二萬餘戶。東行至不彌國（今福岡宇美）百里，官曰多模，副曰卑奴母離，有千餘家。

南至投馬國（自投馬國以下各國，究在何處，學者爭論不決），水行二十日。官曰彌彌，副曰彌彌那利。可五萬餘戶。

女王都城邪馬臺 南至邪馬臺國，女王之所都，水行十日，陸行一月。官有伊支馬，次曰彌馬升，次曰彌馬獲支，次曰奴佳鞮。可七萬餘戶。

自女王國以北，其戶數道里可略載，其餘旁國絕遠，不可得詳。次有斯馬國，次有已百支國，次有伊邪國，次有都支國，次有彌奴國，次有好古都國，次有不呼國，次有姐奴國，次有對蘇國，次有蘇奴國，次有呼邑國，次有華奴蘇奴國，次有鬼國，次有爲吾國，次有鬼奴國，次有邪馬國，次有躬臣國，次有巴利國，次有支惟國，次有烏奴國——此女王境界之所盡。

其南有狗奴國，男子爲王，其官有狗古智卑狗，不屬女王。

自郡（帶方郡）至女王國萬二千餘里，男子無大小，皆黥面文身。自古以來，其使詣中國，皆自稱大夫。夏后少康之子封於會稽，斷髮文身，以避蛟龍之害。今倭水人好沉沒捕魚蛤，亦文身以厭大魚水禽，後稍以爲飾。諸國文身各異，或左或右，或大或小，尊卑有差。計其道里，當在會稽東冶之東。

倭人風俗 其風俗不淫，男子皆露紒（結髮不冠），以木綿招（包？）頭，其衣橫幅，但結束相連，略無縫。婦人被髮屈紒，作衣如單被，穿其中央，貫頭衣之。種禾稻紵麻，桑蠶緝績，出細紵縑綿。其地無牛馬虎豹羊鵲。兵用矛楯木弓，木弓下短上長，竹箭或鐵鏃，或骨鏃，所有無與儋耳朱崖同。

倭地溫暖，冬夏食生菜，皆徒跣。有屋室，父母兄弟臥息異處。以主丹塗其身體，如中國用粉也。食飲用籩豆，手食。其死，有棺無槨，封土作冢。始死，停喪十餘日，當時不食肉，喪主哭泣，他人就歌舞飲酒。已葬，擧家詣水中澡浴，以如練沐。

其行來渡海詣中國，恒使一人不梳頭，不去蟣蝨，衣服垢汚，不食肉，不近婦人，如喪人，名之爲持衰。若行者吉善，共顧其生口財物；若有疾病遭暴害，便欲殺之，謂其持衰不謹。

出珍珠青玉，其山有丹，其木有枏杼豫樟楺櫪投橿烏號楓香，其竹有篠簳桃支，有薑橘椒蘘荷，不知以爲滋味，有獮猿黑雉。

其俗擧事行來，有所云爲，輒灼骨而卜，以占吉凶。先告所卜，其辭如令龜法，視火坼占兆。其會，同坐起，父子男女無別。人性嗜酒，見大人所敬，但搏手以當跪拜。

其人壽考，或百年，或八九十年。其俗，國大人皆四五婦，下戶或二三婦。婦人不淫，不妬忌。不盜竊，少爭訟。其犯法，輕者沒其妻子，重者滅其門戶及親族。尊卑各有差序。足相臣服，收租賦。有邸閣國。國有市，交易有無，使大倭監之。

女王卑彌呼及其統治 自女王國以北，特置一大率，檢察諸國，諸國畏憚之。常治伊都國於國中，有如刺史。

王遣使詣京都、帶方郡、諸韓國，及郡使倭國，皆臨津搜露傳送文書。賜遺之物，詣女王，不得差錯。

下戶與大人相逢道路，逡巡入草。傳辭說事，或蹲或跪，兩手據地，爲之恭敬。對應聲曰噫，比如然諾。

其國本亦以男子爲王，住七八十年，倭國亂，相攻伐歷年，乃共立一女子爲王，名曰卑彌呼。事鬼道，能惑衆。年已長大，無夫婿。有男弟，佐治國。自爲王以來，少有見者。以婢女千人自侍，唯有男子一人供飲食，傳辭出入。居處宮室樓觀，城柵嚴設，常有人持兵守衛。

女王國東渡海千餘里，復有國，皆倭種。又有侏儒國在其南，人長三四尺，去女王國四千餘里。又有倮國、黑齒國，復在其東南，船行一年可至。參問倭地，絕在海中洲島之上，或絕或連，周旋可五千餘里。

難升米來朝，詔封親魏倭王　景初三年（二三九）④六月，倭女王遣大夫難升米等詣郡（帶方郡），求詣天子朝獻。太守劉夏遣吏將送詣京都。其年十二月，詔書報倭女王曰：「制詔親魏倭王卑彌呼，帶方太守劉夏遣使送汝大夫難升米，次使都市牛利，奉汝所獻男生口四人，女生口六人，班布二匹二丈以到。汝所在踰遠，乃遣使貢獻，是汝之忠孝，我甚哀汝。今以汝爲親魏倭王，假金印紫綬。裝封付帶方太守假授汝，其綏撫種人，勉爲孝順。

「汝來使難升米、牛利涉遠，道路勤勞，今以難升米爲率善中郎將，牛利爲率善校尉，假銀印青綬，引見勞賜遣還。

「今以絳地交龍錦五匹，絳地縐粟罽十張，蒨絳五十匹，紺青五十匹，答汝所獻貢直。又特賜汝紺地句文錦三匹，細班華罽五張，白絹五十匹，金八兩，五尺刀二口，銅鏡百枚，珍珠鉛丹各五十斤；皆裝封付難升米、牛利，還到錄受。悉可以示汝國中人，使知國家哀汝，故鄭重賜汝好物也。」

梯儁使倭　正始元年（二四〇），太守弓遵遣建中校尉梯儁等，奉詔書印綬詣倭國，拜假倭王，並齎詔賜金帛錦罽刀鏡采物。倭王因使上表答謝詔恩。

其四年，倭王復遣使大夫伊聲耆掖邪狗等八人上獻生口，倭錦絳青縑綿衣帛布丹木𤝔短弓矢。掖邪狗等壹拜率善中郎將印綬。

其六年，詔賜倭難升米黃幢，付郡假授。

張政使倭　其八年，太守王頎到官。倭女王卑彌呼與狗奴國男王卑彌弓呼素不和，遣倭載斯烏越等詣郡，說相攻擊狀。遣塞曹掾史張政等，因齎詔書黃幢，拜假難升米爲檄告諭之。

卑彌呼以死，大作冢，徑百餘步，徇葬者奴婢百餘人。更立男王，國中不服，更相誅殺，當時殺千餘人。復立卑彌呼宗女壹與，年十三，爲王，國中遂定。

政等以檄告諭壹與，壹與遣倭大夫率善中郎將掖邪狗等二十人送政等還。因詣臺，獻上男女口三十人，貢白珠五千，孔青大句珠二枚，異文雜錦二十匹。

邪馬臺位置難決　看了「魏志」這一段全文，可見女王國先後四次遣使，三次至魏都朝貢，一次至帶方郡。魏帝齊王芳在位時，亦曾先後二次，由帶方郡遣吏爲使，入至倭國。每次進貢及賞賜方物，都記載得清清楚楚，且錄有魏明帝的一篇詔書。

日本現代史家，對「魏志」已經十分重視，與考古出土物合併研究，紛紛發表論文；但因「魏志」所記的許多國名，無法斷定位置，意見仍很分岐。最重要的關鍵，是女王卑彌呼的都城邪馬臺，高木健夫說：「邪馬臺國的問題，是打開日本歷史的第一扇門扉。」

邪馬臺位置的爭論，約可分爲二派：一派主張在九州肥後（今熊本縣）的山門鄉，其主要理由是，「魏志」所記，自「不彌國」以下，一直是「南行」，而山門與邪馬臺讀音相同（Yamato）。一派主張在大和，大和的讀音也是 Yamato，而京畿附近的出土物，也比較符合「魏志」所述。因此，他們推測「魏志」所謂「南行」，可能是弄錯了方向，「南」字應該是「東」。此說似由內藤虎次郎首倡，有考古學者多人附和。他們的「方向錯誤」之說，是有相當理由的，因爲「魏志」南行之說，與所述「水程」自相矛盾，只有改爲「東行」才能解釋「魏志」所說的數十日水程。

第三節　兩晉南北朝時代

晉書及宋書　「晉書」東夷傳「倭人」之部，說的全是上代（魏）的事，只有最後一句話，是屬於晉朝的：「泰始初，遣使重譯入貢。」但在同書「本紀」，却發現倭人二次來獻方物，一在武帝泰始二年（二六六）十一月，一在東晉安帝義熙九年（四一三）十二月。

南朝四代，則以「宋書」諸夷傳「倭」部的記錄最爲重要。憑「宋書」的紀錄，可以大致考定仁德至雄略間六位天皇的年代，再與高句麗好大王碑⑤相對照，又可以看出，東晉義熙九年（四一三）遣使進貢的天皇是應神，他新敗於朝鮮半島，故向東晉結好。

日本現代史家，考定「宋書」所載的讚、珍、濟、興、武五倭王如下，除「讚」尚有二說外，其餘四代可以說已成定論。

讚——仁德（或履中）天皇

珍——反正天皇（四三三——四三七）

濟——允恭天皇（四三八——四五四）

興——安康天皇（四五五——四六九？）

武——雄略天皇（四七〇？——四八九）

五倭王進貢 宋書倭事寫得很略，只記錄幾代倭王遣使朝貢請封之事，末後載有「武」所上表文。貢使次數如下：

1. 高祖永初二年（四二一）詔曰：「倭讚萬里修貢，遠誠宜甄，可賜除授。」
2. 太祖元嘉二年（四二五），讚又遣司馬曹達奉表，獻方物。
3. 讚死弟珍立[6]，遣使貢獻，自稱使持節都督倭、百濟、新羅、任那、秦韓、慕韓六國諸軍事安東大將軍倭國王，表求除正。

   詔除安東將軍倭國王。

   珍又求除正倭隋等十三人平西、征虜、冠軍、輔國將軍號；並聽。
4. 二十年（四四三），倭國王濟遣使奉獻，復以為安東將軍倭國王。
5. 二十八年（四五一），加使持節都督倭、新羅、任那、加羅、秦韓、慕韓六國諸軍事，安東將軍如故。並除所上二十三人軍郡。
6. 濟死，世子興遣使貢獻。

世祖大明六年（四六二）詔曰：「倭王世子興奕世載忠，作藩外海，禀化寧境，恭修貢職。新嗣邊業，宜授爵號，可安東將軍倭國王。」

7. 興死，弟武立，自稱使持節都督倭、百濟、新羅、任那、加羅、秦韓、慕韓七國諸軍事安東大將軍倭國王。

順帝昇明二年（四七八），遣使上表。詔除武使持節都督倭、新羅、任那、加羅、秦韓、慕韓六國諸軍事安東大將軍倭王。

有表為證 宋順帝昇明二年，倭國王武（雄略天皇）所上表文如下：

封國偏遠，作藩於外，自昔祖禰⑦躬環甲冑，跋涉山川，不遑寧處。東征毛人五十五國，西服衆夷六十六國，渡平海北九十五國。王道融泰，廓土遐畿，累葉朝宗，不愆千歲。臣雖下愚，忝胤先緒，驅率所統，歸崇天極，道遙百濟，裝治船舫。而句驪無道，圖欲見吞，掠抄邊隸，虔劉不已，每致稽滯，以失良風。雖曰進路或通或不，臣亡考濟實忿寇讎，壅塞天路，控弦百萬，義聲感激。方欲大舉，奄喪父兄，使垂成之功，不獲一簣。居在諒闇，不動兵甲，是以偃息，未捷至今。欲練甲治兵，申父兄之志，義士虎賁，文武效力，白刃交前，亦所不顧。若以帝德覆載，摧此強敵，克靖方難，無替前功。竊自假開府儀同三司，其餘咸假授，以勸忠節。

齊梁二代 「齊書」沒有記倭事，然「梁書」有追記：「齊建元中（四七九—四八二），除武持節督倭、新羅、任那、伽羅、秦韓、慕韓六國諸軍事鎮東大將軍。」（南史同）

「梁書」所記本代的倭事，只有一句話：「高祖卽位，進武號征東將軍。」（南史同）梁武帝卽位，時在公元五〇二年，雄略（武）天皇已死，故一般人多謂此一紀錄不確。同時就有人說，南朝亙齊、梁、陳三代，與倭沒有交通。然「梁書」後一「武」字，也許爲編者或抄寫人所誤，證以他史，齊、梁二代與倭仍有交通。

1.上述齊建元中對武的封事，雄略仍在位。

2.「北史」倭傳：「江左，歷晉、宋、齊、梁，朝聘不絕。」

3.「隋書」東夷傳：「自魏至於齊、梁，代與中國相通。」

4.如第一章所述，繼體天皇十六年（梁普通三年，五二二），梁人司馬達⑧等至日本，設佛堂。據日本舊史解釋，東晉及南北朝期間，日本遣使至吳，只爲請求織工等工藝人才。中國織法，南北不同，日史稱北織爲「漢織」，南織爲「吳織」，當時日本已有漢織，聞吳織優良，故遣使聘請（參看第一章）。事實上，求織工一事只是次要的，附帶的，遣使的主要目的，是向中國請求取得督朝鮮各國軍事的名義。木宮泰彥的「中日交通史」也有此說：「日本欲征服韓土，以中國之錫命臨之，最爲便易。故爲對付高句麗計，而通聘南朝，乃受六國諸軍事安東大將軍等之爵號也。」準此而論，則宋以後之繼續遣使，毋寧是事有必至，理有固然。日本舊史已諱言遣使之政治目的，自然要抹煞對南朝朝貢之事。

第四節　不必再小家子氣

實際貢使次數尚不止此　從以上紀錄，我們可以看出，漢武帝平朝鮮後，倭人歲時來獻方物者，已有三十餘國。其後每當朝鮮不通，則倭使中斷，待中國勢力再及於朝鮮，倭使亦再至。例如，光武建武二十三年（四七），高句麗內屬，中元二年（五七）正月，倭奴國遣使貢獻。三國時，魏將司馬懿於景初二年（二三八）平遼東，景初三年，倭女王遂遣使朝魏。東晉五胡亂華期間，交通爲燕、魏所阻，倭使中斷，後來南路海道一通，自東晉至南朝，便貢使不絕。

其實以上所舉的正史紀錄，尚多遺漏，倭使實際朝貢次數，很可能如「漢書」所云，「歲時來獻」，相當頻繁，至少決不止有紀錄的上述幾次。有二件事可以爲證：

1. 據「魏志」所載，倭人朝魏只四次，至齊王芳的正始年間爲止，而「晉書」補述如下：「宣帝（司馬懿）之平公孫氏也，其女王遣使至帶方朝見。其後貢聘不絕，及文帝（司馬昭）作相，又數至。」按司馬昭歷事高貴鄉公、陳留王二主，然後篡位，他作魏相期間共十五年。由此可見，至少在那十五年間，倭使數次來朝，皆被「魏志」遺漏了。

2. 如上所述，南朝齊建元中，有封倭王爲大將軍事，而齊書本身根本不載倭事。其後的隋唐二代也是一樣，「隋書」謂小野妹子二次來朝之後，日使遂絕；然據「日本書紀」所載，則在煬帝大業十年（推古天皇二十二年，六一四），仍有一次遣隋使。又依日史計算，唐代全期間，遣唐使有十九次之多，而「新唐書」所記只十一次；「舊唐書」更少，只五次。

由此可見，中國舊日史官，並不重視倭使，非有大事，則皆省略。

出土古物可爲佐證　日本過去的史家，否認隋唐以前的中日通使，對於封爵之事，尤其矢口否認，卽在現代，也還有不少頑固派，不甘承認此事。然而，先秦中國古物及「漢委奴國王印」的出土，事實終勝於雄辯。

綜合各考古家與史學家的著述，日本出土的中國古物，有幾種特別重要：

1. 發掘於山陰、北陸至畿內之間的銅鐸，經專家考定，類似先秦時代的古鐘，由此推斷，考古學上所謂「銅鐸民族」，卽日本神話的「出雲民族」，亦卽來自中國的大陸移民，可見中日交通很早。

2. 日本備後御調郡三原町及備前邑久郡山手村，皆發現先秦時代的貨幣「明刀」，據專家考定，「明刀」爲燕國物。且自遼東以至朝鮮半島的西海岸各地區，如平安北道，平安南道，全羅南道等，皆有同樣的「明刀」出現，更可斷定燕國與日本的交通路線，是經由遼東、朝鮮西部沿海地區，以至日本。於是，「山海經」所說的「倭屬燕」，便不再是無稽之談了。

3. 九州福岡系島郡前原町發現青銅鏡、朱紅瑪瑙、鹿角製管玉……等，專家斷定是處所掘，卽爲「魏志」所說的「伊都國」國王之墳。於是，「魏志」的可靠性，又多一考古證據。

漢委奴國王印　最重要的發現，是「漢委奴國王印」。此印是九州博多灣口志賀町農民偶然發現的，發現時間很早，在日本天明四年（江戶幕府將軍德川家治統治時期，淸乾隆四十九年，一七八四）。這顆金印刻陰篆文，四方形，每邊七分八釐，厚三分，印柄爲蛇紐形，高四分，全重二兩九錢。經日本學者考證，漢代之印，最大不超過一方寸；蛇紐陰文之印，是賜給蠻夷君長的。又中國歷代之印，皆不冠以朝代名，惟賜給蠻夷君長者有之，與此印的「漢」字相符。因此，斷定確爲漢光武所賜之印。

戰後，日本文化界獲得思想解放，一反昔日偏狹態度，史家的研究大都相當客觀。然近年又有一些頑固分子，舊調重彈，再倡狹義的民族主義。於是，指金印為贋品，銅鐸為日本物等諸說又起。好在大多數史家並不同意，而且認為，即使金印為偽，也不能動搖「後漢書」和「魏志」的可靠性。

其次，魏明帝所賜「親魏倭王印」現雖失傳，「宣和集古印史」還拓有此印，其他史書亦間有轉載。茲將二印照相複製於此，以供讀者參考。

唐書並不諱言稱臣於突厥　世界各國的歷史，大都有過臣服他國，接受異族統治的紀錄，日人否認隋唐以前向中國稱臣納貢，徒見其小家子氣而已。中國泱泱大國，而五胡及元清二代的異族統治，皆一一作成正史。唐代是最盛的一代，唐天子做了天可汗，萬國衣冠拜冕旒，長安有如今日的聯合國；然唐書並不諱言高祖曾稱臣於突厥⑨「通鑑」隋記亦明言「淵受可汗書，禮容盡恭。」日本現已成為世界上文明先進國家，小家子氣的態度，可以揚棄了罷。

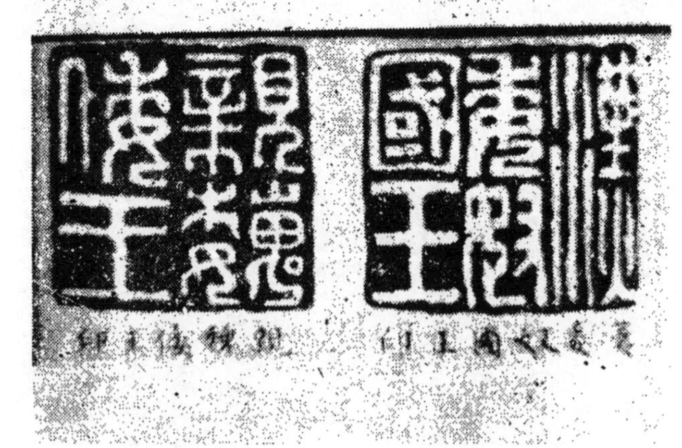

漢委奴國王印　　親魏倭王印

①本章主要參考書籍同第一章。

②日本歷史把所有外國來使（除中國外），皆稱朝貢，國書皆稱表。

③暢鬯二字同，古人釀酒用之香草，產地在今廣西鬱林，王充此說當有誤。

④「魏志」原文爲景初二年，事實上三年誅公孫淵後，卑彌呼始遣使。自從內藤虎次郎指出「魏志」錯誤後，已獲得一致承認。新出的日本史，大都逕用景初三年。

⑤高句麗好大王又名廣開土王，爲四五世紀之交的名王，其陵墓碑文，於光緒初年在奉天輯安縣通溝東岡村出土。依碑文所記好大王年號及戰爭紀錄，史家考定如左：

九年己亥——東晉隆安三年，公元三九九——倭人攻新羅。

十年庚子——隆安四年，四〇〇——高句麗發兵五萬救新羅，倭軍自退。

十四年甲辰——元興三年，四〇四——倭侵入帶方（漢城附近），被高麗軍擊潰。

十七年丁未——義熙三年，四〇七——高句麗兵五萬，大破倭軍，斬獲無算。

⑥據日本歷史，仁德天皇死後，其子履中、反正（珍）、允恭（濟）依次嗣位。宋書有「讚死弟珍立」一語，故有人認爲讚是履中。然履中在位很短（四二八——四三二），而讚二次使貢的年代，皆爲仁德在位時事，故讚應爲仁德，宋書把履中一代漏了。又據宋書本紀，尚有世祖文帝元嘉七年（四三〇）正月，倭國王遣使獻方物，依年代看，那次正是履中的遣使，可見「宋書」夷蠻傳倭國之部，的確遺漏了履中一代的事。

⑦據「梁書」東夷傳，「禰」卽宋書的「珍」，作者認爲梁書可能有誤，這個「禰」很可能是仲哀或應神（祖不一定限於祖父）。

⑧「扶桑略記」卷三延曆寺僧禪岑記，稱司馬達爲「大唐漢人」。

⑨語出唐太宗，見「唐書」李靖傳。

第三章　朝鮮的關係①

第一節　軍事地理

朝鮮問題　中日二國遠隔海洋，國土不相接壤，在海空交通未發達時代，沒有直接的利害衝突，有之則爲朝鮮問題。的確，朝鮮是中日二國之間的橋樑，最初，中國的移民及文化，皆經由朝鮮傳入日本；後來的歷次中日戰爭，也幾乎皆因朝鮮而起，雖然在性質上，略有直接間接的不同。

中日二國，前後有過五次戰爭。唐代的白江口之戰，明萬曆年間的朝鮮之戰，清代的甲午戰爭，皆因朝鮮問題而起，戰場也就在朝鮮。元軍征日，是因爲元朝征服了高麗，才有再進一步征服日本的念頭。最近一次大戰，則與元軍征日正好相反，日本已併朝鮮，復得寸進尺，侵我滿蒙，最後更妄想征服整個中國，終於引起一次空前的大戰。換言之，後面這二次戰爭，雖非直接由朝鮮問題而起，朝鮮還是戰爭的媒介。

寫中日文化史或交通史，可以撇開戰爭，也就不必談到朝鮮的關係。要寫比較完整的中日關係史，決不能不談戰爭，所以非研究朝鮮不可。下章就要說到第一次中日戰爭——白江口之戰了，爲使讀者瞭解那次戰爭的原因及其舞台背景，特將朝鮮半島的一般狀況，及中韓、日韓的早期歷史關係，略爲叙述。

一般形勢　朝鮮半島位於東北亞洲，東方是日本海，西方是黃海，南方與日本爲鄰，只隔着一個朝鮮海峽，北方的天然國境線，是鴨綠、圖們二江。鴨綠江以北地區，除偶而被高句麗及其他東胡民族盤踞一時外，歷史上一向屬於中國。圖們江外，向爲滿洲民族的根據地，惟歷代名稱不同，古曰息愼或稷愼，周曰肅愼，漢曰挹婁，南北朝曰勿吉，唐曰靺鞨，遼曰女眞，宋曰金人，淸以後始稱滿族。

朝鮮半島南北狹長，形如兎子，面積二二一、〇〇〇方公里。大部爲山地，北部最高，次爲東部，西部和南部則爲丘陵地，僅在幾條大河的流域，有一些狹小的平原。海岸線全長八、六〇〇公里，大小島嶼有三、三〇五個。

山脈屬長白山系，主山脈自長白山南迤，沿東部南下，縱貫半島，形成半島脊樑，稱太白山脈。支幹有五，自北至南算起，依次爲狼林山脈，妙香山脈，馬息嶺山脈，車嶺山脈及小白山脈。除狼林山脈自北而南外，其餘四個山脈皆自東北延伸至西南。

軍事地理　朝鮮半島缺乏很大的河川，連兩條國際河在內，六條主河皆只有數百公里。鴨綠江發源於長白山西南，流入西朝鮮灣，長凡七百九十公里。圖們江發源於長白山東北，流入日本海，長凡五百二十餘公里。平壤附近的大同江，發源於狼林山，向西南流，經平壤，入西朝鮮灣，全長四百三十九公里。漢城附近的漢江，發源於五台山及金剛山，向西南流，到漢城附近折向西北，注入黃海，全長四百七十公里。忠清南道的錦江，發源於德裕山，初向北流，繞經大田，折向西，再向南，於羣山附近出海，全長四百一十公里。半島東南的洛東江，發源於太白山附近，南流至釜山附近入海，全長五百二十公里。

河川，尤其是障礙性較大的下游部分，爲軍事上的自然防線。每次日軍侵略朝鮮，主要戰役多發生在錦江、漢江及大同江流域。

朝鮮的重要海港，東部自北算起，有雄基、淸津、城津、興南、元山及浦項。南部自東算起，有釜山、鎭海、馬山及木浦。西部自南算起，有羣山、牙山、仁川、鎭南浦及龍岩浦。

在中韓二國的對日戰爭史上，東部海港作用較小，最重要的是釜山，因爲距離日本的對馬島很近，通常總是日軍的最初登陸目標，及作戰期間的補給基地。第二次大戰之後的韓戰，美軍也以釜山爲基地。

其次是仁川，此港距離漢城只三十九公里，爲漢城外港。因其位於半島中部，接近政治中心，向爲戰略要點。中日甲午戰爭時，日軍的先頭混成旅團卽在仁川登陸，然後進佔漢城。日俄戰爭時，日軍的先頭師團也在仁川登陸。韓戰期間，麥克阿瑟的仁川登陸，更是衆所週知的事。

平壤、漢城、開城，合稱三京，皆爲朝鮮歷代故都。半島上的對內對外戰爭，多以三都附近爲決戰之地。平壤依托大同江，漢城依托漢江。開城介於平壤、漢城之間，是一個山城，當南北交通要道，亦爲戰略要點，王氏高麗朝建都於此。

朝鮮與日本只隔着一個朝鮮海峽，兩國有悠久的通商關係。中國文化之傳入日本，最初也以朝鮮爲媒介。然在中日關係史上，朝鮮半島的主要角色，則是一個戰場。尤其是，這一章之作，爲的是要替下一章白江口之戰，預作戰爭背景的說明，所以這一節的地理介紹，也只限於軍事地理，其他從略。

第二節　歷史演變

箕子王朝與中國郡治時代　大約在公元前十二世紀末葉（周初），殷國遺臣箕子不願仕周，前往朝鮮開國，自建箕子王朝，以平壤爲都城。箕子的教化區，只能及於漢江以北；漢江以南地區，則爲韓國土著民族所據，史稱「古辰國」。後來這些土著民族分爲三個韓族——馬韓（亦作慕韓）、辰韓（亦作秦韓）、弁韓；統稱三韓。各族繼續分裂，到中國漢末魏初時候，馬韓有五十餘國，辰韓、弁韓（魏志作弁辰）各有十二國。

漢初，燕人衞滿亡命朝鮮，逐走箕氏王朝的末代之君，自立爲王。漢武帝元封二年（公元前一〇九），派兵征朝鮮，翌年滅衞滿，置朝鮮四郡。此後，朝鮮由中國直接統治，達四百年之久，史稱「中國郡治時代」。但自公元二三世紀起，半島南部的三韓逐漸強盛，向北發展，中國郡治地區，也隨着逐漸縮小。

高句麗強大　西晉八王之亂，帶來五胡亂華，中國大亂，無力兼顧朝鮮，高句麗②乘機崛起，西侵遼東，南呑樂浪（以平壤爲中心的半島西北部地區）。同時，在半島東南部，則因辰韓十二國之一的斯盧興起，建立新羅王國，逐漸兼併諸韓。接着又有夫餘移民，佔據了帶方（以漢城爲中心的漢江南北地區），建百濟國。於是，中國郡治結束，朝鮮三國時代開始。

高句麗以平壤爲首都，其國境西至遼河，東至圖們江。百濟以漢城爲首都，大致領有今京畿道及全羅北道地區。新羅定都金城（今慶州），領有半島東南部。半島南部原有的三韓國家七十多個，逐漸被新羅、百濟所併，最後只剩下幾個氏族，殘存於洛東江流域，稱爲六伽耶，他們的情形，下節再說。

三國之中，高句麗疆域最廣，國力最強，屢侵百濟。公元四七五年，高句麗攻破漢城，殺百濟的蓋鹵王。

高句麗初與新羅關係良好，曾於五世紀初年，應新羅之請，發兵南援，大破日本軍隊。其後，高句麗亦屢侵新羅國土。

百濟、新羅聯盟　百濟人民自漢江流域南遷，藉日本之助，立蓋鹵王之弟文周爲王，重建國家，以熊津爲新都，卽今錦江南岸的公州。百濟重建後，與新羅結爲同盟，共同抵抗高句麗。

百濟南遷後六十餘年，出了一位英主，史稱聖王，亦稱聖明王。聖王勵精圖治，積極獎勵生產，吸收中國文化，振興學術工藝，國內安定繁榮，號稱中興。他在位十六年（一說十八年）時，遷都泗沘。新都在熊津西南，位於熊津江（錦江）南岸，卽今忠淸南道的扶餘。

同時期的新羅，接受中國文化尤力，所有官職法制，甚至風俗習慣，事事仿效中國，且連續出過幾位英明之主，國勢亦蒸蒸日上。至新羅法興王十九年（這一年的公元推算不一，五五四年似較爲可靠），新羅兼併半島南部的六伽耶，消滅日本在韓勢力。此事的經過，待下節再說。

三國情勢轉變　未幾，高句麗內訌，百濟、新羅聯合出兵，共擊高句麗。百濟向漢江下游前進，收復六郡及其故都漢城。新羅則自漢江上游地區，向北進攻，略取高峴以南十郡土地。高峴似卽今江原北道的鐵嶺。

至是，新羅眞興王忽然背盟，移兵西進，盡奪百濟收復的六郡。百濟故土得而復失，深恨新羅。

於是，二國同盟破裂，百濟反與高句麗聯合，共同對付新羅。又求援於日本，請日本出兵收復六伽耶。新羅陷於孤立狀態，乃向中國求助。

以上是唐初（七世紀初）朝鮮三國的概況，此時三國的國界，略如圖示③。

唐初朝鮮三國的形勢

第三節　日本與新羅百濟

六伽耶地區　現在轉過來敘述日本與朝鮮半島的關係，然最初的情形一無所悉，只知道日本最前線的對馬島缺糧，必須向朝鮮輸出水產物，換取糧食回來，而弁韓的鐵器、織物也由是輸入日本。由於這種經濟關係，日本與三韓地方，交通很早。及新羅、百濟興起，半島南部情勢大變，繼續與日本保持經濟關係的是六伽耶地區，因為他們佔據着洛東江下游，即今釜山附近地區，與對馬交通最便。因此，這一節必須先從六伽耶說起。

如前所述，在三韓時代，半島南部原由馬韓、辰韓、弁韓分別佔據。馬韓在西部，分爲五十餘國，後爲百濟所併。在馬韓之東，則爲辰韓、弁韓雜處。辰韓亦稱秦韓，爲秦代中國移民，由馬韓撥地居留，並派人統治，其文化水準高過他族。弁韓與辰韓雜處，也被辰韓同化，效法華人風俗。辰韓、弁韓各有十二國，辰韓的斯盧國最強，後來日益強大，遂建立新羅王國。新羅已爲辰韓所建國家，故其文化水準高於百濟及高句麗，且特別傾向中國。

新羅興起後，逐漸兼併其他國家。辰韓、弁韓的殘部，有一部分移民日本（參看第一章弓月君等歸化人），另一部分則仍據守着洛東江下游地區，介於新羅、百濟之間。這一部分人分爲六個部落，後代僧侶稱之爲「伽耶」，統稱「六伽耶」。六部結成聯盟，共同抵抗新羅，盟主稱「大伽耶」或「高靈伽耶」。

日本建任那府　六伽耶因地理之便，與日本保持着經濟關係。現在因受新羅不斷壓迫，便求助於日本，請日本出兵，進攻新羅。

據說，日本第十代崇神天皇時代（當在三世紀初），新羅進攻六伽耶，其大伽耶向日本求救，天皇卽遣皇族鹽乘津彥率兵往援。自是之後，日人前往者漸多，到十一代垂仁天皇時，賜六伽耶國號「任那」，並在其地設「日本任那府」，派遣大員坐鎮，以管理日本軍民，同時也就是日本侵略朝鮮的基地。事實上，六伽耶已成爲日本屬地，任那府卽等於殖民地總督府。後來更進一步，任命任那府鎮將爲國司，與日本國內諸侯同等看待，任那府更變爲日本的一個行省了。

日本與新羅爲世仇　日本有了這個基地，便有擴大侵略的意圖。同時，新羅爲了牽制日本，也策動九州的熊襲人，反抗日本政府。熊襲屢叛，日本朝廷不勝其苦，到仲哀天皇時（約在四世紀中），遂有征服新羅，杜絕熊襲亂源之議，仲哀沒有採納，仍決心先平內亂，再征新羅。

仲哀天皇自征熊襲，未竟全功而死。據說其神功皇后繼夫遺志，一面派兵繼續討伐熊襲，一面自統水陸大軍，遠征新羅。這次遠征，據說很成功，新羅無備，突被奇襲，乃向日本投降。然新羅並非眞降，自是兵連禍結，演成長期戰爭。同時，日本已勝新羅，又有百濟相助，更欲向北擴張勢力，一度侵至漢江流域。

四五世紀之交，高句麗出了一位名王，名廣開土王，通稱好大王。新羅向高句麗乞援，好大王出兵南下，先後與日本人打了八年仗。四〇七年，好大王大破日軍，戰爭終止，日本對韓的侵略完全失敗。然任那地方則仍在日人統治之下。

其後，日本任那府國司不得其人，屢叛日本④，並圖謀自建獨立國，新羅乘之，於公元五五四年滅六伽耶，日本任那府亡，其勢力遂退出韓國。

任那亡後，自敏達至推古，四代天皇期間（五七二—六二八），日本迭次出兵，企圖恢復任那府，皆不成功。

百濟依賴日本　日本與百濟的國交，由來很久，也很親密。第一章所說的日本歸化人中，百濟人數倍於新羅、高句麗二國的連合。百濟自失漢城後，其太子文周流亡南下，也靠日本的扶助，始得在錦江流域，重建國家。文周王後二代的東城王（末多），也是日本扶立的，到武烈天皇時（五〇五—五〇七），日本又廢末多，改立武寧王。國王的廢立皆由日本，日本對於百濟的影響力，自不待言。又在欽明天皇九年（五四〇），高句麗攻百濟，日本也出兵救援。

日本百濟聯軍進攻新羅，更是常事，日本常以所得之地，分賜百濟。但自任那亡後，百濟與日本陸上交通斷絕，有孤立之感，常請求日本收復任那。舒明天皇三年（六三一），百濟國王扶餘璋（武王）復遣王子豐璋（唐書扶餘豐）爲質，再請日本出兵，收復任那。

高句麗與日本的關係　在朝鮮三國時代，高句麗始終是日本的對頭。然高句麗與中國國土接壤，雖一向臣服於燕、魏、隋、唐，亦常因邊界糾紛，引起國交緊張。因此，高句麗與日本，偶然亦有通使。不過，日本歷史所謂高句麗進貢上表，則顯然是自我陶醉。

總而言之，高句麗與日本的關係比較特殊，他是阻遏日本侵略朝鮮的主力，與日本有過幾次大戰，兩國間留有巨大的血債。然因二國遠隔，利害衝突不大，到底不像日本與新羅那麼仇深似海。

第四節　隋唐與朝鮮三國

三屬國的態度各自不同　隋代及唐初，朝鮮三國都是中國的屬國，接受中國冊封，不時遣使進貢，然三國各有其特殊背景，態度不盡相同。

新羅已經全盤漢化，在半島上又處於孤立地位，日本更是世仇，故與中國關係最密切。唐初，新羅可說是唯命是聽的國家，朝廷也特別寄與同情及援助。

百濟也極力從事漢化，但因本國與日本淵源較深，又與新羅爲敵，故對中國的態度有點曖昧。儘管表面很恭敬，却不是肯聽話的。

高句麗在東晉南北朝時代，乘中國內亂，奪取遼河流域，與中國有宿嫌。又因國土接壤，邊境常有衝突。北朝期間，北魏君臣志在中國，不願用兵東方，對高句麗採取懷柔政策，只要高句麗進貢，就賜封其王，羈縻而已。北齊、北周亦然。周武帝更馬虎，一向封高句麗王的，忽然由他改封爲遼東王，無異正式承認其合法領有遼東。

及隋文帝即位後，二國關係遂開始有了變化。一方面，隋文帝改封高麗王，不復承認遼東王的周代前封。一方面，高句麗看見中國大統一，害怕中國出兵收回遼東。因此，亙隋代及唐初，高句麗雖向中國進貢無間，同時也在邊境設防，嚴加戒備。於是，由於國交的緊張，遂引起許多次戰爭。

隋唐數征高句麗　隋代先後四征高句麗，文帝一次，煬帝三次。煬帝因不恤民力，又統御無方，卒因東征拖垮了自己的江山；可是高句麗屢遭兵燹，也弄得殘破不堪。

唐太宗亦於貞觀十九年（六四五）親征高句麗，那次戰役雖然沒有攻下安市，到底不是無功而還。唐軍已攻下蓋牟、遼東、白巖三城，先後二次擊滅高句麗援兵十萬之衆，使高句麗元氣大傷。接着，唐太宗又改變戰略，隨時隨地派兵進襲，使高句麗防不勝防，疲於奔命，終因國力消耗過甚，一再遣使請降。

由於隋唐的一再用兵，高句麗對新羅的壓力遂稍爲減輕。

可是，當隋末唐初之際，百濟也很強盛。每當中國討伐高句麗的時候，百濟便動員軍隊，作待機姿勢，佯作北攻，策應中國，實際是坐觀成敗，看風使帆。待中國軍隊失敗或撤退後，百濟就移師進攻新羅。

百濟新羅經過長期間戰爭，新羅屢敗，失陷四十餘城。唐初，中國應新羅之請，屢以詔書命百濟國王罷兵，皆無效。

蘇定方滅百濟　唐高宗顯慶五年（六六〇），遣將蘇定方征百濟。並命新羅出兵，向東夾擊。百濟的義慈王，初以孝友著稱，有海東曾子之譽，後以屢勝新羅，驕奢日甚，宴遊無度。又聽信奸邪，殘害忠良。於是，國政日非，國防怠忽。

蘇定方至百濟，與新羅兵會師泗沘，遂滅百濟。得其五部三十七郡，析置熊津、馬韓、東明、金漣、德定五都督府。高宗仍以百濟故吏爲五地都督，只命郎將劉仁願守百濟城（泗沘）；左衛郎將王文度爲熊津總督，留兵二處以爲鎮撫。蘇定方俘其國王義慈父子及大臣等九十三人囘長安，獨留百濟太子扶餘隆於泗沘。

①本章主要參考書籍：

「隋書」、「唐書」、「新唐書」、「資治通鑑」、「大日本史」、「日本書紀」、「古事記」、「東國通鑑」、余又蓀「日本史」及「隋唐五代中日關係史」、甘友蘭「日本通史」、青木武助「大日本歷史集成」、坂本太郎「新訂日本史概說」、川上多助「日本歷史概說」、李丙燾「韓國史大觀」（許宇成譯）、李廼揚「韓國通史」、竹內榮喜「日唐戰爭」（大日本戰史第一冊）、磯田良等「增訂日本歷史參照圖表」、李則芬「中日白江口之戰」（五千年世界戰爭史第四冊）、Hakwon-Sa: Korea, it's Land, People and Culture of all Ages 等。

②中國歷史，因隋文帝改封高句麗王爲高麗王，故自北史至隋唐二史，皆改稱高麗。本書非斷代史，不便前後二稱，且下面還有王氏所建的高麗朝，爲示區別，故不改稱（日韓二史對於三國時代的這個國家，也始終稱高句

麗。

③關於韓國三國時代以前的歷史，中日韓三國史書互異，是無法統一的。日韓歷史後出，多屬神話，現代人的著作，則又各有其民族立場，皆難盡信。「魏志」東夷傳雖嫌簡略，但係當時著作，且立於第三者的客觀地位，比較可信。本文仍以「魏志」紀錄爲主，兼採日韓二國歷史作爲補充或修正。

④雄略天皇時田狹據任那反。顯宗天皇時，紀大磐據任那，通好高句麗，欲建都自稱皇號。繼體天皇時，近江毛野迫使任那叛變，又拒命不回國。

第四章　中日白江口之戰①

第一節　百濟故將叛唐

自蘇定方率領唐軍主力班師回國後，百濟故將叛亂，日本出兵援助叛軍，唐亦增兵平亂，最後遂導致中日第一次戰爭——我國稱白江口之戰，日本稱日唐戰爭。在敘述戰爭經過之前，且先介紹百濟的戰略要點，及各國軍隊的合理進兵路線。

百濟的戰略要點　百濟領域，約莫相當於今之忠淸南北、全羅南北四道。國都泗沘城，建築在熊津江南岸；位於河川彎曲部，北、西、南三面，皆依江爲屏障。東面築羅城（外城），包含王宮、官署及民宅。羅城建在扶餘山南的平地，另在羅城之北的扶餘山上，築有一座山城，作爲非常時期的最後據點。朝鮮三國時代，戰爭頻仍，各國都很講究築城，國都就是要塞，有禁軍駐屯，有糧械儲備。百濟國都的山城，形勢險要，築壘至堅，如果民心士氣鞏固，是不難久守的。

百濟既以新羅及唐軍爲假想敵，國防上有二處戰略要點。東方的眞峴（亦稱炭峴），位於今大田之東，熊津江畔，臨江負山，地形險阻，正扼住新羅東進之路。是處築有堅城，因其地形險峻，不易攀登，守軍如不懈怠，敵人是很難攻進去的。

東方防禦唐軍水師登陸，最重要的事，是在白江口設防。當時所謂白江，就是錦江下游部分，白江口即錦江口②。唐水師必須衝破這一關，才能溯江而上，進逼百濟首都泗沘。

隋唐二代，中國與朝鮮半島的海上交通，皆自山東半島的登州（今蓬萊）或東萊（今掖縣）發航，先到遼東半島，再沿海岸東行，到鴨綠江口後，復沿朝鮮西海岸南下。因此，唐水師遠征百濟，航程遼遠，風濤險惡，官兵到了那裏，都很疲勞，所帶的糧食也不能持久，非迅速衝過白江口這一關不可。然百濟的防務如不廢弛，能置重兵於白江口，客軍就進退維谷了。

日本進兵路線　日軍出兵救援百濟，有三條路線可以選擇。第一，是逕航白江口，直接支援。第二，是在朝鮮半島南部登陸，先經略洛東江附近地區，然後進攻新羅。這方面進兵有許多便利，後方交通線短，而作戰地區即舊日任那府所在地，那裏還有一些日本籍居民；原屬伽耶族的當地人民，對新羅並無好感，也很傾向日本。第三，是直接自對馬向東海岸發航，逕攻新羅首都金城（今慶州）。這是圍魏救趙的戰略，可迫使新羅回師自保。而且，這是神功皇后征新羅的老路線，在日本歷史上，由此進兵，非止一次，並不陌生。

日軍實際所取的路線，是進兵白江口直接支援，其原因大概是因爲叛軍新集，烏合之衆，非有日軍直接支援不可。而且主要敵人是唐軍，單把新羅迫退，還是無濟於事。

高句麗救援百濟，最直捷有效的路線，是自平壤出兵，經開城南下，攻擊漢城。這是一條連接三京的古交通大道，進兵便利，補給線亦短。而漢江流域是富庶地區，客軍可以因糧於敵，新羅則爲必救之地。但是，在這條線上有不少堅城當道，恐怕曠日持久，則不如自鐵原附近迂廻南下，進攻驪州附近。這方面一旦成功，則漢城孤立無援，取之較易。事實上，這次高麗進兵就是如此。

百濟故將叛變　且說蘇定方的大軍回國不久，熊津總督王文度又渡海死。百濟故將福信（日史鬼室福信）與僧道琛乘機反，以熊津江（錦江）下游的周留城（今韓山，日史作州柔）爲根據地，號稱「興復軍」，進圍劉仁願於泗沘。百濟故將黑齒常之（後降唐，爲名將）等，亦在百濟西北部舉兵叛變，西北諸城一致響應，有衆三萬人。

同時，福信等又遣使至日本，請求出兵援助，並遣還前在日本爲質的王子扶餘豐（日史作豐璋，義慈王的兄弟），立爲百濟國王，以領導復國戰爭。

百濟叛軍圍泗沘，唐高宗詔劉仁軌撿校帶方州刺史，代統王文度之衆（在熊津），便道發新羅兵，合勢以救劉仁願。劉仁軌是這次戰役的主角，先要介紹一下。

第二節　劉仁軌孤軍奮鬬

起用劉仁軌　劉仁軌字正則，汴州尉氏人，少貧賤，好學，博涉文史。武德初，受知於河南道安撫大使管國公任瓌，補息州參軍。繼除陳倉縣尉，以折衝都尉武寧恃惡不悛，仁軌杖殺之。太宗怒其擅殺折衝，召之詰問，愛其剛直，更擢咸陽丞。貞觀十四年，仁軌諫太宗校獵，太宗嘉其卑官言事，益加賞識，累遷給事中。

顯慶四年，仁軌出爲青州刺史。五年，蘇定方征百濟，仁軌督海運覆船③，坐免官，以白衣從軍。

龍朔元年三月，詔起仁軌撿校帶方州刺史，代統王文度之衆。仁軌膽識過人，意志堅決，判斷準確，治軍嚴肅，接任之後，軍容一新，與新羅兵併力，自熊津轉鬭而前，所向皆下。叛軍大敗，殺溺死者萬餘人，道琛乃釋泗沘之圍，退保任存城（今大興）。

新羅移師北上　未幾，高句麗與靺鞨聯兵南下，策應百濟叛軍，由高句麗大將惱音信率領，進攻新羅之述川城（今驪州），不克。旋又移師攻擊北漢山城（今漢城北之洗劍亭）。歸劉仁軌節制的新羅軍，因此轉用於北方戰場，對付高句麗的侵略。

惱音信圍攻漢城一月，終被新羅守兵擊退。是年七月，唐將蘇定方攻高句麗，進圍平壤。於是，新羅軍更自漢城北上，策應蘇定方作戰。直至九月間，蘇定方奉詔班師，新羅那一部軍隊才撤退回國。

在此期間，百濟叛軍內訌，福信殺僧道琛而併其衆，聲勢益盛。福信得悉新羅兵去，唐軍孤懸，乃乘機佔領眞峴，斷絕新羅交通，也就是斷絕了唐軍的糧道。

劉仁軌處在這種不利的情勢之下，乃與劉仁願合兵休息，以待局勢轉變。

劉仁軌慷慨陳詞　龍朔元年（日本齊明天皇七年，新羅文武王元年，公元六六一）九月，高宗既詔蘇定方班師，同時又敕劉仁軌曰：「平壤軍廻，一城不可獨固，宜拔就新羅，共同屯守。若金法敏[4]藉卿等留鎮，宜且停；若其不須，則宜泛海還也。」

敕至，將士皆欲西歸，仁軌曰：

春秋之義，大夫出疆，有可以安社稷便國家者，專之可也；況在滄海之外，密邇豺狼者耶？且人臣進思盡忠，有死無貳，公家之利，知無不爲。主上欲吞滅高麗，先誅百濟，留兵鎮守，制其心腹；今雖妖孽充斥，而預備甚嚴，正宜勵戈秣馬，擊其不意。彼已無備，何攻不克？戰而有勝，士卒自安。然後分兵據險，開張形勢，飛表上聞，更請兵船。朝廷知其有成，必將出師命將。聲援纔接，凶逆自殲。非直不棄成功，實亦永清海外。

今平壤之軍已廻，熊津又拔，則百濟餘燼，不日更興，高麗逋藪，何時可滅？且今以一城之地，居賊中心，如其失脚，卽爲亡虜。拔入新羅，又是坐客，脫不如意，悔不可追。況福信凶暴，殘虐過甚，餘豐猜貳，外合內離，鴟張共處，勢必相害。唯宜堅守觀變，乘便取之，不可動也。

夜襲眞峴　龍朔二年，新羅已自高句麗班師，乃遣軍再助仁軌。此時，扶餘豐已由日軍一部護送回國，至周留自立爲王。豐等聞唐軍奉敕將歸，遣使問曰：「大使何時西還？當遣使相送。」仁軌知其無備，出兵襲擊之，拔其支羅城及尹城、大山、沙井等諸柵，殺獲甚衆，分兵據守之。

叛軍爲防新羅來攻，益增加眞峴守備兵力。七月，仁軌引新羅兵攻之，黑夜薄城，攀草而上。至晨，遂拔眞峴，新羅糧道復通。

至是，仁軌向朝廷請援，扶餘豐亦向日兵催兵，中日一場大戰，遂呼之欲出了。又在此期間，果不出劉仁軌所料，叛軍再度內訌，扶餘豐殺福信，自統全軍。

第三節　日本出兵

日本國內情勢　現在轉過來，且先說日本出兵經過。

唐滅百濟那一年，是齊明天皇六年。大化革新開始至今，已有十五年之久，廢封建，置郡縣，仿唐制授田，定租庸調稅制，創建軍團。此類改革，雖迄今尚未完成，然國家漸上軌道，朝廷權威粗立，且徵兵順利，方積極掃蕩北部的蝦夷和肅愼。肅愼卽女眞前身，此時唐已改稱靺鞨，日本仍稱其舊名。他們此時正向四處侵入，大部進入朝鮮西北的咸興平原，一部侵入日本北海道（當時尚非日本統治地），並鼓勵奧羽蝦夷，反抗日本統治。

齊明天皇四年（六五八）四月，命阿倍引田比羅夫，率舟師一百八十艘征蝦夷，先招降齶田（今秋田）、渟代（今能代）二郡蝦夷，更進軍渡島（北海道東南端），撫諭是處的生蝦夷而還。

五年三月，比羅夫再征渡島蝦夷，於後方羊蹄（今檜山）設置政府，定其郡領，然後班師而回。

日本朝廷以蝦夷屢叛，皆受北海道肅愼人的鼓勵，要徹底平定蝦夷，必須遠征北海道，討伐肅愼。齊明天皇六年（卽唐滅百濟那年）三月，彼羅夫復率舟師二百艘北征，利用陸奧及渡島蝦夷作嚮導，大破肅愼。

百濟叛軍向日本求援的時候，正當比羅夫奏凱歸來，民心士氣都很振奮。日本既有恢復任那府的宿願，又自恃其連年武功，聽說百濟反唐，便躍躍欲試。於是，朝野一致主張，利用這個機會，大舉出兵，扶助百濟復國，並經略朝鮮半島。

是年九月，齊明天皇下詔出師，詔曰：「乞師請救，聞之古昔，扶危繼絕，自著恒典，故枕戈嘗膽，必賚拯救。今百濟本邦喪亂，靡依靡告，窮來歸我。以是命爾將士，百道俱進，雲會雷動，俱集

沙啄，剪其鯨鯢，舒彼倒懸。其王子餘豐，宜命有司備禮，以時發遣。」（日本書紀）

齊明天皇先至難波宮（在大阪），詔命修繕軍器。又敕駿河國（今靜岡縣）大造軍艦。

齊明病死行宮　齊明天皇七年（唐龍朔元年，六六一）三月，天皇率同皇太子等西征，乘舟至筑紫娜大津（今福岡縣博多市），部署出兵，初居磐瀨行宮，旋移居朝倉宮。

齊明天皇爲三十四代舒明天皇之后，也就是三十五代的皇極天皇，皇極傳位於三十六代孝德天皇，及孝德死，她再度登極，改號齊明，是爲三十七代天皇（一人二代）。現在，這位女皇已經六十八歲，大概年老體衰（相傳又迭見怪異），經不起風波，一病不起，七月死於朝倉宮。

齊明死後，皇太子素服踐祚⑤是爲三十八代天智天皇。天智英明果斷，推行大化革新最力，創建學校制度，日史稱爲中興之主。他踐祚後，繼續執行原定計畫，先命狹井連檳郎、秦造田來津二人率兵五千，護送扶餘豐歸百濟。行前，天智親授織冠，又以多臣蔣敷之妹妻之。翌年，又賜福信矢十萬，絲五百斤，綿一千斤，布一千端，韋一千枚，稻種三千斛，別贈扶餘豐布三百端。

日軍戰鬪序列　天智稱制元年至二年（唐龍朔二—三年，新羅文武王二—三年，公元六六二—三年），日本先後派出三次派遣軍，其序列如下：

第一次派遣軍

指揮官：阿曇比羅夫

先頭部隊於天智稱制元年三月，進入周留城。

軍主力與「百濟王豐璋護送軍」同時行動，天智稱制元年五月發航，乘船一百七十艘。

第一次派遣軍兵力不詳，「百濟王護送軍」有兵五千人，全部合計大約有萬餘人。

第二次派遣軍

前軍指揮官：毛野稚子

中軍指揮官：巨勢神前臣譯語

後軍指揮官：阿倍引田比羅夫

天智稱制二年三月發航，先到百濟南部作戰。船數不詳。

兵力二萬七千人。

第三次派遣軍

指揮官：盧原君

兵力萬餘人

出發時間及船數不詳

三次派遣軍總兵力約五萬人

日軍分三批出發，當與其造船程序有關，第一批爲護送扶餘豐回國，是緊急處置，第二批是主力，第三批是駿河造船完成後，才發遣的，其兵員也出自駿河國，盧原君是駿河豪族。

依其行動來看，日軍的作戰方略大概是：先遣有力一部，協同百濟叛軍固守周留城；主力則先到百濟南部，驅逐侵入是處的新羅兵，待後續兵團到達，同時集中周留城附近。然後以百濟國都泗沘爲目標，求敵決戰。

第四節　白江口作戰經過

雙方集中兵力　龍朔三年（天智稱制二年，新羅文武王三年，公元六六三）二月，新羅軍一部，進入百濟南部地區作戰，掃蕩是處叛軍。據「東國通鑑」說，新羅軍焚其四州，攻佔居列、居督、沙平、德安四城。三月，日本第二次派遣軍二萬七千人，開到百濟南部，作戰數月，擊退侵入是處的新羅軍隊。

同時，高宗已知劉仁軌克復眞峴，決心加派援軍前往百濟，肅清叛軍。乃命右威衛將軍孫仁師爲熊津道行軍總管，率領淄、青、萊、海兵七千人前往。孫仁師大概是七月三日（新唐書本紀日期如係任命之日，恐嫌太遲）出發，至熊津江口，衝破叛軍防線，溯江直上。

八月間，孫仁師率領的水師已到泗沘，新羅王金法敏亦親自率兵來會，唐—新羅聯軍遂開始準備攻勢。同時，日軍第三次派遣軍卽將到達，其第二次派遣軍亦已平定百濟南部，準備與第三次軍會合，集中周留⑥。

白江口之戰　唐軍諸將與新羅王金法敏等舉行會議，或謂加林城（不詳）當水陸之衝，請先攻是處，劉

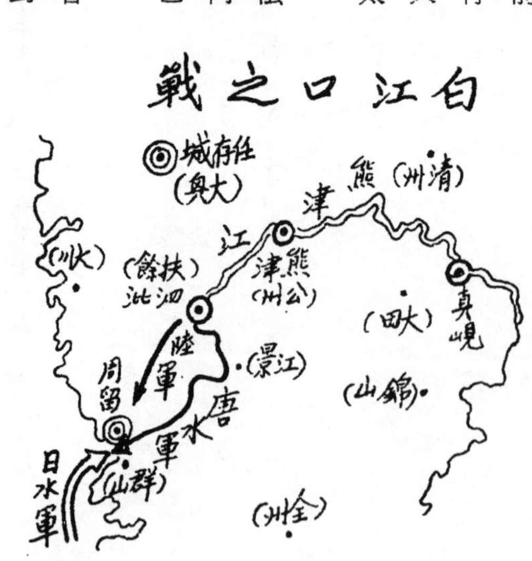

仁軌說：「兵法避實擊虛，加林險固，急攻則傷士卒，緩之則曠日持久。周留城匪之巢穴，羣凶所聚，宜先攻之。攻克周留，諸城自下。」

於是，遂以周留城爲攻擊目標，水陸併進。孫仁師、劉仁願及新羅王金法敏等帥陸軍以進，劉仁軌與副將杜爽、扶餘隆（百濟故太子）等率水師戰艦一百七十艘，由熊津江順流而下。

九月丁巳，仁軌擊破日軍先頭艦隊，乘勝追至白江口⑦。翌日九月戊午⑧，日艦隊全軍出戰，先取攻勢。唐艦兩翼包圍，縱火焚之，日本艦船被焚毀者四百餘艘。

這次白江口之戰，在中國海軍史上，爲僅有的一次對外大捷。以作戰手段而論，亦爲僅次於赤壁之戰的水師火攻。可惜中國歷史只重文采，不重事實，新舊唐書及通鑑的作戰紀錄（大同小異），都只說「遇倭於白江口，四戰皆捷，焚其船四百艘，煙燄灼天，海水皆赤。」（燒死的人不流血，不知海水何以變赤，未免可笑）。

百濟亂平　白江口戰勝後，唐新聯軍水陸會合，共攻周留城。百濟—日本聯軍崩潰，扶餘豐率數人，乘船逃往高句麗⑨，日將秦造田來津自殺，周留城遂破。

日本殘軍逃回本國，其餘叛軍以羣龍無首，諸城皆降。只有遲受信仍據守任存城，不肯投降，劉仁軌命降將黑齒常之等攻拔之。遲受信投奔高句麗，百濟之亂悉平。

這次中日戰爭，唐軍所俘日軍一定不少，因爲日本艦隊已滅，在周留城的一部日軍，決不能全數逃回，必然有很多人被俘。雖然中日兩國都沒有紀錄，但從下章所述兩國通使經過來看，百濟鎮將與日本六次通使，顯然含有換俘談判之事（福信向日本乞援時，曾獻唐俘百人）。而在咸亨二年（天智四年，六七一），郭務悰第四次使日時，隨帶唐官兵六百人，送日使沙宅孫登等一千四百人，乘船四十艘前往，判斷當有遣送俘虜千餘人在內。

又據「日本書紀」載稱，持統四年（六九〇，白江口戰後二十七年）還有一個被俘軍丁大伴部博麻，自唐逃回，持統天皇還特別下詔嘉獎，賜田四町，免稅三族。他是第一次派遣軍的士兵，當係在周留城被俘的。他被帶到中國，同他在一起的，還有四位軍官——土師連富杼、氷連老、筑紫君薩夜麻、弓削連元實兒。他們想逃回日本，苦無盤川，博麻自賣其身，獲款供給那四個人。四人早已回國，只苦了博麻，在唐三十年始獲逃回。博麻之獲獎賜，即爲此事。

①本章主要參考書籍同第三章。

②本戰役的朝鮮地名，通鑑及讀史兵略等註記多錯誤，茲參照日韓二國史家考定的位置。

③新舊唐書及通鑑皆云「征遼」，然蘇定方征遼在是年冬十二月，時間空間皆不合，茲依通鑑考異改爲「征百濟」。又唐書稱劉仁軌「後期免官」，新唐書及通鑑則謂「督海運覆船」，茲從後說。

④金法敏卽新羅文武王，是年九月新羅老王死，法敏新立。

⑤齊明死後，天智素服踐祚，不定年號，以翌年爲「稱制元年」。第七年，始正式卽位。

⑥「日本書紀」（大日本史同）所記白江口之戰的經過，說得很含糊，好像只有第三次派遣軍廬原君一部參戰，沒有提到第二次派遣軍的事。但是「日本書紀」另外又有阿倍比羅夫與毛野稚子（第二次派遣軍的後將軍及前將軍）「與唐軍戰不利」的紀錄（大日本史阿倍比羅夫傳同）。

⑦「日本書紀」作白村江，韓史則爲白江口，與中國紀錄同。

⑧竹內榮喜的「日唐戰爭」說是八月二十八日，不知是當年日本曆法有誤，或誤在「新唐書」（舊唐書無日期，

通鑑當係依據新唐書）。

⑨「日本書紀」稱，扶餘豐以迎接日本援軍爲詞，先已出城至白江口，及日軍兵敗，即逃往高句麗。

第五章　日本全盤唐化①

第一節　小野妹子使隋

與唐復交　白江口之戰，日本艦隊全軍覆沒。日本朝廷大驚，當即修改國策，放棄侵略朝鮮，加速完成大化革新。一面遣使與唐復交，一面嚴整西海防務。西部設防的主要大事，是設置太宰府（初稱筑紫都督府），統籌西部國防，並負責接待外國使節。又在太宰府旁築堤蓄水，作水城。同時，更在對馬、壹岐二島及筑紫（今福岡縣）三處，置防人（國境守備隊），設烽火。

日本與唐代的建交與復交，須從日本遣使通隋說起。日本歷史以對隋通使爲「對等外交」，視爲中日正式通使之始。自此時起，無謂的歷史爭論，就少得多了。

有一件事尚須說明，日本受唐代文化影響甚深，直至明治維新之前，始終稱中國爲唐，中國人爲唐人，船爲唐船。日本歷史上的「唐」字，是對中國的通稱，並不限於唐代。因此，「日本書紀」所載的「遣隋使」事，也稱爲「遣唐使」。

聖德太子的「對等外交」　且說二十九代欽明天皇死後，由諸子敏達（三十代）、用明（三十一代）、崇竣（三十二代）依次遞嗣。其後崇竣被弒，皇位久懸，羣臣擁立敏達天皇之后（欽明天皇的外孫女）炊屋姬，是爲日本歷史上的第一位女皇，號推古天皇（三十三代）。

推古天皇立用明天皇之子廐戶皇子爲太子，國人尊稱之爲聖德太子②。聖德之母爲皇后穴穗部間人之女，她於出宮巡視之際，生此子於馬廐，故名廐戶。據說聖德生而能言，聰慧過人，同時能聽十人訴事，精通佛法及儒學。推古天皇既立聖德爲太子，悉以政事委之。

聖德推行新制度，定冠位（分十二位階），頒曆法，制定憲法（定君臣權利義務）、禮法（朝儀），及撰修國史。他的新政，後來便成爲大化革新的基礎。

另一件大事是遣使至隋。本來，聖德太子攝政期間，第一次遣使至隋，是在文帝開皇二十年（隋書），那次遣使目的，依「宋史」的補充說明，是向中國求法華經。日本野史亦有此說，然正史不錄（還不是對等外交），正史是從小野妹子使隋開始。

小野妹子使隋　隋大業三年（推古天皇十五年，六〇七），推古天皇遣大禮小野妹子爲大使，鞍造福利爲通事，正式使隋。「隋書」稱推古天皇「多利思比孤」，未錄日使名，惟據日史所載隋使裴世清所携國書，稱小野妹子爲「蘇因高」，二名皆係音譯。大禮爲當時十二階中之第五階，相當於後來的正三位。使團人數不詳，隋書說兼遣沙門數十人，來學佛法。

「隋書」倭國傳說：「大業三年，其王遣使朝貢，使者曰：『聞海西菩薩天子，重興佛法，故遣朝拜。』其國書曰：『日出處天子，致書日沒處天子，無恙。』帝覽之，不悅，謂鴻臚卿曰：『蠻夷書有無禮者，勿復以聞。』」

後來，煬帝還是嘉其「遠修朝貢」，翌年遣鴻臚寺掌客裴世清（隋書作文林郎裴淸）爲使，送小野妹子回國，並答聘。

裴世清至日，天皇遣小德（第二階官位）阿輩台率從人數百，盛大歡迎。並在難波（大阪）高麗館上，造新館爲使邸。「隋書」稱，天皇與隋使相見大悅，曰：「我聞海西有大隋，禮義之國，故遣使朝貢。我夷人僻在海隅，不聞禮義，是以稽留境內，不卽相見。今故清道飾館，以待大使，冀聞大國惟新之化。」裴世清答曰：「皇帝德並二儀，澤流四海，以王慕化，故遣行人來此宣諭。」

第二次使隋　裴世清回國時，日本再以小野妹子爲大使，難波吉士雄爲小使，仍以鞍作福利爲通事，隨裴使至隋。使團中，有留學生八人。這次日本的國書覆文，據說是聖德太子親擬的，開頭的稱呼是「東天皇敬白西天皇」。

小野妹子兩次使隋的國書，稱謂平等，故日本歷史稱爲「對等外交」。

隋大業十年（推古天皇二十二年，六一四），日本又遣犬上御田鍬、矢田部造使隋，翌年回國。

第二節　歷次的遣唐使

四年後，中國換朝，李唐開國，氣象一新。日本隨同遣隋使前往中國的留學生，除已先有一批回國外，僧惠齊、惠光，及學醫的惠日、福因等，則於唐武德六年（推古天皇三十一年，六二三）回國。他們上奏天皇說，唐禮義之國，宜常遣使聘問。又稱，前遣留學生皆已業成，請召回國。

此時，聖德太子已死，大臣蘇我馬子（推古天皇的叔父）專權，朝政失常，連太子都久懸不立，自然更談不上遣唐使了。推古三十四年，馬子死。二年後，推古天皇亦死。因此，遲至三十四代舒明天皇卽位後，才開始遣使至唐。

不愉快的開始　唐貞觀四年（舒明天皇二年，六三〇），秋天，日本以大仁（相當於正二位）犬上御田鍬爲遣唐大使，大仁（？）醫師惠日爲副使。翌年，日使至長安，太宗矜其遠，「詔有司毋拘歲貢」。

貞觀六年（舒明天皇四年，六三二），太宗遣新州刺史高表仁（新唐書高仁表）爲使，送日使犬上御田鍬等回國，並報聘。高表仁此行，很不愉快。

「新唐書」說，表仁「與王爭禮，不平，不肯宣天子命而還。」日史雖說，唐使至難波（大阪），大伴馬養以三十二船往迎，表仁喜曰「禮何厚也」，然沒有朝見與賜宴等紀錄，可見「新唐書」所說，確係事實。

「唐書」批評此事，歸咎於「表仁無綏遠之才」，似乎不大恰當。時太宗已被西北諸蕃共推爲天可汗（貞觀四年事），而表仁所受的使命，新唐書說「往諭」，舊唐書說「往撫之」，皆天朝對藩屬口氣，倘依日人所謂對等外交之禮覲見日皇，則有辱使命，他不宣朝命而還，應該不算錯。

經過這次不愉快的事，隔了好些時候，日本才作復交試探，「附新羅使者上書」。此事日史不載，「新唐書」也只有這麼一句話（舊唐書則記有貞觀二十二年的年代），可能是因爲對等國書，唐太宗置之不理。不管怎樣，自從高表仁使日之後，日本二十年沒有遣使入唐。

大化革新，留學風盛　日本皇極天皇四年（唐貞觀十九年，六四五），權臣蘇我氏被誅。孝德天皇卽位，立中大兄皇子爲太子，着手改革，施行新政，重用遣唐回國的留學生，是爲大化革新之始（詳下）。由於亟需人才，迭次遣使聘唐，並多派留學生隨往。

唐高宗永徽四年（孝德天皇白雉四年，六五三），日本一年二次遣使。第一批，大使小山上（相當於正六位）吉士長丹，副使小乙上（相當於正八位）吉士駒，留學生巨勢神藥、氷連老人，及學問僧道嚴、定惠、安達、道觀等共二十餘人。第二批，大使大山下（相當於從五位）高田根麻呂，副使小乙上掃部小麻呂，隨行的留學生、學問生等一百二十人。第二批使團船過薩摩竹島，遇風覆沒，生還者只五人。第一批使團至唐，獻虎魄（琥珀）大如斗，瑪瑙若五升器，大使吉士長丹等於翌年回國。

永徽五年（白雉五年，六五四）春，日本又遣大使小錦下（相當於從四位）河邊麻呂，副使大山下藥師惠日，判官大乙上（相當於正六位上）書直麻呂等聘唐，以高向史玄理爲押使。玄理在唐病死，河邊麻呂等於翌年回國。

顯慶四年（齊明天皇五年，六五九），日本遣大使坂合部石布，副使津守吉祥等聘唐，以蝦夷數人相從。大使石布至百濟南島遇風，漂流至南海爾加委島，爲島賊殺害。副使吉祥等漂流至越州會稽縣，乘驛赴東京（洛陽）。此時，高宗方準備派遣蘇定方征百濟，日本副使吉祥等一行人衆，被留於長安。至龍朔元年，蘇定方已滅百濟，吉祥等始還國。「日本書紀」錄有這次使團人員伊吉博德書云：「唐天子敕旨，『國家來年必有海東之政，汝等東客不得東歸。』遂逗留長安，幽置別處，閉戶防禁，不許東西，困苦經年。」

白江口戰後的通使　以上是白江口戰役前的遣唐使經過。戰後的通使，不必一一細說，章末有一張表，可以查看，此處只說一個大概就够了。

唐軍擊滅日軍，敉平百濟之亂後，孫仁師、劉仁願振旅還朝，詔留劉仁軌勒兵鎮守百濟。麟德元年八月，高宗召仁軌還朝，再命仁願回鎮百濟。

自麟德元年至咸亨二年（六六四—六七一），先後由百濟鎮將派遣過六次使者，率兵訪問日本（參看附表）。據日史，都是劉仁願所遣，然郭務悰第一次出使，應當是劉仁軌所遣才對。姑不論由誰派遣，諒皆爲朝廷的授意③，其目的大概是示威與偵察，因爲日本是否還有出兵朝鮮的意圖及準備，是百濟鎮將不容忽視的。又據作者推測，那幾次通使，顯然含有遣俘談判之事，參看上章第四節。

日本除與百濟鎮將通使外，最初幾年，仍未正式遣使入唐。高宗總章元年（天智元年④，六六八），唐將李勣滅高句麗。翌年，始以河內京直爲使，賀平高句麗。其後仍中斷三十年之久，要到武后臨朝的末年——長安元年（文武天皇大寶元年，七〇一），才恢復正常通使。而自此起，倭國就正式改稱日本了⑤。

其後，日本繼續遣使聘唐，以玄宗開元、天寶間爲最盛，留學生、學問僧人數也大增，使團人員多至五六百人。

安史之亂起，中國朝廷播遷，地方靡爛。接着又有藩鎮之亂，流寇之亂，幾無寧日。同時北道斷絕，日使改走南道，遠涉東海，先到長江口，然後循內河或陸路前往長安。由於交通困難，所以有幾次遣唐使沒有成行。再往後，則只有學問僧入唐的份了。

然南路開闢後，正使雖少，唐船至日貿易者，則逐漸增加。中日的關係，此後一變，正式國交終止，兩國的交通，只限於民間商業及僧侶的往來。

幾件外交故事　唐代與日本通使期間，有幾件外交故事，不妨順便談談。

高宗咸亨二年，（天智四年或十年，六七一），郭務悰奉百濟鎮將劉仁願之命使日。他自率六百人，又有日使沙宅孫登等一千四百人偕行（當係遣俘），共乘船四十七艘，浩浩蕩蕩前往。郭務悰恐怕日人恐駭，先遣沙門（僧）道文等至對馬，告以來意。比及郭務悰等抵達太宰府，聞天智天皇新喪，乃命全體官兵易服舉哀，東向稽首再拜。

玄宗天寶十一年（孝謙天皇天平勝寶四年，七五二），日本遣大使藤原清河，副使大伴古麻呂聘唐。翌年元旦，玄宗在蓬萊宮含元殿受賀，各國使臣位次排定如下：東班第一是新羅，第二是大食；西班第一是吐蕃，第二是日本。日本副使古麻呂不肯就座，對掌禮的唐官說：「新羅爲我屬國，其使不應在我邦之上。」經過一陣爭吵之後，朝廷乃將日本、新羅二國使臣位置對調，日本位於東班第一，新羅位於西班第二。此事，日本歷史大書特書，以表彰其使臣，事實上也是値得表彰的。然就當時的情勢而論，新羅已統一朝鮮半島，是一個大國，不再是朝鮮三國時代的新羅，開元二十三年，玄宗正式承認已成事實，詔賜浿江（大同江）以南之地與新羅，新羅亦事唐惟謹，曾出兵助攻渤海。論國交的親疏及地理的遠近，唐廷的最初安排並不算錯。唐之終於讓步，無非是大國風度，及新羅比較好講話罷了。

遣唐使印　德宗貞元二十年（桓武天皇延曆二十三年，八〇四），日本大使藤原葛野麻呂，副使石川道益，率同留學生橘逸勢（唐人稱之爲橘秀才），學問僧最澄、空海等入唐，遇風漂至福州長溪縣。日本遣唐使一向不持國書，只命使臣口頭陳述，並以遣唐使印行文⑥。江浙港口較常通使，沒有問題，福州不是通使之地，長溪縣更是偏僻地方，不知日方慣例，見來使沒有國書，疑其冒充，多方留難。後經葛野麻呂大使致書福州觀察使，始得放行入京。

唐代的日本使臣與留學生，有點像我國今日學生留美情形，非常熱烈，回國後亦多被重用。然當時羅盤尚未發明，尤沒有颱風預報，航海技術也還幼稚，常常失事，尤其是南路的航道。當時特別為南路航道而製造的越洋船隻，最大的只能乘坐一百多人。那些使臣及留學生，把命運交給風濤擺佈，船隻常被吹到遠離目的地之處，葬身魚腹的人也很不少。那些人雖為其本國利益，而甘冒生命危險，然就中日文化交流的整個歷史而論，還是值得我們後人寄與崇高敬意的。

遣唐使印

第三節　大化革新，日本唐化

大化革新　日本的遣唐使及留學生，完成了他們的歷史使命——大化革新，使日本文化獲得飛躍的進步。大化革新的詳情，本書沒有細述必要，這裏只簡述其概況，使讀者知道，所謂大化革新，就是日本唐化。

皇極天皇四年（唐貞觀十九年，六四五），中大兄皇子與中臣鐮足等共誅權臣蘇我氏，皇極亦即讓位於孝德天皇（三十六代）。

孝德即位，以是年爲大化元年（日本初有年號），立中大兄皇子爲太子。太子與中臣鐮足等着手改革，任用留唐學生，施行新政，是謂大化革新，爲日本歷史上三大革新之一（其餘爲鐮倉幕府與明治維新）。此次改革，於大化二年元旦日下詔開始，歷時二十二年，至天智天皇頒佈「近江朝廷令」，才算改革完成。

大化革新之目的，是廢封建，實行中央集權。以班田制（計口授田）爲基礎，定租、庸、調賦役，統一軍制，興建學校。其班田制，仿唐高祖武德七年的律令，先整頓戶籍，然後以「口分田」授與人民。人民按「口分田」納稅，稱爲租。依土地生產品徵實物（絲、綿、布等）稱爲調。征人民服勞役，稱爲庸。不但制度仿效於唐，連口分田與租、庸、調等名稱，皆直用唐名。

事事悉依唐制 不但基本的班田制如此，其他一切新政措施，也完全仿效唐制。例如人丁的區別，唐制男女始生者稱爲「黃」（黃口小兒），四歲爲「小」，十六爲「中」，男子二十一爲「丁」，六十爲「老」；日本大寶律令規定，男女三歲以下爲「黃」，十六以下爲「少」，二十以下爲「中」，男子二十一歲爲「丁」，六十一爲「老」，六十六爲「耆」。

兵制也仿唐之府兵制。唐中央政府有五府十六衞，地方置折衝府；日本京師置五衞府，諸國置軍團。軍團與唐之折衝府，性質完全相同，略似今之團管區，負徵兵、集訓、番調之責。惟一不同之處是，中國地方大，唐有三百五十八州，置折衝府六百三十四，大多數的州，都有折衝府二；日本郡國小，平均合數國置一軍團。唐之折衝府分大中小三種，有兵八百至一千二百人，日本每一軍團有兵一千人。日本軍隊的基層編制亦與唐完全相同，皆以十人爲火（每火有六馬），五火爲隊，二隊（百人）爲旅，二旅爲團，團以校尉統率之⑦。

以刑律而言，日本的「大寶律令」十二篇，1律例，2衛禁律，3職制律，4戶婚律，5廐庫律，6擅興律，7賊盜律，8鬪訟律，9詐僞律，10雜律，11捕亡律，12斷獄律；十二篇的篇名，與唐貞觀中房玄齡等所定之刑律十二卷完全相同。日本的五刑（笞、杖、徒、流、死），六議（議親、議故、議賢、議能、議功、議貴），八虐（謀反、謀大逆、謀叛、惡逆、不道、大不敬、不孝、不義），亦皆依據唐之五刑，八議，十惡，但因國情不同，稍有酙酌損益而已。

教育亦步亦趨　教育方面，唐代學制相當完備，京師在國子監之下，有國子學、大學、四門學、律學、書學、算學；地方有府學、州學、縣學。日本人讀漢文書籍，是學外國文，因教官人才缺乏，比唐制爲簡，只於京師置大學，諸國置國學；學生入學資格也比較寬。然其制度、課程、教學方法，則皆仿效大唐，可說是具體而微。

日本大學與國學的課程，全爲中國的經書，分「大經」（禮記、左傳），「中經」（毛詩、周禮、儀禮），「小經」（周易、尙書）三種。學生必須選修上述一經，兼習論語、孝經（必修）。通二經者，必須通大小經書各一；通三經者，必須通大中小經書各一；通五經者，必須通全部大經（兩經）及中小經中的三經。通二經以上者，皆須兼通論語、孝經。

稍後，唐朝文學風氣日盛，經學轉衰。日本的大學也跟着轉變，上述學生稱爲「明經生」，另設

「明法生」，專攻律令的解釋。又設「文章生」（初名紀傳生），專攻文學，以文選、爾雅爲主修課程，兼習史記、漢書、後漢書、晉書等。

此外，還有隸屬於中務省的「陰陽寮」，相當於唐之「太卜署」，教習陰陽學、曆學、天文學。隸屬於宮內省的「典藥寮」，相當於唐之「太醫署」，教習醫學、針灸、按摩、呪禁、藥學等。隸屬於治部省的「雅樂寮」，相當於唐之「大樂署」，教習歌、舞、音樂。除後者兼習日本本國及百濟、新羅之歌舞音樂外，其餘課程皆學於唐。

官吏的考試也仿唐制，分爲秀才、明經、進士、明法四科。

大唐文化支配日本三百年 然大化革新還只是唐化的開始，初只限於制度的模仿。其後，唐化日深，自朝廷以至庶民，自文學、藝術、宗教以至日常生活，普遍染上唐化色彩。

大唐文化支配日本約三個世紀，始盛於天武天皇白鳳年間（六七三—六八五），日本文化史稱之爲「白鳳文化」；大盛於奈良時代，尤其是天平年間（七二九—七六六），史稱「天平文化」；成熟於平安朝初期，史稱「貞觀文化」（日本貞觀是清和天皇年號，八五九—八七六）。過此則逐漸轉變，形成日本本位文化，而漢文學則獨盛於方外僧侶間，稱爲五山文學。日本文學史稱平安朝的漢文學爲貴族文學，江戶時代的漢文學爲儒家文學，與五山文學成爲三派。

日本接受大唐文化之後，文風很盛，工藝也很發達。教育方面，除上述的大學及國學外，又盛行私塾與家學。各氏族創辦的有「弘文院」、「勸學院」、「學館院」、「獎學院」等；寺院創辦的有空海的「綜芸種智院」。

歷史的仿效與抄襲　由於漢學昌盛的影響，日人便開始編纂其本國歷史。昔日號稱成於七世紀的「古事記」姑置不論⑧，八世紀初完成了「日本書紀」（初稱日本紀）及「風土記」，八世紀末完成了「續日本紀」，接着又陸續完成「日本後紀」，「續日本後紀」，「文德實錄」，「三代實錄」。上述七書，除「風土記」外，合稱「六國史」。這六部史書時代依次連接，合起來，自神武開國，寫至五十八代光孝天皇末年（八八七年）。

「六國史」不但用漢文書寫，且處處仿效中國歷史或神話。淸原貞雄在其「日本史學史」上說：「六國史專仿中國史記、漢書以下諸史中的本紀而編。」不但如此，甚至常常直截了當的照抄中國歷史原文的大部或一部。以「日本書紀」爲例，其開頭一章開天闢地之說，就有好些句子抄自「淮南子」的原文。

同書所載的雄略天皇遺詔：

方今區宇一家，煙火萬里，百姓乂安，四夷賓服……不謂遘疾彌留，至於大漸；此乃人生常分，何足言及？但朝野衣冠，未得鮮麗，教化刑政，猶未盡善；興念及此，唯以留恨。

所舉這一段文字，前四句是抄襲「隋」書文帝本紀仁壽三年的詔書原文，一字未易。其餘則抄自隋文帝的遺詔，只改換了兩句，將原文的「四海百姓，衣食不豐」，改爲「朝野衣冠，未得鮮麗」。又如欽明天皇二十三年，新羅侵入任那，天皇下詔討伐，「日本書紀」所載詔書，也和陳霸先與王僧辨共討侯景的盟誓文（「梁書」王僧辨傳）大致相同，只將「賊臣侯景」，改爲「新羅西羌小醜」。

藝術與工藝　此外如繪畫、雕刻、建築、及金工、陶器、織染等工藝，也是事事效法唐人的風格與型式。

建築的進步最爲顯著，日本過去皆爲茅屋，至奈良朝才開始仿造瓦屋。而平安京的建築，更是十足唐化，完全仿照長安、洛陽二城的形式。不但全城形勢，皇宮坐落，以及街坊經緯，形式全同；其宮殿官省的畫棟雕梁，飛簷碧瓦，無一不是唐京式樣。

繪畫也摹仿唐人風格，據說奈良、平安二朝，佛畫、山水畫、裝飾畫都很發達，皆學唐風，然留傳後世者罕見，除人物畫外，餘皆傳說而已。現存的當時三幅名畫，皆爲人物畫，一爲正倉院的屏風畫「樹下美人」，一爲大和藥師寺的「吉祥天女」，一爲東京美術學校所藏的「佛畫」。從「吉祥天女」（已有部分損毀）這幅畫看來，其細緻精純的筆意，豐盈溫厚的容貌，及華麗的着色，的確很像唐人作品，尤近似閻立本與周昉的作風。畫家題款及請人題寫像贊等風氣，唐代尚未盛行，這幅「吉祥天女」也未着一字，不知作者何人。據說其他二幅現存的人像畫也是如此。

吉祥天女

日本文人很重視書法，嵯峨天皇就是一位有名的書法家，兼工草隸，與空海、橘逸勢並稱「三筆」。日人特別喜歡行草（行書帶草），古文書多用此體爲之，茲攝取南北朝護良親王的令旨一片，作爲一例。下面（第九章）還有豐臣秀吉書狀照片，也是用行草體寫的。

雕刻術，此時已經很盛，因爲寺院林立，這時代所雕刻的佛像，數以千計，至今所存的數量，還是很可觀。據說，最初唐僧鑑眞東渡時，曾携去數尊佛像。稍後，日人又聘唐雕刻師軍法力、思詑二人前往日本，爲平安京唐昭提寺刻盧舍那佛，唐代雕刻術遂傳入日本。

圍棋傳入日本，據說始自吉備眞備。吉備眞備於唐玄宗開元四年（日本靈龜二年，七一六）爲遣唐留學生，時年二十四歲。他在唐十九年，至開元二十三年（日本天平七年，七三五）才回國，官至大納言。

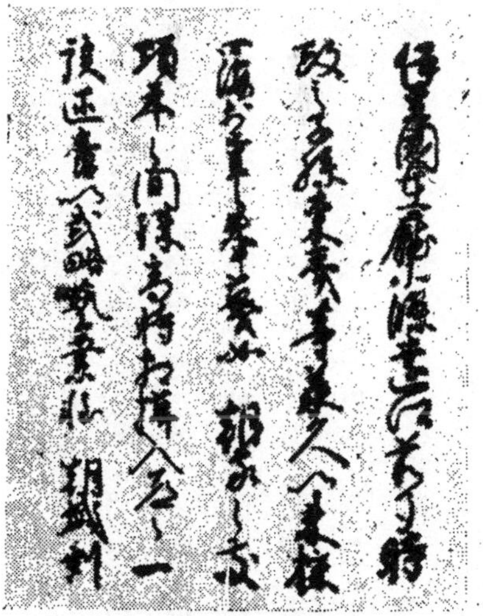

行草體書法

表現於人民日常生活之唐化者，也幾乎隨處可見。如孝親風氣的倡行，錢幣的開始使用，元旦、上元、端午、七夕、重陽、冬至等四季節日的活動，祭祀、嫁娶、出行、加冠等之卜占吉日，衣服顏色的階級區別……無不仿效唐俗。

唐名是尚　一般儒者，往往嫌日本名字不雅，另取唐名，如紀長谷雄取名「發昭」，三善清行取名「居逸」等。更普遍的是，將其日本複姓減去一字，以符唐人姓名，例如滋野貞王縮寫爲滋貞王，淡海三船——淡三船，小野岑守——野岑守，良岑安世——良安世，勇山文繼——勇文繼，巨勢識人——巨識人……等。他們的生活，更深染着中國文人的習氣，如吟風弄月，詠梅賞雪，遊山玩水，即席賦詩等。愛梅的風氣更是歷久不衰，江戶時代的水戶學派尤甚，水戶有「梅都」之稱。至今每屆春初，梅花吐放，還有許多風雅人士，從遙遠地方，跑到水戶去賞梅。

水戶之梅

唐化最盛時期，是在嵯峨天皇時代（八一〇—八二三）。弘仁九年（八一八），嵯峨下詔曰：「朝會之禮，常服之制，跪拜之儀等，不分男女，一準唐儀。」所有宮、殿、門、閣，一律改題新額——例如宮城十二門，昔以日本姓氏爲名，皆改題漢文的吉祥詞彙，如伊福部氏改名殷富門，壬生氏改名美福門，海犬養氏改名安嘉門，建部氏改名待賢門……等。

第四節　平安朝的漢詩

懷風藻等詩集　日本的漢文學，可以漢詩爲代表。其第一部漢詩集是「懷風藻」，收集漢詩一百二十首，作者六十四人，據說是淡海三船所輯，奈良朝天平寶字三年問世。平安初期，漢詩更盛，除方外高僧及私人詩文集外，奉敕而編的有「凌雲集」，「文華秀麗集」，「經國集」⑨等三部。「懷風藻」仍不脫和歌習氣，後三集較爲成熟，已經比「懷風藻」進步得多。後三集的編者，據說是菅原清公等人，所收集的詩，止於淳和天皇天長四年（八二七）。這三集的詩，雖已較前進步，然眞正成熟的漢詩，似乎還在其後，即菅原清公本人的詩，初期之作也不及後期的好。茲從前述四詩集各選一詩，然後再錄繼「經國集」之後的數作（包含菅原清公及其孫道眞各一），藉以看出平安朝漢詩逐漸進步的情形。

侍宴（懷風藻）　大友皇子（後爲弘文天皇）

皇明光日月
帝德載天地
三才並泰昌
萬國表臣義

遠使邊城（凌雲集）　小野岑守

王事古來稱無盬
長途馬上歲云闌
黃昏極嶂哀猿叫
明發渡頭孤月圓

旅客期時邊愁斷
誰能坐識行路難
唯餘數事裘與帽
雪犯風牽不加寒

奉敕陪內宴（文華秀麗集）　王孝廉

海國來朝自遠方
百年一醉謁天裳
日宮座外何攸見
五色雲飛萬歲光

扈從聖德宮寺（經國集）　淡海三船

南嶽留禪影
東州現應身
經生名不成
歷世道彌新
尋智開明智

求仁得至仁
垂文傳正法
照武掃凶臣
茂實流千載
英聲暢九垠
我皇欽佛果
廻駕問芳因
寶地香花積
鈞天梵海陳
方知聖與聖
玄法永相鄰

九月九日侍宴神泉苑各賦一律得秋山　菅原清公

三山縹渺蒼瀛外
五嶽嵯峨赤縣中
防雪古松千歲翠
待風危葉九秋紅

落泉瀑布懸飛鵠
晴雨收絲閉薄虹
仁者樂之何所寄
國家襟帶在西東

秋日陪左丞相城南水石亭賜宴祝應教　大藏善行

秋氛客意兩蕭條
有限光陰過半消
騎竹遊童如昨日
懸車退老忽今朝
扶身藜杖隨三徑
戀德台星仰九霄
縱使數年棲舊谷
每春應聽鳥遷喬

酬渤海斐大使留別之什次韻　菅原道眞

交情不謝北溟深

別恨還如在陸沉
夜半誰欺顏上玉
旬餘自斷契中金
高看鶴出新雲路
遠妬花開舊翰林
珍重歸鄉相憶處
一篇長句惣（總）丹心

書懷呈渤海裴大使　　大江朝綱

烟浪雲山路幾重
十三年裏再相逢
虛聲我類羊公鶴
遠操君同馬岌龍
雖喜交情堅似石
更憐使節古於松
兩回入覲裴家事
饒趁芳塵步舊踪

日本天皇多能詩　天皇多能詩，嵯峨天皇尤享有盛名，「凌雲集」、「文華秀麗集」、「經國集」所收的詩，皆以嵯峨的詩最多。然此事只能看作編者對天皇的禮貌，並不是他的詩最好。前面已錄弘文天皇一首詩（皇子時代作），現在再選其他天皇三作，聊備一格。

江頭春曉（文華秀麗集）　嵯峨天皇

江頭亭子人事睽
欹枕唯聞古戍鷄
雲氣濕衣知近岫
泉聲驚寢覺鄰溪
天邊孤月乘流疾
山裏飢猿到曉啼
物候雖言陽和未
汀洲春草欲萋萋

見右丞相（菅原道眞）獻家集　醍醐天皇

門風自古是儒林
今日文華皆盡金

惟詠一聯知氣味
況連三代飽清吟
琢磨寒玉聲聲麗
裁製餘霞句句侵
更有菅家勝白樣（白居易）
從茲抛却匣塵深

失題（感慨幕府失政也）　**後花園天皇**

殘民爭採首陽薇
處處鎖爐閉竹扉
詩興吟酸春二月
滿城紅綠爲誰肥

奈良朝及平安初期的日本詩人，大都是留學生、學問僧或使唐人員。他們留唐期間，據說在外交應酬或詩人集會中，有過不少唱酬，可惜留下來的很少。這裏也舉幾首詩並述其作者的留唐故事。

仕唐詩人阿倍仲麻呂　阿倍仲麻呂（亦作仲滿）自幼慧敏好學，十六歲隨使團入唐留學，開元五年至長安，慕唐文化，留仕於唐，改名朝衡（朝亦作晁、鼂）。玄宗愛其才，授左補闕，屢遷秘書，校書，最後爲秘書監。

朝衡與詩人李白、王維等善，時相唱酬。儲光義有「洛中贈朝校書衡」一詩：

萬國朝天子
東隅道最長
朝生美無度
高駕仕春坊
出入蓬山裏
逍遙伊水傍
伯鸞遊大學
中夜一相望
落日懸高殿
秋風入洞房
屢言相去遠
不覺生朝光

朝衡留唐日久，頗思故鄉，後因日本大使藤原淸河回國之使，朝衡請求偕歸，玄宗卽命朝衡爲唐使，送日使歸國，並答聘。臨行，朝衡賦詩云：

銜命將辭國
非才忝侍臣

天中戀明主
海外憶慈親
伏奏違金闕
騑驂去玉津
蓬萊鄉路遠
若木故園鄰
西望懷恩日
東歸感義辰
平生一寶劍
留贈結交人

臨行，王維、包佶、趙驊等，皆以詩贈別。朝衡與藤原清河共船，發自明州，遇風飄至安南。友人皆以為朝衡已死，李白有「哭晁卿行」一詩：

日本晁卿辭帝都
征帆一片繞蓬壺
明月不歸沉碧海
白雲愁色滿蒼梧

未幾脫險回朝，肅宗時擢左散騎常侍、安南都護，最後官至光祿大夫兼御史中丞，封北海郡開國公，食邑三千戶。

既然提到藤原清河，就順便一說他的事。清河於玄宗天寶十一年（孝謙天皇天平勝寶四年，七五二）使唐。玄宗見其禮儀周到，喜曰：「聞彼邦君賢，今觀其使者，果然有禮」，乃號日本為「禮義君子國」。清河歸國時，玄宗賜以詩云：

日下非殊俗
天中嘉會朝
念余懷義遠
矜汝畏途遙
漲海寬秋月
歸帆駛夕飇
因驚彼君子
王化遠昭昭

清河乘船遇風，漂流至安南，同行人員多為土人所害。清河與朝衡脫險，折回長安，遂留仕，改名河清，官至特進秘書監。後病死於唐，追贈潞州大都督，日皇亦追贈從一品。

戀唐與思鄉 日人入唐，看見長安文物鼎盛，莫不衷心眷戀；然去國萬里，又不免有思鄉之苦，誠如朝衡詩說的，「天中戀明主，海外憶慈親」。這裏舉出二首詩，兩位作者的心情恰恰相反，一個留唐而思念故鄉，一個別唐而依依不捨。兩首詩合起來，則可以代表留唐日人的一般心情——戀唐與懷鄉的矛盾。

第一章介紹過的僧辨正，因見寵於玄宗，仕唐不歸。晚年思念日本故鄉，作過一首懷鄉詩，被收在日本第一本漢詩集「懷風藻」裏面。詩曰：

日邊瞻日本
雲裏望雲端
遠遊勞遠國
長恨苦長安

上面剛說過的菅原淸公，於德宗末年使唐，臨行依依不捨，賦詩留別：

我是東蕃客
懷恩入聖唐
欲歸情未盡
別淚濕衣裳

第五節　漢文的文字風波

除漢詩外，日本漢文的發展分兩條路線。其一是史學，前面已經說過。其次是在公私文牘方面，也以奈良朝及平安初期爲最盛。日人的漢文作品，很喜歡引用中國典故，極盡咬文嚼字之能事，有時也難免引起文字糾紛。這一節，引述日本歷史上二件文字風波，以見其一般。

阿衡糾紛 第五十九代宇多天皇（八八八—八九七），賴太政大臣藤原基經之力而得立。即位後，下詔昭示天下：「萬機巨細，悉關白太政大臣基經。」同時賜敕基經：「萬機巨細，百官總已，皆關白於太政大臣，然後奏下，一如舊事。」

藤原氏當政已有三代，基經在前皇光孝時代，實際已經總攬天下大政，光孝也曾下詔天下：「百官奏事，必先諮稟太政大臣藤原基經，天皇垂拱而觀其成。」今宇多天皇已由基經之力而得立，宇多此詔可謂順理成章，本來是毫無問題的事。然而，日本人讀多了中國書，也學會了中國官僚的虛偽辭讓習氣，基經假惺惺的，居然三表請辭。

天皇命侍臣橘廣相作敕答之，敕文說：「卿奕世秉鈞，受遺詔佐命，乃社稷之臣，非朕之臣。宜以『阿衡』之任，爲卿之任。」

儒官藤原佐世向基經進讒，謂「阿衡」爲中國殷代三公之官，坐而論道，無所典職。基經以太政大臣攝政，早已大權集於一身，以爲此敕明褒暗貶，大怒。天皇幾經遣人疏通慰問，基經皆不聽。於是，基經不視事，萬機停滯，政務不行，舉國憂慮。

這次「阿衡」之爭，僵持到仁和四年（八八八）六月，天皇不得已，命左大臣源融另作敕詔，托詞橘廣相所草前詔，有失聖旨；基經始奉詔。基經已視事，命有司議橘廣相之罪，引「詐爲詔書及增減者處遠流」的律法，處以流刑。天皇赦之，菅原道眞亦上書基經，爲橘廣相關說，基經始允不再追究。

事實上，這次「阿衡之爭」，雖起於文字，骨子裏則爲藤原氏排除異己。按「阿衡」典故出自

「詩經」商頌長發章：「昔在中葉，有震且業。允也天子，降於卿士。實維阿衡，左右商王。」依傳文解釋，「阿衡」是伊尹官號，此詩原意係指伊尹佐湯而有天下。橘廣相用「阿衡」典故，把基經比作伊尹，可謂極盡恭維。其所以橫生枝節，實因基經欲去橘廣相而後快。原來橘氏也是世代公卿，廣相博學多才，文名藉藉。宇多天皇爲諸王時，廣相爲王師；廣相之女義子，又爲宇多之妃。宇多既即位，以廣相爲殿上侍，極爲寵信，故基經定要把他排擠出去。

鐘銘事件　第二件文字風波，影響更大，但也更滑稽。此事發生於江戶幕府初年，因鐘銘文而起，史稱「鐘銘事件」。

先是，豐臣秀吉掃蕩羣雄，統一日本全國，結束戰國時代，死後子幼，政權落在德川家康之手。宿將們不服，慫恿秀吉之子秀賴，舉兵討家康，戰於關原，反爲德川家康所敗。戰後，家康任將軍，秀賴只保有河內、和泉、攝津三國領地，屈居諸侯地位，臣事家康。

家康以自己年老，必欲及身消滅豐臣氏，以鞏固德川氏的幕府政權。但以豐臣氏居大阪城，城爲秀吉生前所築，十分堅固，城內又積存大量金銀，可充軍費，家康未敢輕動。乃誘秀賴營造寺社，以消耗豐臣氏資財，然後再待機行事。

先是，大正十六年，豐臣秀吉在京師建方廣寺，內有大佛一座，慶長元年大地震損毀。慶長七年，該寺又燬於火災。秀吉欲重建，未及興工而死。至是，家康勸秀賴繼其父遺志，重修方廣寺，並另造一尊大銅佛像。

新寺於慶長十四年興工，十九年竣事，較前尤爲壯麗，銅佛像高六丈三尺。寺成，秀賴命匠人鑄巨鐘，刻銘以紀其事，請南禪寺僧淸韓作銘並書。此銘文前序後銘，序文長不錄，銘如下：

銘曰

洛陽東麓　舍那道場　聳空瓊殿　橫虹畫梁　參差萬瓦　崔嵬長廊　玲瓏八面　焜耀十方
境象兜夜　刹甲支桑　新鐘高掛　爾音千鍠　響應遠近　律中宮商　十八聲緩　百八聲忙
夜禪晝誦　夕燈晨香　上界聞竺　遠寺知湘　東迎素月　西送斜陽　玉筍掘地　豐山降霜
告怪於漢　救苦於唐　靈異惟夥　功用無量　所庶幾者　國家安康　四海施化　萬歲傳芳
君臣豐樂　子孫殷昌　佛門柱礎　法社金湯　英擅之德　山高水長

欲加之罪，何患無詞　德川家康見銘文有「國家安康」句，包含己名二字，不悅。初召僧天海與林信勝諮詢，認爲銘文不妥，後又悉召五山僧⑩研究。銘文作者僧淸韓博學能文，有寵於豐臣秀吉，久爲五山僧所嫉妬。除妙心寺的海山外，其餘多乘機指摘，合起來一共指出十多處文字，謂有意詛咒家康。其中最重要的如左：

序文於敍述重修方廣寺緣起時，說明秀賴奉德川家康的指示。當時，家康已以將軍之職讓與其子，故稱「前征夷大將軍從一位右僕射源朝臣家康公」⑪。這一個銜名被曲解爲：「右僕（主詞）射（動詞）源朝臣家康（受詞）」，暗示僕射其主，秀賴將殺家康。

銘文「東迎素月，西送斜陽」二句，因爲德川氏在關東，豐臣氏在大阪，一東一西，故被曲解說：月是陰物，日是陽物，暗示德川氏爲陰，豐臣氏爲陽。

銘文「國家安康」一句，爲衆矢之的，除指爲犯諱之外，又說將家康二字折開，暗示把家康「身首異處」。

銘文「君臣豐樂，子孫殷昌」二句，前一句被倒讀，暗示「樂豐臣氏爲君，而子孫殷昌」。

家康卽據此莫須有的罪名，興師進攻大阪，盡滅豐臣氏子孫。

第六節　名僧最澄、空海

二僧同時入唐　入唐學問僧中，最著名的是最澄、空海二人，回國後各創一宗，壓倒前代的六宗。

佛教在奈良時代已經大盛，寺院林立。原有六宗，（1）三論宗，以「中觀論」，「十二門論」，「百論」爲教義。（2）成實宗，爲三論宗的附宗，所不同者，三論宗屬大乘，成實宗屬小乘。（3）法相宗，以「瑜伽論」，「唯識論」爲教義。（4）俱舍宗，爲法相宗的附宗，法相宗屬大乘，俱舍宗屬小乘。（5）華嚴宗，以「華嚴經」爲教義。華嚴與三論、法相，爲日本當時的大乘三宗。（6）律宗，爲戒律宗的略稱。按釋伽說法，分爲經、律、論三藏，其他各宗或重論，或重經，律宗獨以「律藏」爲本。律宗與成實、俱舍，爲日本當時的小乘三宗。六宗之中，尤以三論、法相二宗最盛。

桓武天皇延曆二十三年（唐德宗貞元二十年，八〇四），最澄、空海同爲學問僧，隨大使藤原葛野麻呂入唐。歸國後，最澄創天台宗（亦稱法華宗），空海創眞言宗（亦稱密宗）。從此南都六宗變爲八宗，而天台、眞言二宗後來居上，比其他六宗尤盛。

傳教大師最澄　僧最澄，通稱澄和尙，近江滋賀人三津淨足之子，俗名廣野。初從唐僧鑑眞（參看第一章第三節）受天台經，二十歲，結茅庵於京都比叡山，潛心硏究天台教義，旋創建比叡山寺，卽著名的延曆寺之起源。最澄說天台教義，僧俗多受感動，桓武天皇亦爲所感，乃敕命入唐爲學問僧。

延曆二十三年，最澄率弟子義眞入唐，上天台山，從高僧道邃、行滿二人受天台奧義，並與義眞共受菩薩大戒於道邃。同時，最澄又從禪林寺僧翛然，學牛頭山禪。

囘國後，最澄奉敕對奈良高僧八人講天台宗義，後遂新成一宗。又擴大延曆寺規模，築大乘戒壇。嵯峨天皇弘仁十三年（八二二），最澄圓寂，年五十六。淸和天皇貞觀八年（八六六），追贈傳教大師。日僧稱大師號者，最澄是第一人。

最澄所建的延曆寺，後很著名，且最有勢力。平安朝稱南都北嶺二大寺，北嶺卽延曆寺，南都爲奈良興福寺。

弘法大師空海　僧空海，讚岐多渡津人，俗姓佐伯。少從其舅習儒業，十八歲入京都大學，習明經科，大爲不滿。二十歲出家，初號如空，在奈良大安寺受三論，後改投東大寺受具足戒，始改號空海。

延曆二十三年，與最澄同行入唐，至長安，從靑龍寺惠果受眞言宗。平城天皇大同元年（八〇六），携內典（佛書）、外典（儒書）數百部書囘國。

空海囘國後，先主高雄山神護寺，嗣在紀伊高野山建寺，後名金剛峯寺。弘仁十四年，嵯峨天皇以東寺（原名教王護國寺）賜空海。承和二年（八三五）圓寂，年六十二。醍醐天皇時，追賜弘法大師。

空海多才多藝，詩文書畫兼長，尤擅書法，與留學生橘逸勢（橘秀才）及嵯峨天皇，世稱「三筆」。相傳日文的「假名」，亦爲空海所創。嵯峨天皇好學，常召空海入宮，作方外清談，有如密友。

最澄、空海二僧，除創立新宗外，對於轉變日本佛教風氣，影響尤大。奈良時代，寺院皆建於都市之內或其附近，僧侶受都市糜爛生活的影響，戒律廢弛，日趨墮落。最澄、空海爲避開都市腐敗之風，建寺山上，自是之後，風氣一新，後起寺院，皆建於山林中。史稱奈良佛教爲「都市佛教」，平安佛教爲「山嶽佛教」。

其他高僧　日本入唐的學問僧，共有六十多人。除上述最澄、空海二大師外，還有道昭、道慈、玄昉、圓行、圓仁、圓珍等，也都是有道的高僧，對日本佛教有過很大的貢獻。道昭是唐玄奘的弟子。留唐最久的是圓仁，在唐九年，撰有「入唐求法巡禮行記」，悉述其在唐見聞。圓珍則與唐代詩人交往最密，他將唐人贈別詩，輯爲「風藻餞言」。

學問僧自唐帶囘日本的貢獻，並不限於佛教。他們因爲要研究經書，對漢學修養很深，所以日後日本空門漢學特盛，有一個漫長的「五山文學」時代。他們除帶囘佛經及儒書外，也帶囘不少名畫與佛像，對日本繪畫、雕刻有很大影響。

此外，唐僧去日弘法的也不少，最著名的有二人，一是律宗的鑑眞，第一章已介紹過，不贅。另一人是道璿，他比鑑眞去日還早，於開元二十四年（七三六）東渡，日本的華嚴宗即其所創。他在日二十五年，客死於彼邦。

唐代中日通使及其有關大事表

公元	唐年代	日本年代	日本遣唐使 正副使	日本遣唐使 記要	唐使團 正副使	唐使團 記要
630	貞觀四年	舒明二年	犬上御田鍬 藥師惠日	翌年至長安，六三二年回國		
632	貞觀六年	舒明四年			高表仁	送日使回國並宣諭，因爭禮，不宣天子命而還
646	貞觀二十年	大化二年	日本大化革新開始			
648	貞觀二十二年	大化四年		附新羅使者上書		
653	永徽四年	白雉四年	第一次 吉士長丹 吉士駒	留學生二十餘人隨行		
			第二次 高田根麻呂 掃部小麻呂	留學生一二〇人覆舟，生還者只五人		

654	永徽五年	白雉五年	押使高向玄理 大使河邊麻呂 副使藥師惠日	押使在唐病死 使團翌年回國 留學生人數不詳		
659	顯慶四年	齊明五年	坂合部連石布 津守吉祥	漂流至南海，大使爲島民所害 副使等至唐，會唐伐百濟，拘日使 六六一年始回國		
663	龍朔三年	天智二年稱制	中日白江口之戰			
664	麟德元年	天智三年稱制			郭務悰	劉仁軌派遣（至太宰府）
665	麟德二年	天智四年稱制	守君大石 合部連石積	送劉德高返百濟 未入唐	劉德高 郭務悰	劉仁願派遣（至太宰府）官兵二五四人
667	乾封二年	天智六年稱制	伊吉博德 笠諸石	送司馬法聰返百濟 未入唐	司馬法聰	劉仁願派遣（至太宰府）

668	總章元年	天智元年	唐滅高句麗			
669	總章二年	天智二年	河內直鯨	賀平高句麗 翌年始至長安	郭務悰	劉仁願派遣（至太宰府）官兵二千餘人（似含遣俘）
671	咸亨二年	天智四年			李守眞	劉仁願派遣（至太宰府）
					郭務悰	劉仁願派遣（至太宰府）唐官兵六百人送日使等一四〇〇人（似含遣俘）
670－701間	咸亨後長安前	（參看註5）	日本去國號倭始稱日本			
701	長安元年	大寶元年	執節使粟田眞人 大使高橋笠間 副使坂合部大分	翌年始至唐 僧辨正仕唐不歸		
	景龍間	銅和間	眞人莫問	日使曾謁孔子廟		

716	開元四年	靈龜二年	押使 多治比縣守 大使 大伴山守 副使 藤原馬養	翌年始行 留學生等五五七人 阿倍仲麻呂仕唐不歸 改名朝衡		
733	開元二十一年	天平五年	多治比廣成 中臣名代	一行五九四人		
752	天寶十一年	天平勝寶四年	藤原清河 二副使 大伴古麻呂 吉備眞備	一行二百二十餘人 清河留仕於唐 古麻呂等回國		
753	天寶十二年	天平勝寶五年			朝衡（原名阿倍仲麻呂）	送日使，並答聘遇風飄至安南，未至日本
755	天寶十四年	天平勝寶七年	安史之亂起			
759	乾元二年	天平寶字三年	迎入唐大使 高元度	迎前大使藤原清河回國 一行只九九人		
761	上元二年	天平寶字五年	仲石伴 藤原田麻呂	依唐之請（造弓材料），貢牛角 藉故未行	沈惟岳	護送日使高元度回國之押水手官，非正式使節
762	寶應元年	天平寶字六年	中臣鷹主 高麗廣山	送沈惟岳等回國 藉故未行		

777	大曆十二年	寶龜八年	大使（未行）佐伯今毛人 代大使小野石根 副使小野滋野	至揚州海陵縣，唐以國亂，只限隨員四十三人至長安 小野石根歸途溺死		
778	大曆十三年	寶龜九年			趙寶英 孫興進	送日使回國 趙寶英與小野石根溺死 孫興進與小野滋野至日本
779	大曆十四年	寶龜十年	送唐客使 布勢清直	送唐使孫興進回國		
782	建中三年	延曆元年	藩鎮之亂起			
804	貞元二十年	延曆二十三年	藤原葛野麻呂 石川道益	學問僧最澄、空海隨行 船至福州長溪，然後陸行至長安		
838	開成三年	承和五年	藤原常嗣 小野篁（未行）	一行六五一人，分四船，第三船一四〇人未行，學問僧多人同行		
874	乾符元年	貞觀十六年	王仙芝——黃巢之亂起			
894	乾寧元年	寬平六年	菅原道真 紀長谷雄	只發表，未行 從此罷遣唐使		

①本章主要參考書籍：

「隋書」、「唐書」、「新唐書」、「唐會要」、「資治通鑑」、「大日本史」、「日本書紀」、「續日本紀」、「善隣國寶記」、「元亨釋書」、余又蓀「日本史」、甘友蘭「日本通史」、陳水逢「日本文明開化小史」、宋越倫「中日民族文化交流史」、王輯五「中國日本交通史」、余又蓀「隋唐五代中日關係史」、李季「二千年中日關係發展史」、張其昀等「中日文化論集」、青木武助「大日本歷史集成」、坂本太郎「新訂日本史概說」、川上多助「日本歷史概說」、田口卯吉「日本開化小史」（余又蓀譯）、家永三郎「日本文化史」、岡田正三「日本漢文學史」、木宮泰彥「日華文化交流史」、德重淺吉「日本文化史之研究」、內藤虎次郎「增訂日本文化史研究」、西村眞次「日本文化史概說」（徐碧暉譯）、木宮泰彥「中日交通史」（陳捷譯）等。

②「神皇正統記」說，「正德」是諡號，據後人考據，無此正式諡號。

③「善隣國寶記」說，「天智天皇十年，郭務悰來聘，其國書曰，大唐皇帝敬問日本國天皇。」

④天智年號有二種稱法，其一，最初踐祚六年，作稱制年號，稱制第七年正式即位，始稱天智元年；其二，不分稱制與否，自其踐祚那年起，爲天智元年。本書依前者。

⑤這是唐書的紀錄，日本大百科事典稱：「日本二字作我國國號，初見於孝德天皇的大化詔書。」

⑥大概由於中國不許平等國書，日本天皇又不肯稱臣上表，乃想出這個滑頭辦法，讓大使口述或行文，稱臣進貢。

⑦唐代軍隊編制，「新唐書」與「唐六典」稍異，日本此一編制，與「唐六典」完全相同。

⑧中澤見明著「古事記論」，斷定此書爲晚出的僞書，成於九世紀上半葉。

⑨「經國集」是詩文集，除詩外，還有賦，有對策。

⑩日本仿南宋例，分寺院爲五山十剎，然時有變更。南北朝時分爲京都五山與鎌倉五山：天龍、相國、建仁、東福、萬壽爲京都五山，而龜山上皇所敕建的南禪寺，稱爲天下第一山，列於五山之上；建長、圓覺、壽福、淨智、淨妙則爲鎌倉五山。至於五山文學亦代有碩學長老，然並不限於五山各寺。此時德川所諮詢的五山碩學長老爲東福寺的守教，天龍寺的令彰，南禪寺的宗最洪長，相國寺的瑞保，建仁寺大統菴的慈稽，勝林菴的聖澄，妙心寺的海山等。

⑪日本丞相稱大臣，但於公私文獻上，常借用中國官名，稱僕射或丞相。「源」是姓，德川氏系出源氏。朝臣是姓氏等級，爲僅次於皇室的第二等，參看第一章第二節。

第六章　宋代的中日交通①

第一節　兩國的政治演變與五代的中日交通

中國幾度換朝　唐亡之後，中原由後梁、後唐、後晉、後漢、後周遞嬗，四境另有先後十國，合稱五代十國。北方則有遼國興起，且侵入關內，割據燕雲十六州。及宋統一中國，仍不能收回燕雲失地。後來遼衰，女眞崛起，建金國，於公元一一二五年滅遼，一一二六年陷汴京，擄宋之徽、欽二帝北去，北宋遂亡。宋高宗南渡，以臨安（杭州）爲臨時國都，稱行在，是爲南宋。

公元一二〇六年，鐵木眞統一蒙古諸部，稱成吉思汗。自是蒙古日強，於一二三四年滅金，盡有中國北部，定都燕京（北平），旋於一二七一年改國號元。一二七六年，元將伯顏下臨安，擄宋恭帝。南宋亡，元統一中國。

先是，蒙古太宗窩濶台三年（一二三一），遣將撒兒台（韓史撒禮塔）征高麗，高麗王瞮（高宗）降於蒙古②。翌年，蒙古軍退，高麗遷都江華島，不履行和約。蒙古軍迭征高麗，然其鐵蹄儘管踏遍半島，對於江華島上的高麗朝廷，却無如之何。自是之後，談談打打，到蒙古憲宗蒙哥九年，高麗王答應還都開京，並遣太子入元爲質，高麗遂正式降於蒙古。

元世祖忽必烈立，遣高麗質子倎（後更名植）回國嗣位，是爲高麗元宗。他對元很恭順，也賴元軍替其平定內亂，事實上高麗已成為元之附庸。元世祖已服高麗，就想透過高麗，促使日本進貢，日本不聽，終於演成元軍二次征日，那是中日第二次戰爭，待下章再細說。

自唐亡以至元朝興起，三百餘年間，中國的政局演變，大致如上所述。在此同一期間，日本政局也有過幾次變化，儘管表面上還存在着「萬世一系」的天皇及其朝廷，其政治與社會結構已經大變。要瞭解這一段期間的中日關係，也得把日本政局的演變，簡單敍述一下。

日本武士興起　日本自大化革新之後，王權鞏固，向由天皇親政，及五十五代文德天皇即位（仁壽元年，八五一），因天皇體弱，委政於外戚藤原良房。良房之後，其子基經更是大權獨攬（參看五章五節）。自是藤原氏代爲「攝政」或「關白」，稱爲「攝關世家」。這兩個名稱全是相權取代君權的代名詞，所不同者，天皇幼冲則稱攝政，天皇年長則稱關白。

藤原氏專權期間，班田制早已破壞，豪門與寺院兼併土地，莊園興起。由此影響，社會不安，兵制紊亂，盜賊橫行，海盜尤爲猖獗，各寺院的僧兵也橫暴不可一世。同時，在朝廷方面，藤原氏專政已久，子孫墮落，政治腐敗，而又排除異己，拒人才於千里之外。人才不得其用，由朝至野，散在四方，一部分人遂挺而走險，領導作亂。在這種情形之下，社會唯力是視，武士遂應運而生。

歷代天皇苦於政不由己，屢圖恢復王權。至一〇八八年，七十二代的白河天皇（一〇七三－一〇八七），乃創「院政」制度。一〇八七年，白河讓皇位於幼子，自爲上皇，以天皇幼冲爲詞，政出上皇，以上皇的「院宣」代敕詔。天皇已無權，攝政、關白自然也就虛有其名了。

院政之設，雖自藤原氏手中奪回政權，然本身是舖床疊架的組織，終於造成上皇、天皇的對立。

上皇不滿意天皇時，便迫其讓位，於是又多一上皇；老上皇則削髮，稱法皇。然法皇仍主院政，新上皇與天皇皆不參與實際政治，徒有虛名。這種情形經過數代之後，皇室的矛盾日深，天皇、上皇、法皇各組黨派，以圖奪取或鞏固政權。黨派對立，要憑實力，不能單靠文臣，便各自籠絡武士。

平氏大權獨攬　後白河天皇保元元年（一一五六），鳥羽法皇死，崇德上皇欲重祚，與後白河天皇武力衝突，史稱「保元之亂」。後白河天皇獲勝，上皇被流，而有功於天皇的武士平源二氏，則從此登上政壇。不久，又有「平治之亂」，平清盛盡滅源氏，獨攬政權，遂開武家政治的先河，雖然表面上仍維持公卿政治制度，未開幕府。

平清盛兼主天下兵權，雖藤原氏最盛時代，亦遠不及其威勢。天皇之立，大臣的黜陟，皆出其意。平氏享受過於皇室，采邑遍及三十餘國。平氏一族，爲公卿者十六人，殿上人三十餘人。然平氏亦因此結怨天下，成爲衆矢之的，自皇室、公卿以至失意的武士階級，皆欲推倒平氏。

八十代高倉天皇治承四年（一一八〇），以仁王號召討伐平氏，不幸兵敗身殲。然由於他的號召，源賴朝舉兵關東，四方響應，數年間盡滅平氏。

鎌倉幕府　源賴朝滅平氏後，以征夷大將軍（簡稱將軍）名義，自建幕府，鎌倉（今東京西南）成爲新的政治中心，朝廷形同虛設，是爲幕府政治或武家政治，爲日本歷史上第二次大變革。然源氏將軍三傳而絕，幕府實權落入北條氏之手。北條氏世以「執權」名義，掌握幕府軍政大權，形式上極似藤原氏的攝關，而幕府的將軍，則又似朝廷的傀儡天皇。然幕府「執權」握有武力，自中央至地方，有一貫的軍事體系，其權力遠非攝關可比。

不過，「執權」只是將軍家臣，朝廷授與北條氏的正式官銜，始終只是一個「相模守」，即相模國司，相當於中國歷史上的郡太守。此所以「新元史」稱「相模守北條時宗」。北條氏專政期間，碰到元軍征日，待下章說到那次戰役時，還要介紹鎌倉幕府的概況，此處所說的日本政治演變，到此爲止。

四百年國交中斷　在上述這一段期間，即自唐末以至宋元之交，約四百年間，中日二國始終沒有正式國交。然商船貿易及僧侶往來，則未嘗中斷。兩國朝廷間，亦偶而附托商人或僧侶，互贈禮物。在此數百年間，中國商船至日貿易，可圖厚利，其船數遂與日俱增。日本在藤原氏執政時代，朝廷思想保守，禁止日本人出國貿易——唯一的例外，是對馬島人民與朝鮮的交通，因爲對馬缺糧，必須自朝鮮輸入糧食。

迨平清盛當權，由於需要巨款養兵，爲了開闢財源，乃鼓勵中日貿易，至是，始有日船前往中國。鎌倉幕府初年，也還有日本來華商船，然數量較少，且性質一變，多係半官半商性質。

吳越與日本的交通　中國五代期間，只吳越與日本保持着海上交通。原因是契丹阻絕北路，而南路通商口岸明州（寧波），地屬吳越。同時，戰亂之餘，佛教漸衰，惟吳越保護佛教最力，西湖一帶成爲佛教中心，爲日本僧侶所嚮往。天台山則因地鄰明州通商港口，成爲日僧來華瞻仰的第一名山。關於吳越與日本的交通，新舊「五代史」皆只有一句含糊的話，錢鏐曾「遣使冊封新羅、渤海國王，海中諸國，皆拜封其君長。」沒有直接提到日本，是否包括在海中諸國之內，不得而知。然吳越與日本的民間交通及政府通信，確有其事，散見日本史籍者，有如下紀錄。

朱雀天皇承平五年（後唐清泰二年，九三五）、六年，及天慶元年（後晉天福三年，九三八），吳越商人蔣承勛，三次至日經商（日本紀略）。天慶八年（後晉開運二年，九四五），吳越商人蔣兗等百人，至日本貿易（本朝世紀）。官方通信，則僅見於吳越王俶在位期間，俶是錢鏐的次孫，爲吳越第四代主。他與日本大臣通信二次，最初是爲了請求佚失佛經。

俶好佛，時值大亂之餘，佛經散佚，多不完全，聞日本盛行天台智者教，保有全經五百餘卷，乃於後漢天福十二年（朱雀天皇天曆元年，九四七），託商人蔣兗，致書日本右大臣藤原實賴，贈黃金六百兩，求寫天台經全部，盡得之。實賴的覆書未提及此事，只說所惠土儀，忍而依領，回贈沙金二百兩，並告以本人已陞左大臣。後周廣順三年（天曆七年，九五三），俶又託蔣承勛，致書日本右大臣藤原師輔，師輔亦有覆信。又據「日本紀略」天德元年（周世宗顯德四年，九五七）所載，「大唐吳越國持禮使盛德言上書」，但不知究係盛德言奉吳越王俶之命去日遞書，或只係個人名義託附商人致書。

五代期間的來華日僧　五代期間，日僧來華者，只能搭附吳越商船來往，人數很少，只有二次紀錄。

後唐天成二年（醍醐天皇延長五年，九二七）正月，日本興隆寺僧寬健等十一人來華，巡禮寺觀。攜有菅原道眞、紀谷長雄、橘廣相、都良相等詩集九卷，及小野道風的行草書各一卷，入唐求教。傳說寬健客死中國，其同行的澄覺、寬輔，則曾北上，入後唐，講經洛陽、長安。

後晉天福三年（朱雀天皇天慶元年，九三八），肥前延曆寺僧日延來華，遍遊吳越諸地，在華十年始歸國。日延回國時，携有吳越王俶所鑄的「寶篋印塔」③，所携數量不詳，今存日本者仍有五塔。

第二節　華僧人傳播文化

宋代，日僧至中國者，依中日二國的正史紀錄，只有奝然、嘉、寂昭、成尋、仲回等數人，散見其他文獻，尤其是佛門著作者，共有八十餘人。奝然等皆携有貢物，獲得宋帝召見及厚賜，且嘗爲中日二國朝廷轉遞贈物，他們之得以名列正史，大概卽因此故。然他們並非了不起的有道高僧，除自中國携回大批經書外，別無重大貢獻。

入宋日僧中，較有成就的人物，有明菴榮西、俊芿、圓爾辨圓、心地覺心、南浦紹明等。

日本禪宗開山祖榮西　榮西於一一六八年（南宋乾道四年，高倉天皇仁安三年）入宋，巡遊天台及育王山，當年歸國，携回天台宗之新章疏三十餘部，六十卷，並帶回茶種，日本飲茶之風，就是由他倡導的。一一八七年（南宋淳熙十四年，後鳥羽天皇文治三年），榮西再入宋，學禪於天台山萬年寺之虛菴懷敞，遂嗣其法。四年後歸國，先後在博多建聖福寺，在鎌倉建壽福寺，在京都創建仁寺，鼓吹禪宗。日本禪宗雖不自榮西始，但因榮西的鼓吹而始盛，故被稱爲日本禪宗的開山祖。然當時南都北嶺勢力很大，甚至干預朝政，禪宗在那些舊宗派反對之下，曾被後白河法皇以院宣勒令停止，最後因幕府信仰禪宗，始見大盛，這是後話。

榮西及其法孫辨圓對於日本禪寺建築的貢獻，下面再說。

榮西的門徒，也有不少人入宋學禪。最著名的是道元與圓爾辨圓二人。道元爲日本曹洞禪宗的開山祖。

圓爾辨圓爲榮西的法孫，一二三五年（南宋端平二年，四條天皇嘉禎元年）入宋，歷遊天童、淨慈、靈隱諸寺，復登徑山，學法於無準師範，留宋六年始回國。辨圓在京師建東福寺，弘布禪宗教義，號聖一國師。其弟子入宋者亦殊不少，較著名的是心地覺心。辨圓講學及著作，常提及程明道學說，亦有人以爲他是始傳宋學至日本的第一人。

心地覺心爲辨圓弟子，一二四九年（南宋淳祐九年，後深草天皇建長元年）入宋，留學六年，初登徑山，學法於癡絕道冲，繼遊育王山，最後師事臨安護國仁王寺的無門慧開，遂嗣其法。回國後，在奈良建興國寺，歸依者甚衆。

其他入宋名僧　除上述榮西一系的名僧外，另有二人特須介紹。

俊芿亦稱「不可乘俊芿」，號大興正法國師。他比榮西更早，於一一九九年（南宋慶元五年，土御門天皇正始元年）率弟子二人入宋，巡遊天台山，就明州景福寺的如菴學律宗，又赴明州之雪竇及臨安之徑山學禪，就華亭縣之超果院學天台宗。後又至臨安，與禪宗、律宗諸名師論道。他在宋十二年，一二一一年始歸國，携回佛經及儒學書籍一千多卷，及碑帖、佛像等甚多。俊芿在京都創建泉涌寺，高倉、後鳥羽、順德三天皇，先後向其皈依。其門弟子甚衆，比較著名者，有湛海、明觀智鏡等。由於俊芿携回儒學書籍二百餘卷，有人以爲朱子學之傳入日本，由他開始，惟此說證據尚嫌不足。

南浦紹明於一二五九年（南宋開慶元年，後深草天皇正元元年）入宋，在宋八年，歷訪五山十刹，爲淨慈寺虛堂智愚的法嗣。回國後，先後住京都萬壽寺及鎌倉建長寺。日本純粹禪宗之盛，實得力於南浦紹明，也可以說紹明得力於幕府的提倡禪宗。其著名弟子妙超，號大燈國師，爲大德寺的開山祖。

宋僧至鎌倉傳禪宗於武士　宋僧去日的，始於鎌倉幕府北條氏當權時代。其背景是，幕府已掌握軍政大權，又欲廣建寺院，推崇禪宗，獨樹一幟，與京都舊宗派對立，所以到了後來，鎌倉也像京都一樣，自有其五山十刹。同時，禪宗主張清心寡欲，寺規嚴格，亦與尚勤儉、重氣節的武士精神相符合。尤其是，最初邀請宋僧去日的北條時賴，幼承母教，克勤克儉，故特別歡迎禪宗。先後被邀至鎌倉的南宋禪宗高僧如下：

最先去日的宋代禪僧是蘭溪道隆。道隆蜀人，號大覺禪師，於一二四六年（南宋淳祐六年，後嵯峨天皇寬元四年），偕弟子義翁紹仁等東渡。時值幕府執權北條時賴創建大伽藍於鎌倉，聞道隆至日，即邀請東遊，主持鎌倉建長寺。北條時賴受其影響甚深，於康元元年（一二五六）委政於長時（時賴仍爲幕後主持人），自己則退休薙髮，法名道宗，號覺了坊。

道隆又招其弟子兀菴普寧至日，接主鎌倉建長寺，自回京都建仁寺。其後普寧回宋，道隆再返鎌倉。靑年的「執權」北條時宗從之受禪，也深受其影響。一二七八年，道隆圓寂於建長寺。

蘭溪道隆首傳宋學　據說，宋儒理學之傳入日本，也始於蘭溪道隆。此說雖不一其詞，但他所著的「大覺禪師語錄」，與宋儒理學十分接近。他所示參玄之法有云：「首正其心，誠其意，目不邪視，口不亂談。」「諸聖皆自返求諸己而已。」「古人之一言半句，皆是啓人之本心，明人之本性。」

兀菴普寧受道隆的敦促，於一二六〇年（南宋景定元年，龜山天皇文應元年）至日，先到京師，訪其日本法弟辨圓。嗣受北條時賴邀請，至鎌倉，繼道隆爲建長寺住持。時賴率北條氏族人，屢就普寧修禪，禪宗對武士的普遍影響，得普寧之力至多。弘長三年（一二六三），時賴死，普寧漸受其他宗派的誹謗，乃於一二六五年回宋，留一偈云：「無心遊此國，有心復宋國，有心無心中，通天路頭活。」

另一南宋禪師大休正念（佛源禪師），也是蘭溪道隆弟子，於一二六九年（南宋咸淳五年，龜山天皇文永六年）至日，先住鎌倉禪興寺，繼住建長、壽福、圓覺等寺。執權北條時宗常從其修禪，武士歸依者甚衆。繼其後者，又有道隆弟子西澗士曇（大通禪師），於一二七一年（宋咸淳七年，龜山天皇文永八年）至日，巡遊京都、鎌倉諸剎，留日七年而回宋。

無學祖元去日　一二七八年，蘭溪道隆死，北條時宗自作請帖，遣禪僧德銓、宗英二人入宋，迎無學祖元（佛光國師）至日。祖元也是道隆弟子，他接受邀請，與其法姪鏡堂覺圓（大圓禪師）及弟子梵光一鏡二人，於翌年（一二七九）東渡。祖元初住鎌倉建元寺，其後，時宗建圓覺寺，祖元遂爲圓覺寺之開山祖。時宗率其舉族武士從之受禪，武士皈依者亦甚衆。弘安七年（一二八四），時宗死，其夫人就祖元落髮，自修道心寺（後改名東慶寺），終生住此修禪，號覺山志道大師。

我國自黃公度的「日本國志」問世，國人始知朱子學派激發日人的尊王攘夷思想；自梁啓超推崇朱舜水，國人始知舜水的愛國精神，影響水戶學派，爲日後明治維新下了一粒種子。其實，早在鎌倉幕府北條氏當權時代，南宋禪師們已對日本武士階級，大大地灌輸了攘夷思想。

鼓勵日人抗元 宣傳攘夷最力的，就是這位無學祖元，因爲他躬逢其會，目睹南宋之亡，親受元兵脅逼，而一到日本，又適在元軍第二次征日的前夕。下面略舉二事，以見其抗元精神的事實表現。

元至元十三年（一二七六），元軍破臨安，擄宋恭帝，遂滅南宋。祖元住台州眞如寺，元兵至，諸僧皆逃，祖元獨坐榻上。元兵以白刃加其頸，祖元從容口述一偈：「乾坤無地卓孤筇，且喜人空法亦空，珍重大元三尺劍，電光影裏斬春風。」元兵不敢殺他，謝罪而去。

三年後（一二七九），祖元至日。又二年（至元十八年，日本弘安四年，一二八一），元軍大擧征日，北條時宗血書諸經，請祖元代爲祈禱神佛，庇祐日本。祖元對時宗說：「一句一偈，一字一畫，悉化爲神兵，如帝釋天與阿修羅之戰。我軍得神佛之庇護，降伏魔軍，生靈皆安。」時宗受此鼓勵，必勝信念愈堅。未幾，元軍爲颶風所襲，差不多全軍覆沒，日人稱此風爲「神風」。

此外，在北宋初年，還有宋僧悟本；又在祖元稍前，還有宋僧古澗，亦曾去日弘法。其他不見經傳的遊日宋僧，恐怕還有不少人。宋亡後去日的宋僧及儒士亦甚多，可考者有宋了一、普勳、智惠、淨智、吳三郎等。

第三節 宋日貿易

北宋對日的片面貿易 北宋時代，日本正當藤原氏專政，嚴禁日本人私自出國。後冷泉天皇永承二年（宋仁宗慶曆七年，一〇四七），筑前人清原守武等私自入宋，被議罪流於佐渡，同行五人皆受處分。稍後的院政時代亦然，掘河天皇嘉保元年（哲宗紹興元年，公元一〇九四），前太宰權帥權中納言藤原伊房與前對馬守敦輔二人，私遣僧人至契丹交易貨物，伊房坐貶官一級，敦輔削籍。

因此，在北宋時代，中日貿易是片面的，只有宋船至日。據「善鄰國寶記」，「扶桑略記」，「百鍊鈔」，「元亨釋書」等紀錄，宋商至日者漸多，北宋百餘年間，有紀錄的共有七十餘次，不必一一細述。但有三件事值得注意。

第一，當時的航道，爲自明州（寧波）越東海，至肥前（今佐賀）的值嘉島，再循海岸東進，入博多灣。依日本朝廷的規定，宋船入博多灣，接受太宰府查詢，然後報請京都，派遣「交易唐物使」，前來處理，在此待命期間，宋商人則安置於鴻臚館。然宋船常有飄流至越前（今福井縣）、但馬（今兵庫縣北部）等處者。

第二，已有福州、泉州商人至日，可見宋代對日貿易，範圍已經擴大，不限於江浙商人。因爲日本朝野皆愛唐物，宋商貿易可獲厚利。

第三，通商人數多了，難免良莠不齊，少數商人不免有犯罪行爲。依紀錄，有殺人案件一，放火焚燒房屋的案件一，凌辱日本地方長官的案件一，皆受了日本當局的懲罰。同時也有日本地方官吏強奪宋物，宋商向日本朝廷控訴的一宗案件。

貿易商品　宋代，中國輸入日本的貨物，有沈香、麝香、衣比、丁子、甘松、薰陸、青木、龍腦、牛頭、鷄舌、白檀、赤木、紫檀、蘇方、陶砂、紅雪、紫雪、金益草、益丹、銀益丹、紫金膏、巴豆、雄黃、可梨勒、檳榔子、銅黃、綠青、臙脂、空青、丹、朱砂、胡粉、豹虎皮、藤茶碗、籠子、犀角、水牛如意、瑪瑙帶、瑠璃壺、綾、錦、羅、縠、吳竹、甘竹、吹玉等——以上根據「新猿樂記」（藤原明衡著後冷泉天皇時刊行），其實至少還有生絲、書畫、文具、及走私的宋錢等。

日本輸宋的商品，有砂金、水銀、錦、絹、布、扇、日本刀④等。這時候，日本有一些工藝品相當進步，爲宋人所愛好，特別受人珍視的是扇和日本刀。扇大概是一種小團扇，質料是琴漆柄，鵶青紙。扇上畫一些山水，據宋人批評：「意思深遠，筆勢精妙，中國之善畫者，或不能也。」

日本刀　日本刀尤爲宋人所珍貴，此刀不但其鋒犀利，刀鞘尤爲美觀，即在日本，亦視爲美術裝飾品，因爲日本武士惜刀如命，所以裝飾得十分精緻。宋人偶得一刀，不僅當作兵器，且認爲「佩之可禳妖凶」。歐陽修有一篇「日本刀歌」：

昆夷道遠不復通
世傳切玉誰能窮
寶刀近出日本國
越賈得之滄海東
魚皮裝貼香木鞘
黃白間雜鍮與銅

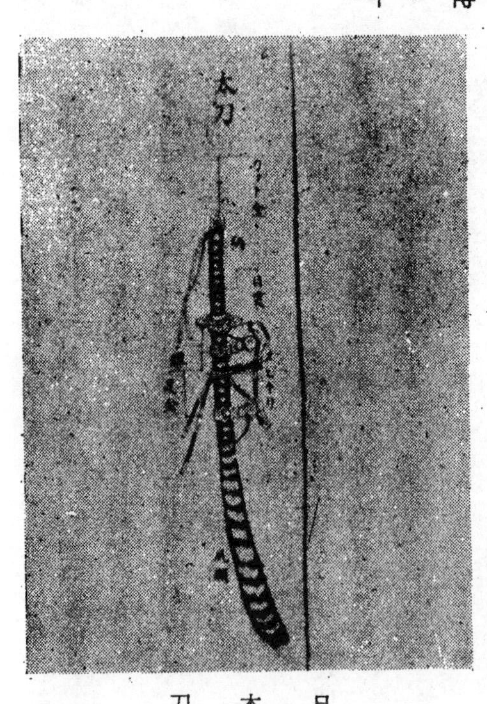

日本刀

百金傳入好事手
佩服可以禳妖凶
傳聞其國居大島
土壤沃饒風俗好
其先徐福詐秦民
採藥淹留草童老
百工五穀爲之居
至今器玩皆精巧
前朝貢獻屢往來
士人往往工詞藻
徐福行時書未焚
逸書百篇今尚存
令嚴不許傳中國
舉世無人識古文
先王大典藏夷貊
蒼波浩蕩無通津
令人感激坐流涕

繡澀短刀何足云

非正式國交　北宋時代，兩國朝廷曾附托商船，致書並贈方物。神宗熙寧五年（後三條天皇延久四年，一〇七二），日僧成尋（宋史作誠尋）至天台，神宗召其赴闕。翌年，神宗假成尋之手，以金泥法華經，諸經，及錦二十匹，賜與日本天皇。熙寧八年（白河天皇承保二年，一〇七五），再假手成尋，贈送天皇禮物。熙寧十年（同皇承曆元年，一〇七七），白河天皇以六丈絹二百匹，水銀五千兩，托宋商孫忠贈與神宗。日皇這次送禮，係由太宰府出具牒文，禮物於翌年送到，故宋史記在元豐元年，神宗亦命明州作牒覆之。

元豐三年（承曆四年，一〇八〇），孫忠再以明州牒至日，日方疑其書詞失禮，不覆。元豐五年（白河天皇永保二年，一〇八二），日本以牒付孫忠致宋，宋亦不報。

徽宗時，泉州綱首⑤李充，於崇寧四年（堀河天皇長治二年，一一〇五）至太宰府，請求憑宋國公憑至日交易，結果如何不詳。重和元年（鳥羽天皇元永元年，一一一八），徽宗托商人孫俊明、鄭清致書日本天皇，鳥羽發交廷議，以宋書措詞甚倨，不合先朝往例，不報，只命太宰府移牒作答。

平清盛獎勵對宋貿易　南宋初年，是日本「院政」時代，然藤原氏的閉關政策依然如故。及平清盛掌握政權，政策一變，乃極力開放中日通商。如前所述，平清盛專政，與藤原氏不同，他兼掌軍事，蓄養武士要錢，所以特別重視對宋貿易，因此開了一個財源。他為了貿易之便，先修好兵庫港（今神戶）。先是，清盛在兵庫西方，選擇地形險要之處，建福原別莊為平氏根據地。現在修兵庫港，是要使中日商船直航瀨戶海峽之內，舶於兵庫，由他直接處理對外貿易，不再假手於太宰府。日本向以太宰府爲邊防重鎭及外交緩衝之地，瀨戶內海是禁地，除大使外，外船是不許進入的，平清盛此舉，犯了衆怒，舉國皆不直其所爲。

高倉天皇嘉應二年（南宋乾道六年，一一七〇）九月，淸盛招待宋商人於福原別莊，並請後白河法皇參加，公卿一致斥其有失國體。右大臣藤原兼實嘆曰：「延嘉以來（意謂遣唐使終止之後）未曾有之事，天魔之所爲耶？」然平清盛此舉，大概是得到法皇支持的，此時後白河與清盛尙未交惡，屢幸其福原別莊，且後白河本人也很喜歡唐物。下述一事，可以爲證。

承安二年（南宋乾道八年，一一七二），宋明州刺史致書日皇，並贈信物，另有禮物贈平清盛。書上說「賜日本國王物色」，舉朝大譁。日本碩儒大外記（官銜）清原大業說，此事「大辱國，應卻之不受。」後白河法皇不聽，竟受宋物。明年，以書報宋，並贈染革三十張，砂金一百兩。「宋史」日本傳所記「乾道九年，始附明州綱首，以方物入貢」，卽指此事。

日船蹣躍至宋　平清盛父子執政期間雖短，據「宋史」所載，日船至中國者，有三次出了事情（皆在後白河法皇「院政」時期）：

1.淳熙二年（高倉天皇安元元年，一一七五），倭船火兒藤大明毆鄭作死，詔械大明付其綱首，歸治以其國之法。

2.淳熙三年，風泊日本舟至明州，衆皆不得食，行乞至臨安府（杭州）者復百餘人。詔人日給錢五十文，米二升，俟其國舟至之日，遣歸。

3.淳熙十年（安德天皇壽永二年，一一八五），日本七十三人，復飄至秀州華亭縣，給常平義倉錢米以賑之。

憑以上三個簡單紀錄，我們有三點認識：第一，今人判斷宋代中日通商船隻，除貨物外，每船只能隨載六七十人，此說與紀錄（3）相符。第二，紀錄（1）稱其首領爲綱首，可見日船也是成隊來宋。又紀錄（2）亦可看出，至臨安的百餘人（約二船人手），不過是其中的一部，則那次失事的船不在少數。由此可見，每次來船爲數不少。第三，宋史只記出事的船，不出事者不錄。來宋日船的次數比有紀錄者多，是毫無問題的。「平家物語」記有平氏父子時代，有關宋日通商及餽贈的許多逸事，此書雖係小說，未可盡信，但也可以作爲通商頻繁的一個佐證。

鎌倉幕府時代的與宋交通　一一八五年（南宋淳熙十二年，後鳥羽天皇文治元年），源賴朝滅平氏，武力統治日本。一一九二年（南宋紹熙三年，後鳥羽天皇建久三年），源賴朝建幕府於鎌倉。幕府遠在關東，九州雖服其號令，政策還是不能十分貫徹的。他處的「守護」、「地頭」（參看下章），皆由幕府委派「御家人」（直系部屬）充當，九州則委派當地氏族首領。因此，自幕府建立之後，中日雖然繼續通商，性質已逐漸轉變，尤其是日本至宋的商船。平氏執政時代，日本至中國的商船，由中央（平氏）統制；鎌倉幕府時代，一變爲九州地方政府與商人的獨斷行爲，即半官半商性質。這情形一直延長下去，到了室町幕府時代，中央控制力更弱，地方各自爲政，最後便演變而爲倭寇，那是後話，暫且不談。

鎌倉幕府時代，有二次遣使入宋的紀錄，然皆爲寺僧而發，非與朝廷通使。

幕府第三代將軍源實朝（一二〇三—一二一九）因得異夢，相信自己爲宋京能仁寺開山祖南山宣律師轉世，欲親自入宋訪能仁寺，命人造大船，嗣因船大港淺，不能出航而罷。乃遣僧良眞等十二人爲使，渡海至宋，獻金銀貨物與宋京能仁寺。

第二次幕府遣使，是由執權北條時宗所遣，入宋迎接無學祖元，事見第二節。

在鎌倉幕府建立之後，「宋史」仍有三次日船失事紀錄。第一次在紹熙四年（一一九三），第二次在慶元六年（一二〇〇），第三次在嘉泰二年（一二〇二），宋廷每次皆命地方給與救濟。

日本與北方大陸的關係　同時期間，日本與中國北部的交通情形如下：

初，日本與渤海國交最密，互有大使往來。渤海滅後，據「遼史」，日本也曾三次遣使至遼：太祖天贊四年（後唐莊宗同光三年，醍醐天皇延長三年，九二五）十月庚辰「日本國來貢」。道宗大安七年（宋哲宗元祐六年，堀河天皇寬治五年，一〇九一）九月己亥「日本國遣鄭元、鄭心及僧應範等二十八人來貢。」

翌年（大安八年）九月丁未「日本國遣使來貢」。

日本歷史雖然沒有向遼進貢的紀錄，但在遼道宗以前，日本與遼國是保持通商的。據「百鍊鈔」所記，堀河天皇寬治中（遼道宗末年，宋哲宗元祐間，一〇八七—一〇九三），「商船至契丹，契丹商道言、能算等亦來，以事相爭，遂加禁絕。」這個禁令執行得很嚴，一〇九四年，大臣藤原伊房等遣僧人走私至契丹貿易，遂受處分，本節開頭已經說過。

日本與金國，沒有通使通商紀錄。與元的開始接觸，是兵戎相見。

第四節　宋代對日本文化的影響

入宋僧回國後的貢獻　宋代對日本文化影響最大的是在佛教方面。宋有五山十剎，日本亦有五山十剎，宋代禪宗甚盛，日本禪宗亦急起直追。禪宗對於日本武士的影響，前面已經說過，然其影響尚不止此。由於中日兩國沒有正式國交，宋代文化全靠僧人輸入日本，所有佛經、儒學、曆法、醫學、美術、雕刻、建築，以及宋人的社會風氣如飲茶之風等，皆由僧侶傳入日本，禪寺首開風氣，然後及於整個社會。例如，宋版大藏經等佛經傳入日本，提高日本佛教文化；而南宋禪寺印經傳佈的風氣，亦爲日本禪林所效法，從而又促進日本印刷業的發達。

日本的建築，也因禪宗的傳入而起了變化，其最著者，是天竺式與禪宗式（唐式）兩種禪寺的興建。最初及最著名的天竺式建築是東大寺，那是入宋僧重源所建。重源於一一六七年（南宋乾道三年，六條天皇仁安二年）入宋，考察中國寺院建築，且曾捐獻日本木材，修建宋明州首王山的舍利殿。

傳入禪宗式建築者，爲入宋僧榮西與辨圓二人。榮西與重源同一時代，他的事蹟前面已經介紹過，這裏只說他對於禪寺建築的經驗與貢獻。他入宋二次，曾營修天台山萬年寺及天童山千佛閣，因此獲得建築經驗。回國後，先後在博多建聖福寺，鎌倉建壽福寺，京都建建仁寺。圓爾辨圓是榮西的法孫，也是前面介紹過的一位高僧。他在北條氏專權時代始入宋，在臨安徑山住了六年，飽觀禪寺式建築。歸國後，所建的京都東福寺，就是仿照宋禪寺式的建築。

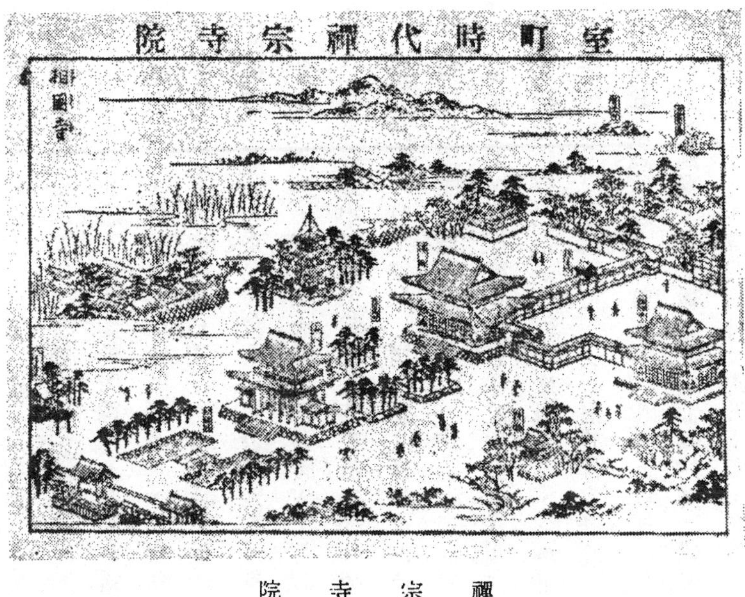

禪宗寺院

然以上諸寺仍不免雜有天臺、眞言二宗的建築形式，純禪宗式建築，仍應以鎌倉的建長寺爲首。此寺專爲迎接宋禪師蘭溪道隆而建，前面已經說過。到了室町時代，禪宗寺院更盛。

朱子學盛行　儒學方面的影響，是大量的宋版書籍傳入日本。李昉等奉敕撰編的「太平御覽」一千卷，首先在平清盛執政期間傳入一部，其後到了鎌倉時代，公卿向宋求此書者甚多，據說此書傳入日本的共有數十部。又在十三世紀中，朱子所註的四書，亦開始東傳⑥，不過還要等到十四世紀初葉才盛行。又其後五山文學盛行註疏風氣，也是受了朱子的影響。

在工藝方面，日本受宋代影響最大者，爲陶器製造法的輸入。加藤四郎爲學習中國陶器製法，曾到中國天目山學習五年。回國後自行仿造，初因京都附近土質不佳，幾經失敗。最後在尾張（今愛知縣）瀨戶發現良土，製造成功，「瀨戶燒」遂名譟一時。

茶道　在日常生活方面，最大的影響是飲茶風氣。中國在唐代初年，飲茶之風尚未普遍，朝廷亦未重視茶業，只抽十一之稅，聽民間自營。中唐時，陸羽著「茶經」，飲茶之風始漸盛，始有茶榷。自五代十國以至宋朝，，各國多統制茶葉的產銷，視爲國家財源之一，當時飲茶風氣的普遍，不難想見。（元史食貨志：榷茶始於唐德宗，至宋遂爲國賦，額與鹽等矣。）因此關係，日本遣唐使與留學生、學問僧等，最初介紹中國茶葉至日，只用作藥材。日本飲茶風氣，是受了宋代影響才興起來的。不過日本「茶道」的大盛，還要等到戰國末年（中國明代）。那時候，由於織田信長、豐臣秀吉兩巨頭的倡導，屢開「茶湯大會」，並以精製的茶具贈人，遂蔚成社會風氣。

其他　此外，宋太宗因僧侶多通曆法，乃命其參加造曆，自是遂爲常例。日本亦因入宋僧兼學曆法，三條天皇長和年間，曆博士亦邀請仁統法師共造曆法。

醫學方面，有宋醫郎元房，爲北條時宋的侍醫。他在鎌倉行醫三十年，對日本醫學大有貢獻。南宋理宗時所印的「魏氏家藏方」，約於十三世紀初葉傳入日本，至今仍保存於宮內省的圖書寮。

美術方面，可以奈良藥師寺的佛涅槃畫爲代表。此畫色彩淡雅瀟灑，臉上眼窩俊秀，兩頰豐滿，輪廓多變化，完全仿效宋代的新畫風。宋代禪林盛行「頂相授受禮」，弟子若受其師印可，往往接受其師的頂相(肖像)以爲證。受者揭於禪室壁間，以爲修禪的機緣。相上又題像贊，或請其本人自題，或另請其他高僧題之。日本禪宗也傳入此風，故肖像畫很發達，並盛行題贊。

日本雕刻受宋人影響者，以佛像的鑄造爲最著。東大寺的大佛像，爲宋之鑄師陳和卿與其弟陳佛壽等七人所造。該寺的石獅及四天王像，亦爲宋工匠六郎等所造。還有宋工匠伊末吉，也曾替東大寺造一石燈籠，又為奈良般若寺造一個十三重石塔。

日本著名的「博多織」，據說其創始人也曾入宋學習織法，回國後始創辦「博多織」。

①本章主要參考書籍：

「五代史」、「新五代史」、「宋史」、「宋會要」、「宋史紀事本末」、「文獻通考」、「大日本史」、「扶桑略記」、「百鍊鈔」、「善鄰國寶記」、「元亨釋書」、甘友蘭「日本通史」、余又蓀「日本史」及「宋元中日關係史」、青木武助「大日本歷史集成」、坂本太郎「新訂日本史概說」、川上多助「日本歷史概說」、王輯五「中國日本交通史」、木宮泰彥「中日交通史」（陳捷譯）、森克己「日宋貿易之研究」、木宮泰彥「日華文化交流史」、桑原隲藏「唐宋貿易港研究」（楊鍊譯）、張其昀等「中日文化論集」等。

②唐滅百濟及高句麗後不久，新羅即統一朝鮮半島。新羅末年國亂，出現後三國。公元九三六年（中國後晉天福元年），王建兼併三國，創高麗王朝。此時的高宗（王瞮），是王氏高麗朝的二十三代國王。

③據說錢俶患病，許願鑄塔而愈。昔印度阿育王（Asoka）建佛教精舍（viharas）八萬四千所，每所建一塔，各藏一部分佛陀骨灰。俶依其例，鑄銅塔八萬四千，塔上印「寶篋印經」。

④中國文字慣用複名，往往把日本刀寫成「刀劍」，日本史家也有此習慣。據磯田良等所編「增訂日本歷史參照圖表」的武器圖，日本武器無劍。大概因為劍是日本傳國神器，故不許人民用劍。

⑤車船結隊而行稱綱，始自唐劉晏，當時以十船為一綱。北宋時代，綱運尤為普遍。

⑥朱子學說何時開始傳入日本，說者不一其詞，本文已略有道及。大概是在十三世紀中陸續傳入，至十四世紀初，朱子學遂大盛。

第七章　元軍征日①

第一節　盡信書不如無書

有關元軍征日的參考書很不少，但也很紛岐。中國的舊籍有「元史」、「新元史」，屠寄的「蒙兀兒史記」、「元史紀事本末」、「續資治通鑑」及「歷代通鑑輯覽」等。今人參照中日韓三國歷史所寫的著作，有王婆楞的「歷代征倭文獻考」及余又蓀的「宋元中日關係史」。日本舊籍可資參考者，有「大日本史」、「關東評定傳」、「八幡愚童訓」、「戡仲記」、「日蓮註畫贊」及「竹崎季長繪詞」等。高麗方面的「高麗史」與「東國通鑑」，也有這兩次戰役的紀錄。

新舊元史的缺點　新舊元史缺點很多，「元史」編纂時間短促，不免掛一漏萬，「新元史」則不免粗疏，而有關元軍征日之役的部分，二書都嫌過於簡略。

「新元史」作者柯劭忞，獲得若干東西各國的參考書籍，作爲補充資料，論內容自然比「元史」豐富一點。然作史好比廚師做菜，材料多不一定就能寫出好史。柯劭忞可惜生在淸末民初間，還不十分具備現代的史地常識，對於所得到的一些新資料，他缺乏鑑定能力。因此，資料加多，反有東拼西湊之嫌，很有不少錯誤。

舉例來說，（1）「新元史」日本傳第二次征日之役，既已採用日方資料（他的「新元史考證」

說，是根據「元寇紀略」（那是大橋順寫的），說有殘部數千人至鷹島，接着又照錄「元史」所載的敗卒于閶的話，「十餘萬人殘留五龍山」，如何如何。柯先生不知道這兩個不同紀錄，實際是一回事，五龍山就是鷹島，二說只能採信其一，不能兼信。而且，殘留十餘萬人之說，是完全不合常識的（章末再詳論）。（2）有些地方，「元史」本來沒有錯，却被「新元史」改錯了。以「高麗傳」爲例，「新元史」所改的許多高麗年份，若與韓國史對照一下，就知道還是「元史」不錯，柯先生改錯了。（3）有些地方，「新元史」改了「元史」的紀錄，我們苦不知柯先生有何依據（他的「新元史考證」只舉出一部分），而細考其他有關因素，只覺得所改不合（下文有例）。（4）「元史」各志序文，皆有提綱挈領的綜述概況，「新元史」刪得很不妥當。（5）他所增列傳，大都根據碑銘，碑銘多不實之頌詞，只可供歷史參考，不能作爲歷史。

屠寄的「蒙兀兒史記」，則偏重成吉思汗開國經過及西方的事，對於元軍征日的敍述，非常簡略。

王婆楞、余又蓀的大作，自然比「新元史」強，然亦稍嫌拉雜。且二位作者皆缺乏軍事常識，對於戰事的考據無法深入，故多誤信日人的論述。

日人所寫的「元寇」　日本舊籍，其實都是野史，「大日本史」也是根據前代野史編成的。那些書，傳奇的成分多，可信的程度少。特別是關於作戰經過的敍述，繪影繪聲，完全是小說性質。

近代的日本學者，有很多人研究「元寇」之役，出過不少專著。如山田氏的「元寇」，長村鑒的「蒙古寇記」，大橋順的「元寇紀略」，相田二郎的「蒙古襲來之研究」，龍肅的「蒙古襲來」，池內宏的「刀伊入寇與元寇」及「元寇的新研究」等；各有所見，都有部分參考價值。

特別值得介紹的是竹內榮喜少將，他是福岡須崎人，其故鄉即元軍征日的古戰場，且自幼即喜歡研究那次戰役。大正二年（一九一三），他曾領導考察古戰場，在博多灣海岸，發掘出一部分湮沒已久的當年「石壘」。他在日本陸軍大學講課時，即已出過一本講義，名爲「元寇之研究」。第二次大戰期間，三教書院發行「大日本戰史」全集，又請他寫了一篇「元寇之役」，編入該集第一册。

竹內榮喜的大作，特別值得重視之處，是對於作戰地點的考定。他根據舊有史料，出土的物證，戰場的實地考察，以及其他有關因素，解決了一些難題，改正了前人的一些錯誤。例如，根據新出土的高麗裨將張成之墓碑，證實東路軍（第二次的元麗聯軍）志賀島戰後，係退往壹岐，而不是徑往鷹島。然而，竹內榮喜身爲當代日本軍人，處處不忘顯揚「大日本民族精神」②，所有「八幡愚童訓」及「季長繪詞」等所留下的傳奇部分，儘管違反常識，不值一笑者，也照本宣科，且不惜大爲渲染，這是他的大缺點。尤其是第一次博多灣之戰，日本舊史明明記着敗績，竹內榮喜硬要強詞奪理，說是戰勝。

日人的「元寇」著作，有引用「馬可波羅行記」所載文字，以證明元軍暴行的。事實上，馬氏到中國時，已在元軍第一次征日之後；第二次征日期間，馬氏是在揚州（他做揚州總管事大概是自己吹牛）。他所記的日本兩章，全是傳聞，大都不實，日人引其說爲證（新元史又轉引日人的著作），未免滑稽——自然，我不敢說元軍沒有暴行，然馬氏的書却不是有效證據。

比較起來，高麗史的紀錄，倒是可信得多。尤其是有關時間、地點、兵力等，往往是很好的佐證。

孟子的話不錯，「盡信書不如無書」，作者頗為這些資料所苦，幾經研究，遲遲不敢下筆。最後只有從比勘分析中，找出諸說中確有證據，或比較合理部分，重新加以組合，而將違反常識者一律揚棄。有幾件比較重要的事，當於行文所及隨時附論，或在篇末提出作者的意見，以供參考。

第二節　交戰國的一般情勢

要敍述元軍二次征日的經過，須先說明中日韓三國的情勢。

中韓二國概況　元世祖（忽必烈）至元三年（南宋度宗咸淳二年，日本龜山天皇文永三年，高麗元宗七年，一二六六），元帝聞高麗人趙彝言，高麗鄰國日本，自漢唐以來，時通中國，乃遣兵部侍郎黑的，禮部侍郎殷弘二人，使日通好，並命高麗王植（元宗）派人導往。元世祖這次遣使之目的，今人有種種不同的推測③，其實歷朝統一中國之主，皆遣使告知四方鄰國，冀其來朝或進貢，元世祖此舉，不一定有何特殊目的。

這是元日第一次交涉，由於日本幕府不明國際情勢及外交禮節，竟演成二次戰爭。事實上，這時候南宋度宗新立，賈似道專權誤國，元世祖方積極圖宋，初無用兵日本之意。其後被迫遠征二次，都是利用中韓等雜牌部隊，所使用的蒙古軍只有數千人（詳下）。

高麗王植（初名倎）為元帝所立，曾親至大都（燕京）朝覲，表面上對元帝很恭順；然在長期抵抗蒙古之後，國內殘破不堪，內部又分黨派，很不願促成元日通好，尤不欲參與對日遠征。因此，他雖被迫致書勸告日本遣使通元，仍隨時向元廷君臣暗示，對日通使無益，用兵尤其困難，不可輕舉妄動。

蒙古於至元八年，始定國號爲大元（茲爲行文便利，一開始就稱元），以燕京爲大都，即今之北平。惟世祖夏季常駐上都，元之上都是開平府，在今察哈爾多倫東南。換言之，元有二個政治中心，夏季在開平府，其餘時間則在燕京。

高麗元宗初年，其朝廷仍在江都，即開城南方的江華島，那是高麗抵抗蒙古軍的最後根據地。要到元宗十一年（元至元七年），才遷回故都開京（今開城）。然還都陸上的問題，曾引起武臣林衍之變，及其餘黨裴仲孫的反叛，賴元廷出兵替其平復，而元廷對高麗的控制，也因此加強。

至元十一年（高麗元宗十五年），高麗王元宗死，其子愖即位，是爲忠烈王，乃元之駙馬。是年，元麗聯軍第一次征日。

在朝鮮半島南方，有一個耽羅國，即今之濟州島。耽羅國王早已臣服於元，曾朝覲元帝。至元六年，高麗叛臣林衍的餘黨，入據耽羅。十年，元世祖遣將忻都等進兵耽羅，討平叛黨，遂在其國內設置「耽羅招討司」，留兵屯守。（後於至元三十一年，以耽羅賜高麗。）元軍準備征日期間，在高麗大造艦船，後期所造的船，木材是由耽羅供給的。

日本鎌倉幕府狀況　日本自從源賴朝建立鎌倉幕府以來，天皇早已大權旁落，政治中心遠在關東，京師朝廷冷落，甚至皇位的繼承，也受幕府左右。然將軍源賴朝三傳而絕，幕府實權轉入北條氏之手，將軍亦如天皇，徒有虛名，遂形成三重政權。北條氏世襲幕府「執權」（略似攝政，甘友蘭的

「日本通史」即譯爲攝政），每迎立幼小親王爲掛名將軍，及其年長，則又藉故廢逐，另行迎立。元廷第一次遣使那年，幕府「執權」由北條政村代攝，是年剛逐去將軍宗尊親王，迎立年方三歲的惟康親王爲將軍。二年後（文永五年），青年北條時宗就任「執權」④。時宗就是對元戰爭的主持人，沉着果斷，日人奉之爲日本武士的典型人物。

日本抵抗元軍的本錢，除天然屏障的海洋外，便是多年來社會安定及禪宗的精神影響。這時候，日本佛教已有十二個宗派，而影響最大的則爲禪宗。如前章所述，禪宗重精神修養，主張淸心寡欲，重禮義，尙氣節，故很受武士階級歡迎，北條氏一族，皆虔信禪宗。

在禪宗精神影響之下，北條氏連續出過二位著名的「執權」——泰時、時賴（一二二四—一二五六，惟時賴退休後仍過問政治）。時賴的政績尤爲卓著，他以身作則，提倡勤儉，促進生產，奬勵武藝，又迭施仁政，故人民悅服，國內大治。北條時宗執政之初，承先人餘蔭，人民生活富裕，崇禮守法，愛國心油然而生。武士們受禪宗影響，及時賴的德行感化，尤保有高度的犧牲精神。

九州氏族爲抵抗元軍的中堅 雖然如此，當時的幕府權力，仍未能貫徹日本全國，國內還有「非御家人」武士及地方豪強（氏族）勢力。九州方面，氏族勢力尤大，尤以筑前（今福岡縣）的少貳氏，豐後（今大分縣）的大友氏，及薩摩（今鹿兒島縣）的島津氏等勢力尤大，爲九州的三大氏族。少貳、大友二氏爲抵抗元軍的中堅武力，島津氏據說正在內訌，似沒有出兵參與抵抗元軍。

日本的地方行政區，原分國、郡，國有國司，郡有郡司。鎌倉幕府建立後，於諸國設置「守護」，初時只管地方軍事及警察，其後逐漸奪國司的政權。「守護」的設置，原則上是每國一人，實際上往往一人兼任數國「守護」。在這種情形之下，凡「守護」本人不能親自坐鎮之國，則設置「守護代」，以代理「守護」職權。下面抵抗元軍的將領，就有不少「守護代」。在「守護」之下，又設置許多「地頭」，以管理莊園土地，徵集兵糧，有事時則奉「守護」之命，召集莊園之兵，從事征戰。「守護」與「地頭」，由幕府將校（御家人）及起義有功的地方氏族酋長充任，為世襲職。

日軍指揮系統 幕府又在全國各政治中心或軍事重鎮，設置幾個「奉行」，後改為「探題」，可說是鎌倉幕府的分府，類似元代的「行中書省」，或今日的「行營」，其組織亦仿照鎌倉幕府，具體而微。當元軍征日的時候，直接負防禦責任的是「鎮西奉行」（後改為九州探題）。所謂「鎮西」，意義略如「西海道鎮守府」，西海道管轄十一國，即九州本部的九國，與壹岐、對馬二島。

元軍第一次征日時，「鎮西奉行」是太宰少貳經資⑤。鎌倉幕府位於關東，與九州距離遙遠，「鎮西奉行」須受京都的「六波羅探題」指揮。因此，日軍的指揮系統如下：

鎌倉幕府的執權——京都的六波羅探題——鎮西的太宰——參戰的軍隊

第三節　日本拒絕元使

元世祖的國書 現在言歸正傳，且說至元三年，高麗王植遣其樞密院副使宋君斐、禮部侍郎金贊為嚮導，隨元使黑的等一同去日。世祖致日本的國書原文如下：

大蒙古皇帝奉書日本國王。朕惟自古小國之君，境土相接，尚務講信修睦，況我祖宗受天明命，奄有區夏，遐方異域畏威懷德者，不可悉數。朕即位之初，以高麗無辜之民久瘁鋒鏑，即令罷兵，還其疆域，反其旄倪。高麗君臣感戴來朝，義雖君臣，歡若父子。計王之君臣，亦已知之。高麗朕之東藩也，日本密邇高麗，開國以來，亦時通中國，至於朕躬，而無一乘之使，以通和好。尙恐王知之未審，故特遣使持書，布告朕志。冀自今以往，通問結好，以相親睦。且聖人以四海爲家，不相通好，豈一家之理哉？以至用兵，夫誰所好？王其圖之。

至元四年春正月，黑的等至巨濟島，畏海上波濤而還，根本沒有出朝鮮半島的大門。正月不是颱風季節，當係高麗王授意其使者，故意恐嚇元使。高麗王曾上書元帝，解釋此事，其態度很明顯，內稱：

……至巨濟島，遙望對馬島大洋萬里，風濤蹴天，意謂危險若此，安可奉上國使臣冒險輕進。雖至對馬島，彼俗頑獷，無禮義，設有不軌，將如之何？且日本素與小邦未嘗通好，但對馬島人時因貿易往來金州耳。小邦自陛下即位以來，深蒙仁恤，三十年兵革之餘，稍得蘇息綿綿存喘。聖恩天大，誓欲報效，如有可爲之勢，不盡心力，有如天日！

黑的使日，無結果而回 世祖怒王植藉詞推托，八月，再遣黑的等賫書往，嚴詞責備高麗王，命其通諭日本。高麗王不得已，遣起居舍人潘阜，導黑的至日本。他自己也寫了一封書信給日本主，措詞很委婉：

我國臣事蒙古大國，稟正朔有年矣。皇帝仁明，以天下爲一家，日月所照，咸仰其德。今欲通好於貴國，而詔寡人云，勿以風濤險阻爲辭，其旨嚴切。茲不獲已，遣起居舍人潘阜，奉皇帝書前去。貴國通好中國，無代無之，況今皇帝之欲通好貴國者，非欲其貢獻，蓋欲以無外之名，高於天下耳。若得貴國之通好，必厚待之。其遣一介之使以往觀之，何如？幸貴國商酌焉。

至元五年（日本文永五年，一二六八）正月，黑的等至筑前，遞元麗二國國書於太宰府。太宰府送書至鎌倉，幕府又轉送京師。日本朝廷得書甚駭，當即擬就覆書。幕府執權北條時宗以元之國書無禮，奏請朝廷不發覆文，同時命西海道諸國嚴整兵備。於是，日本舉國惶恐，龜山天皇奉幣二十二社，祈禱消彌蒙古之難。又遣權大納言藤原通雅至伊勢，奉宸筆宣命及幣帛於大神宮，祈免戰禍。黑的等滯留太宰府五月，館待甚薄，無結果而歸。世祖震怒，再責高麗王植。高麗王復遣門下省事申思佺、侍郎陳子厚及潘阜等七十餘人，與元使黑的、殷弘等同至對馬，索取上年所致國書的覆文。

至元六年（文永六年，一二六九）三月七日，二國使團至對馬島，島上土民拒抗，執島民塔二郎、彌二郎（新元史作彌四郎）二人而還。世祖厚賜二島民，命高麗遣金有成、高柔爲使，賫元中書省牒文及高麗國書，送還所執的對馬島民。是年九月，金有成等至太宰府，逗留甚久，日本終不覆。此時，高麗朝廷有林衍之變，金有成回來後沒有下文。元廷亦因出兵替高麗平亂，暫將遣使日本的事擱下⑥。

趙良弼使日　迨高麗亂平，元世祖再擇使臣。陝西宣撫使趙良弼（中國大陸生長的女眞人）請行，帝憫其老，不許。良弼固請，乃授秘書監充國信使，率領書狀官二十四人使日，高麗亦遣其通事別將徐稱等隨行。

至元八年（文永八年）九月，趙良弼等至筑前之今津，日本太宰少貳經資率兵來會，詰難不已，並索元之國書。良弼堅持國書必須面遞日本天皇並將軍，幾經交涉，良弼乃以抄本示之。這次的大元國書原文如下：

蓋聞王者無外，高麗與朕已為一家，王國實為鄰境，故嘗馳信使修好，為疆場之吏抑而不通。所獲二人，敕有司慰撫，俾賫牒以還，遂復寂無所聞。繼欲通問，屬高麗權臣林衍構亂，坐是弗果。豈王亦因此輟不遣使，或已遣而中路阻梗，皆不可知。不然，日本素號禮義之國，王之君臣寧肯漫為弗思之事乎？近已滅林衍，復舊王位，安集其民，特命少中大夫秘書監趙良弼充國信使，持書以往。如即發使與之偕來，親仁善鄰，國之美事。其或猶豫，以至用兵，夫誰所樂為也？王其審圖之。

少貳經資以抄本送幕府，幕府轉送京師。時宗以元國書措詞不遜，命太宰府拒元使，送良弼等至對馬，並命鎮西將士嚴防元軍侵犯。

幕府為什麼拒絕通使，今人有許多推測，或謂日人不知蒙古帝國如此強大，作者以為不然。根據日方史籍，早自蒙古進攻高麗之日起，幕府即命重修太宰府水城；及幕府拒發覆書，日本舉國惶恐；凡此皆可證明，日本對於蒙古興起經過，並非一無所聞。事實上，日本所恃者為海洋，最能鼓起日人信心的事，是高麗遷都江華島三十九年，而蒙古無如之何。日本態度的強硬，或因此故。又當時日本武士精神洋溢，北條時宗年輕氣盛，初生之犢不怕虎，也大有關係。

良弼見拒，無以覆命，少貳經資亦恐開罪中國，九州首當其衝，乃私與良弼約，遣彌四郎等十二人（元史二十六人），僞稱使介，由良弼派遣書狀官引其入朝。世祖察知其僞，不讓彌四郎等入見，時在至元九年二月。

是年，高麗王復二次致書日本，勸其通好大朝，日本終不報。

良弼所作兵要地誌並不高明　至元十年，良弼由對馬島再至太宰府，又爲日方所拒，無結果而還。六月，良弼囘京覆命，並呈出「日本君臣爵號州郡名稱風俗土宜記」。世祖問用兵之策，良弼奏稱：「臣居日本歲餘，睹其民俗狠勇嗜殺，不知有父子之親，上下之禮。其地多山水，無耕桑之利，得其人不可役，得其地不加富。況舟師渡海，海風無期，禍害莫測。是謂以有用之民力，塡無窮之巨壑也。臣謂勿擊便。」帝從之。

「帝從之」三字，是根據「元史」趙良弼傳，「新元史」趙傳及日本傳，皆改爲「帝不聽」（柯劭忞的「新元史考證」未說明理由）。細考紀錄，趙良弼未囘之前，世祖已有征日之議，然自良弼囘後，忽有九個月之久（十年六月至十一年三月），不提此事，直至十一年三月，世祖始決心用兵。這樣看來，恐怕還是「元史」對，「新元史」改錯了。換言之，世祖聽了良弼的話，一度打消了用兵念頭。

至於趙良弼所奏的日本情形，皆爲對馬島狀況，不但地理與日本本土不同，風俗亦與當時日本社會大異，參看第二節便知。其次，元史稱趙良弼足智多謀，他在對馬島居留一年多，曾悉心調查日本政治及風土人情，總算是一個有心人。可惜他管中窺豹，只見一斑，誤把對馬情形，當作日本國情。更不幸的是，他生長中國大陸，缺乏海洋知識。俗語說，近水知魚性，近山識鳥音，對馬島的人民，決沒有不懂颱風季節之理。良弼詳查一切，獨忽略了這一件最重要的事，還以爲「海風無期」。倘若他能問出颱風季節，至少第二次的遠征軍，當可避免在風季用兵。有一位史家說，良弼對日本的國情調查，「對世祖有很大幫助」，天曉得！

第四節　元軍第一次征日（文永之役）

忻都（忽敦）帥師征日　至元十一年（日本文永十一年，高麗元宗十五年，一二七四）三月，世祖終於決心用兵，這是元軍第一次征日，日本史稱爲「文永之役」。是年，元軍主力正由伯顏統率，大舉攻宋，世祖這次用兵日本，顯然是示威或威力搜索性質。所用的兵，即以上年討平耽羅後，駐屯於高麗境內的軍隊爲主，計有屯軍、女眞軍、水軍三種，共一萬五千人（高麗史稱蒙漢軍二萬二千人）。三月間發表的命令，仍命前征耽羅的二將，即鳳州經略使忻都與高麗軍民總管洪茶丘（降元甚早的故將洪福源之子），帥師征日。到十月間出征時，主將（征東都元帥）是忽敦，今人判斷即忻都⑦，洪茶丘爲右副元帥，**劉復亨**爲左副元帥。**高麗亦遣其都督使金方慶**，左軍使金侁，右軍使金文庇三將，領兵五千六百人（一說八千），船工六千七百人，隨同元軍征日。

元麗軍共乘大小戰船九百艘，分爲千料舟（千石主艦）、拔都魯（輕疾舟）、汲水小舟三種，每種各三百艘。十月三日自合浦（今昌原）發航，先頭部隊於五日到達對馬島。

對馬壹岐之戰　十月五日夜，對馬守護代宗助國連夜佈防海岸，並使譯人問來意。六日晨，元麗軍強行登陸，擊破日軍，斬宗助國，佔領該島。是役的日軍兵力，「新元史」說八千，日人的著作則多根據「八幡愚童訓」，謂宗助國只率八十騎抵抗。那些日本舊籍，皆極端描寫日軍抵抗的英勇壯烈，所以把人數說得很少，不值識者一笑。按自第一次元使至日起，八年中，北條時宗曾經三令五申，加強邊疆防務，對馬爲日本國防第一線，且一向駐有防人（駐屯軍），今只有八十騎抵抗，大悖情理。然八千之說，似乎也嫌誇大，且無根據。對馬無糧，恐怕不能養那麼多兵。作者估計，充其量不會超過二千人⑧。

元麗軍在對馬島上休息整頓，爲時一週。十四日，續攻壹岐島。壹岐守護代平景隆（一作平經高）戰敗，退守壹岐城。十五日，元麗軍攻破此城，平景隆全家自殺。日史說，元軍在對馬、壹岐二島大事屠殺，「男子得之皆殺，女子穿掌縛於船舷。凡爲虜者，無一人不遇害」（目蓮註畫像）。平景隆的兵力，日方紀錄只有百餘騎；高麗方面則有「擊殺千餘級」的紀錄（東國通鑑），我認爲高麗史近乎事實。

日本太宰府得到警報，速招集九州各氏族軍隊，集中筑前，佈防海岸。其兵力，「新元史」說十二萬人，大橋順的「元寇紀略」，也說「我軍至者十萬二千餘」。可是，這個數字似乎也嫌偏高，因爲這次作戰，全是鎮西（九州）之兵，單憑九州各氏族，出不了那麼多兵。這時期的日本軍隊，還是純武士的騎兵時代，要到戰國時代「足輕」（步卒）出現，兵員才多起來。然無論如何，「八幡愚童訓」也有「彼寡我衆」之說，日軍兵力大於元軍，大概是可以確定的。準此，日方所有描寫以寡擊衆的英雄式戰鬬，皆不足信。

博多灣登陸與赤坂之戰 十月十六、十七兩日，元麗軍先以一部，在肥前（今佐賀縣）海岸登陸，陽攻後卽撤退。主力指向博多灣，十九日，先以一部襲擊今津（今福岡市西方），二十日拂曉，始在早良川河口，實行眞面目登陸。

博多是太宰府門戶，元麗軍登陸後，卽向博多攻擊前進，與日軍戰於赤坂附近，赤坂在今福岡市南方。這方面的日軍指揮官，有少貳經資、竹崎季長、菊池武房等。雙方激戰竟日，傷亡頗大，日軍損失尤重。因爲日本武士還是用「單騎打」老戰法，只重個人比武，不知指揮運用。元軍用密集隊形（日史稱團體戰法），指揮官在後面高處指揮，運用自如。且元軍的箭特別銳利，故日軍處處吃虧。

戰鬪間，元將劉復亨被少貳景資射中，傷勢不輕。然元軍的全面攻勢，繼續不已。

火砲、毒箭無稽 「八幡愚童訓」敍述這次戰役時說：「蒙古軍數萬人，毒箭雨下，中則立斃。」又說：「大砲一震，煙氛爲晦，我軍氣奪膽喪，惘然昏迷。」這兩件事，不但日人的「元寇」諸作照錄，國人的著作也大都引用，連「新元史」也抄襲日人此說。其實，這二件事是無稽的，連「大日本史」也不採信。

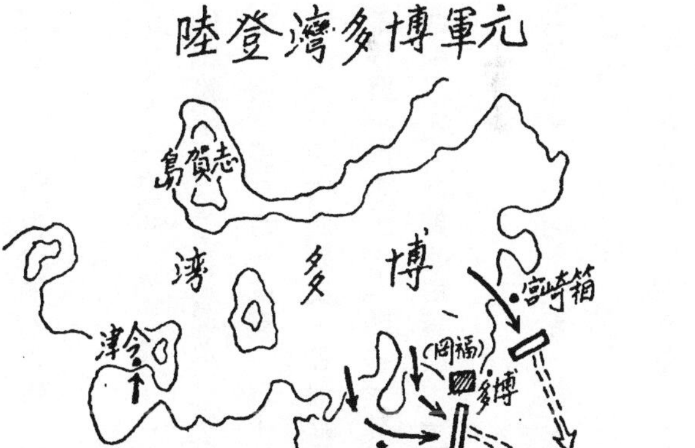

元軍博多灣登陸

按「八幡愚童訓」所說的元軍「鐵砲」故事，顯然是把「回回砲」攻襄樊的故事搬過來的。事實上，元軍於至元十年攻襄樊時，才第一次試用回回砲，十六年始集中礮匠於京師，開始製造此砲。元軍這次進攻日本，事在至元十一年，何來火砲？不但如此，到元軍第二次征日時，元軍已有此砲，元世祖還說征日無需使用此砲，不許范文虎之請（見下）。更有力的理由是，無論舊式擲石砲，或元軍回回砲，皆爲攻城武器，不能用於野戰的，當在拙著「五千年世界戰爭史」詳論，此處從略。

至於元軍使用毒箭一事，竹內榮喜等解釋說，我國「魏書」、「隋書」的勿吉傳，有造毒箭的紀錄，遂指爲女眞軍所用。依我看，這個證據很難站得住。

誠然，「魏志」與「後漢書」的挹婁傳，有毒矢射人之說；「魏書」勿吉傳，「隋書」靺鞨傳（挹婁、勿吉、靺鞨皆女眞前身），也確有造毒箭射禽獸的紀錄。可是，後漢及三國時，挹婁屬夫餘，不直接與漢、魏通；北魏、周、隋三代，爲高句麗所阻，亦不通勿吉、靺鞨，以上諸書所記全屬傳聞。反之，「金史」本身及與女眞關係最密切的唐、宋、遼、元四代的歷史，皆無此說，可見前述四史所錄的傳聞，全不可靠。而且所謂四史，「後漢書」是抄襲「魏志」，「隋書」靺鞨傳顯然也是抄襲「魏書」，不過以訛傳訛而已。女眞統治中國北部達百年之久，未嘗使用毒箭，一到日本就用毒箭，豈不怪哉？

姑退一步，來研究前述四史的所謂紀錄，「魏志」與「後漢書」只有一句話，沒有說到毒矢如何造法，沒有研究價値。據「魏書」、「隋書」所說，女眞人是在「七八月間造毒箭」，「以射禽獸」。既然毒箭的製造有一定季節，則毒性也必有一定的有效時限；既然是「以射禽獸」，其不能大量製造，用於作戰，非常明顯。

元軍兩次征日，第二次是在夏季出征，第一次雖在十月出征，但早在三月即已動員。換言之，女眞兵兩次出征，都在毒箭製造季節之前。他們已沒有本年新造毒箭，上年所造當已無存，即有也已失效——試拿目前最毒的農藥敷在矢上，毒性的有效時間，恐怕至多也不過數星期罷。（臺灣現用農藥的概定解毒期限，「速滅松」爲十日，「益農產」爲十五日。）

箱崎登陸　正當赤坂方面酣戰期間，另一部元軍，又在箱崎（博多東北）附近登陸，擊破是處日軍大友氏部隊，焚箱崎宮，進而威脅博多的側後方。

赤坂附近的日軍主力，受此威脅，後方先亂，遂引起全面退卻，入夜後，退據太宰府水城。水城是唐日白江口之戰後所築，城砦爲土壘，年久失修。但自蒙古征高麗之日起，幕府即命令太宰府，重修水城舊壘，現在總算有城可守了。

日軍自赤坂退卻時，以菊池武房率領所部爲後衛，掩護主力退卻。該部全數被殲。

元艦爲颱風所毁　元麗軍竟日激戰，入夜後亦收兵回船。高麗主將金方慶謂元帥忽敦曰：「我軍雖少，已入敵境，人自爲戰，即孟明焚舟，淮陰背水計也，請復決戰。」忽敦曰：「小敵之堅，大敵之擒。策疲兵，入敵境，非完計也，不若班師。」劉復亨傷重，引所部先歸。

是夜，大風雨，元麗軍艦觸崖石，多破壞，溺死者甚衆，高麗將金侁，亦落水死。

翌日遲明，日軍追擊，獲船一艘，俘一百二十人（一說六十人）。

元軍遭受意外颱風，損失甚大，據高麗史，「元軍不還者一萬三千人。」然戰場交鋒，顯然是元軍獲勝。「大日本史」承認：「鎮（西）兵拒戰不利，死傷甚多。」「八幡愚童訓」也說：「士卒見賊至，望風逃匿。」

因此，元世祖認爲日本已被膺懲，態度或將改變，乃再度遣使至日。

第五節　元軍再征準備

日本斬元使　至元十二年（後宇多天皇建治元年，一二七五）二月，世祖復遣禮部侍郎杜世忠（蒙古人），兵部侍郎何文著（漢人），計議官撒都魯丁（回回）等⑨，携國書出使日本；高麗亦遣郎將徐贊等三十人導往。四月，杜世忠等至長門的室津，旋被移往筑前太宰府。八月，太宰府遣人押送元使至鎌倉。

九月七日，北條時宗斬杜世忠等五人於龍口，並梟其首。被斬者，除杜世忠、何文著、撒都魯丁、徐贊四使外，還有一個書狀官董畏。

日本斬元使之舉，是瘋狂的野蠻行爲，然日本史家仍多爲北條時宗辯護，至於日本軍閥及其御用文人，則更不用說了。法西斯代言人大川周明博士所著「日本二千六百年史」寫道：「對於橫跨歐亞大陸的大帝國，立於勝利與征服高峯的忽必烈之威嚇，（北條時宗）不但保全國家的尊嚴，更進而壯烈敢爲，膺懲彼等，吾人能不向其偉大精神跪拜嗎？」

然日本也有頭腦清醒的人，斥責北條時宗絕交斬使爲不識大體，野蠻行爲，自貶國體。「日本開化小史」作者田口卯吉，同書註者吉田賢輔，「新日本史」作者高木健夫，及「中日交通史」作者木宮泰彥等，皆持這種態度。高木健夫說：「刺殺外交使節，無論在任何時地，都是違反國際正義的；然而，斬殺元使好像是時宗的英斷，且爲使他成爲英雄的原因，自古即有如此評論的學者，却是怪事！」

北條時宗加緊備戰　北條時宗早在斬元使之前，即博多灣作戰之後，已經下令備戰，斬使後更積極擴充戰備，其先後所作的主要處置如下：

1. 選京師衛戍的勇士，調往九州戍邊。
2. 以博多爲中心，沿海岸築石壘防線。東起箱崎，西至今津東北的後津（今長濱西端），全長二十公里。壘高六尺至一丈，牆厚一丈。（公元一九一三發掘的部分舊壘，高約五六尺，牆厚一丈。）石壘前崖壁立，不易攀登，後方成斜面，防者可乘馬而上。工程自建治二年（一二七六）三月開始，八月大部完成，其補足作業則至弘安三年（一二八○）始竣工。
3. 命西海道（九州）及中國（本州）動員備戰。
4. 命山陰、山陽、南海諸道（今本州西部及四國）造艦船，徵水手，擴建水軍。
5. 派北條實政至鎮西督率軍事，並準備攻元（攻高麗）。從此鎮西軍事，便由北條氏直接掌握。（後在永仁元年，公元一二九三，改「鎮西奉行」爲「九州探題」。）

據說北條時宗擬定有征元計畫，然文獻上只有命太宰少貳經資「作異國征伐之準備」一句話，更無下文。但從高麗史及元史的片段紀錄來看，大概北條時宗曾派遣少數倭船，騷擾朝鮮半島南部。「高麗史」忠烈王世家六年（元至元十七年，日本弘安三年，一二八○）大意說，倭賊寇南部沿海的固城、漆浦、合浦，擄掠漁民，居民驚駭。「元史」世祖本紀至元十八年（一二八一）正月亦稱：「高麗王賰遣使言，日本犯其邊境，乞兵追之，詔使金州隘口軍五百討之。」

元軍再征準備 杜世忠等在日本被殺一事，直至其隨行的高麗船員四人逃回，始由高麗忠烈王轉報元世祖。元廷得到這個消息，已是至元十七年二月間了。然世祖以杜世忠等一去不回，杳無音信，早已有意大舉征日。到至元十六年，遂正式下令準備，除在高麗造船外，又敕揚州、湖南、贛州、泉州造戰船六百艘，以備征日之用。

世祖所以遲至十六年才開始準備，並非專待杜世忠的回音，而是接受耶律希亮的建議。「元史」希亮傳說：「十二年，既平宋，世祖命希亮問諸降將，日本可伐否，皆云可伐。希亮奏曰：『宋與遼金攻戰且三百年，干戈甫定，人得息肩，俟數年，興師未晚。』世祖聽之。」

事實上，元於至元十三年滅宋，十四、十五兩年悉力安撫宋地，嚴禁擾民，獎勵農業。同時，宋宗室仍據閩粵稱號，尚須繼續用兵；江南各地亦多土寇作亂。更重要的是，十四年，高麗有誣告金方慶的風波，元亦有諸王昔里吉的叛亂。

至元十六年二月，負責準備征日的宋降將范文虎，亦遣部將周福、欒忠，通事陳光等，偕同日本僧人靈果，「賫詔書」往使日本。周福等六月到日本，七月二十九日，鎮西奉北條時宗之命，斬之於博多。

征東軍戰鬪序列 元之「征東行省」（後改爲「征日本行省」，簡稱「日本行省」），亦於至元十六年在高麗成立。至元十七年二月，元廷得悉杜世忠等被害，征東元帥忻都、洪茶丘請自率兵討伐，廷議姑少緩，大概是造船未竣之故（五月還下令造船三千艘，命耽羅發木材給之）。

同年冬十二月，元廷發表征東兩路大軍的序列。這兩路軍，「元史」沒有確定名稱，屠寄的「蒙兀兒史記」分爲北軍、南軍。「高麗史」分爲蒙麗漢軍、蠻軍（南宋降卒，亦稱新附軍）。日人分爲東路軍、江南軍，茲依日人名稱。

兩路軍的將帥，中間略有變動，到至元十八年出征時，序列如左：

全軍統帥：中書左丞相行中書省事阿拉罕。

未幾，阿拉罕病（旋死），改以阿塔海代之。阿塔海未至日本，大軍已覆，他只在高麗南部海口，收容散卒。

東路軍：1.蒙漢軍指揮官忻都、洪茶丘，兵員約三萬（戰鬪員只二萬五千）。

2.高麗軍指揮官金方慶、朴球、金周鼎，兵員約一萬。

大小戰船九百艘。

江南軍：指揮官范文虎、李庭、張禧等，兵員約十至十一萬。

大小戰船三千五百艘。

總兵力：十四至十五萬人。

大小戰船四千四百艘。

元軍素質分析 江南軍兵員中，內有李庭軍一萬人（含蒙古兵二千，益都兵二千，諸路軍一千，新附軍五千），是否包含在范文虎的十萬人之內，很難斷定，故江南軍的總人數作十至十一萬人。又范文虎的十萬人中，含有極小部分的蒙回兵，那些人原是「避罪附宋」的（蒙古及色目逃兵），至元十七年始命范文虎招集軍中，用於征日。范文虎曾爲「禿失忽思」軍請馬二千，未獲准，或者就是這一支小小軍隊。若然，其兵力不過二千人左右。

東路軍的蒙漢軍三萬，包含如下幾種兵：（1）原來駐屯高麗的忻都、洪茶丘二人所部（其精銳已於第一次征日時喪失大部）。（2）侍衛軍四千。（3）括開元路軍（女眞兵）三千。（4）十八年正月增撥的漢軍萬人。

東路軍三萬，除去後三種兵一萬七千外，忻都、洪茶丘二部共爲一萬三千。洪茶丘的兵是高麗人，忻都的幾千人大概是蒙漢混合的，照一般通例，蒙古兵比例都很小。侍衛軍是世祖成立的，不是傳統的「怯薛」。世祖時代，「怯薛」還是蒙古人，侍衛則以漢人爲主，有一部分爲女眞、高麗及阿海兵等。

照以上分析，我們應特別指出，全部大軍十四五萬人當中，只有蒙古正規軍二千及蒙回混合兵二千左右，忻都的蒙漢軍也可能有蒙古軍千把人，其餘絕大多數是中國兵（包含漢人、南人）。其次，至元十八年正月，范文虎請馬二千匹給禿失忽思軍，又請回回砲匠，帝曰：「日本水戰，安用此？皆不從。」（元史世祖本紀）可見元軍沒有携帶火砲，也沒有騎兵。但軍官是有乘馬的，因爲元史張禧傳有棄馬載兵的紀錄。

第六節　第二次征日（弘安之役）

東路軍先發 至元十八年（日本後宇多天皇弘安四年，高麗忠烈王七年，一二八一），元軍第二次征日，日史稱爲「弘安之役」。

東路軍先進，五月三日自合浦發航，至巨濟島稍事停留，然後續進。二十一日攻佔對馬，二十六日攻佔壹岐島。

六月初，東路軍以其三分之一的兵力，編成「長門支隊」，進佔長門浦，控制關門海峽⑩的咽喉，抑制日本的東部援兵。同時，東路軍主力，則指向博多灣口的志賀島。

元軍登陸長門，日本太宰府及京師皆大起恐慌。北條時宗初遣宇都宮貞綱，率中國（本州）兵六萬，增援九州，此時正在前進中，因長門失守，該軍遂停止待命。朝廷大臣甚至有人主張，召回宮貞綱部隊，保衛京師，並先奉上皇避難東國。龜山上皇雖未避難，仍親詣石淸水社，日夜祈禱。

志賀島之戰 東路軍主力於六月五、六兩日，到達志賀島附近（參看上圖），即在是處登陸。日軍大都佈防於博多灣沿岸，守備着石壘防線，發現元軍登陸志賀島後，連忙轉用兵力，馳援志賀島，自八日起開始反攻。同時，石壘防線已非用武之地，是處守軍乃自六日夜起，派遣一部兵力，乘艦前往志賀島海面，襲擊元軍兵船。

陸上增援志賀島的日軍，大概以少貳氏爲主力，太宰少貳經資之父入道覺惠，已經八十四歲，亦參與是役，戰死。海上襲擊元船的將領，爲河野通有、竹崎季長、大矢野種保兄弟，及草野經永等。河野通有一族參戰人數大概不少，他的伯父通時，兒子八郎通忠，皆出現於此。河野氏爲伊豫國（今四國愛媛縣）大豪族，可見參與此役的日軍，不限於鎭西九國的兵了。

志賀島的海陸戰鬪，自六日至十三日，頗爲激烈。元將洪茶丘大槪由於海上警戒疏忽，幾乎做了俘虜，賴裨將王萬戶力救，始獲免。是役，據「八幡愚童訓」說，「打殺蒙古千餘人」，可見元軍傷亡還不算很大。但是，在夏日炎炎之下，元軍苦戰一週，軍中又流行傳染病，病死三千餘人，乃向壹岐島撤退。東路軍這次撤退的地點，舊說紛紜。一九二五年，韓國金州城外有張成墓碑出土。張成爲參與是役的高麗裨將，其碑文有志賀島戰後「運還至壹岐島」一語，東路軍退軍地點始獲證實。

六月二十九至七月二日，日本水軍進襲壹岐，元軍以巨艦編成圓陣，用石弩射敵。日艦小，屢次攻擊，皆被擊退，損失很大。太宰少貳經資之子資時，也在是役戰死。

江南軍改變目標　江南軍發自慶元（元慶元路，治所在寧波），先航至朝鮮半島南方的巨濟島，然後渡海前進。初與東路軍約定，六月十五日以前，兩軍會師於壹岐島。

六月初，范文虎等率江南軍到達巨濟島，旋至對馬，獲其島人，得悉九州西北部（肥前）日軍，皆已東調太宰府，而平戶島（昔名平壺，今屬長崎縣）四面皆水，並無防軍，可佔作攻擊準備地點。

元軍第二次征日

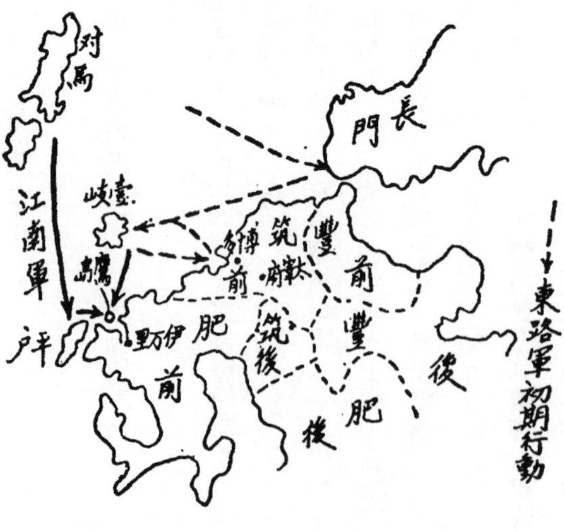

范文虎等奏聞朝廷，請變更會師地點，世祖命其自行決定。

於是，江南軍遂由對馬巡至平戶，於七月到達，即在是處作攻擊準備，並約東路軍來會。作者細考江南軍行動，並無失期，「新元史」失期之說不確。而且失軍期是死罪，元廷決沒有不究之理。

七月下旬，江南軍先自平戶，東路軍繼自壹岐，皆集中於鷹島附近海面。鷹島在平戶東北，昔屬肥前國，今屬長崎縣。據說，元軍在鷹島海上，因見山影浮波，疑為暗礁，不敢近岸。

「神風」消滅元軍　七月三十日夜至八月一日⑪，空前大颱風來襲（日人稱之為「神風」），元艦大部覆沒，左副元帥阿剌帖木兒以下，溺死者過半，死屍隨潮汐流入浦口，積如邱陵。尚有漂流不死者數千人，在鷹島修建船隻，準備逃回。一部分船隻完好或損毀較輕者，則回到平戶。

留守平戶的主將為張禧，他的軍隊駐在陸上，未受颱風損害。他又事先命令船隻隔離疏散，船與船間相去各五十步，因此，儘管風濤激盪，船隻沒有互撞，故全部艦船完整無損。此外，東路軍所乘的高麗艦船，構造較為堅固，損失也比較少。江南軍的中國船隻，多不適於海洋遠航，又因新造艦船不足，范文虎不識海洋厲害，奏請簡閱一部舊船湊數（至元十六年八月事），所以江南軍的船隻損失最多。

日軍主力仍在博多灣守株待兔，及聞元軍集中鷹島附近，乃倉皇移師西進，馳救肥前，至則元軍已被「神風」殲滅。自八月五日至七日，少貳經資率領鎮西將士，掃蕩鷹島的元軍殘卒數千，除斬殺外，俘虜元軍二千餘人（竹內榮喜的「元寇之役」，引鎮西上六波羅的報告為證。）⑫。

范文虎、李庭等逃回平戶，張禧對范李二將說：「士卒溺死者半，其脫者皆壯士也。曷若乘其無後顧心，因糧於敵，以求一逞？」文虎等不從，且曰：「還朝問罪，我輩當之，公不與也。」禧乃分船與文虎等，餘船不能悉撤平戶之兵四千人，乃棄馬七十餘匹，全軍而還。

日軍兵力　這次戰役，關於日方的兵力，只知宇都宮貞綱的援兵有六萬人，其餘全無紀錄。然當時日本全國，在抵禦外侮的號召之下，人民慷慨激昂，鎮西軍抵抗東路元軍時，太宰少貳經資之父入道覺惠八十四歲，伊豫豪族河野通有之子八郎通忠年方十四，皆來參戰，可見其動員程度，已經超過了奈良時代的徵兵限度——二十歲至六十歲男丁。又散見於各文獻的資料可以看到：(1)北條時宗於斬元使之後，即選調京師衛戍的勇士，開往九州協防。(2)關東、中國、四國各地，皆已派遣一部軍隊，調往鎮西。(3)志賀島的防禦戰，及壹岐的攻擊中，參與作戰的將領，包含四十幾個氏族。(4)「大日本史」外蕃傳「元」部，也有一句話：「關東與九國二島兵，悉會太宰府。」

綜合上述資料，可見日本動員普遍，其鎮西作戰的兵力，至少有十萬以上。

可笑的紀錄　元軍損失的人數，更是一個大問題。新舊元史「日本傳」，說到范文虎喪師之後，有一段相同的紀錄；屠寄的「蒙兀兒史記」之范文虎傳，所說亦同。這個紀錄很可笑，特須指出。茲依元史，先錄其原文如下：

未幾，敗卒于閶脫歸，言：「官軍六月入海，七月至平壺（即平戶），移五龍山（即鷹島）⑬。八月一日，風破舟。五日，范文虎等諸將，各自擇堅好船乘之，棄士卒十餘萬於山下。衆議推張百戶爲主帥，號之曰張總管，聽其約束，方伐木作舟欲還。七日，日本人來戰，盡死；餘二三萬爲其虜去。九日，至八角島，盡殺蒙古、高麗、漢人，謂新附軍(江南軍)爲唐人，不殺而奴之，閶輩是也。蓋行省官議事不相上下，故皆棄軍歸。」久之，莫青與吳萬五者亦逃還，十萬之衆，得還者三人耳。

這一段紀錄，徒然暴露中國史官的缺乏常識而已（敗卒難免胡說，史官不應胡記），連日本人也不相信。于閶等所言不實，非常明顯，理由如下：

1. 于閶等是一個小卒，那能盡悉全般經過，及總兵力大小？
2. 元軍總兵力十四五萬人，東路軍先已損耗數千（傷亡及疾病），江南軍於平戶留兵數千，其集中鷹島者不過十三萬人左右，既然溺死過半，逃回一部，那裏還有十幾萬人殘留於五龍山？
3. 五龍山是一個小島，當時一定很荒涼，十餘萬人留在那個島上，歷時七八日，不餓死才怪！
4. 既然還有十餘萬人，即使沒有萬戶（萬夫長），也應有不少千戶（千夫長）在內，何致推舉一個百戶（百夫長）爲主帥？
5. 鷹島殘部數千，除被殺外，餘二千人被日軍俘去，已有鎭西奉行的報告爲憑，當不會有誤。

元軍損失人數　那麼，第二次征日的元軍，究竟損失多大呢？茲先列舉可供參考的幾個資料如下：

1. 「元史」世祖本紀至元十八年——

（A）八月，「餘軍回至高麗境，十存二三。」

（B）九月，「與范文虎所部將士羊馬幣帛有差。」

（C）十月，「給日本回侍衛、新附軍冬衣。」

2.「元史」阿塔海傳：「喪師十之七八。」

3.「元史」張禧傳：「士卒溺死者半，其脫死者皆壯士。」

4.高麗史——

（A）忠烈王世家七年（元至元十八年）：「官軍不返者，無慮十萬有幾。」

（B）同年各道按廉使報告：「東征軍（東路軍）戰鬪員兵及水手出征者共二萬八千人，生還者一萬九千三百九十七人。」

5.東國通鑑：「元軍不還者十萬餘，高麗軍不還者七千餘。」

綜合判斷，大概損失不到十萬人，回來約四五萬人左右。

此外，關於元日兩軍的戰略戰術之得失，雖頗饒興趣，然不在本書討論之列。讀者如欲研究，請參看拙著「五千年世界戰爭史」（又名中外戰爭全史）第五冊（此一冊即將付印）兩書性質不同，不是賣關子。

①本章主要參考書籍：

「元史」、「新元史」、「蒙兀兒史記」、「元史紀事本末」、「續資治通鑑」、「歷代通鑑輯覽」、「大日本史」、「關東評定傳」、「八幡愚童訓」、「東國通鑑」、王婆楞「歷代征倭文獻考」、趙翼「二十二史劄記」、余又蓀「日本史」及「宋元中日關係史」、大橋順「元寇紀略」、池內宏「元寇的新研究」、竹內榮喜「元寇之役」（大日本戰史）、靑木武助「大日本歷史集成」、坂本太郎「新訂日本史概說」、川上多助「日本歷史概說」、李丙燾「韓國史大觀」（許宇成譯）、李廼揚「韓國通史」、磯田良等「增訂日本歷史參考圖表」等。

②「大日本戰史」的例言，就標明「顯揚國民精神爲主」。

③例如長村鑒的「蒙古冦記」，以爲元世祖恐怕宋日韓三國結成同盟，反對蒙古。木宮泰彥的「中日交通史」，以爲元世祖欲取日本，是因爲聽說日本爲極東寶庫。一般史家則多認爲是蒙古人之領土擴張慾，或元世祖的好戰使然。趙翼的「二十二史劄記」，批評元世祖「好大喜功，窮兵黷武，至老而不悔」，常被人引用。

④時宗爲時賴之子，時賴薙髮退休時，時宗尚幼，先後由長時、政村二人代攝「執權」，至是，時宗始正式就任「執權」。

⑤太宰府位於今福岡市東南，是白江口戰後才設置的，負責國防及接待外賓（參看第五章）。太宰是朝廷任命的官，「鎭西奉行」是幕府設置的，少貳經資以太宰而兼「鎭西奉行」，在稱呼上但稱太宰，因爲當時的武士們仍以朝廷官爵爲榮。

⑥至元六年，高麗武臣林衍逼元宗讓位於其弟安慶公淐，嗣因元廷詰責，並派兵入境，元宗復位，還都開京。未幾林衍病死，將軍裴仲孫率三別抄（特種軍）叛亂。元軍往討，於至元八年五月間討平。叛軍餘黨轉據耽羅，至元十年，元軍討平之。

⑦蒙古人的漢名皆用音譯，往往一人數名，元史的忻都與忽敦，淸人已懷疑其誤，故「續通鑑」與「元史紀事本末」皆不書忽敦。今人更斷定忽敦、忻都爲同一人，依理頗爲近似，然仍有可疑之處：(1)新舊元史皆在世祖本紀至元十一年同一年內出現忻都、忽敦二名，三月還是忻都，十月則是忽敦，若係一人則爲絕無僅有之例。(2)高麗王元宗死於元軍出征前三四個月，高麗史元宗世家最後還是忻都，而忠烈王世家則改稱忽敦，與新舊元史改名的時間相一致，可見不是元史有何疏忽。(3)高麗史忠烈王世家說「元遣日本征討都元帥忽敦來」，按忻都爲鳳州經略史，駐在高麗國內，在元宗時，忻都往見高麗王，輒曰：「忻都自鳳州來」，依此來看，忽敦也可

能是元世祖所遣的另一人——以上僅提供參考，未敢斷言孰是。

⑧依江戶幕戶初期的諸侯封地表，對馬耕地似乎只有一萬石（？）。照戰國時代（多兵時代）的比例，一萬石也只能出兵二百至二百五十人。然對馬是國防前哨，置有防人。參看慶長之役（明萬曆年間朝鮮之役後期作戰），對馬島主宗義智已受命統治巨濟島，復有兵一千名參與左軍的攻勢，可見他有兵力一千幾百人。不過，這種資料不足的估計，只供參考而已。

⑨曾看見某雜誌載有一篇「元軍征日」的文章，原作者根據杜世忠等國籍不同，大發議論，認爲那是忽必烈的高明外交手法，欲使日本從來使的許多國籍，體認到蒙古征服地之廣。其實這是完全不明元廷人事制度的外行話。蒙古人口很少，散佈又廣，無論朝廷、地方、軍隊的人員，蒙古人都只佔少數，外族人到處充斥。蒙古之統治中國，文書併用蒙漢二種文字。蒙文實際即畏吾兒（今回族）文，所以漢回二族人尤其是各級政府中不可或缺的人員。蒙古人爲主官，漢人及他族人爲輔，是元廷的慣例，元史百官表序云：「官有常職，位有常員，其長皆以蒙古爲之，而漢人南人貳焉。」到元世祖（忽必烈）時，更以「一蒙、一漢、一回回」的人事組合，定爲永久制度。世祖至元二年二月詔云：「以蒙古人充各路達魯花赤，漢人充總管，回回人充同知，永爲定制。」現在再來看杜世忠等三個使者，正是一蒙一漢一回回的組合，而以蒙古人爲主使。（蒙古人稱華北人爲漢人，包含此地區之內的契丹女眞在內，對江南人則稱南人或蠻人。）

⑩關門海峽爲本州西部與九州之間的最狹水道，北爲下關（華人稱馬關），南爲門司。

⑪是役，中日兩國的紀錄，日期多不同。這一天，「元史」爲八月一日，日史稱閏七月一日（中國本年閏八月），大概是兩國曆法不同。元於至元十八年正月一日頒行新曆（高麗奉元朔，用元曆），日本此時還是仿行宋代曆法。（查陳垣所編「二十史朔閏表」，是年確爲閏八月。）

⑫「八幡愚童訓」則稱「殺獲殆盡，千餘人請降，悉斬之」（大日本史同）。

⑬參照中日各史紀錄，五龍山即鷹島，大概是華人地名。華僑地名與當地名稱不同者，比比皆是，例如美國的 Sanfrancisco，華僑稱舊金山；夏威夷的 Honolulu，華僑稱檀香山；日本的平戶，華僑昔稱飛鸞峯（參看第一章）；下關，華僑稱馬關。

第八章　惱人的倭寇①

第一節　首先侵犯朝鮮

日本自古多海盜　所謂倭寇，其本質是日本海盜，猖獗與否，依中日韓三國的盛衰爲轉移。時逢盛世，他們便規規矩矩經營商業，一旦亂起，便爲強盜。茲先將三國治亂與日本海盜的關係，略加說明，使讀者瞭解倭寇問題的本質。

日本島國，自古多海盜，每當國內政治失常，地方多亂，則海盜猖獗。一俟中央統治加強，國內繁榮安定，則海盜平息。日本歷代的海盜情形，概如下述。

日本自大化革新以至平安朝初期，政治經濟呈現一片好景，罕有寇盜紀錄。到藤原氏執政與院政時代，班田制廢，莊園興起，豪強兼併土地，僧兵武士出現，地方多亂，京師盜賊橫行，而山陽、南海、西國諸道②，也就到處海盜猖獗，刼掠商民，阻滯賦貢。平淸盛的祖父正盛，父親忠盛，先後爲備前守，屢加淸剿，始告平息。自平淸盛當權以至鎌倉幕府初期，中央控制力強，地方就範，海盜亦斂跡。鎌倉幕府末年，北條氏衰，海盜又起。

最猖獗時期　後醍醐天皇滅北條氏後，所謂建武中興，曇花一現。足利尊氏起，建立室町幕府，後醍醐天皇南奔，另建吉野朝廷（南朝），造成五十六年南北朝對峙，舉國捲入戰爭，地方糜爛，人民顛沛流離，海盜勢力大盛。南朝甚至以尉士美名，招募海盜，編成水師，以困擾室町幕府。

當時日本海盜的分佈狀況如下：

能美島、因島的上村氏

冲島的河野氏

備前兒島的四宮隱岐守

讚岐鹽飽島的宮本佐渡守

小豆島的寒川丹後

周防大島的海賊大將軍藤原義忠

門司的門司大將軍源光久

赤間關的鎮守將軍藤原高秀

室町幕府第三代將軍義滿統一南北朝，在義滿及其子義持二代，中央控制力又強，海盜也一度歛跡。其後，室町幕府的歷代將軍，多在幼年嗣位，由其母攝政，結托權臣以固政權；及將軍稍長，又多荒淫墮落，故政治黑暗，社會紊亂不堪。於是幕府威信喪失，地方割據自雄，遂出現戰國時代。在此期間，也就是海盜最猖獗時代。

然此時海盜性質一變，由於九州各國的割據，軍閥需要獲得國外物資，以擴充自己實力，各自獎勵海外貿易，海盜也就向外發展，爲禍朝鮮中國。

戰國末年，豐臣秀吉統一全國，整頓內政，恢復治安，海盜遂絕。

先寇朝鮮半島　朝鮮半島南部，與對馬島只有一水之隔，而對馬又仰賴朝鮮糧食輸入，故自古即有通商，而壹岐及九州北部，也因對馬的影響，與朝鮮保持交通。然從事海外經商的日本人，不像從事耕織的農工那麼淳良，他們有冒險犯難的精神，也就有爲非作惡的本性，遇到朝鮮防範疏忽，有機可乘，就難免順手牽羊，刼掠一番。換言之；他們的本來面目，是半商半盜。傳說遠自崇神天皇時，新羅即已有過倭寇的侵擾。在朝鮮歷史上，南部濱海地區，被倭寇盤據的事，幾乎代有所聞。朝鮮三國時代，日本得以在半島南部，介於新羅百濟之間，取得一個「任那府」地盤，很可能就是靠倭寇之力，逐漸演成的。不過，那時候，日韓二國都還沒有歷史，我們未便武斷地作此結論。現在要說朝鮮半島的倭寇之患，只有根據紀錄，自王氏高麗末年開始。

初開紀錄　高麗朝末期，武臣外戚相繼專權，政治失常，秩序紊亂，土地兼併，人民窮苦。於是，四方叛亂，殺戮官民，洗刼城市，無所不爲。時當金末，蒙古興起，金地日削。契丹乘機舉兵，建立大遼國。同時，金之遼東宣撫使蒲鮮萬奴，亦宣告獨立，自建大眞國，旋改東夏，統治圖們、鴨綠二江的女眞。這個僞遼國受蒙古壓迫，便轉侵高麗，半島北部被其蹂躪殆遍。高麗用兵北疆，並與蒙古聯合，將犯境的契丹擊滅，然國家財政因此愈竭，內政亦大受影響。

在這樣的情勢之下，高宗十年（南宋寧宗嘉定十六年，日本後堀河天皇貞應二年，一二二三），倭寇也就開始侵擾高麗。不過，這時候的倭寇還是嘗試性質，尙無大患，而且不久之後，高麗臣服於蒙古，元軍駐屯朝鮮半島，倭寇自然不敢攖其鋒——除偶然的小規模擾亂外。

高麗忠烈王七年（元至元十八年，日本後宇多天皇弘安四年，一二八一），元軍大舉征日，幾乎全軍覆沒。然日本仍不時傳聞元軍再來，嚴加戒備，倭寇亦不敢妄動。元廷決定放棄征日後，倭寇雖有蠢動，但因金州、合浦、固城及全羅道各要點，元軍設有鎮邊萬戶府，倭寇仍難大逞。

益形猖獗　公元一三五二年，高麗忠愍王（元史伯顏帖木兒）即位。時在元順帝（惠宗）至正十二年，中國各地紛紛反抗，方國珍、劉福通、郭子興、張士誠、朱元璋等先後起兵，元軍到處失利。忠愍王很想擺脫元廷控制，振作一番，遂乘機去元號，恢復高麗舊制。然忠愍王操之過急，考慮不周，由於朝令夕更，反使朝政紊亂。未幾，北邊又有紅巾賊韓林兒的犯境，騷擾數年，州郡殘破。同時，這是日本南北朝時代，兩個中央政權正作殊死鬬，地方氏族各依本身利益為轉移，附南附北，無非自謀擴張勢力。那些氏族酋長或地方軍閥，不但不制裁海盜，反與海盜勾結，支持其向外刼掠，運回物資，以充實自己的資源，從事內戰。

因此，內外情勢皆有利於海盜的發展，倭寇遂蓬蓬勃勃，勢燄日張，不但向朝鮮半島大事刼掠，也開始侵犯中國北部濱海地區。

倭寇侵擾高麗的最高潮，是自忠愍王六年（元至正十七年，一三五七）開始。半島南部及西部沿海地區，慘遭蹂躪，不在話下；甚至頻頻危及開京，忠愍王一度避難於白岳（臨津北五里）。忠愍王及禑王，先後遣使至日本交涉，室町幕府亦無力制止。

李成桂大破倭寇　禑王六年，以李成桂為「揚廣全羅慶尙道都巡撿使」，悉力征剿，大破倭寇於荒山，倭寇的氣燄遂開始衰退。李成桂繼續掃蕩，至同王十一年（明太祖洪武十八年，一三八五），倭勢益衰。

公元一三九二年，李成桂自立爲王，改國號朝鮮，接受明帝册封。李成桂即朝鮮太祖。

李氏朝鮮開國後，爲根絕倭患，於太祖五年（洪武二十九年，一三九六），命金士衡遠征對馬、壹岐二島，掃蕩倭寇巢穴。世宗元年（明成祖永樂十七年，一四一九），又命李松茂等再征對馬，自是倭寇不敢再犯朝鮮。

第二節　元末明初的倭寇及明太祖的海防措施

倭寇始侵中國　倭寇侵擾中國，始於元成宗大德七年（一三〇三），日本商船焚掠慶元（寧波），然此事還是偶然事件，且只在「元史」兵志附述，本紀不錄，大概不很嚴重。元順帝至正十八年（一三五八），也就是高麗倭患最嚴重的時期，倭寇才開始侵擾山東半島濱海地區，自是連年進犯。至正二十三年（一三六三）十二月，倭寇侵蓬萊⑧，爲守將劉暹擊敗，海隅始安。其實所謂「安」，並沒有安得多久，只因三年多之後，山東即被明軍攻下，元廷不復知其有無倭寇了。

明太祖即位的翌年（洪武二年，一三六九）正月，倭復寇山東沿海郡縣。諸豪傑的亡命之徒，也勾結倭人入寇。

這時候，日本還在南北朝對立時代，南朝以懷良親王爲征西將軍，經略九州。明太祖以爲懷良親王即日本國王，於洪武二年三月，遣行人楊載詔諭其國，並詰以入寇之故。詔書云：「朝則來廷，不則修兵自固，倘必爲寇盜，即命將徂征耳，王其圖之。」懷良怒明書不遜，殺來人五，只送楊載等二人回國。

是年，倭寇轉盛，自山東轉掠溫、台、明州，並寇福建沿海。

洪武三年，太祖再遣趙秩爲使，並送還明軍捕獲之倭寇十五人。懷良誤趙秩爲蒙古人，將殺之，後經解釋，乃善待明使，並遣日僧祖來入明，貢馬匹及方物，又送還倭寇所掠明、台二州人七十餘口。祖來於洪武四年至京，太祖始知日本京都尚有征夷大將軍秉政。以日人信佛，乃遣天寧寺僧祖闡、瓦官寺僧克勤等八人爲使，送祖來回國，並欲直接與大將軍交涉。懷良留祖闡等在九州，不得前往京師。祖闡乃致書日本天台座主，說明自己的使命，請其轉達征夷大將軍。祖闡在懷良的鎮西府滯留二年，洪武七年五月回國。

在此期間，倭寇連年侵擾如故。四年掠溫州；五年寇海鹽、澉浦，又寇福建濱海諸郡；七年寇膠州。

明初，與日本通使 洪武七年至九年間，日本北朝及其所屬諸侯，開始遣使至明。當時，南朝行的是「公家政治」，天皇親政；北朝行的是「武家政治」，征夷大將軍足利氏兼任太政大臣，集軍政大權於一身，政由幕府，天皇只是傀儡。「明史」日本傳洪武七年七月所載「其大臣」遣僧聞溪等來，獻方物，當係足利義滿所遣。又謂其「別島守臣氏久」亦遣僧奉表來貢者，當係屬於幕府(北朝)的九州氏族酋長。那時候，九州的情勢，南北二派時有消長，大體上說，懷良親王所屬的南朝勢力，以肥後(今熊本縣)的菊池氏爲主，根據地在九州中部的西半部，懷良的鎮西府也設在肥後。九州南部的薩摩，爲島津氏根據地，島津氏屬北朝，擁護將軍足利氏。九州北部的少貳氏，東北的大友氏，則持騎牆態度，本屬幕府，有時亦降於懷良親王。「明史」日本傳所謂「氏久」，可能有誤，或爲島津貞久，或爲大友氏時，也可能爲氏時、貞久聯合遣使，代表足利氏向明廷連絡。不管怎樣，懷良親王本人在九州，不會另有大臣及別島守臣遣使至明，當係北朝開始向明試探連絡，似無疑問。

然明廷對於日本實情，仍不十分明瞭，上述二次使者，皆以「無表」或「無國王命」而却其貢。洪武十三、十四年，將軍足利義滿④復二次遣使來貢，無國書，只以書致明丞相。明廷又惡「其詞倨傲」，却之。

洪武十四年，太祖命禮官移書責其王（實際是懷良親王）及征夷將軍，示以欲征日本之意。

懷良親王的回書　懷良親王當即回書作答，措詞也很不客氣，原文如下：

> 臣聞三皇立極，五帝禪宗，惟中華之有主，豈夷狄而無君？乾坤浩蕩，非一主之獨權；宇宙寬洪，作諸邦以分守。蓋天下者，乃天下之天下，非一人之天下也。臣居遠弱之倭，偏小之國，城池不滿六十，封疆不足三千，尚存知足之心；陛下作中華之主，爲萬乘之君，城池數千，封疆百萬里，猶有不足之心，常起滅絕之意。夫天發殺機，移星換宿；地發殺機，龍蛇走陸；人發殺機，天地反覆。昔堯舜有德，四海來賓；湯武施仁，八方奉貢。臣聞天朝有興戰之策，小邦亦有禦侮之圖。論文有孔孟道德之文章；論武有孫吳韜略之兵法。又聞陛下選股肱之將，起精銳之師，來侵臣境；水澤之地，山海之洲，自有其備，豈肯跪途而奉之乎？順之未必其生，逆之未必其死，相逢賀蘭山前，聊以博戲，臣何懼哉？倘君勝臣負，且滿上國之志；設臣勝君負，反作小邦之羞。自古講和爲上，罷戰爲強，免生靈之塗炭，拯黎庶之艱辛。特遣使臣，敬叩丹陛，惟上國圖之。

明太祖的海防措施　明太祖看了這個表文，很生氣，然鑒於元軍征日的失敗，還是忍下了這口氣，不敢發兵遠征。同時，洪武十三年，丞相胡惟庸謀逆。據說胡與日僧如瑤有勾結，如瑤率兵四百餘，詐稱入貢，因遲誤，至則胡惟庸已誅。此說的可靠性至爲可疑，然太祖因此益恨日本，決心與其絕交，嚴整海防，以備倭寇。他的處置如下：

在福建濱海地區，增築十六城，增置巡檢司四十五。居民三丁取一，共得戍卒一萬五千人。在浙東、浙西諸郡，築城五十九。居民四丁以上取其一，共得戍卒五萬八千七百人。十九年閏六月，命福建備海舟百艘，廣東二百艘，九月會於浙江，搜捕倭寇（因故未實行）。

自是，日使不至，而海上的寇警亦漸息。

洪武二十五年（一三九二），日本南北朝合併，事實上是南朝投降，室町幕府統一全國。明惠帝初年，將軍足利義滿遣筑紫商人肥富，僧人祖阿等至明。惠帝建文三年（日本後小松天皇應永八年，一四〇一），肥富自明歸國，力言復交通商之利，義滿即遣肥富使明。惠帝賜以詔書云：「茲爾日本國王源道義⑤，心存王室……頒示大統曆，俾奉正朔。」

足利義滿奉表稱臣　成祖永樂元年（日本應永十年，一四〇三），義滿遣使至，以日本國王名義，用明年號，稱臣奉表，並貢方物。成祖厚禮之，遣官偕其使還，賜義滿冠服及金印等物。永樂二年，義滿遣使賀冊立皇太子。時值對馬、壹岐倭寇，掠濱海居民（此時倭寇已不敢侵擾朝鮮），成祖諭其捕賊，義滿發兵往勦，盡殲其衆，繫賊魁二十人，翌年獻於明廷。

義滿前後遣使六次，明亦遣使回答。義滿也像平清盛一樣，熱心通商，曾自往兵庫參觀明船，又特修驛路，迎明使至京都。

永樂六年（日本應永十五年，一四〇八），義滿死，成祖遣使往弔，諡爲「恭獻王」，並封其子義持爲日本國王。時海上仍有倭警，亦諭義持剿捕。永樂八年，義持遣使謝恩，尋獻所獲海寇。義滿父子向明稱臣，以換取通商之利（通商事參看下章），也像平清盛一樣，引起滿朝文武的反對。義持沒有乃父的魄力，迫於衆議，與明絕交，而中國沿海的倭寇遂復熾。

劉江遼東之捷 在這期間，倭寇的零星紀錄，不必一一細表。惟永樂十七年（一四一九），遼東打了一次勝仗。

先是，遼東總兵官劉江（後改名榮，史上亦作劉榮）度地形險要，築城堡於望海堝，防備寇患。望海堝在今遼東半島金縣東南，憑高望遠，可覘海上盜賊動態。是年夏六月，倭寇至王家山島，江急引兵到望海堝，依山設伏以待。寇兵二千餘，分乘二十舟登陸，進圍望海堝。劉江發伏擊之，又遣別將斷其歸路，斬首七四二級，生擒八七五人⑥。「明史」說，自是之後，倭寇不敢再犯遼東。然事實上，並非劉江一戰，遂有那麼大的影響，而是朝鮮幾次征討對馬、壹岐，二島海盜皆棄其巢穴，南走九州之故。

百年差安 宣宗及英宗初年，日本將軍足利義教曾二次遣使至明。英宗重祚時（天順初），將軍足利義政遣使謝恩。武宗正德間，將軍足利義澄數次遣使來貢。世宗嘉靖間，將軍足利義晴亦嘗遣使來貢。

然所謂「貢」，實際是商船前來貿易，參看第十章自明。而日本自應永元年（明憲宗成化三年，一四六七）「應永之亂」起，即已轉入戰國時代，室町幕府威信已失，明廷所發的「勘合」（貢船符契，見第十章），皆落入諸侯及寺社之手，貢船多非將軍所遣，份子複雜，不免滋生事端。「明史」日本傳說：「倭性黠，時載方物戎器，出沒海濱，得間則張其戎器，而肆侵掠。不得，則陳其方物，而稱朝貢。」這就是說，半官半商，亦商亦盜。

就大體上說，自宣宗至武宗朝（一四二六—一五二一），約一百年間，倭寇之患還不算大，除常有因小故而起的糾紛外，較大的刼掠行爲，只有過幾次。這不是室町幕府的約束力，全靠明太祖濱海設防之故，戒備森嚴，倭寇無隙可乘。

第三節　嘉靖年間的寇患

海防廢弛，倭寇始烈　明世宗嘉靖年間，由於承平日久，海防組織腐敗，船敝伍虛。地方不逞之徒，及海島盜賊，又與倭寇勾結，導其侵掠，倭寇之患遂一發不可收拾。

嘉靖二十六年（一五四七），明廷爲統一閩浙海防事宜，命副都御史朱紈巡撫浙江，兼制福、興、漳、泉、建寧五府軍事。紈以濱海奸民，往往勾引倭寇侵掠，嚴令申禁。獲有交通倭寇者，不俟命，便宜斬之。又屢奏閩浙大姓通倭情狀，閩浙人士由是惡紈。閩人巡按御史周亮上疏詆紈，其黨人附和之，遂奪紈官，並羅織其擅殺罪，朱紈自殺。

自是四年不置巡撫，海禁復弛，倭寇益甚。

時市舶已罷（嘉靖初起），日本商人運貨至，只得私售於商人。朝廷又嚴禁私通蕃人，商人褒足不前，遂轉售於貴官土豪之家。貴官欺凌，負直不給，索之則危言恐嚇，倭商喪資，皆大恨。

海盜勾結倭寇　時有大奸汪直、徐海、陳東、麻葉等人，逃入海島爲盜，乘機誘倭爲寇，剽掠內地諸郡。由是倭寇變質，禍患日深。

這時候正値日本戰國末期，已有「浪人」出現，又多一個助長倭寇的因素。浪人是失業武士，初稱牢人，亦作牢人。他們或與其主人意見不合，拂袖而去；或因諸侯兼併，一部分諸侯消滅，而其所屬武士不願投降，以致流浪四方。

嘉靖三十一年（一五五二），復設巡撫，以僉都御史王忬任之。然寇患已甚，非一巡撫所能爲力。此時的沿海諸衛，船敝伍虛，名存實亡，有警則臨時徵募漁船，以資哨守。兵非素練，船非專業，見寇船至，輒望風逃匿。

三十二年三月，汪直勾結諸倭，大舉入寇，連艦數百，蔽海而至。浙東西，江南北，濱海數千里，同時告警。三月破昌國衛，四月犯太倉，破上海縣，掠江陰，攻乍浦。八月刼金山衛，犯崇明、常熟、嘉定。

如入無人之境　三十三年正月，倭自太倉掠蘇州，攻松江；復趨江北，薄通、泰。四月陷嘉善，破崇明，復薄蘇州，入崇德縣。六月由吳江掠嘉興，還屯拓林。縱橫來往，如入無人之境。

朝廷以李天龍代王忬爲巡撫，又命兵部尚書張經總督軍務，徵兵四方，協力進剿。此時，倭以川沙窪、拓林爲巢穴，四出抄掠。

三十四年正月，倭賊奪舟犯乍浦、海寧，陷崇德，轉掠塘棲、新市、橫塘、雙林等處，又攻德淸縣。五月又合新倭，突犯嘉興。倭至王江涇，張經督俞大猷等迎擊，斬千九百餘級，餘寇奔還拓林。另一股倭寇復掠蘇州境，延及江陰、無錫，出入太湖。

這時候的倭寇，眞正的倭人只有十分之三，其餘全是漢人。作戰時，倭驅所掠之人爲前鋒，其法嚴，人皆致死。而官軍素怯，故所至崩潰。

帝遣工部侍郎趙文華督察軍情，文華顚倒功罪，相國嚴嵩信文華，罪諸將，軍心益解體。張經、李天寵並被逮，代以周珫、胡宗憲。踰月而珫被罷職，以楊宜代。俞大猷亦謫充爲事官。

驚人的紀錄　時賊勢蔓延，江浙無不蹂躪。新倭來愈衆，益肆荼毒，每自焚其舟，登岸刼掠。自杭州北新關，西剽淳安，突入徽州歙縣，至績谿、旌德，過涇縣，趨南陵，遂達蕪湖。燒南岸，奔太平府，犯江寧鎭，徑侵南京。倭紅衣黃蓋者，率衆犯大安德門，及夾岡，乃趨秣陵關而去。由溧水流刼溧陽、宜興，聞官軍自太湖出，遂趨武進，抵無錫，駐惠山。一晝夜奔一百八十里，抵滸墅，爲官軍所圍，追及於楊林橋，殲之。是役，賊不過六七十人，而經行數千里，殺戮戰傷者幾四千人，歷八十餘日，至九月始滅。

應天巡撫曹邦輔以捷聞，趙文華忌其功，乃大集浙直兵，與胡宗憲共將四千人，欲搗陶宅之倭巢穴。又約曹邦輔合剿，分道並進，營於松江之磚橋。倭悉銳來攻，官軍大敗，文華氣奪，而賊勢益熾。文華束手無策，乃報寇息，請招撫，遂還朝。

十月，倭自樂淸登岸，流刼黃巖、仙居、奉化、餘姚、上虞，被殺擄者無算。及至嵊縣，始被官軍殲滅。其衆亦不滿二百人，而深入三府，歷時五十日始平。

同年，還有另一股倭寇，自山東日照，流刼東安衛，至淮安、贛榆、沭陽、桃源。後至淸河，阻雨，始被徐邳官軍所殲。這一股亦不過數十人，流害千里，殺戮千餘。

胡開憲誘誅羣盜　三十五年二月，罷楊宜，以胡宗憲代宜總督軍務，另以阮鶚爲浙江巡撫。宗憲對華人海盜，用招撫及反間計，盜魁互相猜忌，徐海擒陳東、麻葉以降。官軍復擊滅徐海，江南浙西諸寇略平。

江北倭仍犯丹陽，掠瓜州。翌年春，復犯如皐、海門，攻通州，掠揚州、高郵，入寶應，遂侵淮安府，集於廟灣，逾年始被官軍攻克。

浙東之倭，則盤據舟山，俞大猷雪夜襲之，破其柵。

三十六年正月，阮鶚改撫福建，命宗憲兼浙江巡撫。宗憲與盜魁汪直同鄉里，遣人誘其來降，直至，朝命誅之。直養子汪滶與謝和等率直衆，柵舟山，阻岑港而守。官軍圍之，逾年不克。總兵官俞大猷，參將戚繼光等皆奪職，戴罪圖功。

三十七年春，新倭復大至，屢寇浙東三郡。

岑港之賊徙巢柯梅，官軍屢攻不能克。賊又造巨艦，揚帆南掠閩海，宗憲利其去，不追擊。閩人謂其嫁禍，御史李瑚屢劾宗憲。李瑚與浙江總兵俞大猷皆閩人，宗憲疑大猷與瑚通，劾大猷作戰不力。翌年三月，逮大猷下獄。

三十八年，浙倭大掠溫台。閩倭攻福州。江北倭犯通州，攻淮安。五月，劉景韶破倭於廟灣，江北倭平。

三十九年，倭犯潮州。自是廣東巨盜曾一本、黃朝太等，皆引倭為助。

將相得人，倭寇平息　時，戚繼光調守台、金、嚴三郡，見衛所兵不習戰，奏請召募金華義烏兵三千人，教以刺擊法，長短兵間用；又立連坐法，嚴申紀律，遂成為一支勁旅。

四十年，倭大掠桃渚、圻頭，戚繼光急趨寧海，扼桃渚，破倭賊。繼光連戰皆捷，升副總兵官。

四十一年，嚴嵩罷相，胡宗憲失去靠山，被逮。

四月，倭陷興化府，焚掠一空，移據平海衛（福建莆田縣東）。起用俞大猷為總兵官，戚繼光副之，合兵往討；又調總兵劉顯自廣東前往會剿。大猷與顯兵先至，即邀擊長樂賊，盡殲之。既而繼光兵至，合攻平海，繼光居中，顯居左，大猷居右。中軍先登，左右軍繼之，斬級二千二百餘，救出被掠人民三千。

侵犯他州者，亦為諸將所破，福建平。

其後，官軍繼續搜剿閩浙殘寇，及廣東盜匪。時張居正為相，整頓朝綱，信賞必罰，政治清明，用將得力。至萬曆初，倭寇遂絕⑦。

豐臣秀吉嚴懲海盜　同時，日本豐臣秀吉亦於正親町天皇天正十八年（明神宗萬曆八年，一五八〇），統一日本，重定封建，整理地籍，規定人民身分，使兵農分離，又嚴懲海盜，保護海上貿易。也像平氏、源氏、足利氏權力最盛時期一樣，日本國內昇平，海盜斂跡。

然而，倭寇雖絕，而大規模的中日戰爭，却又呼之欲出了。

①本章主要參考書籍：
「元史」、「新元史」、「蒙兀兒史記」、「明史」、「明會要」、「明史紀事本末」、「續資治通鑑」、「歷代通鑑輯覽」、「大日本史」、「東國通鑑」、余又蓀「日本史」及「宋元中日關係史」、村友蘭「日本通史」、王婆楞「歷代征倭文獻考」、靑木武助「大日本歷史集成」、坂本太郎「新訂日本歷史槪說」、川上多助「日本歷史槪說」、白柳秀湖「日支交涉史話」、日本地理學會編「日本兵制史」、渡邊祐博士「日明交通與海賊」（日本海上史論集）、瀨野長雄「倭寇與朝鮮水軍」（日本史學雜誌二十六卷第一號）、李廼揚「韓國通史」、李丙燾「韓國史大觀」（許宇成譯）等。

②京都以西的本州地區，北部稱山陰，南部稱山陽，各有八國。南海道即今四國，西海道即今九州。

③新舊元史時間爲八月，地點爲蓬州，茲依屠寄的「蒙兀兒史記」。

④足利氏爲源氏後裔，與源賴朝同出源義家，故稱源義滿，明史用此名。

⑤將軍足利義滿於後小松天皇應永二年剃髮，法號道義。

⑥「明史」日本傳與「明史紀事本末」的「沿海倭亂」頗有出入。此處俘殺人數依前者，因其紀有確數。來犯人數依後者，因其符合日船數目，當時的日船，每艘約可乘百餘人。

⑦所謂絕跡，只是相對的，零星倭寇的擾亂，還是不免。「明史」神宗本紀萬曆三十六年，仍有「倭寇溫州」的紀錄。

第九章 萬曆年間的中日戰爭①

第一節 戰爭背景

日史稱文祿慶長之役 明神宗萬曆二十年（日本後陽成天皇文祿元年，朝鮮宣祖二十五年，一五九二），日本大閤豐臣秀吉出兵侵略朝鮮，明軍援朝，發生中日戰爭，歷時七年。這次戰爭，中間一度談和，實際是包含前後二役。日本依其本國年號，稱前役爲「文祿之役」，後役爲「慶長之役」，合稱「文祿慶長之役」。

朝鮮是大明屬國，奉大明年號，本國紀元只稱某王幾年，故對於所有戰爭及變亂，皆以當年的干支爲名稱。這次也是一樣，稱前役爲「壬辰之役」，或與翌年癸巳併稱爲「辰巳之役」，而辰巳肖屬龍蛇，故又稱「龍蛇之變」。對後役稱「丁酉之亂」，兩役並稱則爲「壬辰丁酉之役」。

「明史」未標明戰役名稱，本書姑稱爲「萬曆年間中日戰爭」，似亦可稱爲「明代援韓之役」，或「明代東征之役」（「明史」常用東征二字）。

趙翼的「二十二史箚記」很推崇「明史」，然在戰爭紀錄方面，「明史」並不見佳，埋沒了許多作戰眞相，錯誤也不少。本文參照中日韓三國歷史，雖可互爲補充，然亦常有互相牴觸之處。作者的考據，不敢說完全無誤，但較之任何一國的片面紀錄，總要可靠些。

西洋火器對抗　這次戰爭，中日二國皆已採用一部分西洋火器，需要特別說明一下。中國於嘉靖二年（一五二三），開始獲得佛郎機砲（銅砲）。嘉靖八年，開始仿造使用，稱爲「大將軍」。此砲有輕重二種，輕砲重一百五十斤，射程六百步，每砲砲手三人。重砲重千餘斤，射程五六里，每砲砲手十人，爲城塞用的固定砲。然明軍雖有這種砲，只用於城砦攻防及軍艦作戰，似未用於野戰，且「將士不善用，莫能制寇。」②卽在這次中日戰爭中，也有大砲膛炸觸發火藥的不幸事件，可以看出明軍砲兵教育的不善。

明軍的火槍稱銃，種類甚多，其中的「佛郎機鐵銃」，與日軍的銃，同是葡萄牙傳入的，式樣大概差不多。

日本則於天文十二年（明嘉靖二十二年，一五四三），傳入葡萄牙人的洋槍，初稱「鐵砲」，後稱「銃」，口徑二公分，槍身長一·〇八二公尺，柄長〇·四三三公尺，口徑二·一公分，前膛裝塡，火繩引發，有效射程一百公尺。

日軍沒有大口徑砲，頗爲吃虧。然日人在戰國時代，連年內戰，諸侯競造洋槍（鐵砲），軍中洋槍數量多，士卒運用也比較純熟，在這方面很佔便宜。

最吃虧的是朝鮮，因爲明廷禁止火器外傳，朝鮮只有「大碗口」、「天字統筒」、「地字統筒」等舊式火砲，口徑雖大，效力很差。

朝鮮的舊式火銃，因爲膛短，侵徹力小，遠不及日本的洋銃。據李舜臣報告，二者的優劣比較如下：

倭人鳥銃所得，優多常件。目前撿其妙理，則以體長之故，其穴深邃（膛長一公尺餘）。深邃之故，礮氣猛烈（侵徹力大），觸之者必碎。而我國「勝字」、「雙穴」等銃筒，體短穴淺，其猛不如倭筒，其聲不雄。

雖然如此，當時火器裝塡困難，發射速度慢，火器只在接戰之初使用（距離百公尺內外時）。繼火器交戰之後，爲弓箭手對射。最後仍以步騎兵衝鋒肉搏，故火器仍不是主兵器。

豐臣秀吉的野心　豐臣秀吉侵略朝鮮的動機，說法不一，都是推測之詞。這裏只介紹多數人所云，及比較合理之說。現在，先說秀吉這個人。

豐臣秀吉東海道尾張（今愛知縣）人，出身微賤，初名猿之助，十八歲在尾張大名（諸侯）織田信長麾下服兵役，改名木下藤吉郎。頗得信長的寵愛，積戰功爲長濱城主，領地萬石。信長部下有名將二人，一名丹羽長秀，一名柴田勝家，秀吉仰慕二人，各取其姓氏的一個字爲己姓，改姓柴羽，名秀吉。

時在戰國末年，織田信長掃蕩羣雄，以統一全國爲己志，秀吉隨之東征西討，戰功卓著，封邑屢增。及信長死，秀吉繼其遺志，終於盡滅羣雄，完成統一大業。

秀吉初欲效法源賴朝，以征夷大將軍開設幕府。他想拜前將軍足利義昭（源義昭）爲義父，冒姓源，而遞補將軍懸缺，義昭不允。秀吉此路不通，乃拜前關白近衛前久（藤原氏後人）爲義父，遂冒姓藤原氏，而得任關白③。既而，進爲太政大臣，賜姓豐臣，至是始稱豐臣秀吉。

初，秀吉無子，以其姪秀次爲養子。天正十九年（一五九一）秀吉妾淀君生一子，夭亡，秀吉悲傷過度。是年，讓關白於秀次，自稱「大閤」，軍國大事仍由自己主持。「大閤」向爲退休關白的通稱，自此時起，日本歷史上所稱「大閤」，即專指豐臣秀吉（有時亦稱豐大閤）。

此時，日本已與歐西各國不斷接觸，歐洲傳教士在日本佈道者，遍及全國，日人始知世界之大，日本三島不過區區小國而已。而懷有大抱負的英雄，也就想從日本脫穎而出，到世界舞台上一顯身手。這人就是豐臣秀吉，他以短短八年期間，完成全國統一，成功之速，益增大其抱負，遂夢想征服朝鮮，併吞中國，更進而遠征印度，雄霸亞洲。在另一方面，日本國內連年征戰，有功將士甚多，裂土分封，仍不能盡滿彼等慾望。因此，亦有向外發展的內在要求。

侵略朝鮮的背景　上章說過的勾結倭寇之盜魁汪直，曾率部佔據九州西方的五島列島，作爲根據地。汪直死後，所部留居五島者仍不少。秀吉征服九州時，曾召見汪直的部屬，詳詢中國政情，及倭寇的在華活動。秀吉因此得悉明季政治腐敗，軍隊不堪一擊，乃決心先征服朝鮮，然後進攻中國。

但是，秀吉所知的明朝，還是上二代世宗朝的事，那時候嚴嵩專權，政治腐敗，防務廢弛，功過顛倒，忠臣被逐，朝無人才，邊疆無將，的確是一場糊塗。然自萬曆初起，張居正爲相，朝廷政治清明，邊疆將帥戮力。雖然比不上明代最強時期，較之嘉靖年間，則已不可同日而語了。

在東北亞洲三個國家中，日本結束了戰國時代，中國從嘉靖年間的腐敗中開始好轉，只有朝鮮還是依然故我。這是朝鮮宣祖時代，宣祖李昖初時頗爲振作，中年之後，溺於酒色，怠於政事，朝廷則朋黨對立，地方則胥吏貪汚。又因太平日久，人不習戰，軍備廢弛，根本沒有自衛能力。

第二節　日軍長驅直進

公元一五九一年（明萬曆十九年，朝鮮宣祖二十四年，日本天正十九年），秀吉命沿海諸大名（諸侯）造戰艦數百艘，並爲遠征軍儲備軍糧。接着即建大閤行營於九州肥前的名護屋（今佐賀縣北部）。同年九月，秀吉下令征朝鮮，大軍於翌年春開始出動。

朝鮮君臣憒憒　先是，秀吉迭遣對馬島主宗義智使朝鮮，促其朝貢日本，朝鮮以秀吉來書傲慢，一再拒絕。一五九〇年，朝鮮以報聘爲名，遣黃允吉爲正使，金誠一爲副使，往覘日本虛實。他們見了秀吉，携回覆書。書中明言：「欲假道貴國，直入於明……秀吉入明之日，其率士卒爲我前導。」

朝鮮正副二使在日本的觀察及判斷，恰恰相反：

黃允吉：豐臣秀吉「似具膽略」，兵禍難免。

金誠一：秀吉「兩眼如鼠」，殊不足畏；兵禍亦不足慮。

時，朝鮮大臣分爲「東人」、「西人」二黨，東人又分「北人」、「南人」二派④。遣使之初，正當「乙丑之獄」（一五八九）事後不久，東人黨方失勢，故以「西人」黨的黃允吉爲正使，「東人」黨的金誠一爲副使。及使節回朝時，適逢「辛卯之獄」，「西人」黨有力人士多被黜，政權又落在「東人」黨之手，領議政（首相）李山海，左議政（左相）柳成龍皆「東人」。

因此，當廷議討論對日政策時，朝中大臣多支持副使金誠一的意見。柳成龍且謂：即使秀吉來犯，亦不足畏。不但如此，柳成龍等甚至反對奏告明廷，認爲無此必要。後來雖因情況日緊，不得不遣使入奏，仍未要求明援。總而言之，當日本積極準備侵略的時候，朝鮮依然不作防禦準備。一五九一年，朝鮮朝廷迭接邊報，寇情緊急，始下令準備武器，修繕城池。十一月，遣使奏知明廷，告以「日本關白平秀吉⑤聲言，明年三月來犯。」朝鮮已未請援，明廷也只「詔兵部申飭海防」而已。

日軍戰鬭序列　一五九二年（明萬曆二十年，朝鮮宣祖二五年，日本文祿元年）三月，秀吉頒佈遠征軍戰鬭序列：

第一軍：小西行長，宗義智，松浦鎮信，有馬晴信，大村喜前，五島純賢六將
　兵力一八、七〇〇人

第二軍：加藤清正，鍋島直茂，相良長尾三將
　兵力二二、八〇〇人

第三軍：黑田長政，大友義統二將
　兵力一一、〇〇〇人

第四軍：森（毛利）吉成，島津義弘，高橋元種三將
　兵力一四、〇〇〇人

第五軍：福島正則，戶田勝隆，長曾我部元親，蜂須賀家政，生駒親正，來島通之，來島通總（通之弟）七將
　兵力二五、〇〇〇人

第六軍：小早川隆景，毛利秀包，立花宗茂，高橋直次，筑紫廣門五將

兵力一五、七〇〇人

第七軍：毛利輝元

兵力三〇、〇〇〇人

第八軍：宇喜多秀家

兵力一〇、〇〇〇人

第九軍：羽柴秀勝，細川忠興二將

兵力一一、五〇〇人

舟奉行（水軍）：早川長政，森（毛利）高政，森（毛利）吉安，一柳直盛，加藤嘉明，藤堂高虎，服部春安，九鬼嘉隆，脇坂安治，石田三成，大谷吉繼，岡田重政，牧村利貞諸部

陸軍總兵力一五八、七〇〇人

水軍總兵力九、〇〇〇人

第一、二、三、四、六各軍皆爲九州兵（含對馬、壹岐），第五軍爲四國兵，第七、八軍爲中國兵（山陰、山陽二道爲主），第九軍爲美濃、丹後兵。時關東新平，未出兵參戰，惟德川家康本人則隨同秀吉至名護屋行營。

第九軍留駐壹岐，第八軍初時留駐對馬，最初實際侵入朝鮮的，只有七個軍。

釜山登陸，長驅直上　日軍以第一軍領先，諸軍繼其後。四月十二日，小西行長率領第一軍，自對馬島發航，當日至釜山。十三日晨登陸，即圍攻釜山城。朝鮮僉節制使鄭撥中彈陣亡，當日城陷。十四日，日軍進攻東萊，東萊位於釜山東北，爲朝鮮左水營所在。府使宋象賢奮勇抵抗，陣亡，城卽陷落。十五日，日軍佔領左水營及機張（在東萊北）。

朝鮮慶尙道左水營水使（水軍節度使之簡稱）朴泓不戰而逃，右水營水使元均亦自沉艦船武器，棄巨濟島，退到露良（南海島北方）。⑥

慶尙道毫無抵抗，日軍分數道北上。第一軍小西行長等十六日攻下梁山，翌日破密陽城，二十日佔領大邱。第二軍加藤正淸等十七日在釜山登陸，翌日攻下彥陽城，二十日攻下慶州。第三軍黑田長政等亦於十八日攻下金海城。自十九日起，後續各軍陸續到達釜山登陸。

朝鮮京城陷落　朝鮮王廷於四月十六日接獲釜山警報，君臣大驚。即命李鎰爲慶尙道巡邊使，率兵南下禦敵。他的兵只有京中精兵三百名，其餘皆係由兵曹臨時徵發的士卒，多爲市井之人，大半是儒生——他們頭戴冠服，携帶試卷從軍，非常可笑。

接着，鮮廷又命宿將申砬爲三道都巡察使，繼李鎰之後南下。

二十四日，李鎰至尙州，遇日軍第一軍小西行長部，一交卽潰，李鎰隻身逃走。

申砬至忠州，郡縣兵來會，得八千人。申砬初欲守鳥嶺、竹嶺，嗣因二處守將棄險而走，乃在忠州迎戰敵人。二十八日，小西行長兵至忠州，申砬背水爲陣，奮勇抵抗。砬軍衆寡懸殊，素質尤遜敵人，復被日軍的洋槍威力所震駭，未幾卽潰，申砬戰死。

申砬素有勇名，忠州敗報到京，鮮廷絕望。宣祖無嫡子，久未立儲君，至是，乃匆匆立其次子光海君琿爲世子⑦，命攝國事，以李陽元、金命元二人輔之，留守京都（漢城）。又遣長子臨海君珒赴咸鏡道，第六子順和君玜赴江原道，分別募集軍隊勤王。

宣祖率諸大臣倉皇出走，先至開城，再至平壤。京城官民亦紛紛逃竄，暴民乘機作亂，搶奪財物，舉火焚宮。

小西行長於忠州戰勝之後，第二軍加藤清正亦自慶州來會。二將會商決定，仍分二路，向朝鮮京城急進。五月二日，行長自東大門，清正自南大門，同時進入京城，朝鮮世子及守將等不戰而逃。

日軍自釜山開始登陸之日起，十九天即佔領了朝鮮京城。

豐臣秀吉手書　豐臣秀吉在九州名護屋行營，接到佔領朝鮮京城的捷報，大喜。當即致書其養子關白秀次。信上除通知朝京已破，自己即將率師入唐外，並對來日遷都中國及人事部署等，一一指示。全書共二十五條，這裏所刋的一張照片只爲其中的一部分，但所示四條，皆爲最重要的事，其文義如下：

一、可報請天皇考慮遷都大唐，明後年即可行幸。以近畿十國爲御邑，餘爲公卿采邑。

一、秀次可爲大唐關白，領近畿百國。日本關白，可於大和中納言（指柴羽秀保）、備前宰相（指宇喜多秀家）二人中擇一任之。

一、日本帝位，可於若宮（皇子）、八條殿（皇弟

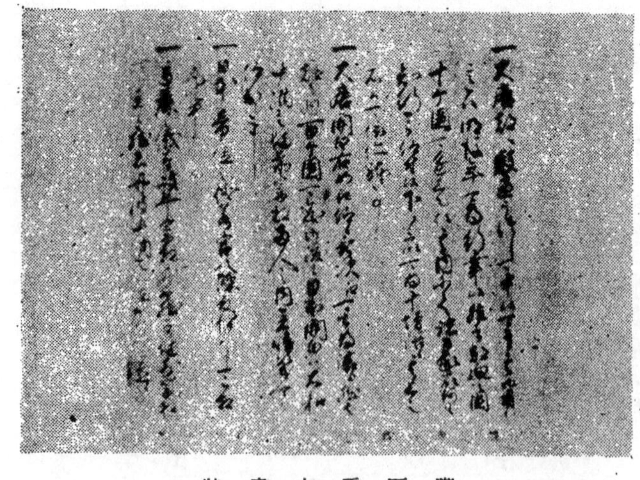

豐臣秀吉書狀

知仁親王）二人中選擇。

一、高麗可以岐阜宰相（指羽柴秀俊）或備前宰相（指宇喜多秀家）爲王。

九州可命丹波中納言（指羽柴秀勝）統治。

區分八道綏撫 同時，秀吉又發表朝鮮八道巡撫如下：

京畿道：宇喜多秀家（第八軍）

忠清道：福島正則（第五軍）

全羅道：小早川隆景（第六軍）

慶尙道：毛利輝元（第七軍）

黃海道：黑田長政（第三軍）

平安道：小西行長（第一軍）

江原道：森吉成（第四軍）

咸鏡道：加藤清正（第二軍）

秀吉這個人事部署，也就是戰略部署。換言之，即命第一軍向平壤及其以北地區追擊，第三軍爲其後援。第二軍略取朝鮮東北部，第四軍爲其後援。宇喜多秀家坐鎮京畿，擔任前敵總司令。其餘各軍，則分別掃蕩指定地區。

行長、清正、長政三軍，五月十九日自漢城北上，二十七日擊破朝鮮的臨津守備部隊，乘勝攻下開城。此後，三軍分道，清正向咸鏡道，行長、長政二軍會攻平壤。

六月十一日，朝鮮王宣祖棄平壤，走義州。十五日，小西行長等佔領平壤城。加藤清正循臨津江上游北進，六月十八日取安邊。北道歸化女眞迎接日軍，淸正遂不戰而得咸興。

朝鮮王子臨海君、順和君遠走會寧，會寧土官鞠景仁捕二王子。七月二十三日，淸正陷會寧，擄臨海君、順和君。至是，朝鮮八道盡爲日軍所佔，只有一部官軍及義勇軍從事游擊戰，繼續抵抗日軍。

李舜臣屢敗日本水軍　然而，儘管日本陸軍一路無阻，盡佔朝鮮八道；日本水軍則到處敗績，被朝鮮名將李舜臣一再擊破。

李舜臣初在咸鏡道鎭壓女眞有功，於上年日本寇患緊急時，始調任全羅道左水營水使，其根據地是在麗水。舜臣到任之後，積極整頓戰備，改善艦船及武器。收效最著的是，把過去用以對付倭寇的「龜船」，加以改良。他的「龜船」形如烏龜，上有圓蓋，外裝無數鐵釘。船身前後左右皆有銃穴（射孔），可自艙內發射銃砲。此船運動迅速，比日本艦船快，很有利於突擊，過去曾經是倭寇的剋星，現在經過李舜臣改良，比從前更進步了。

慶尙道右水使元均放棄巨濟島後，退到露良附近，屢向李舜臣乞援。舜臣乃與全羅右水使李億祺協力，不時進出慶尙道水域，邀擊日本水軍，並妨礙其海上補給運輸。前後與日軍作過四次海戰，五月七日在玉浦（巨濟島東部），六月五日在泗川的唐浦（統營附近），七月八日在閑山島前海，稍後又在釜山附近，皆獲大捷。閑山島之戰擊滅日艦六十餘艘，釜山之戰擊滅日艦百餘艘。最精彩的還是閑山島之戰，爲這次戰爭中朝鮮三大捷之一（另二次爲陸戰，見下）。據李舜臣所奏「閑山島戰勝啓本」，其作戰經過大致如下：

閑山島大捷　七月初，李舜臣獲悉，日本艦隊出沒於加德、巨濟二島附近海域，乃約同李億祺、元均二部水軍，前往邀擊。三水營軍艦於七月七日進泊唐浦（固城附近），知道日本一個艦隊泊於見乃梁，即今之統營附近，有大船三十六，中船二十四，小船十三艘。這個日本艦隊，是藤堂高虎、脇坂安治所部。

八日晨，舜臣率三水營艦隊前往突擊，因見乃梁水面過窄，且多暗礁，不利作戰，乃設計誘敵至閑山島附近海面作戰。閑山島位於巨濟島西南三十海浬，是一個小孤島，島上沒有居民，敗兵如據守此島，則無糧可因。

舜臣先以「板房船」（小舟）一五六隻向敵佯攻，誘其追至閑山島附近海面，即命朝鮮艦隊

成「鶴翼陣」，向敵全面攻擊，「銃筒」（火砲）火箭齊放。日艦被擊滅六十艘，官兵溺斃甚衆。日軍後續軍艦十餘艘，見其主艦隊已滅，倉皇逃走。約有日軍殘兵四百餘人，乘小艇逃至閑山島上，掘草而食，凡十三日，始乘筏逃脫。

由於李舜臣的海上屢捷，不但日本水軍無法越過全羅道海岸，到西海去配合陸軍作戰，而日本陸軍的後方補給，也極感困難。

舜臣因功陞爲忠淸全羅慶尙三道水軍統制使，置統營（總部）於閑山島，仍兼全羅左水使本職。

第三節　李如松援朝，日軍南撤

祖承訓兵敗　現在囘過來，再說平壤方面的軍事。

朝鮮王昖（宣祖）棄平壤，走義州，即遣使向明乞援，自願內屬。明廷以朝鮮爲中國屏藩，在所必爭，遣行人薛潘諭朝鮮王，揚言大軍十萬，即將來援，命其號召國內勤王，以圖復興。同時命遼東副總兵官祖承訓先行援朝。

七月，承訓率兵五千，渡鴨綠江，進襲平壤，兵敗，游擊史儒戰死。

八月，明廷以兵部侍郎宋應昌經略備倭軍務。

此時，寧夏哱拜（淸改名巴拜）之亂未平，正由陝甘寧三處大軍會討中。加之連年以來，中國內地多天災，邊疆多寇患——兀良哈族（烏梁海族）的炒花（亦作綽哈）屢犯遼東，河套韃靼撦力克（亦作著力克，卓哩克圖）所部屢侵陝北，火落赤等亦數犯甘、涼、洮、岷。兵部尚書石星計無所出，懸賞徵求平倭策略。

沈惟敬自請前往遊說日軍，試探和議，並觀其虛實。石星即假以游擊將軍銜，遣沈惟敬前往朝鮮。沈本爲市井無賴，曾被倭寇擄往日本，熟悉日本國情。惟敬至平壤，會見日本第一軍將領小西行長等，八月二十九日開始進行和議。

開始和談接觸 日軍願意和談，或係遲緩明軍的來援，以便完成佔領區的綏撫。然鑒於如下幾種情況的發展，至少在現階段，日方的和談是有誠意的：(1)原定即日進駐漢陽(今漢城)的豐臣秀吉，因其母病篤(未幾死)，於七月返回京師，至十月間，始再至名護屋行營。在他離軍期間，由德川家康、前田利家二人，代其主持軍務。(2)日本水軍屢挫，不能配合陸軍發展，陸軍補給困難，士氣頗受影響。(3)朝鮮到處有義勇軍起兵，八道未能迅速平定。(4)日人語言隔閡，佔領區政令難以貫徹，徵糧尤感困難⑧。(5)目前兵力分散，平壤附近只有第一軍萬餘人，得以及時增援的，也只有黃海道的第三軍，二者合計還不滿三萬人。事實上，黃海道尚未完全肅清，交通線要保護，可用以第一線的兵力，不會超過二萬人，無法抵抗中國的大軍(揚言十萬)。

小西行長對沈惟敬說，請明軍按兵不動，日軍不久當還。以大同江爲界，平壤以西(當係大同江以西)歸還朝鮮。惟敬報至明廷，廷議當然不肯接受，且以倭人多詐，難以言和，趣宋應昌等進兵。石星仍欲議和，乃題署沈惟敬游擊，命赴前方效力。同時，又請金人行間⑨。

九月，李如松等討平寧夏之亂。十月，以李如松提督薊遼保定山東軍務，充防海禦倭總兵官，往救朝鮮(亦簡稱征東提督)。

李如松收復平壤 十二月，李如松至軍，沈惟敬自平壤歸言，倭酋行長願受明封，請退出平壤以西，以大同江爲界。如松斥惟岳奸邪，欲斬之。參謀李應試請「藉惟敬紿倭封事，而陰襲之」。如松乃留惟敬於營，率師渡鴨綠江，總兵力四萬三千人。

一五九三年（明萬曆二一年，朝鮮宣祖二六年，日本文祿二年）正月四日，明軍至肅寧館（平壤西北）。小西行長以爲封使至，遣牙將二十人來迎，如松命人縛之。倭猝起格鬪，僅獲三人，餘皆走還。行長大駭，復遣親信謁如松，如松慰而遣之。六日，明軍圍平壤，倭急登陴拒守。入夜，日軍出襲李如柏（如松弟）營，被擊退。

七日，如松知倭人輕視朝鮮軍，命祖承訓部衣朝鮮服，潛伏西南；吳惟忠攻城北牡丹亭，如松自率大軍攻其東南⑩。城上彈矢如雨，明軍少却，如松斬先退者以狥。乃募死士，援鉤梯直上。倭以南面爲朝鮮軍，不之備，及見祖承訓部御裝露甲，急分兵捍禦。如松乘機督攻，遂破小西門，斬首一千二百級。倭退保風月樓，入夜潛遁，乘氷渡大同江南竄。明軍中途邀擊，斬獲三百六十人。

如松向南追擊，十九日克開城。

日軍第一、三兩軍退回漢城，第二軍加藤清正亦放棄咸鏡道，開始向漢城撤退。同時，第六軍小早川隆景已自全羅道調來，第七軍似亦有大部或一部開到漢城，加上原駐京畿道的宇喜多秀家之第八軍，集中漢城附近者，共有六軍之衆，總兵力約八萬人。然各軍未必集中完畢，第二軍似仍未到，京城亦須留置有力的守城部隊，向前迎戰明軍的，可能只有三萬人左右。

碧蹄館之戰 李如松自開城繼續南進，途中據朝鮮人來告，倭棄王京（漢城）而去。如松信以爲眞，自率輕騎疾進。正月二十七日（日史稱二十六日）至碧蹄館附近（漢城北三十里），突與日軍遭遇。

日軍爲第六、第八兩軍，及第七軍的一部或大部。如松以寡敵衆，被日軍包圍，部將李有聲戰死，情勢危殆。未幾，明軍後續部隊如柏、如梅（皆如松兄弟）、李寧、楊元諸將馳至，日軍乃向漢陽退走。是役，明軍損失頗大

時逢久雨，道路泥濘，漢城附近多稻田，明軍騎兵不易活動。日軍據守漢城及其外圍高地，背漢水爲陣。城上多樹飛樓，彈矢不絕。如松不敢強攻，退回開城。

二月，明軍據諜報，倭將以二十萬人反攻，如松改取守勢，縱深配置。命楊元軍平壤，扼大同江；如柏等軍寶山（今南川）等處，爲聲援；查大受軍臨津，擔任第一線警戒；李寧、祖承訓留駐開城。如松自己則東西調度，同時又遣查大受出擊，襲焚倭軍龍山（漢城東方）糧庫，倭軍由是乏食。

朝鮮義勇軍活躍　事實上，這個諜報完全不確，即使日軍有意以全力反攻，其兵力也不會超過十萬人。而且，朝鮮義勇軍受到明軍來援的鼓勵，聲勢壯大，日軍佔領地廣，交通線長，其處境日益困難。

朝鮮義勇軍分好幾類，其性質及分佈情形如下：

1. 由各地碩儒領導者，計有：

全羅道——羅州的金千鎰部，光州的高敬命部。

慶尚道——玄風的郭再祐部，高靈的金沔部，陝川的鄭仁弘部。

忠淸道——沃川的趙憲部。
京畿道——江華島的禹性傳等。
其中尤以高敬命、趙憲二部最爲強大。

2. 由各地寺院組成的僧兵團，以西山大師休靜及松雲大師惟政二人爲領導中心。

3. 官軍發動的游擊部隊，其最著者有：

(A) 招討使李廷馣所部，自從黃海道作戰失敗後，仍據守延安孤城，繼續抵抗，始終不屈。此時日本第三軍已退出黃海道，乃向漢城附近進出，協助明軍作戰。

(B) 全羅監司權慄亦率其所部，轉戰至京畿附近，策應明軍。二月間，曾在西漢江的幸州山城，擊破一部日軍，韓史稱爲朝鮮三捷之一。

日軍南撤　明軍自碧蹄館受挫後，和議復起。宋應昌、李如松遣參將謝用梓、游擊徐一貫⑪二人，偕沈惟敬至漢城，會晤日軍將領，議封貢事。

四月十八日，日軍放棄京城，向南撤退。應昌、如松入城，遣兵追擊。日軍步步爲營，分番迭休，明軍不敢擊。最後，日軍集結釜山附近，結營爲久留計。

明兵部尙書石星力主封貢，方議撤兵；日軍復自釜山西進，攻破咸安、晉州。

晉州曾於上年十月間一度被攻，朝鮮牧使金時敏悉力拒守。日軍傷亡重大，不克而退。是役，時敏戰死，然城終不陷，韓史稱之爲朝鮮三捷之一。至是（本年四月底）日軍復大舉進攻，遂破晉州。如松命諸軍分扼全羅道要害，日軍來犯，被擊退。

七月，日軍又自釜山東進，奪取西生浦（蔚山南）。於是，日軍在熊川（今昌原）—西生浦之線，選定險要山地，築十八城，構成一個大灘頭陣地。

同時，由於沈惟敬的交涉，日方送回朝鮮二王子及其陪臣。

至是，明廷以軍費已耗百萬，乃命如松撤軍，只留劉綎的川兵監視敵人。又命朝鮮王子臨海君珒（新釋還）駐金慶，以顧養謙爲經略，指揮朝鮮軍隊，協力劉綎防守。

朝鮮王宣祖回京，重整軍備。以權慄爲都元帥，防備日軍再攻。

第四節　和談經過

明廷許封不許貢　中日議和談判的經過，各方的紀錄已嫌簡略，又多出入。作者綜合研究，判斷其經過情形大概如下所述。現在先將中、日、朝鮮三國的態度，略加說明。

明廷的和議主題，是款、貢、封三件事：

「款」是要豐臣秀吉獻降表，並誓言不再侵犯朝鮮。

「貢」是依照規定年限及人船數額，遣船來貢。

「封」是由明帝加封豐臣秀吉及其所屬諸將官爵。

封與貢皆依明初舊例。上章已經說過，室町幕府時代，自足利義滿起，數代將軍皆由明帝封爲日本國王，現在所謂封，就是依此前例，封秀吉爲日本國王。其所屬諸將，也各別賜封大明官爵。

貢須參看下章通商之部，簡言之，貢只是一種形式，實際是通商貿易。明代對於海外諸蕃來華進貢（貿易），皆發給「勘合」爲憑，規定多少年一貢（各國年限不同），每次准許來船幾艘，人數多少。外船憑「勘合」入口，所載貨物，不論是官的商的，一律視同貢品，由政府收買，付與優厚價格，並聽其購買中國貨物回國。明初的日本貢船，也依此規定。因此，所謂貢，實際是勘合貿易，以今天的經濟學來看，中國做的是賠本生意，然儒家思想重名輕利，厚往薄來，古有明訓，倒也樂而爲之。在日本方面，則視勘合貿易爲一大財源。

可是這時候情形大不相同，百年倭寇之患舊創猶存，明廷對於日本的「貢」，不免談虎色變，深具戒心。如上章所說的，「倭寇黠，時載方物戎器，出沒海濱。得間（有機可乘）則張其戎器，而肆侵掠；不得間，則陳其方物，而稱朝貢。」這樣的貢，眞是吃不消的。

總而言之，在明廷看來，「款」是理應的要求；「封」惠而不費，也沒有問題；惟有「貢」，是不可輕許日本人的。朝廷幾經辯論之後，決定的和談原則，是只封不貢。

豐臣秀吉提出七個條件　日本大閤豐臣秀吉提出的議和七條款，前三項對明，後四項對朝鮮，內容大要如下：

1. 大明皇帝以女爲日本后妃。
2. 恢復勘合。
3. 日明兩國大臣交換誓約。
4. 以四道及國都交還朝鮮（換言之，朝鮮須割南四道與日本）。
5. 朝鮮以王子及大臣一二人，質於日本。

6.日本送還所俘的朝鮮二王子。

7.朝鮮國王遣其權臣向日本提出永不背叛的誓書。

朝鮮大臣分為二派，一派主和，一派反對。國王昖（宣祖）與「東人」黨的「北人」派（硬派），是反對和談的；「東人」黨的「南人」派是主和派。最初國王遣金睟至明廷謝恩，力陳不可對日封貢。後因經略顧養謙主和，對朝鮮稍加壓力，朝鮮國王始改變態度，同意議和。

談判的實際主角，明方為沈惟敬，日方為小西行長。一五九三年五月中旬，日軍退出漢城之後，小西行長偕同宋應昌所遣的使者謝用梓、徐一貫及沈惟敬三人，至九州名護屋行營，會見豐臣秀吉。六月二十八日，秀吉將書面媾和條件（即上述七條）面交來使。秀吉不知謝用梓等並非明廷所遣，而他們三人也不敢據實報告朝廷。因此，明廷根本不知道秀吉所提的七個條件，廷議所爭論的，只是封貢問題。

冊封秀吉為日本國王 秀吉遣小西飛驒守為議和使，隨同沈惟敬等入明。時，明廷正爭議中，和戰未決，小西滯留遼東待命。一五九四年（萬曆二十二年）八月，留督朝鮮軍事的經略顧養謙上奏，主張開寧波為貢道，封秀吉為日本國王。十月，神宗詔小西入京，集朝臣多人與其面議，要以三事：

一、勒倭盡歸巢。

二、只封不貢。

三、誓無犯朝鮮。

一五九五年（萬曆二十三年）正月，明廷命臨淮侯李宗城為正使，都指揮楊方亨為副，偕同沈惟敬使日，冊封豐臣秀吉爲日本國王，給金印王服。並授小西行長都督僉事（德川家康等其他將領皆有封爵，明史未錄）。

明使至朝鮮，要求日本撤兵，小西行長恐受欺，先迎明使至釜山。秀吉因上年八月生子，老而得嗣，大喜過望。本年築伏見城（後稱桃山城），以娛老景，故壯志漸消，和意轉濃。聞明使至，即下令逐次撤兵，只留一部據守釜山、金海、熊川等數城。

豐臣秀吉翻臉　明使在釜山久滯，正使李宗城懼爲日本所囚，四月間棄國書金印而逃⑫。九月，明廷改以楊方亨爲正使，加沈惟敬神機營銜爲副。

朝鮮初擬遣王子光海君琿爲使，嗣聽嬖臣李德馨言，改以州判黃愼爲正使，朴弘長爲副使，隨同明使去日，僅以白土紬爲賀儀。

一五九六年（萬曆二十四年，朝鮮宣祖二十九年，日本慶長元年）九月一日，明使等至大阪。秀吉只接見明使，拒見朝鮮使者。秀吉領受日本國王封冊及金印、冠服，德川家康以下諸將數十人，也各受冠服、職帖。

九月二日，秀吉大張筵宴，款待明使，自秀吉以至家康等諸將，皆著明廷所賜冠服相陪。席間大張猿樂，賓主盡歡。

席罷，秀吉以明帝只賜冊封，已不允朝鮮割地，又不許磡合貿易。尤其是，朝鮮不遣王子來謝，但遣卑官微物來賀，怒不可抑。明使及小西行長等百方陳謝，秀吉怒終不釋。翌日，遂遣大明、朝鮮二國使臣，先回九州肥前待命。

一般日本史多說，秀吉聞册書「封爾爲日本國王」，怒裂册書，遂再度出兵。此說係根據「日本外史」等紀錄。然「續本朝通鑑」及參與此次和議的日僧玄蘇所著之「仙巢稿」等，則詳記秀吉及諸將皆著明服，欣然受封之事。此册命並未被裂，迄今仍收藏於石川子爵家，可見「日本外史」所紀不實。日人前已斥責足利氏接受明封爲日本國王，故力辯秀吉不肯受封，事實並非如此。本文所述的日期及受封、宴樂情形，係根據中村榮孝的「文祿慶長之役」（大日本戰史卷四）。

第五節　日本第二次出兵

和談破裂　未幾，寺澤正成携秀吉書至肥前，明使猶以爲是謝表，及啓讀，始知爲致朝鮮國王書。書中責備朝鮮三罪：

1. 不以明事相告。
2. 不遣王子來謝。
3. 阻礙日明通聘。

於是，大明、朝鮮使臣歸國，和談破裂。日本準備再侵朝鮮，朝鮮也急請明軍來援。秀吉這次出兵，與上次大不相同，顯然是有限目標的攻勢，欲以武力達成外交目的，逼使朝鮮割地而已。他自己蟄居伏見城，沒有再到九州名護屋去，只在是處行營置吏，以主持遠征軍的糧運。前方的指揮，則命小早川秀秋爲總大將。

一五九七年（明萬曆二十五年，朝鮮宣祖三十年，日本慶長二年）二月，日本遠征軍開始渡海，分爲八軍，總兵力十四萬二千一百人。小西行長以和談誤事，秀吉命其將功贖罪，於上年十二月先發，至熊川。加藤清正亦於正月先行渡海，至西生浦。五月間，加藤清正奉秀吉之命，致書朝鮮，要求割地及質子。

朝鮮自毁長城，水軍被殲　行長先至，預將清正渡海日期，遣人密告朝鮮慶尙左兵使金應瑞，請朝鮮水軍邀擊⑬。應瑞報告鮮廷，國王命李舜臣截擊。舜臣疑日人有詐，以「海道艱險，賊必多設伏兵」爲理由，按兵不動。然清正果於是日渡海。

先是，舜臣因功陞爲三道水軍統制使，宿將元均自以資深而位於其下，心懷不平。且元均是「西人」黨，而舜臣則爲「東人」黨「南人」派所保薦，故亦含有黨派意氣之爭。現在，舜臣抗命不戰，元均遂利用機會，透過都元師權慄（西人黨）彈劾舜臣。

朝鮮王昖下令逮捕舜臣入獄，只審問一次，卽擬處斬。幸賴大臣鄭琢（東人南派）力保，改爲減死削職」，以白衣從軍，在權慄麾下服役。舜臣的本兼各職，由元均兼代。

行長第二次向朝鮮告密，據說「日軍後續主力，將於六七月間渡海而來，不可再失時機。」於是，在明總兵楊元要求之下，權慄命令元均出擊。元均初頗猶豫，逼於嚴命，乃率各水營全部軍艦，出巡絕影島（釜山入口處）前方海面。是處與日本艦隊相遇，元均作戰不利，退泊加德島；又被日艦急襲，損失甚大。七月十四日，元均至巨濟島之漆川梁（亦作七川梁），再遇日本艦隊，大敗，艦船損失過半。元均避匿島上，爲日軍所殺。朝鮮艦隊幾乎全部被殲，僅慶尙水使裴楔一軍，幸獲保全，逃回閑山島，再奔全羅道。

朝鮮君臣大驚，起用李舜臣為水軍統制使。舜臣僅收容得戰艦十二艘，沒有單獨作戰能力，只有等待明艦到來，協力作戰。

日軍兩路進兵　日軍自二月起，陸續渡海，至七月中旬，八軍渡海完畢。朝鮮水軍已滅，日軍遂開始進攻，分左右二路，以全州為第一目標。其戰鬪序列如下：

總大將：小早川秀秋

右路軍：統帥毛利秀元，兵力如下：

毛利秀元——三〇、〇〇〇
加藤清正——一〇、〇〇〇
黑田長政——五、〇〇〇
鍋島直茂、鍋島勝茂——一二、〇〇〇
中川秀成——二、五〇〇
池田秀氏——二、八〇〇
長曾我部元親——三、〇〇〇
合計六五、三〇〇人

左路軍：統帥宇喜多秀家，兵力如下：

宇喜多秀家——一〇、〇〇〇
小西行長——七、〇〇〇

宗義智——一、〇〇〇
松浦鎮信——三、〇〇〇
有馬晴信——二、〇〇〇
大村喜前——一、〇〇〇
五島玄雅——七〇〇
蜂須賀家政——七、二〇〇
毛利吉成、毛利勝永——二、〇〇〇
生駒一成——二、七〇〇
島津義弘——一〇、〇〇〇
島津忠豐——八〇〇
秋月種長——三〇〇
高橋元種——六〇〇
伊東祐兵——五〇〇
相良賴房——八〇〇
合計四九、六〇〇人

水軍

藤堂高虎——二、八〇〇

加藤嘉明——二、四〇〇
脇坂安治——一、二〇〇
來島通總——六〇〇
營達長——二〇〇
合計七、二〇〇人

諸城守備部隊
西生浦：淺野幸長——三、〇〇〇
釜山：小早川秀秋——一〇、〇〇〇
安骨浦城：立花統虎——五、〇〇〇
竹島城：小早川秀包——一、〇〇〇
加德城：筑紫廣門——五〇〇
　高橋統增——五〇〇
合計二〇、〇〇〇人

明軍再援朝鮮　萬曆二十四年（一五九六），明冊封使楊方亨空手回朝。明廷見楊使沒有携回豐臣秀吉謝表，又聞釜山日軍不但未撤，加藤清正反引兵重來。在廷議詰責之下，楊方亨乃吐出使日經過的實情，委罪於沈惟敬（此時沈仍滯留釜山），並呈出石星前後手書，神宗大怒。石星、沈惟敬皆於翌年被逮下獄，論死。

萬曆二十五年（一五九七）正月，朝鮮遣使請援，明廷再議征倭。二月，以前都督同知麻貴爲備倭總兵官，統南北諸軍。三月，又以山東右參政楊鎬爲僉都御史，經理朝鮮軍事，駐天津，申警備；以兵部侍郎邢玠爲尙書，總督薊遼保定軍務，經略禦倭。

麻貴所統的兵，只有一萬七千人。邢玠請募兵川、浙，並調薊遼宣大山陝（遼東、薊州、宣府、大同、山西、陝西）之兵，及福建、吳淞水師。原留朝鮮的川漢兵，仍由劉綎督率，聽命進剿。大概在五月間，諸軍漸集。麻貴密報，「俟宣、大兵至，乘倭未備，掩釜山，則行長擒，清正走。」邢玠以爲奇計，乃檄楊元屯南原，吳惟忠屯忠州。時，沈惟敬仍出入釜山，與日軍談判，楊元襲捕之，送麻貴營，兩軍由是斷絕交通。

七月，麻貴至朝鮮京城，楊鎬亦自平壤南下，陳璘的舟師則方至旅順。未幾，日軍的攻勢就開始了。

日軍進逼漢江　八月，日本左路軍宇喜多秀家首先圍攻南原⑭，利用夜暗奇襲，明將楊元棄城遁。

同日，日本右路軍亦向全州前進，明將陳愚衷棄全州北走。

麻貴遣游擊牛伯英赴援，與陳愚衷合兵，屯公州。日軍繼續北進，並分兵略取全羅、慶尙二道的諸城。陳愚衷及各地的朝鮮防軍，紛紛逃走。

明軍主力據守漢江，麻貴欲棄京城，邢玠不許，遣海防使蕭應宮兼程止之。麻貴乃遣副將解生等，率精騎二千守稷山（在忠淸道天安之北）。朝鮮亦遣其都體察使李元翼，由竹山向淸州前進，阻

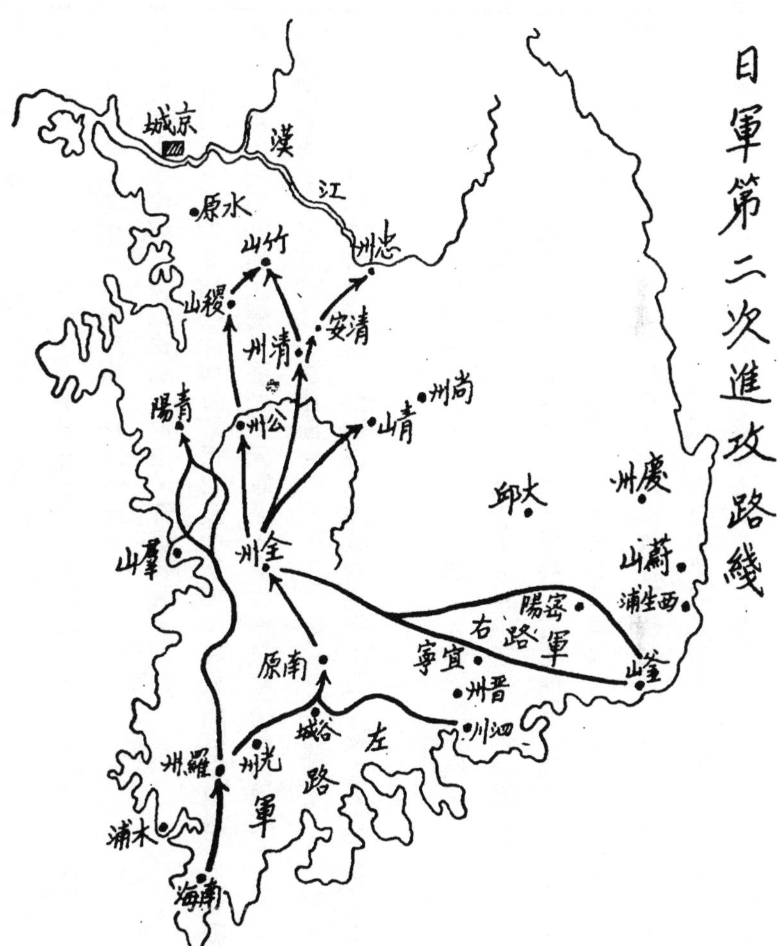
日軍第二次進攻路綫
京城
漢江
水原
竹山
忠州
稷山
清安
清州
尚州
青山
青陽
公州
全州
大邱
慶州
蔚山
西生浦
密陽
右路軍
宜寧
晉州
釜山
南原
谷城
泗川
左路軍
光州
羅州
木浦
南海

擊日軍。及邢玠親至京城，麻貴進駐水原，人心始定。

九月初，日本右路軍自全州北進，主力毛利秀元、黑田長政等，不戰而下公州，進佔天安。同時，加藤清正所部亦佔領淸州，分向忠州、鎭川前進。

左路軍則自錦江下游渡河，焚掠扶餘、定山、青陽等處。

稷山之戰　九月五日，明副將解生與日軍黑田長政所部，在稷山附近遭遇。這次戰鬪，中日雙方紀錄互異，綜合判斷，明軍初捷，翌日毛利秀元軍至，解生等衆寡不敵，退回水原。

同時，明參將彭友德，亦在靑山方面獲勝。

時，楊鎬分遣二人，持沈惟敬手書，分別往見加藤清正及小西行長，責其違背「靜候處分」的協議。

日軍進出竹山—忠州之線，威脅朝鮮京城。朝鮮王恐，先遣王妃等出走。

日軍不久卽開始撤退。明軍及朝鮮方面，皆稱稷山、青山之捷，迫使敵人退兵；日方的紀錄，則根本沒有提到退兵的理由。明海防使蕭應宮謂「敵人退兵，爲沈惟敬一紙手書生效，稷山、靑山並未接戰，何得言功？」邢玠、楊鎬怒，劾蕭應宮，並解送沈惟敬入京，惟敬後被處死。

據作者看來，日軍之退，係因明軍漸集，而自己後方維持困難，且從一二兩次的兵力比較，兵員損耗已多，無法補充，故不敢與明軍主力決戰。按日軍係自九月十五日開始撤退，時距稷山之戰已十日，且明韓二國歷史皆承認日軍進臨漢江，威脅京城，則在稷山、靑山戰後，日軍仍繼續進展，自然不是戰敗而退。何況稷山、青山皆爲小部隊戰鬪，勝敗無關大局。至於沈惟敬一紙書就能退敵，更是大笑話。而且明軍根本不明敵情，淸正、行長皆非主將，無權決定進退。「明史」朝鮮傳對於這次作戰的紀錄，字裏行間，偏信蕭應宮之說，事實上，蕭的話是胡說八道。不僅沈惟敬手書退敵不値一笑，稷山沒有作戰之說，也非事實。日方不但有稷山戰鬬紀錄，且承認黑田長政先頭部隊戰敗。

第六節　明軍轉取攻勢，日本撤兵

西生浦攻防戰　十一月，明軍大集，有兵四萬五千。邢玠部署諸將，分爲三協，左協李如梅，右協李芳春、解生，中協高策。痳貴與楊鎬督左右兩協，進攻蔚山。中協高策駐宜寧，防止西部日軍東援，並策應左右協作戰。

蔚山原由日軍淺野幸長據守，加藤淸正退回是處後，共有兵二萬人。十二月，李如梅僞和誘敵，擊敗日軍。淸正退保西生浦，築三砦自固。遊擊茅國器率浙兵敢死士拔其砦，斬首六百五十，諸軍遂進圍其城。城堅不能猝拔，改爲圍攻。

明軍圍城十日，日軍飢甚，僞和以圖緩攻。

一五九八年（明萬曆二十六年，朝鮮宣祖三十一年，日本慶長三年）正月四日（明史痳貴傳作二日），日軍毛利秀元（明史誤爲小西行長）等救援西生浦，迂廻明軍背後，楊鎬不及下令，策馬先逃，諸軍皆潰。大軍一直退到朝鮮京城，損失二萬。

神宗聞兵敗，罷鎬聽勘，以天津巡撫萬世德代之。仍責痳貴以功贖罪。邢玠以前役無功，在於水軍缺乏，乃募江南水軍，議海運，爲持久計。

明援軍續至，陸軍增兵多少不詳，陳璘的水軍初只五千人，現已有一萬三千，艦船數百。邢玠分水陸軍爲四路，各置大將：中路李如梅（旋調遼陽，由董一元代），東路麻貴，西路劉綎，水路陳璘。四路各守防地，與日軍相持。

日軍則以加藤清正守蔚山，島津義弘（明史作石曼子係島津二字音譯）據泗川，小西行長據順天，全軍皆在這個大灘頭陣地之內。

明軍四路進攻 九月，明軍全面進攻。西路劉綎進攻小西行長，小有斬獲。陳璘與朝鮮水軍李舜臣部，也協同陸上作戰，擊毀日船百餘艘。行長潛出千餘騎襲擊明軍，劉綎不利而退，陳璘亦敗走。東路麻貴至蔚山，頗有斬獲。加藤清正僞退誘之，麻貴入其空營，中伏敗走。中路董一元進取晉州，乘勝渡江，連燬日軍二寨。日將島津義弘退保泗川老營，明軍急攻，拔泗川，直逼其新寨。新寨三面臨水，一面通陸，引海爲濠，寨下泊船數以千計，又築有金海、固城爲左右翼。

十月，董一元遣將四面攻城，用火砲擊碎寨門，明軍競前拔寨。忽營中礮裂，觸發火藥，烟焰漲天。日軍乘勢衝擊，其固城援軍亦至。明軍大潰，奔還晉州。

明廷聞兵敗，命斬二遊擊以徇，董一元等各戴罪圖功。

豐臣秀吉死，日本撤兵 先是，豐臣秀吉死於八月十八日（明史誤爲七月九日），德川家康等諸「大老」秘不發喪，遣使告朝鮮諸將，速行覓取光榮和平，撤兵回國。時值明軍全面進攻，未敢遽撤，迨明軍攻勢失敗，日軍遂於十一月十五日開始撤退。

明軍據報，諸路並進。東路麻貴收復西生浦（明史島山西浦），略有斬獲。西路劉綎進攻順天的小西行長，島津義弘自泗川乘船赴援。陳璘據報，與李舜臣等率中韓二國水師，邀擊島津義弘於露梁。

露梁海戰　十一月十八日，露梁海上激戰。陳璘部老將鄧子龍與朝鮮水軍統帥李舜臣二人，皆中彈陣亡。然明鮮二國水軍終於達成任務，擊敗島津義弘，頗有斬獲。「明史」陳璘傳說：「石曼子（島津義弘）西援行長，璘邀擊於半洋，擊殺之，殲其徒三百餘。賊退保錦山，官軍挑之不出。既而渡匿乙山，崖深道險，將士不敢進。璘夜潛入，圍其巖洞，比明砲發，倭大驚，奔後山，憑高以拒。將士殊死攻，璘分道追擊，賊無脫者。」又董一元傳也說，「石曼子爲陳璘所殲」（有些中國通史也錄此說）。

事實上，島津義弘並未被殺，日後「關原之戰」還參加西軍，討伐德川家康。關原戰敗後，始讓薩摩藩主於其姪。又敗匿巖洞的日軍，顯然是小部隊，人數不會很多。

露梁之戰，明鮮水軍雖勝，本身損失亦不小。小西行長遂乘間撤退至巨濟島。

十二月，日軍完全退出朝鮮半島，七年戰爭至是結束。

①本章主要參考書籍：

「明史」、「明會要」、「明史紀事本末」、「歷代通鑑輯覽」、「東國通鑑」、王婆楞「歷代征倭文獻考」、李丙燾「韓國史大觀」（許宇成譯）、李廼揚「韓國通史」、余又蓀「日本史」、甘友蘭「日本通史」、青木武助「大日本歷史集成」、坂本太郎「新訂日本史概況」、川上多助「日本歷史概說」、中村榮孝「文祿慶長之役」（大日本戰史第四卷）、日本歷史地理學會「日本兵制史」、瀨野長雄「倭寇與朝鮮水軍」（日本史學雜誌二十六卷第一號）、磯田良等「增訂日本歷史參照圖表」、張其昀主編「東西諸國地圖」（世界地圖集第一冊）等。

②見「明史」兵志及外國列傳佛郎機之部。佛郎機即西班牙，明史佛郎機傳所指是葡萄牙人，當時葡萄牙仍屬西班牙，故皆稱佛郎機。葡萄牙人於一五一一年起統治滿剌加（馬來亞），嘉靖二年（一五二三），其軍艦寇廣東新會，指揮柯榮等擊敗之，奪得佛郎機砲。

③數百年歷史養成了傳統習慣，非源氏不得爲征夷大將軍，非藤原氏不得爲攝政、關白。

④老臣沈義謙家居城西彰義洞，他所領導的老成派或守舊派，稱「西人」；士林後進金孝元家在階城東駱駝峯，他所領導的少壯派，稱「東人」。東人對付西人的策略，又分軟硬二派，硬派以李潑、李山海、鄭仁弘爲主，稱「北人」；軟派以禹性傳、柳成龍爲主，稱「南人」。後來「北人」又分「大北」、「小北」，「大北」再分「骨北」、「內北」。

⑤豐臣秀吉冒姓藤原氏之前，一度冒姓平氏，故「明史」稱平秀吉。

⑥李氏朝鮮的國防重點是在南部，其防禦倭寇的陸海軍，配置在慶尙（東）全羅（西）二道。慶尙道兵營水營各二，左兵營在蔚山，右兵營在晉州；左水營在東萊，右水營在巨濟島（後移固城）。全羅道置兵營一，水營二，兵營在康津，左水營在麗水，右水營在南海島。

⑦明廷以朝鮮立嗣不以長，始終不予承認。

⑧豐臣秀吉徵調五山僧侶從軍，擔任文書、佔領區宣傳、撫慰、教授日語、協助政令推行等。五山僧侶用漢文與朝鮮儒士筆談。

⑨後金開國主努兒哈赤（清太祖）此時雖尙未建國稱汗，已奄有建州衞之地（今遼寧東部地區），接受明帝封爵

（龍虎將軍）。

⑩平壤城東南爲大同江，非可攻之地，且下文又說攻入大小西門，「明史」李如松傳必有誤，應是攻其西門。

⑪「明史」朝鮮傳爲遊擊周弘謨一人，玆依日韓二國史。

⑫「明史」說李宗城貪淫，爲日軍所逐，玆依日史。

⑬對馬島主宗義智，爲小西行長的妹夫。對馬仰賴朝鮮糧食輸入，利於和不利於戰。出兵之前，宗義智即已向豐臣秀吉陳詞，反對遠征朝鮮。平壤和談之初，宗義智實爲行長的主謀人物，曾與沈惟敬頻頻交換意見。行長受宗義智的影響，極欲委屈求全，完成和議。加藤清正不滿行長包辦和談，且嫌其軟弱，曾向秀吉進讒。行長與清正有隙確係事實，韓史對於行長的密告清正行期，稱爲「反間」，究竟是眞是假，殊難判斷。

⑭「明史」朝鮮傳關於日軍的紀錄很多錯誤，例如淸正屬右路軍，而「明史」誤爲淸正圍南原。

第十章　元明二代的中日交通①

第一節　元日貿易

元廷八次遣使　元代統治中國將近百年，與日本始終沒有正式國交。然在中國歷史上，元代卻是最渴望與日通使的一個朝代，尤其是世祖（忽必烈）、成宗（鐵木耳）二代，曾不斷遣使至日。其所以不能促成二國建交，應歸咎於日本幕府執權北條氏的愚昧無知。茲從中日二國正史的記載，略述元代歷次遣使至日的經過。

第七章已經說過，在元軍第一次征日之前，元世祖曾先後派遣黑的、趙良弼使日，皆無結果而還。是役之後，又遣杜元忠等爲使，被北條時宗所斬。甚至在決心大舉征日之前，仍命范文虎遣周福使日，結果又被日本所害。

元軍第二次征日失敗之後，世祖除繼續從事再征準備外，仍連續遣使往諭，參照中日韓三國歷史，有如下三次紀錄。

至元二十年（日本後宇多天皇弘安六年，一二八三），使南海補陀寺僧如智與提舉王君智，齎璽書至日本，遇颶風，不能達，而返。

至元二十一年（日本弘安五年，一二八四）正月，世祖復遣如智與王積翁（宋降臣）使日，發自慶元（寧波）。將及日本，舟人殺王積翁，遂不果而返。

至元二十九年（日本伏見天皇正應五年，一二九二），世祖命高麗遣金有成使日，幕府執權北條貞時拘有成，不遣還（見「東國通鑑」及「大日本史」北條貞時傳）。

高僧一山一寧使日 成宗朝，亦於大德三年（日本後伏見天皇正安元年，一二九九），遣補（普）陀寺高僧一山一寧為使，偕同西澗士曇，齎詔書往。成宗這次的詔書，寫得很委婉，原文如下：

> 比者有司陳奏，嘗遣補陀僧如智，兩奉璽書通好，咸以中途有阻而還。朕自臨御以來，綏懷屬國，薄海內外，靡有遐遺。日本之好，宜復通問。今補陀僧一山戒行素高，可令往諭，附商船以行，期於必達。朕特從其請，並欲道先皇意也。至於敦好息民之事，王其圖之。

然而，儘管這次的國書寫得那麼委婉，北條貞時還是扣留來使，且欲殺害。幸虧來使是僧人，特宥其一死，禁錮於伊豆島。後聞一寧德行甚高，始釋之，使居建長寺。關於一寧的事，下面還要另述。

日本已然無理可喻，通使之望已絕，而元廷大臣又一再反對用兵，自是之後，東征之議作罷，亦不再遣使前往。

開放通商 元日雖沒有國交，然有元一代，中日民間的商船貿易及僧侶往來，則始終沒有間斷。元廷開放對日通商，由來甚早。世祖至元十三年，滅宋，取臨安（杭州），十四年即有日船前來，請以金易銅錢，許之（元史食貨志）。十五年十一月，行中書省自揚州移至杭州，同時「詔諭沿海官司，通日本國人市舶。」（元史世祖本紀）此時，世祖已頒佈東征部署，第二次征日的軍事，已如箭在弦上，可見元世祖很重視中日通商，雖在戰爭中亦不中止。

元軍第二次征日（至元十八年）失敗後，兩國商務亦未中斷。但為防止日人乘機侵擾，特於沿海各要地，設置都元帥府，配置戍兵，一度禁止日商登岸。然日本商人仍不斷要求互市。

其後，北條氏亡，日本南北戰爭繼起，全國大亂。在此期間，日商至元貿易者，純為西部各諸侯及寺社團體私遣的商船，可說是半官半商性質。因其不受幕府統制，份子良莠不齊，日後便演變而成為倭寇。

鎌倉幕府末年的入元日船　然即在鎌倉幕府末年以至戰國時代，也還有幾次入元商船，是經由幕府允許，並獲得其保護的。那是為了籌募經費，與建寺社而特許的，其時間、次數、名稱，有紀錄可考者如下：

一三二五年（元泰定二年，日本正中二年），為籌募經費，建造建長寺而派遣，稱為「建長寺船」。

一三三二年（元至順三年，日本元弘二年），為籌募經費，建造住吉神社而派遣，稱為「住吉神社船」。

一三四二年（元至正二年，日本興國三年），為籌募經費，建造天龍寺而派遣，稱「天龍寺船」。

一三六七年（元至正二十七年，日本正平二十二年），京都醫師但馬道仙為籌募經費，與建療養病院，亦奉准派遣商船至中國。

天龍寺船　其中，特別著名的是「天龍寺船」，其經過不能不說。初，後醍醐天皇為足利尊氏所逼，自京師出走，另建吉野朝廷（南朝），與足氏尊氏所控制的京師朝廷（北朝）對抗。後醍醐死後，據說京師屢降災異。僧疏石自稱得夢，勸足利尊氏建造天龍寺，爲先皇薦福。足利尊許之，乃派遣「天龍寺船」二艘，至元貿易，以籌經費。

「天龍寺船」從事貿易，與其他至華日船無異，但在回國後，不問盈虧，必須繳納現錢五千貫，以供天龍寺建築經費。幕府對於天龍寺船，則負有保護通航的責任。自是之後，「天龍寺船」成爲特例，所有去華商船，凡經由幕府允許，並向幕府繳費者，皆稱爲「天龍寺船」。據「續本朝通鑑」說：「此後每年爲例，世稱天龍寺船。」

元代對日貿易　元代對日貿易，以慶元市舶爲主。元之市舶條例，代有變更，時寬時緊，大抵皆依「抽分」條例，「粗貨」十五分抽一，「細貨」十分抽一。元代中日貿易，貨物種類大概與宋代同。

元代中國商船至日者，未見紀錄，但不是沒有。「元史」食貨志市舶之部說：「自世祖定江南，凡鄰海諸郡，與番國互易舶貨者，其貨以十分取一，粗者十五分取一，以市舶官主之。其發舶、廻帆，必著其所至之地，驗其所易之物，給以公文，爲之期日，大抵皆因宋之舊制，而爲之法焉。」由此看來，中國商船去日者，一定不少。且如前所述，成宗派遣僧一寧爲使時，明明說是「附商船以行。」至元二十一年，更於杭州、泉州二處，設「市舶都轉運司」，由官方供應船隻，給與本選人（合格商人）入番貿易，所獲之利，官取其七，商人得其三。

又據「圓大曆」記載，正平五年（元至正十年，一三五〇）三月，入元僧龍山德見、無夢一淸等十八人，乘元之商船返博多。（轉引自余又蓀的「宋元中日關係史」）

第二節　元代的中日僧侶往來

入元日僧　元初，在世祖朝以前，中日僧人往來者很少。紀錄上只看見范文虎遣周福使日時，與日僧靈果偕行，此外別無紀錄，大概是由於元軍征日之故。

其後，元僧一山一寧至日，日本僧人受其德風感化，紛紛入元。中國僧人陸續東渡者，亦有九人。元初中國太平，國內旅行便利，日僧入元者，遊歷之地甚廣，留元時間也特別長，在華十餘年至二十年者，頗不乏人。然與入唐、入宋的日僧比較，入元僧的素質則已遠不及上代。散見於日本各文獻的入元僧，約有一百九十餘人。一般皆默默無聞，較有名望的幾個人如下：

孤峯覺明於一三一一年（元至大四年，日本應長元年）入元，回國後，在出雲（今鳥取縣東部）創建雲樹寺。鎌倉幕府末年，後醍醐天皇討幕兵敗，被北條高時流於隱岐島。迨各地反幕兵起，天皇自隱岐逃出，到達伯耆（今鳥取縣），下詔諸侯勤王，討伐北條氏。在此期間，天皇特召孤峯覺明至船上山行在，就之受戒，賜以「國濟國師」尊號。後村上皇時，復加賜「三光國師」。

嵩山居中於一三〇九及一三一八年（元武宗、仁宗二代），兩度入元。回國後，先後爲南禪、建仁二寺住持。曾奉勅入宮宣禪，將軍足利尊氏與其弟直義，皆師事之。

大朴玄素於後醍醐元應年間（元仁宗末年，一三一九—一三二〇）入元，參謁中峯、古林諸禪師，留華二十年，至一三三九年（元順帝至元五年）始回國。元帝曾賜以「眞覺廣慧大師」之號。

月林道皎於一三二二年（元至治二年，日本元亨二年）入元，師事古林清茂八年，嗣其法。元文宗賜以「佛惠智鑑大師」之號。

大拙祖能於一三四四年（元至正四年，日本南朝興國三年）入元，嗣天目山千巖長之法。留華十四年，至一三五八年始歸國。祖能回國後德望日隆，就之求禪者三萬餘人。

雪村友梅被捕成名　如前所述，元代海防時寬時緊，當其嚴防時，有不少入元日僧，因涉嫌間諜而被捕。如龍山德見，雪村友梅，不聞契聞等，皆曾被捕下獄，然不久即釋放。雪村友梅的被捕經過，尤為著名。

雪村友梅為一山一寧的弟子，於一三〇七年（元大德十一年，日本德治二年）入元，年方十八歲。友梅歷遊名寺，詣諸名宿，嗣以被疑作間諜，逮捕下獄。刑官加以嚴刑，友梅毫無懼色，但唱佛光國師（無學祖元）之偈：「乾坤無地卓孤笻，且喜人空法亦空，珍重大元三尺劍，電光影裏斬春風。」刑官感服，聞於朝廷，遂被赦，道名亦由是而盛傳。

友梅留華二十二年，至一三二九年始回國。建法雲寺於播磨，後住建仁等寺。所著「岷峨集」，乃謫流西蜀時之作。其弟子良樹，曾携友梅語錄入元，遍求諸名宿題跋。

元僧對日本文化的影響　元僧至日者，都是極負盛名的高僧。除最初的一山一寧、西澗士曇二人，為元帝所遣外，其餘皆係接受北條氏、足利氏之聘請，而東渡弘法的。日本朝廷及幕府，對彼等禮遇至隆。其中，對日本文化最有影響者，要算一山一寧、淸拙正澄二人。

補（普）陀寺高僧一寧為台州（浙江臨海）人，奉元成宗之命使日，被鎌倉幕府拘禁於伊豆。其後，幕府聞其道行甚高，特爲赦出，大加禮遇，歷住建長、圓覺、淨智諸寺。日本僧人受一寧的感化，紛紛入元。後宇多上皇慕其德風，亦屢就之問法。及病，上皇數往慰問。死後，追贈國師號，並敕爲建塔，親作祭文祭之。

一寧在日二十年，門弟子甚衆，對於日本的文學、書法、繪畫，也大有影響。如第七章所述，程朱學說的傳入日本，雖早在一寧之前，然仍待一寧及其弟子的註疏講解，始盛行於日本，故亦有人以爲一寧始傳朱子之學於日本者。後宇多天皇對一寧十分崇拜，其所題一寧像贊云：「宋地萬人傑，本朝一國師。」

淸拙正澄受鎌倉幕府之聘，於一三二六年（元泰定三年，日本嘉曆元年）東渡，翌年抵京都。歷住建長、建仁、南禪諸寺，備受日本朝野的尊崇。正澄對日本的影響很大，尤其是，日本武家禮法的發達，及禪林規矩的嚴肅，多受正澄的影響。

第三節　明代的磡合貿易

貢船可獲厚利　明代與日本的國交，有一特色，即以「磡合貿易」制度，誘使日本來貢。因爲明初倭寇猖獗，明廷很希望與日本建立國交，使其自行禁止倭寇的行爲。日本方面，則因內戰頻仍，室町幕府財政拮据，故不惜接受明封，以稱臣納貢爲名，換取「磡合貿易」的實惠。

明廷以厚往薄來對待外賓，外國貢船人員有賞，貢物有報，商品不問公私，皆估時值給價（或折支布帛）。且聽其自由購買中國貨物囘國。其在內地所購之物，亦由政府指撥船隻，供其內河運輸。

因此，無論何國，貢船入明，都可獲厚利。

明代與日本足利氏數代將軍的使節往還，第八章已經說過，這裏所要說的，是「勘合貿易」的概況。

國人治日本史者，多以爲明代的「勘合」，爲專門限制日船的制度，其實不是。「明史」眞臘傳：「洪武十六年，遣使賫勘合文冊賜其王，凡國中使至，勘合不符者，即屬矯僞，許縶縛以聞。」又暹羅傳亦於同年「賜勘合文冊」。由此可見，明代的勘合，爲所有外國貢船的通用符信，凡經常入貢（通商）的國家，皆頒發勘合爲憑。

日船限制特嚴 然明廷對於日船的限制，特別嚴格，則爲不爭的事實。時值日本內亂，諸侯割據，室町幕府徒有虛名，明廷所頒勘合，落入諸侯及寺社之手。商船一無統制，往往不遵規定，流弊滋多。明廷不勝其煩，不得不嚴加限制。「明史」食貨志說：「洪武初，設（市舶司）於太倉、黃渡，尋罷。復設於寧波、泉州、廣州，寧波通日本，泉州通琉球，廣州通占城、暹羅、西洋諸國。琉球、占城諸國皆恭順，任其時至入貢。惟日本叛服不常，故獨限其貢期爲十年，人數爲二百，舟爲二艘。」又規定不得攜帶武器，違者以寇論。

上述十年一貢的對日限制，始於成祖永樂二年（一四〇四），日史稱爲永樂條約。然日人貪利，並不遵守限制。宣宗宣德八年（一四三三），換發新勘合，仍限定十年一貢，人船數稍增，改爲人三百，船三艘，日史稱爲宣德條約。可是，日人仍不遵約，往往一次來船七八艘，人數多至千人。

勘合手續 明代頒發日本的勘合，分「日字號」、「本字號」二種，明船去日貿易者，使用「日字號勘合」，日船入貢者，則使用「本字號勘合」。二者的處理程序如下：

日字號勘合——明廷製就日字號勘合一百道，勘合文冊（核對底簿）二本。勘合全部及文冊一本，留在明廷禮部，另一本文冊則送往日本。明船去日貿易者，每船由禮部發給勘合一道。船至日本，由日方核對勘合文冊無誤，始准其入口貿易。

本字號勘合——明廷又製就本字號勘合一百道，勘合文冊二本。勘合全部發給日本，文冊一存禮部，一存市舶司或布政司。日船來華，每船皆須携帶勘合一道，由市舶司或布政司核對勘合文冊無誤，始護送至京師，再與禮部的勘合文冊核對。核符之後，方按規定收購其貢品及貨物。

勘合貿易帶來的紛擾　由於明代倭寇猖獗，勘合船與匪船混淆不清。有時勘合船亦即寇船，一如「明史」所說的，「得間則張其戎器，而肆侵掠；不得則陳其方物，而稱朝貢」，使明廷不勝苦惱。此外，勘合制度本身也帶來好些紛擾，主要的有三件事。

1.明代常例，每當新帝登極，則換發勘合，收回舊的。自成祖朝起，對日本先後發過六次，即成祖之永樂勘合，宣宗之宣德勘合，景宗之景泰勘合，憲宗之成化勘合，孝宗之弘化勘合及武宗之正德勘合。然日本戰國時代，勘合散入諸侯及寺社之手，常不能繳回或繳足舊勘合。到嘉靖年間，日本仍保存弘化、正德兩種勘合，共約二百道，而又請領新勘合。至是，明廷遂不肯再發。

2.勘合船，名義是貢船，實際是貿易，故使者人品很雜，後期尤甚。又因日本幕府衰弱，勘合流入諸侯及寺社之手，貢船不統一，遂有雙包案發生。據「明史」日本傳記載，正德五年（一五一〇）春，幕府遣使臣宋素卿來貢。素卿本係鄞縣人，姓朱名縞，幼習歌唱，日使見而悅之。縞叔澄負日使直，因以鎬爲償，日使携之回國，改名宋素卿。至是，素卿充正使，至蘇州，與其叔澄相見。後事覺，依法當死。時劉瑾竊柄，納素卿黃金千兩，事事曲爲庇護，謂澄已自首，並獲免。

嘉靖二年（一五二三）五月，日本貢使宗設（僧人，當係寺社所遣）抵寧波。未幾，朱素卿偕瑞佐復至，與宗設互爭眞僞。市舶太監賴恩受素卿之賄，宴時使素卿坐於宗設之上，素卿船後至，又先爲驗發。宗設怒，率所部攻素卿，殺瑞佐，焚其舟，且追素卿至紹興城下，素卿逃匿獲免。宗設率衆返寧波，執指揮袁璡，奪船出海。都指揮劉錦追至海上，戰沒。

3.日本勘合船往往不遵規定。例如嘉靖二十六年（一五四七），將軍足利義晴遣周良等爲貢使，先期而至。來船四艘，人六百，泊於海外，以待明年貢期。守臣止之，則以風爲解。十一月，事聞朝廷，帝以先期非制，且人船越額，敕守臣勒回。

明年六月，周良復求貢，浙江巡撫朱紈以聞。禮部言，日本貢期及舟數人數雖違限，第表辭恭順，去貢期亦不遠，若概加拒絕，則航海之勞可憫；若稍務含容，則宗設、素卿之事可鑑。宜敕紈循十八年例，起送五十人，餘留嘉賓館，量加犒賞……報可。朱紈力言，五十人過少，乃令百人赴都。部令但賞百人，餘罷勿賞。周良訴稱，貢舟高大，勢須五百人。中國商船入海，往往藏匿島中爲寇，故增一舟防寇，非敢違制。部議量增其賞，且謂百人之制，彼國勢難遵行，宜相其貢舟大小以施禁令，從之。

由於日本勘合船有許多弊端，再加上倭寇的爲患，嘉靖以後，市舶制遂時興時廢。嘉靖四十四年（一五六五）罷後，只有福建（泉州）市舶有時復開。寧波從此封閉，日本勘合貿易遂終止。

江戶幕府請復勘合　以上爲豐臣秀吉侵略朝鮮之前的勘合貿易情形。上章所說，豐臣秀吉之渴望恢復勘合，及明廷的堅持不允，皆根據上述的通商經驗。

豐臣秀吉死後，德川家康統一日本，開幕府於江戶（一六〇三）。德川家康老謀深算，鑒於前二代幕府不能長保政權的弊病，定下幾個政策，如不讓封地很大的藩主過問幕政，削弱諸侯權力，幕府控置強大兵力，及鞏固幕府的財政基礎等。其最後一項的財經政策，包含好些措施，如用「奪封」、「減封」手段，不斷地沒收諸侯領地，增加幕府直轄地，以擴大幕府的稅收；由幕府直接經營金銀鑛；直接管理大商業都市；及獎勵對外貿易，開闢新的財源等。

因此，江戶幕府初年，亟欲恢復對明貿易，一再透過朝鮮、琉球，請求明廷恢復勘合。德川家康爲了達成此一目的，不惜委曲求全，與朝鮮復交。至一六〇九年（明萬曆三十七年，日本慶長十四年，朝鮮光海君元年），遂與朝鮮訂了「己酉條約」。對琉球則用威脅利誘，請其國王轉達明廷，與日本恢復貿易（詳下章）。明廷不爲所動，家康又直接招徠中國商人，給與優惠，並透過那些華商，致書福建總督。茲記其二三事如下：

以朱印狀授與中國商人　一六一〇年（明萬曆三十八年，日本慶長十五年），廣東商船偶至日本。家康應長崎奉行谷川藤廣之請，以「朱印狀」②授與廣東商船，許其任意前來日本各地經商，如有奸人擾害，從嚴懲治，情節重者處斬。

同年，又有福建商人周性如至肥前的五島，十二月，往駿府謁家康，家康亦授與朱印狀，歡迎通商，並盡力保護。最後，更乘周性如回國之便，命「老中」③藤原（本多）正純與長崎奉行谷川藤廣二人，各具一書，交周性如轉致福建總督陳子貞。藤原正純的信是大儒林羅山執筆的，書中略稱：

> 前世當朝鮮紛擾，中華遣使我邦，爲譯者所誤，旨多牴牾，情意不通，海舶遂絕，可謂遺憾。方今我日本國主源家康④，統一全國，撫育諸島，民殷邦富。風靡所及，朝鮮入貢，琉球稱臣，安南、交趾、占城、暹羅、柬埔寨、呂宋及西洋諸國，亦皆上書納貢。由是益慕中華，而求和平。今乘周性如返回上國之便，特致此意，甚願與貴國仍如往昔，以勘合貿易。

明廷對於日本請求恢復勘合一事，始終沒有答覆。然據「羅山文集」說：「……勘合不成。然南京、福建商船，每歲渡長崎者，自此逐年增加。」⑤同時，日本亦派遣朱印船，至中國沿海貿易。

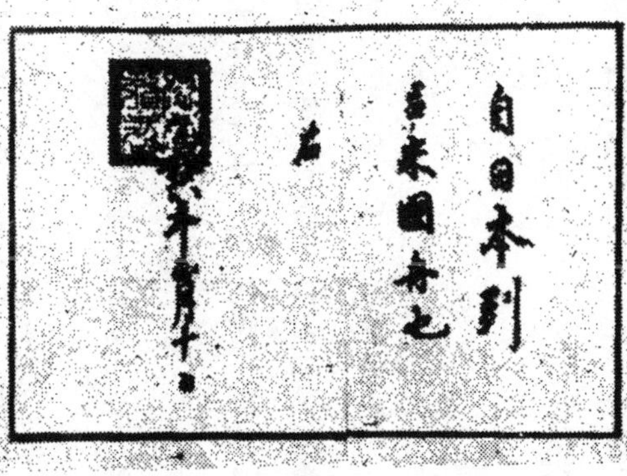

朱印狀

日本鎖國時代開始　未幾，幕府禁天主教，歐洲國家的商船限船於長崎、平戶二處，獨中國商船享有充分自由，依船主的請求，任何港口皆許其貿易。然好景不常，由於島原天主教叛亂，幕府遂於寬永十五年（一六三八），頒佈鎖國令（詳見下章）。至是，只許中國、荷蘭二國的商船，至日本貿易，且只限於長崎一港，對於貿易的管制也較前嚴格。

據江日昇的「臺灣外記」說，日本對唐船今昔不同，「今之日本，凡船隻到港，人都入在班中拘束，不許四處散歇。交易只許六十萬兩，各船勻攤，數足，將餘貨發還，給水米蔬菜駕回。昔之日本，最敬唐人，船一到岸，只有值日庫街搬頓貨物，其餘搭客及船中頭目、夥計、貨物，悉散接居住，轉爲交易。」

貿易貨物　明代的中日貿易，由日輸明的貨物，以刀、琉璜、蘇木、銅、扇、漆器等爲主。日本刀最多，每次有數千把至一萬把不等。然物以稀爲貴，日本刀輸入那麼多，明人就不像宋人那麼珍視了。

由明輸日的貨物，以銅錢、書籍、絲綢、名畫爲主。糖亦於元明之交，開始輸入日本。日人最初得糖，還當作珍品餽贈朋友。

特別值得一提的是，室町幕府時代，明錢流入日本甚多，主要的是洪武錢、永樂錢、宣德錢三種。永樂錢尤多，變成了日本市面流通的主幣⑥。這些明錢，大部分是作爲商品輸入日本的，但也有一部分是明廷對幕府的經濟援助。單是將軍足利義政在位時期，就曾三次訴窮，請明廷賜錢救濟。

第四節　入明僧東傳儒學

入明僧多通儒學　明代因有長期倭寇之患，日僧入明，大受限制。但在三百年間，仍有日僧百餘人入明。大體說來，爲留學或考察而來的日僧，大都在永樂勘合貿易之前。勘合制度（日人所謂永樂條約）不許日僧入明遊歷，故自永樂以後的入明日僧，大都限於貢使或副使，前述的宗設即爲一例。

又在洪武年間，日僧充任使者來明的，則多爲南朝的懷良親王所遣。

入明日僧皆通儒學，好詩文，每請明代碩儒作塔銘序跋，引爲無上光榮。他們回國時，則多帶詩文書畫，故室町幕府時代的日本五山文學，可說是純粹中國文學。在另一方面，日本禪林文學，因受宋元「語錄」風氣的影響，又盛行口語文體。其後，再由禪林傳入儒家，遂開創日本的語體文學（平民文學）。

在這些博學的入明僧中，特別值得一提的是桂菴、了菴二人。桂菴於憲宗成化四年（一四六八）入明，居留五年，曾就宿儒習朱子學。回國後，開桂樹院於九州薩摩，傳朱子之學。到了江戶幕府初年（明萬曆間），日本朱子學派遂大盛。

了菴於武宗正德六年（一五一一）入明，武宗敬其年高德劭，賜襴袈裟。他與王陽明等善，歸國時，中國友人作詩送別，陽明爲之作序。

此外，曾與明太祖唱和「熊野詩」的僧絕海，也是五山文學巨子之一，其事已見第一章。

入明習醫的人　明代，日人來華學醫的也不少，較著名的有如下數人。

竹田昌慶於洪武二年（一三六九）入明，學醫於道士金翁。金翁授以秘訣，並以女妻之，生二子。至洪武十一年（一三七八）始回國。

僧田代三喜於憲宗成化二十三年（一四八七）入明，就李東垣、朱丹溪二名醫求學。回國後，創李朱醫學派於日本。所傳弟子曲直瀨一溪尤爲著名，天皇、將軍、大名（諸侯），屢召其治疾。

阪淨運於明孝宗朝（十五世紀末年）入明，傳張仲景之醫術而歸國。因診治後柏原天皇之病，而名譟一時。

吉田宗桂曾於明世宗嘉靖十八年及二十六年（一五三九及一五四七），兩次入明學醫，在明時卽著聲譽，曾診治世宗之疾。回國時，世宗特敕賜醫書。

此外，入明學針灸成名者，有金持重弘；求得藥方回日者，有昌虎首座。醫學大全一書，亦於此時傳入日本，並刻書普傳民間。

又在明初，元人陳順祖不願仕明，至日本行醫。其子陳大年嗣其術，聲名益著。

東渡的移民　明代僧人去日本者，似只限於為使的幾個人，未聞有自動或被聘至日者。可是，明代華人東渡日本者則殊不少。初在元末明初間，中國大亂，卽有一部分人逃往日本。倭寇侵擾中國二百年間，更擄去不少華人。最後，到了明亡前後，又有不少人東渡。

元明間去日華人當中，對於促進日本文化最有功者，是一些雕刻名匠，如俞良甫、陳孟榮、陳伯壽等。他們對於日本出版事業，以及雕刻藝術，影響至大。

還有兩種平民恩物——饅頭與豆腐，也在元末明初之間始將製法傳入日本。饅頭製法是元人林淨因所傳，豆腐製法大概是由禪僧傳入的。

明末，淸軍節節南下，明之遺老重臣，如崔芝、周鶴芝、馮京第及鄭成功父子等，多遣人前往日本乞師。據日人中村久四郎的硏究，自一六四五至一六五〇年間，乞師代表共有十四起，然皆不得要領，日本始終未出一兵援助。事實上，江戶幕府偃武修文，決沒有出兵國外之意，卽有之，越洋輸送，出不了多少兵，也無濟於事。

明末遺臣至日者，以朱舜水先生爲最著，其事蹟已見第一章。另一明代遺民陳元贇，則在日本傳授柔道。

①本章主要參考書籍：「元史」、「新元史」、「明史」、「明會要」、「明史紀事本末」、「大日本史」、「善隣國寶記」、「元亨釋書」、余又蓀「日本史」及「宋元中日關係史」、甘友蘭「日本通史」、王輯五「中國日本交通史」、張其昀等「中日文化論集」、青木武助「大日本歷史集成」、坂本太郎「新訂日本史概說」、川上多助「日本歷史概說」、白柳秀湖「日支交涉史話」、木宮泰彥「中日交通史」（陳捷譯）及「日華文化交流史」、家永三郎「日本文化史」、岡田正三「日本漢文學史」、內藤虎次郎「增訂日本文化史研究」等。

②發給商船的朱印狀，實際就是國外貿易許可證，文祿初年豐臣秀吉所創始，以別於海寇船隻。

③江戶幕府置「老中」五六人，以合議方式處理全般政務。每月一人値班，處理日常事務。

④德川氏與鎌倉幕府創始人源賴朝，室町幕府創始人足利尊氏，同爲源義家的後人。信上稱「日本國主」，不稱將軍，似有援例請封「日本國王」之意。

⑤江日昇的「臺灣外記」說，明熹宗天智四年（一六二四），顏思齊約同在日唐船商旅，謀擧事，奪政權，事洩，率黨人乘十三船逃走，轉據臺灣。顏思齊謀在平戶擧事之說，確否待證，當時唐船至日貿易者之衆，則由此可見。

⑥明末，董斌卿據舟山，遣其弟孝卿與馮京第二人至日本乞師。日本留孝卿於長崎，先遣馮京回，贈洪武錢數十萬（據臺灣文獻叢刊，梅村野史的「鹿樵紀聞」）。明錢流入日本爲數之鉅，不難想見。

第十一章 歐風東漸與中日復交①

第一節 清代前期的中日交通

日本頒佈鎖國令 日本江戶幕府成立後不久，即於慶長十七年（一六一二）頒佈「禁敎令」，嚴厲搜捕基督徒，或驅逐出境，或強迫改宗，不聽者斬。然基督敎浸染已久，殊難一朝根絕，敎徒多藏匿於九州各地，特別是在肥前（今佐賀）的島原地區。寬永十四年（一六三七），島原敎徒作亂，聚衆三萬餘人，圍攻島原、富岡二城。幕府先後派遣板倉重昌、松平信綱二將往討，動員十二萬五千人，至翌年始討平。

自島原之亂後，幕府禁敎益嚴。寬永十六年（一六三九），頒佈「鎖國令」，絕對禁止日本人出國；中國、荷蘭商船，只許到長崎一港貿易，且不得搭載傳敎士；其餘的西方各國商船，一律不許入口。這個鎖國令，實行了二百一十餘年，到幕府末年，始被美國軍艦打破。

滿淸入主中國，已在日本鎖國令實行後數年。因此，自清代開國起，約二百年間，始終沒有日本商船到過中國。歷朝不絕的來華日僧，也完全絕跡。

清船大增，日本金銀外流 清廷與日本相反，自從康熙二十二年（一六八三）臺灣收入版圖後，海禁大開，沿海地區商業繁盛，中國商人紛紛前往日本貿易。康熙朝六十年間，中國船至長崎貿易者，由最初的每年平均三十艘，增加到每年七十餘艘。

這時期，中國輸日的貨物，多屬加工精製品，主要的是書籍、文具、絲及絲織品、茶、磁器、棉、針、櫛篦、漆器、藥材、礬蠟、繡貨、字畫、香料、玳瑁、翡翠、水銀、眼鏡等。日本輸出貨物爲銅、鐵、硫黃、扇子、蒔繪等。

日本幕府對於清船進口，初無限制。然日本爲入超國，每年有大量金銀銅流出。一七〇九年，長崎奉行報告，自正保五年至寶永五年（一六四八—一七〇八）六十一年間，金輸出爲二、三九七、六〇〇餘兩，銀輸出爲三七四、二〇九貫（每貫百兩）。又自寬文三年至寶永四年（一六六三—一七〇七）四十五年間，銅輸出爲一、一一四、四九八、七〇〇餘斤。

開始限制 幕府恐金銀無限制外流，便逐漸限制中國、荷蘭二國的貿易。貞享二年（一六八五）限定清船每年七十艘，貿易總額爲銀六千貫（六十萬兩）。未幾，又將船數減爲六十艘，其分配如下：南京船十，寧波船十二，普陀山船三，福州船十三，泉州船四，漳州船三，廈門船五，廣東船六，潮州船二，高州船二。

正德五年（一七一五），再將每年清船數額減爲三十艘（貿易總額不變），重新分配如下：

1. 南京船七，寧波船五，普陀山船一。

以上十三艘船，每船貿易銀額爲二百貫（二萬兩）。

2. 廈門船二，臺灣船四。

以上六艘船，每船貿易銀額一百三十貫（一萬三千兩）。

3. 廣東船二，每船貿易銀額二百五十貫（二萬五千兩）。

4. 溫州船，舟山船，福州船，漳州船，東京（越南）船，柬埔寨船各一艘。

以上六艘船，每船貿易銀額二百貫（二萬兩）。

5. 廣南船，暹羅船，咬嚁巴船各一艘。

以上三艘船，每船貿易銀額三百貫（三萬兩）。②

貿易法幾經修改　江戶幕府對於唐船的貿易方式，屢有變更。最初行的是「白絲割符法」，幕府在京都、大阪、江戶、堺、長崎五處，置「白絲割符人」（領有絲執照的專賣商），許其專賣。當時日本入口貨物，以白絲爲主，（元代交鈔，亦以絲爲本位，中國以絲爲百貨價格之標準，行之已久）其辦法是按照上年收買額，由專賣商憑「絲割符」（絲執照）收買。後以價格騰貴，白絲堆積，不得不改制。

明曆元年（一六五五），改行「相對賣買法」，每年以第一次入港唐船所議定的價格爲標準，其他貨物亦隨之而定，一年價格不變。此法行後，貨價提高，金銀輸出愈甚。

寬文十二年（一六七二）又改用「市法賣買」制，由上述五處商人首領，會同地方官，淸查淸船輸入貨物，按京都一帶行情，減價估値，強迫淸商接受，否則只有原物運回中國。

貞享二年（一六八五），又廢「市法賣買」，恢復「絲割符商法」。

捐稅繁重，淸船減少　淸船到日本貿易者，須繳納四種稅：

第一種叫做「常例置銀」，卽交易稅，按貿易銀額，每百貫徵收七貫又六百八十三錢三分。

第二種叫做「船別置銀」，每船徵收一貫又八十八錢二分。

第三種叫做「八朔禮物」，爲贈予長崎奉行以下諸員役的禮物。初爲船上所運貨物，自貞享元年（一六八四）起，改爲按貿易額附徵銀兩，每一千貫徵收十一貫又六百六十錢。

第四種叫做「盈物」，本爲搬運貨物時遺漏於地上之物，歸碼頭伕役所得。後來改爲每船一艘，出糖七千五百斤，以代盈物。

由於上述貿易法的限制，與苛捐雜稅的剝削，清船去日者，多無利可圖，船數遂逐漸減少。③

東渡高僧　日本幕府的鎖國令，雖禁止日本人出國，及西洋傳教士至日本；對於中國僧侶東渡者，並無限制。清初，順治、康熙年間，去日僧人五十多位，內有高僧數人，最著名的是隱元禪師。隱元隆琦爲黃檗山著名禪師，於順治十一年（一六五四），偕弟子大眉、獨湛、南源、獨吼等多人，東渡日本，隱元時已六十三歲。初講道於長崎的興福、崇福二寺，日本高僧紛紛歸其門下。後得將軍德川綱吉賜地，於山城宇治建黃檗山萬福寺，爲日本黃檗山宗之開山祖。後水尾上皇敬其道名，慰問賜贈無間。隱元在日十年，於寬文四年（一六六四）圓寂。死前三日，上皇敕賜「大光普照國師」尊號。

道者超元爲福建興化人，於順治八年（一六五一）去日本，先後住長崎的崇福寺，平戶的普門寺，金澤的天德寺，很受日人尊敬。

另一名僧心越興儔，於康熙初年去日，德川光圀迎至水戶，開祇園寺。開山之日，四方聞風而至者一萬七千人，可見其影響之大。

此外，還有逸然性融，獨立性易，木菴性瑫，即非如一，高泉性潡等，也是清初赴日弘道的名僧。

文化的影響　清初，中國碩儒至日，發生鉅大影響者，自然要算明代遺臣朱舜水先生。因爲他是不肯仕清的，本書也把他算在明代去日人士。其次就要算清儒陳元贇了，他携帶「袁中郎（宏道）集」至日本，大受日人歡迎，日本文學很受其影響。當時，淸人皆住在長崎，日本學者多至長崎，跟淸人學習唐音或淸語。他們在那裏見到「水滸」、「紅樓夢」、「金瓶梅」等小說名著，轉相傳佈，流行甚廣，遂促成日本平民文學的發展。

淸代學者及僧侶多兼長書畫，影響日本畫風最大者有二人。一是南宗山水畫家伊孚九，他於康熙末年去日本，日人從之學畫者甚衆，日本南宗畫風由是大盛。一爲花鳥寫生畫家沈南蘋，他於雍正九年（一七三一）去日，爲日本開創南蘋畫派。影響日本書法者，則有陳元贇、俞立德、胡兆新、徐荷舟、劉培泉等。

淸代醫師去日者也不少，很有助於日本醫學的進步。較著名的有王寧宇、吳載南、陳振先、周岐來、趙淞陽、劉經光、朱來章、朱子章等。

甘蔗與甘藷　在這一段中日交通期間，有二件事，對日本民生最有裨益，即甘蔗與甘藷（甘薯，蕃薯）的傳入日本。

甘蔗的種植，大約在十八世紀初年，傳至九州薩摩。享保十年（淸乾隆十五年，一七五〇），日本幕府命淸商李大衡錄呈製糖法。十二年，自薩摩島津氏學得甘蔗種植，試種於濱御殿苑中。十四年，開始試製砂糖。此後，甘蔗的種植及砂糖的製造，遂逐漸普及於全國。

甘藷於明萬曆中（十六世紀下半葉），始由閩人陳振龍，自呂宋傳入中國。清初，中國傳入琉球，琉球再傳入日本薩摩。日本享保十七年（一七五七），畿內以西大饑荒，惟薩摩人民種植甘藷，得免餓死。幕府命傳其種於各地，數年間遍及全國，遂成爲日本民間的重要糧食。

第二節　門戶開放與明治維新

以上爲清代前期的中日交通概況。到了清季，自道光年間起，由於西方勢力東侵，中日兩國皆被迫開放門戶，國際情勢大變。

中國首先接受不平等條約　中國首當其衝，道光二十至二十二年（一八四〇—一八四二），鴉片戰爭失敗，與英國訂立南京條約。這是第一個不平等條約，除賠款等條款外，開廣州、廈門、福州、寧波、上海等五口通商。接着又與美、法、瑞典、挪威等國，分別訂立通商條約。咸豐二年（一八五二）更割緬甸與英國。

咸豐七年至十年（一八五七—一八六〇），英法聯軍二次侵犯中國，先後訂立天津條約及北京條約。關於通商部分，除重申南京條約所定的五口通商外，英國再增牛莊、登州、臺南、潮州、瓊州五口爲商埠，法國再增瓊州、潮州、安平（臺灣）、淡水、登州、南京六口爲商埠。英法二國皆享有領事裁判權。

俄國亦自咸豐四年（一八五四）開始，侵略黑龍江。八年（一八五八），清廷與俄國訂立瑷琿條約；十年，又訂立北京條約，中國損失土地四十萬零九百十三方英里。

同治元年至三年（一八六二—一八六七），法國取得交趾支那，又先後宣佈以眞臘、柬埔寨爲其保護國。

在此接二連三的外患中，國內又有太平天國的革命，歷時十五年，弄得舉國殘破不堪。

日本被迫通商　日本方面，自十八世紀末葉起，英國頻頻要求通商。俄國也在日本北部不斷地侵擾邊境，並一再遣使至日，要求通商和劃界。中國鴉片戰爭失敗後，接受了不平等條約，荷蘭人曾引中國爲例，三次勸告日本，請其改變外交態度，取消鎖國令，與歐美各國通商；幕府始終不接受荷蘭的忠告。

嘉永六年（一八五三），美國海軍准將柏理（Commodore Mathew Calbraith Perry）率領軍艦四艘，携帶着美國國書，強行駛入江戶灣（東京灣），迫使幕府接受其國書，並於安政元年（一八五四）與美國訂立神奈川條約。這是初次條約，只開放下田、箱館二港，允許供給美船薪水食糧石炭。然美國已開此例，英、俄、法三國遂相繼要求，皆獲得同樣的條件。

同時，日本又與俄國立約劃界，以樺太（庫頁島）北部屬俄，南部屬日；千島羣島則以擇捉以南屬日本。

安政五年（一八五八），正當英法聯軍擊敗中國之後，日本與美、俄、英、法、荷蘭五國，相繼訂立通商條約，限期開放神奈川、長崎、新瀉、兵庫（神戸）四港，並允許五國享有領事裁判權。

明治維新　日本鎖國二百餘年，人民思想保守，輿論皆謂通商有害，指斥幕府誤國，大唱其攘夷論。甚至德川氏三家之一的水戶侯齊昭，也以大義滅親的姿態，領導攻擊幕府的失策。於是，尊王攘夷論風靡全國，倒幕呼聲響徹雲霄，經過幾次武力衝突，德川氏終於屈服，將政權交還明治天皇。

明治天皇親政，改嘉應四年為明治元年（一八六八），罷攝關及征夷大將軍，以熾仁親王為總裁。翌年，遷都江戶，改名東京。同時，在薩摩藩主島津忠義領導之下，諸藩一致奉還版籍，遂廢藩置縣，定全國為三府（東京、京都、大阪）七十二縣。自是，朝廷收回土地兵馬之權，完成了明治維新大業，並仿照英國憲法，於明治七年頒佈憲法，實行君主立憲。

日本維新成功，事事效法歐西，國勢蒸蒸日上。反觀中國，滿清政府依舊腐敗無能，儒家還是冬烘頭腦，拒絕接受西洋科學，妨礙社會改革，於是，中國相形見拙，事事皆落在日本之後了。

第三節　中日修好條約

日本要求建交　日本的新政府，感於西方列強的壓迫，很想講求睦鄰外交，尤欲與中國輔車相依，合力抵抗西方勢力的東侵。然話雖如此，日本人一開始便不懷好意，想佔便宜。

同治九年（日本明治三年，一八七〇），日本遣其外務權大丞柳原前光等，齎外務卿書來中國，與清廷總理各國事務衙門商請通好。總理衙門允其通商，但主張不必立約。前光懇請再三，乃許其俟有特派大員來時，即奏請明定條約。

同治十年，日本以大藏卿伊達宗城為全權大臣，外務權大丞柳原前光副之，前來締約。清廷特簡協辦大學士李鴻章為全權大臣，辦理日本通商事務；江蘇按察使應寶時，署津海關道陳欽二人隨同幫辨。

一開始就不懷好意　日使欲仿效中國與泰西各國所訂諸約，獲得最惠條款，由柳原前光致書竇應時、陳欽二人，逞其詭辯，必欲與西約一致。原書大要如下④：

……夫修好通商之款，雖由兩國主權訂立，其休戚必與別國相關，此敝邦之所以留心注意於此行也。日前伊欽差發東都時，各國公使有來送行者，詰以此行將與淸國結盟連衡等說，伊欽差應之曰：「但看約成，便知虛實。」一笑而別。是以擬議須照貴國與西人成例一體定約，庶不致生嫌疑……今觀來稿，將其錯綜套脫，令人大費解說，方知事例大約與西人同，而其不同者亦復不少，與伊欽差所望大相逕庭矣。……交際之道，祇可劃一，不可特異開例，自破條規，以招彼之覬覦也……且其條規章程，斷斷不可輕重於西例。欲重之也，西人妒而分之；欲輕之也，西人侮而詆之。況今兩國均有西客旁觀，出入頗生枝節，兩國所擬之約或有參差，非謂不能通行，且謂使者不力，亦何面目歸國反命乎？……當今之計，惟有互相切磋琢磨，內求強富，外禦其侮而已。誠能心照意援，如其條規章程，不若姑從西人痕跡，無可更張，不露聲色，以穩其心爲愈也。惟冀諒察，仍照原呈約稿，改删一二字面，或有應加數款，即可添入其中，以便早日酌議定妥是望。

中國代表嚴詞駁斥　應寶時、陳欽接到日書，當即覆函作答，直截了當，責其「未訂交，先失信」。原書大要如下：

昨接來函，以條規須照西約，不欲別開生面，恐啓西國猜疑，似於送去條規，尙未逐細體會，試爲執事略言之：貴國特派大臣前來，原爲通兩國之好，若以跡類連横，慮招西人之忌，則伊大臣不來中國，痕跡全無，更可周旋西人，豈非上策？何計不出此，乃於到津後始鰓鰓過慮耶？日前送去條規，以貴國素曉漢文，非泰西各國可比，故議論悉求允當，詞意必極周詳，然亦並無奧義深文，何致遽費解說？眞耶僞耶？殆托詞耳。又條規兩國並說，不與西約一律，良以貴國與中國相去較近，非但貴國市舶絡繹前來，卽中國賈帆亦連翩東渡，迥異泰西遼遠，有來無往，故措詞均用綜括，以昭平允。其海關稅則彼此有互異者，固已載入章程，未嘗強不同者使之同也。去歲執事來津，曾言貴國遣使之意，不重在通商，故條規卽以修好爲名，以期不拂貴國雅意。中國原無成見，不過因人以誠求我，卽以誠應耳。來函乃謂特立好看字面，並云斷斷不可輕重於西例，果爾，則是同文之國亦須鈔襲俚俗字面乃爲有益耶？且不知送去條規較西約何者重，何者輕，希卽一一指明，用開茅塞。……總之，中國與貴國不能有來無往，則西約斷不能盡同。今來函因字面少異西約，卽深惴惴，不知條規中並無可令西人生疑之處。卽第二條大意，亦係美約所載，非創見也。貴國旣有戒心，自可無庸相強。夫中國非有所希冀，欲與貴國立約也，特因去歲情詞懇切，並送來十六條，均以兩國立論，其中雖有數條未能妥洽，餘尙可采，是以我中堂奏准派使前來會議。此次尊處送到章程，全改作一面之詞，薈萃西約取益各款，而擇其尤，竟與去歲擬稿自相矛盾，翻欲將前稿作爲廢紙，則是未訂交，先失信，將何以善其後乎？我中堂又將何以覆命乎？茲本幫辦等會商，擬將前送條規章程，彼此再行商酌删併，以便早日定議。如尊意必不謂然，祇好轉請中堂將貴國遽改前議，不欲守信之處，據情具奏。或仍照總理衙門去歲初議，照舊通商和好，毋庸立約，更可不露聲色也。

修好條規內容　日使詞屈，遂訂立平等互惠的清日修好條規十八條，通商章程三十三款，附以清日海關稅則。修好條規內容大要如下：

1. 此後中日倍敦和睦，兩國所屬邦土，不得稍有侵越。
2. 他國有不公及輕藐之事，彼此互助，或從中善爲調停。
3. 兩國政事，彼此不得干涉。所頒禁令，互相爲助。
4. 互派使臣，長行駐京。
5. 兩國官員職掌相等時，會晤用平行禮。卑職見上官，用客禮。
6. 公文往來，用華日兩種文字。
7. 指定口岸，以便彼此通商。⑤
8. 彼此於各口岸設理事官，以審理交涉財產訴訟案件。
9. 指定之口岸未設理事處時，貿易歸地方官照料；犯罪則將案情知照附近各口理事官，按律科斷。
10. 兩國官商在指定各口，得僱用本國人，犯罪由地方訊辦。
11. 禁商民携帶刀械。
12. 互交逃犯。
13. 定匪盜辦法，一面由地方官嚴辦，同時將案情知照理事官。

14 爲保護己國商民起見，在指定各口岸，允許兩國兵船往來。

15 如兩國有與他國用兵時，暫停貿易。在他國指定之口岸，不得與不和之國互相爭鬬刼掠。

16 兩國理事官不得兼營貿易。

17 假冒國旗者，船貨均罰入官。兩國書籍，得互相採買。

18 兩國議定規條，俟兩國批准互換後頒佈，使官民遵守。⑥

第四節　換約的波折及副島種臣其人

日本要求改約　訂約後，伊達宗城回國，日本政府不滿此約，伊達宗城遂因事去職。同治十一年（日本明治五年，一八七二）三月杪，日本外相副島種臣又派柳原前光至天津，照會李鴻章，請求修改條約，鴻章拒絕接見，照會由海關道擲還。拒絕的理由，據鴻章奏稱：「該使來意在改約，暫不准令進見。且柳原前光係上年議約隨員，不應巡遞照會，遽稱本大臣字樣。」

柳原前光找到陳欽等疏通，終於獲得李鴻章接見，面呈日本外相的照會。照會說明柳原前光此來目的，「擬議改換正約事宜，便令參述解說。」鴻章當即指責，「約已議定，何可遽改？柳原係原議之人，何須解說？」又說，「伊達宗城若不能作主，上年即不應定議。既經定議，斷不能遽改！」鴻章要柳原帶回照會，柳原仍請留下，鴻章始終不肯。最後，柳原再請陳欽轉圜，謂不收照會，無法回國銷差，鴻章只得收下，並覆照駁斥。

此時，日本方派遣大臣岩倉具視等前往歐美各國考察，並談判修改不平等條約。柳原前光失望而去，臨走時聲明，待岩倉等回國後，才派員前來中國換約，因爲日本打算以其對西方交涉的結果，來做修改中日條約的根據。

副島種臣自請出馬　然日本政府當局，方有文治、武功二派相爭，岩倉等文治派出國期間，武功派西鄕隆盛等盛唱征韓論。恰好在同治十年（日本明治四年，一八七一），有臺灣生蕃殺害琉球人民一事（詳見下章），日本武功派又有出兵臺灣的主張。文治派恐怕征韓論闖出大禍，也有轉移目標，贊助出兵臺灣之意。此事醞釀了好些時候，岩倉等尚未回國，武功派的壓力很大。屬於主戰派的外相副島種臣，更欲乘岩倉等尚未回國之便，先作決定，乃於一八七二年(即柳原前光談判修約失敗那年)十二月，自告奮勇，向天皇建議：「欲制列國覬覦臺灣野心，欲收生蕃之地於版圖，欲得土地於清廷，欲收中國之民心；此數者非臣莫能任。臣請自赴清國，藉交換條約之事，以入北京，遊說各國公使，以絕其嫉妒之念。然後與清政府議謁見清帝之禮，質以朝鮮之關係，告以征蕃之理由。」於是，即經天皇裁可，不等代理太政大臣岩倉回國，暫時放棄修約要求，派遣副島種臣至中國換約。

正式換約，重建邦交　同治十二年（日本明治六年，一八七三）三月，副島種臣至天津，會晤李鴻章。關於臺灣生蕃事及朝鮮問題的談話，待下面二章再說。關於修約的事，副島種臣說：「此約甫經議定，不必多此枝節。上年柳原之行，本非個人之意。將來待岩倉大臣回國，欲使各國駐在日本的洋人，皆聽日本法令約束。如果辦成，再請中國通融商辦，想可蒙准，此時應無庸議。」

四月初四日，（新曆四月三十日），遂正式換約。自唐末以來，中日邦交中斷了一千年，至是，始因新的國際情勢之影響，正式恢復國交。從此以後，日本對華貿易日益發達，我國至日經商及旅日華僑，亦逐年俱增。⑦

這次平等互惠的條約，本爲中日兩國合作提携的良好基礎。不幸淸廷政治腐敗，始終不能振作；而日本又缺乏眼光遠大的政治家，事事但圖近利；再加上日本軍人跋扈，在在影響其國家政策；這一個良好基礎，自其換約之日，卽已埋下了毀滅的定時炸彈。因爲副島種臣此次前來換約，本是別有企圖，而回國之後，又憑其在華的認識，知道滿淸積弱可欺，便主張向中國挑戰，而出兵臺灣之舉，便正式登場。今後日本一步接一步，走向侵略之途，雖非全由副島種臣的主謀，他還是要負很大的責任。

就外交，論外交 話雖如此，然就外交，論外交，明治維新之後，日本確有幾位外交人才。副島種臣及其後的陸奧宗光，幣原喜重郞等，都不失爲一個好外交部長。而但求敷衍了事，得過且過的李鴻章，決不能望其項背。外交也和軍事一樣，先發者制人，後發者制於人，故必須立於主動。日本人懂得這個道理，李鴻章不懂，所以連招架之力都沒有。

換約的翌日，副島種臣特往拜訪李鴻章，作了一次友誼會談。鴻章致總理衙門書，曾詳述此次談話經過，這裏節錄其四點，很可以看出，李鴻章的外交，畢竟比日本人差得遠。⑧

> 該使於換約之次日，復來敝署暢談半嚮，其關繫交涉要件，約有數端。
>
> 一謂西洋各國，此國商民至彼國，悉遵該國規矩禁令。遇有爭訟案件，卽由地方官持平審判，領事等官不得擅專。中國、日本與西國換約之初，多因勉強成交，又不深悉歐洲習俗，致受誆騙。約已換定，無可如何。每見領事官作威作福，心實不甘。該國派岩倉赴西更議，現在意大利等尚可允行，惟英、法諸國多方諉延，能否改議，尚不可知。鴻章極力慫恿，如何改

定，屬其隨時照錄新約知會，皆當逐漸設法更定，庶可各保無事。

一謂秘魯派使至日本，求與立約。該使告以條約應另立新樣，所有來日本之商民，應遵日本法令，否則不與立約。秘魯必欲與西國一律，並浼英、美各使代爲說項。各使尚未來說，惟美使有密函奉懇。副島堅未允行，仍俟該使回國再辦。秘魯聲稱，在日本立約後，即往中國議約，請問中國如何辦理。鴻章答以秘魯商船，專以拐販粤閩良民爲事，上年蒙貴國扣留之案，是其證據。前在京與總署王大臣議及，均未便准與議約。如貴國能執令悉依本國禁令，則有犯可以必懲。俟有成議，務請屆時照錄約本，俾擴見聞。

一謂該國外務卿從前辦不得法，駐京各使遇有事件，動輒令其至該寓面商。又稍有疑難，各國公使會齊扛幫，固結不解。副島接辦後，先正體制。遇有公事，必令該使至外務省面商。既係公署，不迎不送。某國交涉事件，專要該國公使來商，不准他國干預。即有公衆交涉事件，各使各辦，自可各出意見。如必要會同共議，須察看各該國君主訓條信憑。以此難之，遂不敢大衆出頭。各使動稱萬國公法，我即以公法治之。——此等議論，似亦可備采擇。

一謂該國主諭令到京後，酌派公使留駐，擬卽派柳原前光爲三等公使，料理租寓及交涉事件。鴻章答以派使駐京，經費浩大，現甫開辦，事簡，似暫不必派人。該使謂日本於西洋各國，均已派有駐京公使，中國密邇，未可惜此小費。又答柳原前光叠充議約隨員，人固妥當，惟職小年輕。我總署王大臣均係頭等欽差職分，必不願照會平行。換約之初，貴國諸宜審愼。鄙意暫可勿派，或酌留委員在京，籌租公館，隨時秉商要事，亦屬兩便。該使云，極承指敎，容當邊辨。

①本章主要參考書籍：

蕭一山「清代通史」、稻葉君山「清朝全史」（但燾等譯）、柯劭忞等「清史稿」、錢基博「清鑑」、黃大受「中國近代史」、李定一「中國近代史」、郭廷以「近代中國史」、汪大鑄「中國近代史」、方豪「中國近代外交史」、傅啓學「中國外交史」、陳博文「中日外交史」、蔣廷黻編「近代中國外交史料輯要」中卷、李劍農「中國近百年政治史」、王輯五「中國日本交通史」、陳水逢「日本文明開化史略」、余又蓀「日本史」、甘友蘭「日本通史」、坂本太郎「新訂日本史概說」、川上多助「日本歷史概說」、木宮泰彥「中日交通史」（陳捷譯）、英修道「明治外交史」、信夫清三郎「日本近代外交史」等。

②日本稱中國船爲唐船，且連東南亞各國的船，也包含在唐船之內。

③江日昇的「臺灣外記」有一段清初至日本貿易的中國船主之談話，可見早在清初，日本限制尚寬之時，已有許多困難了。原文：天生問陳衷紀（船主）曰：「今歲我們船隻，不知交易幾多？貨物搭配不知幾多？篦金計搭幾多（日本出金，樣如篦，故曰篦金，色八成）？板銀計搭幾多？何船得利？何船虧本？」衷紀曰：「別船不知，就弟船中計算，虛頭多，大約獲利無幾。」天生曰：「冒波濤而涉風險，不能得利，亦就難了！」杲卿（另一船主）曰：「生理都好，奈此中抑勒，不與我們親自交關，憑他當事掣肘，京客（大概是指南京船的船主）尚有三年不得貨者。

④柳原前光來書及寶應時等覆書全文，見蔣廷黻編「近代中國外交史料輯要」中卷（五七—五九頁）。

⑤通商章程規定兩國通商口岸如下：

中國——上海、鎮江、寧波、九江、漢口、天津、牛莊、芝罘（烟臺）、廣州、汕頭、瓊州、福州、廈門、臺灣、淡水。

日本——橫濱、箱館、大阪、神戶、新瀉、夷港、長崎、筑地。

⑥黃大受的「中國近代史」中册，載有「修好規條」全文，及「通商章程」要點（一二三—一二六頁）。

⑦清代嚴禁人民僑居外國，至門戶開放後，始改變政策。故在中日修好條約訂立之前，旅日華僑係以無條約國人民身分，備受留難。僑胞雖依原籍地域，組織公所等自治團體，尚無統一組織。一八七三年，中日條約簽字，遂有「橫濱中華會館」成立。淸末旅日華僑人數的增加，以橫濱爲例，一八七二年爲九三六人，至一八八七年爲二五七三人。

⑧李鴻章致總理衙門書（同治十二年四月七日），見「李文忠公全書」譯署函稿之部，本書轉引自蔣廷黻編的「近代中國外交史料輯要」中卷（六二—六三頁）。

第十二章　日本竊取琉球①

第一節　五百餘年的中國藩屬

琉球概說　琉球是介於臺灣—日本間的一連串列島之統稱。其島數、方位及面積，由於所屬小島的計算不同，諸說殊不一致。據大英百科全書說，位於北緯二十四—三十度，東經一二三—一三〇度之間，包含五十五島，海岸線全長七六八英里，面積九三五平方英里（參看附圖）②。

琉球羣島，最初人口稀少，明代還只有七、八萬人，清初有二十餘萬，一九四〇年的（太平洋戰爭前）人口爲五七四、五七九人（一九五九年版大英百科全書），第二次大戰後的人口爲七十多萬（蔡璋的琉球亡國史譚），一九六四年的人口爲九三二、〇〇〇人（World Journal Tribune 的一九六七年世界年鑑）。

琉球與中國的最初接觸　琉球與中國發生關係，起自何代，是學術界爭而未決的問題。一部分人認爲琉球卽中國古籍所載的瀛洲，與中國關係很早，梁嘉彬先生可爲代表，他寫過「古琉球卽瀛洲考釋」一文，發表於「思想與時代」五十期（三十六年十二月號）③。日本學者不會承認此說，不在話下，我國自清代起，亦已有過好些人斷定，明以前，琉球不通中國。張廷玉所編的「明史」，在琉球傳上說「自古不通中國」；柯劭忞的「新元史」更斷言「今之琉球，至明始與中國通。」又說，「明以前的琉球，實爲臺灣」。

作者初步研究的結論，也同意柯劭忞之說。我以爲隋以前的古籍記載太含糊，而可信的「隋書」、「元史」所紀之遠征琉求諸役，則應該是今之臺灣。因此，明以前不通中國之說，當屬可信。照我的想法，古史的風俗記載，不可作爲有力證據，因爲各原始民族的生活，很多相同或近似之處，尤其是同屬島上的民族。比較可靠的應當是地理位置，而依今天的地理常識來看「隋書」、「元史」之琉求，則顯然是臺灣。

後來幾經研究，作者終於修改了最初的看法。我現在的判斷，可說是折中說，「元史」的琉求還是臺灣，而「隋書」陳稜征伐之處，則「很可能」就是今之琉球。作者的理由如下：

據元史的紀錄，一則說「其地在漳、泉、福、興界（今福州廈門間），與澎湖諸島相對」；再則曰「泉州距琉求爲近」。又元世祖至元二十八年，遣楊祥賫詔往諭，係從澎湖前往，及三嶼人被殺，又退回澎湖，其經過只三四日——三月二十九日發汀路尾澳，四月二日回至澎湖。元成宗命福建

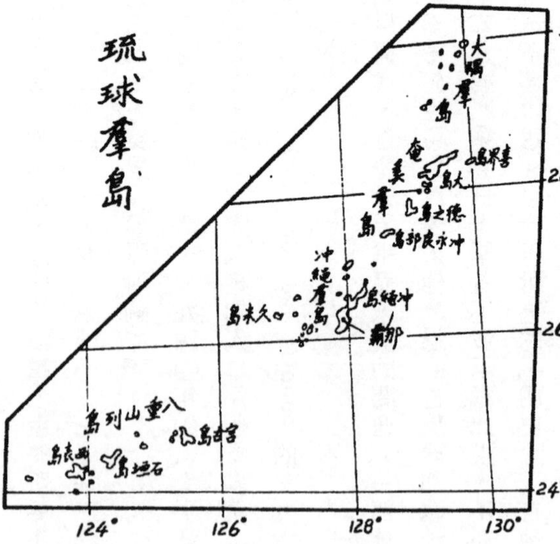

省平章政事高興，遣都鎭撫張浩伐琉求，則爲自泉州往。按元世祖至元間在澎湖置巡檢司，澎湖位置是絕對錯不了的，則元史的琉求顯然是臺灣無疑。

隋書的琉求似即今之琉球　「隋書」與「元史」大不相同，所記的琉求位置，很費推敲。其所以被人斷爲今臺灣的原因有二，一是陳稜的發航地在義安，隋義安郡爲今廣東潮安；二是無法確定接近琉球的高華嶼、𪓟鼊嶼之位置，遂推想其航程不遠。

然陳稜傳寫得很淸楚，他所發的是東陽兵萬餘人，隋東陽郡治所，在今之浙江金華④。依隋代所體認的琉求大概方位（建安郡東，建安今福建建甌），已不應自潮安發航，而發金華兵開到潮安去乘船出海，更是必無之事，「義安」二字一定有誤。在鐵路公路未出現之前，金華的對外交通，一向經由蘭谿、建德、桐廬，利用富春江水道，以至錢塘。隋大業初，建德、桐廬之地屬遂安郡，憑地理常識，隋書的「義安」，「很可能」是「遂安」之誤。至於航行日程，則陳稜傳寫得很明白，「月餘而至」，大概是包含錢塘或中間各島之候風時日。航行如此之久，也顯然不是潮安至臺灣。古人編資治通鑑、新唐書、新五代史、新元史，往往但憑己意，改變原書的地名及方位，其例甚多；現在時代不同了，作者無權擅改「義安」爲「遂安」，只能說「很可能」，不敢斷然肯定。

附帶尙有一言，古人「讀聖賢書」，不務實際之學，尤忽略外蕃事。中國古籍的紀錄，有關外蕃地名及地理位置方向者，往往錯得一塌糊塗。例如，朝鮮經過漢代四百多年的郡治，自唐代以至清末，也一直是中國藩屬，而我國史籍所載朝鮮地名及所有前人註記，簡直錯誤百出。至於越南的古地名，則大都無法考據了。卽就琉球的地理位置來說，甚至錢基博所撰的「淸鑑」，還說「琉球者，在臺灣南、東南之島國也。」（同治十三年甲戌），照此方位去找，將錯到巴坦羣島或菲律賓去了。

總而言之，我們憑中國古籍所記，以判斷一個古地名的位置，只能求得大致不差的答案就够了，勉求每一細節完全相符，那是不可能的。

明以前已有華人至琉球　事實上，即使隋書所說不算，在明代以前，仍有中國人前往琉球。就在「明史」琉球傳，即可找到有力證據，以證明元末已有中國人，跑到琉球去做官。此事很容易被人忽略，需要特別指出，茲先依據該傳的記錄，將洪武—永樂間幾件大事列舉出來。

洪武五年（一三七二），中山王察度開始事明。

永樂二年（一四〇四）年初，察度死，明冊封其世子武寧為王。

永樂五年（一四〇七），武寧死，冊封其世子思紹為王。

永樂九年（一四一一），思紹遣國相子等至明，入國子學，同時奏稱：「……左長史朱復，本江西饒州人，輔臣祖察度四十餘年不懈。今年踰八十，請令致仕還鄉。」成祖允其所請，乃命朱復與王輔茂並為國相，朱復兼左長史致仕。

據上述年代及事實，我們可以算出二件事：

1. 朱復當係生於元文宗（圖帖穆爾）朝（一三二八—一三三二）。

2. 察度事明只三十二年，朱復輔察度四十餘年，則在察度事明之前，已做了察度輔臣十年左右。換言之，早在元順帝時代，朱復三十歲左右，就在琉球做官。

若再進一步推論，中國人到琉球做官，必須先克服語言障礙，朱復為察度輔臣，只有二種可能：

第一，朱復到琉球住了相當時間，學會了當地語言，然後被聘爲客卿。第二，琉球早有華僑，朱復藉華僑的翻譯，一到琉球即爲察度所賞識。換言之，中國人到琉球，至少比朱復三十歲左右的年代，還要往前推。那麼，所謂「明以前不通中國」之說，遂被推翻。

五百餘年的藩屬 不管怎麼說，自明洪武五年，至清光緒五年（一三七二—一八七九），琉球隸屬中國五百零八年，總是無可爭論的事實。且自明太祖以閩人三十六姓賜琉球之後，閩人移民日增，今之琉球人口，大部分都是中國人，至今還有許多家譜可考。

總統在「中國之命運」說：「琉球、臺灣、澎湖、東北、內外蒙古、新疆、西藏，無一處不是保衛民族的要塞。這些地方的割裂，即爲中國國防的撤除。」琉球地位如此重要，又與中國淵源如此之深，我們應該十分重視才對。可惜我們文化界却很漠視琉球，不但有關琉球的著作很少，國人編纂的中外地圖，也很難找到琉球，充其量只有幾個黑點。英文三部百科全書（大英、大美、Collier's），皆根據日本人的著作，解釋 Ryukyu⑤，很值得我們反省。

蔡温筆跡

蔡温（一六八二至一七六一）字文若，琉球久米村人，明代三十六姓移民的後裔，爲琉球最著名的政治家，任三司官二十五年。

開始歸附於明　現在言歸正傳，且說明初，琉球有三個王國——中山、山南、山北。洪武五年（一三七二），太祖遣行人楊載，以即位建元詔告琉球，中山王察度奉詔，遣弟泰期等，隨楊載入貢，太祖厚賜之。其後，中山王幾乎年年入貢；山南王承察度，亦於十一年入貢。十五年，二王與山北王互相攻伐。太祖遣內史監丞梁民往諭罷兵，三王奉命息爭，山北王帕尼芝亦遣使入貢。永樂中，中山、山南二王併山北，中山益強。宣德中，山南亦被併，遂由中山統一琉球。中山王朝貢不絕，且屢遣王族及官員子弟至明，入國子學。

先是，太祖命遣閩人三十六姓至琉球，從事教育、通譯、造船及航海等工作。隨着中國移民的日增，琉球盡量吸收中國文化，進步很快。

琉球的進貢，初無限制，歲歲有貢船入明。憲宗成化中（一四六五—一四八七），因貢使一再滋事，限其二年一貢，每次不得超過百人，不得携帶私物及騷擾路途。琉球屢請恢復年貢，皆不許。

嘉靖中，倭寇猖獗，琉球亦深自戒備。嘉靖三十六年（一五五七），倭寇自浙江敗還，抵琉球境，世子尚元遣兵邀擊，大殲其衆。獲被掠中國人六名，特於遣使告其父喪的同時，一併送還。尚元在位期間（嘉靖三十六年至萬曆元年，一五五七—一五七三），琉球很振作，倭寇不敢犯其境。

第二節　日本島津氏侵略琉球

日人僞造琉球歷史　日人僞造的琉球歷史，據說保元之亂（一一五六）後，源爲朝被流於大島，曾一度航海至琉球，娶妻生子而還。其子後爲琉球國王，即琉球史上的舜天王。這一段歷史完全是僞造的，讓我細細道來。

據「大日本史」二百四十一卷琉球傳註記，上述源爲朝的事，源出「保元物語」。按「保元物語」的作者，傳說不一，且不管他。此書係一部傳奇小說，描寫保元元年崇德上皇與後白河天皇爭奪皇位的故事，內容怪誕不經，決不能視爲歷史，而其所述源爲朝的事，也與琉球風馬牛不相及。

據「保元物語」所述，源爲朝的故事如下：保元之亂，源爲義與其子爲朝等舉兵助上皇，爲義的長子義朝則助後白河天皇。上皇失敗後，天皇功臣平淸盛、源義朝皆自滅其親。義朝遣人殺其父爲義，並殺諸弟，獨爲朝不獲。朝廷懸賞通緝源爲朝，在近江附近捕獲。天皇召見，以其爲非常壯士，不欲誅戮，只命斷其臂筋，流之於伊豆之大島（東京南方）。

據說源爲朝「臂筋雖斷，而臂力猶不減」，恃強悉奪大島租賦。永萬元年（一一六五）三月，爲朝看見「青白二鷺連翩飛翔」，駕舟追之，遂渡鬼島——鬼島即八丈島的脇島。爲朝在鬼島與土司之妹結婚，生子尊敦。居數年，爲朝留其妻子於鬼島，自回大島。不久，朝廷出兵討伐，爲朝兵敗自殺。

「臂筋雖斷，而臂力不減」，「逐青白二鷺而至鬼島」，其爲無稽之談，非常明顯。大凡一個被人景慕的英雄、美人，或帝王、公卿，因寃屈而死者，後人多替其抱不平。小說家把握住這個羣衆心理，往往取作題材，大做翻案文章，明明死了的硬說逃生，明明未留子嗣的硬說他處留有後人，這是一種常見現象。例如，明惠帝出家之說，淸世祖出家之說，皆爲這種社會心理的產物。還有許多悲劇結局的文學名著，也往往有好事者大寫續集，爲之翻案，變悲劇爲喜劇。「保元物語」所說源爲朝生子鬼島一事，只可作如是觀，決不可當作歷史。

退一步說，「保元物語」所說源爲朝娶妻生子的鬼島，明明說是八丈島的脇島，仍屬伊豆羣島之一，與琉球風馬牛不相及。八丈島在東京南方，位於東經一四〇度，北緯三三度；琉球在九州西南，東經一二八度，北緯二六度，兩者相差，不可以道里計。後人附會其說，指鬼島爲琉球，簡直是胡說八道。那麼，這個胡說從何而起呢？

中山傳信錄．十七世紀初，明萬曆年間，日本薩摩島主島津氏出兵征服琉球（詳下），擄其王。自是之後，日人控制琉球，步步加緊，一面強迫人民仿效日人生活習慣，以改變其風俗，與日人同化；一面又僞造琉球歷史（見蔡璋著琉球亡國史譚）。於是，把「保元物語」移植過來，指鬼島爲琉球，又以琉球之一島，改名爲大島⑥，以附會其說。就這樣，命媚日琉人依照「保元物語」的故事，編寫「中山傳信錄」及「中山世譜」。

中山傳信錄說：

宋淳熙十四年丁未，舜天王即位。舜天爲日本人皇後裔大理按司朝公之子。淳熙七年庚子，舜天年十五，有奇瑞，爲浦添按司。人奉其政，斷獄無遺。天孫二十五世政衰，逆臣利勇恃寵專權，鴆君自立。舜天討之，利勇死。諸按司推奉舜天即位，賞功罰罪，國泰民安。在位五十一年，壽七十二，嘉熙元年丁酉薨。

中山世譜說：

舜天王姓源號尊敦，父鎮西八郎爲朝公，母大按司之妹。宋乾道二年丙戌降生，宋淳熙十四年丁未卽位。宋嘉熙元年丁酉薨。在位五十一年，壽七十二。

日人改纂琉球歷史之初，同時嚴禁人民談及王室往事，以消滅舊有傳說。因此，淸康熙間汪楫至琉球，向人民詢及該國歷史，皆一問三不知，無人敢說。經過一段時間之後，僞書「中山傳信錄」開始流傳，不但日人掉轉過來，以「中山傳信錄」作爲「保元物語」的佐證，連中國人、琉球人也信以爲眞。乾隆二十年，周煌編輯「琉球國志略」，其「國統之部」，卽係照「中山傳信錄」節抄的，其文如下：

天孫氏……………

舜天，日本人皇後裔，大理按司朝公子，爲浦添按司。宋淳熙間，天孫氏逆臣利勇弒君自立。舜天討之，衆推爲王，年二十一。嘉熙元年薨，在位五十一年，壽七十二。

時至今日，普天之下，衆口一詞，早已習非成是。西人根據日人著作，更是深信不疑。例如大英百科全書琉球歷史部分，蕭一山「淸代通史」所述琉球與中日關係（卷下一〇三二—三頁）都是這樣說的。

進貢稱藩之說，自欺欺人　琉球與日本發生關係，開始於明萬曆年間，當時的琉球國王爲尙寧。先是，明代，琉球人常至東南亞各國貿易，自是處帶回的貨物，或進貢中國，或轉銷日本。琉球出產的糖，尤爲日人所歡迎。由於貿易關係，中山王與日本九州南部的薩摩藩主島津氏之間，常有使者往來並餽贈禮物，「以修鄰好」。日本歷史通例，各國間的交通及餽贈，皆仿中國史例，記作上表，進貢。所謂「琉球屢代向島津氏進貢」之說，並非事實。最有力的證據，是江戶初年，島津家久致尙寧王的信，信上明明白白地說，「舊例，時相聘問，聘禮，以修鄰好。」（此信詳下）何來進貢稱藩之事？

再從二者的歷史來看，如前所述，在尚寧祖父尚元時代，相當於日本弘治三年至天正元年（一五五七—一五七三），爲日本戰國時代，國內四分五裂，內戰頻仍，幾無寧日，而薩摩的島津氏，也在此時才興起。尙元時代的琉球，還相當強，「倭寇不敢犯其境」（參看上節）。在這種情形之下，琉球決沒有向薩摩島津氏稱臣納貢之理。尙元傳尙永，尙永約與薩摩藩主島津義久同時。義久一代，與九州中部及北部的各大氏族，如大友氏等，作殊死戰，直至最後被豐臣秀吉擊敗爲止。可見義久一代，更無餘力干涉琉球。把日本歷史仔細考查，其說不攻自破，希望我國學人所著的日本史或琉球史，不要再引用日人荒謬之說。

尙寧王與島津氏結怨　有關日琉關係的紀錄，眞正可靠的，其實是始於明萬曆十九年（日本天正十九年，一五九一）。當時，豐氏秀吉決心侵略朝鮮（參看第九章），命島津義久向琉球徵兵。義久謂琉球人素不習兵，乃改徵兵爲徵糧。尙寧王拒絕其請，遂與島津氏結怨。

朝鮮戰爭結束後，德川家康統一日本。慶長八年（明萬曆三十一年，一六〇三），家康爲征夷大將軍，創建江戶幕府。同年，島津義久遣琉球僧某說其王尙寧，促其聘日，尙寧王不從。

義久遣其子忠恒至駿府，謁見家康，請准許薩摩出兵，討伐琉球。家康不許，但命島津氏再遣使往，促尙寧王來聘。

慶長十一年（明萬曆三十四年，一六〇六），島津忠恒嗣位爲薩摩藩主，改名家久，尙寧王遣使賀其襲封。德川家康亟欲與明通商，托琉球向明轉達，尚寧王亦置之不理。

慶長十三年（明萬曆三十六年，一六〇八），島津家久致書琉球王尚寧，大意如下⑦：

> 貴國與我薩州相去二百餘里，其最近之西島、東嶼，不過三十餘里，故舊例時相聘問聘禮，以修鄰好。今者，日本六十餘州，悉聽源氏一將軍之命，東西諸侯，無不朝覲。貴國來聘不應後人，我已屢以此意告知三司官⑧，亦不聞來聘。且中日不通商船，已三十餘年，我將軍不勝憂慮，命家久與貴國相談，欲使大明與日本商船，歲至貴國貿易。若然，則不但可富我國，貴國亦將國富民歡。

尚寧王得家久書，又置之不覆。

日軍侵略琉球，擄尚寧王而去 一六〇九年（明萬曆三十七年，日本慶長十四年）二月，家久獲得德川家康的允許，命樺山久高、平田增宗率兵三千，船百艘，侵略琉球。三月，日軍取大島、德之島及冲永良部島。四月，自運天港登陸，進圍王都首里城（那覇東方）。琉球太平日久，軍事廢弛，尚寧王無力抵抗，開城投降。

五月，日軍擄尚寧王及其三司官，大掠而去。

同年（明史琉球傳誤，茲依本紀），浙江總兵官楊宗業上奏稱：「探得日本以三千人入琉球國，執中山王，遷其宗器。乞嚴飭海上兵備。」這時候，明神宗已經怠政多年，百事不理，大臣出缺不補，宰相葉向高唱獨腳戲，又嘗臥病。據向高奏稱：「自閣臣至九卿、臺省，曹署皆空，南都九卿亦止存其二。天下方面大吏，去秋至今未嘗用一人。陛下萬事不理，以爲天下長如此，臣恐禍端一發不可收也。」在這樣的情形之下，明廷對琉球事，自然毫無反應，不在話下。

島津家久携琉球王尙寧，往駿府謁見家康，又往江戶謁見將軍秀忠⑨，然後回薩摩。尙寧居薩摩二年，於一六一一年（明萬曆三十九年，日本慶長十六年）釋放回國。同時，幕府命島津氏佔據大島、喜界島、德之島、冲永良部島及輿論島，並命琉球每年納貢土物於島津氏。

幕府又命僧文之代擬尙寧王致福建總督書，代表日本幕府，提出三項通商要求，請明廷任擇其一。這三項內容如下：

1. 許日本商船至大明一港貿易。

2. 明、日商船皆至琉球，相互貿易。

3. 許日本每年遣使至明貿易（恢復勘合）。

尙寧王報告被擄經過 此信更用恐嚇語氣說，若三者皆不許，則日本將發西海道九國之兵數萬，進寇大明。尙寧王以此書文辭激烈，不敢發出。至翌年，乃遣使入貢，並報告被擄至日的經過。他致禮部的咨文略稱：

四月初四日，藩城被倭羅圍數匝，村舍被刼，靡有倖遺。卑職詳思熟察，進戰退守兩難。無奈，遣僧菊居隱、法印等，幣帛解釋，倭願罷兵告休。方有旬餘，復逼割土獻降。假不如儀，城廟盡行焚燬，百姓盡行剿滅，土地悉捲所有。卑職仰念叩求天庭，但波程萬里，非一朝可達……舉國官民無奈，議割北隅葉壁一島，拯民塗炭。惟彼狡奴，得隴望蜀，又挾制助兵取鷄籠（臺灣）。卑職深憂……矢口拒絕……乃挾率三法司官一併隨往日本，見其國君裁奪。斯時斯際，進退兩難，唯聽依議。隨喚法司官鄭迵、吳賴端，王舅毛鳳儀，譯使氏鳳廟、毛萬記等，於五月十四日，同彼倭奴一起開駕……

福建巡撫奏章　這次琉球進貢，還雜有日本人及日本貨物，行動躲躲藏藏。據福建巡撫丁繼嗣奏稱：

琉球國使柏壽、陳華等，執本國咨本，言王已歸，特遣修貢。臣竊見琉球列在藩屬，固已有年，但爾來奄奄不振，被拘日本，即令縱歸，其不足爲國明矣。況在人股掌之上，保無陰陽其間？且今來船方抵海壇，突然登陸，又聞已入泉境，忽爾揚帆出海，去來倏忽，迹大可疑。今又非入貢年份。據云以歸國報聞，海外遼絕，歸與不歸，誰則知之？使此情果真，而貢之入境有常體，何以不服盤驗，不先報知，而突入會城？貢之尙方有常物，何以突增日本物於硫黃、馬、布之外？貢之齎進有常額，何以人伴多至百餘名？此其情態，已非平日恭順之意，況又有倭爲之驅哉？但彼所執有詞，不應驟阻以啓疑貳之心，宜留正使及人伴數名，候題請處分；餘衆量給廩食，遣還本國；非常貢之物，一併給付帶回，始足以壯天朝之威，正天朝之體。

明廷態度消極　朝廷把丁繼嗣的奏章交下禮部，除依所奏辦理外，又以琉球殘破已甚，改定十年一貢之例。第二年，琉球未遵命，依然來貢。第三年，福建守臣遵朝命却還其貢，使者怏怏而去。琉球被日本侵略，國王被擄，中國不聞不問，聽其受人宰割。因此，島津氏益無忌憚，遂得寸進尺，干涉琉球內政，甚至王位的繼承，亦須得其同意。且更進一步，着手改造琉人風俗，使其逐漸日本化，又授意親日琉人僞造歷史，以附會日本小說家言。

然島津氏對大明仍多顧忌，每當明廷遣使至琉球時，島津氏所派的日本官吏，便暫時退避山中，市面的日幣亦臨時禁止行使，以掩明使耳目。因此，日人控制琉球的實際情形，明廷竟一無所知。

第三節　日本出兵臺灣

淸封琉球國中山王　明亡後，琉球於淸順治三年（一六四六），遣使至江寧，由明降將洪承疇轉送淸京。淸廷以其未繳前代敕印，未便授封。順治十一年（一六五四），琉球王遣馬宗毅等入貢，並呈繳明代敕印，世祖乃命張學禮齎詔前往冊封。時逢鄭成功攻溫台，沿海戰事方殷，淸使未渡海而返。延至康熙初，張學禮始到琉球，禮成覆命。

自是之後，一依明例，二年一貢，並附送官生前來，入國子監讀書。凡遇新王嗣位，必先請封；未封之前，但稱世子權國事。明淸二代，先後頒發琉球國王的銀印有四次，下圖爲最後一次所發，時在乾隆二十一年，文曰「琉球國王之印」，左邊六字是滿文。

琉球國王之印

然而，這時候的琉球，事實上已是「兩屬」，其內政完全受制於日人，民間風俗亦已逐漸日化。只有每當淸使將臨時，日人在琉球者才事先走避，並除去市面所有的日本年號及名氏等痕迹，禁止人民用日語交談，或仿效日本風俗。因此，清廷也和明代一樣，並不知其實情。這種明屬中國，暗屬日本的狀態，一直繼續到日本明治維新的初年。

在此關係曖昧期間，琉球與西方國家，也分別訂有商約。咸豐三年(日本嘉永六年，一八五三)，美國海軍准將柏理⑩率艦隊至琉球，洽訂商約。控制琉球的日人，向柏理聲明，琉球是日本屬地。琉球朝廷立即以書面聲明遞送柏理，否認日人謬說，聲明琉球自明朝起，一直是中國的外藩，日本只是一個友邦而已。於是，美琉商約訂立，法國、荷蘭繼之，也和琉球訂立商約。

中日二國，對於琉球與西方國家訂約之事，皆未過問。西人視琉球爲獨立國，然琉球與西方各國所訂之約，皆用清咸豐年號，表示確爲中國藩屬。（見黃大受中國近代史）

到同治年間，清廷在外交上做了一件大錯事，無形中喪失了對琉球的宗主權，其經過如下：

臺灣生番殺害琉人　同治十年（日本明治四年，一八七一）十一月，有琉球人六十六名，海上遇到颶風，飄流至臺灣，被臺灣牡丹社生番殺害五十四人，其餘十二人脫險，由鳳山縣知事派人保護，送到臺灣府城（臺南），轉送福州，再由閩浙總督福建巡撫資遣回國。

十二年（一八七三）三月，又有日本小田縣民四人漂到臺灣，經臺灣商民及熟番救出，由地方官派人護送到滬，交日本領事領回。⑪

同治十二年，日本外務大臣副島種臣前來中國，爲中日商約換文（參看上章），並入京覲見。副島命其副使柳原前光，向總理衙門大臣毛昶熙等，詢及臺灣生番殺害琉球人民事。昶熙答曰：「番民之殺琉民，既聞其事；害貴國人，則我未之聞。夫二島俱我屬土，屬土之人相殺，裁決固在於我。我卹琉人，自有措置，何預貴國事，而煩爲過問？」前光大事爭辯，謂琉球爲日本版圖，又提出日本小田縣民遇害狀。然問以日人受害，事在何年何月何時，前光又無法說出。但曰：「貴國已知卹琉人，何以不懲治臺灣番民？」昶熙曰：「殺人者皆屬生番，故且置之化外，未便窮治。日本之蝦夷，美國之紅番，皆不服王化，此亦萬國之所時有。」前光曰：「生番害人，貴國舍而不治；然一民莫非赤子，赤子遇害而不問，安在爲之父母？是以我邦將查辦島人，爲盟好故，使某先告知。」

如上章所述，此次副島種臣爲使，原係試探與觀察性質，迄至此時爲止，日本尚無出兵臺灣的決定，所以談話也很含糊。待副島回國後，他已認爲淸廷庸懦可欺，而日本內部又因人事更動，而有此要求，問題便急轉直下。

日本出兵侵犯臺灣　先是，日本明治維新之初，曾遣使至朝鮮修好，爲朝鮮所拒絕。明治三年（一八七〇），再遣使往，亦不得要領（詳見下章）。日本國內遂有「征韓論」發生，主戰派人士西鄉隆盛、坂垣退助、後藤象二郎、江藤新平及副島種臣等，主張最力。這次副島種臣外相親自出馬，來華換約，並命其副使柳原前光，與中國當局談及朝鮮及臺灣生番殺人等事，即係有意測驗淸廷的態度，以決定是否立即用兵及臺韓孰先等問題。

副島種臣回國後，力言中國積弱，主張征韓。及岩倉等回國，認識國際情勢不許，日本國力亦未充實，不能輕率遠征。乃在岩倉具視領導之下，與木戶孝允、大久保利通、伊藤博文、山口尙芳等文治派巨子聯名上奏，反對立即征韓。天皇採納文治派意見，上述武功派五人憤而辭職，日本政局遂開始不安。

一八七四年（明治七年，淸同治十三年）一月，日本代理太政大臣岩倉具視被刺；二月，江藤新平在其故鄉佐賀稱兵作亂。文治派爲緩和主戰派的不滿情緒，乃由大久保利通提議，發兵征臺灣，朝廷立即通過。

三月，日本設立「臺灣番地事務局」，以參議大隈重信爲局長。又任命陸軍中將西鄉從道爲臺灣事務都督⑫，陸軍少將谷干城，海軍少將赤松則良二人爲參軍，率兵三千六百五十八人，進犯臺灣，軍隊先在長崎集中。同時，僱用三個美國人參與謀議，這三人是前任厦門領事李仙得（Le Gendre）⑬，陸軍上尉瓦生（Wasson）及海軍中校卡瑟（Cassel），瓦生和卡瑟還是美國的現役軍官。

英美指責日本　日本爲準備用兵臺灣，遍告外國公使，略謂「臺灣生番不屬中國管轄，故日本出兵往辦，並已通知淸國總理衙門。」各國多不以日本行動爲然，美國尤其堅決反對，國務院及駐中日兩國美使，態度一致。駐淸廷美使艾忻敏與李鴻章談話時，卽明白表示日本無理，並允代爲調停。艾使說：「西洋各國皆有似此屬地，或遇戕害難民等事，應由本國趕緊查辦，從未有容人代辦強佔者。日使此語，殊違公法。中國旣允將來設官設兵管束，此事當可調停。」他又表示，駐日美使的意見，也與其本人一致，且已見諸行動，加以阻止。

駐日美使平安（John A. Bingham）確曾有此行動，他於獲悉日本準備出兵臺灣時，卽通知日本政府：「貴邦無端派軍艦進入華境，彼必以爲寇邊。我美國船舶人民，苟爲貴邦所僱役，彼又必以我爲應援。我與華人亦曾結約，豈敢獨有私於貴國，而結怨鄰好？凡屬美國所有，願一切收還。」同時，平安又通告美國商民，守中立例，所賃船舶悉解約。並通知厦門美領事，俟李仙得到厦，卽加以逮捕。後來李仙得在廈被捕，遞解至上海美領事館，因日人僱用李仙得，尚在日本侵臺行動之前，故不能定其罪，終於釋放。惟取消瓦生、卡瑟的假期，召回原屬部隊。

同時，英俄駐日公使，也向日本外務省表示反對，略謂中國必生異議，按之公法，實無此例。

西鄉從道一意孤行　日本內閣大懼，急遣權少內史金井之恭傳旨長崎，命大隈重信止軍。重信走告西鄉從道，從道不奉命。他說：「近日朝政，朝令夕改，令人危疑。況招集精銳，駕馭一誤，潰散四出，禍且不測，豈止佐賀之比？必欲強留我，則當奉還敕書，躬自搗醜夷巢窟，斃而後已。萬一清國生異議，朝廷可目臣等爲亡命流賊，何患無詞以對？」又說：「即使內閣大臣西下親諭，亦不能從。」

從道和他的哥哥一樣強橫，蠻幹到底，即夜下令發師，命領事九成等率兵二百，乘「有功艦」先行。大隈重信據實電告，朝廷大憂。命內務卿大久保利通至長崎勸阻，從道依然不聽。大久保無奈，只得戒以姑行，勿妄交兵，以待後命。

日軍於三月二十二日，到琅璠（恒春）登陸。十五天後，進攻牡丹社，屠殺三十餘人，悉焚該社房舍。然番民仍不屈服，繼續襲擊日軍。西鄉從道退守龜山，修路築橋，建造都督府及兵營，爲久駐之計。

沈葆貞率兵赴臺　清廷請日本退兵，不獲答覆。乃派船政大臣沈葆貞巡視臺灣。五月一日，葆貞與福建布政司潘蔚，洋將日意格(Prosper Giquel)，斯恭塞格(de Segonsac)，分乘「安瀾」、「伏波」、「飛雲」三艦出發，四日抵臺南安平。

沈葆貞所帶的兵，方豪的「中國近代外交史」說是淮勇六千五百人，蔡冠洛的清史列傳「李鴻章傳」說是淮軍唐定奎部，王爾敏的「淮軍志」說是淮軍十三營；三說大致相符。惟據黎東方的「細說清朝」稱：「沈葆貞帶到臺灣的兵，根據海關報告，截至十月初九日止，有一萬零九百七十人。」我們大致可以斷定，葆貞初帶六千五百人赴臺，其後數月間，續有增加，共一萬餘人。

沈葆貞到臺灣後，先召集各番目，命彼等出具保結，今後不再刧殺難民。然後潘霨等帶着這些保結與一部臺灣府志，去與西鄉從道面談。從道謂生番非中國版圖，潘霨等示以臺灣府志所載生番歲輸番銀之數，及各社所具保結，從道語塞。最後，從道但言兵費無着，且諉稱退兵須由柳原前光做主。西鄉從道自知兵少，不敢挑釁。又因酷暑多疾，官兵病死甚多，一籌莫展。只有放出謠言，詭稱日本將有大軍到來，企圖虛聲恫嚇，並安定自己的軍心。

第四節　糊塗外交，斷送琉球

日本遣使談判　日本政府因西鄉從道孤軍可慮，各國又不同情，乃派柳原前光爲使，欲與清廷談判解決。六月，柳原至北京，與總理衙門狡辯，雙方詞旨牴牾，勢將決裂。日本下令徵諸道兵，並向英國洽購鐵甲艦。中國也不肯示弱，在澎湖諸島築砲臺，於廈門—臺灣間敷設海底電線，向德國購買新式洋槍三萬枝，向丹麥洽購鐵甲船。又揚言調兵二萬，增防臺灣，日本大懼。

七月，日本派參議兼內務卿大久保利通爲全權大臣。八月，大久保至北京，與總理衙門辯論，月餘無結果。大久保以回國爲要脅，提出最後要求說：「日本初意，本以生番爲無主野蠻，要一意辦到底。因中國指為屬地，欲行自辦，日本若照前辦去，非和好之道，擬將本國兵撤回，由中國自行辦理。惟日本民心兵心難以壓服，必須得有名目，方可退兵。此事費盡財力，欲臺番償給，臺番無此力量，中國將如何令日兵不致空手而回？」

總署謂兵費一層，關係體制，萬不能允。其被害之人，量加撫卹，亦必須日本退兵以後，方可查辦。大久保必欲問明數目，並命翻譯官告知總署，擬索銀洋五百萬元，至少亦須銀二百萬兩。軍機大臣文祥執意不給一錢，沈葆貞亦來電奏稱「倭情漸怯」，決不可聽其妄肆要求。

最糊塗的一頁外交史　大久保要求不遂，聲言下旗歸國，總署一切聽之。大久保無奈，轉托英使威妥瑪（Sir Thomas F. Wade）居間調停。清廷此時很怕打仗，又不願使威妥瑪難堪，遂糊裏糊塗的訂了「中日北京專約」，原文如下：

大清欽命總理各國事務和碩恭親王（以下其他九大臣姓名從略），大日本全權辦理大臣參議兼內務卿大久保，為會議條款互立辦法文據事：照得各國人民有應保護不致受害之處，應由各國自行設法保全，如在何國有事，應由何國自行查辦。茲以臺灣生番曾將日本國屬民等妄為加害，日本國本意惟該番是問，遂遣兵往彼，向該生番等詰責。茲與中國議明退兵並善後辦法，開列三條於后：

一、日本國此次所辦，原為保民義舉起見，中國不指以為不是。

二、前次所有遇害難民之家，中國定給與撫卹銀兩。日本所有在該處修道造房等件，中國願留自用，先行議定籌補銀兩，別有議辦之舉。（按為撫卹銀十萬兩，房屋等補償銀四十萬兩。）

三、所有此事，兩國一切往來公文，彼此撤同註銷，作爲罷論。至該處生番，淸國自行設法，妥爲約束。

坐失良機　這次和約，出幾十萬兩銀子給犯境之兵，已被外人恥笑；而約文已承認被害的琉球人爲「日本屬民」，第一條又認定日兵侵臺爲「保民義舉」，無異明白承認琉球爲日本屬地，眞是外交史上的一個大笑話！

事實上，中日難免戰爭，不在臺灣，就在朝鮮。李鴻章也很淸楚，所以他盡力充實海軍，以制日本。可是，他不知道，對日戰爭，臺灣戰場與朝鮮戰場大不相同。在台灣作戰，日本軍隊需要海上遠輸，本國沒有足够的艦船可用，至爲不利。中國相反，厦門與臺灣只一水之隔，通信靈活，運兵便利，又在吾土吾民之地作戰，對中國最爲有利。日本自己送上門來，眞是求之不得的大好機會。正好把握這個時機，向各國宣佈日本侵略，並集中優勢兵力，徹底消滅來臺的日軍。日本吃了這次虧，琉球和朝鮮問題皆將迎刄而解，至少可以安靜一些時候。

誠然，這次的條約是恭親王奕訢主持的，究其實際，則爲李鴻章出的主意。他在七月十六日致總理衙門書說：「平心而論，琉球難民之案，已閱三年，閩省並未認眞查辦，無論如何辯駁，中國亦小有不是。萬不得已，或就彼因爲人命起見，酌議如何撫卹琉球被難之人，並念該國兵士，遠道艱苦，乞思犒賞餼牽若干，不拘多寡，不作兵費，俾得踴躍歸國。且出自我意，不由彼討價還價，或稍得體，而非城下之盟可比。內不失聖朝包荒之度，外以示羈縻勿絕之心，未審是否可行。」淸末同光間總理衙門主辦外交，事事皆依李鴻章的意見而行；何況開赴臺灣之兵，全是淮軍，李鴻章要和，誰能主戰？此所以李鴻章不能辭其咎也。

所謂阻貢之爭 先是，日本蓄意併呑琉球，已於明治五年（同治十一年，一八七二），詔封琉球王尚泰爲藩王。翌年，又命琉球與日本府縣同列，受內務省管轄，納稅於大藏省。至是，日本取得「北京專約」，更是振振有詞。翌年（明治八年，清光緒元年，一八七五），日本就派熊本（九州西部）鎭臺之兵進駐琉球。同時，並命內務大臣松田道之（中譯名亦作勿留打）至琉球，宣讀太政大臣三條實美的咨文，要琉球改奉明治年號，不得入貢中國，廢止福州琉球館，琉球對淸商務改歸廈門日本領事管理。

琉球舉國震動，卽命王子歸仁至日本謝恩，並聲明不能停止進貢中國。琉球王尚泰的覆文說：

查進貢爲我國自古以來之重典，賴爲國家之重。且自前明撫我甚爲優渥，每當國王纘統，不憚波濤險阻，遣欽差，賜王爵。隔年進貢，則又賞賜綵幣物品，不勝枚舉。逮及淸朝，更爲優厚，其恩德情義，昊天罔極，何可背負，竟絕朝貢？況我琉球孤立遠洋中，國土偏小微弱，不克自保，自歸淸國版圖，以其保護聲援，乃可無憂外患，自建爲國，有古來風習之禮樂政刑，自由不羈之權利，上下雍睦，安居樂業。若琉球絕於中國，則父子之道旣絕，累世之恩旣忘，何以爲人？何以爲國？

光緒二年（日本明治九年，一八七六），尚泰又密遣紫巾司官尚德宏，向淸廷陳情。三月二日，尚德宏至福州，由閩浙總督何璟、福建巡撫丁日昌奏聞⑭。時，淸廷方派何如璋出使日本，遂命其到日本後，相機妥籌辦理。

何如璋的建議 何如璋向日本交涉，沒有結果，且察知日本貧弱，國內不靖⑮，於光緒四年（日本明治十一年，一八七八）四月，向總理衙門建議三策：

1. 先遣兵船，責問琉球，徵其入貢，示日本以必爭。
2. 據理與言，明約琉球，令其夾攻，示日本以必救。
3. 反覆辯論，徐爲開導。若不聽命，或約各國使臣，與之評理。

同時，何如璋又上書李鴻章，詳述自己在日所見。按琉球之爭，在日軍侵台之役，業已失去大好機會。中國非海權國家，欲以有限的海軍與海運能力，涉遠洋與日本爭琉球，確非當時國力所許，左宗棠的光緒六年奏摺也說：「至跨海與戰，先蹈危機，斷不宜輕爲嘗試。亦無取揚言遠伐，以虛聲相震撼。俟其窺犯深入，一再予以重創，自可取近威而彰遠略。」（依此看來，日軍侵台之時，如果左宗棠還在福建，不是遠在新疆，很可能會用兵解決的。）

然何如璋仍不失爲一個好使節，他上李鴻章書也頗有見地，茲錄其原文如下：

阻貢一案，在神戶時有球官來謁，察其詞意，誠有如上諭所謂另有別情者。因飭其將阻貢後所有與日本往反文書，悉鈔一份備覽。寓東京後，駐日球使毛鳳來等迭次求見，收其各稟，如璋反覆查閱。緣琉球於明萬曆三十年（一六〇二）役屬薩摩藩。近日本廢其國內諸藩，欲舉附庸者而郡縣之。因琉球之臣事我朝也，必偪使貳我，而後可以逞其志，此阻貢之舉所由來也。琉球寡弱不敵，勢如纍卵，不能不托庇宇下，以救危亡，故屢次遣員哀籲者以此。然惟稱日本阻貢，於廢藩改年號諸事皆隱忍不敢陳，是琉球之愚也。

琉球初附東京，其王曾聲請率由舊章，中東兩屬。彼時副島種臣爲外務卿，經許其請。後乃竟阻貢使，遣官駐球，欲鎖其港。琉人危拒，幾至騷亂以刼日人。觀日官批其所稟，絕無情理，不過一再曰「所請各事難以聽從」而已。是日人未嘗不知理屈。四年以來，未遽滅其國，絕其祀者，則以我牽制之故，欲俟我不再與爭而後下手耳。

今尙德宏之來（中山王據閩藩探問咨文，始將阻貢情事咨復，差尙德宏齎來，其咨復文書，當鈔與日人。此次索閱之，惟於諭日復貢等字，則隱約其詞，餘皆同也。）馬如衡之去（光緒二年十月十九日自琉往閩，此間新聞紙早經傳播），日人皆知之。遲之又久，而我不言，日人或揣我爲棄琉球，疑我爲怯。日本行將廢置而郡縣之，以後更難議論。此準理度情，此時不得不言者也。

或者乃恐因此開釁，不知日本國小而貧，自防不暇，何暇謀人？該國債逾二億，因去年薩亂（西南之役），民心不靖，復議減租，國用益絀。近復下令借民債一千二百萬，而應者寥寥。所賴以敷衍者，紙幣耳。然苟一興師，則軍械槍火皆購之外國，非現金不可。陸軍常備額止三萬二千人，海軍止四千人，輪艦止十五號，多朽敗不可用者。議由英廠購船，以費絀始來一號，名爲鐵甲，實鐵皮耳。近仿德制，寓兵於農，徵役練兵，三年爲期。彼蓋知全國瀕海，時勢艱危，圖自守耳。若傾國勞師，常額不敷，必役番休。廢藩舊族，恣多怨望，又恐內亂將作。彼執政如岩倉、大久保皆非輕躁喜事之流。此種情形，無可掩飾，其不敢開邊釁者必矣。

若臺灣之役，西鄉隆盛實主之。長崎臨發，追之不及，乃將錯就錯，使大久保來議和。大久保歸國，國人交慶。後西鄉復議攻高麗，執政痛抑之，乃棄官稱亂，自滅其身。至今士大夫皆深諱其事，不復一言，其情可惴而知也。中土所傳日耗，多出誇張，證以台役，益疑其強盛。如璋到此數月，旁觀目擊，漸悉情僞，前所呈使東述略，略陳大概，竊謂其今日固不敢因此開釁也。（以上所述日本政局變動情節略有參差，可參看本章上文）

若又以日人無情無理，如瘈狗之狂，如無賴之橫，果爾，則中東和約終不可恃。阻貢不已，必滅琉球；琉球既滅，行及朝鮮。否則以我所難行，日事要求，聽之何以爲國？拒之是讓一琉球，邊釁究不能免。欲尋嫌隙，不患無端。日人苟橫，奚必藉此？又況琉球迫近臺灣，我苟棄之，日人改爲郡縣，練民兵，球人因我拒絕，甘心從敵，彼皆習勞苦耐風濤之人，他時日本一強，資以船砲，擾我邊陲，臺澎之間將求一夕之安不可得。是爲臺灣計，今日爭之患猶紓，今日棄之患更深也。則雖因此生釁，尚不得不爭；況揆之時勢決未必然乎？如璋深知中國此時決非用兵之時，卽慮日人亦知我天恩寬大，必不因彈丸之地，張撻伐之威，口舌相從，恐無了局，然無論作何結局，較之今日之隱忍不言，猶爲彼善於此。卽終無了期，而日人有所顧忌，球人藉以苟延，所獲亦多。失此不言，日人既滅琉球，練之爲兵，驅之爲寇，轉恐邊患無已時。斯又度時審勢，反復躊躇，而以爲不得不言者也。閩中來函，極言恐開邊釁，欲罷此事；如璋謹據所見，函呈總署。然茲事重大，自恐識闇智昏，惶恐不知所措，伏維中堂察核訓示之。

日本滅琉球　清廷採納何如璋的下策，又不積極交涉。日本知中國無意力爭琉球，遂更進一步，於明治十二年（光緒五年，一八七九），改琉球爲冲繩縣，擄國王及王子而去。隸屬中國五百零七年的琉球中山王國，從此滅亡

是年，適有美國前總統格蘭特（Ulysses Simpson Grant）環球旅行，四月訪問中國。恭親王與李鴻章皆托其訪問日本時，便中斡旋，格氏亦表示願爲盡力。及格蘭特抵日本，日本提出「中日北京專約」爲證據，謂中國早已承認琉球爲日本屬地。美國卸任總統，影響力甚微，格蘭特不願多管閒事，只勸兩國互讓，並期望中國自強而已。

然日本仍想獲得中國正式承認其合併琉球，且亟欲取得中國內地的通商權利，遂請美國駐日公使平安調停，初謂依格蘭特的建議，琉球北島歸日本，中島還琉球國王，南島歸中國。嗣又遣日人竹添進一，假運米助賑爲名，到天津見李鴻章，側面商談琉球事，表示只願將南部的宮古島、八重山島劃歸中國，以換取中國內陸通商、

光緒六年（明治十三年，一八八〇）九月，總理衙門與日使宍戸璣議定琉球專約，悉依日方要求，並已預定於翌年正月，交割二島。議既成，諸大臣紛紛反對，李鴻章據尙德宏解說，始悉宮古島、八重山島非常貧瘠，才知上當，因改變態度，主張親俄制日，建議將此約延宕，遂成懸案。換言之，日本之吞併琉球，始終未獲得中國承認，雖係已成事實，終無法理根據。

①本章主要參考書籍：

「隋書」、「元史」、「新元史」、「明史」、蕭一山「清代通史」、稻葉君山「清朝全史」（但燾等譯）、

蔡冠洛「清史列傳」、錢基博「清鑑」、黎東方「細說清朝」、黃大受「中國近代史」、方豪「中國近代外交史」、傅啓學「中國外交史」、陳博文「中日外交史」、蔣廷黻「近代中國外交史料輯要」中卷、蔡璋「琉球亡國史譚」、吳壯達「琉球與中國」、宋漱石「琉球歸屬問題」、陳紀瀅「瞭解琉球」、余又蓀「日本史」、青木武助「大日本歷史集成」、坂本太郎「新增日本史概說」、木宮泰彥「中日交通史」（陳捷譯）、英修道「明治外交史」、信夫清三郎「日本近代外交史」、連橫「臺灣通史」、周煌「琉球國志略」等。

②本圖採用 **Ambassador World Atlas**，因其經緯度與大英百科全書所說完全符合。然「琉球亡國史譚」則謂古之琉球，尚包括北方的種子島在內。

③作者沒有拜讀梁先生原文，只從「琉球亡國史譚」所引述的，看到一個大概。

④商務印書館的「中國古今地名大辭典」東陽郡條有誤，應依「隋書」地理志，在「隋改婺州」之下，加上一句「大業初復置東陽郡」。

⑤大英百科全書 **Ryukyu** 欄，舉出數種參考資料，沒有一種是來自中國方面的。

⑥日本歷史上沒有流罪人於這方面的紀錄，而伊豆羣島則向爲流地，日人雖在琉球北部一島取名大島，終不能自圓其說。

⑦青木武助的「大日本歷史集成」下冊五三四—五頁，載有此信。

⑧琉球中山王國官階分九品，王子—正一品，按司—從一品，三司官—正二品。

⑨時德川家康已退休，讓將軍位於其子秀忠。秀忠在江戶主持幕府，家康則居駿府（駿河國府），然大計仍取決於家康。

⑩柏理於同一年內至琉球及日本，惟一般歷史不記其至琉球事。

⑪日人的著作，有謂此四人亦遇害者，我國人士所著的日本史，亦有人引用其說，然並非事實。可參看蔣廷黻的「近代中國外交資料輯要」或蕭一山的「清代通史」。

⑫西鄉從道爲西鄉隆盛之弟，這次任命從道遠征臺灣，含有撫慰西鄉隆盛之意。

⑬李仙得原爲法國軍人，美國南北戰爭時參加北軍，因功升陸軍少將，後以負傷退役。一八六六年，任美國駐廈門領事。翌年，美船遇難，船長爲生番所害，美艦攻打生番，反被擊敗。李仙得率同中美軍隊再至，知用兵無益，隻身進入番地，與生番交涉，生番允許今後不再攻擊白人。因此，李仙得頗知臺灣番地情形，故日人聘用之。(見連横的「臺灣通史」及庄司萬太郎作「一八七四年日本出兵臺灣時李仙得將軍之活躍」—薛餘譯文載於「臺灣銀行季刊」十卷三期)。

⑭左舜生編的「中國近百年史資料初編」載有琉球國紫巾官尙德宏稟稿數篇。

⑮明治十年，西鄉隆盛領導叛亂，日史稱爲「西南之役」，鬧得全國動員。因軍費浩大，政府濫發紙幣，通貨澎漲，物價飛騰。十一年，大久保利通又被暗殺，社會不安至極。

第十三章　日本積極圖韓①

第一節　朝鮮政治紊亂

朝鮮內政腐敗，東學黨出現　早在滿清未入關之前，朝鮮即已於一六三七年（明崇禎十年，清太宗崇德二年，朝鮮仁祖十五年）降於清（後金），立了「朝鮮對淸永事君臣之禮」的和約。自是二百餘年，事淸惟謹。淸與元的態度完全不同，對朝鮮聽其自主，只有朝貢方式，維持宗主國名義。淸初數代，國勢強盛，東北安堵，朝鮮北部無事。南方又值日本鎖國，禁止人民外出，朝鮮南部亦無倭寇之患。在此期間，朝鮮偏重於文教，書院發達。日久流弊漸生，舉國上下，但見一片墮落風氣。

到十九世紀中葉的時候，開國四百餘年的李氏王朝，早已腐敗不堪，朝廷紀綱墮毀，胥吏貪污無能，土豪稱覇鄉里，工商不振，國庫枯竭，民不聊生。士林黨爭也愈來愈甚，東人黨已分「北人」、「南人」，北人又分「小北」、「大北」，大北又分「骨北」、「內北」；西人黨亦分「老論」（元老派）、「少論」（少壯派）。繼黨爭之後，又有外戚趙金二氏的明爭暗鬬，韓史稱爲「勢道」之爭。勢道與黨派相表裏，國事益非。

朝鮮哲宗在位期間（一八五〇—一八六三），外有洋教的嚴重威脅，內有社會的動盪不安。及其末年，終於發生晉州民變，蔓延於慶尙、忠淸、全羅三道，其他地區亦有局部民變。在此期間，又有

「東學黨」出現。

「東學黨」有點像中國的義和團，是一種排外的教派，創教人崔愚濟（福述）是慶州人。他滲合朝鮮固有的天神崇拜，儒、釋、道三者的思想及讖緯符呪等，自創一個教派，稱「東學」教，以反對西學（天主教）爲號召，愚民信從者甚衆。哲宗末年，捕崔愚濟處死，其教徒四散，藏匿山中，仍暗中秘密宣傳。

大院君李昰應專權　一八六三年（清同治二年）十二月，哲宗死，無嗣。大王太妃趙氏（翼宗之妃）力排衆議，強立遠房宗室子李熙爲翼宗後嗣，是爲高宗（李太王）。高宗年方十二，由趙太妃垂簾聽政，尊高宗之父興宣君是應爲大院君。未幾，大院君遂獨攬政權。

大院君本爲寒微宗室，少時結交市井豪俠之徒，被識爲無賴②。然頗知朝廷積弊，又富於果斷，執政之初，便大膽推行新政，如消滅外戚勢力，用人不分黨派，撤廢書院，革新制度，提倡文教，改良風俗等，頗著政績。

然大院君缺乏深謀遠識，祇憑一股幹勁，獨行其是。他想炫示政府威嚴，重建景福宮，大興土木，強徵暴斂。又鑄「當百錢」，其實際價値還不到二十分之一。於是，民怨沸騰，物價暴漲，市場混亂，社會不安。

妃黨得勢　及國王漸長，王妃閔氏得勢，大院君漸失人望，連他的哥哥李最應也不滿意他，而與閔妃相結托。高宗十年（清同治十二年，一八七三），大院君下野，過着隱居生活。雖不久又被國王迎還京城，參與國政，然朝廷要職盡屬妃黨，大院君的影響力已衰。

自是之後，大院君派與妃黨的對立，日益尖銳。大體說來，主張改革的「開化派」歸屬於妃黨，主張攘夷的守舊派則依附大院君。

現在且撇開內政問題，說說朝鮮的對外關係。

十九世紀初葉，西方勢力開始東侵，首先打開中日二國的門戶。朝鮮位置落後，西人光顧較遲。朝鮮政府鑒於中國不堪外力壓迫之苦，一向持閉關政策。及大院君執政，復變本加厲，大殺基督教徒，先後引起法艦及美艦的攻擊。這二次外艦，皆被朝鮮軍隊擊退，大院君的鎖國決心，由是益堅。在這期間，日本明治維新開始，也就開始打朝鮮的主意，而朝鮮的眞正危機便降臨了。

第二節　日本圖韓與江華條約的締結

前章說過，江戶幕府初年，不惜委曲求全，與朝鮮復交通商。自是之後，兩國國交敦睦，使節往還不絕。每當日本將軍就職時，朝鮮使團動輒三四百人，浩浩蕩蕩前往江戶。幕戶款待鮮使的儀式，非常舖張，耗費甚大。後來幕戶經費日絀，於文化八年（一八六一）家齊將軍就職時，取消招待朝鮮使團的向例，只迎鮮使至對馬爲止，拒其入國。從此時起，兩國使節中斷，一直沒有國交。

征韓論由來巳久　日本明治元年（淸同治七年，朝鮮高宗五年，一八六八），日本新政府亟欲發展商業，遣對馬藩主宗重正爲修信使，前往朝鮮，告以日本王政復古，且求修好。朝鮮大院君方堅持鎖國主義，又見日本國書有「大日本皇帝」及「奉敕」等詞句，拒而不受。明治三年，日本又遣外務權少丞吉岡弘毅爲使，至朝鮮修好，又被拒絕。日使兩遭拒絕，國內遂有「征韓論」興起。明治五年，日本復遣外務大臣花房義質親訪朝鮮，要求通好，又是無結果而回。因此，日本輿論譁然，征韓論更盛。

日本人早有征韓及征服大陸的思想，且已見諸豐臣秀吉的實際行動。豐臣秀吉失敗後，江戶幕府偃武修文，對外侵略的思想亦漸告沉寂。至幕府末年，這種思想又復蠢動，有許多人提出過征服大陸的議論。平田篤胤所著「靈能眞柱」，首先提出「皇道世界主義」，亦卽「大陸經略論」。佐藤信淵的「宇宙混同秘策」，也主張臣服世界萬國。他主張先行改革日本軍政，攫取朝鮮及滿洲，然後征服整個中國。他斷言，「滿洲終爲我有，毫無可疑。」既得滿洲，支那全國卽將開始衰弱，次第可圖。甚至接受西洋思想，受漢譯「萬國公法」所浸潤的津田出，也不例外，他的「國際非戰思想」，可說與「宇宙混同思想」殊途同歸，目的是征服大陸。津田出的理論是：國際公法非有實力不行，故日本必須先征服中國，成爲大亞細亞盟主，然後再以絕對優勢的軍事力量，強迫世界各國接受和平。（參看白柳秀湖的「日支交涉史話」）

現在的征韓論者，則以維新功臣西鄉隆盛爲首，屬於這一派的朝中大臣，有坂垣退助，後藤象二郎，江藤新平及副島種臣等，史稱武功派。他們的理由有三點：

1. 日本國小民貧，不向外發展，無以圖強。
2. 西洋各國到處侵略，日本此時不取朝鮮，恐被外人捷足先登。
3. 廢藩之後，武士多不得志，征韓可爲他們打開一條出路。

第一項主張，在明治維新之初，已成爲一致國策；文治、武功二派所爭者，是在二三兩項。換言之，即基於國際情勢的認識不同，而有急進、緩進二種主張，急進論者是武功派，緩進論者是文治派。

外交成功的鼓勵　明治六年（清同治十二年，朝鮮高宗十年，一八七三），爲中日商約換文事，日本特遣其外相副島種臣爲使，至中國換約。副島並命其副使柳原前光，與清總理衙門泛談所有問題。柳原曾問起，「朝鮮諸凡政令，是否由該國自主，中國向不過問？」這是日本第一次向中國試探朝鮮問題。（參看前二章）

是年（明治七年一八七四），日本朝廷因「征韓論」之爭而改組。主張先整內政，徐圖征韓的文治派獲勝，主張立即征韓的武功派西鄉隆盛等五人退出政府（參看上章）。文治派恐怕武功派搗亂，爲緩和他們的不滿情緒，乃轉移目標，而有出兵臺灣之舉。是役經過，詳見上章，雖然軍事無功，而外交上卻得到意外的收穫，遂於明治八年派兵進據琉球，迫其奉行日本年號，不許朝貢中國。

征韓論者受此鼓勵，知道清廷軟弱，其說又盛。

一八七五年（清光緒元年，朝鮮高宗十二年，日本明治八年）八月，日本軍艦「雲揚」號駛至江華島（開城西南）附近測量海岸，朝鮮砲台開砲射擊。日軍當即登陸，攻陷砲台，並陷永宗城，大事屠殺。事後，日本政府復派黑田清隆爲全權大臣，率同軍艦六艘，強迫朝鮮訂約通商。朝鮮答以「本國爲中國藩屬，不敢擅專」，黑田清隆無所得而去。

恭親王奕訢失言　是年十二月，日本派遣外務省大輔森有禮至北京，訪問總理衙門，與恭親王奕訢等談判日鮮通商一事。恭親王推說：「朝鮮雖曰屬國，地固不隸中國，以故中國曾無干涉其內政。

其與外國交涉，亦聽彼國自主，不可相強。」

森有禮是英國留學生，深悉國際公法與外交慣例。他抓住恭親王這句話，向總理衙遞送一個正式照會，聲明朝鮮是一個獨立國，凡事起於朝鮮日本間者，與日清條約無關。恭親王自悔失言，連忙覆照辯正，略謂朝鮮已爲中國之屬國，自應受中日條約「所屬邦土不相侵越」的約束。幾經照會往返，最後，森有禮避重就輕，改以「自主」二字代「獨立」，謂朝鮮內政外交悉由自主，日本自當以自主國對之，直接遣使談判。

李鴻章促成日鮮締約 森有禮知道李鴻章雖任直隸總督，實爲清廷洋務的幕後主持人，特往保定拜訪。鴻章也像恭親王一樣，已認朝鮮爲屬國，又怕替朝鮮負責任，對森有禮所提問題，沒有具體答覆。最後，森有禮聲言，日本將攻朝鮮，李鴻章說：「高麗地瘠，取之無益。且聞俄羅斯聽見日本要打仗，即擬派兵進札黑龍江口。不但俄國要進兵，中國也難保不進兵，那時亂鬧起來，眞無益處。」鴻章又書寫「徒傷和氣，毫無利益」八個字付森有禮。森有禮說：「日本打仗，也可暫時壓住。務求中堂轉達總署，設一妥法，勸說高麗。」李答：「總署回答你的節略，明是無可設法；但你已托我轉說，我必將這話達到，看從緩商量，可有法否？」

於是，李鴻章致函總理衙門，「請鈞府密致朝鮮政府一書，勸其息事寧人，以禮接待日使，或遣使報聘。至於與日通商與否，則聽其自主，非中國所能干預。」朝廷接納李鴻章意見，由禮部行咨朝鮮，朝鮮遂與日本建交。

江華條約 一八七六年（光緒二年，日本明治九年，朝鮮高宗十三年）二月，日本與朝鮮訂立

「江華條約」（本名日韓修好條規）。此約共十二款，要點如下：

一、朝鮮為自主之邦，保有與日本平等之權，彼此以同等之禮相待。（第一款）

二、日本得於朝鮮京畿、忠淸、全羅、慶尙、咸鏡五道之沿海，選擇二處，作爲通商港口。（第五款）

三、修改釜山日本公館（倭館）條例，許可日人在指定港口，租地造屋，並得租借朝鮮人民之住宅。（第四款）

四、日本政府得在朝鮮指定之口岸，設置官署，管理僑民。（第八款）

五、許可日人自由測量朝鮮海岸，編製圖誌。（第七款）

六、日本國人在朝鮮如有犯罪，而與朝鮮人民有關時，須歸朝鮮官吏查辦。（第十款）

江華條約第一條，明言「朝鮮爲自主之邦」，等於正式否認中國的宗主權，這是淸廷外交的又一失着。然當時的無知大臣，最初還不知道其利害關係，以爲只要朝鮮自己承認爲藩屬就得了，別國承認與否，並無關係。

第三節　朝鮮與西方各國通商

欲以西方勢力牽制日本　一八七九年（光緒五年，日本明治十二年，朝鮮高宗十六年），日本宣佈，改琉球爲冲繩縣，琉球國亡。淸廷受此教訓，皆爲朝鮮憂慮。是年五月，丁日昌條陳海防事宜，論及朝鮮事，主張勸朝鮮與泰西各國通商。他的條陳說：「朝鮮不得已而與日本立約，不如統與泰西各國立約。日本有吞噬朝鮮之心，泰西無絕滅人國之例。將來兩國啓釁，有約之國，皆得起而議其非，日本不敢無所忌憚。」

同時，英使威妥瑪亦向總理衙門忠告，略謂朝鮮如不與各國交通，必爲琉球之續。於是，恭親王奕訢等上奏，請由李鴻章密函朝鮮執政李裕元，勸其對外通商。鴻昌奉旨遵辦，函內有云：「爲今之計，似宜用以毒攻毒，以敵制敵之策，乘機與泰西各國次第立約，藉以牽制日本。彼日本恃其詐力，以鯨吞蠶食爲謀，廢琉球一事，顯露端倪，貴國不可無以備之。然日本之所畏者，泰西也；以朝鮮之力制日本或虞不足，以統與泰西通商制日本，則綽乎有餘。」

然朝鮮深恨西人，甚至說，「以其通洋而存，不如絕洋而亡。」在另一方面，此時朝鮮已與日本交換使節，並開放釜山、元山、仁川三港，與日通商。受此影響，遂有一部分人士親日。因此，朝鮮政府內部非常複雜，除大院君派與閔妃派，及「開化派」與「保守派」之間的明爭暗鬪外，「開化派」人士又分「親日」與「事大」（效忠清國）二派。在各派鈎心鬪角之際，李裕元不肯提出這個犯衆怒的問題，未幾他又退職，李鴻章的信遂沒有結果。

何如璋發起興亞會　這時候，清廷駐日公使何如璋及公使館參贊黃遵憲（公度）等，在日本發起「興亞會」的組織，主張中日韓三國協力同心，以防俄國。因爲俄國自一八六〇年（咸豐十年）訂立北京條約，取得烏蘇里河以東之地，成立濱海省，其南端至圖們江口，與朝鮮國境接壤之處有二十里。此時俄國正盡力發展東方，中日韓三國皆受其威脅。

黃遵憲寫了一本小冊子，名爲「朝鮮策略」。他指出朝鮮的外交路線，是「親中國，結日本，聯美邦，防俄國。」會朝鮮派遣金宏集(後改弘集)使日，接受何如璋的勸告，攜回黃著「朝鮮策略」，答應回國勸告國王採納。(後來引起國內攘夷論者的反對，金宏集一度引咎辭職。)

朝鮮與西方各國通商　一八八一年(光緒七年，日本明治十四年，朝鮮高宗十八年)正月，李鴻章接到何如璋來信，知朝鮮已有與美國建交的意思。五月，美國派海軍軍官蕭孚爾(R. W. Shufeldt 亦譯薛裴爾)，前往朝鮮洽訂商約，請李鴻章設法，鴻章允爲介紹，仍請蕭孚爾稍待時日。

此事幾經洽商，至一八八二年(光緒八年)一月，始由朝鮮國王密諭其陪臣金允植，請求李鴻章代爲主持。鴻章與允植取日鮮江華條約爲藍本，而加以酌量增删，以防流弊。是年五月，中國派員陪同美使蕭孚爾至朝鮮，正式簽約。

美鮮商約第一條原稿，曾聲明「朝鮮爲中國屬邦，政治仍得自立」，以爲中國的未來發言權預留地步。但是，蕭孚爾認爲有礙平行體制，卽使立約，也會遭到國會反對，故堅持不允加入，僅由朝鮮國王致美國總統的照會中聲明：「朝鮮爲中國屬邦，而內治外交，向來均由大朝鮮國國主自主。」③

美韓商約簽訂後，二三年內，朝鮮又與英、德、俄、法諸國相繼訂立商約。內容皆仿照美約，並由朝鮮先致照會，聲明爲中國屬邦。

可是，就在朝鮮與美國訂約後二月，朝鮮便發生了「壬午之變」，其結果是，清廷加緊控制朝鮮，日本亦因此獲得「使館駐兵」之權。

第四節　清廷加緊控制朝鮮

壬午之變　初，朝鮮國王李熙（高宗）銳意革新，於十八年（清光緒七年、一八八一）分別遣人前往中日二國考察或實習。赴清的以金允植爲「領選使」，率領學生團六十九人，到天津學習機械。赴日考察的，有朴定陽、魚允中、趙準水、趙秉稷、沈相學、洪英植等十餘人。

同年，朝鮮改革軍政。政治仿效清制，於宮廷設「統理機務衙門」，總掌軍國大事，亦稱「內衙門」。軍事則改編京師六營，建立新制的「武衛」、「壯禦」二營，名爲「別拔軍」，聘請日本中尉堀本禮造爲教練。另自京城兩班子弟中，選拔優秀青年百餘人，稱爲「士官生徒」，亦接受日式軍事教育。

然此時前述黨派對立，鉤心鬬角，不擇手段，大院君派與閔妃派鬬爭尤劇。此次改革，要職皆由閔黨與開化派所佔，大院君派與保守派失勢，大生怨望。因六營改編而被淘汰的軍卒，亦憤憤不平。同年十月，大院君派的安驥泳等，陰謀廢王，另立大院君的庶子李載先（國王的異母兄）。事洩，被誅多人。

同時，朝鮮國庫空虛，軍隊欠餉達十三個月之久。而閔妃與閔氏一族，則宴遊無度，舊軍人益恨閔氏一派。

一八八二年（光緒八年，朝鮮高宗十九年，日本明治十五年，壬午）六月，御營大將閔謙鎬奉命撥廣興倉米，發軍餉一個月。倉吏發糧剋扣，斤兩不足，又摻沙土。軍人憤怒，與倉吏衝突，事態擴大，軍士五人被捕。

於是，羣情憤激，各營響應，搗毀閔謙鎬第宅，並向大院君呼籲。大院君佯爲鎮撫，暗行鼓動。

亂軍遂打開倉庫，取出武器，襲擊閔台鎬等妃黨大臣；打開獄門，釋放囚犯；格殺日本教練堀本禮造，並襲擊日本使館。日本公使花房義質自焚使館，逃至仁川，乘英國測量船回日本。

翌日，亂軍更襲殺領議政（首相）李最應，闖入宮中，殺死閔謙鎬，且欲殺害閔妃。閔妃化裝由後門逃走，避難忠州，遣人向清廷求助。

大院君重掌政權　大院君聞變，入宮鎮撫亂軍，受王命收拾時局，遂重握政權。他廢除「統理機務衙門」，恢復三軍府，重置舊五營，軍士關餉，禍亂始平。大院君乘機除去閔黨及「開化派」，以長子李載冕爲訓練大將。

日本公使花房義質回國告變，日政府派外務卿井上馨至下關（馬關），授予處理事變的全權。井上馨仍命花房義質，領兵前往朝鮮問罪。

中國駐日公使黎庶昌獲悉井上馨的行動，急電天津。時李鴻章丁母憂，張樹聲署直隸總督，恐日軍先發制人，採取斷然行動，不俟詔，立遣道員馬建忠與水師提督丁汝昌，率領「超勇」、「揚威」、「威遠」三艦，急開朝鮮。六月二十七日（新曆八月十日），中國艦隊至仁川，日艦「金剛」號已先開到。

馬建忠、丁汝昌等召朝鮮校理官魚允中，至艦上作筆談。魚允中爲開化黨之事大派，所說難免誇大一點，偏袒閔妃一黨。據他說，這次事變，完全出於大院君的陰謀。

清軍平亂，拘大院君　馬、丁二人根據魚允中的筆錄，決定由丁汝昌乘艦回天津，向張聲樹報告，並建議迅速派兵前往平亂。清廷遣吳長慶率領淮軍六營馳赴朝鮮，並授意拘捕大院君，送回天津。

七月初七（八月二十日），吳長慶抵南陽（仁川西一百二十里），與丁汝昌會晤，合兵四千五百人。

日本公使花房義質亦率領日艦數艘，載兵千餘至朝鮮，已先吳長慶到達仁川。花房自率五百人入韓京，交涉日使館被焚等事，提出七項要求，限三天答覆。大院君聞清兵大至，設詞推托，花房不得要領，於七月十日（八月二十三日）回至仁川，表示決裂。

大院君以清廷派遣大軍前來，猶以為援己抗日，致書敦促馬建忠入京，深相結托。七月十三日，吳長慶入漢城，往拜大院君李昰應，談笑甚歡。是日午後，李昰應回拜，長慶迫令登輿，送至中國軍艦，立即載送天津，旋置於保定。又拘新任訓練大將李載冕於南別宮。

是夜，吳長慶派兵搜捕亂黨，誅戮為首十人。亂平，吳長慶之兵暫留朝鮮彈壓。

日使花房義質沒料到清兵行動迅速，又因日軍兵寡，不敢用武力干涉。亂既平，馬建忠請朝鮮國王派遣李裕元為全權大臣，與日本簽訂「濟物浦條約」（濟物浦為仁川舊港名）。日方原有割地、開鑛及內陸通商等要求，因懾於中國兵力，皆不敢堅持，條約只列懲兇、賠款等事。然其中第五條，允許日本使館置兵警衛，則留下日後的禍根。

中國控制朝鮮內政　壬午之亂既平，閔妃一黨重握政權，為防大院君回國再起，事清惟謹。國王請吳長慶挑選壯丁千人，由清營軍官教練。長慶將其編為二營，命袁世凱、王得功訓練一營，朱先民、何增珠訓練一營。又選派朝鮮幼童至天津，入北洋機器局學製械。整軍經武，以備日本。

同時，朝鮮又仿效清國官制，設「統理衙門」，處理外交事務，亦稱「外衙門」；設「統理內務衙門」，掌理軍國事務，亦稱「內衙門」。復由李鴻章推薦，聘請前德國領事穆麟德（Paul George von Mollendorf）爲朝鮮外交顧問。同時，中國海關總稅務司英人赫德（Sir Robert Hart），也派員接管朝鮮關稅，事實上無異納入中國關稅系統。

是年八月，北洋大臣李鴻章又與朝鮮奏正使趙寧夏等，議定「中韓商務章程」，兩國互派商務委員，駐紮通商口岸，照拂本國商民。這個商約的最大意義，是表示中韓的特殊關係，與他國不同。商約規定，兩國人民可以互在內地貿易，他國人民則以釜山、元山、仁川三港爲限。

中國駐韓商務委員，係由北洋大臣札派，重大事件須向北洋大臣請示，可說是李鴻章的代表。第一任駐韓商務委員爲陳樹棠，至光緒十一年，由袁世凱繼任，並改名「駐紮朝鮮總理交涉通商事務」，且由總理衙門加札（加委），以提高其地位及權力。

親日派組獨立黨　壬午之亂，日本原想藉題發揮，控制朝鮮政府，只因中國態度強硬，處置迅速，故未達目的。濟物浦條約訂後，朝鮮依約派遣朴泳孝等赴日謝罪，日人乘機挑撥，勸朝鮮脫離中國羈絆，效法日本，自立圖強。

朴泳孝歸國後，以日本所聞者說國王。國王李熙亦以中國干涉內政爲苦，乃聘日人牛場卓造、井上角五郎爲顧問。同時，在日人陰助之下，開化黨之「親日派」金玉均、洪英植、徐光範、徐載弼等，遂組織「獨立黨」。日本又退還濟物浦條約賠款之未付額四十萬元，讓朝鮮用以改革內政。韓人受其小惠，親日者益衆。朴泳孝等又以朝鮮的前營、後營，聘請日人教練。吳洪植亦選拔壯士十餘人，派赴日本學習技擊，名爲「士官生徒」，回國後錄爲衛士，實際是刺客。國王李熙素無定見，對朴泳孝等親日派頗爲信任。惟妃黨閔氏一派不爲所動，繼續效忠中國，被稱爲「事大黨」。這一派的中堅人物，有閔泳穆、閔臺鎬、趙寧夏、尹泰駿、金允植、魚允中等。同時，俄國自與朝鮮立約後，也積極擴張其勢力，曾敦促朝鮮政府，派遣金鶴羽等訪問海參威。於是，朝鮮開化黨人中，又產生一個「親俄派」，主謀人爲韓圭稷、李祖淵、趙定熙等。

第五節　甲申之變與中日天津條約

一八八四年（光緒十年，甲申，日本明治十七年，朝鮮高宗二十一年），中法戰爭起，清廷將駐韓的吳長慶軍撤回三營。仍留三營，分由提督吳兆有，總兵張光前及前敵營務處袁世凱統率。自清廷而論，朝鮮是東三省屏障，比越南重要得多，因越南戰事，而減少朝鮮駐軍，且以袁世凱代吳長慶，是很大的失策。

日使竹添進一郎此時正在返國述職，定於九月初回任，傳聞將帶兵前來換防。袁世凱得訊，慮將有變，密函稟告李鴻章，鴻章亦深爲憂慮。

日人策動甲申之變　日使竹添帶着換防兵回任④，「獨立黨」人金玉均遂與彼密謀作亂。十月十七日（陽曆十二月四日），漢城郵局舉行落成典禮。該局總辦洪英植於是晚設宴，遍請朝廷文武官員及各國使節。各國公使皆應邀赴宴，獨日使竹添稱病不往。洪英植預先佈置其「士官生徒」於王宮內外，日軍亦預爲策應部署；同時，在郵局外面，也埋伏一部刺客。獨立黨約定舉火爲號，進襲王宮。

十時，牆外火起，廚間大亂。金玉均直奔宮中，僞稱清兵作亂，大事屠殺，請召日軍入衛，國王不許。然竹添早已率兵包圍宮廷，遂刼王於景祐宮。

翌日，金玉均等假傳王命，召「事大黨」領袖閔泳穆、閔臺鎬、尹泰駿、趙寧夏等，盡殺之。「親俄派」首領韓圭稷、李祖淵亦被殺。

「獨立黨」人遂自組新政府，李載元爲左議政，洪英植爲右議政兼左右營使及右捕盜大將，李載完爲兵曹判書，尹雄烈爲刑曹判書，金玉均爲戶曹判書，徐光範任「協判交涉通商事務督判署理」，朴泳孝任親軍前後營使兼左捕盜大將。

官職已定，遂議廢立。洪英植欲幽國王於江華島，日使竹添則主張將國王移往東京，另立王之九歲庶子，以便挾持幼主。議論未定，忽聞勤王之兵大起，軍民數萬集於宮門外，聲言入宮救駕，盡殺日人。叛黨乃脅王潛匿於舊宮御觀物軒，由亂黨及日軍嚴密圍守。

清軍平亂，救出國王　十九日晨，朝鮮舊臣沈舜澤、南廷哲等，詣清營痛哭求援，袁世凱、吳兆有、張光前等亦恐日人刼國王去日本，重蹈琉球覆轍，議定採取斷然行動。清兵三營進攻王宮，朴泳孝所率的二營韓兵反正。日軍兵寡，戰敗，退據後苑小山。清軍恐傷國王，投鼠忌器，未敢再攻。入夜，清軍收兵回營，日軍亦潛回其使館。袁世凱等遣人覓得國王，護送至吳兆有營。

日使竹添知勢孤，於二十日午後，自焚使館，偕同金玉均等叛黨首領，率日軍出奔仁川。

是役，清軍陣亡者十人。朝鮮大臣被害者十餘人，士兵陣亡者十一人，百姓無辜而死者九十一人。日軍大尉磯林眞三及士兵三十三人陣亡。獨立黨叛徒首領九人被誅，惟金玉均、朴泳孝、徐光範、徐載弼等逃往日本。

二十三日，清軍護送國王還宮，由袁世凱率兵一營，移駐宮內保護。時謠言甚多，世凱慮兵力單薄，急電李鴻章派遣大員率重兵前來監國。朝鮮王李熙亦致電李鴻章，請「速派重兵，拯敝邑社稷。」李鴻章調金州防軍一營，運往馬山浦駐守。並飭丁汝昌派遣「超勇」、「揚威」二艦，開往是處協防。同時，又奏派吳太澂、續昌二人，同赴朝鮮查辦，然只隨帶健勇四百餘人前往。

袁世凱請兵時，曾謂「示以必戰，則和局可成；示以必和，則戰事必開。」李鴻章及淸廷的密諭，則爲「定亂爲主，切勿與日人生衅」。此一示弱態度及派兵的不足，遂又種下一個嚴重後果。

十一月十六日（新曆一八八五年元旦日），吳太澂至漢城。

井上馨強迫朝鮮謝罪賠款　同日，日本全權大臣井上馨帶兵二千餘人抵仁川，翌日入漢城，向朝鮮國王提出三項要求：

1. 遣使赴日謝過，並懲兇。
2. 要求撫卹被害日本商民十一萬元。
3. 賠償使館修理費二萬元。

朝鮮政府無力抵抗，派左議政金宏集爲全權大臣，與井上馨訂立「漢城條約」，悉如日本要求。

二十三日，吳太澂約同金宏集等同至議政府，與井上馨辯論，略示干預之意，欲先查明責任，不可草草立約。井上馨以吳太澂所奉諭旨無「全權」字樣，拒絕與其商議，只說「貴國兵營之事，尙有葛藤」等語。太激無可如何，不能力爭。

日本政府自知竹添之非，且受國際輿論指責，旣得朝鮮謝罪、賠款、懲兇，本不想再與中國交涉。惟中國方與法國戰爭，日本軍人皆主張乘機敲詐，乃派伊藤博文爲全權大使，西鄉從道爲副使，來華談判朝鮮問題。

中日天津條約　光緒十一年（日本明治十八年，一八八五）正月二十八日（新曆三月十四），伊藤博文至天津。淸廷以李鴻章爲全權大臣，與伊藤談判。關於此次天津談判經過及李鴻章失策之處，錢基博的「淸鑑」寫得很簡明中肯，兹轉錄其原文如下：

是時，滿淸諸王大臣，無一能通外情者，平日尸居祿位，但知阻外國船艦之北航。遇有交涉，一以委之李鴻章，俾當外交之衝，已得因而卸責。故當時日人有「北京爲滿政府，天津爲漢政府」之誚。

伊藤至天津，遂與鴻章開談判。伊藤所提，分兩條件，一爲過去，一爲將來。過去問題，謂淸兵殘害居韓日僑，應請賠償；將來問題，則爲要求撤去中國在韓駐兵。其要求中國撤去在韓駐兵，卽爲撤銷中國在韓勢力之初步，亦卽爲撤銷中國對韓宗主權之初步，故其所挾目的，實在將來一項。

鴻章不知其計，與伊藤反覆辯論，祇嘵嘵於過去問題，以明朝鮮亂事，中國不能負責；其於將來之撤兵駐兵問題，毫不注意。伊藤遂乘機與鴻章議訂條約三款：

一、中日兩國，自條約調印之日起，於四個月內，雙方撤兵。

二、朝鮮練兵，爾後不由兩國派遣。

三、將來朝鮮若有重大事件，須中日兩國出兵時，兩國須於出兵前，互相知照；事後即行撤退。

是爲「天津條約」。自此約訂後，中國在朝鮮之宗主權，不啻斷送無餘矣。此爲日本離間朝鮮於中國之第三步。

第六節　日本獨佔朝鮮貿易

日本國策辯論　這個天津條約於是年（光緒十一年）三月初四日簽字，伊藤博文即以凱旋姿態回國。同年十二月（新曆）⑤，日本廢太政官，首創內閣制，以伊藤博文爲首任總理大臣。日本政府改組前夕，有過一次重要的廷議，掌握日本海軍的薩摩藩大臣，主張速取朝鮮，與中國一戰，當爲廷議所否決。然其否決的理由，不是不要朝鮮，而是看透了滿清政府不能振作，欲以緩進政策，先充實國力，且使中國懈怠痲木，然後待機進攻。茲將中國駐日公使館報告，摘錄日本廷議的一場辯論如下：

黑田清隆（薩閥）：中國自戰法以後，於海陸各軍，力求整頓。若至三年後，我國勢必不敵。宜於此三年中速取朝鮮，與中國一戰，則我地自闢，我國自強。彼時與中國土地相接，再講交誼，再看機會。

伊藤博文：我國現當無事之時，每年國庫收支尚短一千萬元左右。若遽與中國、朝鮮交戰，款更不敷，此時萬難冒昧。至云三年後中國必強，此事直可不必慮。中國以詩取文，以弓矢取武，所取非所用，稍爲變更，則言官肆口參之。雖此時外面於水陸各軍，俱似整頓，以我看來，皆是空言。現當法事甫定之後，似乎奮發有爲，一二年後，則又因循苟安。誠如西洋人所說，「中國又睡覺矣」。倘此時我與之戰，是催其速強也。諸君不看，中國自俄之役始設電線，自法之役始設海軍，若平靜一二年，言官必以更變爲言，謀國又不敢舉行矣。即中國執政大臣，腹中經濟，只有數千年之書，據爲治國要典。此時只宜與之和好，我國速節冗費，多建鐵路，趕添海軍。今年，我國鈔票已與銀錢一樣通行，三五年後，我國官商皆可充裕，彼時看中國情形，再行辦理。至黑田所云「我非開闢新地，實難自強」，亦係確論。

井上馨：中國之不足畏，盡人皆知，無煩多論。惟黑田欲即取朝鮮，與中國動兵，此時我國餉糈實來不及。且若我與中、高搆兵，俄人勢必乘機佔據朝鮮。其時，朝未取得，餉已用去，俄反增地，非特中國之憂，我日本與俄更近，東方無寧日矣。黑田此議，萬不可行。

長崎衝突事件　日本新內閣已然採取緩和政策，便盡力發展工商業，盡量向中國示好，迭次提出中國內地通商問題。清廷以琉球事未了，始終加以拒絕。在此期間，發生過一次長崎事件，結果也因兩國無意擴大，而得迅速和解。此事的經過如下：

光緒十二年七月（一八八六年八月），丁汝昌統率着「定遠」、「鎭遠」、「濟遠」三艦，自海參威折往日本長崎，進船塢修理。「定遠」、「鎭遠」二鐵甲艦，皆爲七千餘噸級的主力艦，日本最大的軍艦不過三千餘噸，看見中國二艘大艦，舉國震駭。

中國水手上岸，因戀妓生事，與日警衝突，死傷五十多人，日警也死傷二十餘人。清廷電駐日公使徐承祖，會同日本外務省派員查辦。李鴻章最初不明案情，以爲日本必有陰謀，僱請律師訴訟，電丁汝昌帶證出庭。後來明白眞相，進行和平解決，雖以卹金問題，爭執不已，卒由德國駐日公使調停，和平了結。雙方議定的卹金，日本交付中國五萬一千五百元，中國交付日本一萬五千五百元。事後據徐承祖報告，此事的順利解決，皆由伊藤博文、井上馨二人不願啓釁之故，換句話說，正是反映着前述的日本國策。

清廷不出伊藤博文所料，因循苟安 可惜中國海軍最優勢的時期，並沒有保持多久。伊藤博文把中國人的毛病看透了，他的判斷一點不錯，與後來的事實完全相符。玆將清季海軍建設的經過，作一簡述。

光緒十一年八月，清廷深懲於中法戰爭馬江之敗，亟籌海防，決定先精練北洋水師一支，再及南洋、閩、粵水師，分年興辦。設海軍衙門於京師，命醇親王奕環總理海軍事務，奕劻、李鴻章會同辦理，善慶、曾紀澤幫同辦理。當年卽向德國訂購「鎮遠」、「定遠」兩鐵甲船，及一艘「濟遠」快船。十三年，續向英、德二國訂購「致遠」、「靖遠」、「經遠」、「來遠」四快船。十四年四月，北洋艦隊編成，以丁汝昌爲海軍提督，聘英人琅威理爲總教習，隸屬於北洋大臣李鴻章。

然而，海軍經費短絀，又常被移作賑災與頤和園工程之用⑥，自十三年以後，以至甲午中日戰爭，六七年間，沒有再添一艘軍艦。儘管日本裁員減政，埋頭建設，整軍經武，迭添新艦，只因他們沒有摩拳擦掌，清廷便不以爲意。結果，到了甲午戰爭時候，以舊艦對敵人新艦，航速及速射砲皆落後甚遠（參看下章）。

閒話休提，且說中日天津條約簽訂之後，朝鮮局勢的發展。

日本取通商實惠，中國受面子之累 中日兩國依照天津條約，撤退駐韓軍隊。日本憑着天津條約第三款，已握有與中國同等的出兵權利，自然隨時可以藉詞出兵。惟此時的日本國策，正以充實國力爲急務，暫時不想刺激中國，乃向朝鮮盡量發展商業，幾乎包辦了朝鮮的對外貿易。光緒十三年（日本明治二十年，朝鮮高宗二十四年，一八八七），朝鮮進口商輪總數七一六艘，日輪佔六七三艘；輸入總噸數一八一、二九七，日本佔一七二、三三七。尤其是釜山港，日本設有銀行，發行紙幣，流通市面，釜山港口甚至半島南部的物價，皆受日本銀行的操縱。

中國與日本相反，只顧面子，不重實際利益。以袁世凱爲「商務委員」，代表李鴻章留駐漢城，監督朝鮮內政。然朝鮮當新舊思想激盪之時，又爲國際矛盾之地，不但爲中日衝突的焦點，亦爲俄、英二國勢力角逐之地，其內政外交，錯綜複雜。袁世凱年方三十，血氣方剛，意氣用事，干涉過火，不但引起朝鮮人士反感（連事大派也不滿意他），且與李鴻章先後所介紹的顧問，也一一摩擦，有如水火。日俄二國的使館，復隨時挑撥，朝鮮情勢遂日益險惡了。

第七節 列強鈎心鬪角

自甲申事變至甲午戰爭，十年中間，朝鮮內外發生過許多大事。

甲申事變之後，德國駐朝鮮總領事卜德樂（Budler），曾致書金允植，檢討遠東形勢，勸朝鮮展開外交活動，要求列強承認朝鮮爲「永久中立國」，鮮廷拒絕此議，原書退回。卜德樂又向李鴻章建議，亦被拒絕。

俄謀永興，英佔巨文島 同時，由李鴻章介紹，擔任朝鮮外交顧問的另一位德人穆麟德，則背叛李鴻章，與俄人相勾結。穆麟德與閔妃一黨密相結合，又被俄國公使韋貝（Waeber）收買，早在甲申事變前，即已促成「俄朝通商條約」。甲申事變之後，且向朝鮮國王建議，接受俄國保護，遂又訂了一個「俄朝秘密協定」，聘用俄國人爲軍事教官，並允許俄國使用永興灣海港。永興灣爲朝鮮東海岸的不凍港，位於元山之北，當係今之南興港。俄國的海參威港，冰凍時間很長，得此大喜過望，即欲從事建港。

英國的對俄政策，是封鎖俄國於內陸，不許其勢力出海，聽到俄國取得永興港的消息，大驚。乃藉口自衛及保持遠東均勢，佔領朝鮮南部的巨文島。即在島上設防建港，並改名漢密頓港（Port Hamilton）。

李鴻章最初以爲「英軍暫據此島備俄，與朝鮮、中國皆無損」，曾命駐英公使曾紀澤，與英國協議。嗣因俄國提出抗議，並聲言，「若中國政府承認英國佔領巨文島，則俄國認爲有佔領其他島嶼或朝鮮王國之必要。李鴻章着了急，即電曾紀澤取消前議，命其向英政府交涉，促請退出巨文島。交涉經過，有許多曲折，因與本書沒有直接關係，不必細說。最後，俄國聲明決不侵犯朝鮮領土；英軍則延至光緒十二年十二月，始退出巨文島。

日本幕後策動，中國出面干涉 又當「俄朝密約」傳到日本時，日本也很憂慮。他們認爲，一旦朝鮮落入俄、英之手，將爲日本侵韓政策的大障礙。日本外相井上馨老奸巨猾，特擬出八條辦法，分由駐日清使徐承祖及駐清日使榎本武揚，轉達李鴻章。這八條的意思歸納起來，是要清廷出面，干涉朝鮮內政及人事，並提到更換外交顧問穆麟德，另選一位美國人前往代替。日本則變為幕後操縱人，其第三條說：「國王如有擢用重臣，無論如何必先與李中堂相商，中堂再與井上伯爵斟酌。」第八條又說：「中國坐探國政之大員，必與日本署理公使情誼敦篤，遇有要事，互相商斟辦理。」

李鴻章作了二項處置：（1）將穆麟德調回中國，另介美國人德尼（Owen N. Denny）為朝鮮外交顧問。（2）釋放大院君李昰應回國。昰應年已七十，以閔妃專權，閔黨滿佈朝廷，回國之前向李鴻章建議，請如元朝故事，派大員前往監國，辦理行省。袁世凱也屢向李鴻章作同樣的建議。然此時的朝鮮，國際情勢複雜，非復元代那麼單純，李鴻章自然不敢輕舉妄動。

妃黨陰謀聯俄抗清 閔妃一黨，早已深惡袁世凱專橫；及大院君李昰應回國，對中國猜疑愈甚，遂決定「聯俄抗清」。光緒十二年（朝鮮高宗二十三年，一八八六），用「總理內務府事」沈舜澤⑦的名義，以蓋有國寶及總理大臣印信的文書，交給俄使韋貝，原文如下：

> 密啓者，敝邦偏在一隅，雖獨立自主，而終未免受轄他國。我大君主深為恥悶，今欲力加振興，悉改前制，永不受他國轄制，惟不免有所憂忌。敝邦與貴國睦誼尤篤，有唇齒之勢，與他自別。深望貴大臣稟告貴政府協力默允，竭力保護，永遠勿違。我大君主與天下各國一律平行，或他國有所未叶，望貴國派兵艦相助，期以妥當，深所景仰貴國也。肅此仰佈，統希雅鑒，敬頌勳安。大朝鮮開國四百九十五年丙戌七月日，奉敕內務大臣沈舜澤，致大俄國欽命大臣韋閣下。

清廷空着急　閔氏中惟一親華的閔泳翊，將此書稿抄送袁世凱，世凱急電李鴻章，建議「先派水師，稍載陸兵，奉旨迅渡，廢此昏君，另立李氏之賢者。次以數千兵繼渡，俄見華兵先入韓，易新君，或可息事。」清廷得報，一面準備軍隊，以備調遣應變；一面電駐俄公使劉瑞芬，向俄國政府詰問。

同時，李鴻章又因陳允熙前管朝鮮電報，乃以查看電線為名，派其馳往朝鮮，與袁世凱、李昰應共商除奸策略。袁世凱召朝鮮諸臣及營將，嚴詞詰責。國王李熙大懼，派沈舜澤等往見世凱，諉稱王及政府不知此事，必為小人假造。世凱迫令向俄使索還書信，並懲辦小人。

袁世凱屢電李鴻章，請速派兵前往，他說只要「有五百兵，必可廢王擒羣小，解津候訊。」

此時，英軍尚未撤出巨文島，俄國亦有顧慮。未幾，俄國駐華公使奉其外交部電令，向李鴻章聲明，「朝鮮謠言，全無事實。」一幕驚險鏡頭，遂告風消雲散。

然朝鮮妃黨的親俄派依然得勢。光緒十四年（朝鮮高宗二十五年，一八八八），俄人要求多年的「陸路通商條約」，終於實現。朝鮮開放了慶興府（西北邊境），俄人在是處獲得借地權，興建工廠。又允許俄國船隻，自由航行圖們江。

德尼與李仙得　李鴻章新介的朝鮮外交顧問德尼，欲接管關稅，不獲如願，且與袁世凱許多摩擦，也背叛李鴻章，屢勸國王李熙派遣使節，分駐各國。

光緒十三年，朝鮮派朴定陽為駐美全權大臣，趙臣熙為出使英、德、俄、意、法五國的全權大臣。李鴻章命袁世凱阻之無效，乃電朝鮮國王，命韓使到達外國時，須先向中國使館報到。朴定陽到美後，稱病不到中國使館。袁世凱向朝鮮政府嚴詞詰責，堅持罪朴。朝鮮拖了一年多，始將朴定陽罷職。

德尼與袁世凱嫌隙日深，轉而主張朝鮮親俄。他著了一本「中韓論」(China and Korea)，痛斥袁世凱專橫。書中主張，「朝鮮應獨立自主，欲達此目的，莫如利用俄國勢力。」閔氏一黨的親俄，及「俄鮮陸路通商條約」的締結，與德尼也大有關係。

此外，還有一個外國人李仙得，也曾在朝鮮宮廷興風作浪。此人為美國退役將軍，昔年引導日軍進兵臺灣的就是他（參看上章）。時，朝鮮國庫空虛，國王及大臣皆密借外債，日本乘機介紹李仙得充內署協辦，代洽借款。李仙得又欲奪取關稅，中國總稅務司赫德電告韓稅務司史納機 (J.F. Schoe-nicke)，非有總署命令，不得移交，李仙得之謀遂不逞。至於朝鮮舉借外債事，則因中國的阻止而罷。後由華商先後借款二十萬兩，使朝鮮清償了一部外債。

①本章主要參考書籍：

蕭一山「清代通史」、稻葉君山「清朝全史」（但燾譯）、蔡冠洛「清史列傳」、錢基博「清鑑」、黎東方「細說清朝」、黃大受「中國近代史」、李定一「中國近代史」、郭廷以「近代中國史」、汪大鑄「中國近代史」、包遵彭「中國海軍史」、方豪「中國近代外交史」、傅啟學「中國外交史」、蔣廷黻「近代中國外交史資料輯要」中卷、李季「二千年來中日關係發展史」、王芸生「六十年來中國與日本」、余又蓀「日本史」、甘友蘭「日本通史」、李廼揚「韓國通史」、李丙燾「韓國史大觀」（許宇成譯）、李瑄根「朝國近代史」（林秋山譯）、坂本太郎「新訂日本史概說」、川上多助「日本歷史概說」、英修道「明治外交史」、信夫清三郎

「日本近代外交史」、白柳秀湖「日支交涉史話」、田保橋潔「近代日支鮮關係之研究」等。

②清韓二國立場不同，對大院君評價亦異，本書關於大院君的所有行爲，皆折中於淸史韓史二說。

③朝鮮致美國照會全文如下：

大朝鮮國君主爲照會事，竊照朝鮮素爲中國屬邦，而內治外交，向來均由大朝鮮國君主自主。今大朝鮮大美國彼此立約，俱屬平行相待。大朝鮮國君主明允將約內各款，必按自主公例，認眞照辦。至大朝鮮國爲中國屬邦，其分內一切應行各節，均與大美國毫無干涉。除派員議立條約外，相應備文照會。須至照會者。右照會大美國伯理璽天德（總統）。大朝鮮國開國四百九十一年，即光緒八年三月二十八日。

④濟物浦條約第五條，只說「日本公使館置兵員若干備警」，未規定員額。此時使館舊有日軍爲二百人，竹添所帶的換防兵多少，沒有紀錄，不知有無超額。

⑤日本已於明治五年宣佈實行西曆，中國、朝鮮則使用陰曆。

⑥據包遵彭的「清季海軍經費考實」一文（中國歷史學會史學集刊第一期），清代海軍建設已無統一計劃，又無固定專款，只命各省協款，每年南北洋各二百萬兩。實際上，各省戰亂之餘，自顧不暇，每年拖欠甚巨，北洋實收年只五六十萬兩。至於移用海軍專款者，前後有三次：（一）光緒四年移作晉豫救災之用。（二）光緒十一年，用海防籌款名義，移作三海（北海中南海）工程之用，共約三百萬兩。（三）李鴻章以海軍專款二百六十萬兩，放在天津洋行生息，息銀全部移作頤和園工程費，而本金亦因此凍結，不能提出購艦。所謂頤和園工程移用海軍專款者，事實上只此而已，梁啓超等謂移用三千萬兩，不符事實。

⑦總理內務大臣沈舜澤等原爲事大黨（親華派）。

第十四章　甲午戰爭的原因及中日軍事力量的比較①

第一節　莫把戰爭藉口當作原因

戰爭藉口　一般人往往誤把戰爭藉口與戰爭原因混爲一談，我們要分析甲午戰爭的原因，首先要將「藉口」與「原因」分淸楚。作者在「三軍聯合月刊」上，有一個「戰爭史話」專欄，曾寫過一篇「戰爭藉口」。現在特將那篇短文轉載於此，使讀者先確定一個前提概念。

宋史徽宗本紀贊（評論）曰：「宋不立徽宗，不納張覺，金雖強，何釁以伐宋哉？」把北宋亡國的原因，歸咎於不該立徽宗（哲宗死，無子，由皇太后所立）及徽宗不該納張覺。前者玆不論，後者是大多數宋人的共同論調（脫脫編宋史，只是照錄宋人的見解）。要知道此說爲是爲非，須先把張覺的事說說。

金人滅遼期間，宋徽宗出兵收復幽燕，打了一次大敗仗。金已滅遼，宋以代價向金收回燕京（今北平）。金改以平州（治所今河北盧龍）爲南京，用遼之降將張覺爲南京留守。後來張覺叛金，兵敗，投奔燕京，宋人納之。金以納叛責宋，宋乃縊殺張覺，函其首以送金人。

金滅遼後，諸將益思拓地立功，知道宋國不堪一擊，連垂亡的少數遼兵都打不過，皆主張乘機侵宋。而遼之降將耶律余睹及劉彥宗等，也想藉伐宋立功，邀寵於新主。金太宗初尙猶豫，余睹與彥宗言：「伐宋無須興動大軍，且可因糧於敵」，太宗之意始決。可見金之侵宋，主要的原因是「易取」，而不是「啓釁」，宋人的見識，未免糊塗可笑。他們不知道國家衰弱，土匪還想稱王，何況強鄰？至於戰爭藉口，何患無詞？何待乎釁？金人滅遼，不是藉口「阿疎事件」嗎？然而，遼亡而阿疎被俘，金主不過「杖而釋之」而已；阿疎的子孫，後來且被重用。

歷史上不乏此例，日本藉口「中村事件」，發動九一八事變，侵略我東北四省；希特勒藉口「生存空間」，侵略鄰國，引起第二次世界大戰，這都是當代的事實，盡人皆知，無須多說。拿破侖更爽直，他在意大利擊敗奧軍之後，乘機滅了不設防的威尼斯共和國。威尼斯與法國無冤無仇，拿破侖無詞可藉，便說道：「卑鄙與怯懦的人民，不配享受自由！」

也許有人以爲中國禮義之邦，當不會那麼橫蠻霸道，其實不然。周惠王二十一年，齊桓公會諸侯侵蔡，蔡潰，遂伐楚。楚子使與師問曰：「君處北海，寡人處南海，風馬牛不相及，君之涉吾地也，何故？」管仲對曰：「昔召康公命我先君大公曰：『五侯九伯，汝實征之，以夾輔周室。』賜我先君履，東至於海，西至於河，南至於穆陵，北至於無棣。爾貢苞茅不入；王祭不共；無以縮酒，寡人是徵；昭王南征而不復，寡人是問。」管仲的戰爭藉口，豈不是一樣的強詞奪理？

特別可怪的是，宋人居然不記得宋事。

宋太祖先後滅了荆南、湖南、後蜀、南漢之後，爲了統一中國，南唐勢在必取。當時，南唐後主李煜，事宋十分恭順，且上表自去國號，改印文爲「江南國主」，請求賜詔呼名。可是，無論李煜多麼卑躬屈節，還是難逃討伐。及至曹彬之師水陸並進，兵圍金陵，李煜這個糊塗蟲，還遣使請宋解兵。宋太祖沒有什麼理由可據，便對來使說道：「臥榻之側，豈容他人鼾睡？」

總而言之，國家不能靠委曲以求全，舍自強外，別無安全之道。

作爲日本藉口的三件事 有了這個概念之後，我們就可以看出，一般的歷史——包括中、日、韓三國史家所寫的通史或近代史——所列舉的甲午戰爭原因，亦即促成那次戰爭的幾個連續事件，實際上，都只是日本的片面藉口，全不是戰爭原因。現在先把那些連續事件，提出來分析一下。

1. 光緒十九年（朝鮮高宗三十年，日本明治二十六年，一八九三），朝鮮咸鏡道米糧歉收，禁止出口，日本商人頗受損失。

2. 光緒二十年二月十二日（一八九四年三月二十八日），朝鮮親日派首領金玉均，被韓國愛國分子暗殺於上海。清廷接受朝鮮的請求，把兇手洪鍾宇，連同金玉均的屍體，遞解朝鮮。朝鮮政府將金玉均分屍，並梟首示衆；賞賜洪鍾宇一個五品官。此事發生後，日本輿論憤慨。

3. 光緒二十年三月（新曆四月），朝鮮東學黨作亂（詳見下章），以「逐滅倭夷，盡滅權貴」爲口號。朝鮮無力鎮壓，請中國派兵協助平亂。日本已恨東學黨排日，又不願中國單獨出兵，也就大舉出兵朝鮮。

不成爲戰爭理由 然作爲戰爭理由，這三件事都不能成立。根據韓國史，朝鮮禁糧出口，僅咸鏡道一道所爲，對日本商業的影響並不大。而且，日本已經藉題敲詐，取得十萬元賠款。

金玉均之死，對日本雖有刺激，並不是了不起的大事。金玉均等於甲申政變失敗後，流亡日本。在那期間，日人對金氏等一班人很冷淡，且送之於小笠原島，等於處以流刑，可見日人並不重視他們。一個國家，如果政策不想打仗，即使喪失本國人民的生命財產，也不過要求賠償、懲兇、道歉而已，決不會掀起戰爭，下章所述英輪高陞號事件，就是一個好例子。一個他國人金玉均之死，何致引起日本宣戰？

至於東學黨之亂，日本派有浪人參與其事。即使不是日人所鼓動，也是日本所要利用的求之不得之事，因爲日本需要戰爭，正好找到這個題目來做文章。

第二節　日本早有預謀

眞憑實據　甲午戰爭的眞正原因，是日本有意選擇這個時候，打敗大清帝國，向大陸擴張領土。因爲日本的出兵準備，不在中國出兵朝鮮之後，而在中國出兵之前。換句話說，這次甲午戰爭，中國是被迫作戰，日本則早有預謀。這並不是憑空推測，有很充足的理由，可以證明此說。

證據一：朝鮮東學黨之亂，日本軍部派遣浪人內田良平，領導一批少壯軍人，組織「天祐俠團」，參與東學黨作亂，以助長其暴動②。後當兩軍疲戰時，洪啓薰派遣軍使，與東學黨議和，東學黨人已有意接受；「天祐俠團」惟恐亂息，竟把朝鮮官方的軍使斬殺，以激怒雙方再戰。

這是日本軍人製造戰爭藉口的一貫慣技，自甲午戰爭以後，尤其是自從九一八之後，在東北、內蒙、華北等處，類似的例子不勝枚舉。李鴻章那一代人，與日本初次交兵，或者還不能認識日本軍人的這種作風；我們這一代人，不知領略過多少教訓，再也忘記不了。

陸奧宗光不打自招 證據二：中日二軍到韓後，朝鮮東學黨黨亂已平，中朝二國促請日本撤兵。日本無話可說，其外相陸奧宗光忽然改變題目，提出改革朝鮮內政的無理要求。事後，陸奧自己所著的「蹇蹇錄」（龔德柏譯本改名「甲午中日戰爭秘史」），曾在第五章記下此一得意傑作。

> 且以此次事件論之，畢竟朝鮮內政之改革云者，不過爲調停中日兩國間難局所籌出之一政策。事局一變，竟不能不以我國之獨力擔當此事。故余自始對於朝鮮內政之改革，並不特別注重，且懷疑如朝鮮之國家，果能行滿足之改革否耶？然朝鮮內政之改革，今已爲外交上一種活問題，我國政府總不能不試行。故我國朝野之議論，對於事情原因如何，已不問矣。總之，有此協同一致，故對於內外，頗爲便利。余假此好題目，非欲調和已破裂之中日兩國關係，乃欲因此以促其破裂之機，一變陰天，使降暴雨，或得快晴耳。

同書第十章又說：

> 余曩昔（七月十二日，陰曆六月初十）曾訓令大鳥公使云：「今有施斷然處置之必要，不妨使用何等口實，開始實際運動。」該公使選擇何等口實，亦全屬彼之自由……翌日，因有派遣外務省參事官本野一郎於韓地之必要，余又使本野詳細說明該電訓之意旨。且謂「促成中日之衝突，爲今日之急務，爲斷行此事，可取任何手段。一切責任，余自當之。③

恐口無憑，列表爲證 證據三：茲將最初二月多的兩國軍事行動及外交等活動，列出一表。根據此表，我們可以斷定如下三事：

1.西曆五月三十一日，日本議會上奏天皇，彈劾內閣。六月二日，解散議會；同日，命令艦隊集中仁川、釜山。日本在五月三十一日至六月二日之間，一定有過極機密的御前會議，決定了戰爭。

2.清駐日公使汪鳳藻，於西曆六月六日，才將中國出兵之事通知日本政府，而日本則已先一日成立大本營於東京。大本營成立，全國即進入戰爭狀態了。

3.其後的每一行動，日軍皆佔機先，可見日本早有周到的計畫。

甲午戰爭初期中日軍事外交行動日期表

西曆月日	中曆月日	中國重大行動	日本重大行動	各國外交活動
五月卅一日	四月廿七日		議會上奏天皇，彈劾內閣	
六月二日	四月廿九日		解散議會，常備艦隊集中仁川、釜山	
六月三日	四月三十			朝鮮向中國乞兵
六月四日	五月初一	派葉志超率一千五百人開往朝鮮		

六月五日	五月初二		成立大本營於東京	
六月六日	五月初三	葉志超部先頭到牙山灣	駐韓日使大鳥率兵回任聯合艦隊司令伊東同行	清駐日公使以中國出兵事通知日本
六月七日	五月初四			日領事通知李鴻章，日本出兵
六月八日	五月初五		第五師團第九混成旅先頭千餘人出征	
六月九日	五月初六	葉志超部登陸，協剿東學黨	伊東司令，大鳥公使到仁川	中國照會日本，請勿出兵
六月十二日	五月初九		第九混成旅先頭到仁川	
六月十三日	五月初十	葉志超部集結牙山，待命回國	第九旅先頭入漢城	日本照會中國，出兵不受中國掣肘
六月十五日	五月十二	江自康率仁字營至牙山增援	第九混成旅旅長率該旅至仁川	
月六十六日	五月十三		第九旅旅長入漢城，軍艦八艘集中仁川	
六月十七日	五月十四			中韓二國以亂平，請日本撤兵

六月十九日	五月十六	袁世凱離漢城，往牙山		日本要求中日二國共同改革朝鮮內政
六月廿一日	五月十八			中國答覆日本，不得干涉朝鮮內政，再促撤兵
六月廿三日	五月二十		日軍包圍朝鮮王宮	日本照會中國，決不撤兵
六月廿五日	五月廿二			俄駐日公使出面調停
七月一日	五月廿八			俄向日本提出強硬照會，請日本撤兵
七月三日	六月初一			日本向俄保證，亂平即撤兵（俄國認為滿意）
七月四日	六月初二		第五師團陸續開到，仁川、漢城間日軍有萬餘	日使大鳥向朝鮮提出改革內政綱領
七月九日	六月初七			俄使通知李鴻章，只能以友誼勸日本撤兵
七月十二日	六月初十			英使請中國讓步
七月十四日	六月十二			日本照會中國，謂中國拒絕改革朝鮮內政，後果，日本不負責任

七月十七日	六月十五	派衛汝貴、馬玉崑等部開平壤及義州		
七月廿一日	六月十九			俄再照會日本，態度較前和緩
七月廿五日	六月廿三		豐島之戰，日艦襲擊清艦及運兵船	
七月廿九日	六月廿七		日軍攻擊成歡	
七月卅一日	六月廿九		第五師團餘部陸續向朝鮮輸送	
八月一日	七月初一	中國宣戰	日本宣戰	
八月十九日	七月十九		第五師全部及第三師一部集中漢城	

日本大本營作戰計畫　日本的初期軍事行動，有一點必須說明。看上表，似乎在六月下旬至七月上旬之間，日軍派遣軍頗爲遲緩，很容易使人誤會，以爲日本尙在期待外交局勢的發展，其實不是。據林眞氏的「日清戰爭」（大日本戰史第六卷）記載，日本大本營最初所定的作戰計畫，只以一部兵力，在朝鮮境內，吸引中國軍隊。大軍主力的行動，預期先由海軍奇襲，消滅中國海軍，然後逕由海上輸送，至渤海灣登陸，決戰於直隸平原，一舉擊滅淸軍，迫其接受城下之盟。

然中國艦隊始終不露面，日本海軍無法擊滅敵人，取得渤海灣的制海權，大軍因此不敢冒險，故遲遲未行。又恐久延之後，風季、雨季將臨，不利作戰，乃改變作戰計畫，增兵朝鮮，先肅清是處清軍，來春再移師進攻渤海灣。

由此可見，在上述一段時間之內，日本是在期待海軍的成功。其聯合艦隊司令官伊東亨祐所以那麼早就親至仁川，其故在此。

第三節　促使日本發動戰爭的原因

內外情勢交迫　根據上述，日本有計畫的發動大戰，非常明顯。這個前提確定之後，我們就要再進一步，研究其發動戰爭的原因。

如前所述，日本自明治維新之後，征服朝鮮，擊敗中國，已成為他們的基本國策；所謂文治、武功二派之爭，只是時間遲早問題。早在明治十二年（清光緒五年，一八七九），參謀本部即派桂太郎中佐，前往東北、華北秘密旅行，擬定對清作戰計畫。其後更派遣多人，調查中國兵要地理，對於戰爭準備，眞是不遺餘力。（四手井綱正的「戰爭史概觀」第十章）

那麼，日本為什麼要選擇這個時候發動戰爭呢？其原因至少有如下幾個：

第一，日本發展工業，自明治二十三年（一八九〇）起，已經生產過剩，亟需擴大市場。

第二，日本的軍備，已經超過了大清的北洋陸海軍，且知清廷及其官兵腐敗，日本有戰勝的充分把握。此事非三言兩語可以說清楚的，下面再將二國戰力詳細比較，這裏暫且擱下。

第三，本年十月初十（舊曆），爲慈禧太后萬壽慶典，日本知道中國今年不會準備戰爭，有懈可擊。

第四，俄國已開始建築西伯利亞鐵路（一九〇〇年完成），若待此路完成，日本要想征服朝鮮和東北，就困難得多了。

第五，日本議會迫得內閣走頭無路，爲壓制國內的政黨，只有發動對外戰爭。要瞭解此事的眞相，必須先解釋明治維新以後的日本政體。

藩閥內閣 日本明治維新，全靠薩摩、長門二強藩的力量。因此，自維新以來，元老、重臣皆出自薩、長二藩，政府的中堅人物，亦多出身於三藩的武士階級。儘管明治十八年（一八八五）廢除太政大臣，成立第一次內閣；明治二十二年（一八八九）公佈憲法，二十三年開始選舉，第一屆議會產生；然徒有憲政之名，並沒有眞正產生政黨內閣——天皇並不任命議會多數黨領袖組閣，而任命元老重臣爲總理。在甲午戰爭以前，受命組閣的，都是薩、長二藩的巨頭（薩閥與長閥），二者輪流組閣，好像賭博輪莊一樣。

那些薩、長二閥的巨頭們，始終沒有實行憲政的誠意，甚至公開蔑視政黨。且看憲政施行之初，幾位藩閥的話：

第一屆內閣總理伊藤博文（長閥）：實行憲政內閣制的國家，罕有政治良好的。我們由天皇掌握主權，統治全國，首相以輔弼天皇爲任務，政府不能依循憲政意見以行事。（明治二十三年對「府縣會議」訓詞）

第二屆總理黑田清隆（薩閥）：政黨之爲物，奔競浮躁，徒滋紛擾……國家雖有政黨的存在，但政府應有一定的方向，必須超然立於政黨之外。（明治二十二年，憲法頒佈的翌日，對「地方官會議」訓詞）

第三屆總理山縣有朋（長閥）：行政權乃至尊的大權，凡當執行之任者，務須切實立於政黨之外。（明治二十三年，對「地方官會議」訓詞）

因此，他們標榜「超然內閣」，究其實則爲「藩閥內閣」。內閣對議會的控制，不靠多數黨的票數，而是憑藉天皇的詔諭，動輒解散議會，或勒令停會。

軍人左右政治 更糟的是，內閣又被軍閥牽着鼻子走。內閣定的政策再好也沒有用，只有唯軍部的馬首是瞻。而日本軍人的本質，還是武士，因爲維新之初，所有陸海軍軍官，全是武士轉化而來的（以薩、長二藩的武士爲主）。他們抱着狹隘的民族主義思想，充滿着開疆拓土的立功慾，終於領導着日本走上軍國主義之途。

軍部怎樣支配內閣呢？他們有三個法寶，使內閣非跟着他們走不可。

第一，依日本憲法規定，統帥權獨立。天皇爲陸海軍大元帥，有對外宣戰、媾和……之權。又依陸軍「參謀本部」及「海軍軍令部」組織法④，參謀總長與海軍軍令部長，皆爲天皇的參謀長（依明治二十六年的大本營條例，戰時，海軍軍令部長隸屬於參謀總長之下，明治三十七年修改，陸海軍二幕僚長併立），有帷幄上奏之權。戰時在大本營體系之下不用說了，即在平時，參謀本部與海軍軍令部所擬的國防與建軍方案，呈奉天皇裁定後，即移送屬於內閣的陸海軍二部執行。換言之，內閣的建軍政策及軍事預算，只是奉行參謀本部與海軍軍令部的已定方案而已。

第二，無論任何內閣，陸海軍二大臣的人選，皆由軍方自行推薦，且以現役的陸海軍大將或中將爲限⑤。只要陸海軍大臣提出辭職，而不能覓致妥協，內閣就得垮台。拜命組閣的人，如不能獲得軍部的支持，軍部拒絕推薦大臣，新閣就組不成功。換句話說，所有內閣總理皆得首先接受軍方的條件，才能組閣。所謂「限板內閣」（一八九八年六月至十月）的第一次政黨內閣，即因無法覓致陸海軍二大臣而不敢拜命，後由天命出面，留下前任陸海軍大臣，始組成新閣。

第三，軍方的最後一個手段，是製造國際糾紛，或故意使糾紛擴大，以鼓動國內輿論，壓迫內閣採取強硬態度，一步步走向戰爭之途。不但軍方希望戰爭時如此，有時爲了爭取軍事預算，也往往採取這種手段，製造緊張局勢，然後利用輿論，壓迫政府增加預算，並壓迫議會通過。

日本軍部這三個法寶，幾乎無往不利，內閣只有跟着軍方走的份兒。因此，自從明治維新之後，軍事預算總是逐年增加。而軍方的胃口又越來越大，尤其是海軍，不但要超過中國，還想一步登天，趕上英美。

明治二十四年（一八九一）十一月二十一日，海相樺山資紀提出海軍再擴大案，略謂日本海軍須有二十五萬噸，惟以顧慮民力，只好期於他日，目前必須先增至十二萬噸（突然增加一倍多）。

議會反對預算　國父在民權主義上說，民權是爭來的，不是天賦的。日本已行憲政，有了政黨，自然要爭民權，軍事預算愈增，議會反對之聲亦愈烈。日本的政黨，最初還不敢得罪軍人，專用側面攻擊，或指責政府貪污腐敗，或挑剔大臣的演詞失態，或斥責政府外交軟弱。總而言之，議會的戰術是避重就輕，集中攻擊內閣某一缺點，藉題發揮，或提不信任案，或削減預算。

自從樺山海相提出海軍大擴張案之後，由於此一狂妄的建艦要求，超過了國民的負擔能力，議會遂與軍方正面衝突，堅決反對海軍預算。明治二十六年（一八九三）年度預算中，海軍建艦預算被削很多，海軍大譁。結果，乃由天皇採取特殊措施，每年由內廷節省三十萬，並命文武官員獻薪十分之一，以補助建艦經費的不足。

在議會與內閣劇烈衝突之下，議會屢被解散，或被勒令停會，然內閣也時常垮台。明治二十三年才產生第一屆議會，到二十七年三月一日大選所產生的，已經是第六屆議會了。換言之，四年中解散了五次議會。又自明治十八年第一屆伊藤內閣起，至二十五年的伊藤第二次內閣，短短七年間，也已換了五次內閣。

內閣危機促成對外戰爭　議會與內閣之間的尖銳衝突，嚴重地影響建軍案的實施，軍方自然很焦急。明治二十七年（光緒二十年，一八九四）四月（陰曆三月），朝鮮「東學黨」作亂，日本軍方立即派遣浪人潛往參加，企圖擴大朝亂。

五月十二日，日本第六屆議會召開，民黨一致攻擊伊藤博文內閣，經過半個月辯論後，至五月三十一日，議會決議上奏天皇，彈劾內閣。六月二日，解散議會，民黨怒不可遏。

軍方與執政的藩閥，在議會反對之下，早就有了號召對外，以團結民心的打算，故在明治二十六年五月十九日（在決定節省宮廷費用及官員減薪十分之一之後三個月），遂制定了「戰時大本營條例」。現在，惟恐第七屆議會更難應付，又自恃武力已經超過了清國，乃決意利用「東學黨」之亂為藉口，出兵朝鮮，與中國一戰。所以六月二日解散議會，同日便命艦隊集中仁川、釜山。緊接着，六月五日卽成立大本營，六日就派遣第一批軍隊赴韓。徵兵制國家，必須經過動員，由平時編制轉變爲戰時編制，始能出征，判斷其動員開始，當在六月五日與大本營成立同時。或者還要提早幾天，與解散議會同時。

果然，這一帖藥很靈，在軍事着着進行的時候，日本便不分黨派，舉國一致，支持對外戰爭。

第四節　兩國軍事力量比較

現在，讓我們來看看中日雙方的軍事力量如何，爲便於對照比較，分幾個項目來分析。

募兵對徵兵　首先自兵役制度來說，中國是募兵制，那是由討伐太平天國之役起，從民團蛻變而來的軍隊，多以創建人的姓名爲營號，充滿着地方色彩，可說是國家出錢僱用的私人軍隊。自其好處來看，兵員不退役，老兵多，新兵少，主帥久於其位，內部比較團結。然軍隊貴新陳代謝，老官老兵一定暮氣沉沉。湘軍、淮軍、銘軍等，最初皆有一股朝氣，建過許多功績，自平太平天國之後，一個個皆日趨腐敗墮落，且缺額甚多。而士兵平均年齡較高，體力也難以勝任現代作戰的堅苦勞役。至於開戰以後臨時募集的百數十營新兵，則皆是烏合之衆，只够資格做槍砲輸送隊而已。

日本爲徵兵制，一經動員，卽照戰時編制補足員額。且在一致對外的號召之下，士氣很高。

日本於明治六年（一八七三）頒佈兵役法，二十歲壯丁，抽籤服常備役三年；退爲第一預備役二年，再退爲第二預備役二年。除常備軍外，男子十七至四十歲，皆入兵籍，爲國民軍。戰時動員，先徵第一預備役，不足則徵第二預備役，再不足始徵及國民軍。因此，士兵年齡皆在二十七歲以下，平均年齡為二十三、四歲，年輕力壯，富於冒險犯難精神。而且，後備兵每年定期召集，接受複習教育，武藝亦不荒疏。

中國陸軍五花八門 參加甲午戰爭的中國陸軍，戰時新募的不算，約有百營左右，其番號兵力及一般狀況如下：

李鴻章在北洋訓練的新軍，共有三十九營，分為「銘軍」、「盛軍」、「蘆防淮勇」、「仁字虎勇」四種。

「銘軍」是沿用劉銘傳軍的老番號，有兵十二營，由劉盛休統領，駐防大連。

「盛軍」有兵十八營，由衛汝貴統領，在小站訓練。這是李鴻章親自督訓的新軍，鴻章對他們期望很高，而事實適得其反，不但戰績差，紀律也最壞。

「蘆防淮勇」有兵四營，由葉志超統率，駐防蘆臺、山海關一帶。

「仁字虎勇」有兵五營，由聶士成統領，駐防營口。

新軍由淮軍將校統率，深染淮軍腐敗風氣，紀律廢弛，領導又不得人，戰鬪力大都很差。⑥比較能戰的是「毅軍」、「奉軍」。

「毅軍」為宋慶所創，因宋慶賜號「毅勇巴圖魯」而得名。有兵十營，駐旅順。這次戰爭，常被分割使用。平壤之役，戰績最好的就是毅軍。

「奉軍」為左寶貴所部，初在奉天剿馬賊，遂留駐是處，有兵六營。該軍紀律很好，但在平壤的一般戰績並不佳。⑦

又在旅順附近，歸宋慶指揮的，還有「親慶軍」六營，「護軍」二營，「綏鞏軍」八營。

此外，還有依克唐阿的「黑龍江鎮邊軍」，及最後參戰的長慶的「吉林軍」，共十餘營。這些邊防軍比較純樸，沒有染上內地軍隊的腐敗習氣，士氣也高；但沒有受過近代戰爭的訓練，戰法陳舊，不能應付現代化戰爭。

清廷的「神機營」，本是滿人的王牌軍，官兵全是八旗子弟。但早已腐化，不堪作戰，且此時還沒有學習洋操⑧。現由慈禧太后的胞弟桂祥統率，兵力不詳，也沒有參戰。

各省抽調北上的援兵，有鄂軍、淮軍、粵勇、桂勇，都只是象徵性的，兵力很少，擾民有餘，作戰不足。湘軍算是最多，有數十營，但皆爲新募之兵，素質最壞。指揮官巡撫吳大澂平日大言不慚，可惜他只長於金石考據，不長於軍事，一聞砲聲便逃。

清軍的編制，每營約五百人，一般皆多缺額，平均不滿四百人。不算戰時新募諸營，總兵力不滿百營，四萬人不到，只相當於日本兩個師團的人數。

裝備尤不一致，五光十色，應有盡有。有當時最新式毛瑟槍、機關槍、克魯伯野山砲，比日軍槍砲好得多；但也有舊式小銃、枱槍，甚至還有不少人使用刀劍、戈矛、弓矢的。砲兵彈藥保管不善，不發彈很多，射擊又不精練。騎兵比日軍優勢，例如盛軍十八營中，就有五營馬隊。但沒有工兵、輜重，所有後勤補給及工兵作業，皆以長伕擔任。通信只能利用已設電線，沒有野戰通信隊。

軍隊衛勤組織更付闕如，傷兵沒有人救護治療，聽其自生自滅。後來，戰事發展到遼東時，才有熱心的外國醫生，在牛莊組織了兩個臨時醫院，替清兵療傷。⑨

日本陸軍概況　日本陸軍已經是現代化軍隊，全國七個師團，除近衛師團編裝稍有差異外，其餘完全一致。每師步兵二旅，四個聯隊（團），每聯隊三大隊（營），每大隊四中隊（連）。師騎兵大隊，屬三個中隊。師砲兵聯隊屬二大隊，每大隊有野砲中隊二，山砲中隊一。師工兵大隊屬二中隊。輜重及其他特種兵，臨時配屬。

七個師團的戰時員額，共十二萬三千四百餘人。軍以上的特種部隊，如野戰電信隊、軍兵站等，尚不在內。

甲午戰爭，日軍先以第三、第五兩師團，編成第一軍，軍司令官山縣有朋大將，自朝鮮北上。第二階段，再以第一、第二、第六師團，編成第二軍，軍司令官大山巖，自旅順登陸。近衛師團與第四師團爲後續部隊，到達遼東時，戰事已結束。

日軍的步槍，還是明治十八年式的「村田」槍，單發射擊⑩，比中國軍隊所用的毛瑟槍差得遠。日本砲兵用的是明治十八年式野山砲，係日本自造的銅砲⑪，不但射程不及清軍所用的克魯伯砲；而且每發射一彈之後，即須用人力推還原來砲位。然日本的銅砲構造堅固，砲兵射擊技術也很精練。

北洋水師　如前所述，中國海軍經費本無固定來源，而頤和園建築費，又挪用存款息銀，從而凍結本金，稍後又値慈禧太后做壽，復移用海軍經費。慈禧六十萬壽爲光緒二十年（即甲午戰爭那年）十月初十，但早在光緒十八年五月，即開始籌備，以刑部尙書李鴻藻（後改任張之萬）總辦慶典，僅修飾頤和園的慶典點綴，耗費已不下千萬。因此，自光緒十三年，買了「經遠」、「來遠」、「致遠」、

「靖遠」四艦之後，再沒有添建新艦。當時，西洋造艦技術年年進步，甲午戰爭時，中國軍艦皆已陳舊，速力遠不如日艦，速射砲更比日艦少得多。丁汝昌很清楚，「屢請添購新船」，及舊艦加裝速射砲。然不但朝廷「限於財力，格於部議」，連李鴻章本人，也「未敢奏咨瀆請」。（李鴻章奏稿）

中國海軍分爲北洋、南洋、福建、廣東四個水師，原定計畫是先充實北洋水師，再及其他，後來北洋尚且停止購艦，其他就不用說了。因此，到甲午戰爭時，全國雖有八十餘艘軍艦，水雷艇二十餘隻，總噸位約八萬五千噸；然南洋、閩、粵的軍艦，大都是小型的舊艦，不能用於遠洋作戰，實際參戰的，只有北洋水師全部，軍艦二十二艘，水雷艇十二隻，及廣東水師的「廣甲」、「廣乙」、「廣丙」三艦，共四萬四千餘噸。

北洋水師有鐵甲主艦四艘，「定遠」、「鎮遠」皆爲七千三百餘噸，各有三十公分克魯伯砲四門，這是中國海軍的王牌，曾經訪問過日本，使日人驚駭不已（參看上章）。然而，二艘都是光緒十一年（一八八五）造的，當時造艦技術日新月異，到甲午戰爭時（一八九四），雖爲時未滿十年，艦型已經落伍。二艦的時速只有一四・五浬，比最新的日艦二十三浬者，相差很遠。另二艘鐵甲艦「經遠」、「來遠」，皆只有二千九百噸，比日艦四千噸級者遜色得多，時速也只有一五・五浬。

巡洋艦六艘，「致遠」、「靖遠」、「濟遠」皆爲二千三百噸，「平遠」二千二百噸，「超勇」、「揚威」只有一千三百五十噸。廣東水師的「廣甲」、「廣乙」、「廣丙」三艘，皆爲一千噸級軍艦。其他幾百噸的小艦從略。

日本海軍　日本在甲午戰爭時，外國定造的二艘新艦「富士」、「八島」尚未竣工，然仍有軍艦三十一艘（一說二十八艘），共六一、三九〇噸（依松下芳男的「近代日本軍事史」），超過中國的北洋水師一萬七千噸左右。

日本海軍有主艦七艘，四千二百噸級的有「松島」、「嚴島」、「橋立」，合稱「三景艦」。「吉野」是四、一六〇噸。其餘「扶桑」、「浪速」、「高千穗」三艘，皆爲三千六七百噸。

巡洋艦「秋津洲」三、一七二噸，「金剛」、「比叡」皆爲二、二四八噸。千噸級的軍艦有「千代田」、「高雄」、「八重山」、「天龍」、「葛城」、「武藏」、「太和」、「海門」等。千噸以下的小艦從略。

水雷艇二十四隻，共一、四七六噸。

此外，又將商船「西京丸」、「山城丸」「近江丸」、「相模丸」四艘，臨時改裝爲補助巡洋艦，四艘合計，大約有萬餘噸（西京丸四、一〇〇噸）。

日本海軍逐年添建新艦，大部分皆較清艦新式。日艦航速自二十三至十三浬，清艦爲十八至十一浬。日艦速射砲多，黃海之戰的對比，日艦十二艘，速射砲二四六門；淸艦十二艘，速射砲只七十九門。

日本海軍最顧慮的，是淸艦「定遠」、「鎭遠」，各有三十公分克魯伯砲四門。爲對抗這二艦的火力，「松島」、「嚴島」、「橋立」三主艦，臨時各增置三十二公分的加農砲一門。

北洋海軍劣勢 根據以上分析，以日本全部軍艦對中國北洋水師，噸位比例爲六萬一千餘噸對四萬四千餘噸（若再加上日本武裝商輪萬餘噸，則相差更遠），與當時淸廷大臣所想像者正好相反。淸廷對於日本逐年添置新艦，只從外國人透露一點消息，本身毫無情報，所以始終還以爲日本海軍微弱，甚至黃海海戰過後，所留下的是役紀錄，還說日艦總噸位只有清艦之七成（實際是日艦多數千噸，見下章）。

清艦有二艘王牌主力艦，但其優點，已爲速度小，快速砲少兩缺點所削弱或對消。其他清艦，則無一可以對抗日本的主艦及巡洋艦，無論噸位、速力、砲數，皆落後很遠。

不但如此，當時日本有二造船廠，一在橫須賀，一在小野濱，二千噸以下的軍艦皆能自造[12]。較大的軍艦，必須向國外定造者，也由日人自行設計。日人監工很嚴格，雖極細微部分，稍與原圖不合，即要求改正。中國往往買現成貨，經手人多中飽[13]，驗收自然很馬虎。

中日宣戰前不滿三個月，光緒二十年四月初三日，李鴻章大校閱，閱畢奏稱：「合操水師全軍，萬砲齊發，起止如一，英、法、俄、日各國兵船來觀，稱爲節制精嚴。」然而，儘管李鴻章自我陶醉，把外國觀操人的禮貌話當了眞，外國人心裏却是有數的。

當時就有參觀演習的英人，坦白地批評說：「中國海軍現狀，尚不足以敵日本，必須添購兩快船，方可以制勝。」遂爲中國介紹，洽購英造新艦二艘。此時，中國正以所有財力，用於籌備太后的萬壽慶典，籌不出二百萬元，此二艘反被日本買去。據說，其中一艘就是時速二十三浬的日本主艦「吉野」號，該艦曾擊沉清艦多艘。

現在，再看兩國的軍事教育情形。因爲有兵，有槍砲，有軍艦，不見得就能打仗，軍隊必須訓練，軍官必須教育，然後才能成爲勁旅。

可笑的淸軍訓練　李鴻章所訓練的新軍，我們無從知道其訓練情形，只知道「師西法」三個字。光緒二十年四月李鴻章大校閱，關於陸軍部分，紀錄上也只留下幾句話：「赴小站，看盛軍步隊十一營，馬隊五營，槍砲隊四哨操演。」但是，只有步、騎、砲，而無工兵、通信、衞生、輜重的軍隊，從編制上就可以想像其「師西法」未必高明；而後來的戰績，也是小站的盛軍最差，可見他的新軍訓練是難以恭維的。

新軍以外的軍隊訓練，就更不堪設想了。有一個英國人，名叫 Dugald Christic，曾在瀋陽醫院服務三十年，甲午戰爭時，親自看見一部中國軍隊的訓練。他在其所著的「瀋陽三十年」(Thirty Years in Moukden) 一書，有如下的記述：

> 這些軍隊中，有許多是新入伍的。新兵的成分也不同，一部分是來自田間的農夫，一部分則是乞丐流氓之類。他們出發之前，必須停在這裏，接受一二星期的訓練。在我們醫院後面，是一個大書房（？），我們常看見一羣羣的新兵上操，來復槍放在一羣不知槍砲爲何物的人的手裏，旣沒時間也沒有人來充分敎導他們。而且軍械也不一律，有的就拿着滿生了銹的抬槍（這種槍是用人抬的，放的時候，須用火點）甚至有的手持弓箭。也有作古代裝束的，拿了短刀和長矛，長矛的頭上還有一大簇紅纓。持長矛的人，每日主要的練習，就是一齊將矛舉起，向前一衝，口中就喊「殺」。我們問他們爲什麼這樣鼓譟，他們說，這樣做可以嚇退敵人。
>
> 當我們想到這些可憐無知的好人，不久就要去抵當新式的砲火時，心裏覺得非常難過。短短的訓練時期過了，他們就很快活的出發，試驗他們的運氣去了。他們穿着很漂亮的鄉勇服

裝，大紅坎肩，前胸後背皆有大圓圈。每十人中，就有一人擎着一面飄盪的紅旗。戰爭一定是就要來臨了，在一般人意中，日本人竟敢造反，中國當然要討伐他一下——很容易的事情。

（轉引自文廷式等的「中日甲午戰爭」）

北洋水師的訓練　關於北洋水師的訓練，作者覺得很難論斷，曾遍閱有關資料，不厭其詳，最後我覺得甲午戰爭海軍之覆滅，其主要過失不在海軍，而在上級指揮階層，包含朝廷與李鴻章。就海軍本身而言，問題是在人事，不在訓練不精。當時由於海軍敗滅，人人憤慨，於是「天下之惡皆歸焉」，清人的公私文獻，幾乎衆口一詞，罵得北洋海軍狗血淋頭，其實是很寃枉的。清人對海軍的批評，大都不是事實。例如，據說黃海之戰時，主力艦「定遠」、「鎮遠」的三十公分主砲，只有三顆砲彈，簡直是胡說。細考日方的海戰紀錄，最後決戰階段，全靠那八門大口徑砲，擊傷日本旗艦，日本艦隊才首先脫離戰場。又如羅惇曧批評說，「總兵以下，爭挈眷陸居」。這位羅先生大概還以爲現代海軍應當像宋朝韓世忠的水師一樣，眷屬都住在艦上罷？以我推想，當時海軍一切都照西洋規矩，如酒會、渡假、橋牌、聚賭等生活方式，冬烘夫子們看得很不順眼，所以指爲腐化墮落。

依作者的研究，北洋海軍的訓練至少可說是差強人意的。李鴻章大校閱時，海軍演習項目，包含隊形變換、射擊、發射水雷等，李鴻章的總評是「操縱自如」，換言之，即相當熟練。事後雖有英國外交官批評，「中國海軍尚不足以制日本」，那是指缺乏快速艦而言，不是指演習上的缺點。

自然，李鴻章的評語未必中肯，但有黃海之戰的日方紀錄可爲佐證。那一次海戰經過，請參看下章，在作戰初期，中國艦隊還佔着有利形勢，首先受創的是日艦「比叡」、「赤城」、「西京丸」三艘，清艦尚無一艘受創。後因丁汝昌旗艦中彈，瞭望臺折斷，汝昌本人受傷，旗艦信號失靈，諸艦陣容凌亂，形勢才開始轉變，以致損失了幾艘軍艦。然在最後主艦決戰時，日本艦隊圍攻「定遠」、「鎮遠」，二艦始終沉着應戰，迭予日艦重創，迫使日艦先行撤退。憑此戰績，我們決不能說北洋水師平時訓練不好。

武官出身及新軍軍官教育　清軍的武官出身，此時還是靠武闈，考試科目是舞刀、騎馬、開弓、射箭（到光緒二十七年始廢武闈）。

新創辦的軍事學校只有幾個。中央是由李鴻章創辦了一個「武備學堂」，訓練陸軍軍官；及一個「水師學堂」，負責海軍軍官教育。屬於地方的，有張之洞在廣東辦的「水陸師學堂」，曾國荃在南京辦的「南洋水師學堂」。至於張之洞在兩江總督任內所辦的「陸軍學堂」，則在甲午戰爭這一年才開辦。

以上幾個學堂的情形，都不大清楚，只有李鴻章所辦的武備學堂情形略知一二。這個學堂創辦於光緒十一年，堂址設在天津，學生是由各營弁勇中選拔保送，聘德國軍官李寶、崔發祿、哲寧那珀、博郎闊士等爲教習，二年畢業。學科有天文、輿地、格致、測繪、算術、化學、兼習經史；術科分步、騎、砲之攻防隊形變換。

無論如何，單靠一個「武備」一個「水師」學堂來負責海陸軍軍官的全部教育，實在差得太遠，請與日本的軍事學校比比看。

日本的現代化軍事教育　日本的軍隊訓練，由師、團管區施行。明治十一年置「監軍本部」，即

「教育總監」的前身，爲中央督訓機關。除常備役在營訓練外，每年亦定期召集預備役，施行複習教育。

日本的軍官教育機構，此時已經相當完備。陸軍有士官學校、幼年學校、砲兵射擊學校、軍醫學校、經理學校、乘馬（騎兵）學校、要塞砲兵幹部練習所及獸醫學校等。海軍有海軍兵學校及其分校（分校性質爲海軍機械學校）、海軍砲兵學校、海軍水雷學校、海軍會計（後改主計）學校、海軍軍醫學校等。

以上是陸海軍軍官、軍佐養成教育機關，軍官的深造教育，則有陸海軍大學各一。陸軍大學創辦於明治十一年，到甲午戰爭時，已有十六年歷史。海軍大學創辦於明治二十一年，亦已有六年歷史。日本的海軍教育，聘請英國海軍軍官爲教師，完全仿效英式。陸軍初聘法國軍官爲教官，一切皆仿法式。一八七〇年普法戰爭，法國失敗，德國陸軍馳譽全球。桂太郎（甲午戰爭的師團長，後爲首相）留學德國歸來，即建議改採德國教育，聘請德國人爲教官。

明治二十四年（一八九一，甲午戰爭前三年），日本陸軍頒佈「修正步兵操典」，完全是德國一八八八年操典的翻版。換言之，甲午戰爭時，日本的步兵戰術，是最新式的散開戰術。本戰爭諸戰役中，日軍的傷亡人數，皆比清軍少得多，其原因在此。

日軍陸海軍二大學的成績，已在甲午戰爭表現出來。其陸軍大學最著名的教官爲德國的麥克魯少校（Clemens Meckel），此人學識豐富，見解卓越，日本軍官受益很大。麥克魯在日本陸軍大學任教三年，回國後逐漸晉升爲將軍，曾任德國參謀次長。

指揮組織比較　就指揮組織而言，中國軍隊簡直凌亂不堪。野戰軍以營爲單位，而各營的編制裝備又不一致。營以上的指揮階層稱爲軍，所屬營數不一。軍的指揮機構已不合現代作戰的要求，又沒有支援兵種及通信單位。更上層的遙制階層，尤其遲純不靈，事實上是這樣的：

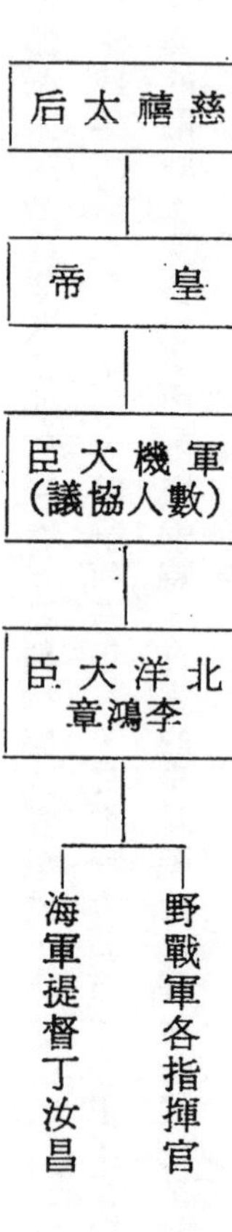

日軍的指揮組織，完全是現代化的，陸軍師團以下編制裝備劃一，層層節制；艦隊也是系統井然，健全靈活。其最高階層的指揮組織，尤其簡單敏捷：

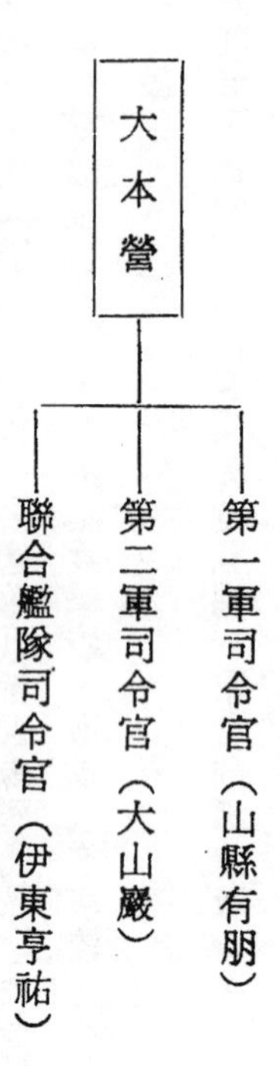

天皇爲大元帥，是大本營首腦，陸軍參謀總長爲其幕僚長。大本營於六月五日（五月初二）成立於東京，策定作戰計畫，指導全面動員，頒佈戰鬪序列，及軍隊與艦隊的調遣。八月一日（七月初一）宣戰後，大本營於九月十五日進駐廣島。

雙方士氣懸殊　拿破侖有一句名言，戰爭的勝負，士氣佔十分之七。這次甲午戰爭，淸軍之敗，尤應歸咎於士氣不如日本軍隊。

如前所述，作者並不盡信那些外行及過火的淸代私人札記——例如，他們所說，「濟遠艦管帶方伯謙藏匿艙內，不敢交鋒」；「水手山東人突開尾礮，擊中倭船要害，倭船傷重不能行駛，濟遠得以逃歸」；「總兵林泰曾，匍匐而求佛祐」；「用一丁汝昌，而大枝之鐵甲艦盡屬漏舟」……等，這些惡意批評，下章都有事實證明其謬，作者自然不會相信。⑭

然有幾個事實，我們不能不承認：

1.李鴻章遠在天津遙制，平壤及遼東諸戰役，戰場上沒有眞正能夠統一指揮的統帥，諸將官階不相上下，彼此互不統屬。

2.李鴻章的北洋水師及陸軍的新軍，皆以淮軍將領爲主將，大爲輿論所詬病，影響士氣很大。尤其是水師，幹部皆閩人，而提督丁汝昌則是淮軍將領，他的命令不易貫徹，當係事實。最後艦隊迫降的一幕，可以爲證。

3.淸軍士兵平均年齡大，冒險犯難的精神，自然不及年輕小夥子。

4.沒有完善的後勤組織，軍隊不擾民是做不到的。而沒有野戰衞生組織，讓傷病兵自生自滅，影響士氣尤大。

5.軍人也是社會的一分子，時時受着社會環境的影響。當時社會上所流行的思想，是「好鐵不打釘，好子不當兵」，軍人素質自然不會好。而淸末社會風氣那麼腐敗，軍隊受着社會風氣的影響，決不能獨善其身。因此，清軍軍官貪污及剋扣軍餉等事，照理都是可信的事實，無可辯護。尤其可憐的是，有好些高級將領，都抽鴉片煙。牛莊之役，日軍已經兵臨城下，李光久還在抽大煙。

總而言之，看了以上諸因素的分析，可見中日二國的陸海軍質量懸殊，根本不是對手；不幸清廷又沒有作戰計畫，逐次使用不充分的兵力去送死，幾經挫敗之餘，士氣當然十分沮喪。

日本方面呢，向外侵略是舉國一致的要求，戰爭是武士道精神之所寄。尤其是，自明治十年（一八七七）起，德國國家主義輸入日本，更助長日本「國權主義」、「國粹主義」的抬頭，使武士道獲得新的精神武裝。日本軍官有現代軍事學識，善於指揮；士兵年輕力壯，訓練有素，藝高膽大。而日本又以不宣而戰的慣技，佔了緖戰便宜，自然士氣很高，不在話下。

清廷既不知彼，又不知己　綜合上述，我們清楚地看出，無論人數、艦數、編制、裝備、教育、指揮、後勤、士氣；清軍無一可及日本。然清廷上上下下，還是夜郎自大，視小日本爲不足道。余聯沅奏摺所獻三策，狂妄地說「上攻東京，中攻海口，下與倭戰。」翰林院三十五人連名上奏，參劾李鴻章，也說，「以大禦小，以強敵弱，潰敗決裂，一至於此。」張謇奏云：「本年五月間，日寇已見，使李鴻章得袁世凱數十密電之後，援十一年第三條約，詰以派兵何不先行知照，則口謀可伐，不至於戰。」以及按察使易順鼎最初所呈「籌戰事六疏」等，皆完全不切實際。

由此可見，當時清廷大臣中，幾乎沒有一人知道眞實情況。主戰派如翁同龢、李鴻藻等，主和派如李鴻章等，其立論依據的敵情判斷；都是同樣錯誤的。主戰者因不明敵情，誤以日本爲弱小，易勝；主和者也是不明敵情，日本早就組織大本營，全國進入戰時體制，決心大幹，李鴻章還以爲可藉俄、英調停，化大事爲小事，而不作更進一步的準備——雖然，這時候已經來不及，但能多作一分準備，也許不至於敗得那麼慘。

第五節　日本的弱點

也許有人要問，既然中國陸海軍那麼差勁，根本不能打，而日本又非打不可，難道中國就束手無策，聽任日本人宰割嗎？是又不然，日本自有其嚴重的弱點。

不錯，日本效法西洋，陸海軍面目一新，以現代戰爭的姿態，進攻腐敗的滿清老大帝國，有如摧枯拉朽，不費多大氣力。然而，現代化的軍事，要有現代化的工業爲基礎。這一方面，當年的日本可說是等於零。所以當時的日軍雖強，好比沙灘上建築，其基礎是十分脆弱的。

工業幼稚　甲午戰爭那年，是明治二十七年（一八九四）。那時候，日本的工業還很幼稚，其概況如下：

日本的電力事業，至明治二十年才創辦，此時還只能用於照明，根本沒有用電爲動力的工廠。明治二十七年，日本全國工場總數五、九八五，百分之六十是手工業，只有二、四〇九個工廠，是利用原動力的。全國工人只有三八一、三九〇人。（臺灣目前還在工業起飛階段，已有工人二百餘萬，請比比看。）所有工廠，除軍需工業及鐵道、造船等交通事業外，全是輕工業，重工業還是一個零。

明治維新後，爲彌補貿易入超，極力提倡輸出，發展棉紗、砂糖、絲、茶等，以爭取外滙。至甲午戰爭時，日本的主要實業，就只有這幾類。這些輕工業，雖可以賺取一部分外滙，卻不能改變爲軍需工業，直接支持戰爭。而且，戰爭一經開始，船隻皆用以輸送軍隊及後勤補給，對外貿易全靠外輪，已陷於半停頓狀態。

當時的日本，雖有鐵道、造船、軍械等工廠，卻還沒有像樣的鋼鐵廠。要等到明治三十年（一八九七），拿到甲午戰爭的中國賠款，才創建一個八幡製鐵所。日本陸軍事事仿效德國，海軍事事仿效英國，兵工廠則只能仿效意大利，製造銅砲，其原因就是因爲鍊鋼不精。

日本的軍需工業，屬於軍火製造者，當時還只有東京、大阪兩個砲兵工廠，板橋一個火藥製造廠，生產量很有限。日軍作戰消耗的彈藥，是靠連年的儲備，單靠這幾個廠是供不應求的。

金融脆弱　日本的財政金融，尤不健全。甲午戰爭前，政府預算年年都有赤字。明治二十七年會計年度，因戰時戰費另籌，陸海軍經常費相對減少，仍不敷二千萬日圓左右——是年歲入爲九八、一七〇、〇八八圓，歲出項下，一般國費約爲八千餘萬圓，陸海軍經常費各一千餘萬圓。

其次，明治十年（一八七七）西南戰役（討伐西鄉隆盛），政府濫發紙幣，戰後年年整理，苦不堪言。十五年（一八八二）成立日本銀行（中央銀行），翌年發行兌現紙幣，物價始稍見穩定。然直至甲午戰爭時，仍有大量不兌現紙幣，尙未收回。

西南之役，使用正規軍七個旅團，作戰半年，戰費爲四一、五六七、〇〇〇餘圓。甲午戰爭，使用野戰軍七個師團，使用軍艦六萬餘噸，作戰時間約十個月，加上萬里遠輸的後勤作業，戰費已達二〇〇、四七五、〇〇〇餘圓⑮。到戰爭結束的時候，日本已瀕臨經濟破產邊緣。此所以伊藤首相、陸

奧外相、松方藏相等急於結束戰爭。馬關談判時，一聽到李鴻章被刺，惟恐和議不成，急得像熱鍋裏螞蟻一樣⑯。（參看第十六章）

彈藥生產及傷患收容量皆小　不但如此，從彈藥消耗來看，問題尤爲嚴重。作者沒有找到甲午戰爭的彈藥消耗總量，但不妨以西南之役作比例。

西南之役的彈藥消耗總量，價值四百五十萬日圓。甲午戰爭使用的陸軍兵力大一倍多，尤是其砲兵與艦隊的砲彈消耗，遠非西南之役可比，而時間也多了四個月，以最保守的估計，當不在二千萬日圓之下。

戰事如果再打下去，不消多久，日本儲存彈藥用罄，兵工廠生產量不足，遠征軍槍砲無彈，就將束手待斃——除非像豐臣秀吉那麼知機，適時撤兵回國。

還有，甲午戰爭，日軍官兵陣亡及因傷致死者，五、一四七人，病死者一一、八九四人。十九世紀末葉的戰爭紀錄，一般傷亡比例，平均約爲三比一，以此估計，日本傷兵當有一萬五千人。病患與死亡的比率，因狀況而異，很難確定。然日本的病兵多由凍傷，死亡率不會太高，從保守估計，姑假定爲五比一，其病兵人數亦有六萬。

日本的野戰軍及兵站，雖有野戰醫院及後送組織，然當時維新未久，國內醫院尙未發達，戰時徵用公私醫院，動員醫生，組織後方醫院，其收容量一定不大。現在已有傷病兵七、八萬人之衆，如果再打下去，回國的傷病兵越來越多，就無法收容了。

日本再打下去，不堪設想　傷病兵容易滋事，中外皆然。日本人氣量偏狹，愛走極端，動輒犯上作亂，那些傷病兵不能獲得妥善的醫療照顧，很可能變為不可收拾的社會亂源。再加上久戰影響，經濟破產，金融紊亂，日本國內就不堪設想了。

總而言之，日本當時的國力，決不能持久作戰，所以其大本營的作戰計畫，也是速戰速決，依其最初的構想，還打算三、五個月之內結束戰爭。可惜清廷官吏，還是靠八股文章考試，或靠打「長毛賊」出身的人物，沒有這些常識，看不清日本的弱點所在（模糊地知道一點的人是有的）。他們只曉得兵來將擋，所以處處吃虧。否則若以持久戰略消耗日軍，不管多大挫折，始終不與日本講和；那麼，甲午戰爭的結果，將會完全改觀，最後求和的恐怕不是李鴻章，而是伊藤博文。

清軍失敗的基本原因　甲午戰爭，清軍失敗的原因雖多，歸根結底，則是新知識打敗冬烘頭腦。日本時當維新，一股朝氣，全盤西化。腐敗的滿清老大帝國，加上固步自封的二千年保守思想，不許可中國大膽接受西化——李鴻章只肯在軍事方面，學點皮毛；留美學生因不肯向監督委員行跪拜禮，遂被勒令罷學回國；同治六年（一八六七），上海製造局設繙譯館，開始翻譯自然科學書籍，而據梁啓超「戊戌政變記」說，「製造局譯出之書，三十餘年（譯書數百種），銷售僅一萬三千本。京師尚無地球圖（世界圖）。」甲午戰爭尚在戊戌前數年，留美學生也還沒有派遣，當時新知識之不發達，可想而知。

換句話說，中國開始接受西洋知識時，態度是扭扭揑揑，半推半就；方式是鷄零狗碎，點點滴滴；結果是非驢非馬，皮像骨不像。與全盤西化的日本比較之下，不啻天淵之別，這就是中國失敗的基本原因。

至於頤和園等工程移用海軍經費，阻礙海軍建設；李鴻章創辦的新軍，徒有其名；陸軍將校沒有現代軍事常識，而又貪汚無能；駐日公使汪鳳藻不知道日本改變戰時體制，全面動員；以及朝廷大臣與各省封疆大吏的盲目叫囂等事，皆是思想落後，缺乏新時代知識所造成的結果，雖然皆能影響戰爭，如果打破砂鍋問到底的話，卻又不算戰敗的基本原因。

往者已矣，希望讀史的人，不要爲清代紀錄的片面之詞所誤，要徹底認清這個基本原因，甲午戰爭的失敗教訓才有其價值，才不會重蹈覆轍。

①本章主要參考書籍：

蕭一山「清代通史」、蔡冠洛「清史列傳」、稻葉君山「清朝全史」（但燾等譯）、錢基博「清鑑」、黎東方「細說清朝」、黃大受「中國近代史」、李定一「中國近代史」、郭廷以「近代中國史」、汪大鑄「中國近代史」、方豪「中國近代外交史」、傅啓學「中國外交史」、陳博文「中日外交史」、蔣廷黻編「近代中國外交史資料輯要」、左舜生編「中國近百年史資料初編」、文廷式等「中日甲午戰爭」（廣文書局編）、王信忠「中日甲午戰爭之外交背景」、王芸生「六十年來中國與日本」、李季「二千年來中日關係發展史」、王爾敏「淮軍志」、余又蓀「日本史」、甘友蘭「日本通史」、陳水逢「日本文明開化史略」、坂本太郎「新訂日本史概說」、川上多助「日本歷史概說」、信夫清三郎「日本近代外交史」、田保橋潔「近代日支鮮關係之研究」、英修道「明治外交史」、陸奥宗光（龔德柏譯）「甲午中日戰爭秘史」、松下芳男「近代日本軍事史」及「日清戰爭」、林眞氏「日清戰爭」（大日本戰史第六卷）、日本歷史學會「日本兵制史」、四手井綱正「戰爭史概觀」第十章、李丙燾「韓國史大觀」（許宇成譯）、李迺揚「韓國通史」、李瑄根「朝國近代史」（林秋山譯）、岩淵辰雄「日本軍閥禍國史」（雲明譯）等。

②關於「天祐俠團」的事，黃大受的「中國近代史」，及蕭一山的「淸代通史」，皆有此紀錄。

③譯文引自龔德柏的「甲午中日戰爭秘史」。龔先生在本書弁言中說，「吾人得此書，得悉日本之全部秘密。」事實並不如此，外交家畢竟是外交家，他在那本書上，還是掩飾了許多秘密，參看下文日方軍事行動自明。

④參謀本部及海軍軍令部組織法（尤其是後者），幾經修改，本書不能一一盡述。此處所說，爲甲午中日戰爭前的條例——引自松下芳男的「近代日本軍事史」

⑤日本陸海二軍部大臣，與各民主國家正好相反，必須是現役的大將或中將才能擔任。大正二年（一九一三）第一次山本權兵衛內閣時，將此規定稍加修改，後備役大中將也可以當陸海軍大臣。但到了昭和十一年（一九三六），又恢復舊例，只以現役大中將爲限。

⑥據王爾敏的「淮軍志」，中法戰爭時，淮軍擴充，計有李鴻章直轄的北洋淮軍六十七營，散駐南方各省的淮軍一百三十二營。中法戰後裁軍，此時北洋直屬淮軍有五十一營。甲午戰爭已起，淮軍添募新軍，並調各地淮軍北上參戰。先後參戰的淮軍，總共有一百四十六營。

⑦平壤之戰，只有毅軍表現很好，奉軍一般戰績不佳。惟左寶貴本人及其親自督率的二百人，則很壯烈。

⑧據「淸鑑」，光緒二十四年，始命神機等營，改習洋操。

⑨Dugald Christic 著的「瀋陽三十年」(Thirty Years in Moukden)，本書轉引自文廷式等的「中日甲午戰爭」。

⑩甲午戰爭那年，規定以「村田」式連發槍爲制式步槍，時第一、二軍所屬五個師已在前方作戰，未領新槍，只近衛、第四兩師團領了新步槍。

⑪日本初設砲廠，欲仿造法國砲，因本國鍊鋼不精，乃採用意大利式銅砲。

⑫日人仿造外國軍艦，有時也大鬧笑話。但他們不怕錯，終於成功。

⑬御史安維峻奏稱：「濟遠原價三十萬，報銷六十萬」。不過，安維峻的話，一般都有言過其實之弊，未可盡信。

⑭北洋艦隊僱用外員，多爲英人，然亦有少數德人及美人。那些外國人良莠不齊，常有互相妒忌的事，他們私人發表的談話，也未必可以全信。

⑮有人誤以陸軍戰費一億七千餘萬元，當作甲午戰爭的日本全部戰費。本文戰費數字，依據松下芳男的「近代日本軍事史」。

⑯陸奧宗光「甲午中日戰爭秘史」第十九章，對於三國干涉還遼事寫道：「我征淸軍悉全國之精銳，駐屯遼東半島，我強力之艦隊，亦悉派往澎湖島，國內海陸軍備，殆已空虛。而去年來繼續長期間戰鬪之我軍隊人員軍需，固已皆告疲勞缺乏。」

第十五章 甲午戰爭①

第一節 海陸緒戰

東學黨之亂 朝鮮東學黨自其教祖崔濟愚（幼名福臨）②處死後，一度化明爲暗，信徒散匿江原道山中（參看第十三章），仍秘密活動。其後，隨着朝鮮內政外交的日益惡化，人心憤激，東學黨勢力大盛，共推崔時亨（海月）爲第二代教主。

朝鮮高宗二十九至三十年（清光緒十八—十九年，一八九二—一八九三），東學黨人掀起「教祖伸冤運動」。三十年二月，教徒朴光浩、姜時元、孫秉熙、孫天民等四十餘人，率領教徒多人，僞裝儒生上京應試。既進宮門，即向國王哀號，爲「教祖伸冤」，不蒙接受，快快而退。又請朝廷承認該教爲合法宗教，也受到儒臣的嚴厲申斥。

時值地方不靖，各地農民多暴動。東學黨人遂與農民結爲一體，於三十一年甲午（清光緒二十年，一八九四）正月，推舉黨人金琫準爲首領，襲擊全羅道古阜郡官署。事後，官方嚴厲緝捕，處置殘酷，對於參加暴動的人，不但將其本人斬首，更捕殺其妻子，焚燬其廬舍。於是，農民與東學黨人憤恨愈甚。

三月（朝鮮奉清朔，行舊曆），東學黨人掀起第二次暴動，仍以金琫準爲首領。教主崔時亨幾經約束，終無效。他們刼奪兵庫，擊敗官軍，席捲湖南一帶（全羅道）。日本軍部亦秘密派遣內田良平，領導一部浪人，組織「天祐俠團」，往助叛亂。鮮廷以洪啓薰爲招討使，率兵進討。四月二十八日，官軍進抵全州南山，獲得地方自行組織的「褓負商團」（武裝行商隊）的協助，連破東學黨亂軍。洪啓薰知東學黨人厭戰，一度遣使勸降，黨人已有接受之意，日本浪人組織的「天祐俠團」擅殺軍使，和議遂破裂。未幾，清軍開到，派兵協剿，亂黨驚惶，喪失抵抗意志。官軍士氣大振，於五月八日克復全州。東學黨自行解散，亂平。

中日出兵朝鮮 先是，六月三日（舊曆四月三十），朝鮮國王李熙向袁世凱請求清兵援助，協剿東學黨人。六月四日（五月初一），李鴻章飭水師提督丁汝昌，派「濟遠」、「揚威」二艦，開往仁川，以保護商民爲名；並調直隸提督葉志超，率同太原鎮兵聶士成，選淮練勁旅一千五百名，乘招商輪前往朝鮮。葉部於六月六日（五月初三）到牙山灣，九日（初六）登陸，卽派兵往全州，協剿東學黨。

清廷根據中日天津條約，命駐日公使汪鳳藻通知日本政府。六月六日（五月初三），汪使照會日本，告以朝鮮請求中國出兵，中國根據保護屬邦舊例，已經出兵攻討叛逆，以安屬邦；並聲明平定後卽行撤兵，並不留防。

六月七日（五月初四），日本一方面答覆汪使，不承認朝鮮爲中國屬邦。同時又命駐清日使通知中國，聲明日本出兵。

其實，這只是外交詞令而已，事實上，日本早於六月二日（四月二十九），已命其常備艦隊集中仁川、釜山；六月五日（五月初二），成立大本營於東京，開始動員了。於是，除命其駐韓公使大鳥圭介率兵數百名先行回任，並命預定的聯合艦隊司令伊東亨祐與大鳥同行，至仁川秘密部署海軍外，又將其第五師團的第九旅，編成混成旅，自六月八日（五月初五）開始，向仁川源源輸送。至六月十六日（五月十三），第九旅旅長大島義昌少將，已率該旅約五千人，進駐仁川、漢城一帶，造成嚴重情勢。

中韓二國以東學黨亂已平，迭請日本撤兵。日本不但拒絕，且續遣第九混成旅餘部，源源而來。李鴻章爲表示中國的誠意，電令葉志超部回駐牙山（漢城南方一百二十里），待命回國。六月十九日（五月十六），日本突然提出中日二國共同改革朝鮮內政的要求。中國據理駁斥，謂日本無權過問朝鮮內政，仍促請即日撤兵。六月二十三日（五月二十），日本照會中國，表示決不撤兵。同日，大島旅團包圍朝鮮王宮，逐走朝鮮衛隊。

在此期間，李鴻章一面請俄國駐清公使喀西尼（A.P. Cassini），轉請俄國政府調停；一面加派一部兵力，增援葉志超。

俄英調停　俄國曾向日本提出二次強硬照會，但沒有用兵遠東的意圖，終於軟化。最後，俄使通知李鴻章，俄國只能以友誼方式，勸日本撤兵。

英使歐格訥（Nicolas R. O'conor）也曾作試探性調停，且一度勸請中國讓步，慶親王奕劻堅持日本必先撤兵。英國知日本決心戰爭，中國又不肯讓步，調停無效，乃轉與日本密約：一旦中日戰爭，勿以長江流域爲戰場，以免損及英國利益。③

清廷不明敵情，又不知清軍不能打仗，一味看輕日兵，根本沒有一個戰爭計畫，只知迭次嚴令李鴻章進兵朝鮮。七月十七日（六月十五），李鴻章派遣衛汝貴統領盛軍十三營，兵六千，進出平壤。又命馬玉崑率領毅軍二千人，進出義州，與牙山的葉志超軍遙相呼應。

此時，日軍進駐漢城、仁川一帶的兵力，早已超過萬人。清軍已不佔優勢，又爲日軍隔斷，態勢很不利。最聰明的還是袁世凱，早在六月十九日（五月十五），他就秘密離開漢城，前往牙山葉志超處。旋又以面稟詳情爲詞，請調回國。李鴻章命唐紹儀代其職。

日本大本營的最初作戰計畫，朝鮮日軍只是一個牽制部隊，希望吸引大部清軍於這方面，再以主力乘虛而入，至直隸平原決戰。因此，自六月下旬至七月中旬（新曆）之間，日本海軍已全部調往朝鮮西海岸，編成聯合艦隊，以海軍中將伊東亨祐爲司令官。伊東本人早已與大鳥公使同乘「松島」號軍艦至仁川（清方一無所知），秘密部署，伺機殲滅中國的北洋艦隊。

同時，自日軍據守朝鮮王宮後，大鳥公使遂向國王李熙提出「改革內政綱領」，並召大院君李昰應入宮主政，仿日本制度，改組政府。舊人一律被逐，親日派皆掌要職。

豐島之戰　李鴻章既派兵進駐平壤，仍慮牙山葉志超部兵力單薄，復僱用「愛仁」、「飛鯨」、「高陞」三英輪，運兵二千人增援牙山。「愛仁」、「飛鯨」先發，於七月二十三、二十四兩日（六月二十一、二十二），安全到達牙山。「高陞」輪後發，於二十五日（二十三日）始駛近牙山口外，清艦「濟遠」、「廣乙」前往迎護。

日本聯合艦隊於七月十九日（六月十七），奉大本營命令，佔領安眠島（忠淸南道洪城西方）爲根據地，控制朝鮮西方海面，遮斷清方海上運輸，並掩護日軍海上輸送。七月二十五日（六月二十三），其第一遊擊隊司令官坪井海軍少將，率領「吉野」、「秋津洲」、「浪速」三艦，在豐島附近海面，偶遇「濟遠」、「廣乙」二清艦④。

日艦因奉有大本營命令，須確保制海權，遂首先開砲射擊（日方說清艦首先開砲，顯然是欺人之談）。清艦倉皇應戰，且實力懸殊——日艦三艘共一萬一千噸左右，清艦二艘共只三千餘噸——「廣乙」重創，南逃擱礁，管帶林國祥下令焚船，官兵逃奔附近小島，後由英艦救還。

「濟遠」停止砲戰，懸白旗，向西逃走，日艦向其尾追不捨。此時，「高陞」輪及清運輸艦「操江」號自西而東，「濟遠」用信號告以敵情，「操江」即掉頭向西回航，懸英國旗的「高陞」輪單獨向東前進。

日艦「浪速」號命「高陞」輪停航受檢，復命其隨日艦行動。船長英人以日本未宣戰，拒絕接受日方要求，只允開回大沽。「浪速」號先懸紅旗，警告危險，旋即發射魚雷，將「高陞」輪擊沉。英人船長、大副，及中國海軍總查德人漢納根（C. von Hanneken），皆躍水遇救，後由英船載回。同時遇救生還的官兵，有八十七人，殉難者七百餘。

坪井司令官率領「吉野」、「秋津洲」二艦，繼續追擊「濟遠」。及發現「操江」，乃命「秋津洲」前往攻擊。「秋津洲」三一七二噸，「操江」是九三〇噸的運輸艦，所運爲武器彈藥，無抵抗能力，被日艦所俘。

「吉野」號單獨追擊「濟遠」。「濟遠」二、三〇〇噸，時速十八浬，「吉野」爲最新軍艦，四、一六〇噸，時速二十三浬，很快便追上了。

濟遠脫逃　最後，「濟遠」還是脫逃了。怎樣脫逃的呢？有三種不同紀錄：

1.「濟遠」管帶方伯謙逃回旅順後，報稱迎擊日本三艦，擊傷「吉野」，丁汝昌也據以轉報請賞，據稱「風聞提督（指坪井少將）陣亡，吉野傷重，途次已沒。」李鴻章接到駐日公使汪鳳藻電報，知道並非事實，特將丁汝昌訓斥一頓。

儘管如此，海軍人士的記述，依然有替方伯謙辯護的，如池仲祐的「甲午戰事記」，及失名的「牙山戰事記實」（見文廷武等的「甲午中日戰爭」），皆堅持此說，謂伯謙沉着應戰，以一艦敵三艦，卒能燬其督船，殲其提督。

2.姚錫光的「東方兵事紀略」海軍篇說：「濟遠」之奔，倭「吉野」追甚急。「吉野」爲新式快船，每四刻能行二十三海里，勢將及，管帶方伯謙乃樹白旗，倭追如故。時有水手王姓者，甚怒，而力素弱，問何人可以助我運子，又一水手挺身願助，乃將十五生特（公分）尾砲連發四出，第一砲中倭船舵標，第二砲亦中，第三砲走線，第四砲中其要害，船頭立時低俯。蓋倭船之追我「濟遠」也，意我尾砲已傷，故魚貫追逐，以是我尾砲挂線（瞄準），毋庸左右橫度，故取準易而中砲多。惜是時「濟遠」不知轉舵，以船頭大砲擊數出，以收奇捷，或可紓「高陞」之急。伯謙既慶生還，歸威海，遂稱擊斃倭海軍總統，以捷聞——國人所著清史及近代史，多引用此說。

3.據日方紀錄，「吉野」追及，「濟遠」稍事應戰後，航向右轉。「吉野」吃水深，恐追入淺瀨，又慮其他二艦分離，恐牙山灣再有清艦出動，故放棄追擊。

以上三說，讀者可以自由判斷。作者的意見，則認為日方紀錄比較合理。然日方紀錄也說豐島之役，本艦隊損害輕微，則「濟遠」尾砲擊中「吉野」之說，也不是完全捏造。

日本未宣戰而擊沉英輪「高陞」號，違反國際公法，英國輿論大譁。然英國政府已與日本有默契，日本自願賠償謝罪，遂不深究。擊沉「高陞」輪的「浪速」號艦長為東鄉平八郎大佐，即後來日俄戰爭時候的日本海軍名將。他這次的斷然處置，雖受政府譴責，海軍則贊賞其斷獨專行。

成歡之戰 日軍的行動，皆是按照計畫實施的。就在豐島海戰那一天（七月二十五），漢城的第九混成旅旅長大島少將，也自漢城率兵南下，企圖擊滅牙山的

清軍。他留兵一部，控制漢城、仁川一帶，只帶着步兵十五個中隊，騎兵約二中隊，山砲八門出發。他以一中隊爲左側衛，主力循水原—平澤—成歡大道前進。七月二十六日（六月二十四）到達水原，二十七日到達振威（成歡北四十里，似即今之平澤）附近，得知清軍一部佔領成歡附近，正在構築防禦工事。

葉志超駐牙山，初命聶士成率兵三營駐成歡，扼守漢城—公州間大道，掩護主力。豐島戰後，士成聞日軍自漢城南下，請志超增援。志超即命副將江自康率兵兩營，增援成歡。

成歡正北是交通大道，道路兩側爲水田。西北的牛歇里山，東北的月峰山，可瞰制前地。士成命江自康在牛歇里山，另一部在月峰山，分別佔領陣地，構築工事。士成自率預備隊駐成歡，分遣一部約八十餘人爲右側背掩護隊，進出於成歡東南四英里的稷山（山名，非稷山縣）。

未幾，葉志超率領餘部，亦自牙山移駐成歡，與士成會合。士成向志超建議：「海道已梗，援軍難飛渡，牙山絕地不可守。公州背山面江，天生形勝，請速往據之。幸而勝，公爲後援；不勝，猶可繞道出。此間戰事，當竭力防禦，相機進止。」志超遂率兵一營，南往公州。其餘兵力皆留成歡，歸士成指揮。

日軍拂曉攻擊　七月二十八日（六月二十六）午前，日軍進至素沙場（成歡北十餘里）停止，派兵搜索清軍陣地。是日，獲悉豐島海戰捷報，士氣振奮。大島旅團長決心翌日拂曉攻擊，其部署如下：

步兵第二十一聯隊長武田中佐爲右翼隊指揮官，率領步兵二大隊（缺二中隊），騎兵一中隊，工兵一中隊（缺一小隊），攻擊牛歇里清軍陣地。

西島中佐爲左翼隊指揮官，率領第十一聯隊（缺一大隊半），自都監里方面，攻擊成歡驛東北高地。

旅團長自率預備隊，在左翼後跟進。預備隊兵力爲二十一聯隊的一個大隊，及砲兵、騎兵等。

右翼隊於夜半開始，循大道南下。二十九日（二十七）午前四時三十分，先頭尖兵到達佳龍里附近（成歡北約四千公尺），受到前方家屋中的清軍射擊，那是清武備學生于光忻等四人所率領之斥候隊。日軍遭此奇襲，尖兵長山田少尉首先受傷，旣而中隊長松崎直臣又陣亡，士兵臥倒應戰，亦傷亡數人。

同時，時山（龔造）中尉率領三分隊士兵，自道路西方，取小徑前進，涉濠水而行。中途水位甚深，中尉以下二十三人溺死。

右翼隊排除敵人，冒砲火前進，展開攻擊牛歇里清軍陣地。正在準備突擊中，清軍忽向後撤退，據守營幕附近的圍牆，重行抵抗。七時四十分，日軍突破陣地，清軍遂退走。此處的清軍爲副將江自康指揮的二營，此時成歡驛方面已先敗走，自康只得改向牙山方向退却。至牙山後，再南下去與聶士成會合。

日軍左翼隊於二十九日午前六時，開始攻擊，重點指向成歡東方的制高點（日軍以此山森林似嬰粟坊主，稱之爲嬰粟坊主山），在砲兵火力支援之下，進展順利。六時三十分，清軍守兵不支，向成歡驛退卻。聶士成親率預備隊增援，繼續抵抗。日軍步砲兵火力，向清軍預備隊集中射擊，步兵乘勢發起衝鋒，至七時許，聶士成棄成歡驛，向南方退卻。

成歡驛之戰，淸軍傷亡不下五百人，日軍傷亡官兵八十二人。牛歇里淸軍火砲八門全失。

葉志超、聶士成奔回平壤　日軍佔領成歡驛，分遣一部進至牙山。大島旅團長因顧慮漢城北方的敵情，沒有向公州方向追擊。三十一日（六月二十九）開始，回師漢城。

聶士成經天安向公州前進中，聞葉志超已離公州北走，遂在其後跟進，二部一先一後，繞經淸州、稷山，至忠州渡過漢江，再經原州、金化、伊川、遂川，行軍匝月，始到平壤，與衛汝貴等會合。退卻時，殘軍飢疲，道路不良，沿途死者相屬。

第二節　平壤攻防戰

中日同時宣戰　光緒二十年甲午（日本明治二十七年，一八九四）八月一日（七月初一），中日同時宣戰，時在成歡之戰後三日。

葉志超回到平壤後，向李鴻章電告平壤作戰經過，略稱：「倭二萬餘，突然圍襲，鏖戰六小時，倭軍死傷千餘，我亦傷亡三百餘人。沿途復遇倭軍攔截，皆經擊退，殲斃不下五千餘人。」李鴻章遠在天津，不明眞相，據電奏聞，朝廷論功行賞，嘉獎葉部官兵數百人，賞軍士銀二萬兩。未幾，又命葉志超統領平壤諸軍。

聶士成請回天津募兵，解職而去。李鴻章聞訊，急電葉志超阻止，而人已在途。士成後奉鴻章電令折回，行至安州，而平壤已失，故未參與平壤之戰。

平壤清軍兵力　八月下旬（七月下旬），清軍集結平壤附近者，有衞汝貴的盛軍十三營，馬玉崑的毅軍四營，左寶貴的奉軍六營，豐陞阿（亦作豐盛阿）的奉天盛軍六營，葉志超的蘆防淮勇等六營，共三十五營，約一萬四千人。清軍紀律廢弛，衞汝貴部尤甚。朝鮮人民初時紛獻酒漿勞軍，後因清軍騷擾，逃避一空⑤。

平壤清軍，最初未置統帥，後命葉志超統率，諸將多不服。諸營皆駐平壤城內，諸將每日置酒高會，已不派兵據守南方要隘，亦不遠派斥候。日軍搜索部隊（一小部騎兵）進據中和（平壤南約四十里），作爲搜索據點，派遣斥候出沒大同江畔。至是，清軍始稍稍派隊渡過大同江，驅逐日軍斥候。九月七日（八月初八），擊斃日軍搜索隊長町口中尉及竹內騎兵少尉與騎卒三名，俘虜一名。清軍更遣前哨，進據黃州（平壤南約百里）。九月（八月）中旬，又有日軍斥候至鳳山（黃州東南），見清軍據黃州，即退去。清軍每次擊退日軍斥候，輒以大捷報聞。稍後，清軍仍將黃州等外圍哨兵撤回平壤。

九月二日（八月初三），衞汝貴部盛軍夜出放哨，與馬玉崑的毅軍哨兵誤會，交戰一小時，頗有傷亡。自是之後，清軍專守平壤，不敢復出。

平壤地形及清軍部署　平壤地形，略如下圖所示，東面依托大同江，河幅五百至一千二百公尺。此河除冬季結氷外，平壤附近不能徒涉。南面亦爲大同江所圍繞，但外城似已毀。與江東的交通，架有軍橋，橋東的長城里、中碑街二處，築有數個橋頭堡。城東南角，及西南高地線上，各有數個堡壘。城西利用文陽關南北的普通江堤防爲陣地，普通江沿河西岸地區，多沼澤地，部隊運動困難。地形上唯一弱點是在城北，但原有城防工程特別嚴密。玄武門跨山爲城，據地形險峻之處，建築尤爲堅固。玄武門外，舊有12345堡，皆建在地形要點上，瞰制着前地。第一堡建在牡丹台，是玄武門外的制高點，爲城外諸堡的核心堡壘。

據姚錫光的「東方兵事紀略」，清軍防禦部署如下：

左寶貴的奉軍，豐陞阿的奉天盛軍，及江自康的仁字二營，防守玄武門及城外五堡。左軍抽出一部，由聶桂林統率，策應東南二面。

馬玉崑的毅軍，配置於東面，防守河東橋頭堡。

衞汝貴的盛軍，防守南面及西南。

葉志超的蘆防淮勇，防守西部。志超自己在城中指揮。

野津師團長揮兵北上　八月十九日(七月十九)，日軍第五師團長野津道貫中將到達漢城。此時，除第五師團已經集結漢城附近外，第三師團的佐藤支隊，則於八月杪（七月杪）在元山登陸。這二師編爲第一軍，在軍司令官山縣有朋大將未到之前，暫由野津師團長統一指揮，進攻平壤。

野津得悉平壤清軍只有一萬四五千人，待第三師團的佐藤支隊到達元山後，即命各部前進，其部署如下：

第九旅團抽兵一部，編成朔寧支隊，由立見尙文少將指揮，循朔寧—新溪—遂安—三登—江東道前進，在江東附近渡河，沿江右岸攻擊平壤北部。

元山支隊（第三師的佐藤支隊）自元山西進，進出平壤城北，在朔寧支隊之右，協同攻擊平壤北門。

第九旅（缺一部），經開城大道北進，攻擊大同江東岸之敵，吸引清軍主力於該方面，以利於師主力及朔寧、元山二支隊之作戰。

師主力由師團長自己率領，到黃州附近渡過大同江，攻擊平壤西門，並遮斷清軍退兵路線。野津要求聯合艦隊協同作戰，艦隊正在掩護第三師團主力向仁川輸送，最初沒有派艦前往。遲至第五師攻擊平壤之日，始至大同江口，擔任海岸掩護。

攻防戰開始　元山支隊越過朝鮮主山脊西進，沿途山路崎嶇，村落稀少，補給困難。師主力在大同江下游渡河，地形上也相當困難。但是，各部隊皆按照預定計畫，於九月十三、十四兩日，到達平壤外圍指定位置。

九月十五日（八月十六）拂曉，開始總攻。

第九旅分爲兩翼隊。右翼隊攻擊長城里—中碑街一帶的橋頭堡，猛烈攻擊，傷亡重大，終不能克，至午前七時，攻勢頓挫，成相持狀態。七時以後，清軍一部過橋增援，發起逆襲，日軍情勢危殆。

該旅左翼隊，渡河攻擊城南。午前七時稍過，集合於羊角島，在砲兵掩護之下開始渡江，七時許渡河完畢。當即驅逐清軍警戒部隊，攻入外城二里（地名），嗣後攻擊受挫，退回原渡河點。

正午頃，大島旅團長下令，除殘置一部在原地掩護外，左右兩翼全線撤退，回到原發起位置，以減少傷亡。

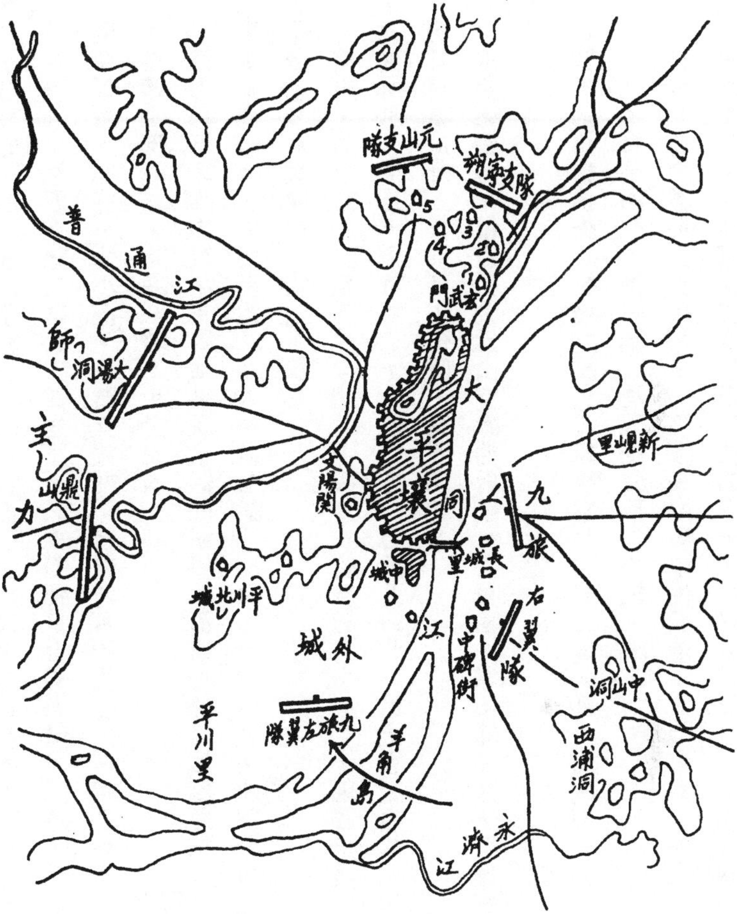

日軍圍攻平壤部署

第五師團主力，展開於鼎山南北之線，因受泥沼地限制，部隊運動困難，攻擊沒有進展。午後二時，野津師團長命令攻擊中止，擬俟翌日拂曉再興攻擊。

牡丹台陷落，左寶貴陣亡　朔寧、元山二支隊，黎明開始攻擊，七時稍前，二支隊協力攻下第三堡壘。緊接着，朔寧支隊又攻下第二堡壘。七時三十分左右，四、五兩堡亦被元山支隊攻下。清軍遺棄武器不少，殘部逃回玄武門及七星門。

八時許，朔寧支隊在砲火支援之下，又攻陷牡丹台第一堡。同時，元山支隊有一小部隊，由三村中尉率領着，覓得一條小徑，逕襲玄武門，冒着清軍的側防火，爬登城樓。一兵首先躍上，遂打開城門，迎接全部入城，時在八時三十分左右。

然這部日軍兵力很小，雖佔據了玄武門城樓，清軍仍據守城牆對抗，一時無法發展。同時，清將左寶貴身先士卒，率領精銳二百人，自七星門出擊，反覆逆襲，攻擊日軍元山支隊的右翼。午後二時三十分，左寶貴陣亡，該部遂潰。

據說，葉志超於決戰前夕（八月十四日，舊曆七月十五），因顧慮後路被斷，即欲棄城北走，為左寶貴所阻。至是，寶貴陣亡，士無鬬志。志超乃命北門城上豎起白旗，遣韓人至日軍元山支隊，約於明日開城投降，實則利用夜暗，突圍退走。

清軍突圍時，僅遭受到元山支隊的射擊，人員損失還不算很大，但拋棄武器甚多，火砲差不多丟盡。

雙方的傷亡損失　平壤之役，日軍攻擊兵力約二萬人⑥，山砲四十四門。清軍一萬四千人，山砲二十八門，野砲四門，機關砲（清人稱快砲）六門。

日軍大島旅團長及步兵第十一聯隊長中島中佐受傷，其他官兵，陣亡一百八十人，受傷五百零六名，失踪十二名。清軍左寶貴以下陣亡約二千，被俘六百餘名，受傷人數不詳——夜間突圍被踐踏死者，可能有大部分是傷兵。

日軍奪獲清軍野砲四門，山砲二十五門，機關砲六門，步槍一千一百六十枝。清軍在平壤儲存糧彈貨幣甚多，皆爲日軍所得。

日人拾獲衛汝貴家書一封，爲其妻所寄，信上說：「君起家戎行，致位統帥，家既饒於資，宜自頤養。且春秋高（年六十），宜自爲計，勿當前敵。」日人傳此書，以爲笑談。

第三節　黃海之戰

北洋艦隊出動　繼平壤陸軍失敗後，二日內，又發生黃海之戰，北洋艦隊損失很大，從此便一蹶不振。

初，豐島戰後，丁汝昌自知北洋艦隊實力不及日本，集中軍艦於威海衛，採取守勢，嚴防渤海門戶。時日艦縱橫遼海，京內外不負責任的大員，交章彈劾，皆斥海軍膽怯，清廷遂責令丁汝昌巡弋海面。七月杪（六月杪），汝昌率艦隊出巡，未遇倭艦。八月九日（七月初九），再度出巡，至鴨綠江口。翌日，日艦來威海衛襲擊砲臺，砲臺發砲，傷其一艦。自是，每當北洋艦隊遠出，日艦即來窺威海。於是，朝廷又指責丁汝昌「畏葸無能，巧滑避敵」，且命李鴻章選人更換。鴻章覆奏略稱：

> 自光緒十四年，我軍未增一船，而日本逐年添購新艦。由於西人船機學不斷進步，日本新艦速力，遠在我艦之上。我艦隊出戰，因快船不敵，恐無勝算，然攻人不足，自守則有餘，舍短用長，故以保船禦敵爲要，不敢輕於一擲，以求諒於局外之人。海軍功罪，應以各口能否防護，有無疏虞爲斷，不應以不量力輕進，轉相苛責。且丁汝昌督辦海軍多年，情形熟悉，各將

領尚無出其右者。

九月八日（八月初九），丁汝昌復率北洋艦隊出巡，十二日（十三日）到旅順。此時，清廷以平壤事急，調派大連駐軍前往增援，那是劉盛休統領的銘軍十二營，用商輪五艘輸送，到鴨綠江口登陸。同時，就命丁汝昌的艦隊，擔任護航。這一段航程不大，十五日（十六日）發大連，十六日（十七日）到大東溝（今安東省安東市西南海岸），陸軍徹夜登岸。

雙方艦隊實力　九月十七日（八月十八），北洋艦隊方準備回航旅順，突然發現日本艦隊，而黃海之戰遂起。

日本聯合艦隊司令長官伊東亨祐，初因掩護第三師團輸送，未暇協同第五師團進攻平壤。及第五師團已到平壤附近，即將開始攻城，乃留下一部軍艦，繼續爲第三師團護航，自率艦隊主力北上，於九月十五日（八月十六——即平壤攻城之日），到達大同江口。伊東以未見清艦出現，乃向鴨綠江口搜索。九月十七日(八月十八)，聯合艦隊北上，先到海洋島，然後轉向鹿島（大東溝西南）前進，遂與清艦遭遇。

此時，丁汝昌的北洋艦隊，有「定遠」（旗艦）、「鎮遠」、「來遠」、「靖遠」、「濟遠」、「經遠」、「致遠」、「揚威」、「超勇」、「廣甲」等十艦。尚有「平遠」、「廣丙」二艦，及水雷艇二隻，則仍在鴨綠江口，自後跟進中。十二艘軍艦，總排水量三四、四二〇噸，但因「平遠」、「廣丙」是在最後始加入戰鬬，若去此二艦，則只有三一、三四五噸。清艦速力自十八節至十一節（即時速十八至十一海浬），火砲速射砲共七十九門。

日本聯合艦隊，以第一游擊艦隊在先，本隊在後。前者包含「吉野」、「高千穗」、「秋津洲」、「浪速」四艦，後者包含「松島」（旗艦）、「千代田」、「嚴島」、「橋立」、「比叡」、「扶桑」、「赤城」、「西京丸」八艘，共十二艘。軍艦總排水量三六、七七一噸，加上那艘商輪改裝的補助巡洋艦西京丸，則有四〇、八七一噸。日艦速力大，自二十三節至十三節。（惟赤城一艘例外，只有十又四分之一節。）火砲快速砲總數二四六門。⑦

大海戰開始 是役的作戰經過，中國方面的紀錄，不記時間方位，含糊其詞，沒有系統，且多不實。茲依日方紀錄及圖解，仍參考池仲祐的「甲午戰事記」等，綜合說明如下：

午前十時五十分兩隊相遇，如第一圖所示，日艦隊爲單縱隊，惟「西京丸」與「赤城」號位於本隊後尾左側併列。清艦隊則成單翼橫隊（當時稱雙翼雁行陣）。清主艦「定遠」、「鎮遠」首先開砲，其餘各艦繼之。日艦初不發砲，迨接近到三千公尺距離時始發射，集中火力於清艦隊的右翼。

戰鬪間，日本第一游擊艦隊已繞至清艦隊後面，其本隊爲免妨礙射擊，亦行右旋廻，略如第二圖所示。此時，日艦「比叡」、「扶桑」落後孤立，

黃海之戰

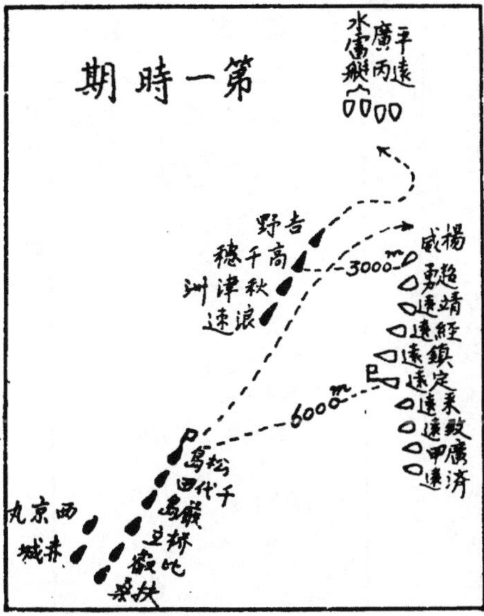

第一時期

「扶桑」盡力追上本隊，「比叡」受傷起火，終亦勉力突圍而出。日艦「赤城」號亦落後，受到清艦集中射擊，艦長戰死，蒸汽管破裂。「赤城」仍突圍而走，清艦「來遠」緊追不捨，被「赤城」發砲擊中。「來遠」艦上起火，「赤城」乘機逃逸。又在聯合艦隊旋廻運動中，「西京丸」舵機損壞，離隊孤立，爲清艦擊傷，僥倖脫險，單獨退出戰場，先回大同江口而去。「西京丸」艦上，有大本營派來視察海軍作戰的海軍軍令部長樺山資紀，此人卽提出十二萬噸海軍再擴大案的前任海相，亦卽日後的第一任臺灣總督。

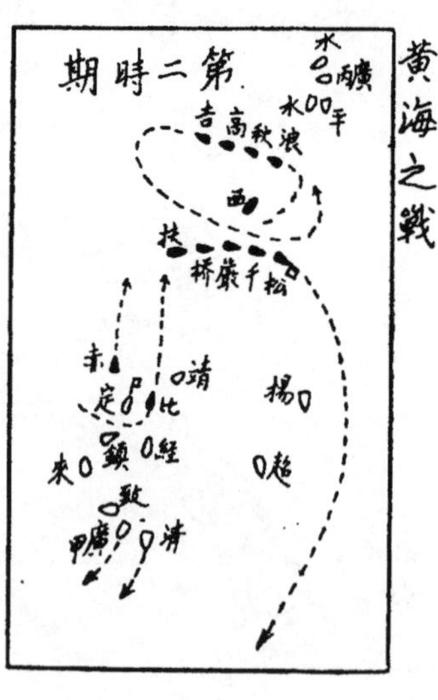

日艦主隊繞至清艦背後，與其第一游擊艦隊兩面夾擊，如圖三所示，清艦遂轉居下風。此時，清旗艦「定遠」號中彈，舵機損壞，瞭望臺折斷，丁汝昌受傷。「定遠」號已不能揚旗發號，各艦無所遵循，自由行動，陣勢遂亂。清艦「超勇」號首被擊沉，「揚威」號受傷，向大鹿島逃走，觸礁擱淺，後被「濟遠」撞沉。「致遠」號亦受重傷，適與日艦「吉野」號相值，「致遠」管帶（艦長）鄧世昌指揮本艦，向「吉野」疾進，欲與「吉野」相撞而偕亡。「吉野」駛避，發魚雷擊中「致遠」，「致遠」遂被炸沉。

至是，清艦實力大損，且不復成陣。「經遠」、「來遠」、「靖遠」三艦受傷離隊，日本第一游擊艦隊向其緊追。「經遠」管帶林永升中彈陣亡，船亦着火，突圍中被擊沉。清艦「廣甲」號逃至大

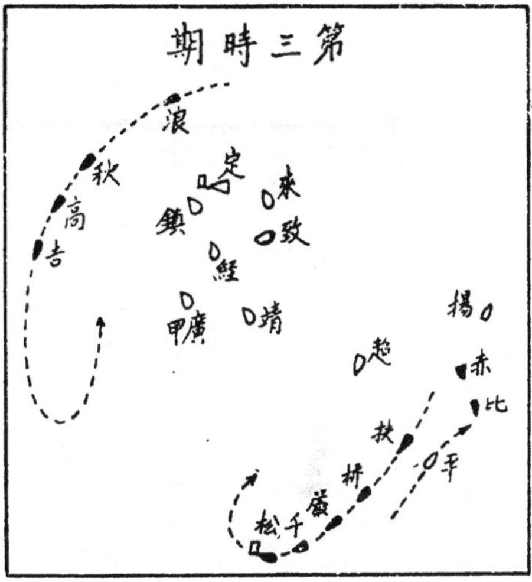

連灣口三山島附近觸礁，自行炸沉。

黃海之戰

第三時期

日艦本隊逼近清主艦「定遠」、「鎮遠」，進行主艦決戰。「定遠」、「鎮遠」二艦始終不離，密切協同作戰。日艦隊雖然艦多砲多，然只有「橋立」、「嚴島」、「松島」三艦，臨時加裝了一門三十二公分的大口徑砲，而二清艦則有八門三十公分大口徑砲。在裝甲方面，日艦係犧牲裝甲換取速力的巡洋艦型⑧，當然不及清主艦。因此，「定遠」、「鎮遠」中彈雖多，而損害較輕，日艦受創特甚。日本旗艦「松島」號要害中彈，着火燃燒，伊東司令長官改以「橋立」爲旗艦。會日暮，清艦「靖遠」、「來遠」、「平遠」、「廣丙」及魚雷艇隊皆來歸隊，日艦隊首先撤退，清艦隊亦回旅順。自脫離戰場的先後而論，清艦隊還是戰勝者。

雙方損失　然自損失來看，清艦隊是大敗。經過六小時的戰鬥，清艦損失「經遠」、「致遠」、「超勇」、「揚威」、「廣甲」五艘，約九千噸。其餘七艦回至旅順，修理一月，始回威海衛。

北洋艦隊陣亡官兵中，以「致遠」管帶鄧世昌（粵人）最爲壯烈。最能沉着指揮的，爲左翼總兵兼「鎮遠」管帶林泰曾。他自始至終，未離艦橋，砲彈飛掠身邊，毫無懼色，且始終翼護旗艦「定遠」號，不離左右。當最後決戰時，「定遠」受傷頗重，只要「鎮遠」稍怯，「定遠」就不能繼續抵抗下去⑨。然「定遠」管帶劉步蟾在這次作戰中，也很英勇。「濟遠」首先逃走，倉皇中撞沉已擱淺的「揚威」號，管帶林伯謙奉命正法。池仲祐的「海軍大事記」說，「林伯謙受讒而死，軍中寃之！」池仲祐可能是由於同鄉關係，替其辯護的。

日艦也大都受傷，「松島」、「比叡」、「赤城」、「西京丸」受創尤重。然日艦未有損失，而且除「西京丸」外，其餘諸艦，甚至受傷最嚴重的「松島」，皆未嘗脫離戰場。北洋海軍總查德人漢納根向李鴻章報告說，擊沉日艦三艘，不確，因為所有受傷日艦，其後皆出現，參加威海衛攻擊或臺澎之戰。然「西京丸」的得於脫逃，實在是幸運，它曾在四十公尺之內，遭受清水雷艇發射的魚雷攻擊，而魚雷竟從艦底潛過，未被擊中。

是役傷亡人數，諸說不一。蕭一山的「清代通史」說，中國方面，死者官八十七員，兵七千餘人，傷四百餘人。林眞氏的「日清戰史」說，日方官兵死者一一五，傷六十四人。

黃海之戰，日本論功行賞，天皇賜優詔嘉獎聯合艦隊。清廷則以平壤、黃海二役，陸海軍先後失敗，應由李鴻章負責，「着拔去三眼花翎，褫去黃馬掛，以示薄懲。」

九月一日（陰曆），清廷起用恭親王奕訢，「着管理總理各國事務衙門，並添派總理海軍事務，會同辦理軍務。」

第四節　鴨綠江河川攻防

山縣有朋出馬　日本連獲二捷，士氣民心大振。一面命第一軍向鴨綠江前進，同時又以第一、第六師團（後來再加上第二師團），編成第二軍，以陸軍大將大山巖爲軍司令官，並命聯合艦隊協力，攻略旅順及金州半島。現在先說鴨綠江方面的作戰經過。

日軍第一軍司令官山縣有朋大將，於九月二十日（八月二十一）到達平壤。至二十九日（九月初一），第三師團及軍直屬部隊，亦已全部到達平壤附近，第五師團則已先遣一部，向安州附近進出，偵察鴨綠江清軍動態。

至是，山縣有朋即下令向北前進，各部隊於十月初（九月初）開始運動。

宋慶防守鴨綠江　先是，葉志超等自平壤潰圍而出，直奔鴨綠江口，與宋慶部會合，聶士成則已在安州歸隊。清廷奪葉志超職，衛汝貴逮捕至京，後由刑部定爲死罪，在京立決。

葉衛二部分屬聶士成、呂本先、孫顯寅等統率，以宋慶統領全軍。

此時，清軍皆集中鴨綠江北岸的安東—九連城一帶，番號很不少，茲分新到部隊及平壤退回部隊來說明。

新到部隊——來自旅順的宋慶部毅軍五營，加上馬玉崑歸還建制，共九營；來自大連的劉盛休部銘軍十二營；來自黑龍江的依克唐阿部鎮邊軍十二營；三部共三十三營。

平壤敗回部隊——除馬玉崑四營已歸建外，尙有聶士成的蘆榆防軍四營；呂本先、孫顯寅二部盛軍共十八營；江自康部淮軍五營；耿鳳鳴等奉軍數營；豐陞阿、聶桂林部奉天盛軍、練軍共十二營。

以上共有七十餘營的番號，然平壤敗軍頗爲殘缺，總人數只有二萬人左右，有砲八十一門。宋慶是一員勇將，然非大軍統帥人才。軍隊受平壤、黃海二役的影響，士無鬬志，紀律廢弛。

清軍全部防守鴨綠江北岸，部署如下：

豐陞阿、聶桂林守安東城。

宋慶率重兵駐九連城。

聶士成守虎山。

依克唐阿佈防安平河口附近。

諸軍各在江岸配置一部監視部隊，主力則集結於城市附近。

日軍渡河準備　葉志超等自平壤退卻時，沿途刼掠，朝鮮居民逃避一空。日軍第一軍自平壤北進，補給非常困難。道路本來就不好，又值天雨，泥濘沒脛。日軍運動不易，至十月二十二日（九月二十四），其先頭部隊，始佔領義州及其附近的鴨綠江南岸地區。

山縣司令官據偵察報告，得悉地形及清軍配置，決心自二十四日（二十六）

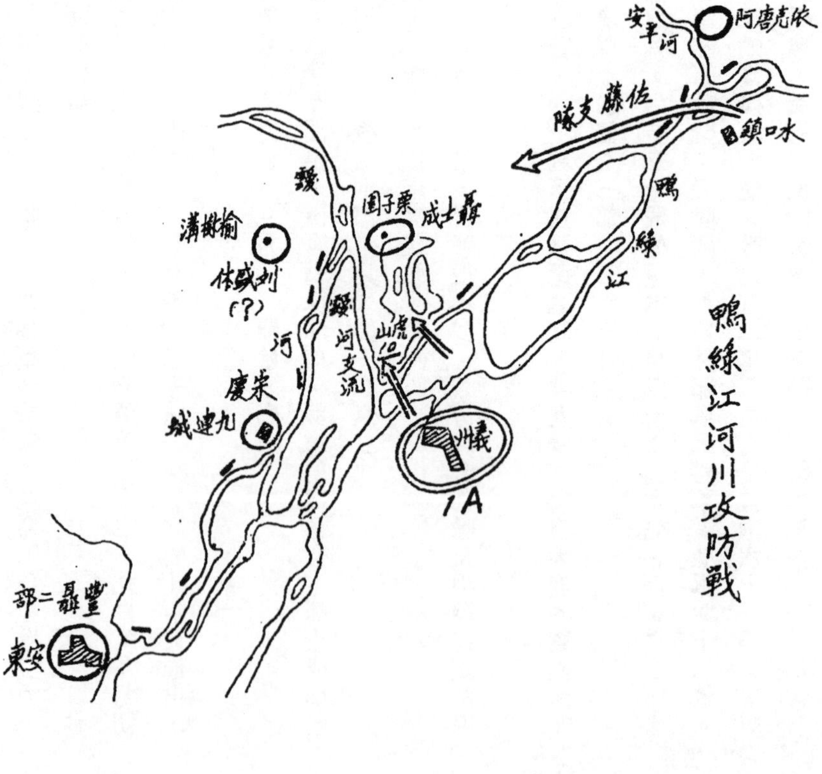

鴨綠江河川攻防戰

開始，以佐藤支隊從上流水口鎮附近渡河，主力在義州西北架橋，以第三師團居先，渡河攻擊，先奪取虎山。

佐藤支隊在水口鎮東北八里的杜武谷附近，覓得一個徒涉場，於二十四日午間渡河，在河岸附近，驅逐清軍騎兵二百餘人，先佔領平安河口西北高地。稍後，續向西南方向前進，日沒前到達平安河口西南六公里之處。卽在是處佔領高地，準備翌日向栗子園攻擊，以策應義州正面的主渡河作戰。

清軍放棄九連城及安東　日軍在義州西北的架橋作業，因大霧，未被清軍發現。日軍第一攻擊梯隊爲第六聯隊，該聯隊在等待架橋期間，搜索到三個船隻，乃利用夜暗，陸續渡過對岸。迄二十五日（二十七）晨，第六聯隊已先佔領虎山東北的高地。

拂曉後，霧散，日軍開始從軍橋渡過，卽與第六聯隊協同攻擊，午前八時佔領虎山。

清軍自栗子園方面向南反攻；九連城方面，亦派隊自榆樹溝出擊。日軍先頭的第六聯隊，受到優勢清軍的壓迫，狀況頗爲危急。嗣因日軍源源渡河增援，其東方的佐藤支隊，也及時趕到，威脅栗子園側方。

戰鬭至十時三十分，淸軍反攻失敗，分向栗子園及靉河西岸撤退。

是夜，淸軍放棄九連城及安東，分三個方向退卻：

豐陞阿、聶桂林自安東退守岫岩。

宋慶、劉盛休、聶士成退屯鳳凰城。

依克唐阿自安平河口退往寬甸。

二十六日（二十八），日軍佔領九連城及安東。二十七日，派兵西至大東溝，與聯合艦隊取得連繫。

未幾，宋慶以鳳凰城無險可守，復退守摩天嶺（大高嶺）。鳳凰城遂為日軍所佔。同時，依克唐阿亦自寬甸移駐賽馬集。

這次九連城之戰，據日方紀錄，日軍使用步兵一萬三千人，騎兵三百六十，砲七十八門。陣亡官兵三十四人，受傷一百五十人。清軍陣亡五六百人，受傷不詳，遺棄火砲六十門，步槍一千四百枝。

日本第一軍冬營 日軍以補給困難，且渤海制海權尚未獲得，大本營命第一軍即在安東附近冬營。

在此期間，沒有什麼重大軍事行動，惟常派出一些小小的獨立支隊，向外掃蕩，一般兵力都不大，通常是以一個大隊為基幹。十一月十七日

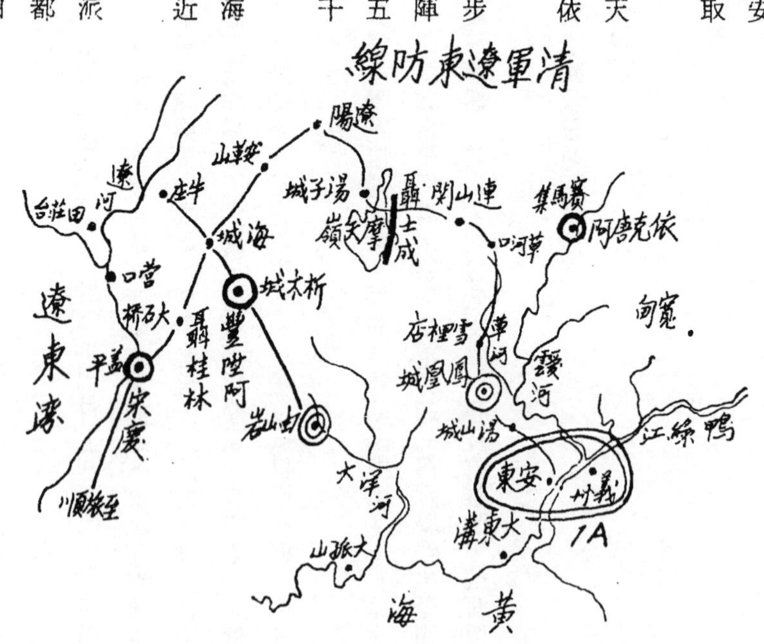

（十月二十），日軍大迫支隊等佔領岫岩，淸軍退守析木城。

十一月初，日軍第二軍開始進攻金州半島，宋慶奉命率領本部毅軍及銘軍，開往蓋平，準備應援旅順。摩天嶺守軍，改由聶士成指揮，升士成爲提督。

聶士成與賽馬集的依克唐阿所部，互相連繫，利用日軍靜止時期，派兵出擊，常與日軍小部隊發生戰鬬，互有勝敗，然皆無關宏旨。

第五節　日軍輕取旅順

現在轉過來，敍述旅順方面的戰事。

日軍登陸準備　日本大本營的作戰計畫，是要首先消滅中國海軍，獲得渤海制海權，然後輸送軍隊，至渤海灣登陸，與淸軍決戰於直隸平原，一舉擊破中國野戰軍，進逼北京，迫使淸廷接受城下之盟。大東溝附近的海戰，雖擊沉中國幾艘軍艦，日本海軍的任務並未完全達成。中國仍保全了艦隊主力，回防威海衞。自是之後，北洋艦隊專取守勢，蟄伏不出，日本海軍無奈他何。於是，日本大本營被迫一再修改作戰計畫，已取朝鮮之後，即以第二軍進攻旅順。

如圖所示，山東與遼東兩半島，構成渤海海峽（亦稱直隸海峽），有如把守渤海門戶的雙箝。日本海軍要進入渤海活動，首須攻下旅順和威海衞，取得兩處的要塞和軍港。

旅順及威海衞，皆築有堅固要塞，保護軍港。然中國海軍在威海衞，而渤海海峽的主航道則在北方，且進兵旅順，海上航程較短，黃海北部的制海權業已取得，海上輸送安全，又可獲得日軍第一軍的呼應。有這許多便利，所以日軍先攻旅順，次攻威海衛。

日軍於其第一軍向鴨綠江進兵的同時，即於十月三日（九月初五）編成第二軍，以陸軍大將大山巖爲軍司令官，轄第一、第二兩師團，第六師團的第十二混成旅團，及其他特種部隊等。第十二混成旅團原定加入第一軍作戰，此時已在仁川登陸；第一師團則方在廣島集中完畢。

大山巖司令官決定，軍司令部與第一師團先至大連灣以東的海岸登陸，第十二混成旅團在仁川待命，第二師團暫不使用。

於是，第一師團先輸送至大同江口集結整備。該師師團長山地元治中將與聯合艦隊司令長官伊東亨祐，協同偵察登陸地點，決定在金州東方二百八十里的花園口登陸。

兒戲的旅大防務 早在光緒六年（一八八

○），清廷即開始在旅順設防，建海港，築砲臺，置重兵防守。北洋海軍亦在旅順設有提督署，稱爲北署，南署則在威海衞。光緒十四年（一八八八），又在大連灣建砲臺，兼防旅順、金州，亦有重兵駐守。

戰前，駐防旅順的爲宋慶的毅軍與親慶軍，總兵張光前統親慶軍三營駐西砲臺，總兵黃仕林統親慶軍三營駐東砲臺。駐防大連的爲劉盛休的銘軍，皆受北洋大臣統轄。

李鴻章恐遙制有失機宜，乃在旅順設「北洋前敵營務處」（相當於今之指揮所）兼船塢工程總辦，其官階不高，只是一個道員，事實上則要指揮兩個提督和幾個總兵，這是指揮組織上的一大缺點。現在主持營務處的是龔照璵，此人貪鄙庸劣，大失人望，因此，旅順防務又多一弊端。

朝鮮戰爭既起，宋慶的毅軍與劉盛休的銘軍先後調往鴨綠江，只賸下張光前、黃仕林所統的親慶軍各四營，分駐旅大。李鴻章爲塡補防軍，乃大募新兵充數。命提督姜桂題募得新兵四營，提督程允和募得新兵三營，共守旅順；命銘軍分統趙懷業募得新兵六營守大連。又命提督衞汝成募得新兵六營，連同他的馬隊二營；總兵徐邦道募得新兵三營，連同他的馬隊二營，礮隊一營，一併渡海協防旅順。

以上各部，總兵力共有三十三營，四分之三是新兵。更糟的是，單位複雜，有那麼多提督、總兵，龔照璵已不孚衆望，諸將又各不相統。這就是日軍來攻前夕的旅大清軍防務。一言以蔽之，以新兵守要港，以末將爲指揮官，李鴻章簡直以戰爭爲兒戲。

日軍花園口登陸　日軍第一師以其第一旅團爲先頭部隊，於十月二十四日（九月二十六），開始在花園口登陸。鑒於花園口錨地及沿岸狀況不良，乃向西推進到皮子窩（亦作貔子窩或鼻子窩），後續梯隊即改在是處登陸。

十一月二日（十月初五），第一師大部登陸完畢，即決定向金州（今金縣）前進。派遣一個大隊為金州支隊，先往偵察地形，修補道路，並切斷普蘭店（金州北）電線。四日（初七），金州支隊擊敗清軍的搜索隊，進至劉家店附近（金州東北約三十里）。

旅大的清軍，情報組織很差，日軍登陸花園口多日，仍不知情，及其推進到皮子窩後，始獲得情報。總兵徐邦道對諸將說，金州有失，則旅順不可守，請分兵守金州。諸將皆不應，邦道乃自告奮勇，率所部前往。後復幾經懇請，再分得趙懷業部二哨（二連，約二百人）同行。

金州城原有一部守兵，守將及其兵力皆不詳，只從日方紀錄，知有步騎兵各一部，城上置有十幾門砲，城外亦有砲臺守兵。徐邦道所部的二千三四百人，砲十門，則在城東石門子附近佈防。

日軍輕取金州及大連　十一月五日（十月初八），日軍第一師接近金州城。六日（初九）開始攻擊，第一線部隊於午前三時接敵運動，六時開始攻擊。六時四十分，擊破石門子附近的清軍徐邦道所部。徐邦道敗退，不入金州城，逕自南奔旅順。

八時，日軍已將金州城外各砲臺及高地完全佔領，開始向城內砲擊。九時，城內騎兵百餘，自西門出擊，大概是掩護退卻。九時半，城內守軍從西門逃走。十時，日軍入金州城。

日軍自攻擊發起，只經過四小時，便佔領了金州城，比軍隊演習還快。只有軍官一員，士兵二十四名負傷，無陣亡。

是夜（六日夜），第一師團分遣一部，夜襲大連灣，佔領大孤山半島、徐家山及和尚島三砲臺，沒有遇到抵抗。七、八兩日，復先後攻佔老龍島、黃山島二砲臺。清將趙懷業率部逃奔旅順。至是，大連灣五砲臺全失。

七日，日本聯合艦隊以攻擊陣容，進至大連灣，始知已由陸軍攻佔。第二軍軍司令部及後續部隊，遂直接向大連輸送。

清軍在金州及大連各砲臺，共遺棄火砲一二九門，步槍六二一枝，砲彈二、四六〇、〇〇〇餘，步彈三三、八〇〇、〇〇〇餘。在金州城內，還有十六門「哈德林」機關砲（快砲），係剛由天津運到的，尚未啓封，皆爲日軍所得。

第二軍佔領大連後，忙於改變補給基地（兵站主地移於大連灣柳樹屯），協同海軍實施港口掃雷，招致後續的第六師團之第十二混成旅團，並分別派出搜索部隊，向旅順、普蘭店方向搜索敵情，偵察地形。在此期間，第一師主力則休息整頓，準備進攻旅順。

旅順攻防的雙方兵力　十一月十三日（十月十六），日軍第十二混成旅團到達金州。同時，軍司令官大山巖得知清軍情況如下（此情報很正確）：

1.旅順原有守備兵力，約八千零五十名，金州、大連三處退回的軍隊約四千人，共約一萬二千人，其中有九千名是新兵。

2.金州北方，普蘭店駐有清軍步騎兵共七營。十一月七日（十月十日）一度南下，進至五十里堡，聞金州已於六日失陷，乃退回普蘭店。

3.李鴻章電調鴨綠江戰敗的銘軍，回救金州。

大山巖決心不待第二師團來到，即以現有兵力，迅速攻下旅順，其部署如下：

命步兵第十五聯隊（缺第三大隊）附騎兵一部，據守金州，防備北方的清軍。

以步兵第十聯隊的一個大隊，附騎兵一部，爲大連灣守備隊，受兵站監指揮。

其餘全部兵力，包含步兵十五大隊，騎兵三個中隊，野砲兵八個中隊，砲四十八門，徒步砲兵六個中隊，砲三十六門，工兵四個中隊；於十一月十七日（十月二十）開始前進。主力沿金州—旅順大道南下，第一聯隊沿大道東南方的平行道，進攻旅順東北部地區。

清軍自失金州、大連後，旅順官兵鬭志盡失，北方的陸上要隘南關嶺，無人肯守。諸將紛紛「以糧臺餉銀移煙臺，艤舟作逃亡計。」士兵及船塢工人成羣作亂，搶刼庫銀，騷擾市區。前敵營務處總辦龔照瑗私渡煙臺，赴天津，被李鴻章痛斥，始回旅順。諸將共推姜桂題爲主將，桂題已非將才，諸將亦互相觀望，不聽指揮。

十八日（二十一），徐邦道自告奮勇，向北出擊，至土城子附近，遇日軍搜索騎兵。邦道擊敗敵騎後，復遇日軍右縱隊前衛，邦道不敵，退回旅順。邦道總算打了一回仗，擊斃日軍中尉中萬德次及士兵十名，擊傷其軍官二員，士兵三十五名。然「東方兵事紀略」（他史亦多引用）謂爲「旅順第一轉機」，則未免過分誇張。

旅順陷落　二十日（二十三），清軍再以一部出擊，至水師營附近，被日軍擊退。是日，日軍大集，就攻擊準備位置。二十一日，日軍開始攻擊，其部署如下：

1. 第一師團主力，展開於大道及其以西地區，先以一部奪取突出的案子山砲臺，然後以主力攻擊松林山砲臺。

2.第六師之第十二混成旅團，展開於大道東方，相機進攻二龍山砲臺。

3.左翼的第一聯隊，向旅順東北方，行牽制攻擊，攻擊目標爲盤龍山、鷄冠山等砲臺。

攻擊開始後，第一師團長山地中將在二〇三高地指揮。六時五十分，砲兵實行攻擊準備射擊，掩護步兵前進。八時稍過，完全佔領了案子山各砲臺。接着，第一師團即開始進攻松林山砲臺，第十二混成旅團也向二龍山進攻。

十時二十分，松林山砲臺的火藥庫中彈爆炸，守軍逃走，砲臺遂被日軍所佔。日軍第十二混成旅團，也乘機攻下二龍山砲臺，並以一部進佔望臺。日軍第一聯隊亦與十二旅團同時開始攻擊，

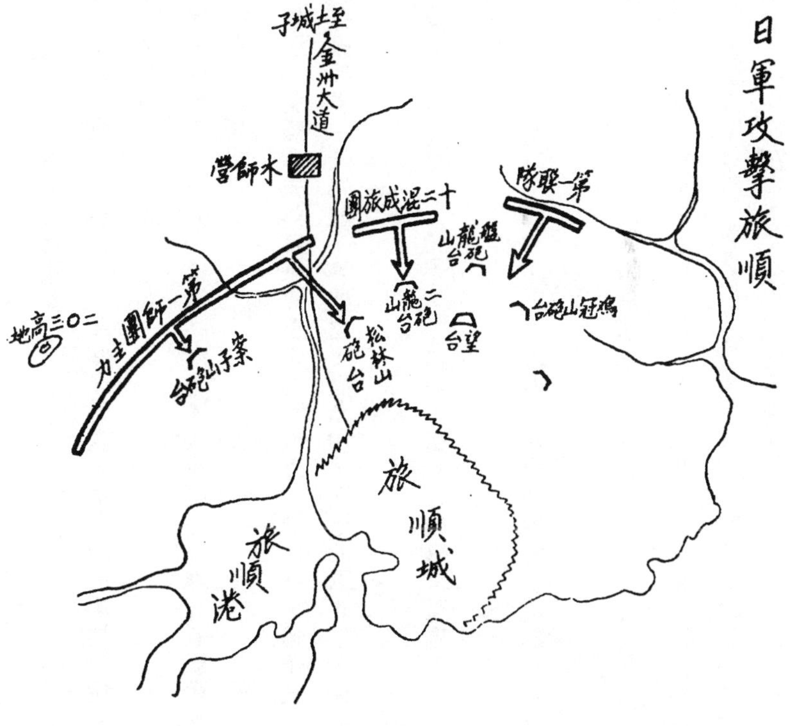

日軍攻擊旅順

奪取了二龍山東北的幾個砲臺。

清軍野戰部隊及要塞守兵，相率潰走，大都循東海岸向北逃去。午後零時稍過，日軍已盡佔旅順北方諸砲臺。第一師團留兵一部據守砲臺，主力即進攻旅順城。大山巖軍司令官命第十二混成旅團，堵截沿東海岸北逃的清兵。

清將紛紛逃走 迄至日沒，只有西海岸一個地區，還有一部清兵未走。入夜後，一陣狂風驟雨，天昏地暗，咫尺不辨，殘餘清軍乘機沿西海岸向北逃走。

清軍高級將領，大都準備有船，事先逃了。龔照璵先一日乘魚雷艇逃回煙臺，黃仕林、趙懷業、衞汝成亦皆偸渡潛逃。沒有乘船逃走的，有徐邦道、張光前、姜桂題、程允和，則隨亂軍北走，後來歸入宋慶麾下。

旅順要塞陸上各砲臺有重砲十八門，輕砲四十八門，機關砲十九門；海岸各砲臺有重砲五十八門，輕砲八門，機關砲五門，全部喪失。

旅順潰逃的清兵，經過大連灣時，曾於二十二至二十四日，三天之內，幾次襲擊柳樹屯的日軍兵站，皆被日本守軍擊退。

普蘭店清軍（似係宋慶所派的馬玉崑部）亦於二十一日，即日軍主力攻擊旅順那天，反攻金州日軍金州守備隊指揮官河野大佐，利用鹵獲的清軍克魯伯砲四門，收到意外效果，擊退來攻的清軍。

大山巖於二十三日，派乃木少將率領一個支隊，進佔普蘭店，向蓋平方向警戒。又派遣一個大隊，前往皮子窩，擔任該處警備。其餘部隊，則分別在旅順、金州二處冬營。

當旅順告急時，清廷於十一月二日（十月初五），「派恭親王奕訢督辦軍務，各路統兵大員均歸節制，如有不遵號令者，即以軍法從事！」旅順陷落後，李鴻章再受處分，革職留任。

日軍的暴行　日軍在旅順大事屠殺，慘絕人寰，英美輿論皆痛加斥責。據英國泰晤士報載，旅順全市華人皆被殺害，倖免一死者只三十六人。

有一個美國商輪「哥倫比亞」號船員英人阿倫，留落在旅順，也幾乎被日軍所殺。幸虧他殺死一個日兵，換上服裝，冒充日兵，於黑夜中救了二個華人，偕同倫往西海岸，覓到一條小船，逃出魔掌。事後，他寫了一本「旅順落難記」。下面摘錄其中幾小段，以見日軍的慘無人道。（轉引自文廷式等的「中日甲午戰爭」下冊，譯者署名蘭言。）

阿倫先在山上觀戰，日軍既入城，他才自山上下來，覓路走回他所住的客棧。下面是他沿途所見的一段紀錄：

滿路都是死屍，我踏着死屍，只顧亂走。狹街上的彈子，同雨點般飛來。到這時候，我竟路也辨不出來，走得似鬼打牆一般。後來從一條黑暗衖裏走到一塊高地，望見前面有個池塘，方知這地方是在船塢背後，就是我下山時繞過的第二個地方。我立的地方很高，那池塘約離我一丈五尺，只見那池塘岸邊，立滿了日兵，趕着一羣逃難人，逼向池塘裏去，弄得逃難人擠滿了一池。只見在水裏攢頭攪動，忽沉忽沒。那日本人，遠的放洋槍打，近的就拿洋槍上的刺刀來刺。那水裏斷頭的、腰斬的、穿胸的、破腹的，攪做一團，把池塘裏的水，攪得一片通紅。只見日本兵在岸上歡笑狂喊，快活得了不得，似乎把殘殺當作樂事。那池塘裏還活着的人，在死屍上面，扒來扒去，滿身血汚，嘴裏還是哀求乞命不迭。內中有一個女人，抱着一個小孩子，浮出水面，向着日本兵悽慘的哀求。將近岸邊，日本兵就把刺刀來搠，當心搠了個對穿。第二下就搠這個小孩子，只見洋槍刺一搠，小孩子就搠在那槍頭上。只見他豎起槍來，搖了幾搖，當作玩耍的東西。這個孩子大約只有二歲，那女人伏在地上，尚未搠死，用了將斷的氣力，要想起來看這孩子，剛要起來，翻身便倒。日本兵就照屠戮別人的法子，也把這女人斬成幾段。那兵後面，又來了一羣日本兵，趕着逃難人來這池塘裏。我不忍再看，回頭逃走，只得仍從原路回到客棧。一路走來，無非是死屍墊地。經過一處，看見十來個日本兵，捉了許多逃難人，把那辮子打了一個總結，慢慢的當槍靶子打。有時斬下一隻手，有時割下一隻耳朶，有時斬斷一個脚，有時砍斷一個頭。好像慘殺一個，他便快活一分。我所見的，無論男女老少，竟沒有饒放過一個。……我遇着的許多日本兵，都提了中國人常用的燈籠，以便於搜刼。一種鬼鬼祟祟的樣子，再提了燈籠，越顯得他十分高興。一路上，那槍聲、喊聲、哭聲、臨死的哀聲、發笑聲，嚷個不絕。滿地血肉模糊，殘肢斷體，舖滿道路。那狹衖裏死屍堆積如山，竟塞斷了路，不能行走。只可憐這死的都是無辜平民，那名爲保護地方的中國兵，卻不知逃到那裏去了。

他回到客棧，全棧的人都已被殺死，只剩下二人躲藏着，他就帶着這二人，到海邊去覓船逃去。有時碰到日兵經過，就潛入附近房屋躲藏一下。下面是他們三人在一間錢莊內所見的光景：

但見地板上舖滿一地的死屍，男也有，女也有，小孩也有。有的縮做一堆，死在那裏，亦有直挺挺死的。有沒頭的，亦有開膛破肚的，有的沒了手，有的沒了腳，亦有手腳都斬去的，亦有斬做兩段的；各種樣子，我也一時說不盡。抬頭一看，那櫃臺上的木柵尖上，籤了無數人頭。姓鍾的同那官（他同行的二人）忽然大喊一聲，嚇得面如土色。只有半明半滅的燈，照得人頭上的眼睛，都在那裏一閃一閃的動，像個死得不甘心的意思。看官！這種慘狀，人見了不是血也要結冰麼？再看那櫃臺邊上，還有一個大釘，釘個一個幾月的嬰孩。那地板上的血，足有三寸多厚。死屍重重疊疊的堆了起來，那零零落落的手、脚、頭，到處皆是。

第六節　遼東諸戰鬭

桂太郎取海城　且說日軍第一軍在安東附近冬營，獲悉第二軍已取旅順，皆躍躍欲試，即想進兵遼東。第三師團長桂太郎中將，是首先擬定對清戰爭計畫的人，茲因該師後到，尙未獨立建功，更是心猿意馬。軍司令官山縣有朋向大本營建議，以第三師攻取海城；大本營此時仍欲將第一軍海運大連，準備轉用於渤海灣登陸，不許其請。山縣有朋判斷大舉進攻直隸平原，尙非其時，乃授意第三師團桂中將⑩，先將該師兵力集中於岫岩附近，然後再請大本營追認。結果，大本營也就默認了。

第三師後方留守部隊如下（只記其基幹步兵）：

安東——二大隊

大孤山——一大隊（欠一中隊）

岫岩—土城子間——一中隊（後增至一大隊）

部隊集中期間，桂太郎派遣一小部隊，向析木城方向搜索，得悉清軍駐析木城者，爲馬玉崑、聶桂林、豐陞阿諸部，有兵四、五千人；蓋平爲定慶所部，有兵三、四千人；海城只有新兵五百左右。（馬玉崑此時當在蓋平，其他情報確實。）

十二月九日（十一月十三），第三師團自岫岩開始行動，其部署如下：

1.左側支隊，由佐藤大佐率領，含步兵一大隊，騎兵一中隊，進出蓋平東方約四十里之千馬河子，對蓋平清軍警戒，掩護第三師團側翼。

2.大迫支隊，九日自岫岩出發，經牛心山道；師團主力十日自岫岩出發，經小偏嶺—小孤山道，二路齊向析木城前進。

十一日（十五）正午，師團主力在二道河子北方山城子附近，與清軍三千人遭遇，日軍略有傷亡。是夜，清軍放棄析木城，向海城退卻。十二日，日軍兩縱隊皆至析木城會合。

桂師團乘勢追擊，十三日佔領海城。清軍未作多大抵抗，分向鞍山、牛莊二方向退卻。

日軍第三師團這次攻勢，因沒有重大戰鬭，傷亡官兵不過十餘人。然天氣嚴寒，日軍冬服尚未送到，凍瘡患者甚衆。

清軍對鳳凰城的攻勢　第一軍爲牽制摩天嶺清軍，不使其轉用兵力於海城方面，命第五師團派兵一部向北出擊。此時，第五師團部隊散駐在義州、安東、鳳凰城等處，乃命駐鳳凰城的旅團長立見少將，率領步兵第二十二聯隊，騎、砲、工兵各一中隊，並收集散駐附近各地的一部兵力，於十二月十日（十一月十四），自雪裏店北上。

駐守摩天嶺的淸將聶士成，此時也正約同賽馬集的依克唐阿，轉取攻勢。士成率步騎兵二千餘人，自摩天嶺南下，欲聚擊雪裏店的日軍。兩軍對進，遭遇於樊家臺東西高地，戰鬪頗爲激烈，淸軍兵寡，不支而退。是役，淸軍傷亡不詳，日軍陣亡士兵十一名，受傷官兵四十八人。

十一日（十五），立見支隊進駐草河口。（參看第四節插圖）

同時，駐賽馬集的依克唐阿軍，也興起攻勢。他率領步騎兵約六、七營，十三日（十七）到達鳳凰城東北，與日軍戰於草河東岸，是爲草河戰鬪。草河在鳳凰城東方八里，該河發源於草河口，向南流入靉河。

立見少將北上時，留置鳳凰城的守備部隊，有步兵第十二聯隊（缺一中隊），騎兵一大隊（缺一中隊），砲兵一大隊（缺一中隊），及工兵一小隊，以安友大佐爲守備隊指揮官。

安友迎戰於草河東岸，自午前十一時開始戰鬪，戰線亘六公里以上。安友分電野津師團長及立見旅團長，野津很憂慮，急命駐湯山城（鳳凰城東南）的山口大隊馳援，然後再抽調九連城之兵塡防湯山，又自義州調兵至九連城塡防。立見亦自草河口派遣一個大隊，向東出擊，威脅淸軍的後方。

日軍安友聯隊苦戰至日沒時分，淸軍攻擊頓挫。是晚，山口大隊到達，安友大佐擬於翌晨轉移攻勢。但在夜間，淸軍便向賽馬集撤退了。

草河戰鬪，淸軍傷亡不詳。日軍負傷軍官三員，士兵五十九名，陣亡士兵十二名。

立見少將擬集合全旅兵力，掃蕩賽馬集；野津師團長因須增援海城，不許其請，命立見自草河店撤回鳳凰城。

此後，第五師抽兵一部，增援海城。清將依克唐阿及聶士成，亦先後他調（見下），鳳凰城地區遂平靖無事。只有新授東邊道張錫鑾部定邊軍七營，自東方反攻，克復寬甸。其後於二月間迭有戰鬭，略有斬獲。日軍兵寡，遂放棄靉河以東地區，這是後話。

日軍增兵海城　此時，日軍第一軍司令官易人。山縣有朋因病回國，就任陸軍大臣。第五師師團長野津道貫升任第一軍司令官，奧保鞏中將繼任第五師團長。

日軍第三師佔領海城後，四面受敵，孤立無援，除趕築城防及四郊防禦工事外，並屢請軍部增援。鳳凰城戰鬭結束後，野津司令官除留立見旅團守備鳳凰城外，軍部及第五師其餘部隊，皆集中岫岩附近。翌年一月五日（十二月初十），軍部進駐岫岩。

清軍自海城失陷後，北方守軍在鞍山，西方守軍在牛莊，監視海城日軍。宋慶部駐蓋平、營口，則介於金州、海城兩部敵人之間。

清廷知淮軍不可用，欲倚湘軍宿將，命魏光燾、陳湜、李光久等在湘募兵。湖南巡撫吳大澂不自量力，也自告奮勇，請率湘軍，親赴前敵。詔以兩江總督劉坤一爲欽差大臣，「所有關內外防勦各軍，皆歸節制。」劉坤一知道，「無錢，無械，無兵」，難以打仗，懇辭不許，延遲到舊曆年底，才到山海關去。因此，自海城失陷之後，遼東方面的作戰，始終還是以宋慶爲主。

缸瓦寨之戰　宋慶駐蓋平，獲得一部增援，並將旅順敗卒收容整頓，兵力不小，有如下幾個單位：

他自己的毅軍有十個營。

劉盛休的銘軍，縮編爲六個營，改由姜桂題統率。

章高元的嵩武軍八營，是新由山東調來的。

自旅順逃回的，分爲二部，一是張光前的親慶軍四個營；一是各部散卒編併而成的拱衛軍十二營，由徐邦道統領。

以上總兵力約四十營。海城失守後，宋慶留章高元、張光前、徐邦道等部守蓋平，自率毅軍、銘軍等北進，企圖收復海城。

十二月十九日（十一月二十三），宋慶部進至海城缸瓦寨附近，與日軍第三師團大迫少將所部遭遇，日軍兵力約一個聯隊。兩軍自午後一時開始接觸，戰至四時左右，戰況頗爲激烈。日軍第三師團派遣大島少將率兵增援，淸軍不支而退。是役，淸軍傷亡不詳，日軍陣亡軍官二員，士兵六十七名，負傷軍官十二員，士兵三百二十七名。

宋慶戰敗後，自己退駐田莊台（營口西北），所部分駐營口、大石橋二處，以策應蓋平守軍。

日軍第三師團長桂太郎，自佔領海城後，感覺孤軍深入，四面皆敵，除請求本軍增兵外，又請第二軍自金州半島北取蓋平，以減輕海城所受的淸軍壓力。第二軍方受命準備進攻威海衞，最初不同意分兵北進，後奉大本營之命，始增加普蘭店乃木少將的兵力，使成爲一個完整的混成旅團，負責攻佔蓋平。

蓋平陷落　一八九五年一月三日（光緒二十年十二月初八），乃木旅團自普蘭店開始北進，九日（十四日）到達蓋平城外。同時，第三師團也派遣其柝木城守備隊約一個大隊的兵力，自是處向蓋平前進，協助乃木旅團作戰。

一月十日（十二月十五）拂曉前，日軍利用夜暗接敵運動，天明開始攻擊，主戰鬬發生在蓋平南門外蓋州河線上。

此時，蓋平的清軍及其配置如下：

章高元的嵩武軍八營，擔任城南蓋州河沿河防禦。

徐光前部親慶軍四營，守鳳凰山（當係城東南的塔山）。

徐邦道所部前已奉命移駐牛莊，此時因蓋平吃緊，奉宋慶之命折回，先頭數營剛到，防守城西龍王廟。

清軍初時頑強抵抗，到底敵不過日軍有組織的火力，及其屢戰屢勝的旺盛攻擊精神。戰至七時五十分，清軍城外陣地盡失⑪。八時，日軍開始突擊入城。十時半左右，日軍已完全佔領蓋平四周，清軍分向營口、牛莊退卻。

日軍進攻蓋平的兵力，有戰鬬員五千五百人，野砲十二門。陣亡軍官一員，士兵三十五名。負傷軍官八員，士兵二百九十餘名。清軍作戰兵力十六營（徐邦道後續部隊未趕上參戰），官兵陣亡四百五十人，負傷不詳，被俘士兵三十二名。遺棄火砲三門，步槍一百零二枝。

五次反攻海城　此時，清將依克唐阿的黑龍江軍，已自賽馬集調來遼陽鞍山，清廷又調長順的吉林軍開往鞍山，與黑龍江軍協力反攻海城。同時，湘勇亦已陸續到達，先到的是李光久的「老湘營」。於是，自一月十七至二月二十七日（十二月二十二至二月初三），清軍分自北方及西方，五次反攻海城，然皆無功而退。在此期間，陣地積雪甚厚，氣溫在零下三十度，日軍不耐嚴寒，對吉黑軍頗為有利。可惜這兩部清軍，沒有受過新時代戰術訓練。

第一次反攻，在一月十七日（十二月二十二），攻擊部隊為長順與依克唐阿的吉黑軍共十二營，及遼陽知州徐慶璋所部，經由鞍山南下，至海城北方，廣正面展開，攻擊城郊的日軍防禦陣地。戰鬪只一小時，清軍即敗退，雙方傷亡各數十人。

第二次在一月二十日（十二月二十五），吉黑軍自北而南，宋慶軍向牛莊向東，同時攻擊海城西、北二面。但也只攻到日軍外圍陣地前數百公尺之處，即被日軍砲火擊退。日軍死傷三、四十人，清軍死亡百人左右，受傷人數不詳。

第三次在二月十六日（正月二十二），清軍分由營口、牛莊，遼陽三路進兵，圍攻海城。此時，日軍第三師團已得到一部軍砲兵增援，共有砲四十門，砲火較前猛烈，各路清軍皆被日軍砲火擊退。清軍死亡一百八十人，受傷不詳，日軍只有十餘人受傷。

同時，徐慶璋派兵三千餘人，砲八門，繞道進攻析木城，亦無功而退。

第四次在二月二十一日（正月二十七），展開正面較第三次更廣，但也沒有攻到敵軍陣地就崩潰了。是役沒有傷亡紀錄。

第五次在二月二十七日（二月初三），只有吉黑軍三千，進攻海城北門外。這次的清軍更膽怯，一聽到砲聲就退走了，根本沒有實施攻擊。

此時，湘勇數十營已到，欽差大臣劉坤一亦已進駐山海關，清廷又發表吳大澂、宋慶二人為劉坤一之副。同時，山東半島軍事失利，海軍覆滅（見下），朝廷以聶士成能戰，調之入關，保衛畿輔。坤一命陳湜率湘軍二十營，代士成守摩天嶺（大高嶺）。又命吳大澂、魏光燾所部湘軍出關，開赴田莊台，與宋慶會合。宋慶部整編爲三十餘營，加上新到幾部湘軍、淮軍、皖軍、豫軍，連同遼陽的吉黑軍等，番號不下百營，約有四五萬人。然新兵比例越來越大，老兵也已成驚弓之鳥了。

鞍山、牛莊失守　日軍第一軍野津司令官進駐海城，見清軍集結數萬人於遼東，乃向大本營建議，發動一次大攻勢，殲滅當面清軍，以利於爾後直隸平原之作戰。大本營不願在遼東支戰場過度消耗兵力，只允許由第二軍派遣第一師，協同第二軍，作有限度的攻勢（此時第二軍主力，已自山東半島撤回旅順整補）。

野津司令官奉命後，當即策定其攻勢作戰計畫，先以本軍向北進攻，略取鞍山，然後移師西向，並請第一師協力，進攻牛莊、營口及田莊台。

第一軍攻擊鞍山的部署如下：

第五師團留立見混成旅團四個大隊守鳳凰城，師主力自岫岩北上，經吉洞峪、把會寨，攻擊鞍山。

第三師團留置一部守備海城，主力循大道北進，攻擊鞍山。

第一師團以一部推進海城，加強海城防禦。

三月一日（二月初五），第三師團前進中，其前衛在甘泉堡、新臺子二處，先後擊退一部清軍。是夜，吉黑軍放棄鞍山，向遼陽退卻。三月二日（二月初六），日軍佔領鞍山。

在日軍進攻鞍山期間，牛莊清軍（湘軍）曾派遣小部隊，每次二、三千人，於二月二十八日（二月初四）及三月二日（二月初六），兩度進攻海城，皆未經激烈戰鬭即退。

日軍第一軍佔領鞍山後，稍事休息，卽依原定計畫，移師西進，攻擊牛莊。同時，第二軍的第一師團，亦自蓋平、大石橋進攻營口。現在先說牛莊作戰經過。

三月四日（二月初八）晨，日軍第一軍到達牛莊郊外。第三師團攻擊牛莊北面及西面，第五師團攻擊牛莊東面及東北面。二師雖然都非全部兵力，總共仍有戰鬭員一萬二千人，砲五十九門。以那麼大的兵力攻擊牛莊清軍，好像用牛刀割鷄一樣。

牛莊的守軍爲魏光燾、李光久二部的湘軍十餘營，約有五千人，大都是新兵。在牛莊外圍的清軍警戒部隊，一交卽潰。魏光燾的營官余壽武率兵數百，據守牛莊街口抵抗，以掩護光燾逃走。李光久早晨要抽大煙，早餐未畢，敵人已突入市內。光久突圍而走，所部不及退出，散在市街內零星抵抗，皆被消滅。

牛莊之役，清軍傷亡約二千人，被俘六百九十八名，武器遺棄無算。

太平山之戰　日軍第二軍的第一師團，在進攻營口之前，先有太平山之戰。太平山在大石橋西南約三十餘里，是蓋平—營口間的要地。宋慶派馬玉崑、徐邦道二將據守，並不時向蓋平活動。

日軍第一師團將金州防務交給第十二混成旅團後，師團長山地中將率部北上，二月十九日（正月二十五）到達蓋平。山地往晤第一軍的野津司令官，獲致協議，決定先取太平山，待第一軍攻擊牛莊之同時，再攻營口。

二月二十四日（正月三十），第一師團分兩縱隊，向太平山前進，一攻東太平山，一攻南太平山。東太平山的清軍沒有多大抵抗，即放棄陣地而走。南太平山可能是馬玉崑的毅軍，自六時至七時四十分，抵抗了一小時半左右，始戰敗而退。

此時，宋慶率兵來援，兵力約有萬人左右，先頭已到太平山西北的西七里溝，即在是處收容太平山敗兵，重新部署抵抗。日軍自太平山繼續前進，午後二時半開始，四時半擊破七里溝的清軍。宋慶向田莊台退卻。

太平山—七里溝之戰，清軍陣亡約二百人，受傷不詳。日軍第一師團戰鬪員一萬一千八百九十人，傷亡官兵約三百人。但因積雪甚深，禦寒裝備缺乏，患凍瘡者有四千餘人之衆。因此，太平山戰後，第一師團休養士卒，沒有再進。三月四日（二月初八），第一軍攻擊牛莊，第一師也沒有按照原來協定，同時進攻營口。

清軍於牛莊失守的翌日，放棄營口，原有一部守軍，皆撤回田莊台。同時，平日大言不慚的湘軍大將吳大澂，一聞牛莊失守，即棄田莊台，退奔石山站。宋慶收容牛莊、營口各地軍隊，仍有二萬人左右，遂依遼河西岸設防。

田莊台之戰　日本第一軍野津司令官的原定計畫，待佔領牛莊後，即乘勝渡過遼河。鑒於第一師未能配合行動，同時攻下營口；乃改變計畫，以一、三、五師團會攻營口，預定六日（初十）實施。未幾，得悉營口清軍已經撤退，仍命第一師前往佔領，該師於六日進入營口。

同時，野津司令官再策定進攻田莊台的新計畫，並命第三師團派出搜索隊，先行偵察敵情地形。

三月七日（二月十一）大風雪，第三師團長自率搜索隊中途折回。八日（十二），進至田莊台東方的孫家街，得悉遼河支流氷厚二尺，本流結氷尤厚，河川兩岸傾斜徐緩，渡河沒有困難。第三師團長實行威力搜索，命砲兵向田莊台射擊。清軍以爲敵人來攻，急就防禦位置，並以砲兵還擊。於是，日軍搜索隊發現，在田莊台東端，有清兵約五、六千人，砲三十門。

田莊台在營口西北，遼河西岸，是處河川向西彎曲，平時以河川爲障礙，防禦頗爲有利。現當結氷季節，障礙全失，就無險可守了。清軍雖有二萬人，四十門砲，然單位複雜，新兵多，無鬪志，面臨敵軍的大規模攻勢，顯然是不能抵抗的。

三月九日（二月十三），日軍使用三個師團，戰鬪員一萬九千人，砲九十一門，總攻田莊台。第五師團自上游，第三師團自正面，第一師團自下游，企圖一舉殲滅當面的清軍。日軍步兵在砲火掩護之下，踏氷渡河攻擊。清軍只稍事抵抗，便開始退卻，但仍有一部後衛，被日軍追及，頗有損失。據日方紀錄，清軍遺屍約千具，受傷人數不詳。日軍傷亡三百餘人。

遼河作戰到此爲止，因爲三月三十日（三月初五），停戰協定便簽字了。

現在轉過來，補述山東半島的陸軍作戰經過。

第七節　威海衛之戰（附澎湖之役）

先是，日軍第二軍於十一月二十一日（十月二十三）佔領旅順後，大本營即決心用兵山東半島，陸海軍協力，佔領威海衛，消滅中國艦隊，以便在來年春季，向直隸平原大舉進兵，迫使清廷屈服。

於是，遂派遣第二師團及第六師團的後續部隊，運往旅順，歸入第二軍序列，並命第二軍司令官大山巖，負責山東半島作戰。

威海衛概況　威海衛在山東半島東北端，位於榮成、煙臺之間，與煙臺距離約五十浬，爲北洋海軍基地。劉公島橫陳於港口，將水道分爲東西二口。東口寬四、六三三公尺，水深五・九至十六・四公尺。西口寬二、七八〇公尺，水深五・九至三六公尺，故西口是主航道。劉公島東西三公里，南北二公里，超出海面一六〇公尺，北岸多峭壁，不可攀登。威海衛港內外，冬季亦不封凍，是一個良港。

如圖所示，清廷在北山嘴及劉公島西南端，設置砲臺數處，以控制西口。在趙山嘴、鹿角嘴、龍廟嘴、日島及劉公島東端，設置砲臺數處，以控制東口。各砲臺的主砲，皆爲二十四公分的克魯伯砲。

然上述南北兩岸砲臺（當時稱南幫、北幫），只注意防衛海口，掩護海港安全，卻沒有注意到砲臺本身的

威海衛軍港形勢

防禦。換句話說，這些砲臺並未編成要塞體系，砲臺後面的高地線，防禦設施不足，後門敞開，不是具備四周防禦的要塞。更糟的是，又沒有足夠的野戰軍，以保衛半島，阻止敵軍登陸。其原因，是清廷當局沒有現代戰略常識，只有「憑痛癢反應」的下等動物本能，以應付日軍攻勢。朝鮮有急，就調走旅順守兵；遼東告急，就將山東半島守軍調往，根本沒有一個敵情判斷和作戰構想。

清軍防務空虛　威海衛除海軍提督署及其北洋艦隊外，戰前的陸上駐軍，原是很不少的。包括山東全省駐軍，可用以支援威海衛作戰的，總計有步兵五十營，騎兵八營，水師二營，皆配有相當的野戰砲兵。

自平壤失守後，山東駐軍逐漸調往遼東，留在威海衛附近的，甚至可以說，留在山東全省的軍隊，一共只有十餘營，其配置如下：鞏綏軍統領戴宗騫自統四個營，守備港北岸諸砲臺；分統劉超佩率領四個營，守備港南岸諸砲臺；總兵張文宣率兵四營，守備劉公島。另外就只有孫萬齡的嵩武軍四個營，及野山砲十餘門，作為機動部隊。

李鴻章及督辦軍務的恭親王奕訢，此時一意進行求和，沒有好好地判斷敵軍的次一行動，完全忽略了山東半島防務。山東巡撫李秉衡也不採納羣吏的建議，募兵增防海岸[12]。因此，到了事急的時候，連「河防兵」也拿來湊數，用於防守海岸。「河防兵」其實不算軍隊，只是保護黃河的民伕，武器多為土槍，如何能打仗？

海軍的催命符　可笑的清廷，一味指責海軍無能，拿丁汝昌做代罪羔羊。連過去阻撓購艦的大員，也「仗義」執言，謂非殺丁汝昌不可。

初，黃海戰後，丁汝昌率殘餘艦隊，在旅順修理匝月。在此期間，日本海軍曾於十月二日（九月初四），派遣軍艦五艘，進窺威海衞，當被北山嘴砲臺擊退。十月杪（九月杪），丁汝昌率艦隊回駐威海衞，從此即採保艦主義，不再出海⑬。而日艦則不斷地出沒於港外，及山東半島沿岸，盡悉清軍空虛實情，及海岸地形狀況。

十二月（十一月）間，清廷以海軍日久無功，命逮丁汝昌法辦。海軍總兵劉步蟾與諸艦管帶，威海衞砲臺的陸軍將領，及幫辦英人馬格祿等，紛紛電呈北洋大臣，挽留汝昌。李鴻章據情轉報，請許其戴罪立功。清廷不許，命鴻章「仍遵前旨，俟其經手事件完竣，即行起解。」

這是一道海軍催命符，大敵當前易帥，本爲兵家大忌，何況已不派新提督，又要起解舊提督？試想，一個等待起解的提督，何能發號施令？如果沒有這道催命符，打擊丁汝昌的威信，也許海軍的結果還不至於那麼慘。

日軍登陸榮成灣　日軍第二軍與聯合艦隊，派遣海陸軍參謀人員，偵察山東半島後，選定半島東方榮成灣的龍睡澳爲登陸地。聯合艦隊遂集合諸艦於大連灣，決定於一月十九日，開始輸送第一批登陸部隊。並於先一日，派遣第一游擊艦隊（吉野、高千穗、浪速、秋津洲），向登州（蓬萊）實行牽制攻擊。自是日起，該艦隊連續砲擊登州二晚。

一八九五年一月十九日（光緒二十一年十二月二十四日），日軍開始輸送，二十日午前到達龍睡澳，驅逐海岸的清軍少數警戒部隊後，日軍先頭部隊即開始登陸，那是第二師團的第三旅團。該旅得悉榮成城內清兵不多，登陸後即向榮成進攻。榮成守軍是閻得勝的河防兵四個營，如上所述，河防兵完全沒有戰鬪力，一聞槍聲即潰，榮成遂失陷。

日軍分數次輸送，至一月二十五日（十二月三十），始全部登陸完畢。計有第二師團全部，第六師團（缺第十二混成旅——該旅守備旅順）及軍直屬部隊，總兵力約三萬人。

擴張灘頭陣地 日軍登陸期間，其先頭的第二師第三旅團部隊，逐漸向西推進，以擴大灘頭陣地，掩護主力安全登陸。其騎兵搜索隊，曾於二十四日（二十九日）在橋頭集附近，二十五日（三十日）在牙格莊（橋頭集東北）附近，與清軍稍有接觸。這一部清軍，是山東半島僅有的機動部隊，爲孫萬齡的嵩武軍，約有步兵四營，砲十餘門。榮成敗回的閻得勝部河防兵，也歸孫萬齡指揮。

在日軍主力登陸期間，孫萬齡及戴宗騫派來的一部鞏綏軍，曾一再向敵反擊，與日軍搜索部隊作戰，孫萬齡且曾報捷邀賞。「東方兵事紀略」說：「孫萬齡以宗騫已負約不至，復調綏軍回去，甚怒，亦棄橋頭退。」這是錯誤的指責，戴宗騫四個營，只千餘人，擔任北岸砲臺守備，非機動部隊，不得擅離防區，他能抽派一部協同出擊，已盡了最大努力。且孫萬齡兵力如此單薄，不能阻擊日軍，責任不在他，用不着拿戴宗騫來做代罪羔羊。

日軍攻擊部署 日軍第二軍登陸完畢後，即以第六師團在右，第二師團在左，向西前進。

二十六日（舊曆元旦）第二師團的前衛，進至牙格莊，與清軍孫萬齡部小有接觸。孫部稍事抵抗，即向西退卻，回到鳳林集東方高地，佔領陣地。

二十八日（正月初三），日軍第六師團進至鮑家村，第二師團進至江家口子，就攻擊準備位置。

二十九日，日軍偵察結果，得悉當面清軍兵力微弱，文登附近更沒有駐軍，日軍左側毫無顧慮。

軍司令官大山巖遂決定翌日開始攻擊。他鑒於摩天嶺—謝家所間，正面有永久工事，決心先攻下鳳林集東方高地，然後向西北旋廻，自側後方突擊摩天嶺等砲臺。並約聯合艦隊協力，以其海軍砲火，制壓南岸各砲臺。

一月三十日(正月初五)晨，日軍開始攻擊，兩師團的作戰經過如下：

第六師團以一部為右翼隊，自張家灘附近展開，向謝家所砲臺陽攻；主力為左翼隊，依軍命令，應先向西攻擊，佔領鳳林集東北高

威海衛軍港南岸日軍攻擊部署

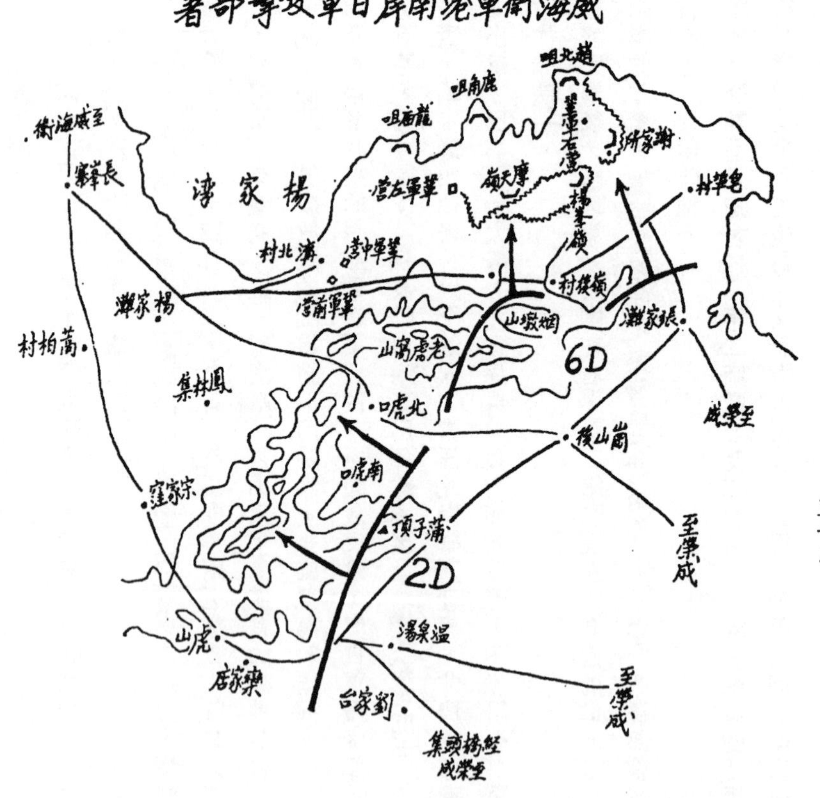

地。師團長黑木爲楨立功心切，於午前六時四十分到達煙墩山之線後，即命左翼隊移鋒北指，逕攻摩天嶺砲臺。

砲臺盡失，艦隊被困　第六師團主力開始攻擊後，因受謝家所砲臺側射，前進頗爲困難。八時二十分到達突擊位置，遣工兵破壞砲臺的鹿砦，開設通路。八時三十分開始突擊，一舉奪取摩天嶺砲臺，並擊潰砲臺守兵四百餘名，奪獲八公分克魯伯砲八門。

清軍軍艦，日島砲臺，楊峯嶺砲臺的砲火，皆向摩天嶺集中射擊。日軍冒着猛烈砲火，繼續前進，以各一部佔領鞏軍左營及龍廟嘴砲臺，另一部則向鹿角嘴砲臺攻擊。稍後，大寺少將復親自率領一部，向東攻擊楊峯嶺砲臺，以策應右翼隊作戰。大寺爲海軍砲彈擊中，身負重傷，收容後死亡。正午左右，楊峯嶺砲臺火藥庫爆炸，守兵潰退。零時二十分，此砲臺遂爲日軍所佔。

同時，日軍第六師右翼隊亦佔領謝家所，更乘勝向北追擊，復佔領鞏軍右營及趙北嘴砲臺。鹿角嘴砲臺仍在頑強抵抗，黑木師團長使用師預備隊加入攻擊，未幾遂將其佔領。數小時內，南岸各砲臺全部落入日軍之手。日軍即利用這些砲臺，射擊港內的清艦及日島砲臺。

日軍第二師團，於午前六時，自劉家臺附近前進。七時二十分，大約展開於蒲子頂南北之線。八時左右，該師左翼隊佔領鳳林集東南高地，清軍孫萬齡部拋棄火砲，向西退卻。師右翼隊亦於八時四十分佔領北虎口西方高地，是處清軍棄砲向威海衛市街逃走。這一部清軍，大概是戴宗騫派來的一個營。

日軍第二師向威海衛市街追擊前進，被清艦砲火射擊，退回宋家窪附近。

本日戰役，日軍傷亡軍官六員，士兵四百十七名，清軍傷亡人數不詳，南岸各砲臺附近的遺屍，有七百四十具（日軍第六師團掩埋紀錄）。清軍砲臺殘衆，在海軍砲火掩護之下，撤退到北岸（包括負傷的分統劉佩超在內），稍後，大概都逃散了。

南岸砲臺失陷後，清海軍砲火集中擊毀龍廟嘴砲臺；其餘各臺，則皆被日軍所利用。丁汝昌率領艦隊，移泊劉公島西岸，以避南岸砲火。

日軍海陸聯合，開始清掃東口的封鎖線。同時，陸軍則整頓部隊，派隊搜索威海衛市街及北岸砲臺狀況。至三十一日（六日），得悉威海衛市街已無清軍，北岸砲臺守軍有步兵三營。

二月一日（正月初七），日軍第二師團向北岸前進。午前十一時，其左側衛到達羊亭集（長峯寨西方），與清軍遇，清軍兵力約二千人，砲八門。主縱隊前衛及本隊的一部，立即馳緩其左側衛。戰至午後二時，清軍拋棄火砲而逃。於是，北岸砲臺暴露，遂不戰而落入日軍之手。

丁汝昌自殺，北洋艦隊投降　初，日軍登陸榮成後，丁汝昌即知砲臺不能守，命南岸砲臺卸去砲牡，免爲日軍利用，但被守軍所反對而罷。南岸已失，汝昌急命人將北岸砲臺火砲破壞。日軍不能利用北岸之砲，乃將南岸之砲，移置北岸⑮，並在沿海岸配置野砲，射擊港內清艦。

同時，日本聯合艦隊則在港外嚴密封鎖，並遣水雷艇潛入港內，襲擊清艦。

二月五日（正月十一），日本第二、第三兩水雷艇隊（水雷艇十隻），自東口潛入港內，發雷襲擊，清艦「定遠」號重傷，自行鑿沉。日本水雷艇亦損失數隻。

六日（十二）午前二時四十分，日本水雷艇隊利用夜暗，再度入港襲擊。有四艇突破封鎖線，發射七個水雷，擊沉清艦「來遠」、「威遠」，及水雷教練艇「寶筏」號。

七日（十三），清管帶王登瀛率魚雷艇十二艘，自西口逃走，爲日艦追及，全數被俘。

此時北洋艦隊砲彈將盡，而陸援又絕，被困港內，束手無策。劉公島居民恐慌，官兵多不願戰。丁汝昌出示撫衆。謂援軍將至，宜固守待援，衆心稍安一時。九日（十五），「靖遠」號又被擊沉，右翼總兵劉步蟾仰藥自殺，軍心益驚⑯，幫辦英人馬格祿與諸管帶密謀刼汝昌脅降。十日（十六），諸管帶羣集「鎭遠」艦上，合水手，圍汝昌。德員瑞乃爾入艙密告汝昌，謂軍心已變，勢不可爲，不若沉船毀臺，徒手降敵。汝昌如其言，命諸將同時沉船。諸將懼取怒日人，皆不奉命。

十一日（十七），得煙臺密信，知山東巡撫李秉衡已走萊州，援兵絕望。汝昌召諸將，擬率全部餘艦大小十艘，突圍走煙臺，希冀逃出數艦，以免全軍覆沒，諸將不應而散。於是，汝昌仰藥自殺，護軍統領張文宣（劉公島陸軍指揮官）亦自殺。

十二日（十八），諸將集議，由英人浩威作降書，仍用丁汝昌名義，向日軍請降。所有殘餘軍艦十一艘（含練習艦一），連同劉公島砲臺、軍資、器械，盡爲日軍所得。

北洋艦隊的消滅，應由清廷及李鴻章負其責任。清廷負丁汝昌，丁汝昌不負淸廷。（日本海軍對丁汝昌也很崇敬。）

澎湖失守 又在戰爭末期，日本見中國已經遣使求和，預爲要求割讓臺灣、澎湖的藉口，急派兵進佔澎湖。玆將其經過，作一簡述。

日本爲了攻佔澎湖，特編成「南方派遣艦隊」，包含「松島」、「橋立」、「嚴島」、「千代田」、

「吉野」、「浪速」、「高千穗」、「秋津洲」八艦，及「西京丸」、「近江丸」、「相模丸」三艘商船改裝的補助艦。又以陸軍編成一個「比志島混成支隊」，由三個後備兵混成大隊編成，指揮官爲比志島義輝大佐。以上海陸軍部隊，統歸聯合艦隊司令長官伊東亨祐指揮。

三月十五日（二月十九），日軍發自佐世保，艦隊與陸軍運輸船偕行。二十日（二十四），到達將軍澳嶼，那是馬公南方的小島。因天氣惡劣，在是處等待了數日，始向澎湖本島攻擊。

澎湖清軍，原來只有總兵周鎭邦率領練勇八營駐防，及臺灣巡撫邵友濂他調，布政使唐景崧署巡撫，復命候補知府朱上泮，率領定海兵四營，前往增防，然皆新兵。

二十三日（二十七），日軍比志島支隊在裏正角附近登陸。二十四日，在海軍砲火掩護之下，比志島支隊擊敗定海兵五百名，佔領拱北砲臺。是夜，淸軍定國衛隊營管帶（營長）郭潤馨（俊山）投降。

二十五日（二十九），日軍佔領馬公，俘淸軍官兵五百八十六人。朱上泮乘漁舟走臺南，軍隊散失。

比志島支隊的作戰傷亡雖然很小，然軍中疾疫流行，病死一千四百人，損失了一半兵力。

①本章主要參考書籍略同十四章。

②一說濟愚爲福臨門徒，領導伏闕呼寃的是濟愚。茲依李丙燾的「韓國史大觀」。

③關於英俄二使調停經過，可參看蔣廷黻編的「近代中國外交史資料輯要」中卷，蕭一山的「淸代通史」第三卷，及黃大受的「中國近代史」中册等。

④姚錫光的「東方兵事紀略」有一段記錄：「倭人間諜在津賄通電報學生某，得我師期，遂爲所截。」國人近著的清史、近代史等，亦多引用。然日本間諜活動是一回事，是否「得我師期，遂爲所截」，又是一回事。此說不但與日方紀錄不符，且「愛仁」、「飛鯨」二輪先已安全到達牙山，而日艦亦只有三艘，不像預得情報的截擊部署。姚說似不可靠，茲不錄。（又黃大受的「中國近代史」第三册末補述甲午戰爭事，則謂「天津軍械所老書生洩漏師期」。）

⑤李鴻章曾痛斥衞汝貴，平壤統帥所以不給他，大概即因此故。否則他的小站盛軍最負盛名，人數亦最衆，決不會捨他而用葉志超。

⑥據日方紀錄，實際參與攻城戰鬪的，爲一萬二千人。葉志超的報告，則稱日軍三、四萬人。

⑦中日各艦的性能，包含排水量、速率、砲數、裝甲等，各書數字殊不一致，皆大同小異。然因此之故，本書沒有列表對照。

⑧當時世界海軍的造艦趨勢，朝此發展。到日俄戰爭後，才競造堅甲和大口徑砲的主力艦。

⑨日本海軍名將東鄉平八郎，也盛讚林泰曾的沉着。然亦有相反的一說，蔡爾康所輯的「中東戰紀本末」卷七，有譯自英國圖畫月報所載美人麥吉芬語錄。麥氏爲鎭遠艦上的西員，極力詆毀林泰曾，原文有云：「乃見總兵林泰曾，匍匐而口求佛佑……不覺浩嘆。」

⑩桂太郎爲留德學生，日本陸軍改採德制，就是由他提倡的。後爲首相時，曾主持日俄戰爭。但爲人奸險，民權運動者尾崎行雄比之爲中國的袁世凱。日本歷史上有「尾崎罵死桂太郎」一語。此人如此跋扈，此處所謂「授意桂中將」者，很可能是曲循桂太郎之請。這等事情，在日本歷史上是不足爲奇的。

⑪「東方兵事紀略」說，章高元部八營守蓋平河，鏖戰甚猛，敵不得逞。張光前守鳳凰山，見敵即潰，以致高元

軍腹背受敵，敗回營口。然依日方紀錄，則章高元部陣地失守，還在張光前之先。日方紀錄如下：蓋洲河方面，六時五十分佔祁家務，七時稍過佔西邵家村，七時半左右掃蕩河岸地區。蓋平東南的塔山方面，清軍守塔山，馬圈子之線，日軍七時五十分始攻下塔山，至是，馬圈子清軍亦放棄陣地，但仍在後面丁家屯頑抗一時。

⑫按當時清廷狀況，可能是無錢無械之故。然旅順、遼東教訓已多，即使募得新兵，又有何用？

⑬「東方兵事紀略」有一段紀錄：旅順告急，「汝昌知旅順墮，則北洋門戶失，大局震驚，罪且不測。自赴天津，請以全力援旅順，決死戰。鴻章詈之，謂汝善在威海守汝數隻船勿失，餘非汝事也。」又據日方紀錄，北洋艦隊回駐威海衞後，汝昌數請出巡，鴻章主保全實力，不允其請。依理判斷，當屬實情，因爲鴻章亟欲求和，倘能保全艦隊實力，則日方條件或不致太苛。

⑭「東方兵事紀略」有一段紀錄，謂戴宗騫部下索壓餉銀譁變，宗騫從者皆散。初七日，丁汝昌乘小輪至，挈宗騫往劉公島，麾砲勇等去，以海軍大砲擊燬北幫砲臺，尚未遺敵。然日方紀錄，初七日尚與北岸軍隊二千人作戰，則「東方兵事紀略」之說不確。趙錫光對於山東戰事，似乎頗袒護孫萬齡，而過責戴宗騫。但也難怪，因爲威海衞海陸軍將領中，只有孫萬齡部隊在外線作戰，得以率部退回，其餘非死則降，朝廷所知，只有萬齡的片面之詞。

⑮當時海岸要塞砲的有效射程，只有二千公尺左右。

⑯先是，朝廷於舊曆十月十日，嚴令定遠、鎭遠二鐵甲艦不得損傷（從李鴻章議）。十二日，出巡登州洋回威海時，午潮正落，鎭遠爲避水雷浮標，誤觸礁，裂口三丈餘。總兵兼管帶林泰曾畏罪自殺。現在，總兵劉步蟾又自殺。林、劉二總兵，爲丁汝昌左右手，二人皆死，丁汝昌統御愈困難。

第十六章　馬關條約[1]

第一節　張蔭桓使日被拒

清廷分和戰二派　中日兩國宣戰之後，日本朝野一致，政黨息爭，大本營一意執行其既定方針，指揮軍事，着着進攻。清廷反是，和戰兩派仍然明爭暗鬪。主戰派以翁同龢、李鴻藻爲領袖，德宗從其議，朝臣附和者多。主和派以恭親王奕訢與李鴻章爲魁首，朝中大臣贊同者只有孫毓汶、徐用儀二人，然頗得慈禧太后的支持。

說來很可笑，主戰派人士不知軍政腐敗至極，根本不能對抗日本，除一味叫囂，指責李鴻章誤國外，未嘗提出過合理的作戰主張。翁同龢之不敢言和，只是怕「舉世唾罵」（翁自己日記），並非看出了有何可戰之道，可勝之機。李鴻章主和，則一意依賴外國勢力的干涉[2]，而貽誤了本身的戰備。至於慈禧太后傾向和議，尤其是婦人之見。第一，她怕誤了十月初十日壽辰慶典[3]；第二，她看見主戰派集於皇帝身邊，恐衆望歸於皇帝，損及太后權力。

戰爭開始之初，恭親王尚未起復（九月一日起復），李鴻章雖有意言和，然鑒於民意激昂，舉國上下主戰，不敢公然提出和議，只得暗中與英俄二使保持連絡。舊曆九月間，二國使臣雖有調停試探，皆因不容於時論，旋即作罷。

迨日軍登陸花園口，十月二十四（九月二十六），旅順告急，清廷逐漸覺悟無力戰爭，再加上太后的意向，與恭親王的當權，和談派遂開始活躍。十一月初（十月初）總理衙門致電駐英公使龔照瑗，請英、俄、德、法、美、意六國調停。這時候，美國最熱心，透過其駐北京公使田貝（Charles Denby）與駐東京公使譚恩（Edwndun），分別向清廷及日本政府試探。

初步和平試探　十一月六日（十月初九），譚恩奉美國政府的訓令，向日本外務大臣陸奧宗光，表明美國願意調停中日戰爭。陸奧宗光答覆美使說，須先由中國政府向日本求和。於是，清廷央托美使田貝，電譚恩轉告日本，中國願以承認朝鮮獨立與賠償軍費二事，爲媾和條件。

接着，清廷遂命李鴻章出面，請津海關稅務司德璀琳（Guster Detring）爲使，携李鴻章致伊藤博文書，前往日本，試探日方條件。十一月（十月）杪，德璀琳抵神戶，日方謂李鴻章私函不是國書，德璀琳西人，不是中國大員，拒絕談判。德璀琳白跑一趟，無結果而回。

十一月二十七日（十一月初一），日本外務省遞送美使譚恩一份備忘錄，請其轉達中國，略謂如有誠意求和，須派全權委員前來會談，日本始能宣佈媾和條件。清廷仍欲先知日本的底牌，再托美使探詢。日本已攻下旅順，態度傲慢，堅持前議，不肯吐露媾和條件。清廷請以煙臺或上海爲談判地點，也被日本拒絕。

張蔭桓使日　清廷無奈，指派戶部侍郎總署大臣張蔭桓與署湖南巡撫邵友濂爲議和代表，前往日本指定地點廣島，即日本大本營所在地。並於十二月二十日（十一月二十四），先由美使通知日方。張蔭桓先到上海，與邵友濂會合，因清廷遲疑未決，張邵二使的行期一再延展。至翌年一月三十一日（光緒二十一年正月初六），始到達廣島。時日軍已攻佔威海衛南砲臺，北洋海軍危在旦夕，中國處境更惡劣了。

日本屢戰屢勝，慾望很高。內閣與大本營軍方意見尤不一致。伊藤博文一再強調「閣臣幕臣意見必須一致」，弦外之音，不難想見。因為內閣自知財政不能持久作戰，又顧慮引起列強干涉，故欲及早議和。軍方此時方在威海衛得手，中國海軍殲滅在望，不肯立即談和。

一月二十七日（正月初二），日皇在廣島召開御前會議，以調和閣臣幕臣意見，決定談判條件。會中，除外相陸奧宗光提出所擬媾和條件十款，及伊藤博文面陳的大政方針外，詳情不得而知。但以其後的外交、軍事行動來判斷，會中所決定的「採取秘密政策」，實際就是拖延政策。事實上，軍方必欲稍假時日，消滅中國海軍，然後抽出艦隊進攻澎湖，以便提出更苛刻的條件，及更廣大的割地要求，使中國不得不接受。

伊藤藉詞拒絕　日本以總理大臣伊藤博文，外務大臣陸奧宗光為全權大使。二月一日（正月初七），約晤張蔭桓等，首先詢問中國欽差大臣有無全權，要求書面答覆。這一着，抓住了中國的弱點，原來張等名為全權大臣，其實朝廷並未賦予多大權限。他們所奉的皇帝諭旨說：「朕奉皇太后懿旨，張蔭桓、邵友濂現已派為全權大臣，前往日本會商事件。所有應議各節，凡日本所請，均着隨時電奏，候旨遵行。其與國體有礙，及中國力有未逮之事，該大臣不得擅行允許。懍之！懍之！」然張蔭桓、邵友濂所攜國書，明明寫着「全權大臣」，日本的挑剔，顯然是有計畫的拖延。

二月二日（正月初八），張蔭桓等提出書面答覆，略謂本大臣由本國皇帝賦與「為締結和議，會商條款，簽名蓋印之全權」。所議各條款，因期迅速辦理，電請定期簽字。並將條約携回中國，恭候皇帝親加批閱，果屬妥善，然後批准施行。

指名要李鴻章爲使　是日，兩國代表再度會晤。伊藤宣稱，中國代表未獲全權，拒絕談判，並迫令卽日回國。伊藤又說，中國如誠意求和，須選擇名望官爵足以擔保條約實行的人員，爲全權大臣。伊藤復向中國代表團的道員伍廷芳私下表示，最好以恭親王或李中堂爲全權代表。

關於日本拒使一事，外國皆知日本藉詞拒絕，另有陰謀。陸奧宗光的「蹇蹇錄」第十七章寫道：

因張邵携帶之全權委任狀不完備，日本政府拒絕與彼等談判，不論何人，皆不能發生異議。然中國之行爲，不可律以國際公法之定規，已久爲歐美各國所默認。此次之事，歐美各國幾視爲常事，毫不足怪。與其笑中國政府之淺陋無識，毋寧疑日本以如此口實，拒絕淸使，不無異志陰謀存乎其間。對於我國將來之舉動，深生猜疑之念。（引用龔德柏譯文）

第二節　李鴻章談判經過

派李鴻章爲全權大臣　威海衞艦隊投降後，德宗及翁同龢等主戰派人士，皆知不能再戰，遂決定派李鴻章爲使，前往日本談判，並先開復其一切處分。此時，美使轉來日方電報，要求中國所派大臣，須有談判割地的全權。李鴻章三次覲見太后，不肯承擔此責。太后初亦不願割地，召大臣幾經商討，最後還是接受了日方的要求，任命李鴻章爲頭等全權大使，得允許割地。

鴻章率同他的隨員參議李經芳（鴻章子）、參贊羅豐祿、馬建忠、伍廷芳，及顧問科士達（J. W.

Foster 曾任美國國務卿）等五十七人，於三月十九日（二月二十三）至馬關④。

二十日（二十四日），兩國全權大臣會晤於春帆樓，交換全權敕書。中國代表以一份要求停戰的英文節略，遞交伊藤博文。伊藤允於二十一日（二十五）答覆。在馬關談判期間，李鴻章與伊藤博文有過幾度詳談，其談話紀錄，可參看左舜生選輯的「中國近百年史資料續編」。

伊藤提出停戰條件　二十一日（二十五），第二次會談，伊藤提出停戰條件，限三天答覆。條件如下：

1. 大沽、天津、山海關三處的所有城池堡壘，一律交由日本軍隊佔領。三處的所有軍需品，皆交給日軍暫管。
2. 天津—山海關鐵路，交由日本軍事管理。
3. 停戰期限內，日本軍費由中國負擔。
4. 停戰日期及兩軍防地劃界等細目，俟中國同意上述各項後再議。

李鴻章急電北京請示，清廷覆電說，不必再談停戰，可直接談判議和條款。

三月二十四日（二月二十八），第三次會談。李鴻章撤回停戰之議，逕索議和條款，伊藤允於翌日告知。是日，日軍已在澎湖登陸，攻下拱北砲臺。談話中，伊藤說日軍往攻臺灣，透露出割讓臺灣的要求。

李鴻章被刺，換來無條件停戰　會後，鴻章自春帆樓回行館，途中被日人小山豐太郎（亦作小山六之助）行刺。鴻章左顴骨中彈，深入目下，不省人事。

李鴻章挨了一槍，外交情勢突然一變。日本非常着急，旣恐引起國際的責難，又恐李鴻章藉詞回國，和議功虧一簣；甚或巧誘列強，壓迫日本讓步。這裏所引一節陸奧宗光自己的話，眞是情見乎詞，然仍有所掩飾，對於本國財政經濟的困難，非迅速謀和不可，則一字未提（後在第十四章則自己承認）：

此事變之報流傳全國，世人痛惜之餘，稍現狼狽之色。我國各種公私團體之代表及個人，皆來集馬關，訪中國使臣之旅館，述慰問之意。且在遠隔之地者，由郵電表示其意思，或贈與種種物品，日夜陸續不絕。……

余察知內外人心之趨向，此際不施善後之策，卽發生不測之危害，亦所難料。內外之情勢，已不許繼續交戰矣。若李鴻章藉口負傷，於使事之半途歸國，非難日本國民之行爲，巧誘歐美各國，再使其居中周旋，不難得歐洲二、三強國之同情。而於此種機會，招歐洲列強之干涉，則我對於中國之要求，陷於不得不大行讓步之地位，亦所難料。

伊藤、陸奧相偕至使臣行館慰問道歉，復自行會商，決定先行允許無條件停戰，以表示日本誠意。惟恐軍方反對，伊藤親至廣島，說服軍方，並獲得天皇裁可。

中日醫師（代表團醫師及日皇所派）欲動手術，爲鴻章取出子彈。然鴻章已是七十三歲的老人，動手術難免危險，且取出子彈後，必須靜養多日。鴻章拒絕，願以死報國，寧死不在此時動手術。他通知日方，明日繼續會談，中國以李經芳爲鴻章代表。

三月二十八日（三月初三），陸奧至行館晤李鴻章，謂日皇已允許停戰。三十日（初五），兩國全權大臣簽訂「停戰條約」，共六條，要點如下：

停戰地區只限奉天、直隸、山東三省，臺灣、澎湖除外。

停戰期限爲二十一天，到四月二十日（三月二十六）爲止。過期和議不成，停戰條件即行中止。

同日，陸奧函送法院判詞，兇犯小山豐太郎判處無期徒刑。

日本媾和條款與李鴻章的說帖　四月一日（三月初七），日本提出媾和條款十一條，並謂清方有何意見，須於四日內答覆。鴻章沒有逐條答覆，只舉出四個要點，作成一個說帖，請日方修改。

1.第一條，日方原稿只說「中國承認朝鮮完全獨立」，必須修改，載明日本亦承認朝鮮完全獨立。

2.日本開戰時，曾通告各國，只爭朝鮮自主，非貪中國土地。日本如不負初心，讓地等事應重行修改。

3.關於兵費一事，實際已無如此之多，中國亦無能力償付，請重行考慮。

4.關於通商權利等事，逐一答辯，請重新考慮。

李鴻章這份說帖，文長二千餘言，據理力爭，語重心長。他說：「我輩既爲兩國全權大臣，不能不爲彼此臣民深謀遠慮，自應立一永遠和好，互相援助之約，以保東方大局。中日係緊鄰之國，史冊文事藝事商務，一一相同，何必結此仇釁？」「日本如不負初心，自可與中國……成立一永遠和好彼此互助之約，屹然爲亞洲築一長城，不受歐洲各國之狎侮。日本如不此之圖，徒恃其一時兵力，任情需索，則中國臣民誓必臥薪嘗膽，力籌報復。東方兩國同室操戈，不相互助，適來外人之攘耳。」最後又說，「今和局將次議成，兩國民生及後世之造化命運，皆在兩國全權大臣掌握之中，故宜遵循天理，以近今各國大臣深謀遠慮之心爲師法，而保兩國人民之利益福澤，方能克盡全權大臣之職分。日本現在國勢已極強盛，而人才衆多，尤爲方興未艾。今日賠費數目，或多或少；今日所得之地，以增幅員，或廣或狹，皆屬無關緊要。至於中日兩國官民今後或永遠和好，或永遠讎仇，則有關於日本國計民生者甚大，不可不深思而熟慮之也。」

然而，李鴻章的諄諄苦勸，不但伊藤無此遠識，卽使有之，他也抵抗不住軍方的壓力。

清廷忍痛接受　四月六日（三月十二），伊藤再送一個照會說，不必泛然議論，但請就和約全案或逐條，表示接受與否，或提出修正意見。

鴻章迭電清廷請示，又命其子經芳（此時亦已被任命爲欽差全權大臣），向伊藤等一再交涉，請求降低條件。

清廷幾經召集大臣會議，議而不決。再電鴻章力爭，要求減少賠款數目及割地範圍。

伊藤威脅李經芳說：「貴使臣應考慮今天兩國所處之形勢，日本是戰勝國，而中國是戰敗國！這是戰爭結果的要求，不是通常的談判。不幸談判破裂，只要命令一下，六七十艘運輸艦，卽可運出大軍，北京安危，便不可保，現在豈能遷延時日。」

兩國全權大臣幾經談判，最後，日方只允許減少賠款數目一萬萬兩，遼東割地改爲遼東半島（免去遼陽）。伊藤並聲明，此最後之修正案，「實爲盡頭一著」。鴻章電告不能再爭，且謂日本已派兵船前往大連，四日限期卽屆，如和議不成，北京卽不可保。於是，清廷忍痛接受，電李鴻章簽字。

第三節　苛刻的馬關條約

馬關條約全文　一八九五年四月十七日（光緒二十一年三月二十三日），「馬關條約」簽字，共十一款，全文如下。

第一款　中國認明朝鮮國確爲完全無缺之獨立自主，故凡有虧損獨立自主體制，卽如該國向中國所修貢獻典禮等，嗣後全行廢絕。

第二款　中國將管理下開地方之權，併將該地方所有堡壘軍器工廠及一切屬公物件，永遠讓與日本：

一、下開劃界以內之奉天省南邊地方從鴨綠江口溯該江以抵安平河口，又從該河口劃至鳳凰城、海城及營口爲止，畫成折線以南地方。所有前開各城市邑，皆包括在劃界線內。該線抵營口之遼河後，卽順流至海口止。遼東灣東岸及黃海北岸，在奉天省所屬諸島嶼，亦一併在所讓境內。

二、臺灣全島及所有附屬各島嶼。

三、澎湖列島，卽英國格林尼次東經百十九度起至百二十度止，及北緯二十三度起至二十四度之間諸島嶼。

第三款　前款所載及黏附本約之地圖所劃疆界，俟本約批准互換之後，兩國應各派官員二名以上，爲共同劃定疆界委員，就地踏勘，確定劃界。若遇本約所訂疆界，於地形或治理所關有礙難不便等情，各該委員等當妥爲參酌更定。各該委員當從速辦理界務，以期奉委之後，限一年竣事。若遇各該委員等有所更定劃界，兩國政府未經認准以前，應據本約所定劃界爲正。

第四款　中國約將庫平銀二萬萬兩，交與日本，作爲賠償軍費。該款分作八次交完，第一次五千萬兩，應在本約批准互換後六個月交清。第二次五千萬兩，應在本約批准互換後十二個月內交清。餘款平分六次，遞年交納，其法如下：第一次平分遞年之款，於兩年內交清，第二次於三年內交清，第三次於四年內交清，第四次於五年內交清，第五次於六年內交清，第六次於七年內交清，其年分均以本約批准互換之後起算。又第一次賠款交清後，未經交完之款，應按年加每百抽五之息；但無論何時，將應賠之款，或全數或幾分，先期交清，均聽中國之便。如從條約批准互換之日起，三年之內，能全數清還，除將已付利息，或兩年半或不及兩年半，於應付本銀扣還外，餘仍全數免息。

第五款　本約批准互換之後，限二年之內，日本准中國讓與地方人民願遷居讓與地方之外者，任便變賣所有產業，退出界外。但限滿之後尚未遷徙者，宜視爲日本臣民。又臺灣一省應於本約批准互換後，兩國立即各派大員至臺灣，限於本約批准互換後兩個月內，交接清楚。

第六款　中日兩國所有約章，因此次失和，自屬廢絕。中國約俟本約批准互換之後，速派全權大臣，與日本所派全權大臣，會同訂立通商行船條約及陸路通商章程。其兩國新訂約章，應以中國與泰西各國現在約章爲本。又本約批准互換之日起，新訂約章未經實行之前，所有日本政府官吏臣民及商業工藝行船船隻陸路通商等，與中國最爲優待之國，禮遇護視，一律無異。中國約將下開讓與各款，從兩國全權大臣畫押蓋印日起，六個月後，方可照辦。

第一、現在中國已開通商口岸之外，應准添設下開各處，立爲通商口岸，以便日本臣民往來僑寓，從事商業工藝製作。所有添設口岸，均照向開通商海口或向開內地鎮市章程，一體辦理，應得優例及利益等，亦當一律享受。

一、湖北省荊州府沙市。二、四川省重慶府。三、江蘇省蘇州府。四、浙江省杭州府。 日本政府得派遣領事官於前開各口駐紮。

第二、日本輪船得駛入下開各口，附搭行客，裝運貨物：

一、從湖北省宜昌溯長江以至四川省重慶府。二、從上海駛進吳淞江及運河以至蘇州府、杭州府。

中日兩國未經商定行船章程以前，上開各口行船，務依外國船隻駛入中國內地水路現行章程照行。

第三、日本臣民得在中國內地購買經工貨件，若自生之物，或將進口商貨運往內地之時，欲暫行存棧，除勿庸輸納稅鈔派徵一切諸費外，得暫租棧房存貨。

第四、日本臣民得在中國通商口岸城邑，任便從事各項工藝製造，又得將各項機器任便裝運進口，只交所定進口稅。日本臣民在中國製造一切貨物，其於內地運送稅內地稅鈔課雜派，以及在中國內地沾及寄存棧房之益，即照日本臣民運入中國之貨物，一體辦理，至應享優例豁除，亦莫不相同。嗣後如有因以上加讓之事，應增章程規條，即載入本款所稱之行船通商條約內。

第七款　日本軍隊現駐中國境內者，應於本約批准互換之後三個月內撤回，但須照次條所定辦理。

第八款　中國爲保證認眞實行約內所定條款，聽允日本軍隊暫行佔守山東省威海衛。又於中國將本約所訂第一、第二兩次賠款交清，通商行船約章亦經批准互換之後，中國與日本政府，確定周全妥善辦法，將通商口岸關稅，作爲剩款並息之抵押，日本可允撤回軍隊。倘中國不卽確定抵押辦法，則未經交清末次賠款之前，日本應不允撤回軍隊。但通商行船約章未經批准互換之前，雖交淸賠款，日本仍不撤回軍隊。

第九款　本約批准互換之後，兩國應將是時所有俘虜盡數交還。中國約將由日本所還俘虜，並不加以虐待，或置於罪戾。中國約將認爲軍事間諜或被嫌逮繫之日本臣民，卽行釋放，併約此次交仗之間，所有關涉日本軍隊之中國臣民，概予寬貸，併飭有司，不得擅爲逮繫。

第十款　本約批准互換日起，應按兵息戰。

第十一款　本約奉大清帝國大皇帝陛下，及大日本帝國大皇帝陛下批准之後，定於光緒二十一年四月十四日，卽明治二十八年五月初八日，在煙臺換約。

空前的苛刻　「馬關條約」的苛刻程度，超過中國前此所訂的任何不平等條約。以賠款來說，鴉片戰爭賠款只二千一百萬元；英法聯軍之役，對英法各賠八百萬兩；與俄國所訂的「伊犁條約」，也只賠償九百萬盧布；這次甲午戰爭的對日賠款，超過中國歷年對外賠款總和的四倍以上。

以割地來說，鴉片戰爭只以香港一島割讓與英國，中法戰爭也只承認越南獨立。這次的馬關條約，除承認朝鮮獨立外，還割讓臺灣、澎湖及遼東半島。遼東半島後來歸還，且不算，單是臺澎諸島所失土地，爲三五、九六一平方公里。

至於允許日人在中國內地通商口岸經營工商業，尤影響中國國民經濟。此外還允許日本享有領事裁判權及關稅最惠國條款。

第四節　三國干涉，交還遼東

舉國憤怒　中國聽到馬關條約簽字的消息，不分朝野官民，無不憤慨。朝臣及各省封疆大吏，紛紛參劾李鴻章父子賣國。入京會試的康有爲，也約同舉子千餘人，聯名上萬言書（公車上書）。舉國洶洶，皆主張繼續作戰，請皇帝不要批准和約。

然奏章電報儘管慷慨激昂，罕有具體建議，即有之，也大都不切實際。例如，汪文藻上書翁同龢，獻「至愚之策」，主張懸巨賞，會中外朝鮮軍民捉拿日兵。他說，重賞之下，必有勇夫，不過費銀二千萬，可誅倭奴五萬衆。

又如南洋大臣張之洞電稱：「惟有速向英俄德諸國，懇切籌商，優與利益，訂立密約，懇其實力相助。問其所欲，許以重酬，絕不吝惜。」西洋各國，各有其本身的立場與切身的利害，且受着複雜微妙的國際關係之掣肘，決不是那麼簡單的事。至於借重外力的後果如何，後來已有事實證明，不必多所解說。想不到一代名臣張之洞，竟是那麼幼稚。⑤

然康有爲的萬言書，易順鼎的「請罷議和疏」，還有湖北巡撫譚繼洵，兵部主事方家澍，福建舉人林旭、陳衍等，皆曾提到遷都持久作戰，雖然他們並無充分的敵情判斷作依據，却是一個很有價值的建議，不可視為「書生之見」（有些當代史家如此說）。茲以易順鼎為代表，略為評述。

易順鼎二策　御史易順鼎建議二策，一是遷都，一是固守京師。他的後說，判斷日人不敢犯京師；即來犯，京師堅城亦可守，此則大誤。此時日本已發表其參謀總長彰仁親王為「征清大都督」，即將前往旅順。迄今尚未使用的近衛師團與第四師團，亦已輸送到旅順，即將實施大本營的直隸平原決戰計畫，可見易順鼎的敵情判斷完全錯誤。守京師尤為危險，軍隊不能打，一聞砲聲即逃，堅城有什麼用？平壤北門至堅，地形險要，城外復有五堡壘，守軍又為清廷認為能戰的奉軍，其指揮官左寶貴的英勇更是毫無疑問，已有壯烈成仁的事實表現；然日軍自七時開始攻擊，到八時三十分，五堡及玄武門盡失，實際戰鬪時間只有一小時半。再退一步說，就算有兵有將，能够保守京城，而慈禧太后及滿清諸王，恐怕也沒有那麼堅強的意志，抵抗得住攻城期間的精神威脅。倘若臨事而動搖，演成城下之盟，則正如日本所望，他們大本營的作戰計畫，就是以此為目標的。

易順鼎同時又判斷日軍不能久戰，主張遷都，這一個建議則是十分正確的，儘管他並無充分的理由作依據。日軍不能持久作戰，本書十四章已作過詳細分析。清軍雖不能打硬仗，偷鷄摸狗的打法則並不外行，遼東及奉天南部的許多局部攻勢，雖無多大效果，畢竟能迫使兵力分散的日軍處於被動。

日軍七個師已是當時的最大限兵力，高麗、遼東、旅順要留置二師，威海衞、天津及渤海灣沿岸地區，為爾後補給基地，也要留兵一師。假定日軍佔領北京後，再想深入作戰，則又須在京師及平津間地區留下二師，那麼，日軍還有多大兵力可用？還能深入多遠？只要清廷堅持作戰到底，不與日本言和，擺在日本面前的只有兩條路，一是效法豐臣秀吉，見機而退，自動撤兵；一是彈盡援絕，全軍

覆沒在中國大陸。（參看第十四章第五節）

官僚典型　雖然如此，遷都與持久作戰之執行，必須領導階層有眼光，有魄力，有決心，有辦法。清廷不足以語此，這些話算是白說。不過，那麼不光榮的「馬關條約」，自非清廷所甘心，既然全國反對，更不能無動於衷。因此，在和戰兩難的狀況之下，乃徵詢正在山海關督師的劉坤一，及新近接替李鴻章的直隸總督王文韶，要二人以肯定的詞句，表示和戰意見。

劉坤一與王文韶會晤於唐山，二人交換意見後，聯名覆奏說：「必可一戰，亦各有可用之將，究竟是否可靠，臣實不敢臆測。」這是官僚的典型，二人身為統帥，戰是本身職責，不敢說不能戰；卻又不肯挺起胸膛，說一句能戰的負責話，或貢獻一個能戰的策略。

於是，德宗與翁同龢等大臣，「君臣相顧揮淚」，忍痛批准和約，依限於五月八日（四月十四），在煙臺換約。

俄德法三國干涉　先是，李鴻章知道，日本取得遼東，定非俄人所願。當伊藤博文提出割地要求之初，鴻章即請總理衙門，向俄國駐清公使透露。俄國欲吞併中國東北及朝鮮，也是已定的國策，當然不願日本取得遼東。俄國政府得報，即邀請歐美列強，共同對日本施行壓力，使其放棄遼東土地。

英、美二國反應很冷淡。法國是俄國的同盟國家，自然與俄國一致行動。德國在列強之中，是後起之國，正在到處覓取殖民地及市場，他在中國迄今還沒有勢力範圍，所以很願意介入，以加強其對遠東的發言地位。於是，俄國領先，法、德二國繼其後，三國皆向日本提出照會，勸日本放棄遼東半島，理由是：「日本取得遼東半島，有害東洋永久和平。」

日本要吐出已經到嘴的東西，舉國憤怒，同時又極度恐慌，惟恐本國要地，受三國砲擊（陸奧語）。四月二十四日，天皇在廣島大本營召開御前會議，伊藤博文提出三個對策：

1. 斷然拒絕三國要求，不惜與三國爲敵。

2. 召開列強會議，以解決遼東問題。

3. 接受三國勸告，將遼東半島歸還中國，以示恩惠。

會中檢討全般形勢，認爲事態嚴重。當時日本將士疲乏，軍需已盡（陸奧宗光語，參看本書十四章註十六），陸軍全部在遼東，海軍主力在澎湖，國內空虛，不但無力抵抗三國的聯合力量，單是俄國的遠東兵力，日本也抵抗不了，因爲自去年以來，俄國已集中相當大的艦隊於太平洋。第一策既不能行，第三策又不願意，御前會議的結果，遂採取伊藤的第二策，召開列強會議，以解決遼東問題。

對三國讓步，對中國不讓步　當時，日本外相陸奧宗光在播磨州舞子地方養病，沒有參加御前會議。會後，總理伊藤博文偕同大藏（財政）、內務兩大臣，前往舞子訪問陸奧宗光，告以御前會議的決定。

陸奧認爲，招請列國會議，除俄、德、法三國外，至少尚須再加二三大國，列國是否願意參加尚不可知，即使願意，也須許多時日。中國和約交換日期已迫（尚有十餘日），如果長久徬徨於和戰未定之間，徒增事局之困難。且列國各爲其本身利益，會議難免旁生枝節，終至破滅馬關條約的全體。因此，陸奧極力反對，伊藤亦以陸奧意見爲然。最後乃由陸奧提出主張，對三國讓步，對中國一步不讓。

舞子諸大臣的協議，由野村內務大臣前往廣島，報請天皇核准，即依此方針進行。

中國以三千萬兩贖回遼東半島　於是，日本對三國讓步，表示願意交還遼東。同時對中國大施恐嚇，迫使增加賠款三千萬兩，作爲交還遼東的代價。並壓迫中國依照原定日期，於五月八日（四月十四），正式換文。

在另一方面，中國對俄、德、法三國，更付了鉅大的酬勞費。事後不久，三國先後提出要求，俄國租借大連灣，德國租借膠州灣，法國租借廣州灣。且由於這三個國家的行動，列強瓜分中國之議又起。

第五節　中日通商行船條約

依照「馬關條約」第六款，於光緒二十二年六月十一日（一八九六年七月二十一日），訂立「中日通商行船條約」⑥，共二十九款，全文如下：

第一款　大清國大皇帝陛下，與大日本國大皇帝陛下，及兩國臣民，均永遠和好，友誼敦睦。彼此臣民僑居，其身家財產皆全獲保護，無所稍缺。

第二款　大清國大皇帝陛下可任便派一秉權大員駐劄日本東京，大日本國大皇帝陛下可任便派一秉權大員駐劄中國北京。兩國所派秉權大員，應照各國公法，得享一切權利並優例，及應豁免利益，均照相待最優之國所派相等大員，一體接待享受。其本員及眷屬隨員人等，並公署住處及來往公文書信等件，均不得擾犯擅動。凡欲選用役員使丁通譯人及婢僕隨從等，均准隨意僱募，毫無阻擋。

第三款　大日本國大皇帝陛下酌視日本國利益相關情形，可設總領事、領事、副領事及代理領事，駐中國已開及日後約開通商各口岸城鎮。各領事等官，中國官員應以相當禮貌接待，並各員應得分位職權裁判管轄權及優利豁免利益，均照現時及日後相待最優之國相等之官，一律享受。大清國大皇帝亦可設立總領事、領事、副領事或代理領事，駐劄日本國現准及日後准別國領事駐劄之處，除管轄在日本之中國人民及財產歸日本衙署審判外，各領事等官應得權利及優例，悉照通例，給予相等之官一律享受。

第四款　日本臣民准帶家屬員役婢僕等，在中國已開及日後約開通商各口岸城鎮來往居住，從事商業工藝製作及別項合例事業。又准其於通商各口任意往返，隨帶貨物家具。凡通商各口岸城鎮，無論現在已定及將來所定外國人居住地界之內，均准賃買房屋，租地起造禮拜堂醫院墳塋，其一切優例豁除利益，均照現在及將來給與最優待之國臣民，一律無異。

第五款　中國現已准作停泊之港，如安慶、大通、湖口、武穴、陸溪口、吳淞等處，及將來所准停泊之港，均准日本船卸載貨物客商，悉依現行各國通商章程辦理。如日本船違章，到中國別口，非係准停泊之港，亦非准通商口岸，或在沿海沿江各處地方私做買賣，即將船貨一併由中國罰充入官。

第六款　日本臣民准聽持照前往中國內地各處遊歷通商，執照由日本領事發給，由中國地方官蓋印，經過地方，如飭交出執照，應隨時呈驗無訛放行。所有僱用車船人夫牲口，裝運行李貨物，不得攔阻。如查無執照或有不法情事，就近送交領事官懲辦，沿途上可拘禁，不可凌虐。執照自發給之日起，以華十三個月爲限。若無執照進內地者，罰銀不過三百兩之數。惟在通商各口岸有出外遊玩，地不過華百里，期不過五日者，無庸請照。船上水手人不在此列。

第七款　日本臣民在中國通商各口岸，可僱用中國人民，辦理合例事務，中國政府及官吏不得阻礙禁止。

第八款　日本臣民任從自僱船隻，駁運貨客，不論何項船隻，僱價銀兩聽其與船戶自議，中國政府官吏均無庸干涉。其船不得限定隻數，並不准船戶挑夫及各色人等，把持包攬運送等情。倘有走私漏稅情弊查出，該犯自應照例懲辦。

第九款　凡各貨物，日本臣民運進中國，或由日本運進中國者；又日本臣民由中國運出口，或由中國運往日本者，均照中國與泰西各國現行各稅則及稅則章程辦理。凡貨物，於中國與泰西各國現行稅則及稅則章程之內，並無限制禁止進出口明文，亦任便照運。其運進中國口者只輸進口稅，運出中國者只輸出口稅。至日本臣民在中國所輸進出口稅，比相待最優之國臣民，不得加多，或有殊異。又凡貨物由日本運進中國，或由中國運往日本，其進出口稅亦比相待最優之國人民運進出口相同貨物，現時及日後所輸進出口稅，不得加多，或有殊異。

第十款　凡貨物照章係日本臣民運進中國，或由中國運進日本，在中國現行章程，由此通商口運至彼通商口時，不論貨主及運貨者係何國之人，不論運器船隻係屬何國，所有稅賦鈔課釐金雜派各項，一律豁免。

第十一款　日本臣民有欲將照章運入中國之貨，進售內地，倘願一次納稅，以免各子口徵收者，則聽自便。如係應完稅之貨，則應照進口稅一半輸納；如係免稅之貨，則按值每百兩徵收二兩五錢。輸納時領取票據，執持此票，內地各徵，一律豁免。惟運進鴉片煙，不在此條之內。

第十二款　日本臣民於中國通商各口岸之外，購買中國貨物土產，爲運出外洋者，除出口時完出口正稅外，如照以上第十一條所列數目，照出口稅則核算，完納子口稅，以抵各子口稅項，此後不論在中國何處，所有稅賦鈔課釐金雜派，一律豁免。惟完子口稅之日起，限十二個月內，運往外國。又日本臣民在通商各口岸購買中國貨物土產，非係禁運出外洋之物，運出口時，只完出口正稅，所有內地稅賦鈔課釐金雜派，一律豁免。又日本臣民在中國各處購買貨物，以備運出外洋，准由此通商口岸，運到彼通商口岸，惟應照現在章程條規辦理。

第十三款　凡貨物，如實係洋貨，已完進口稅後，自進口之日起，限三年內，不論何時，准日本臣民復運出口，俾往外國，毋庸再納出口稅。惟復運出口之貨，須實係原包原貨，並未折封抽換，准將已完之進口稅，由海關給發收稅存票付執，如該臣民願持票赴關領取現銀者聽。

第十四款　中國國家允在通商口岸設立關棧，所有章程，日後酌定。

第十五款　日本商船進中國通商各口，應納船鈔，按註冊噸數，在一百五十噸以上者，每噸納船鈔銀四錢，一百五十噸及以下者，每噸納船鈔銀一錢。如該船進口後，未經開艙，欲行他往，限四十八點鐘之內出口，不納船鈔。如已納船鈔之船，自領出口紅票之日起，限四個月之內，可往中國通商各口，及准停泊之港，毋庸再納船鈔。凡日本商船在中國修理之時，亦毋庸納船鈔。又日本臣民使用各種小船，裝運客商行李書信及應免稅之貨，往來中國通商各口，均毋庸納船鈔。惟各種小船及貨艇等運往貨物，其貨於運載時，應輸稅課者，該船須按四個月納船鈔一次，每噸納銀一錢。所有日本大小船隻，除納船鈔外，並無別項規費。至所納船鈔，不得過於最優之國各船所納之數。

第十六款　日本商船進中國通商各口，聽其僱覓引水之人。完清應納稅項之後，亦聽其僱覓引水之人，帶領出口。

第十七款　日本商船遇有損害或別項事故，致逼覓避難之處，不論中國何處，准其駛進附近各口暫泊，毋庸納船鈔，其船因修理起卸貨物，報歸海關委員查察，則毋庸納稅。凡日本船在中國沿海地方碰壞擱淺，中國官員須立即設法救護搭客及船上一切人等，並照料船貨。所救之人當加意看待，並隨時察看情形，有須設法護送者，即妥送就近領事官查收。如中國商船遇有損害或別項事故，逼入日本附近海口暫避，日本官員亦照以上所載，一律辦理。

第十八款　中國通商各口官員，凡有嚴防偷漏之法，任憑相度機宜，設法辦理。

第十九款　日本船隻被中國強盜海賊搶刦者，中國官員即應設法將匪徒拿辦追贓。

第二十款　日本在中國之人民及其所有財產物件，當歸日本妥派官員管轄。凡日本人控告日本人或被別國人控告，均歸日本妥派官員訊斷，與中國官員無涉。

第二十一款　凡中國官員或人民控告在中國之日本臣民負欠錢債等項，或爭在中國財產物件等事，歸日本官員訊斷。凡在中國日本官員或人民控告中國臣民負欠錢債等項，或爭中國人之財產物件等事，歸中國官員訊斷。

第二十二款　凡日本臣民被控在中國犯法，歸日本官員審理，如果審出眞罪，依照日本法律懲辦。中國臣民被日本人在中國控告犯法，歸中國官員審理，如果審出眞罪，依照中國法律懲辦。

第二十三款　中國人有欠日本人債務不償或詭詐逃避者，中國官務須嚴拿追繳。日本人有欠中國人債務不償或詭詐逃避者，日本官亦應一體辦理。

第二十四款　日本人在中國犯罪或逃亡負債者潛往中國內地，或潛匿中國臣民房屋或船上，一經日本領事照請，即將該犯交出。中國人在中國犯罪或逃亡負債者，潛匿在中國之日本居民所住房屋，或中國水面日本船上，一經中國官照請，日本官即將該犯交出。

第二十五款　按照中國與日本國現行各約章，日本國家及臣民應得優例豁除利益，今特申明存之勿失。又大淸國大皇帝陛下，已經或將來，如有給與別國國家或臣民優例豁除利益，日本國家及臣民亦一律享受。

第二十六款　此次所定稅則，及此約內關涉通商各條款，日後如有一國再欲重修，由換約之日起，以十年爲限，期滿後須於六個月內知照，酌量更改。若兩國彼此均未聲明更改，則條款稅則仍照前辦理，復俟十年再行更改，以後均照此限此式辦理。

第二十七款　今兩國欲照此次所立條約遵行，須商定通商章程條規，惟於未定以前，應照中國與泰西各國現行章程條規，與此約所訂不相違背者，兩國一律遵辦。

第二十八款　本條約繕寫漢文日本文英文，署名爲定。爲防以後有所辯論，兩國全權大臣訂明，如將來漢文日本文有參差不符，均以英文爲準。

第二十九款　本條約，兩國大皇帝批准後，在北京迅速換約。其互換日期，由本日署名起，至遲不逾三個月。爲此，兩國全權大臣署名蓋印，以昭信守。

這個條約簽字後，依期於十月二十日（九月十四）在北京換文。但在換文之前，復由中日代表補訂了一個「中日公立文憑」，共四款。主要的事項是第三款，日本人在中國機器造貨，日本允許中國徵課製造稅，中國則答應日本增闢天津、上海、廈門、漢口四租界。原文如下：

第三款　日本政府允中國政府任便酌量課機器製造貨物稅餉，但其稅餉不得比中國臣民所納加多，或有殊異。中國政府亦允一經日本政府咨請，即在上海、天津、廈門、漢口等處，設日本專管租界。

①本章主要參考書籍：

蕭一山「清代通史」、蔡冠洛「清史列傳」、稻葉君山「清朝全史」（但燾等譯）、錢基博「清鑑」、黎東方「細說清朝」、黃大受「中國近代史」、李定一「中國近代史」、汪大鑄「中國近代史」、郭廷以「近代中國史」、方豪「中國近代外交史」、傅啓學「中國外交史」、陳博文「中日外交史」、蔣廷黻編「近代中國外交史資料輯要」中卷、左舜生編「中國近百年史資料續編」、文廷式等「中日甲午戰爭」（廣文書局編）、王芸生「六十年來中國與日本」、李季「二千年來中日關係發展史」、余又蓀「日本史」、甘友蘭「日本通史」、坂本太郎「新訂日本史概說」、川上多助「日本歷史概說」、英修道「明治外交史」、信夫清三郎「日本近代外交史」、陸奧宗光（龔德柏譯）「甲午中日戰爭秘史」等。

②舊曆七月初一日已宣戰，七月十三日，李鴻章致總理衙門書，還說「看來俄似有動兵逐倭之意。」

③雖在戰爭進行中：慶典工程未嘗停頓。屆期仍命朝臣皆到頤和園「聽戲三日，諸事延閣，儘可不到。」

④日本下關，在關門海峽北岸，華人半音譯，稱馬關。故我國稱馬關條約，日本稱下關條約。

⑤據田橫的「臺灣通史」；張之洞不但作此建議，且曾試圖進行失敗。原文如下：「先是，巡撫王之春聘俄，道次巴黎。南洋大臣張之洞命以臺灣質諸法，則法出有辭，未成。又欲以讓諸英，請主和局，密投其意於上海稅

務司，轉商英領事，遂達英政府。駐英公使龔照瑗亦見外務大臣，告以故。外務大臣謝之曰：「此非本大臣之忘情於貴國也，亦非敝國之卻地以示廉也。貴國惘惘而贈之，敝國昧昧而受之，於英無利，於華有害，是以辭也。」」

⑥一八九六年所訂的「中日通商行船條約」（簡稱中日商約），至八國聯軍後，又於一九〇三年訂有「續約」。二約至民國十七年（一九二八）期滿，國民政府宣佈廢除，日本不承認，幾經交涉，僅於民國十九年（一九三〇）訂立「中日關稅協定」，日本承認中國關稅自主。商約的修改談判，則因九一八事變而停頓，復因兩國戰爭而自動失效。

第十七章　臺灣同胞英勇抗日①

第一節　宣佈獨立抗日

聞割臺灣，人民痛哭　李鴻章在馬關議和期間，臺灣舉人在北京應試者，首先獲悉割讓臺灣、澎湖諸島，卽上書都察院力言不可允許。旣而消息傳到臺灣，全臺震駭，乃由士紳聯名，迭電淸廷，表示誓死不肯割讓。李鴻章聞訊，恐臺灣交割發生嚴重問題，曾向伊藤博文聲明，下面所錄，是李伊關於此事的談話：

「臺灣人民如不願從，授受之際，恐生事變，當與中國無涉。」李說。

「此我國之責也。」伊答。

「臺民聞割臺之信，已經鼓譟，誓不易主。」李說。

「貴國但將治權讓出，則治臺之事，我國任之。」伊答。

伊藤的話，自然不是空言，從此時起，日本政府卽開始預作武力接管臺灣的準備。

馬關條約簽字後，臺灣人民憤慨至極，男婦擁入撫署，哭聲震天，嗚鑼罷市。巡撫唐景崧迭電稟告民情，請求廢約，淸廷不覆。又與兩江總督張之洞等連絡，請求外援，亦無結果。

光緒二十一年三月杪（一八九五年四月），臺籍工部主事邱逢甲率全臺紳民，上書巡撫唐景崧，反對割臺，願與撫臣誓死守禦，挽留景崧及劉永福共同守臺。時劉永福駐臺南，景崧電詢其去就，劉慷慨覆電說：「與臺存亡！」

如赤子之失父母　舊曆四月二十一日（五月十五），全臺紳民分電總理衙門，南洋大臣及閩、臺官憲，陳述臺民決心死守，拒絕日本統治，原電稱：

臺灣屬倭，萬姓不服，迭請唐撫院代奏下情，而事難挽回，如赤子之失父母，悲慘曷極！伏查臺灣爲朝廷棄地，百姓無依，惟有死守，據島爲國，遙戴皇靈，爲南洋屛障。惟須有人統率，衆議堅留唐撫臺仍理臺事，並請劉鎭永福鎭守臺南。一面懇請各國查照割地紳民不服之公法，從公剖斷，臺灣應作何處置。（然後）再遣唐撫入京，劉鎭回任。臺民此舉，無非戀戴皇清，圖固守以待轉機，情急萬緊，伏乞代奏。

清廷電李鴻章，將臺民拒絕割地事通知日本政府。此時，日本已發表海軍大將樺山資紀爲臺灣總督，率艦隊及近衞師團，實行武力征臺。清廷知無可挽回，於四月二十六日（五月二十），電令將臺灣巡撫唐景崧開缺，着卽來京陛見。並飭臺省大小文武官員及駐軍，陸續內渡。

獨力抵抗日本　臺灣人民知道事已絕望，除宣告獨立，以自力抗日外，別無他法。

五月初二日（五月二十五），邱逢甲率領全臺士紳，擁集撫署，上「臺灣民主國總統」之印，及藍地黃虎的國旗。唐景崧着朝服出，先望闕叩首謝罪，然後北面受任。卽以撫署爲總統府，宣告自主，改元「永淸」，以示不忘祖國。以邱逢甲爲義勇統領，李秉瑞爲軍務大臣，俞明震爲內務大臣，陳季同爲外務大臣。設議院，集士紳爲議員。於是布告全臺，照會各國領事，並傳檄布告中外。

臺灣人民這篇布告中外的檄文，慷慨激昂，可歌可泣，不特爲臺灣的歷史文獻，實代表中華民族的正氣之歌。如此文獻，不可不錄：

我臺灣隸大清版圖二百餘年，近改行省，風會大開，儼然雄視東南矣。乃上年日本肇釁，遂至失和。朝廷保民息兵，遣使行成。日本要索臺灣，竟有割臺之款。事出意外，聞信之日，紳民憤恨，哭聲震天。雖經唐撫帥電奏迭爭，並請代臺紳民兩次電奏，懇求改約，內外臣工，俱抱不平，爭者甚衆，無如勢難挽回。紳民復乞援於英國，英泥局外之例，置之不理。又求唐撫帥電奏，懇由總理各國事務衙門，商請俄、法、德三大國，併阻割臺，均無成議。嗚呼慘矣！查全臺前後山二千餘里，生靈千萬，打牲防番，家有火器。敢戰之士，一呼百萬，又有防軍四萬人，豈甘俯首事仇？今已無天可籲，無人肯援，臺民惟有自主，推擁賢者，權攝臺政。事平之後，當再請命中國，作何辦理。倘日本具有天良，不忍相強，臺民亦願顧全和局，與以利益。惟臺灣土地政令，非他人所能干預。設以干戈從事，臺民惟有集萬衆禦之。願人人戰死而失臺，決不願拱手而讓臺。所望奇材異能，奮袂東渡，佐創世界，共立勳名。至於餉銀軍械，目前儘可支持，將來不能不借貸內地。不日卽在上海、廣州及南洋一帶埠頭，開設公司，訂立章程，廣籌集款。臺民不幸至此，義憤之論，諒必慨爲佽助，洩敷天之恨，救孤島之危。並再布告海外各國，如肯認臺灣自立，公同衛助，所有臺灣金礦、煤礦，以及可墾田、可建屋之地，一概租與開闢，均沾利益。考公法：讓地爲紳士不允，其約遂廢；海邦有案可援。如各國仗義公斷，能以臺灣歸還中國，臺民亦願以臺灣所有利益報之。臺民皆籍閩、粵，凡閩粵人在外洋者，均望垂念鄉誼，富者挾貲渡臺，臺能庇之，絕不欺凌；貧者歇業渡臺，既可謀生，兼同洩憤。此非臺民無理倔強，實因未戰而割全省，為中外千古未有之奇變。臺民欲盡棄其田里，則內渡後無家可依；欲隱忍偷生，實無顏以對天下。因此槌胸泣血，萬衆一心，誓同死守。倘中國豪傑及海外各國能哀憐之，慨然相助，此則全臺百萬生靈所痛哭待命者也。特此布告中外知之。

第二節　基隆失守，唐景崧逃亡

臺灣自宣佈獨立抗日後，各鄉紛紛組織自衞軍，慷慨誓師，富者獻其家財，壯者踴躍投效，忠義之氣，直薄雲天。尤為可恃者是不愁軍費，除南洋大臣張之洞滙款百萬兩外，紳宦林維源首捐一百萬兩，富商巨室傾資助餉者，殊不少。

然事雖壯烈，不幸發動已遲，又無精練之兵可用，不數日，日軍卽已兵臨城下。玆先將當時臺灣防務，作一概述。

臺灣防務　初，甲午戰爭已起，淸廷以臺灣為海疆重地，命巡撫邵友濂籌防務，復命臺籍太僕寺正卿林維源為會辦，福建水師提督楊岐珍，廣東南澳鎮總兵劉永福二人為幫辦。

光緒二十年六月（一八九四年七月），劉永福率廣勇二營至臺南，後復添募六營（一說四營），共八營，仍稱黑旗軍。八月（九月），楊岐珍率十營至臺北。原駐臺灣的淮軍，劉銘傳為巡撫時，有兵四十餘營，邵友濂繼任後，逐漸遣撤，此時仍有二十餘營。總計正規軍只四十營左右，且半數為新兵。

友濂又請得南洋艦隊的「南琛」、「威靖」二艦，於六月間（七月間）開到臺灣，防護海面。

邵友濂文人膽怯，聞援韓兵敗，懼戰火燒到臺灣，密求樞府內調。十月（十一月），調湖南巡撫，遺缺由藩司唐景崧署理。景崧派人至廣東募兵，廣勇陸續來到臺北，景崧十分倚重。然景崧不知兵，不指派專人統率，各營自立門戶，漫無紀律，不可駕御。自臺灣割讓消息傳來之後，臺省各地人士，亦紛紛募集土軍，或稱臺勇，或稱團練，或號義軍，共有百餘營（一說三百餘營），每營三百五十人，總人數有四萬，然皆未經訓練，器械尤劣。

以重兵守基隆　防軍主力集中臺北，以重兵守基隆。守將及其部隊，有過幾次調動，最後的部署如下：

提督張兆連率兵十三營，守基隆各砲臺。

知縣胡友勝率一部新募廣勇，守獅子嶺。

提督廖得勝率兵七營，守滬尾。

臺北以外的防務，據光緒二十一年正月（一八九五年二月）唐景崧所奏，其配置如下：

南路：劉永福與臺灣鎮總兵萬國本駐臺南，萬國本專備安平、旗後一帶，劉永福專備鳳山、東港以至恒春。

中路：福建候補道員楊汝翼駐臺中，將原駐臺中的四個營，加以整頓，汰弱補強。（後調臺籍道員林朝棟率臺勇十營駐臺中、彰化一帶，該部亦稱棟軍。）

澎湖：原有練勇八營，由總兵周鎮邦指揮。景崧再命候補知府朱上泮率步兵四營及砲隊，前往協防。（澎湖已於舊曆二月二十九日（三月二十五）失守，見十五章。）

以上是四月間（五月間）的軍隊配置情形，如上所述，四月二十六日（五月二十），清廷電令臺省駐軍撤退，楊岐珍部及原有的淮軍，大部皆奉命內渡，只靠廣勇、臺勇接防，防禦力量便益見薄弱了。

日軍登陸澳底　先是，日本於五月十日(四月十六，自此以下改用西曆月日)發表樺山資紀為臺灣總督，指揮近衛師團及常備艦隊，武力接管臺灣。近衛師團初為準備參與直隸平原決戰，已經輸送到旅順，至是始奉命改調南下。樺山聞臺灣醞釀抵抗，不待近衛師團全部到齊，僅率該師第一旅（編成混成旅），於五月二十四日（五月初一），提前出發。與樺山同行的，有近衛師團的師團長能久親王。

五月二十八日（五月初五），日本艦隊及第一次輸送的近衛第一旅團，到達基隆附近海面，當即開始偵察登陸地點。二十九日（初六），其先頭部隊在三貂灣的澳底登陸。澳底原有防軍為楊岐珍部，已於三日前撤防，隨同楊岐珍內渡②。曾喜照派新兵二營接防澳底，該部成軍甫三日，完全是烏合之衆，在敵人海軍砲火猛烈射擊之下，不戰而潰。

澳底去基隆五十里，中間隔着一個三貂嶺，形勢險峻，山道崎嶇。日軍先頭部隊登陸後，即向三貂嶺前進，因道路不良，至三十日（初七）始到達，並即佔領是處山隘，掩護近衛第一旅團主力登陸。時海上風浪很大，該旅登陸緩慢，歷時四日，至六月一日，始全部登陸完畢。

唐景崧聞日軍在澳底登陸，始派吳國華率領他的廣勇七百人，去扼守三貂嶺。吳國華新自廣東來到，倉卒奉命，先帶四百人往。景崧又命胡連勝、陳國柱、陳波柱、包幹臣等，各率廣勇數百人，前往助戰，皆號統領，各不相屬。營務處督辦俞明震請景崧自往基隆督師，景崧卽命明震前往，駐基隆張兆連大營。

五月三十一日（初八），日軍派遣一部搜索隊，自三貂嶺向瑞芳前進，搜索基隆情況。至小楚坑，與吳國華的廣勇遭遇。國華擊退日軍，續向三貂嶺前進。會廣勇數部續至，與吳國華爭功，皆不願反攻三貂嶺，乃自動撤退③。

基隆失守　唐景崧擬分兵三路反攻，吳國華自瑞芳，楊連珍自暖暖街，李文忠自海邊出澳底，欲奪回三貂嶺要點。然防軍攻勢未發，日軍已先開始前進了。

六月二日（五月初十），日軍近衛第一旅的前衛至瑞芳，擊破吳國華等防軍。俞明震在瑞芳督戰，負傷。同日，日軍第一旅的大部，推進至三貂嶺。

三日（十一），日軍在艦隊砲火協力之下，向基隆進攻。殊出日軍意料，防軍受艦隊砲擊，卽不支而潰。日軍未經多大抵抗，於午後三、四時許，佔領基隆市區。

獨有胡友勝率領着四營廣勇，仍據守獅球嶺，奮勇抵抗，俞明震亦移至此處督戰。日軍攻擊頓挫，待後面的山砲兵趕到，再恢復攻擊。戰至翌日晨，日軍始攻佔獅球嶺。

唐景崧逃回國內　基隆失守後，潰兵皆回臺北，秩序大亂。唐景崧膽小，四日（十二）晚微服出走，搭乘德國商輪，逃回國內。其餘官員亦紛紛逃走。散兵爭刼庫銀，引起激烈打鬬，二十四萬兩餘款被刼一空，留下庫內庫外者，爲死屍四百餘具。

林朝棟率領他的棟軍，自臺中趕來臺北，無法維持秩序，復匆匆回防臺中，旋亦棄軍內渡。

六月四日（十二），日軍自基隆西進，沿途未逢抵抗，有如行軍演習。七日（十五）到達臺北，驅逐一部殘軍後，遂佔領臺灣首府。

能久親王於六月十日（五月十八）到達臺北，樺山總督則遲至六月十四日（五月二十二）始進駐臺北④。

第三節　劉永福臺南苦戰

臺南人民擁護劉永福領導抗日　臺灣的兵力，軍需，資源，皆在臺北地區。臺北失守，唐景崧及大小官員，地方士紳，紛紛內渡。臺南偏處一隅，海道斷絕，餉源無着，很難持久。然臺南人民不顧一切，決心繼續奮鬥，相率至旗後，迎劉永福入府城，共議奉之爲大總統，領導全臺軍民，抵抗到底。士紳等奉呈總統印章，永福不受。衆強求之，乃與文武官員及臺灣士紳等揷血爲盟，以永福爲軍統（永福自己仍稱幫辦），楊泗洪爲分統。於是設議院，籌軍費，行郵遞，發鈔票，分防水陸，訓勵團練。永福的誓師告示如下：

劉永福將軍像

日本要盟，全臺竟割，此誠千古未有之奇變。臺灣之人髮指皆裂，誓共存亡，而爲自主之國。本幫辦則以越南爲鑒，迄今思之，追悔無窮。頃順輿情，移駐南郡。本幫辦亦猶人也，無尺寸長，有忠義氣，任勞任怨，無詐無虞。如何戰事，一肩擔膺；凡有軍需，紳民力任。誓師慷慨，定能上感天神；慘澹經營，何難徐銷敵焰。

械彈缺乏，糧餉困難　此時，臺南軍隊的配置如下⑤：

恒春：統領區聲部五營。

旗後：統領劉成良（永福義子）統福軍二營及管帶楊德興部一營。

鳳山：葉管帶（失名）部一營。

東港：統領吳光宗部三營。

白沙墩：統領張占魁部五營。

布袋咀：某統領部三營及分統李惟義部二營。

宵隆圩：有兵五營，指揮官不詳。

四草湖：提督陳羅的翊安軍五營。

分駐各地要塞的民團有二十餘營。

加上臺中一帶的軍隊及義勇團隊等，總人數不下百營，共三萬餘人。

然最大困難有二，一爲新募之兵，槍械窳劣，彈藥奇缺，不能作戰；一爲糧餉困難。劉永福拒絕接受總統印綬時說：「諸君如能移送印綬踴躍之心而籌餉，獻軍糧，則自有所措置矣。否則雖十百千萬印綬，又有何用？」他早已看出了難題，因爲臺南庫存現金，只有道庫七萬餘兩，府庫六萬餘兩，盞盞之數，無濟於事。

關於軍餉的籌集，兩江總督張之洞，兩廣總督譚文卿，皆曾密函允許滙款接濟，後無下文⑥。只有兩筆較大的收入，一是海關卡厘金各項雜捐收入，得銀五萬兩；一是各鹽商助餉，得銀十一萬餘。後者爲劉永福幕客吳桐林所籌，桐林在其所著「今生自述」中，曾記下當時募集這筆捐款的經過：

> 又舉余署鳳山事，余亦辭之。閩人陳君聞之，急入余室，勸勿辭。自言在鳳山久，深知此缺爲臺南著名最優之缺，蒞任一月，可獲金數萬，發財歸家，如操左券。余問從何取財，曰：「鹽商舊例，新官到任，必餽金錢，鹽館二十餘家，約可得十萬零」云云。余曰：「嗟乎！此何時乎？前敵將士，不顧性命，日與倭戰，久乏月餉，僅有火食，我甯忍心需索民財耶？」遂言之淵帥（永福字淵亭），改署事爲籌餉，即日赴鳳山，勸各鹽商助餉，共集款十一萬有奇。」
>
> （轉引自羅香林校輯的「劉永福歷史草」）

外來的械彈接濟，只有閩、粵總督各運到舊槍一、二千枝，槍彈數萬而已。

至於紳商所獻軍糧，道地是杯水車薪，多者二、三十斤，少者僅十餘斤，只能說聊勝於無。因爲殷富多在臺北，此時大都逃亡內陸，像提倡獨立之初踴躍輸將之事，不可復見。劉永福不得已，乃印發鈔票，以充軍餉。初與現銀四六搭發，數旬之後，銀盡則全發鈔票。初尚通行，至九月後，則無人肯用了。即此一端，就可以看出，劉永福保衛臺南之戰，是無法持久的。

新竹失守與反攻　日本樺山總督，以近衛師團遠從旅順南調，分批輸送，一時尚難到齊，先就近招致澎湖的比志島支隊，命其留二中隊駐守澎湖，其餘開來基隆，接替臺北—基隆間守備任務。同時，宜蘭義軍活躍，蘇澳生番亦四出騷擾，又命比志島支隊派遣一部開往是處掃蕩，於六月二十一日

（五月二十九）佔領宜蘭。

近衛師團向臺北附近集中兵力，自六月十二日（五月二十）起，開始向新竹方向搜索，繼又派遣坂井支隊進攻新竹。該支隊於六月十九日（五月二十七）發自臺北，逐步擊退楊梅、大湖口、坊寮等處的義軍，二十二日（三十），又擊敗吳湯興的義軍，遂佔領新竹。

日軍坂井支隊兵力很小，義軍到處反攻，自新竹至中壢間後方連絡線，被義軍切斷，迫使近衛師團一再增兵，打通臺北—新竹間連絡。雖然如此，各地義軍仍很活躍，自七月二日至二十三日（閏五月初十至六月初二）之間，頻頻襲擊新竹、坊寮、大湖口等處。

樺山請求增兵，大本營再派第二師團開往臺灣，其先頭第四旅團的第十七聯隊首先到達。稍後，大本營又加派後備步兵三十個中隊，開往臺灣增援。

日軍兵力漸增，近衛師團以全力擔任臺北—新竹間大掃蕩，用殘酷恐怖政策，焚毀民家數以千計。

樺山勸劉永福解兵　在此期間，樺山於七月四日（閏五月十二），托英人致書劉永福，勸其罷兵回國，書曰：

自從客歲構兵以來，我軍壘戰壘勝。貴國簡使議和，訂約數款，臺灣及澎湖列島皆為貴國所割讓。授受之後，本總督開府臺北，撫綏民庶，整理庶務，凡百就緒。邇聞閣下尙踞臺南，慢弄兵戈。適會全局莫定之運，獨以無援之孤軍，防守邊陬之危城，大勢之不可為，不待智者而知矣。閣下雄才大略，精通公法，然而背戾大清國皇帝之聖旨，徒學愚頑之所為，竊為閣下不取也。閣下若解廷諭，速戢兵戈，俾民樂業，當以將禮送歸，麾下士卒亦應有遇。現在臺北等處，收容降敗殘兵，付船送還原籍者，計有八千人。本總督素聞聲名，不嫌直告。順逆之理，維閣下審計之。

永福得書，斷然拒絕，其覆書義正詞嚴，據理駁斥：

中日兩國同隸亞洲疆土，講信修睦，載在盟府。不意貴國棄好尋仇，侵我疆域。中國宿將雄師，亦昭忠義，而兵機有失者，李鴻章之誤爾。自古興國之人，必先施仁布澤，而後可以得民心，而後可以感天意。刻下臺北時疫大作，貴國兵隊病故者多。民情不附，天災流行，已可概見。而閣下猶不及時省悟，余甚惑之。余奉命駐守臺灣，義當與臺存亡，來書謂余背戾聖旨，又何見理之不明也。夫將在外，君命有所不受，況臺南百姓遮道攀轅，涕泣請命。余既不敢忘「效死勿去」之語，又何忍視黎庶沉淪之慘？爰整甲兵，以保疆土。臺南雖屬邊陬，然部下數十營，皆經戰敢死之士；兼之義民數萬，糧餉既足，軍械亦精。竊以天之不亡臺灣，雖婦孺亦知之。閣下總督全師，爲國大將，雄才卓識，超邁尋常，何不上體天心，下揆民意，撤回軍旅，歸我臺北？不惟臺灣百姓感戴不忘，而閣下大義昭然千古矣。

中部之戰開始　日軍兵力漸集，新竹以北稍平，即進圖中部。同時，其艦隊則不時遊弋臺南各口岸，以爲牽制。

此時，永福部將李惟義率兵四營，防守苗栗—通霄—大甲之線；禮慶順率領新楚軍六營，駐守彰化。

八月十三日（六月二十三），日軍近衛師團開始攻勢，在壠底庄附近，擊破李惟義等防軍，於十四日（二十四）佔領苗栗。知縣李烇逃奔福州，惟義退保臺中。

八月二十四日（七月初五），近衛師團再度南下，分兩縱隊前進。左縱隊經頭家厝庄，向臺中攻擊；右縱隊自大肚溪向彰化前進。

李惟義部在頭家厝庄迎戰日軍的左縱隊，管帶袁錦清、林鴻貴戰死。八月二十七日(七月初八)，日軍佔領臺中府城。

永福幕僚吳彭年率領七星旗兵七百人，佈防大肚溪。日軍右縱隊到達，一時不能渡河。吳彭年因所部新募兵夜譁，退守彰化，請永福增援，永福派安平知縣忠滿率兵四營馳救，忠滿逗留不前。

彰化之戰　日軍自大肚溪進逼彰化，吳彭年、徐驤移師城外，乘日軍渡溪時伏擊之，李邦華亦率鄉勇數千前來協助。在日軍砲火猛烈射擊之下，一場激戰，義軍死傷千餘人。幸虧吳湯興、沈仲安二部來援，始將日軍擊退。翌日，再戰於李厝莊，義軍小勝，將奪大甲；因葫蘆墩危，提督陳尚志戰死，遂作罷，退回彰化。

吳彭年派彰化知縣羅樹勳往援葫蘆墩，同時，莊豪、林大春、賴寬等亦連絡數十社，率子弟千人助戰，與敵軍相持一日一夜，終不敵，敗退。

臺中府城既陷，日軍攻彰化益急。城東八卦山，俯瞰城內，日軍以一支隊攻此山，吳湯興、徐驤拒戰，湯興陣亡，八卦山遂告失守。吳彭年等自正面反攻，欲奪回此山，與敵軍激戰，彭年中彈而死，部將李士炳、沈福山、湯人貴等皆沒，死者五百餘人。

八月二十八日（七月初九），日軍佔領彰化。翌日，又陷雲林，進據大莆林。同時，另一支隊略埔里社，進逼嘉義。

日艦亦連日砲擊布袋咀、鳳山、旗後、恒春、安平一帶港口。

義軍反攻雲林、彰化　永福命守備王得標率領七星營守嘉義，復命分統楊泗洪率領鎮海武毅軍及格林砲隊，赴前方統一指揮諸隊，發起反攻。永福又收編黃榮邦、林義成、簡成功及其子精華等部為義軍，以策應楊泗洪作戰。

泗洪反攻大莆林，林義成、簡精華各以所部數千人助戰。日軍敗退，泗洪追之，中砲陣亡。武毅軍等繼續攻擊，日軍亦獲得砲兵增援，激戰再起。幾經苦戰，斃敵數百，遂克大莆林。武毅軍管帶朱乃昌戰死。

永福命都司蕭三發率福軍赴前敵，代楊泗洪指揮，並發銀三千兩犒軍。

永福命簡成功統義軍，與守備王得標，嘉義知縣孫育萬等會合，轉取攻勢。九月一日（七月十三），攻克雲林，日軍退入山中，被殲。義軍繼續前進，再破敵於蘆竹塘。

九月四日，蕭三發趣諸軍取彰化，自辰戰至日中，阻於日軍砲火，不能進，乃據險而守，監視彰化城之敵。

械彈糧餉皆絕　此時，永福聲勢大振，中部及北部的義軍，皆約期舉事。然臺南餉械已絕，永福命吳桐林渡海至廈門，轉赴各地乞助，走遍沿海，無應者。

九月十三日（七月二十五），簡精華、黃邦榮連戰皆捷，獻馘請賞。九月二十日（八月初二），再度電請，語極悲痛。永福僅括得一千五百兩濟之。好在附近莊民多椎牛犒軍，士氣尚不大餒。

徐驤於彰化失守後，率二十人走後山，間道至臺南，謁永福。永福慰勉有加，命其入卑南募驛卒，得七百人，皆矯捷有力者。遂再赴前敵，參與彰化的圍攻。

諸軍攻擊彰化日久，彈藥將盡。九月二十四日（八月初六），黃邦榮誓師決戰，中彈死。翌日，義軍再興攻擊，亦因傷亡重大而止。

十月一日（八月十三），日軍援兵至，開始反撲，猛攻蕭三發營。徐驤、簡精華率部來援，與敵苦戰數日，徐驤戰死，諸將亦多負傷，雲林復陷。

此時，械彈糧餉皆絕，鈔票復不通行。永福嘆曰：「內地諸公誤我，我誤臺人！」

日軍三路攻臺南　日軍後續部隊現已到齊，當即大舉南攻，分三路進兵，以副總督高島鞆之助中將爲總指揮官，其部署如下：近衛師團自北南下，進攻嘉義。軍部與第二師團的第四旅團，自布袋咀附近登陸。第二師團（欠第四旅），在艦隊協助之下，先到澎湖集結整備，再到枋寮附近登陸，進攻鳳山及打狗。待三路進展順利，然後分道向臺南前進，實行三面包圍。

十月八日（八月二十），日軍近衛師團進逼嘉義。王得標在城外埋置地雷，移師入城。日軍至，雷發，炸斃數百。九日（二十一），嘉義城陷，總兵柏正材，營官陳開槍，同知馮練方，武舉劉步陞，生員楊文豹等戰死。王得標隨簡精華奔後山。

日軍混成第四旅團登陸於布袋咀，譚少宗部迎擊不利，敗退至鐵線橋。沿途莊民持械拒戰，與敵相持數日。日軍頗有傷亡，故不能越曾文溪而南。是役，我方有生員林崑岡戰死。

日軍第二師團主力，於十月十一日（八月二十三），登陸於枋寮，未遇抵抗，遂略東港，取鳳山。

劉永福去後，義軍的長期奮鬪史　永福聞嘉義失陷，知事不可爲，介英領事歐思納致書樺山求成，要求二事，一勿懲臺民，二請撥船遣送所部內渡。日本副總督高島覆書拒絕。

十月十九日（九月初二），日軍既已逼近臺南，劉永福率親兵數人夜出，巡視安平砲臺，遂乘英船德利士號（Thales）⑦回廈門。日本海軍遣「八重山」號軍艦追至，搜查不獲。

永福既去，臺南守軍數營投降。

然義軍仍在全臺各地到處抵抗，不屈不撓。日本在臺無法穩定其統治，迭換總督。一八九六年六月，以桂太郎代樺山資紀；同年十月，又易乃木希典；一八九八年二月，再易兒玉源太郎。兒玉改變笑臉攻勢，義軍多被誘降，大規模抵抗至是結束。然零星抵抗仍未終止，直至一九〇二年，鳳山嶺林小貓部被消滅，臺人的武裝抵抗，才算完全停止。

雖敗猶榮　日軍進攻朝鮮、遼東及山東半島，只使用五個師團，作戰及疾病喪亡人數，不過一萬七千餘人。這次征服臺灣之役，使用兵力等於三個師團，作戰傷亡五千餘人，病兵二萬七千餘，病死者無算⑧。近衛師團的師團長能久親王，亦病死臺南，我國方面的傳說，則是因傷不治而死⑨。

劉永福以新募之兵，在械彈糧餉俱缺的困難狀況之下，抵抗日軍達五個月之久，全憑臺灣人民的一股正氣。壯烈犧牲的將領與義軍領袖，如是之衆，不難想像其戰況的激烈。歷史上如果眞有「雖敗猶榮」之戰，則這次臺南抗日之役，可以當之無愧。

①本章主要參考書籍：
蕭一山「清代通史」、蔡冠洛「淸史列傳」、稻葉君山「淸朝全史」（但燾等譯）、錢基博「淸鑑」、黎東方「細說淸朝」、黃大受「中國近代史」、李定一「中國近代史」、郭廷以「近代中國史」、汪大鑄「中國近代史」、方豪「中國近代外交史」、傅啓學「中國外交史」、陳博文「中日外交史」、蔣廷黻「近代中國外交史資料輯要」中卷、左舜生「中國近百年史資料」初編及續編、文廷式等「中日甲午戰爭」（廣文書局編）、王芸生「六十年來中國與日本」、李季「二千年來中日關係發展史」、連橫「臺灣通史」、羅香林「劉永福歷史草」、李健兒「劉永福傳」、陳說義「丘逢甲」、余又蓀「日本史」、甘友蘭「日本通史」、坂本太郎「新訂日本史概說」、川上多助「日本歷史概說」、英修道「明治外交史」、林眞氏「日淸戰爭」（臺灣作戰之部）、松下芳男「近代日本軍事史」等。

②楊岐珍率所部十二營撤退回國，自舊曆五月初三起，至初七日撤完。（東方兵事紀略）

③俞明震的「臺灣八日記」說，吳國華在小楚坑擊破日軍後，日兵棄械越嶺而遁，國華遂佔領三貂嶺，後因爭功，棄嶺而回。今人所寫的近代史等，多依其說。然此說不但與日方紀錄不符，也不合常識。以時間言，日軍登陸已三日，三貂嶺之兵諒已不少。以空間言，小楚坑至三貂嶺是仰攻，吳國華四百名廣勇決不能攻下三貂嶺。

④淸廷派李經芳爲交割臺灣的全權委員，六月二日（五月初十），在三貂灣日本軍艦上，與樺山交接臺灣治權。

⑤「臺灣通史」所記部署與此稍異，似爲劉永福就職後所調整。

⑥一說張之洞滙款百萬至上海，爲李鴻章所阻而退回。此說未必可靠，當時臺灣滙兌可能已經不通了。

⑦日史則謂劉永福乘德船逃走。關於永福出走經過，「劉永福歷史草」及李健兒的「劉永福傳」，皆有詳細紀錄。

⑧此數字根據黎東方的「細說清朝」。松下芳男的「近代日本軍事史」則稱，作戰傷亡只有七百餘人，病兵（含死亡）二萬以上。以戰鬪次數之多，及戰況的激烈來看，七百餘人的傷亡數字，自然難信。作者推測，日人發表的臺灣作戰紀錄，因政治關係，不無諱言之處，沒有遼東、山東等戰場紀錄可靠。

⑨黃大受的「中國近代史」說：「八月二十六日（七月初七），能久親王和高級幕僚一行十多人，到大肚溪北岸，偵察八卦山，被八卦山守軍砲擊，能久親王等數人受傷。臺南陷後，於十月二十八日身死（日人諱稱病死。）」林眞氏的「日清戰爭」則稱，十月九日，近衞師團佔領嘉義。更自嘉義南下，進攻臺南。此時能久親王患風土病，仍乘轎隨軍指揮。至十月二十八日，病死於臺南。當時秘不發喪，速調該師團回國，到東京後始發喪。按受傷不會延長到兩個月後才死，似乎還是日方所說可信。

第十八章　文化倒流與經濟侵略①

第一節　清廷變法，仿效東洋

東洋文化輸入　明治維新，結束了中國文化輸日，甲午戰爭更激起廻流，自是之後，日本文化便開始輸入中國。國人改稱東夷爲東洋，與西洋國家一樣崇拜，就某一角度來看，且尤有甚焉。

中國自甲午戰爭失敗後，接着又有德國租借膠州灣，俄國租借旅順、大連，英國租借威海衛、九龍，法國租借廣州灣。甚至瓜分中國之說，沸騰於中外。於是，舉國大譁，志士奮起，皆謂變法不可或緩，遂有光緒二十四年（戊戌）的「百日維新」。

這次維新雖然爲時很短，卽被慈禧一筆勾銷，可說一事無成，空留下二百道革新諭旨。然不久卽有義和團之變，訂下奇恥大辱的辛丑條約。慈禧經此打擊，稍有覺悟，回鑾之後，也就接連下詔，逐步變法。日俄戰爭後，國內立憲呼聲愈高，乃於光緒三十二年，下詔預備立憲。

變法就是仿效洋人的典章文物，必須從改革制度，起用新人，培養人才着手。於是，派員出洋考察，選送學生留學及翻譯西書等事，遂爲當務之急。而日本則被視爲捷徑，原因如下：（1）日本雖爲立憲國家，憲法賦予君權特重，議會權力很有限，這是滿清皇室最能接受的榜樣。（2）日本維新之前，完全效法中國，而明治維新不過三十多年，遂一躍而成爲世界強國，特別值得借鏡。（3）西文必須從ABC讀起，留學歐美或翻譯西書，都要經過多年苦學，決沒有速成捷徑。日語雖不易學，日文則以漢字爲主，只須稍習文法，就可勉強閱讀。（4）日本與中國一水之隔，交通至便，無論留學或考察，皆有省時省費之利。

職是之故，康有爲建議變法時就主張「願陛下以明治之政爲法」。光緒二十七年，劉坤一、張之洞爲變法事而會銜奏疏，也在獎勵游學那一條說：「日本文學近於中國，學生宜往游學。」

明治憲法翻版　因此，自清末至民初，中國幾乎事事仿效日本。光緒三十四年八月所頒佈的「憲法大綱」，最能代表日本對中國的影響，其條文如下：

君上大權

一、大淸皇帝統治大淸帝國，萬世一系，永永尊戴。

二、君上神聖尊嚴，不可侵犯。

三、欽定頒行法律及發交議案之權。

四、召集開閉停展及解散議院之權。

五、設官制祿及黜陟百司之權。

六、統率陸海軍及編定軍制之權。

七、宣戰、媾和、訂立條約、及派遣使臣與認受使臣之權。

八、宣告戒嚴之權。當緊急時，得以詔令限制人民之自由。

九、爵賞及恩赦之權。

十、總攬司法權，惟委任審判衙門遵欽定法律行之，不以詔令隨時更改。

十一、發佈命令及使發命令之權。惟已定之法律，非交議院協贊奏經欽定時，不以命令更改廢止。

十二、在議院閉會時，遇有緊急之事，得發代法律之詔令，並得以詔令籌措必需之財用。惟至次年會期，須交議院協議。

十三、皇室經費由君上制定常額，自國庫提支，議院不得置議。

十四、皇室大典，應由君上督率皇族及特派大臣議定，議院不得干涉。

臣民權利義務

一、臣民中有合於法律命令所定資格者，得為文武官吏及議員。

二、臣民於法律範圍以內，所有言論、著作、出版及集會結社等事，均准其自由。

三、臣民非按照法律所定，不加以逮捕、監禁、處罰。

四、臣民可以請法官審判其呈訴之案件。

五、臣民應專受法律所定審判衙門之審判。

六、臣民之財產及居住，無故不加侵擾。

七、臣民按照法律所定，有納稅、當兵之義務。

八、臣民現完之賦稅，非經新定法律更改，仍悉照舊輸納。

九、臣民有遵守國家法律之義務。

議院法要領，選舉要領皆從略，可參看黃大受的「中國近代史」。

這個憲法大綱，尤其是關於君權部分，完全是日本「明治憲法」的翻版。原來在憲法籌備期間，雖曾派遣三大員，分赴英、德、日本三國，考察其憲法，然最主要的憲法編纂人戴澤（皇族），曾親至日本考察，就教於伊藤博文。伊氏爲其講解日本憲法，特別強調天皇的大權。

第二節　留東學生與日文書籍的翻譯

留東學生　中國派遣學生留學日本，始於光緒二十一年，即訂立馬關條約那一年。是年所派的留日學生人數，南北洋及湖北省各二十名，浙江四名。

光緒二十七年八月，改變學制，各省的書院一律改爲學堂，省城設大學堂，府及直隸州設中學堂，州縣設小學堂。稍後，又創辦京師大學堂，其正教習（總教習）及科學教習，皆聘請日人擔任，正教習爲東京帝大教授文學博士服部宇之吉。只有各國語文教習及經學教習，不是日人。

由於學制改變，遂命各省選派學生，出洋肄業，絕大多數是東渡日本，學習師範教育。日本高等師範學校校長嘉納治五郎，特爲那些中國學生，開設速成師範班於弘文學院。學期長者一年，短者只數月，僅學得教育行政大略，即回國創辦學校。

自光緒二十四年至二十九年正月，留日學生有七百六十九人。日後成名者，有廖仲愷、許崇智、方聲濤、蔣方震、丁文江、曹汝霖、周樹人等。

求官捷徑　光緒三十一年，考試出洋留學生，予以進士、舉人出身，授以翰林、主事、知縣等官。於是，人人以出洋爲求官捷徑，東洋又爲捷徑之尤，留日學生人數愈衆，多至數萬②。因此，淸末的學校組織與學術風氣，完全是東洋化的。

然自光緒三十四年起，美國退還庚子賠款的半數，作爲留美學生經費，留美學生漸多，民國以後的中國學術界，已有美化趨勢，東洋色彩隨之消褪。依然深受日本教育影響的，只有陸軍方面。

中國海軍不振，沒有出路，除公費留學日本者外③，自費留學生，罕有在日本學習海軍的。反之，學陸軍的則非常踴躍。日本人很懂得生意經，專爲中國學生創辦一個振武學校，凡有志學軍事而不能入士官學校的人，來者不拒。當時歐洲留學生很少，美國陸軍尙無赫赫之名，留美學生大都不學軍事。因此，直至九一八事變之前，陸軍的留學生當中，絕大多數還是留東學生。甚至國民政府統一全國之後，軍事學校已經聘請德國顧問，改學德式軍事時期，我國陸軍的典範令，還是日本典範令的複製品。

西書難譯　中國翻譯西書，始自同治年間。最初有北京同文館譯書數十種，其後復有天津水師學堂與上海製造局的繙譯館，譯書合百數十種。然所譯之書，往往錯誤百出，盡失原書的本來面目。馬建忠有鑒於此，特建議設立翻譯書院，他說：

> 今之譯者，大抵於外國之語言，或稍涉其藩籬，而其文字之微詞奧旨，與夫各國之所謂古文詞者，率茫然而未識其名稱。或儘通外國文字語言，而漢文則麤陋鄙俚，未窺門徑，使之從事譯書，閱者展卷未終，俗氣之惡，觸人欲嘔。又或轉請西人之稍通華語者，爲之口述，而旁聽者乃爲彷彿摹寫其詞中所欲達之意，其未能達者，則又參以已意，而武斷其間。蓋通洋文者

不達漢文，通漢文者又不達洋文，亦何怪乎所譯之書，皆駁雜迂訛，爲天下識者所鄙夷而訕笑也。夫中國於應譯之書，既未全譯，所譯一二類，又皆駁雜迂訛，而欲求一精通洋語洋文，兼善華文而造其堂奧，足當譯書之任者，橫覽中國，同心蓋寡。

康梁等提倡大譯日書　由於西書翻譯困難，康有爲、梁啓超、張之洞等，皆提倡讀日文，譯日書。康有爲且大收日本書籍，作「書目志」，以待天下譯者。他在「書目志」序文上說：

欲譯泰西諸學之要書，亦必待百年而後可。彼環數十國之狡焉思逞者，豈能久待乎？……且日本文字，猶吾文字也，但稍雜空海之伊呂波文，十之三耳。泰西諸學之書，其精者日人已譯之矣。吾因其成功而用之，是吾以泰西爲牛，日本爲農夫，而吾坐而食之，費不千萬金，而要書畢集矣。

梁啓超也在新民叢報，鼓吹翻譯日文書籍，他寫過一篇「論學日文之益」，有一段答客問的話：

或問曰：「日本之學從歐洲來耳，而歐學之最近而最精者，多未能流入日本。且既經重譯，失眞亦多。與其學日本文，孰若習英文矣。」答之曰：「子之言，固我所知也。雖然，學英文者經五六年而始成，其初學成也，尙多窒礙，猶未必能讀其政治學、資生學（經濟學）、智學（哲學）、羣學（社會學）等之書也。而學日本文者，數日而小成，日本之學，已盡爲我有矣。天下之事，孰有快於此者？夫日本於最新最精之學，雖不無欠缺，然大端已粗具矣，中國人而得此，則其智固可以驟增，人才固可以驟出，如久饜糟糠之人，享以鷄豚，亦已足果腹矣，豈必太牢然後爲禮哉？」

又張之洞、劉坤一第三次會奏變法事宜之第十一項，建議多譯西書，也主張自日文轉譯：

……然猶不能速也。並擬敕令出使日本大臣，多帶隨員留學，准增其經費，倍其員額，廣蒐要籍，分門翻譯，譯成隨時寄回刊布。緣日本言政言學各有書，有自創自纂者，有轉譯西國書者，有就西國書重加刪訂酌改者，於中國時令土宜，國勢民風，大率相近。且東文東語，通曉較易，文理優長者，欲翻譯東書，半年即成，鑿鑿有據。如此，則已精而且速矣。

啓蒙之功　由於事實的需要及以上諸人的提倡，加之留日學生衆多，國人遂競譯日文書籍。各學校教科書，皆自日文轉譯，且多沿用日文譯名，如哲學、經濟學、社會學、及軍事學的典範令教程等，皆用日本名詞。可是，柳貽徵的「中國文化史」，卻很不客氣的批評說：「甲午以後，學者多學日語，以譯日本所譯著之書，其淺劣殆更甚於官局及教會之譯籍焉。」

平心而論，自其啓發國人科學知識而言，日人無異做了啓蒙老師，也很像二千年前朝鮮轉介中國文化於日本。不但科學受其影響，文史方面也不例外。日人所著的東洋史、支那史一類史書，皆有人譯成中文，行銷國內。其中銷行最廣的，要算桑原騭藏的「東洋史」，及那珂通世的「支那通史」。直至今日，中國史家仍不免要受日本史學界的影響。文學方面，亦復如此。民初提倡新文學的作者，多是日本留學生，其創作小說，帶有日本風格者殊不少。甚至還有少數掛羊頭賣狗肉的，將日本小說換上中國人地名及背景，即作爲自己的創作。

譯書與留學生人數大有關係，隨着留美學生的增加，自然科學、社會科學等書，逐漸擺脫日文轉譯本，改由英文原著直接中譯。就譯書的發展過程而論，比較落後的還是在軍事方面。遲至國民政府建都南京之後，軍事委員會訓練總監部所譯軍事書籍，幾乎全是日文轉譯的。各軍事雜誌所登載的譯文，直接譯自英、德、法文的也很少。然據作者個人所見，那時期的日譯軍事科學，譯文已很成熟，不但不再像柳貽徵先生所云，恐怕今日臺灣所譯的一般軍事書籍，能夠比得上當時日譯本之翻譯水準者，還是少數。

第三節　日本對華經濟侵略

與日本文化倒流相反的，是日本的商業倒流，說明白一點，就是經濟侵略。前者使中國蒙其利，後者則使中國受害至深。

日本工商業靠中國賠款而繁榮　日本在明治維新之前，還是一個經濟落後的農業國家，中日貿易狀況，日本一向是入超國。明治維新之初，盡力獎勵工商業，奠下一點基礎，然規模還是很小，且只有輕工業，殊不足道（參看第十四章）。甲午戰爭，日本獲得二萬萬三千萬兩賠款，約合當時日幣三億六千萬圓，相當於同時期日本財政的四年歲入。日本用這筆巨款，穩定了金本位的貨幣制度，並用以獎勵工業發展。同時，又因取得朝鮮、臺灣市場，並享有中國內河通商及內地經營工商業的特權，日本經濟遂呈現空前的繁榮，完成了以輕工業為中心的第一次產業革命。

明治三十七—三十八年（一九〇四—五）日俄戰爭，日本戰勝，國際地位提高，公債在國外市場暴漲，信用鞏固。又因戰後軍需工業繼續擴張，及開發朝鮮、南庫頁島等刺激，國內經濟欣欣向榮。日本又在我東北取得煤鐵開採權，其八幡鍊鋼廠因此擴大規模，機器製造業亦隨之而發達。同時，工廠原動力，亦已以電力代替蒸汽。至是，重工業基礎奠定，遂完成了第二次產業革命。

日本航業飛躍進步 爲配合工商業發展，鼓勵對外貿易，日本政府更盡力扶植其海運事業。自明治三十年（一八九七）起，海運事業的補助費，每年約爲六百五十萬日圓。至昭和七年（一九三二），更增至一千萬圓。因此，日本航業突飛猛進，非常發達。明治八年（一八七五），日本全國還只有大小輪船一四九艘，共四二、三〇四噸；到二十八年（一八九五），卽已增加到五二八艘，三二一、三四七噸。其後繼續擴充，又受歐戰之賜，到大正八年（一九一九），突增到二、八七〇、〇〇〇噸，躍居世界第三位海運國。

以航行中國的日本輪船來說，明治十年（一八七七），只有大小輪船一八三艘；二十年（一八八七）有四八六艘，三十年（一八九七）有一、〇三二艘，四十年（一九〇七）有二、二二三艘，短短三十年間，約增加了十二倍。帆船數的增加尤爲驚人，明治十年只有七十五艘帆船行駛中國，明治四十年則有四、八二一艘。（關於日本在華航業情形，下面再述。）

然日本由於先天不足，原料缺乏，工業建設期間，機器進口尤多，所以日本的對外貿易，一直都是入超的。唯一的例外，是在第一次世界大戰期間，那是由於日本獨佔東亞市場之故。日本對於貿易差額的彌補，是靠觀光事業與航業，航業對於日本的重要，及日本政府之極力奬勵，由此可見。

中日商約的回顧 日本工商業愈發達，中國就愈吃虧。因爲甲午戰爭之後，中日間立有不平等條約，日本以條約爲護符，享受最優惠國的待遇，對中國傾銷商品，榨取原料，剝削勞工，無往而不利。因此，現在要談日本對華經濟侵略，還得把十六章所述的中日通商行船條約回顧一下。

根據一八九五年的馬關條約及中日商約，中國原已開放及新允開放的通商口岸如下：

1.原已開放者：上海、鎭江、寧波、九江、漢口、天津、牛莊、芝罘（煙台）、廣州、汕頭、瓊州、福州、廈門。（此爲一八七三年修好條規所定，馬關條約第六款第一項重申其有效）

2.新約規定添設者：沙市、重慶、蘇州、杭州。

照商約規定，在以上各口岸，日本人民皆得經營商業，設置工廠，且受領事裁判權的庇護。日本船隻，可以隨意航行各該口岸，載卸貨品客商，及設備碼頭貨棧。日本貨物進口，只繳納最低的關稅，內地釐金一概豁免。日人在中國內地所設工廠，其製造品亦與日本輸入貨物同樣優待。

當商約換文的時候，中國又允許日本在天津、上海、廈門、漢口四處，開闢日本租界。

中日商約換文後五年，因有義和團之役，清廷與八國訂立辛丑條約，依據該約第十一款規定，中國須與八國分別修改商約。因此，光緒二十九年（一九〇三），中日又訂了一個「通商行船續約」，共十三款，其要點如下：

1.中國正稅以外的另加稅，日本政府允認按照中國與有約各國共同商定之加稅辦法④。

2.准許日本輪船業主自行出資，在長江宜昌至重慶一帶水道，爲扯止上灘的設施，但須俟海關核准後，始得安設。

3.准許日本各小輪，在內港行駛貿易。

4.兩國人民可合股營商。

5.修補內港行輪章程。

6.加開長沙、奉天、大東溝等商埠。

廢約談判經過　以上二約，至民國十七年（一九二八）八月二十日期滿。當時，我國民政府方進行關稅自主的交涉，外長王正廷發表聲明，舊約已滿期者一律作廢，在新約未訂立以前，由國民政府另訂臨時辦法，處理一切。外交部分別照會各國，首由美國領先，英國繼之，同意中國關稅自主。商約已滿期的國家，有意大利、丹麥、葡萄牙、比利時、西班牙、日本等六國，五國皆已同意另訂平等新約；只有日本強硬反對，片面聲明舊約應繼續有效十年。甚至用恐嚇的口氣說：「國民政府片面強行其臨時辦法時，帝國政府爲維護條約權利，將不得已出於適當之處置。」我政府當卽嚴詞駁斥，堅拒其要求。

時值「五三慘案」（見下）之後，全國抵制日貨，日商大感痛苦。又因東北易幟，全國統一，國民政府的國際地位提高。日本迫於情勢，乃商請與濟南事件，同時解決。民國十九年（一九三〇）五月六日，中日成立協定，日本承認中國關稅自主。然商約全部修改的談判，則因九一八事變而中止，又因中日戰爭而自然作廢。

總而言之，自光緒乙未至民國十九年（一八九五—一九三〇），日本憑藉不平等條約，享受優惠關稅及其他種種特權，對中國經濟侵略三十多年，中國吃的虧眞是罄竹難書，這裏只就貿易、航運、銀行、對華投資四大項目，略述一二，其他則從略了。

清末民初的中日貿易　甲午戰爭之前，雖因日本工業開始萌芽，中日貿易已有轉變趨勢，中國由出超變爲入超，然大體上尙稱平穩。而且，貿易總額殊不足道，年只三、四百萬兩（我國海關兩）。

光緒二十一年（一八九五），日本因戰勝而享受不平等條約的種種特權，因獲得巨額賠款而擴張工商業，又取得臺灣的物產——尤其是糖，及控制了朝鮮的對外貿易，日貨遂向中國傾銷。自那年起，中日貿易總額開始激增，中國的入超也逐年增大。至一九一一年（宣統三年），兩國貿易總額，已增至一萬萬四千餘萬兩。

一九一四年（民國三年）歐戰爆發，歐洲列強忙於從事戰爭，日本稱覇東亞市場。到一九一九（民國八年）歐戰結束那一年，中日貿易總額，竟高至四萬萬四千萬兩，佔列強對華貿易的第一位。歐戰結束後，列強回到東方競爭市場，中日貿易總額曾一度降低，不久，又因滙兌暴落而復興。其後，因政治關係，中國發生過幾次抵制日貨運動，使日本商人大受打擊，然皆爲時不久，又恢復故態。要到九一八事變之後，國人對於日本的杯葛，才算繼續不輟，以迄於七七事變。

淸末民初間，中日貿易的主要商品，日本輸入中國者首爲棉織品，次爲麵粉、糖、及其他精製品；中國輸日者，首爲豆餅、芝麻餅，次爲棉花、大豆、煤、鐵。換言之，日本以其工業製成品，換取中國的原料。

一九三四年（民國二十三年）以後，中日貿易的商品略有變更，日本輸入中國者，仍以棉織品爲首位，次爲鋼鐵、糖、紙之類。中國輸日者則以棉花、棉紗爲首位，次爲食糧、煤、肉之類。這時候，東北已被日本佔據，所以東北的大豆、豆餅之類，已不列入中國輸出品了。

日淸汽船會社　日本在華航業，可分爲長江流域及華北、東北沿海部分，現在先說其長江航業。日本於一八七五年，始由日本郵船會社，開闢中日航線，往來於上海—横濱間。一八九八年，始由大阪商船會社，開闢長江航線。至一九〇三年，有如下四個輪船公司，經營長江一帶的航業。

大阪商船會社有輪六艘，日本郵船會社有輪三艘，航行滬漢線。

大東汽船會社，船數不詳，航行上海—杭州間，及上海—蘇州間二航線。

湖南汽船公司，有輪船三艘，航行漢口—長沙間。

一九〇七年（光緒三十三年），日本爲對抗太古、怡和、招商三家之聯盟競爭，將以上四公司合併，組成日清汽船會社。日清最初的資本爲八百一十萬日圓，日本政府每年補助八十萬圓，逐年擴充，資本增至一千六百二十萬圓，遂成爲長江航業的三巨頭之一，與英商太古、怡和鼎足而三。一九三一年（民國二十年）該公司所有的「洛陽丸」，性能及設備爲長江輪之冠，有「滬漢線皇后」之稱。

歐戰期間，列強在華的船舶，多被其本國政府徵調他去，日本在華航業最佔優勢，日清公司營利甚鉅，更發展航線及於華北。茲將民國二十三年（一九三四）日清公司的幾條航線，略述如下：

1. 滬漢線：有洛陽丸、鳳陽丸、南陽丸、襄陽丸、瑞陽丸、岳陽丸、大貞丸等七艘定期輪船，共二二、七二二噸，每星期開六班。
2. 漢口—宜昌線：有信陽丸、當陽丸二輪，共三、二四七噸。
3. 宜昌—重慶線：有雲陽丸、長陽丸、宜陽丸、涪陵丸、嘉陵丸五輪，共約四千噸。
4. 漢口—長沙線：有武陵丸、湘江丸、沅江丸三輪，共三、〇五六噸，另有拖輪十三艘，拖帶駁船。

5.天津—上海—廣州線：有嵩山丸、唐山丸、華山丸、廬山丸四輪，共一〇、一三九噸。九一八之後，國人杯葛日輪，日清一落千丈，只留數艘航行滬漢線，其餘皆停航。日本政府的每年補助金，提高到一百萬，以支持該公司，始免於破產。

大連汽船會社　航行於華北沿海的日本輪船，共有九個公司，以大連汽船會社爲主，其他八公司的船連合起來，總噸數只有大連汽船會社的六分之一。

大連汽船會社於一九一五年（民國四年）成立，航行於上海大連之間，與南滿鐵路及西伯利亞鐵路聯絡。初由南滿鐵道會社代爲經營，自一九二八年（民國十七年）以後，始獨立自營，而南滿鐵道的上海航線，反委託其代理。

大連汽船會社總公司設於大連，分公司設於上海、青島、天津、神戶。資本二千五百七十萬日圓，船舶總噸數三十萬噸。一九三四年（民國二十三年）六月，該公司各航線如下：

1.大連—青島—上海線：每隔二天或三天一班。有長春丸、奉天丸、大連丸、青島丸四輪，共一五、八一五噸。

2.安東—大連—天津線：隔天一班，有天津丸、長平丸、天潮丸、濟通丸四輪，共七、六八〇噸。

3.大連—長崎—基隆—高雄線：每十天一班，有山東丸、山西丸二輪，共六、四六八噸。

4.大連—敦賀—伏木—新瀉線：每月二班，由河北丸一輪專行，該輪排水量三、二七八噸。

5.大連—煙臺—淸津—基隆—高雄線：每月二班，由遼河丸專行，該輪排水量一、二九九噸。

6.大連—龍口線：由龍平丸一輪專行，該輪排水量七二四噸。

7.中國沿海線：以大連爲起點，班期不定，經常派遣的船有十一艘。

除大連汽船會社外，有船航行華北沿海的其他八個公司是：大阪商船會社、阿波共同汽船會社、近海郵船會社、昭和汽船會社、松浦汽船會社、朝鮮郵船會社、三井洋行、山下汽船會社。

這八個公司的主要航線，有如下九條：（1）北洋航線，（2）天津—大連線，（3）上海—青島線，（4）天津—北戴河線，（5）南洋航線，（6）上海—青島—營口線，（7）上海—大連—秦皇島線，（8）上海—大連線，（9）上海—大連—營口線。航行上述各線的船共有三十艘左右，約五萬餘噸。

日本銀行　日本銀行在華設有分行者五家，遍及中國各大商埠：

橫濱正金銀行：總行設於橫濱，分行設於上海、青島、濟南、漢口、北京、天津、牛莊、奉天、長春、哈爾濱等處。

臺灣銀行：總行設於臺北，分行設於上海、九江、漢口、福州、廈門、汕頭、廣州等處。

朝鮮銀行：總行設於漢城，分行設於奉天、遼陽、營口、鐵嶺、開原、四平街、鄭家屯、長春、吉林、安東、龍井村、哈爾濱、齊齊哈爾、滿洲里、上海、天津、青島。

三井銀行：總行設於東京，分行設於上海。

三菱銀行：總行設於東京，分行設於上海。

日本在華所設銀行，與其他各國在華開設的銀行一樣，皆發行紙幣，辦理滙兌，存款，放款。關於外國銀行經濟侵略的一般現象，　國父在民族主義第二講，言之甚詳，可以參看，這裏只舉出日本銀行的二件特例，以概其餘。

一、光緒二十九年，盛宣懷向日本銀行借款三百萬日圓，以擴充大冶鐵礦，其條件是，每年以日本所購鐵砂之款，償還本息。砂價每噸三圓，十年內不得改價。民國二年，盛氏又以擴充漢冶萍煤鐵公司爲詞，向日本銀行借款一千五百萬日圓，其條件是，四十年內，供給日本八百萬噸生鐵，及一千五百萬噸鐵砂。生鐵每噸日金二十六圓，鐵砂每噸三圓。數量既大，價格又賤，公司因此不堪虧損，債務日增。

歐戰期間，鐵價大漲，公司售與日本生鐵三十萬噸，以合同關係，每噸價只售六十日圓，合華銀三十元，而市面價格則已高至二百五十元。合生鐵與鐵砂二項，公司一共損失了一萬萬一千五百五十萬元左右。漢冶萍公司的營業不振，終至倒閉，皆因向日本借款的不利條件使然⑤。

二、自日俄戰爭後，橫濱正金銀行在我東三省各大商埠，皆設有分行。該行發行的鈔票，大量流通東北，整個東北的金融，差不多全被該行所壟斷。換句話說，日本只花一點紙張印刷費，就換去了東北的無數物資。

日本在華企業　甲午戰爭，中國戰敗，與日本訂了「馬關條約」及「中日通商行船條約」，允許日人內地通商行船及經營任何企業。但是，日本工業尚在起飛之初，雖得了許多特權，還沒有享受特權的能力。如上所述，要到「馬關條約」簽字後三年多，才於一八九八年，由政府命令大阪商船會社開闢長江航線，當時還只有天龍川、大井川兩條船。

日本在華的企業投資，情形也是一樣，最初規模很小，殊不足道。及日俄戰爭，日本擊敗俄國，與俄言和，向中國取實惠，與中國訂立北京條約，獲得東三省許多特權。自是之後，投資遂激增，一九〇七年，日人在華企業還只有一千一百四十九家，投資總額二億三千五百萬日圓；至一九一四年，已增至四千零三十一家，投資總額四億五千五百萬日圓。

日人在華企業，貿易範圍很廣，幾乎每一行業皆被侵入。據一九二九年（民國十八年）日本政府的統計，共有四千七百九十二家，規模較大者如下：

（甲）貿易範圍廣泛的公司：

1. 三井物產株式會社　總行設於東京，我國各大商埠都有分行。其主要營業，由華北輸日者為豆餅、雜糧、油類等，由日本輸華北者為糖、機械、木材、米麥等。

2. 三菱商事株式會社（與三井同）。

3. 其他如住友合資會社，大倉商事株式會社，石井商店等，亦廣泛經營中日貿易。

（乙）專營性質的公司：

1. 專營棉花棉織品者　有日本棉花株式會社，東洋棉花株式會社，江商株式會社，伊藤忠商事株式會社，日本商工株式會社……等，總行概設於大阪，分行設於我國各商埠。

2. 專營電氣用具者　有古河電氣工業株式會社，東京電氣株式會社……等，總行多設於東京，分行多設於上海、天津等處。

3. 專營鑛產者　最主要的有東亞通商株式會社等，總行概設於東京，分行設於我國各商埠及鑛區。

4. 專營造紙者　有富士製紙株式會社；大同洋紙社等，我國各商埠多有其分行。

5. 專營藥材及化裝品者　有東亞公司，中山大陽堂等，分行設於天津、上海、漢口、北平等處。

日本紗廠　日人在華所設工廠，如紗廠、布廠、絲廠、麵粉廠、糖廠、酒廠、菸廠、火柴廠、鐵廠、製革廠、玻璃廠、印刷廠、製藥廠等，眞是應有盡有。廠數最多，規模最大的是紗廠，上海最多，青島次之。

截至民國十四年（一九二五）五卅慘案時止，上海共有日本紗廠二十六家，佔上海紗廠總數三分之二。最大的紗廠有工人六千餘，一般多是二、三千人，最少者也有千餘人，共有紗廠工人六萬餘。

茲將各日本紗廠列表如下：

公司	屬廠	廠址	開設年代	工人數
上海紡織公司	第一廠	楊樹浦	一八九五	一、二〇〇餘
	第二廠	楊樹浦	一八九六	二、〇〇〇餘

	廠名	所在地		
	第三廠	楊樹浦	一九二〇	二、六〇〇餘
	第四廠	楊樹浦闌路	一八九七	不詳
日華紡織廠	第一工場	浦東六家嘴	一八九七	二、〇〇〇餘
	第二工場	浦東六家嘴	一九一八	二、〇〇〇餘
	第三工場	勞勃生路	一九二一	三、〇〇〇餘
	第四工場	勞勃生路	一九二五	三、〇〇〇餘
	喜和工廠	勞勃生路	一九二五	不詳
內外棉	第三工廠	蘇州路	一九一〇	一、五〇〇餘
	第四工廠	蘇州路	一九一三	三、〇〇〇餘
	第五東廠	蘇州路	一九一四	一、四〇〇餘
	第五西廠	蘇州路	一九一四	一、四〇〇餘
	第七工廠	蘇州路	一九一八	一、三〇〇餘
	第八工廠	蘇州路	一九一九	一、三〇〇餘
	第九工廠	麥根路	一八九七	三、〇〇〇餘

	第十二工廠	蘇州路	一九二二	一、五〇〇餘
	第十三工廠	勞勃生路	一九二二	一、五〇〇餘
	第十四工廠	勞勃生路	一九二二	一、〇〇〇餘
	第十五工廠	戈登路	一九二四	一、五〇〇餘
同興紡織廠	第一廠	戈登路	一九二二	二、一〇〇餘
	第二廠	楊樹浦	一九二四	二、六〇〇餘
公大紗廠	第一廠	楊樹浦	一九二二	不詳
	第二廠	楊樹浦	一九二五	不詳
東華紗廠		華德路	一九二一	三、〇〇〇餘
大康紗廠		楊樹浦	一九二二	四、〇〇〇餘
豐田紗廠		極司非爾路	一九二一	六、〇〇〇餘
裕豐紡織株式會社		楊樹浦	一九二二	四、〇〇〇餘
註記	1. 內有一二廠爲織布廠，紗廠只有二十六廠，一說二十四廠。 2. 內外棉所屬的三、四、五東、五西、七等五個廠，一說屬華豐紡織株式會社。 3. 裕豐似亦分爲一、二兩廠。			

日人在青島經營的紗廠，至同年間（一九二五）有大康、內外棉、隆興、鍾繡、富士、寶來、日清、銀月等家，擁有工人二萬餘，紗錠二十一萬八千枚，織布機一千二百臺。日本在華紗廠，剝削勞工，甚於華廠及英廠，故獲利優厚，發展甚速。觀上表，一八九五年，日人始在上海開設第一個紗廠，三十年間，竟佔有上海紗廠總數的三分之二，其影響我國經濟之大，不言可喻。

日本對華投資的幾個特性　然日本資本主義的興起，爲時很短，畢竟遠不及西方老牌資本主義的雄厚資力。日本對華投資的迅速發展，含有許多不正常的特性。

第一，日本在華的企業，百分之五十以上，屬於日本政府直接經營的國營事業，或政府佔有重大利益的半官式公司行號。換言之，日本在華的企業，最重要的投資人就是日本政府。最顯明的例子，是「南滿鐵道株式會社」（簡稱滿鐵），田中奏摺（詳見二十一章）說得很明白：

我國因欲開拓其富源，以培養帝國恒久之繁華，特設南滿鐵道株式會社，藉日支共存共榮之美名，而投資於其地之鐵道、鑛山、森林、鋼鐵、農業、畜產等業，達四億四千餘萬元，此誠我國企業中最雄大之組織也。且名雖半官半民，其實權無不操之政府。

第二，西方列強對外投資，是替本國的過剩資本找出路。日本則不然，他們對華投資，大部分是靠借入資本，而不是過剩資本。例如，一九一一年（宣統三年），中國向日本借款一千萬元，爲鐵道公債（詳見下章）。事實上，日本本身所負的外債尚鉅，並沒有應募外國公債的能力，半數是轉向歐洲國家募集的。這是一種居間投資，其目的，除謀利之外，尤着重於特權的獲得。又爲謀投資的實效與安全，也經常與軍事外交相連繫。

第三，由於日本本身資力薄弱，其在華企業，常須就地吸收資本，成爲合營事業。而最容易吸收的資本，則爲軍閥官僚的聚歛。於是，日本的條約特權與中國的官僚勢力相勾結，又構成操縱市場的另一特性，而中國的國民經濟則更受摧殘了。

第四，日人在華企業多不循正軌，與西人所經營的企業大不相同，往往無理取鬧，或加重剝削。無理取鬧之事，例如武力強迫採伐林木與開鑛等；不軌行爲者，如製造及販賣嗎啡紅丸等；至於剝削勞工等事，可以上海紗廠爲例。民國十三四年間，上海其他紗廠的工資爲每日二角，日本紗廠只給一角五分。且延長工作時間，每日工作十二小時，虐待或毆打工人更是常事。因爲日廠工資低，爲防阻工人轉入他廠，乃強迫工人存儲工資百分之五，須做完十年始發還。不滿十年而中途輟工者，其儲金全部沒收。

第四節　東洋和尚來找麻煩

布道其名，間諜其實　更可笑的事，是所謂「布教問題」。日本的佛教傳自中國，一向學習中國各宗派教義，亦步亦趨。現在日本變爲強國了，享受不平等條約的種種特權，文化與商業同時倒流，輸入中國，似乎「東洋和尚」也是水漲船高，理應轉向中國布教了，說起來，原是不值一笑的。甚至連主持東亞布教的本願寺教主，也自覺無詞可藉，只好說來華布教，是本乎「知恩報德」的精神，實現其「平等救濟」的宏願。

當然，日本人提出布教問題，是別有居心的。事實上，以侵略東亞為職志的「黑龍會」，是欲利用日本佛教徒為爪牙，所以高唱「東亞佛教聯合」，進而鼓吹「大亞細亞主義」。換言之，所謂「東亞佛教聯合」，就是侵略東亞的保護色，傳教只是一個幌子，眞正工作是做間諜，並誘使中國秀民向化日本。

日本的本願寺⑥，爲「布教支那」的大本營，掌管東本願寺教權的石川舜台，是「大東亞主義」的倡導人，黑龍會稱之爲「東亞先覺」，「佛教徒巨星」。黑龍會主幹葛生能久編有「東亞先覺志士記傳」，曾露骨地說：

> 彼之布教，不惟基於宗教的信念，其胸懷中別有一個關係東亞大局的抱負，卽先以布教從事民心的向化，而後資以徐圖，對支那與朝鮮，實現其東亞政策。（轉引自李毓澍的「中日二十一條交涉」）

東本願寺派遣僧人來華活動，早在光緒二年（一八七六）卽已開始，初在上海設立「本願寺別院」。當時，中日尚無不平等條約，中國官民未加重視。其後，日僧藉口遊歷、教學、行醫，分赴北京、天津、南京、福建，甚至深入內地，遠至蒙古、西藏，從事種種活動。

間諜活動事實　日僧從事間諜活動，有紀錄的有如下幾件事。

甲午戰爭時，日僧高見武夫與另一僞裝僧徒藤島武彥，在中國內地刺探軍情，被拿獲處死。日僧吉見圓藏於甲午戰爭後來華，日俄戰爭時，以「戰地工作及諜報功績」，日本政府頒授勳章。

日本外交文書所載，明治四十年八月十五日，瀨川領事上外務省的報告，明白地道出，在福建活動的日僧中，「確有若干僧徒，假布教爲名，領取臺灣總督的津貼，擔任情報搜集。」至於聚徒結黨，利用奸民，擾亂地方秩序等事，更是層出不窮。

中國爲西洋「教案」所擾，已經受了數十年痛苦，現在，日本亦以不平等條約爲護符，派遣僧侶來華布教，自然大起恐慌，舉國反對。中國官民都知道，日本佛教徒來華布教，又與西方基督徒的傳教大不相同，爲害愈甚。因爲日本人與華人膚色容貌相同，風俗與語文也很接近，來華日僧多學習各地方言，一旦改易華服，卽與華人無異，保護稽查，極爲不易。且中國佛教昌盛，僧尼及信男信女爲數甚衆，倘日僧在華布教得勢，後患難以想像。

而日僧的布教，是不擇手段的。當時中國正在興辦學堂，各地常有徵用寺產之事，僧人頗爲不平。日僧對那些僧人說，「皈依本願寺，卽可保護廟產」，僧人受其煽惑，往往與日僧勾結。日僧印發的教規，甚至明言「教徒遭難，布教師代爲伸雪。」於是，地方刁頑之徒，遂以信奉日教爲護符，橫行鄉里，無惡不作。

外交交涉　因爲有此認識，雖經日本使節迭次提出布教要求，中國始終不允。日方的依據，爲「中日通商行船條約」第二十五款。這一款的條文說：

按照中國與日本現行各約章，日本國家及臣民應得優例豁除利益，今特申明存之勿失。又大淸國大皇帝陛下，已經或將來，如有給與別國國家或臣民優例豁除利益，日本國家及臣民亦一律享受。

日本認爲，根據這一條條文，日本臣民享有「利益均霑」之權。西方國家已獲有傳教權，日本佛教徒亦應享有「布教權」。

然中國方面更是理由十足。上述條文所規定的「利益均霑」，係指「兩國交涉及臣民應享或應豁免的商務利益」，傳教已非「通商行船」，更無利益可言，其不合引用此一條文，彰彰明甚。且「利益均霑」這一條，中國與西方各國所訂條約，皆有同樣條文，而對於傳教一事，則皆另以專條載明。可見傳教一事，不適用商務上「利益均霑」的條文。中國早有佛教，中日條約又未訂立傳教條款，日本自然不能享有「布教權」。

日本並不死心，一有機會，就提出這個問題，最後一次是列入於二十一條之內，向袁世凱提出，但旋由日置公使聲明，日後再議。總而言之，關於所謂「布教權」的交涉，自清末至民初，屢起談判，日方軟硬兼施，中國亦堅持原則，故久無結果，成爲懸案。不過，事實上，中國還是讓了步，允許日僧進入內地遊歷，與洋人遊歷例一律保護。

在兩國交涉期間，各地發生過不少「日僧教案」。特別嚴重的，是在福建方面，茲將發生於是處的二件事，略述如下。

廈門危機　甲午戰爭後，日本依據馬關條約取得臺灣，遂以臺灣爲根據地，有了「南進政策」。南進的第一個目標，是侵略福建。臺灣總督兒玉源太郎爲南進政策主持人，他派遣和尚或僞裝的和尚，由總督府發給津貼，以「布教」爲名，深入福建省內地，誘惑莠民入教，從事兵要地理調查及情報蒐集。

日僧高松誓奉臺灣總督之命至廈門，在山頂仔設立「布教所」，實際即臺灣總督府主持福建情報的總機關。高松誓時常前往漳州、泉州一帶，從事種種活動，以發展其「教務」。

光緒二十六年庚子（一九〇〇），義和團事變，引起八國聯軍，進攻天津、北京。高松誓認爲機不可失，力主出兵佔領福建。兒玉納其建議，先派遣軍艦三艘至廈門。

八月二十三日（七月二十九）夜晚，山頂仔的日本「布教所」無故失火。翌日，日本駐廈門領事上野，即命日艦「高千穗」號，派遣水兵百人登陸，荷槍遊行於廈門市。八月二十六日（八月初二），又加派陸戰隊二百人攜砲登陸，到「布教所」後山設置砲兵陣地，如臨大敵。廈門市人心惶惶，市民爭相逃避。

同時，兒玉在臺灣，亦已調集駐軍三個旅團，準備親自統率，進佔廈門，侵入福建。

此時，李鴻章奉命爲談判全權代表，逗留上海，正與天津聯軍方面接觸中。廈門道急將廈門事件，電告李鴻章，請向上海英、美總領事交涉。英、美二國聞訊，分電日本外務省抗議，並各派軍艦一艘，馳往廈門巡視。

日本政府恐懼，急電兒玉總督，制止其出兵，並撤換廈門領事上野。八月三十一日（八月初七），廈門日本軍隊撤退回艦。英國領事命英艦派遣水兵五十名，上岸維持秩序，事始平息。

安溪事件　然東洋和尚在福建的「布教」，依然積極進行，更在泉、漳二州所屬各縣，分別成立「布教所」。至光緒三十年（一九〇四），復有「安溪事件」發生。

先是，日僧庇護其教民，從事非法活動，如包攬訴訟，魚肉人民，甚至佔人產業，奪人妻女，幾乎無惡不作。泉州安溪縣民陳欉，身受教民凌辱，憤不可遏，搗毀該縣的「東本願寺布教所」。

日本領事及公使，先後向福建地方當局及清廷抗議，要求保護教堂，嚴懲兇手。福建總督魏光燾把懲兇與傳教分爲二事，一面電令泉州地方當局嚴查究辦，一面建議朝廷，不可承認日本的「布教權」。

最後，清廷迫於日方的壓力，雖不承認日本有「布教權」，仍允許來華布教的東洋和尚，得憑旅行護照，聽其旅行內地。

廣東方面對於東洋和尚應付有方，沒有引起多大糾紛。兩廣總督岑春萱，並不干涉廣州的日人「布教所」，但對於出入該所的莠民，則一律加以拘捕。不過，日僧沒有在廣東滋事，恐怕還是因爲日本勢力未及華南之故，並不是怕岑春萱。

第五節　中國革命之友

日本人民同情中國革命　關於清末民初間的中日關係，最後還有一件事要說，那就是日人對於中國革命的贊助與阻撓。大體上說，日本民間有識之士，大都贊助中國革命；日本政府則否，只在民黨執政的一段極短期間，表示過同情。如前所述，日本雖號稱立憲國家，政權始終在薩長二閥之手，且深受軍方的左右。直至明治三十一年（一八九八），才有第一次政黨內閣出現，以大隈重信爲首相，世稱「隈板內閣」⑦。隈板內閣的壽命只四個月（六月二十七至十月三十一日），而在那短短的四個月內，則爲日本政府同情中國革命的唯一例外時期。

那時候，　國父第二次赴日，民黨領袖犬養毅（大隈的親信）特遣宮崎寅藏、平山周二人，至橫濱歡迎　國父。到東京後，犬養毅又為之介見內閣閣揆大隈重信，及其他民黨領袖，如大石、尾崎、副島種臣等，這是　國父與日本政界人物第一次接觸。

除此之外，歷屆的日本內閣，皆反對中國革命。　國父在「孫文學說」第八章，分析列強對中國革命的態度時說：「惟日本則與中國最密切，其民間志士不特表同情於我，且尚有捨身出力以助革命者。惟其政府之方針，實在不可測。按之往事，彼曾一次逐予出境，一次拒我之登陸，則其對於中國之革命事實可知。……要而言之……日本則民間表同情，而其政府反對者也。」

贊助革命最力的人士　日本民間志士，贊助與效力中國革命者，據　國父自述，有如下的人物和事蹟。

光緒二十一年乙未（一八九五）九月，　國父偕陳少白等第一次到日本，旋命少白單獨留日考察。此時與革命黨人最初交往者，有菅原傳（　國父的故人）、曾根俊虎、宮崎彌藏三人。

光緒二十四年戊戌（一八九八），　國父第二次至日，即民黨執政期間，除與上述政要交往外，更結識了許多熱心贊助中國革命的志士。其中資助黨人最多的，有久原房之助、犬塚信太郎二人；為中國革命奔走，而始終不懈的，有山田兄弟（良政、純三郎）、宮崎兄弟（彌藏、寅藏）、菊池良一、萱野長知等；為革命盡力者，有副島義一、寺尾亨兩位博士。山田良政後因參加革命行動，為清軍殺害，是外國義士為中國革命而犧牲的第一人。

還有臺灣總督兒玉，也贊成中國革命，曾於光緒二十六年（一九〇〇），命總督府民政長官後藤

與　國父接洽，已許於起事後相助，又允許在臺灣聘請日本軍官，參加中國革命。不幸，是年十月間，日本內閣更易，伊藤博文再度組閣，不許臺灣總督援助中國革命黨人，並嚴禁武器出口，嚴禁日本軍官投效中國革命。

革命軍事學校　此外，　國父在日本時，還開辦過一個秘密軍事學校。初，日本政府循清公使之請，禁止留日革命黨人入軍事學校（連振武學校也不許），因此，羣請　國父設法。後經犬養毅介紹，　國父結識了二位日本軍官，一名日野熊藏，一名小室健次。日野為現役軍人，服務於東京兵工廠。他喜歡研究波爾戰術⑧，　國父對此亦有研究，二人日夕相談，甚為契合，遂商定開辦一個秘密軍事學校。由學生李自重等十四人，共賃一屋而居，日間自習普通科學及日語，夜間則由日野講授戰術及兵器學。

初賃屋於牛込區，後以地近日野住宅，易為警探注意，乃遷至青山練兵場附近，故名「青山革命軍事學校」。是處鄰近練兵場，學生在日間，可觀看近衛師團的各兵科教練，夜間則輪派二人至日野家，聽授講義，歸而轉述於全體學生。學科包含一般軍事學及兵器學，戰術特別注重波爾散兵戰法及夜襲，兵器學則特別注重手槍與火藥製造法。

這個學校只上課四個月，因學生自分派別而結束。學生十四人中，日後參加同盟會者，只有胡毅生、仲實、劉立羣、饒景峯四人。

①本章主要參考書籍：

蕭一山「清代通史」、柯劭忞等「清史稿」、稻葉君山「清朝全史」（但燾等譯）、錢基博「清鑑」、黎東方「細說清朝」、柳詒徵「中國文化史」、李劍農「中國近百年政治史」、黃大受「中國近代史」及「中國現代史綱」、李定一「中國近代史」、汪大鑄「中國近代史」、郭廷以「近代中國史」、李守孔「中國現代史」、梁啓超「飲冰室全集」、左舜生編「中國近百年史資料續編」、吳相湘「中國現代史叢刊」、國父「孫文學說」、鄒魯「中國國民黨史略」、馮自由「革命逸史」、房兆楹「清末民初留學生題名錄」、侯厚培、吳覺農「日本帝國主義對華經濟侵略」、戴時熙「日本貿易」、商務印書館編「中國國際貿易史」、王洸「中國航業史」、王輯五「中國日本交通史」、陳水逢「日本文明開化小史」、李滿康「日本叢談」、李毓澍「中日二十一條交涉」，本庄繁治郎「日本社會經濟史」，堀江保藏「明治維新與經濟近代化」、金冶井谷「日本對華投資」、蔣學楷譯「外人在華投資」(F. Remer: Foreign Investments in China) 等。

②據李滿康的「日本叢談」說，我國留日學生，自光緒乙未起至七七抗戰止，四十二年間，約十萬以上。

③據池仲祐的「海軍大事記」，光緒三十一年，派學生五人，赴日本學習新式機爐製造。三十二年，派學生二十八人，赴日本留學海軍。三十四年，派學生五十人，赴日本學習航海、輪機各科學。然海軍公費留學生比較平衡，同時也派遣學生至英、美等國留學。

④英美修改商約，加稅定額爲値百抽一二·五，日本不想加那麼多，又料俄、德、法三國也不會答應依照英美之約，故此款含糊其詞。

⑤日本欲使漢冶萍公司變爲中日合營，由來已久，其二十一條(見下章)第三號兩款，說得明明白白。本文此處只說銀行借款事，不及其他，關於漢冶萍公司的情形，可參看吳相湘編的「中國現代史叢刊」第二冊，內有一篇「漢冶萍公司之史的研究」。

⑥日本大阪本願寺，在戰國時代勢力甚大，其後織田信長迭次興師討伐，教主顯如上人同意媾和，一部分僧徒不服，在教如領導下繼續抵抗。顯如率其信徒，退出大阪，前往紀伊鷺森。其後，本願寺遂分爲東西二寺。

⑦大隈重信是進步黨領袖，內相板垣退次是自由黨領袖，自由黨本來是與伊藤內閣合作的，是年與伊藤意見不合，而與進步黨聯合，解散原有二黨，合組爲憲政黨，遂以議會多數黨而取得政權。這是大隈、板垣二人合作的結果，故稱隈板內閣。

⑧波爾（Boer）是南非荷蘭移民後裔。一八八〇—八一年，波爾人抵抗英軍，使用散兵戰術，爲舉世所注意。

第十九章　八國聯軍及日俄戰爭的後果①

第一節　義和團惹起八國聯軍

拳匪起自山東　清末，同光二朝最麻煩的事，是各地「教案」迭起。其原因很多，例如教會最初吸收的教徒，多爲莠民，往往恃教會勢力的庇護，爲非作歹；國人對「洋教」認識不清，誤認爲邪教；而教規禁祭祖先，男女同做禮拜，及教會醫院的外科手術等，皆大悖中國古老風俗，不但守舊派根之入骨，一般人民也大起反感。於是，有意無意地訛言四起，說教會誘拐孩童，挖眼剖心製藥，榨油取髓……等不一而足。可見當時的仇教心理，原是舉國一致的，義和團拳衆之得以大盛，自有其社會背景。

光緒二十四年（一八九九），山東境內首先有人民結合團體，練習拳棒，與「洋教」爲仇，據說是白蓮教的餘黨。山東巡撫毓賢加以庇護，他們遂自稱「義和拳」，建「保淸滅洋」旗爲號召，並與大刀會合流。會慈禧太后下諭，飭令近畿四省興辦團練，毓賢乃改義和拳爲「義和團」。自是之後，義和團成爲公開組織，幾乎每一村莊都有拳廠。

義和團已以滅洋爲口號，與教會成仇，不免到處滋事，擾害教會及所有西洋人。英美等國公使向淸廷抗議，淸廷乃改派袁世凱爲山東巡撫。袁世凱到任後，大力剿辦，拳匪遂離開山東，進入直隸

（河北）境內活動。

清廷利用義和團扶清滅洋　毓賢回京，向慈禧太后及一般保守的親王力言，義和團是天遣神兵，有靈驗符咒，不怕槍砲，足以扶清滅洋。直隸總督裕祿，端郡王載漪，大學士剛毅等多人，皆信以為眞，變成了義和團的熱心支持人物，而義和團遂益無忌憚，到處向洋人尋釁。

光緒二十六年庚子（一九〇〇）五、六月間，義和團鬧到北京、天津，各國公使一再抗議，淸廷總是敷衍其事。於是，各國皆派遣軍艦，開到大沽口，並先後派遣二批軍隊，共四百九十名，開到北京，保護使館。

淸廷也調兵京津二處，名為鎮壓拳匪，實則暗防各國軍隊登陸。先調董福祥的甘軍開到北京，駐紮南苑，後又調宋慶的北洋軍六大隊駐守蘆臺，復命駐防京津鐵路沿線的聶士成部，集中蘆臺戒備。

開始衝突　駐在大沽口的各國海軍軍官，應北京使團的請求，決定加派軍隊，開往北京，保護使館。六月十日（五月十四），他們集合了一千五百人，稱「解圍縱隊」（The Relief Column），推舉英國遠東艦隊司令西摩爾將軍（Admiral Edward Seymour 亦譯薛摩西）為總司令，俄國陸軍上校為總指揮，當日開到天津，乘車出發。中國民衆聽到洋人進軍，情緒激動，遂演成武裝衝突。

此時，鐵道已被破壞，解圍縱隊乘一段車，修理一段鐵路，邊走邊修，十一日（十五）才走到廊坊，這時候兵力續有增加，總人數已有二〇六四人。

是日（十一日），有一部分拳匪，阻止聯軍修路，發生小戰。十三日（十七日）起，義和團向聯軍大舉進攻，連續攻擊三日，符咒不靈，死亡甚衆。聯軍雖沒有多大傷亡，但已無法繼續前進。

十七日（二十一），各國軍艦砲擊大沽砲臺，陸戰隊同時登陸，砲臺遂被佔領。同日，駐天津的中國軍隊，也向租界進攻。二十六日（三十日），聯軍再遣一部軍隊，自天津向廊坊前進，將被困途中的西摩爾縱隊救回天津。

含糊的宣戰詔書 在這同一期間，北京尤其混亂。六月十一日（五月十五），日本使館書記杉山彬被殺。十三日（十七），各使館構築防禦工事，德國使館水兵向城南拳衆開槍。二十日（二十四），德公使克德林（Kettler）被載漪的虎神營士兵開槍射死。

釁端已開，清廷於六月二十一日（五月二十五）下詔宣戰②。命甘軍與義和團攻擊北京的各國使館，聶士成軍與義和團攻擊天津租界，並傳檄各省派兵勤王。這篇宣戰詔書很特別，只說「遠人」、「彼等」，沒有正式提到任何一個國家，恐怕是古今中外空前絕後的宣戰書了。

第二節　日本毛遂自薦

日本躍躍欲試 日本不是傳教國家，義和團的「仇教」運動，初與日本無關。然以保護北京使館之故，日本已與西洋各國，採取一致行動。聯軍進攻大沽砲臺時，日本陸戰隊原在第三線，後見俄、英、德三國軍隊進展遲緩，乃自告奮勇，超越而前，領先攻下第一砲臺，其指揮官服部中佐戰死。

日本外相青木周藏，一開始就想利用這個機會，大舉出兵，以便獲得更大的發言權。可是，日本師出無名，只得先向英國示意。六月十一日，日本駐英公使松井，奉命向英國政府提出秘密照會，詢問英國：「若中國政府無力恢復和平秩序及保護外人時，英政府將採取何種行動？」英國政府回答說：「各國在大沽的軍隊，已向北京前進。英政府已授權英公使及遠東艦隊司令處置一切。英國甚願日本政府，與列國採取一致行動。」

日本開至大沽的軍艦，早已與各國採取一致行動。第一二兩次派遣使館衛兵數百人，日本兵有五十六人同去。英將西摩爾率領的「解圍縱隊」，也有日本兵五十四人在內。日本所希望的是多出兵，要爭取更有力的發言地位，不僅是「與各國一致行動」而已。因此，青木外長對英方的答覆，自然不感滿意，又於十五日，親自對英國駐日公使說：「大沽登陸的各國軍隊，如遭遇危險，日本政府若得英政府的贊成，可派遣大軍前往援救。若英國不以爲然，則日本不出兵。」此時，英國認爲無須多出兵，沒有理會日本的要求。

六月二十二日，青木召集各國駐日公使至外務省，報告西摩爾縱隊被圍，情勢急迫，表示日本政府願與各國一致行動。二十三日，英使奉其首相電令，向青木請求日本出兵。青木大喜，遂以英國邀請出兵爲名，決定派遣一個師團（第五師團）前往大沽，仍請英國代向各國徵求同意。

德俄冷淡　英國以德、俄二國出兵最多，乃將邀請日本出兵之意，照會二國。二國不願日本出兵過多，但又不便拒絕英國。俄國作了「有保留」的同意，德國則表示須先獲悉日本出兵條件。

德國覆文說：「德國政府對於恢復中國和平秩序之事，可表同情。但不知日本提議干涉的詳細條件，以及是否影響第三國之利害；故德國能否負責贊成，尚難預料。從來各國對中國所抱之主義，在維持中國秩序、中國存在及世界和平，故德國政府若非確知女皇陛下所提議之手段不危及上述主義時，則不能贊同。」

俄國覆文說：「以目前情勢而論，日本出兵，固俄國之所贊成，當不妨礙日本之自由，但日本須與列國爲同一行動。」

日軍特別賣力　德、俄二國沒有斷然拒絕，英國遂通知日本出兵。日本卻故作姿態，軍隊遲遲不發。七月七日，北京情勢愈急，英國外相再促日本迅速出兵，並允由英國補助其軍費。於是，日本立卽發兵，並擴大原定計畫，把兵力增加到二萬二千人，以山口素臣中將爲司令長官。

日本第一次參加國際行動，事事都想表現一番，作戰尤其特別賣力，加上所述，大沽口砲臺的攻擊就是日軍首先奏功的。又在北京攻城時，日軍攻擊朝陽門未下，聞俄美二國軍隊先已攻下東便門，卽派遣一旅從東便門入城，首先到達東交民巷。

日軍的紀律也比英、俄、德三國軍隊好。不過，日兵私人不許搶刧，專刧庫銀公物，歸諸國家。散見中外人士的紀錄，日軍刧掠所得如下：

1.天津日軍刧掠金銀二百萬兩。（聯軍統帥瓦德西報告）

2.日軍刧取戶部庫銀數百萬兩。（見黃大受中國近代史）

3.日軍向其政府報告，「迄至十月第一星期，日軍共得米二十五萬石，銀二百六十三萬七千七百兩。（總稅務司英人赫德的信）

辛丑條約　八國聯軍於八月十四日（七月二十）攻破北京城，慈禧太后與德宗化裝農民，倉卒逃走，奔往西安，同時電令李鴻章爲全權代表，與聯軍言和。

談判期間，日本外務省曾向各國代表團建議，「寧賠款，勿割地」。並訓令其駐華公使小村壽太郎，對中國採取寬大政策。其原因，第一是想討好中國，以便將來對俄作戰時，獲得中國同情。第二是不願西方國家在中國擴張勢力。

辛丑條約賠款（庚款）四萬萬五千萬兩，日本分得三千四百七十九萬三千一百兩，佔百分之七・七三，次於俄、德、法、英，大於美國及其他國家。

又在八國聯軍進攻北京期間，日兵軍艦曾在廈門登陸，臺灣總督兒玉月已準備出兵，進攻福建，後因英、美抗議而取消，請參看上章第四節。

根據辛丑條約，中國須與各國修改商約。修約談判，日本最爲苛刻，其經過及「中日通商行船續約」內容，參看上章第三節。

第三節　俄國不肯撤兵

俄軍盤據東北　俄國欲吞併我東三省，爲其已定國策，故乘義和團事變，藉口東三省拳匪作亂，派遣十五萬大軍，長驅直入，七十幾天之內，盡佔三省地區，兵臨山海關爲止。及和議開始，各國堅持應先商請俄軍退出東三省。自十月杪（九月上旬）起，中俄幾經交涉，俄國始終不允撤退其東三省軍隊。英、美、德、日諸國亦各循外交途徑，向俄國提出警告，俄國皆不以爲意。

一九〇二年（光緒二十八年）一月三十日，英日同盟成立。俄國想聯合歐洲大陸國家，共同反對英日同盟，爲德國所拒絕。最後，只由俄法二同盟國發表一項聯合宣言，表示二國在遠東保留行動自由之權，以答覆英日同盟所標榜的「維持遠東現狀及全局和平」。然法俄同盟性質，以對德爲主，法國無意在遠東方面，採取積極行動，以對抗英日同盟。

交收東三省條約　俄國勢孤，外交上大受打擊，乃改變其對華態度。四月八日（三月初一），中俄「交收東三省條約」在北京簽字，內容大要如下：

第一條　俄國允將東三省交還中國治理。

第二條　中國於接收東三省治理時，申明盡力遵行一八九六年九月八日與華俄銀行所立合同年限及各條款，並承認極力保護鐵路及鐵路人員，與在東三省之俄人及其事業。俄國因中國承認以上各事，允認再無變亂發生，亦無他國牽制時，即將俄軍撤退。自簽字畫押後，分三期，最先六個月自盛京，其次六個月自吉林省，最後六個月自黑龍江省，依期撤退完畢。

第三條　爲避免再起變亂，在俄軍未撤退前，由中國各將軍與俄兵官商定中國駐軍兵額及駐地，中國於此協定兵額外，不再練兵。俄軍全撤後，中國仍可增減駐軍，隨時通知俄國。東三省爲綏靖地方，除中東鐵路地段外，各省將軍須專用中國馬步捕隊，以充巡捕。

第四條　俄國以下列條件，將山海關、營口、新民廳各鐵路交還中國。

1. 中國應負責保護鐵路，不得請他國保護修養，並不准他國佔據俄國退還各地段。

2. 該鐵路經營各節，須遵照一八九九年四月二十八日的英俄協約，和一八九八年十月十日中英山海關、牛莊鐵路借款契約辦理。該公司不得佔據或藉端經理山海關、營口、新民廳鐵路。

3. 日後在東三省南段續修鐵路或修支路，又或在營口建造橋樑，遷移鐵路終點等事，應彼此商辦。

4.中國應酌賠俄國經營山海關、營口、新民廳鐵路費用。

是年十月二日（九月初一），俄兵第一期撤退，沒有發生什麼波折。一九〇三年四月八日（光緒二十九年三月十一），第二期撤兵期限已到，俄國忽然提出擔保條件，聲明必須中國承認其要求，始能撤兵。中國斷然拒絕，英、美、日三國也向俄國提出抗議。

日俄妥協失敗　同年八月十二日（六月二十日），俄國設立「遠東大總督府」，即以東三省佔領軍司令阿萊克塞夫（Alexcieff）爲大總督，露骨地表示不願退兵。

此時，日本國內出現「滿韓交換論」，政府一度作爲政策，與俄國直接談判。日本要求俄國承認日本在朝鮮的特殊利益，日本也承認俄國對於東三省鐵路的特殊利益。俄國很輕視日本，只肯有限度的承認日本在韓利益，而不願日本過問東三省的事——俄國答覆日本說：「日本須承認東三省及其沿海一帶，均在日本利益範圍之外。」

由於俄國態度倨傲，不稍讓步，日本碰了釘子，受盡了氣，終於態度轉變，準備訴諸戰爭。

日俄二國談判期間，雙方各自進行軍事準備。俄軍甚至回駐第一期已經撤退的營口。

第四節　日俄戰爭

日本整軍備戰　日本自從甲午中日戰爭後，即從事對俄戰爭的準備，以俄國遠東海陸軍爲假想敵，盡力擴充本國的軍事力量。

日本陸軍，甲午戰爭時只有六個正規師團及一個近衛師團。現在，連近衛師已有十三個師團，按戰時編制，可出兵二十萬人。

海軍實力增加尤速，這時候全部軍艦的總噸數為二十五萬八千噸，較之甲午戰爭時，約增大了四倍。明治二十四年（一八九一）海相樺山資紀所提出的海軍擴大案之最後目標二十五萬噸，現在已經超過了。甲午戰爭時，日本最大軍艦不過四千餘噸，現有戰艦六艘，皆為萬噸級以上的新艦。其最大的「三笠」號戰艦，排水量一五、三六二噸，有十二吋主砲六門，為當時世界上最新式戰艦之一③。

在外交方面，英日同盟的成立，對日本鼓勵尤大。

然而，俄國人也像甲午戰爭前的中國人一樣，對日本缺乏充分的認識。其遠東大總督阿萊克塞夫的敵情判斷，仍以為日本不敢對俄戰爭。他電稟俄皇尼古拉第二說：「俄國堅持強硬態度，日本必然屈服。」

日俄宣戰，中國中立　一九〇四年二月十日（光緒二十九年十二月二十五），日俄二國同時宣戰。

二月十二日（十二月二十七日），清廷宣告中立。北京外務部照會各國：「遼河以西，俄已退兵之地，由北洋大臣派兵駐紮，各省及沿邊內外蒙古，均按照局外中立例辦理，兩國軍隊，勿稍侵越。倘闌入界內，中國自當攔阻，不得視為失和。惟東三省地方，尚有外國駐紮兵隊未經退出之地面，中國力有未逮，勢難實行局外中立之例。東三省疆土權利，兩國無論勝負，仍歸中國自主，兩國均不得佔據。」同時又頒佈中立條規，議定「兩國戰地及中立地條章。」

二月十五日（十二月三十日），日本覆文表示：「本國必與俄國共同尊重貴國之中立……日本與俄國干戈相見，乃爲保守我應有之權勢及利益而起，本無侵略宗旨。日本政府於戰事結局，毫無佔領大清國土地之意。」

俄國的照會，則蠻不講理，一則曰，「東三省地方不在局外之例」，再則曰，「遼東亦東三省境，難認局外。」又說，「至於東三省疆土不得佔據一節，目前不能談論，應俟事後再承前議續商。」阿萊克塞夫甚至強迫增祺撤退中國軍隊。

戰爭進行中，日軍頗能自行約束，不擾中國人民。俄軍敗兵所至，到處姦淫擄掠，焚燒房屋。因此，在戰爭期間，中國全國上下，一致深恨俄國，同情日本。

美國調停　戰爭開始後，日本海陸皆捷，然限於國力，奉天會戰之後，已如強弩之末，不可能再向北進，乃計畫改取守勢。俄國屢敗之餘，雖仍繼續調兵西伯利亞，準備再舉，然國內革命分子已經蠢蠢欲動，也是外強中乾，不能再打下去。

一九〇五年六月二日，美國總統老羅斯福出面調停，分別向日俄二國駐美使節，提出停戰媾和之議。八月，日俄兩國全權代表，遂在美國樸資茅茨（Portsmouth）舉行會議。

清廷聞日俄議和，於七月六日（六月初四），分別向日俄二國提出照會；同時並知照歐美各國政府，鄭重聲明所有「牽涉中國事件，未經與中國商定者，概不承認。」

然日俄對於中國的聲明，皆置之不理。兩國所訂的樸資茅茨條約，大部分皆涉及中國的權利。

日俄和約　樸資茅茨條約的要點如下：

1. 俄國政府承認日本在韓國政治、經濟、軍事上，均有卓絕之利益。

2. 除遼東半島租借權利所及之地域不計外，所有在滿洲的日俄兩國軍隊全數撤退，交還中國接收，撤兵期間，不得逾十八個月之限。

3. 俄國政府經由中國政府之允許，將旅順口、大連灣一切權利，轉讓與日本政府。

4. 俄國政府允將長春至旅順口之鐵路及一切支路，以及附屬之一切權利財產，經由中國政府允許者，均移讓與日本政府。

5. 俄國允將庫頁島南部及其附近一切島嶼，永遠讓與日本。

6. 俄國政府允許日本國臣民至日本海、鄂霍次克海、伯令海之俄國所屬沿岸一帶，有經營漁業之權。

7. 兩國可留置守備兵，保護滿洲各自鐵道路線。至守備人數，每一公里不得過十五人。

第五節　中日北京會議

滿洲善後協約　日俄締結和約後，日本特派小村壽太郎與駐華公使內田康哉爲全權大臣，與中國商訂「滿洲善後協約」，要求中國承認日本根據樸資茅茨條約所繼承的俄國讓與權利。淸廷派慶親王奕劻，外務部尚書瞿鴻禨，直隸總督袁世凱爲全權大臣，署理外務部右侍郎唐紹儀爲會辦，在北京舉行會議。俄國也指派其駐華公使璞科第列席，從旁商議。

自一九〇五年十一月十七日至十二月二十二日（光緒三十一年十月二十一日至十一月二十六日），一共開會二十二次。先由日本代表提出大綱十一條，作爲談判基礎。中國無力拒抗，原則上不得不接受，只就技術上爭論，提出幾點修正意見，對於旅順、大連的租借，稍加限制，並要求日俄二國的東三省駐軍及護路隊從速撤退。

日方代表堅持依照其所擬大綱，不允修改。清廷無奈，遂於一九〇六年一月九日（光緒三十一年十二月十五日）批准此約，當日即行換文。

滿洲善後協約，正約只三款，附約有十二款，二者的全文如下：

正約

第一款　中國政府將俄國按照日俄和約第五款及第六款允讓日本國之一切，概行允諾。

第二款　日本國政府承允按照中俄兩國所訂借地及造路原約，實力遵行，嗣後遇事隨時與中國政府妥商釐定。

第三款　本約由簽字蓋印之日起，即當施行。並由大清國大皇帝陛下，大日本大皇帝陛下御筆批准，由本約蓋印之日起兩個月之內，應從速將批准約本在北京互換。

附約

大清國政府，大日本政府，爲在東三省地方彼此互有關涉事宜，應行定明，以便遵守起見，商訂各條款開列如左：

第一款　中國政府應允俟日俄兩國軍隊撤退後，從速將下開各地方，中國自行開埠通商：

奉天省內之鳳凰城、遼陽、新民屯、鐵嶺、通江子、法庫門。

吉林省內之長春（寬城子）、吉林省城、哈爾濱、寧古塔、琿春、三姓。

黑龍江省內之齊齊哈爾、海拉爾、瑷琿、滿洲里。

第二款　因中國政府聲明，極盼日俄兩國駐紮東三省軍隊暨護路隊兵隊從速撤退，日本政府願副中國期望，如俄國允將護路隊撤退，或中俄兩國另有商訂妥善辦法，日本政府允即一律照辦。又如東三省地方平靖，外國人命產業中國均能保護週密，日本國亦可與俄國將護路兵同時撤退。

第三款　日本軍隊一經由東三省某地方撤退，日本國政府應隨即將該地名通知中國政府。雖在日俄和約續加條款所訂之撤兵期限以內，即如上段所開，一准知會日軍撤畢，則中國政府可得在各該地方，酌派軍隊，以資維護地方治安。日本軍隊未撤地方，倘有土匪擾害閭閻，中國地方官亦得派遣相當兵隊，前往勦捕，但不得進距日本駐兵界限二十華里以內。

第四款　日本國政府允因軍務上所必需，曾經在東三省地方佔領或佔用之中國公私各產業，在撤兵時，悉還中國官民接受。其屬無須備用者，即在撤兵以前，亦可交還。

第五款　中國政府，爲妥行保全東三省各地方陣亡之日本軍隊將兵墳塋，以及立有忠魂碑之地，務須竭力設法辦理。

第六款　中國政府，允將由安東縣至奉天省城所築造之行軍鐵路，仍由日本國政府接續經營，改爲運轉各國工商貨物。自此路改良竣工之日起（除因運兵回國耽誤十二月不計外，限以二年爲竣工之期），以十五年爲限，即至光緒四十五年爲止，屆期彼此公請一他國公估人，按該路建置各物件估價，售予中國。未售以前，准由中國政府運送兵丁餉械，可按東三省鐵路章程辦理。至該路改良辦法，應由日本承辦人員與中國特派人員妥實商議。所有辦理該路事務，中國政府援照東三省鐵路合同，派員查察經理。至該路轉運中國官商貨物價值，應另訂詳章。

第七款　中日兩國政府，為圖來往運輸均臻興旺起見，妥訂南滿洲鐵路與中國各鐵路接聯營業章程，務須從速另訂別約。

第八款　中國政府允南滿洲鐵路所需各項材料，應豁免一切稅捐釐金。

第九款　所有奉天省已開辦商埠之營口，暨雖允開埠尚未開辦之安東縣、奉天府各地方，其劃定日本租界之辦法，應由中日兩國官員，另行妥商釐定。

第十款　中國政府允許設一中日木植公司，在鴨綠江右岸地方，採伐木植，至該地段廣狹，年限多寡，暨公司如何設立，並一切合辦章程，應另訂詳細合同，總期中日股東利權均攤。

第十一款　滿韓交界陸路通商，彼此應按照相待最優國之例辦理。

第十二款　中日兩國政府，允凡本日簽名蓋印之正約暨附約所載各款，遇事均以彼此相待最優之處施行。

會議節錄　在第一次會議之初，日方代表提議，將每次會議的大要，存記於「會議節錄」，由兩國全權彼此簽名為證，每次會議為一號，共二十二號。只因當時有「嚴守會議秘密」的約定，又因曾經聲明，除議定正約及附約外，尚有十七條事件，存記於「會議節錄」之內；因此，日本政府於北京會議之後，照會英、美等國，略謂除正約及附約外，還有「秘密議定書」十六條。（略去其中的第十五條，故稱十六條。）④

這個日方自稱的「秘密議定書」，實際就是上述的「會議節錄」而已。然日人時常引用，作為藉口，製造出許多糾紛。尤其是其中的第八條，曾使中國吃盡暗虧。這一條是載在第十一號「會議節錄」內的，原文如下：

中國政府，爲維持東三省鐵路利益起見，於未收回該鐵路之前，允於該路附近不築並行幹路，及有損於該路利益之鐵路。

第六節　日俄勾結分贓

日本外交活躍　日俄戰爭後，日本國際地位提高，外交亦特別活躍。一九〇五年八月，正當日俄二國代表，方在樸資茅茨開會之初，「第二次英日同盟」宣佈。英國暗示支持日本侵略中韓二國的政策；日本則承認英國在印度的特殊權利。

一九〇七年年初，日本向英、法二國借款，以清償英、美戰債。這是日法邦交的初兆。接着遂更進一步，於同年六月十日，訂立「日法協約」。約文聲明：「日法兩國政府，因尊重中國之獨立與完整，及各國在中國之商業與臣民同等待遇之原則，並因兩國所統治保護或佔領土地接壤之中國地域內，對其秩序與事物和平狀態之保障，有特別之關切，故約定互相協助，以確保該地域內之和平與安寧，以維持兩締約國在亞洲大陸各自之地位與領土權利。」

日法協約公佈後，盛傳另有「密約」，指定兩國在華勢力範圍——東三省及福建爲日本勢力範圍，兩廣、雲南爲法國勢力範圍。因此，清廷外務部特於八月十八日（七月初十），照會日、法兩國政府，聲稱：「中國領土內和平與安寧之維持，乃中國之事，與他國無干。日法協約中有關中國部分的條文，中國不予承認。」

最後，日、法兩國政府，分別向中國外務部解釋，聲明「日法協約」並無損毀或干犯中國之處。

日俄密約　繼日法協約之後，日俄二國也化敵爲友。同年（一九〇七）七月三十日，「日俄協約」成立，也標榜：「兩締約國承認中國之獨立與領土之完整，及各國在華工商業之機會均等主義，並相約各用其所有之和平方法，以扶助及防護現狀之存續，及對上述主義之尊重。」

除公開協約外，另有「日俄密約」四條，日本承認俄國在外蒙古的特殊權利，俄國則承認日本兼併朝鮮。又在我東三省境內劃出一條「南北滿界線」，線以南屬日本勢力，線以北屬俄國勢力，互不侵犯。如圖所示，這條線如下：從俄韓邊界西北端起，劃一條直線至琿春，從琿春劃一條直線至畢爾騰湖（鏡泊湖）之極北端，再由此劃一直線至秀水甸子，由此沿松花江至嫩江口止，再沿嫩江上溯嫩江與洮兒河交流之點，再由此點起，沿洮兒河橫過東經一百二十二度止⑤。

一九〇八年十一月三十日，日本又與美國換文，協定兩國對華政策。初，在日俄戰爭期間，美國輿論一向同情日本，日本公債在美國市場暢銷，且隨着作戰的勝利而價格屢

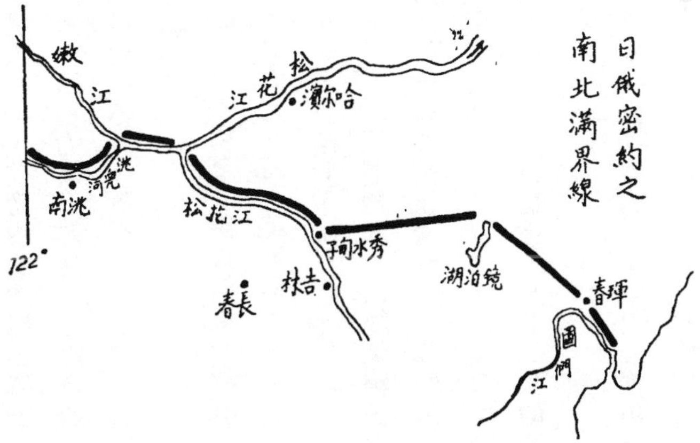

日俄密約之南北滿界線

見上漲。迨戰爭終止，美國看到日本獨佔東三省利益，違反門戶開放原則，美國輿論遂開始轉變，斥責日本。一九〇六年，美國發生排斥日本移民問題。同時，美國對中國極力表示友善，自動退還庚子賠款，甚至還有中、美、德三國締結同盟之說。日本政府為緩和美國的不滿，故有此次換文。然日本已與俄國密約，不讓第三國勢力介入東三省，日美關係總是不能改善的。

英國也不滿日本　日本獨佔東三省利益，也使英國不滿，認為日本獨享了英日同盟的利益。同時，由於美日關係的惡化，甚至一度有過美日醞釀戰爭的傳聞；英國為保持英美關係，於一九一一年，與美國締結「仲裁條約」，此後兩國如有衝突，皆由仲裁解決，不訴諸戰爭。

英國既與美國訂約，然後始與日本續訂「第三次英日同盟」。這次的同盟續約，已經減輕了攻守同盟的意義，並加上這麼一條條文：「若締約國之一方，已與第三國訂有仲裁條約時，在該仲裁條約有效期間，認為本約無任何規定，使此締約國負有與該第三國交戰之義務。」換言之，一旦日美戰爭發生，英國雖為日本的同盟，卻沒有對美戰爭的義務。可見第三次英日同盟已經遠不及前二次的密切了。

然而，無論如何，日本對西方國家的所有外交活動，其目的還是要孤立中國，使中國俯首聽命而已。自從取得第二次英日同盟及日俄密約之後，日本對於中韓二國的侵略與壓迫，早已無所顧忌。

日本滅韓　對於朝鮮，日本早已控制其內政。日俄戰爭之初，日本迫使朝鮮訂了一個「日韓議定書」，由日本保障韓國領土主權的完整，事實上，朝鮮已經淪為日本的保護國。一九〇五年，日俄和約及第二次英日同盟成立後，日本更進一步控制朝鮮，在韓設置統監府，以伊藤博文為韓國統監。

一九〇七年，伊藤博文逼使朝鮮國王李熙讓位於其子李拓。是年，日俄密約成立後，日本更迫使朝鮮訂立「新協約」，國王的一切作爲，皆須先向統監請示。

最後，至一九一〇年，日本遂正式兼併韓國。

第七節　東三省六大懸案

日人在東三省爲所欲爲　日本對我東三省的侵略，自從日俄戰爭後，可說是爲所欲爲，決不寬貸。英日同盟，日法協約，日俄密約，已使英、法、俄三國成爲日本的幫兇，德、美二國不免感到孤立，一度醞釀過中美德三國同盟，並未成爲事實。因此，中國孤立無援，只有事事退讓，逆來順受，一任日本欺凌。

一九〇六年六月，日本首先設立「南滿鐵道株式會社」，作爲侵略東三省的大本營。接着，又於七月三十一日，成立關東都督府，「管轄關東州，兼掌保護監督南滿鐵道線，並監督南滿鐵道株式會社的業務。」

自是之後，日人在東三省製造糾紛，層出不窮，例如武力脅迫改築安奉鐵路，擅自增加護路兵力，視鐵路附近地區如租借地，控制大連海關，及強行採伐鴨綠江右岸森林等，許許多多節外生枝或無風起浪的事，難以一一盡述。

所謂六大懸案　至一九〇九年二月六日（宣統元年正月十六），日本駐華公使綜合東北許多未解決的糾紛，列出六大懸案，向中國外務部合併交涉。這六案是（1）新法路問題，（2）大石橋鐵路支線問題，（3）京奉鐵路延長之事，（4）撫順及煙臺（奉天境內之煙臺）的煤礦，（5）安奉鐵路沿線的礦務，（6）間島事件。

第一、第六兩懸案，說來話長，現在先將第二至第五各懸案，分別簡述，然後再談那二個令人頭痛的問題。

第二懸案，日方要求保留大石橋到營口的支線鐵路，作爲南滿鐵路的支路，並將其終站移於營口。此案，清廷最後讓步，允如所請

第三懸案，日方要求將京奉鐵路延展到瀋陽城根，與南滿路合設一站。此案，清廷最後讓步，同意京奉線延展至城根，但須各辦各站，不合設。

第四懸案，日本要求獲得撫順、煙臺兩煤礦。撫順煤礦爲王承堯的私產，煙臺煤礦亦未嘗讓與俄國，故爲中國所拒絕。但在日人脅逼之下，最後，清廷還是讓步，允許中日二國人民合辦。

第五懸案，日本要求將安奉鐵路沿線礦務，與南滿路幹支沿線礦務合辦。此案，清廷最後讓步，允與商人合辦。

新法路問題 關於第一懸案的新法路問題，須從頭說起。

日俄戰爭後，清廷開放東三省。一九〇七年四月二十日（光緒三十三年三月初八），仿內地行省，任命徐世昌爲東三省總督，唐紹儀爲奉天巡撫，銳意經營。其政策是開放東三省，歡迎外人投資，使列強有了本身利害關係，不讓日、俄二國獨佔東三省利益。而第一步計畫，則爲興建新法鐵路。新法路是自新民至法庫，擬俟此路完成後，逐步向北延伸，分期完成法洮段（法庫至洮南）及洮齊段（洮

南至齊齊哈爾）。這條鐵路的興建，初爲美國人出的主意。

先是，美國鐵路大王哈利滿（E.H. Harriman）於一九〇五年訪日，順便遊歷朝鮮及東北。哈氏曾買過大量日本公債，日人對他熱烈歡迎。他在留日期間，曾與日本首相桂太郎商妥，由哈氏購買長春至旅順的南滿鐵路，當即簽了一份桂哈草約。迨日俄和議告成，日本悔約，片面取消，美人大憤⑥。美國外交官司戴德（Willard Straight）服務中韓多年，深悉遠東情勢。他與哈利滿商談全球交通計畫，促哈氏向中國取得讓與權，於南滿鐵路之外，另在遼西興建一條鐵路，就是上述的新法路及其預定延伸線。

一九〇六年夏，司戴德調任瀋陽總領事，欲遏阻日本獨佔東三省利益，乃聯合東三省的各國領事，組成東三省外交團，以對抗日本勢力。不久，中國也發表徐永昌、唐紹儀，主持東北行政。

唐紹儀爲美國耶魯大學畢業生，司戴德有此人事上的便利，一俟徐、唐二人到任，即向彼等提出建築新法路的計畫，並預定將來擴展至齊齊哈爾及璦琿。此計畫既與清廷的東北政策相吻合，徐、唐二人當然歡迎。於是，將唐、戴協定，作成備忘錄，其要點是，借用美國資本二千萬美元，設立東三省銀行，進行築路，發展實業，並改革幣制。

當這份備忘錄寄到美國時，正值美國金融危機，哈利滿有心無力，因此擱置。美國不成，唐紹儀便轉向英國接洽。

一九〇七年九月初，唐紹儀將計畫縮小，先築鐵路。他與英國保齡公司及承築京奉鐵路的中英公司商妥，將新法路作爲京奉鐵路的延長段，由中英公司貸款，保齡公司承建。

日本阻撓，被迫緩議　日本聞中國借外債，建新法鐵路，自一九〇七年八月起，迭向清廷抗議，其所據理由，就是上節所說的「會議節錄」第十一號所載「不築平行線」的紀錄。中國據理力爭，英國輿論更指責日本違背日俄和約第四條——日俄兩國不得阻礙中國發展東三省的任何手段。英國牛莊商務會議也向英國外相提出報告，指出兩路之間的遼河，爲天然貿易界限，新法路不應視爲南滿鐵路的平行線。

然英國與日同盟，英國政府不便過分干涉。日本更以強硬態度，加於中國，甚至威脅說：「萬一貴國政府置成約於不顧，有侵害及南滿鐵路利益之舉動，日本政府必當應機隨時執行自認爲適當之手段。」

新法路就這樣延擱下去，未能興建。最後，在東三省六懸案合併交涉時，清廷終於正式答應，「此路之建築，暫行緩議」。

所謂間島問題　第六懸案間島問題是最頭痛的一件事，其經過如下：

所謂間島，本是圖們江中光霽谷前面的一段灘地，有二千餘畝，中國人稱爲「假江」或「江通灘」。後來日本欲利用間島問題，製造糾紛，硬指間島地區包含延吉、和龍、汪清、琿春四縣。這個地區，爲清朝發祥之地，因鄰近朝鮮，常有鮮民移住。

先是，一七一二年（康熙五十一年），清烏喇總管穆克登奉旨查邊，與朝鮮軍官李義復、趙台相等，登長白山頂，議定以鴨綠、圖們（當時稱土門）二江爲國界，並立有界碑爲記。境界已定，朝鮮政府禁止其人民渡江，清廷也視之爲禁地，中韓邊界相安了一百五十年。

一八六九年（同治八年），朝鮮咸鏡北道六鎮大饑，鮮民不顧禁令渡江謀生，租用上述假江灘地，耕種爲生。一八八一年（光緒七年），吉林將軍銘安奏令查邊，行文朝鮮政府，勒令鮮民歸回本國。鮮人不願離去，經銘安與邊務督辦吳大澂奏准，將這批鮮民編明戶籍，分屬琿春、敦化兩縣管轄。並設置通商局（後改越墾局），局旁漸成街市，稱爲局子街。是年，鮮民在圖們江私掘一溝，使江水流過，前述的假江灘地遂介於二水之間，鮮民因稱之爲間島。

一八八三年（光緒九年），朝鮮經略使魚允中招徠流民，鮮人不願回國，乃將一七一二年所立的國界碑，移往松花江上游支流松子溝附近的臙脂峯上，謂是處另有土門江，國界不在圖們江上。於是，遂發生中韓國界問題，韓人謂間島屬於韓境。

日本既控制朝鮮，遂利用間島問題，製造糾紛，作爲侵略藉口。同時也利用此一問題，挑撥中韓民族感情，以利於日人的對韓統治。一九〇七年（光緒三十三年），日本派遣中佐齋藤季治郎，帶領日韓兵三百餘名，進駐龍井村，設「統監府派出所」（統監是伊藤博文，見上節），聲言保護韓民。中國一再派員交涉，日本始終拒絕撤兵。

同年九月，東三省總督徐世昌奏准派遣陳昭常爲吉林邊務督辦，統率軍警四千多名，至局子街設邊務公署。日本憲兵向我邊務公署不斷挑釁，時常無端滋事，殺傷我方軍警。同時，日本又經由外交途徑，要求中韓邊境開埠，日本對韓民保有領事裁判權，並在各埠設置日本警察。

最後，日使將間島問題併入六大懸案，向清廷作一次總交涉。一至五案，如前所述，中國皆已讓步，惟第六案間島問題，中國堅持我國主權，不肯讓步。然日方威迫利誘，不擇手段，最後，清廷還是讓步了。一九〇九年九月四日（宣統元年七月二十日），中日訂立「圖們江中韓界務條款」七條，雖沒有明文允許日本領館設警，實際上，日方的要求，大都達到了目的。

圖們江中韓界務條款

第一款　中日兩國政府彼此聲明，以圖們江爲中韓兩國國界。其江源地方，自定界碑起，至石乙水爲界。

第二款　中國政府自協約簽定後，從速開放左開各處，准各國人民居住貿易。日本國政府可於各該埠設立領事館或分館。開埠日期另定之。

龍井村、局子街（延吉）、頭道溝、百草溝（汪清）。

第三款　中國政府仍准韓民在圖們江北墾地居住，其四界地址，另附圖說。

第四款　圖們江北地方雜居區域內墾地居住之韓民，服從中國法律，歸中國地方官管轄裁判。中國官吏當將該韓民與中國民一律相待，所有應納稅項及一切行政上處分，亦與中國民同。至於關係該韓民之民事刑事一切訴訟案件，應由中國官吏按照中國法律秉公審判。日本國領事官，或由領事官委派之官吏，可任便到堂聽審。惟人命重案，則須先行知照日本領事官到堂聽審。如日本領事官能指出不按法律判斷之處，可請中國另派員複審，以昭信讞。

第五款　所有圖們江北雜居區域內韓民之地產房屋等，由中國政府與華民產業一律切實保護。並在沿江擇地設船，彼此人民任便往來。惟無護照公文，不得持械過境。雜居區域內所產米穀，准韓民販運；如遇歉收，仍得禁止。柴草援照引辦。

第六款　中國政府將來將吉長鐵路接展，造至延吉南邊界，在韓國會寧地方與韓國鐵路連絡，其一切辦法與吉長鐵路一律辦理。至應何時開辦，由中國政府酌量情形，再與日本政府商定。

第七款　本協約簽定後，本約各款即當實行。其日本統監府派出所及文武官員，亦應從速撤退，限於二月內退淸。日本國政府在第二款所開商埠，亦於兩月內設立領事館。

第八節　鐵路中立化與四國銀團借款

唐紹儀向美借款　新法鐵路雖因日本反對而中止，中國吸引外資開發東北的政策依然不變。而美國外交家司戴德也不改初衷，繼續進行他的計畫。

一九〇八年（光緒三十四年），唐紹儀奉命去美國，爲退回庚子賠款事向美國政府致謝，同時企圖締結中美德三國同盟，並向美國接洽借款。此時，司戴德正好代理美國國務院遠東司司長，在美國預爲唐紹儀鋪路。十一月，唐紹儀到達檀香山，即接到司戴德電報，謂借款已經接洽成功。

不幸，正在此時，德宗及慈禧太后先後駕崩。翌年一月，袁世凱去職，政策主持人更易。又因美日換文，承認維持遠東現狀，美國政府不願積極援華。因此，唐紹儀的借款交涉，遂功虧一簣。

然美國鐵路大王哈利滿與司戴德二人，仍不肯就此放手。一九〇九年（宣統元年）五月，美國摩根公司（J. P. Morgan & Co.）、坤洛公司（Kuhn, Loeb & Co. 哈利滿的銀行）、第一國家銀行、花旗銀行等組成一個銀行團，準備投資東北，聘司戴德爲聯合代表，前往中國接洽。同時，中國向英、法、德三國洽商的「湖廣鐵路借款」成功，美國政府有意參加，乃授意銀行團擴大，仍以司戴德爲代表，進行交涉。

美國加入湖廣鐵路借款事，歐洲三國不表歡迎，一時相持不決。司戴德到中國後，又與中國接洽投資東北，當即獲得協議，與建錦瑷鐵路⑦。司戴德求功心切，到瀋陽後，即與東三省總督錫良及奉天巡撫程德全簽訂了合同。這個合同簽得很草率，中國度支、郵傳二部皆不同意，外務部亦因受着日本的壓力，也不表贊同。迨錫良奏至朝廷，遂被三部否決，合約取消。

鐵路中立計畫及第二次日俄密約　繼錦瑷鐵路之後，美國國務卿諾克斯（Philander C. Knox）又提出東三省鐵路中立化計畫，分別通知各國。日、俄二國反對，不在話下。法國答覆說：「如無日俄二國贊同，法國不能加入。」英國很滑頭，只說：「在湖廣鐵路借款交涉完成之前，似不必急於考慮此事。」只有中國表示贊成，德國表示原則上同意。

美國所提的東三省鐵路中立計畫，不但沒有成功，反而促使日俄勾結更加緊密。一九一〇年（宣統二年）七月四日，「第二次日俄協約」簽字。正式公佈的協約只有三條，最重要的是另有「密約」六條。其中尤其重要的是密約第五條「……特殊利益如感受威脅時，兩締約國同意採取防衛此種利益之辦法。」換言之，必要時，二國將結爲攻守同盟⑧。

四國銀行團借款　然美國仍堅持門戶開放政策，司戴德也不灰心，繼續爲他的理想奮鬪。一九一〇年十月二十七日（宣統二年九月二十五），中國向美國銀團借款五千萬美元，用於改革幣制，由度支部與美國銀團代表人司戴德之代表孟諾柯爾（Monocal），在北京簽了一個草約。同時，英美德法四國銀團對湖廣鐵路的借款，亦已獲得協議，該四國銀團且願更進一步，對中國繼續貸款，用於改革幣制及開發東北。

四國銀團提出聘用財政顧問爲條件，淸廷不肯接受，借款事一度擱淺。日本乘機遊說郵傳部尙書盛宣懷，轉向日本借款。一九一一年三月二十四日（宣統三年二月二十四），中國向日本借到一千萬元，爲鐵路公債。

日本借款成立後，四國銀團的借款交涉也跟着順利解決。同年四月十五日（三月十七）合同簽字，其要點如下：

一、四國銀團貸款一千萬鎊，利息五釐，債票價格九五，期限四十五年。

二、借款目的，一爲改革及統一中國幣制，一爲興辦及擴張東三省工業。

三、以東三省煙草與燒酒稅每年一百萬兩，產銷稅每年一百五十萬兩，及各省新加鹽稅每年二百五十萬元爲擔保。

四、自第十一年起，按年償還本金。

五、本借款所興辦之事業，如因款項不足而續借外債時，四國銀團有優先權。

這次借款，使四國與東三省發生密切關係，因進行秘密，日本未能在簽字之前阻撓。又因涉及四國，事後亦未敢作何報復。只由日俄二國分別向美國國務院提出一個照會，對四國銀團借款合同第十六條的規定，即以後借款的優先權一項，表示異議，請求刪除或修正。

可是，淸廷這次借款，爲時已晚。未幾，辛亥革命，推翻滿淸，四國銀團借款事，遂無疾而終。

①本章主要參考書籍：蕭一山「清代通史」、柯劭忞等「清史稿」、稻葉君山「清朝全史」（但燾等譯）、錢基博「清鑑」、黎東方「細說清朝」、黃大受「中國近代史」、李定一「中國近代史」、汪大鑄「中國近代史」、郭廷以「近代中國史」、傅啓學「中國外交史」、陳博文「中日外交史」、唐慶增「中美外交史」、左舜生「中國近百年史資料」初編及續編、李劍農「中國近百年政治史」、吳相湘「帝俄侵略中國史」、王芸生「六十年來中國與日本」、李季「二千年來中日關係發展史」、余又蓀「日本史」、甘友蘭「日本通史」、坂本太郎「新訂日本史概說」、川上多助「日本歷史概說」、信夫清三郎「日本近代外交史」、松下芳男「近代日本軍事史」、勝尾信彥「北清事變」（大日本戰史第六冊）、遠山樹茂「日露戰爭」（大日本戰史第七冊）、四手井綱正「戰爭史概觀」、李則芬譯「歷代戰爭」中冊 (Lynn Montross: War Through the Ages)、The New Cambridge Modern History Vol. XII, ch IV 等。

②錢基博的「清鑑」說：「管理總理衙門端王載漪以爲釁端已開，若不明白宣戰，且將示弱各國，遂於殺德公使之次日，矯命下詔，與各國宣戰。」「矯詔」之說異於其他史料，併記於此，以供參考。

③關於軍艦噸位等數字，各書所說不一，此處依據松下芳男的「近代日本軍事史」。

④十七條「會議節錄」全文，可參看黃大受的「中國近代史」下冊二六〇—二六二頁。

⑤所劃界線，各書地名略有出入，茲參照各書，對照地圖考正。

⑥據信夫清三郎的「日本近代外交史」說，桂太郎初因日本缺乏經營滿州的資金，故同意出讓南滿鐵路。後來，日本外相小村壽太郎在美談判日俄和約後，又獲得摩根財團的借款，日本遂突然悔約。

⑦先修錦洮段，自錦州繞經小庫倫（在今熱河邊境）至洮南，然後再展修至齊齊哈爾—瑷琿。

⑧日俄協約及密約，傅啓學的「中國外交史」載有全文，可以參看。其他史書的摘要，頗有出入，例如吳相湘的「俄帝侵華史」日俄第二次密約要點(四)，「禁止他國在滿洲特殊利益範圍內之一切政治活動」，而傅書密約第四條則爲「兩締約國各自擔任，禁止在其他締約國滿洲特殊利益範圍內之一切政治活動。」前說是兩締約國一致對外，後說是兩締約國自行約束不侵犯對方，意義相差很大。作者沒有看見原始資料，不敢斷定孰是，料想全譯文或比摘要者可靠些。

第二十章 歐戰與二十一條①

第一節 日本承認中華民國的條件

日本欲製造中國混亂 第十八章已經說過，有一部分日本志士，贊同中國革命，甚至爲中國革命而奮鬭犧牲；然日本政府則持相反的態度。的確，中華民國成立之初，日本政府眞是極盡挑撥離間的能事。

當武昌起義的時候，日本一面派顧問到漢口，協助革命軍辦理外交，並起草憲法；一面警告袁世凱，不得承認共和政府。同時又對南北政府，分別允以借款及出售軍火，希望造成混亂，乘機取利。南北議和之際，日本要求淸廷，以東三省爲報酬，以換取日本的支持，但被英國所阻止。日本又向革命黨表示，願協助黨人建立共和國，而歸日本保護，革命黨斷然拒絕。

中華民國臨時政府成立後，卽於民國元年（一九一二）一月五日，發表對外宣言，承認淸廷所訂各條約，並申明保護外僑。宣言發表後，美國首先倡議，承議民國政府。日本則照會各國，對承認中國共和政府問題，應採取一致行動，並謂「立卽承認，不徒不智，而且有害。」於是，各國皆取觀望態度，連美國也沒有立卽承認。

日本與英、俄二國，各自包藏禍心，皆欲以承認爲條件，換取所望的特權。日本不但要盡佔南滿洲權益，還想取得內蒙；俄國亦欲擴張其北滿洲及外蒙的利益；英國則欲取得西藏的特權。

第三次日俄密約　然在中國革命期間，各國已經決定不干涉中國內政。日本不能單獨行動，便開始外交活動，首先與英、俄二國相勾結。一九一二年（民國元年）七月，日本前總理桂太郎訪俄，是月八日，「第三次日俄密約」成立，劃分兩國在內蒙古的勢力範圍。密約全文如下：

為確定並完全一九〇七年七月三十日及一九一〇年七月四日之兩次密約，並防止關於滿洲特殊利益之可能誤解起見，俄日兩國政府決定展長一九〇七年七月三十日密約之分界線，並劃定內蒙之特殊利益範圍。茲協定下列條款：

第一條　從洮兒河與東經一百二十二度相交之點起，界限應沿 Oulovnl Chourh 及 Maushal 河，至 Moshisha 與 Haldaitai 河之分水界，從此沿黑龍江與內蒙古之邊界，直至內外蒙之邊疆。

第二條　內蒙古分為兩部——分為經度一百十六度二十七分以東之部及以西之部。俄羅斯帝國政府擔任承認及尊重日本在上述經度以東內蒙古之特殊利益，日本帝國政府擔任承認同樣義務，尊重上述經度以西之俄國利益。②

第三條　兩締約國對於本約均須嚴守秘密。

日俄第三次密約簽訂以後，俄國外交大臣查諾夫（Sazonov）復前往訪問倫敦，獲得英俄二國對於西藏、外蒙的諒解③。於是，三國各自進行勒索。中俄的外蒙交涉，中英的西藏交涉，此處從略，現在單說日本的外交敲詐。

袁世凱接受日本條件　民國二年（一九一三）四月八日，中國國會開幕。五月二日，美國首先承認中華民國政府，巴西、秘魯亦相繼承認；只因英、日、俄三國不肯承認，諸國仍多觀望。當此外交談判期間，日本除參加五國銀行團④，允許袁世凱「善後借款」二千五百萬鎊外，又於同年五月，與中國訂立「減輕滿鮮國境關稅章程」，約減輕稅率三分之一。日本獲此最惠關稅，此後遂獨佔南滿貿易。

中國國會中，國民黨議員佔多數，對於袁世凱秘密舉借外債，加以否決，並彈劾袁氏違法。袁世凱把所借之款，移作軍費及收買國會議員之用。待軍事部署已定，即將江西、安徽、廣東三位國民黨籍的都督免職。

七月十二日，李烈鈞等領導二次革命起兵，袁氏恐怕日本援助國民黨及阻撓各國承認，乃於九月間，特派孫寶琦、李盛鐸二人赴日疏通。日本乘機要求建築滿蒙五鐵路，作爲承認條件。袁世凱但求鞏固自己的地位，完全接受。

滿蒙五鐵路借款　民國二年十月五日，日本駐華公使山座圓次郎與中國外交部秘密換文，稱爲「鐵路借款修築預約辦法大綱」，原文如下：

一、中華民國政府承諾借用日本國資本家之款，敷設下列各鐵路：

(甲)由四平街起，經鄭家屯至洮南之線。

(乙)由開原起，至海龍城之線。

(丙)由長春之吉長鐵路車站起，越南滿鐵路，至洮南府之線。

以上各鐵路與南滿鐵路及京奉鐵路聯絡，其辦法另定之。

二、前開借款細目，須以浦信鐵路借款合同本爲標準。本大綱議定後，中國政府從速與日本資本家協定之。

三、中國政府將來若敷設洮南府至承德城間，及由海龍府至吉林省城間之兩鐵路時，如須借用外國資本，儘先向日本資本家商議。

一旦這五路築成，則南滿及內蒙東部，皆在日本勢力支配之下了。於是，換文的翌日（十月六日），日本遂正式承認中華民國。（此時二次革命已經失敗。）

第二節　日本對德宣戰，侵犯我國中立

日本致德最後通牒　一九一四年（民國三年）八月，歐洲大戰爆發，列強無暇顧及遠東，美國的單獨力量，不足以維持門戶開放政策。日本在亞洲唯我獨尊，遂乘此大好機會，積極侵略中國。其第一步驟，是藉對德宣戰爲名，首先侵略山東。

八月三、四兩日，日本於英國參戰前夕（八月四日，英國對德宣戰）迭向英國表示，日本以同盟關係，願助英國，倘英國加入戰爭，希望英國要求日本參加。英國以遠東商業關係，不願將戰爭擴大到遠東，且知日本別有居心，尤不願日本乘機圖利，獨佔亞洲利益，乃婉詞謝絕。僅由駐日英使提出一個小小要求，請日本艦隊於可能時 (if possible) 搜索並擊滅德國的武裝商船隊。

日本被英國拒絕，窘甚。一再向英要求，英國勉強應允，但以海上行動爲限。幾經交涉，最後，日本允許其軍事範圍，限於南中國海、北太平洋、及膠州灣三個地區，英國始於八月十四日同意。

八月十五日，日本卽向德國提出最後通牒，要求德國立卽撤退其遠東海上軍艦，並將膠州灣無條件交給日本，以備將來交還中國。這個最後通牒，限八月二十三日答覆。

侵犯中國中立　中國自歐戰發生後，卽於八月六日宣告中立。因恐他國侵犯中立，復於同日請求美國政府出面，要求參戰各國，不在中國領土、領海及租借地作戰；又請求日本政府與美國合作，保障中國中立。美國覆稱，願與各國合作，設法使中國各地租界維持中立。然美國此時正極力避免捲入戰爭漩渦，不肯作更進一步的表示。

日本則野心勃勃，不但不允諾中國的請求，且命其駐華代理公使小幡，詰責中國政府，不應先向美國作此請求。然日本此時尚未對德宣戰，還不願揭穿其假面具。八月十五日，日本向德國提出最後通牒，同時卽以通牒副本送交中國駐日公使陸宗輿，並向陸使聲明：「日本並無佔領土地野心，中國既守中立，自無參戰之理。若中國發生內亂，不能平定時，日本與英國爲保持東亞和平，亦願相助平亂，但並無從中圖利之意，深望中國政府信賴不疑。」

德國在遠東方面，兵力薄弱，無法抵抗日本，接獲日本通牒後，於八月十九日，命其北京使館參贊，向中國外交部洽商，願將膠州直接交還中國。日英二國對於德國此舉，皆表示反對，並向中國警告，不得接受德國建議。

袁世凱深懼日本，不敢接受膠州，乃秘密向美國使館表示，希望由美國出面，德國先將膠州灣交與美國，再由美國轉交中國。美國唯恐捲入戰爭漩渦，自然不願負此責任，自找麻煩。

然英國政府也深慮日本成爲無韁之馬，佔盡亞洲利益，欲藉美國之力，對日本稍加抑制，故先於八月十八日，即約同日本政府，向美國政府共同聲明：「英日兩國政府認爲兩國有採取行動之必要，以保衛英日同盟條約的遠東利益。但兩國均注意該約中所規定的中國獨立與領土完整。」

八月二十三日正午，日本對德通牒限期屆滿，德國置不答覆，日本即於是日對德宣戰。

中國劃定交戰地區　日本對德宣戰後，中國要求與日本共同出兵膠州，日本不但斷然拒絕，且要求中國政府，將山東省黃河以南地帶，劃爲「交戰區域」，並撤退原駐膠濟路沿線及濰縣一帶的中國軍隊。

此時，袁世凱正在倒行逆施，解散國會，召開「御用政治會議」，廢止民國元年的「臨時約法」，公佈「新約法」，廢內閣制而行總統制，又修改總統選舉法，改任期爲十年，得無限制連任……總而言之，正在一步一步的走上帝制運動之途。因此，袁世凱深懼日本援助國民黨，不敢拒絕日本要求，只得與日使磋商，請求縮小交戰地區的範圍。

九月三日，中國政府照會各國駐華公使，略謂：「中國與德、日、英三國同居友邦，不幸在中國境內有此意外之舉動，實屬特別情形，與一九〇四年日俄在遼東境內交戰事實相仿，惟有參照先例，不得不聲明在龍口、萊州，及接近膠州灣附近各地方爲交戰之區，本政府不負完全中立之責任。此外各處，悉照業經公佈之中立條規施行。」

日、德二國對於中國此一聲明，皆曾表示同意，日本且同意濰縣不在交戰區之內。

日本違約，強佔膠濟路全線　德軍在青島只有陸軍二千二百人，加上臨時召集的留華在鄉軍人，也不過四千三百人，德國軍艦則早已全部撤走。日本所謂「青島之役」，事實上只是趁火打劫，算不得戰爭。西方各史家寫的第一次世界大戰史，根本沒有人提到青島戰役（倒是「劍橋近代史」略有道及）。像這麼一種狀況，日本軍隊要求遠在龍口登陸，已經是豈有此理，明明是略地中國，不是進攻青島。更可惡的是，日軍一經登陸，便自毀諾言，分兵進佔濰縣，甚至遠及濟南車站。

且說日軍以第十八師團爲基幹，編成一個加強師，有兵二萬人。以一部協同英軍千人，自勞山灣登陸，主力登陸龍口。日軍登陸後，對地方人民，大肆騷擾。其主力自龍口經平度、雙坵，繞往即墨集中；一部四百人，於九月二十六日，進佔濰縣車站。其後繼續西進，十月三日強迫中國軍隊退出膠濟鐵路附近，十月五日佔據青州（今益縣）車站，六日進佔濟南車站。

日軍侵略山東

日軍
龍口
煙台
萊州
黃河
濟南
青州
濰
英日聯軍勞山灣登陸
青島
膠州灣

日軍破壞中立，違反諾言，侵入中立國領土，中國政府三次提出抗議。十月八日，日本駐華公使答覆，仍強詞奪理，據說日軍佔據膠濟鐵路，係軍事預定計畫，並未侵犯中國之中立。

拒絕撤兵　日軍強佔膠濟路後，鐵路職員逐漸更換日人，又強佔鐵路附近的礦產，其一切舉措，顯然以中國爲戰敗國。甚至在平度張貼佈告，對中國人民宣示新律五條；又要求我國撤退膠濟路的護路巡警。

十一月七日，英日聯軍攻下青島。

民國四年（一九一五年）一月七日，中國政府以戰事已告結束，正式照會英日二國駐華公使，聲明取消一九一四年九月三日宣佈的特別中立區域，並促請日本撤兵。

一月九日，日本公使日置益答覆我外交部，對於中國取消特別中立區域的聲明，不予承認。

第三節　提出二十一條

二十一條　實際上，日本豈但不肯撤兵而已，其外交部早已另有陰謀，進行更進一步的侵略。

一月十八日，日本公使日置益晉見袁世凱，面交日本條款一份，共分五號，二十一款，即所謂「二十一條」的文件。日本看透了袁氏的稱帝野心及顧慮國民黨的反對，復由日使口頭說明七點，暗示答應二十一條，日本就助袁稱帝，否則即將援助國民黨倒袁。日置公使又要求袁氏嚴守秘密，迅速答覆，極盡威迫利誘的能事。

二十日，日使復以備有中文譯本的同樣條款，遞交中國外交部，作爲正式交涉的根據。那份中譯文的二十一條原文如下：

第一號

日本國政府及中國政府互願維持東亞全局之和平，並期將現存兩國友好善鄰之關係益加鞏固，茲議定條款如左：

第一款　中國政府允諾，日後日本政府擬向德國政府協定之所有德國關於山東省，依據條約或其他關係，對中國政府享有一切權利利益讓與等項處分，概行承認。

第二款　中國政府允諾，凡山東省內並其沿海一帶土地及各島嶼，無論何項名目，概不讓與或租與他國。

第三款　中國政府允諾，日本國建造由煙臺或龍口接連膠濟路線之鐵路。

第四款　中國政府允諾，為外國人居住貿易起見，從速自開山東省內各主要城市作為商埠，其應開地方，另行商定。

第二號

日本國政府及中國政府因中國向認日本國在南滿洲及東部內蒙古享有優越地位，茲議定條款如左：

第一款　兩締約國互相約定，將旅順大連租借期限，並南滿洲及安奉兩鐵路期限，均展至九十九年為期。

第二款　日本國臣民在南滿洲及東部內蒙古，為蓋造商工業應用之房廠，或為耕作，可得其須要土地之租借權或所有權。

第三款　日本國臣民得在南滿洲及東部內蒙古任便居住往來，並經營商工業等各項生意。

第四款　中國政府允將南滿洲及東部內蒙古各礦開採權，許與日本國臣民，至於擬開各礦，另行商訂。

第五款　中國政府應允關於左列各項，先經日本國同意，而後辦理：一、在南滿洲及東部內蒙古允准他國人建造鐵路，或爲建造鐵路向他國借用款項之時。二、將南滿洲及東部內蒙古各項稅課作抵，向他國借款之時。

第六款　中國政府允諾，如中國政府在南滿洲及東部內蒙古聘用政治、財政、軍事各顧問教習，必先向日本國政府商議。

第七款　中國政府允將吉長鐵路管理經營事宜委任日本國政府，其年限自本約畫押之日起，以九十九年爲期。

第三號

日本國政府及中國政府顧於日本國資本家與漢冶萍公司現有密切關係，且願增進兩國共通利益，茲議定條款如左：

第一款　兩締約國互相約定，俟將來相當機會，將漢冶萍公司作爲兩國合辦事業；並允，如未經日本國政府之同意，所有屬於該公司一切權利及產業，中國政府不得自行處分，亦不得使該公司任意處分。

第二款　中國政府允准，所有屬於漢冶萍公司各礦之附近礦山，如未經該公司同意，一概不准該公司以外之人開採。並允，此外凡欲措辦無論直接間接對該公司恐有影響之舉，必須先經該公司同意。

第四號

日本國政府及中國政府爲切實保全中國領土之目的，茲訂立專條如左：

中國政府允准，所有中國沿岸港灣及島嶼，概不讓與或租與他國。

第五號

（一）在中國中央政府，須聘用有力之日本人，充爲政治、財政、軍事等各顧問。

（二）所有在中國內地所設日本病院、寺院、學校等，概允其土地所有權。

（三）向來日中兩國屢起警察案件，以致釀成轇轕之事不少；因此須將必要地方之警察，作爲中日合辦；或在此等地方之警察官署，須聘用多數日本人，以資籌畫改良中國警察機關。

（四）由日本採辦一定數量之軍械（譬如在中國政府所需軍械之半數以上），或在中國設立中日合辦之軍械廠，聘用日本技師，並採買日本材料。

（五）允將接連武昌與九江南昌路線之鐵路，及南昌杭州，南昌潮州各路線鐵路之建造權，許與日本國。

（六）在福建省內籌辦鐵路、礦山，及整頓海口（船廠在內），如需外國資本之時，先向日本國協議。

（七）允認日本國人在中國有布教之權。

第四節　最後通牒

在國內外一片反對聲中進行談判　日本提出二十一條之初，曾威嚇袁世凱嚴守秘密，不得洩漏。

然此項消息終被外國記者探悉發表，於是，國際輿論皆斥責日本，我國國內更是輿論沸騰。

國民黨人士鑒於國家處境危險，爲使袁氏專心禦侮，由黃興等領導通電，宣言停止革命活動，一致對外。同時，十九省將軍皆通電反對日本的無理要求，副總統黎元洪與陸軍總長段祺瑞亦向袁氏據理力爭，勸其不可接受日本要求。中國留日學生也紛紛罷課歸國，表示對日絕交。

袁世凱在全國民意督促之下，不敢答應日本全部要求。一月二十七日，因外交總長孫寶琦稱病，調任審計院長，改以陸徵祥爲外交總長⑤。欲藉外長人事更迭的理由，拖延數日，同時進行幕後活動。

雙方正式談判，自二月二日開始至四月二十六，日使提出第二次修正案時爲止，歷時八十四日，正式會議二十五次，會外談判亦不下二十餘次。

在談判開始之初，中國外交總長陸徵祥即向日置公使口頭表示，「中國未嘗過於拒絕，日本亦無不可達到之目的。」又說，「以誠意相商，彼此意見互相接洽，即易於辦理。本總長對於貴公使，尙可與以誠意之證據。」陸徵祥的態度很明顯，一開始就向日本表示，只稍求減低條件，中國即可接受。

幾經會議之後，中國提出一個修正案。日本爲貫徹其要求，常藉會議停開與增兵南滿等姿態，作爲威脅。

日本的修正案　四月二十六日，日本代表提出一個修正案，據稱那是最後讓步，中國非承認不可⑥。茲將其修正案原文節錄如下（引用傅啓學「中國外交史」之節錄文）：

第一號

第一款（與原條文同）

第二款（改爲換文）——中國政府聲明，凡在山東省內並其沿海一帶之地及各島嶼，無論何項名目，概不讓與或租與別國。

第三款（與原條文同）

第四款（與原條文同）

第二號

第一款（與原條文同）

第二款（附屬換文）——旅順大連租借期，至西曆一九九七年爲滿期。南滿鐵路交還期，至西曆二〇〇二年爲滿期。……安奉鐵路限至西曆二〇〇七年爲滿期。

第二款（與原條文同）

第三款　第一項　日本臣民得在南滿洲任便居住往來，並經營商工業等各項生意。

第二項　前二條所載之日本國臣民，除須將照例所領護照向地方官註册外，應服從日本國領事官承認之警察法令及課稅。至民事訴訟，其日本人被告者，歸日本領事官；其中國人被告者，歸中國官吏各自審判，彼此均派員到堂旁聽。但關於土地之日本人與中國人民事訴訟，按照中國法律及地方習慣，由兩國派員共同審判。俟將來該地方司法制度完全改良之時，所有關於日本國臣民之民刑一切訴訟，完全由中國法庭審理。

第四款（改爲換文）——中國政府允諾，日本國臣民在南滿洲左開各礦，除業已探勘或開採各

礦區外，速行調查選定，即准其探勘或開採。在礦業條例確定以前，仍照現行辦法辦理。（地名略）

第五款　第一項　（改爲換文）——中國政府聲明，嗣後在東三省南部需造鐵路，由中國自行籌款建造；如需外款，中國政府允諾，向日本資本家商借。

第二項　（改爲換交）——中國政府聲明，嗣後將東三省南部之各種課稅（惟除業已由中央政府借款作押之關稅及鹽稅等類）作抵，向外國借款之時，須先向日本資本家商借。

第六款　（改爲換文）——中國政府聲明，嗣後如在東三省南部聘用政治、財政、軍事、警察之外國顧問、教官，儘先聘用日本人。

第七款　中國政府允諾，以向來中國與各外國資本家所訂之鐵路借款合同規定事項爲標準，速行從根本上改訂吉長鐵路借款合同。將來中國政府關於鐵路條款，付與外國資本家以較現在鐵路借款合同事項爲有利之條件時，依日本之希望，再行改訂前項合同。……

關於東部內蒙古事項：

（一）中國政府允諾，嗣後在東部內蒙古之各種稅課作抵，向外國借款之時，須先向日本政府商議。

（二）中國政府允諾，嗣後在東部內蒙古需造鐵路，由中國自行籌款建造；如需外款，須先向日本國政府商議。

（三）中國政府允諾，爲外國人居住貿易起見，從速自開東部內蒙古合宜地方爲商埠，其應開地點及章程，由中國自擬，與日本公使妥商決定。

（四）如有日本國人及中國人願在東部內蒙古合辦農業及附隨工業時，中國政府應行允准。

第三號

日本國與漢冶萍公司之關係極爲密切。如將來該公司關係人與日本資本家商定合辦，中國政府應即允准。又中國政府允諾，如未經日本資本家同意，將來該公司不歸爲國有，又不充公，又不准該公司借用日本國以外之外國資本。

第四號

中國政府自行宣佈，所有中國沿岸港灣及島嶼，概不讓與或租與他國。

第五號

（換文一）對於由武昌聯絡九江南昌路線之鐵路，又南昌至杭州及南昌至潮州之鐵路之借款權，如經明悉其他外國並無異議，應將此權許與日本國。

（換文二）對於由武昌聯絡九江南昌之鐵路，又南昌至杭州及南昌至潮州各鐵路之借款權，由日本國與向有關係此項借款權之其他外國直接商妥之前，中國政府應允不將此權許與任何外國。

（換文三）中國政府允諾，凡在福建省沿岸地方，無論何國，概不允建設造船廠、軍用儲煤所、海軍根據地，又不准其他一切軍務上設施。並允，中國政府不以外資自行建設或施設上開各事。

陸外交總長言明如左：

（一）嗣後中國政府認為必要時，應聘請多數日本人顧問。

（二）嗣後日本國臣民願在中國內地為設立學校、病院，租賃或購買地畝，中國政府應即允准。

（三）中國政府日後在適當機會，遣派陸軍武官至日本，與日本軍事當局協商採買軍械，或設立合辦軍械廠之事。

日置益公使言明如左：

關於佈教權問題，日後應再行協議。

中國的對案　中國政府接到日方的最後修正案後，於五月一日提出最後對案，大要如下：

（一）對第一號四款全部承認，但在第一款下面另加一段：「日本政府聲明，中國政府承認前項利益時，日本應將膠澳（即膠州灣）交還中國，並承認日後日德兩政府上項協商之時，中國政府有權加入會議。」又在四款之外另加一款：「此次日本用兵膠澳所生各項損失之賠償，日本政府概允擔任。膠澳內之關稅、電報、郵政等各事，在膠澳交還中國以前，應照向來辦法辦理。其因用兵添設之軍用鐵路、電線等，即行撤廢。膠澳以外留餘日本軍隊，先行撤回；膠澳交還中國時，所有租界內留兵，一律撤回。」

(二)對第二號十二款全部承認，但對第二、第三兩款文字稍有修正：

第二款原文「可得租賃或購買其須用土地」一句，修改爲「可向業主商租須用之地畝。」

第三款第二項原文「應服從由日本領事官承認之警察法令及課稅」一句，修改爲「應服從中國違警律及違警章程，完納一切賦稅，與中國人一律。」又原文「關於土地之日本人與中國人民事訴訟，按照中國法律及地方習慣，由兩國派員共同審判」一句，修改爲「日本人與日本人之訴訟，及日本人與中國人之訴訟，關於土地或租契之爭執者，均歸中國官審判，日本領事官亦得派員旁聽。」

(三)對第三號完全承認。

(四)對第四號完全承認。

(五)對第五號，承認中國不在福建省沿岸地方，允許外國建造船廠、軍用儲煤所、海軍根據地及其他一切軍務上設施。(對第五號其他各條未提及。)

最後通牒 中國所提的最後對案，與日本要求已很接近，所爭的只是枝節問題，然日本仍不滿意，堅持原修正案，不許再有修改。

五月四日，日本天皇召開御前會議，元老山縣有朋、大山巖、松方正義，參謀總長谷川，海軍軍令部長島村，及內閣全體閣員皆參加。依此次御前會議的決定，日本遂於五月七日下午三時，向中國政府提出最後通牒，限五月九日下午六時以前答覆。茲將最後通牒原文節錄如下：

今回帝國政府與中國政府以開始交涉之故，一則欲謀因日德戰爭所發生時局之善後辦法，一則欲解決有害中日兩國親友原因之各種問題，冀鞏固中日兩國友好關係之基礎，以確保東亞永遠之和平起見，於本年一月向中國政府交出提案，開誠佈公，與中國政府會議，至於今日，實有二十五回之多。其間，帝國政府始終以妥協之精神，解說日本提案之要旨；即中國政府之主張，亦不論鉅細，傾聽無遺。其欲力圖解決此提案於圓滿和平之間，自信實無餘蘊。……此次中國政府之答覆，於全體爲空漠無意義。……帝國政府因鑒於中國政府如此之態度，雖深惜已無再繼續協商之餘地，然終眷眷於維持極東和平之帝國，務冀圓滿了結此交涉，以避時局之糾紛。於無可忍之中，更酌量鄰邦政府之情意，將帝國政府前次提出之修正案中之第五號各項，除關於福建省互換公文一事，業經兩國政府協定外，其他五項，可承認與此交涉脫離，日後另行協商。因此，中國政府亦應諒帝國政府之誼，將其他各項，即第一號、第二號、第三號、第四號之各項，及第五號中關於福建省公文互換之件，照四月二十六日提出之修正案所記載者，不加以何等之更改，速行應諾。帝國政府茲再重行勸告，對於此勸告，期望中國政府至五月九日午後六時爲止，爲滿足之答覆。如到期不受到滿足之答覆，則帝國政府將執行認爲必要之手段，合併聲明。

袁世凱接受日本要求　中國政府接到日本最後通牒後，即於翌日召開緊急會議，袁世凱親自主席。會議結果，以「我國國力未充，日前尚難以兵戎相見」，決定忍辱承認。

五月九日，中國政府答覆日本最後通牒，完全接受日本於四月二十六日所提的最後修正案，分爲（1）用總統命令聲明，（2）兩國訂立協約，（3）彼此換文等三種方式，完全依照日方所規定者一一履行。

第五節　日本得不償失

袁世凱賣國　二十一條確爲袁世凱稱帝私慾所促成的，茲引用當時名人的話及現代史家的紀錄三則，以見袁氏稱帝之謀，確與二十一條有密切關係，而所謂談判交涉，只是故作姿態而已。

梁啓超（國體戰爭躬歷談）：

帝制問題之發生，其表面起於古德諾之論文及籌安會，實則醞釀已久，而主動者實由袁氏父子及其私人數輩，於全國軍人官吏無與，於全國國民更無與也。先是，去年（民四）正月，袁克定（袁世凱長子）忽招余宴，至則楊度先在焉。談次，歷詆共和之缺點，隱露變更國體，求我贊同之意。余爲陳內部及外交之危險，語既格格不入，余知禍將作，乃移家天津，旋即南下。

國父孫中山先生（爲袁世凱承認日本二十一條覆北京學生書）：

……歐洲戰爭，不遑東顧，乃乘間僭帝而求助於日本，此次交涉，乃由彼請之。日人提出條件，彼知相當之報酬爲不可卻，則思全以秘密從事。迨外報發表，輿論沸騰，所親如段（祺瑞）馮（國璋），亦出而反對，乃不得不遷延作態，俟日人增加強硬之態度，然後承認，示人以國力無可如何。

李劍農（中國近百年政治史第十一章）：

袁世凱爬到「爐火之上」去，大部分的原因，恐怕是袁克定催眠而成的。在民國二、三年之交，北京便流行一種傳說：「共和不適於國情，證諸元二年俶擾之象，可以概見；非改絃更張，不足以救亡。」……

歐戰爆發後，西方各列強不暇東顧，日本成了東方獨霸的虎狼國，把山東膠濟一帶要地佔領了。到四年一月十八日，便提出有名的二十一條要求。此時革命黨人，莫不看到中國所處地位的危險，恐怕袁政府受內外交攻的困難，不能專心禦侮，因是都通電宣言停止革命活動，主張一致對外。不料袁家的人物，反以此爲帝制運動的好時機，日本提出二十一條時，卻是袁公子宴客張羅帝制時。他們以爲西方列強既無暇干涉中國事情，獨有日本一國，與以少許的權利作交換品，便可了事。（據游晦原的「中國再造史」，袁氏曾欲以承認二十一條，爲日本贊助中國帝制之條件，特外交秘密，不易證明耳。作者曾記日本某報載有當時日首相大隈重信之談話，大旨謂：日本爲君主國體，中國若實行帝制，則與日本同一之國體，日本當然樂爲贊助。且袁世凱氏事實上已總攬中國之統治權，改行帝制尤與事實相合云云。此報一時未能檢出，但記其大意如此。大隈氏此種談話，實所以誘袁入彀者，性質上絕無國際上之責任。袁氏以爲大隈氏已有贊助帝制之表示，大事當無不可成功之理。）此所謂「白晝攫金於市，祇看見金，看不見市上的人。」到五月九日承認日本的要求後，一般國民認爲奇恥大辱，而袁家的臣僕，反頌揚「元首外交成功」；袁家的報紙，反發布「雙方交讓，東亞幸福」的傳單；袁家的封疆大吏，反祝電紛馳；並有請舉行提燈行列，開會慶賀的。（原來日本提出最後通牒時，所列要求條件，共爲五項，前四項是必須承認的，第五項是故示嚴重，留作讓步餘地的。袁氏承認日本要求時，對於第五項未與承認，日本亦未再加強迫。袁家人物便以爲這是日本讓步了，故頌揚「元首外交成功」。）他們爲什麼這般無恥，就是因爲候補皇帝的聲威，在中日交涉的當中，未免毀損了一點，想借「外交成功」四字，修補裝飾一下。

袁氏稱帝改元　往後的事實尤爲明顯，二十一條產生的條約與換文，是在民國四年五月二十三日完成手續。接着就由總統府顧問美國憲法學者古德諾（F. Y. Goodnow）撰寫「民主不適於中國」一文，八月初發表於袁氏機關報「亞細亞報」。同月十九日，所謂「六君子」的楊度、孫毓筠、嚴復、劉師培、李燮和、胡瑛受袁氏賄使，宣佈成立「籌安會」，主張君主立憲，並徵求得各省將軍、巡按使等多數贊成。於是，更進一步，發動請願團體，要求國體變更，公佈「國民代表大會組織法」。至十月二十八日，便開始「國體投票」，十一月二十日投票完畢，一九九三位代表，一致投君主立憲票。接着，再經過一番「推戴書」形式，及「謙辭」的做作，袁氏終於過了皇帝癮。

民國五年元旦，袁世凱粉墨登場，改元洪憲。

然自二十一條交涉以來，中國民意激昂，先則反日排貨，繼又反對袁氏稱帝，如火如荼。日本知袁氏必將失敗，且欲緩和中國人民的反日情緒，在袁氏籌備帝制期間，首先向中國外交部提出警告，並聯合英、俄、法、意諸國公使，向外交部質問。袁世凱初與日本約定，即位後即以補賀日皇加冕爲名，遣使至日送禮，不料事機不密，使者未行而消息先已外洩，英、俄等國大爲不滿。到一月初袁世凱命周自齊赴日時，日本便臨時變卦，宣佈擋駕。

護國軍討袁　革命黨人於民國四年十二月二十五日，起義於雲南，組織護國軍，聲討袁氏。五年春，各省相繼獨立。袁氏知大勢已去，於三月二十二日取消帝制。袁氏命段祺瑞爲國務院總理猶欲留任總統，護國軍堅持必須退位。袁氏羞憤交集，於六月六日病死。

在袁世凱稱帝期間，東北方面還有一個揷曲，那是日人製造的「鄭家屯事件」。初，日人利用袁世凱稱帝及全國擾攘的機會，暗中資助淸室宗社黨首領肅親王善耆，招集東北馬賊舉事。同時，又招引蒙古巨盜南下，欲製造藉口。五年七月，二部匪軍被奉軍第二十八師擊退，日軍竟出面阻撓奉軍。八月，鄭家屯日警，復襲擊是處奉軍之一團，佔領鄭家屯。幸虧張作霖應付得宜，事件沒有擴大。後經外交部長伍廷芳據理力爭，至六年一月，日本始行撤兵。

英美二國的態度　以上是二十一條對於中國內政的影響，至於國際上的影響，則因歐戰方殷，西方列強自顧不暇，無力干涉遠東事務，除輿論斥責日本外，別無積極表示。只有尙未參戰的美國，曾於一九一五年（民四）五月十一日，即中國接受日本最後通牒後二日，發表宣言如下：

此次中日兩國磋商條件，早已開始，迄今尙未解決。磋商兩國，必有決議之件，以事甚秘密，美國不得而知。然有不得不向中日兩國政府宣言者，即中日兩國政府無論有何同意或企圖，如有妨害美國國家及人民在中國條約上之利益，或損害中國政治上、領土上之完整，或損害關於門戶開放機會均等之國際政策者，美國政府一律不能承認。

然美國此一宣言晚了一步，袁世凱已於二日前正式接受了日本的最後通牒，自然不會因美國的宣言，而使中日二國再作改變。

不但如此，迨美國參戰後，日本更乘機派遣石井子爵赴美，騙得美國國務卿藍辛，於十一月二日，發表美日共同宣言，即所謂藍辛—石井協定（Lansing-Ishii Agreements），竟稱「美國政府承認日本在中國接壤地方，有特殊之利益。」

可是，美國受了日本二十一條的刺激，遂於一九一五年通過海軍大擴軍案，造艦八十萬噸。日本雖急起直追，終因國力遠遜於美國，力不從心。不但如此，由於美國不承認二十一條，故在日後華盛頓會議上，得以主持正義，仗義執言，終使日本退讓。

次一國際影響，是後來英日同盟的終止。先是，歐戰初期，日本艦隊違約佔領西南太平洋上的雅浦羣島（Yap Is．在關島南），不肯移交澳洲，已使英國大爲不滿。日本向中國提出五號二十一條時，又只將一至四號十四條通知英國，及英國得悉全部內容，始知日本欺騙同盟國家。尤其是，第五號第五款的要求，日本想取得武昌至南昌，南昌至杭州，及南昌至潮州的三條鐵路建造權，更侵及一向視爲「英國勢力範圍」的長江流域以南地區，這是英國不能忍受的。原來英日同盟的建立，目的在於防俄，現在威脅英國遠東利益的，已不是俄國，而是日本，英日同盟變成了養虎貽患，所以歐戰結束之後，英日同盟便不再繼續了。日本靠着英日同盟的掩護，擊敗俄國，稱霸亞洲，無往而不利；自失去這個掩護之後，外交陷於孤立，其損失之大，是難以估計的。

日本得不償失　日本向中國提出二十一條，激起中國人民一致反日，抵制日貨；國際輿論亦紛紛譴責日本；於是，日本國內輿論，也對政府表示不滿。據日人事後檢討，二十一條的交涉，日本實在是得不償失。重光葵在他所著的「日本之動亂」第一章說：

日本經此次交涉。信譽一落千丈。素以審愼聞名的英國外相格雷，亦向日本駐英大使加藤勸告，不應過分妄行。日本此次交涉之所得，除在東北及山東之若干權益外，是國際對日本的不信任——暴露了日本對華的野心。中國人民的排日運動，已演變到世界的問題了。（譯文引自徐義宗、邵友保二人合譯本，下同。）

第六節　參戰借款與中日軍事協定

段祺瑞參戰目的在於借款擴軍　袁世凱死後，依照約法，以副總統黎元洪繼任總統，各省取消獨立，國會議員回到北京，恢復參衆二院，選擧馮國璋爲副總統。袁世凱所任命的國務總理段祺瑞，仍繼續留任。未幾，黎段交惡，大鬧「府院之爭」（總統府與國務院之爭），而國會也分成許多派系。

民國六年（一九一七），德國的無限制潛艇戰，激怒美國，美國對德宣戰，並請求各中立國與美國一致行動。中國探詢日本意見，知日本亦不反對⑧，遂決心參戰。

先是，本年（民六）二月間，德國潛艇在地中海擊沉法國輪船一艘，船上有不少中國人，一齊遇難，中國輿論大爲憤慨。因此，國務院於三月間提出對德絕交案，遂獲得參衆兩院順利通過。循此途徑發展，參戰本是不成問題的；然段祺瑞的本意，名爲參戰，實際則欲以武力統一中國。他借參戰之名，向日本借款購買軍械，擴充北洋派軍隊，以壓制反對黨。借款交涉的事一經暴露，各方始悉段氏的參戰陰謀，遂羣起反對。

於是，總統黎元洪表示不贊成參戰，國會也醞釀倒閣。段祺瑞指派軍隊，化裝爲「請願團」，將衆議院包圍，聲言必俟宣戰案通過，始肯解散。衆議員大憤，立即宣佈停會。

五月二十三日，黎元洪循國會之請，將段祺瑞免職。段則促使各省督軍，組織督軍團，通電請求黎總統退位。黎以皖督張勳非段氏黨羽，命其帶兵入京。不料張勳更不是東西，他一入京，即先強迫解散國會，旋又與康有爲等聯合，擁護清廢帝復辟，改民國六年七月一日爲宣統九年五月十三日。

黎元洪命各省出師討逆，並請馮國璋代行總統職權。七月十四日，段祺瑞率兵入京，張勳等逃走。

段祺瑞再度組閣　段祺瑞已入京，即再度組閣，召集臨時參議院，重訂國會組織法及選舉法，再行選舉（其實是指派），成立新國會，段派的安福系爲多數派。

同時，舊國會議員則集會廣東，組織護法政府，選舉國父爲大元帥，南北對立。

段祺瑞再做國務總理後，即繼續其參戰主張。民國六年（一九一七）八月十四日，發佈對德奧宣戰命令。同時即向日本借款⑨，以擴充北洋系兵力（名爲參戰軍），並用以收買議員，籌組新國會。

日本寺內內閣亦欲利用借款，擴大中國內亂，以便從中取利，故一拍即合。然一九一三年（民國二年），五國銀行團立有規約，一國不能單獨對中國進行政治借款，日本政府受此約束，不能由正金銀行貸款，改用秘密方式進行，由日人西原龜三經手洽辦，故名西原借款。自參戰開始，以至民國七年九月間，借款名目繁多，有善後借款，參戰借款，軍械借款，電信借款，吉黑金礦森林借款，吉黑鐵道借款，滿蒙四鐵道借款，山東高徐、順濟鐵道預備借款……等，有些項目是不止借款一次的。總數有說二萬萬元的，有說三萬萬元的，因爲借款是在秘密進行，名稱次數又那麼多，恐怕誰也沒有弄清楚。

西原借款，損失主權　西原借款的主權損失，可分爲如下三類：

第一類是資產的抵押或讓與，包括下述四項：

1. 吉長鐵路、吉會鐵路及滿蒙四路的抵押。

2. 無線電臺及有線電信事業管理權的讓與。

3. 吉林、黑龍江二省金鑛及森林的讓與。

4. 山東濟順、高徐二鐵路的抵押。

第二類是山東問題換文的損失。爲了洽借濟順、高徐二鐵路借款，中國駐日公使章宗祥與日本外相後藤新平，於民國七年（一九一八）九月二十四日，交換關於山東問題的照會，內容如下：

一、膠濟鐵路沿線之日本國軍隊，除濟南留一部隊外，全部均調集於青島。

二、膠濟鐵路之警備，可由中國政府組成巡警隊任之。

三、右列巡警隊之經費，由膠濟鐵路提供相當之金額充之。

四、右列巡警隊總部及樞要譯站並巡警養成所內，應聘用日本國人。

五、膠濟鐵路從業員中，應用中國人。

六、膠濟鐵路所屬確立以後，歸中日兩國合辦經營。

七、現在施行之民政撤廢之。

章宗祥欣然同意　時歐戰已近尾聲（是年十一月十一日休戰），日本鑒於中國既已對日宣戰，成爲協約國的一員，爲使中國在未來和會上，失去控告日本的口實，故有此次換文。可笑的是，章宗祥對後藤的覆照，竟說：「中國政府對於日本政府右列之提議，欣然同意。」日後在巴黎和會上，中國代表交涉山東問題時，才知道中國的法理依據，已被章宗祥「欣然同意」所斷送。（見下）

第三類的損失，是「中日軍事協定」與參戰借款帶來的，此事的經過如下：

一九一七年（民國六年）十一月，俄國革命，退出戰爭，與德國單獨媾和。其後，俄國境內紅白二軍內戰，協約國出兵干涉，除英美聯軍等進攻歐俄北部外，同時又出兵西伯利亞。

出兵西伯利亞　聯軍出兵西伯利亞的最初動機，是因爲有捷克官兵五萬名，前被帝俄軍隊所俘，俄國革命時被釋放，輾轉到了西伯利亞，又受着紅軍的攻擊。協約國打算出兵接應，讓那些捷克軍隊，取道太平洋，運到歐洲西戰場，參加對德作戰。後來西戰場局勢急轉直下，已無須使用捷克兵，原來的目的不復存在，剩下來的意圖則是各有懷抱。

日本是想乘機佔領西伯利亞東部及北滿，以擴張其大陸政策；英美等國則爲阻止日本野心而出兵，不讓日本獨佔東北亞洲。日本所派的軍隊，有第十二師團，第三師團，及原駐南滿的第七師團等，總兵力七萬五千人，以大谷喜久藏大將爲派遣軍司令官兼聯軍總司令。美國所派的軍隊，爲原駐菲律賓的兩個步兵團，兵力約九千，以格雷威士少將（Major General W. S. Graves）爲指揮官。英國所派的是香港駐軍八百人。法國所派的是越南駐軍二千二百人。除陸軍外，各國皆有海軍參加，自然也以日本艦隊爲主。（各國軍隊不久即撤退，日軍獨以護僑爲名，留駐西伯利亞四年多。）

中日軍事協定　日本爲了東三省進軍的便利，且欲乘機控制中國軍隊，乃約同中國一齊出兵。中國既爲協約國的一員，義不容辭；又因段祺瑞亟欲借債擴軍，加強北洋派實力，遂訂立「中日軍事協定」。這個協定是秘密的，直至民國八年南北議和時，始應南方代表唐紹儀的要求，在和會上公開。

中日軍事協定分爲如下四種：

1.中日陸軍共同防敵軍事協定。

2.中日陸軍共同防敵軍事協定實施之詳細協定。

3.中日海軍共同防敵軍事協定。

4.中日海軍共同防敵軍事協定說明書。

3.與1.大致相同，4.沒有什麼重要內容，這裏只將1.2.原文照錄如下：

中日陸軍共同防敵軍事協定

一、中日兩國陸軍，以敵軍勢力日蔓延於俄國境內，其結果將危及於極東全局之和平，爲適應此情勢，且實行兩國參戰之義務，應取共同防敵之行動。

二、關於共同軍事行動，彼此兩國所處之地位與利害，互相尊重其平等。

三、兩國當局本此協定，於開始行動時，各自對於本國軍隊之軍事行動區域內，發布相互誠意親善、同心協力之命令或訓告，以達共同防敵之目的。

凡在軍事行動區域內，中國地方官吏對於該區域內之日本軍隊，須盡力協助，使不生軍事上之窒礙。日本軍隊須尊重中國主權及地方習慣，使人民不感不便。

四、爲共同防敵，在中國境內之日本軍隊，俟戰爭終了時，即自中國境內一律撤退。

五、若有派遣軍隊赴中國國境以外之必要時，兩國協同派遣之。

六、作戰區域及作戰上之任務，爲適應共同防敵之目的，兩國軍事當局各自量本國軍隊之兵力，另行協定之。

七、中日兩國軍事當局在協同作戰期間，爲圖協同動作之便利起見，應行左記事項：

1. 關於直接作戰各軍事機關，彼此互相派遣職員，充往來連絡之任。

2. 爲圖軍事行動及運輸補充敏捷起見，陸海運輸通行諸事宜，須彼此共謀利便。

3. 關於作戰上必要之建設，如軍用鐵路、電信、電話等項，應如何設置，由兩國總司令官臨時協定之。俟戰爭終了，一概撤廢。

4. 關於共同防敵所需之兵器、軍需品及原料，兩國應互相供給，其數量以不害各自本國所要之範圍爲限。

5. 關於作戰區域內軍事衛生事項，應相互補助，使無遺憾。

6. 關於直接作戰上之軍事技術人員，如有互相輔助之必要時，經一方之請求，他方卽派遣服務。

7. 軍事行動區域內，設置諜報機關，並相互交換軍事所要之地圖及情報。

8. 協定共同之軍事暗號。

八、爲軍事輸送使用北滿鐵路時，關於該鐵路之指揮保護管理等，應尊重原來之條約。其輸送方法，臨時協定之。

九、本協定實行之詳細事項，由兩國軍事當局指定之各當事者協定之。

十、本協定及附屬之詳細事項，兩國皆不公佈，取軍事秘密。

十一、本協定由兩國陸軍代表記名調印，經各本國政府之承認，乃生效力。其作戰行動，俟適當時機，經兩國最高統帥部商定開始。

十二、本協定以漢文及日文各繕二份，彼此對照，簽名蓋印，各保有一份為證據。

中華民國七年（日本大正七年）五月十六日，中國委員長靳雲鵬，日本委員長齋藤李次郎訂於北京。

中日陸軍共同防敵軍事協定實施之詳細協定

本於中日陸軍軍事協定第九條，由兩國軍事當局指定之各當事者，協定關於第六條、第七條各事項如左：

一、中日兩國各派一部軍，對於後貝加爾湖及阿木爾取軍事行動，其任務在救援捷克斯拉夫軍，並排除德奧及援助德奧者。

期指揮統一及協同圓滿起見，行動於該方面之中國軍隊，應入於日本司令官指揮之下。為與自滿洲里進後貝加爾之軍隊相策應，中國軍隊之一部，應由庫倫進至貝加爾湖方面。如中國軍隊於該方面希望日本軍派遣兵力一部，日本軍亦可派往，入於中國司令官指揮之下。此外，中部蒙古以西之邊防，由中國自行鞏固防衛。

二、兵器及軍需品之供給，屬於緊急不得已者，可由前方司令官相互協定之。然其他之物品及原料之供給，則應由東京及北京之最高補給機關交涉行之。

三、關於衛生業務，中國如有希望，日本可於力所能及之範圍內，提供便利。將來情況進展，則關於病院及休養所之設置，日本軍亦須受中國之助力。

四、由南滿鐵路輸送之中國軍隊及軍需品，由中國自行運至大連、營口或奉天；此後至長春之運輸，由日本擔任之。

日本軍一部由庫倫進貝加爾湖方面時，該軍隊及軍需品，由日本運至大沽口、秦皇島或奉天；此後之運輸，由中國擔任之。

由北滿鐵路之運輸，使該鐵路當局任之。爲謀中日兩軍及捷克軍之輸送，調度有方起見，中日應設協同機關，便與該局交涉。但將來聯合各國之軍隊行動於此方面時，亦可參加人員於該機關內。

五、關於連絡職員之派遣，除交涉已定或正在交涉者外，前方司令部或將來更有必須互遣職員情事，應由東京與北京最高補給機關辦理。

六、兵器及其他軍需品原料之供給，及兩國軍隊各應擔任之輸送等費用，均須給價，應隨時或軍事終了後，核算給清。

七、本協定以漢文及日文各繕二份，彼此對照，簽名蓋印，各保一份爲證據。

民國七年九月六日中國當事者徐樹錚，日本當事者齋藤季次郎訂於北京。

參戰借款　中日軍事協定簽字之後，段祺瑞政府遂於是年（民七）九月二十八日，借得「參戰借款」二千萬日圓，成立三個師及四個混成旅，名爲「參戰軍」。依照參戰借款的附帶條件，「參戰軍」必須由日本軍官訓練。

上述四約及參戰附帶條件，表面上似乎是平等相待，實際上則是日本獨佔利益，中國受害不淺。因爲，(1)日本從南滿出兵攻略北滿，可以實現其完全控制我東三省的宿夢。雖有「戰爭終了即行撤兵」的條文，然日本之不守信用，中國早已領教多了，日軍一旦控制了東北數省，誰能保證其履行撤兵義務？(2)中國新軍已由日本人訓練，作戰又受日本司令官指揮，無異由中國自己出錢，替日本成立第五縱隊。(3)行軍作戰之地皆在我國領土之內，所謂發佈親善命令，令地方官吏及人民協助軍隊，及供給軍用地圖等，都是中國的片面義務。(4)中國向日本購買軍械，及供給原料，完全符合日本軍需工業的需要。(5)日本協助段祺瑞訓練新軍，將加強其壓制革命黨的力量，從而延長中國的內亂。

輿論斥責段祺瑞賣國 因此，段祺瑞借款及中日軍事協定一經傳出，全國輿論譁然，一致斥其賣國。

民國七年五月，留日學生首先發難，罷課回國，組織救國團，企圖阻止「中日共同防敵條約」及「參戰借款」。五月二十一日，北京各大專學校學生全體集合，至總統府請願，要求廢止中日共同出兵協定。全國各人民團體，亦紛紛通電反對。然段祺瑞一心只想擴充私人軍隊，以實現其武力統一中國的迷夢，不顧舉國反對，終於一一簽約。

是年（民七）十月，總統任期屆滿，安福系爲緩和馮國璋派議員的反對，避重就輕，不選段祺瑞，而選出北洋派元老徐世昌爲總統。段祺瑞辭去國務總理，專任「參戰督辦」，然內閣閣員仍爲段氏舊人，段氏操縱政府如故。因此，歐戰結束（同年十一月十一日休戰）之後，北洋政府依然支領借款，聘用日本軍官，編練新軍。

此時，徐世昌倡議和平，南北開始議和，雙方代表在上海開會。南方代表要求取消「西原借款」及「中日軍事協定」，北方政府置之不理，和議遂告停頓。

延長軍事協定　不但如此，民國八年二月五日，段祺瑞復以參戰督辦處名義，命徐樹錚與日本陸軍代表乙東彥，再訂延長軍事協定的協約，原文如下：

經中日兩國最高統率部協議，本中日陸軍共同防敵軍事協定第九條，關於第十一條第二項（？）戰爭狀態終了之時期，照如左之協定：

對於德奧戰爭狀態終了之時期云者，係以歐洲戰爭之平和會締結之平和條約，經中日兩國批准，中日兩國及協約各國之軍隊，均由中國境撤退時而言。（轉引自李劍農的中國近百年政治史十二章）

同時，北京政府又將「參戰軍」改名「國防軍」，利用國防名義，繼續擴充。這個延長軍事協定的協約，原是日本人所設的陷穽，欲迫使中國在巴黎和會上，不得不簽字（巴黎和會此時已經開會半個多月），因爲中國如不簽字，則戰爭狀態永不結束，東三省日軍永不撤退。

這個中日軍事協定，直至民國十年（一九二一）一月二十八日，才由中日兩國政府交換照會撤消。

第七節　巴黎和會

中國代表陣容　一九一九年（民國八年）一月十八日，巴黎和會正式開幕。中國派遣陸徵祥、顧維鈞、施肇基、魏宸組、王正廷五人爲出席代表，以陸徵祥爲首席代表。此時，中國正在進行南北議和，而自從段祺瑞辭去國務總理後，北京政府鑒於輿論不滿親日政策，外交態度亦已稍有轉變。因此，這次出席巴黎和會的代表人選，除陸徵祥外，其餘四人皆爲外交界的後起之秀，王正廷且爲南方政府推選的。這四人都是駐歐美各國的使節，他們逕從任所前往巴黎，未受段祺瑞派的影響，且深具西方的外交常識，故能遵從輿論，努力爲國家利益而奮鬭。

中國對於巴黎和會，頗存奢望。因爲一九一八年(民國七年)一月十八日，美國威爾遜總統(President Wilson)演說，發表「十四點」原則（Fourteen Points），除第二點「保障海洋自由」被保留外，其餘十三點皆經協約各國簽字贊同。其中的第一點「不使用秘密外交」，及第五點「各國殖民地要求，應予公平調整」⑩，對於中國這次參加和會，具有很大的鼓勵。

中國提案　因此，中國代表不但提出山東問題，更乘機提出取消外國在華一切特權的要求。稍後，又接受我國歐洲留學生的請願，再加上取消二十一條的提案。我國提案中，首先說明：

中國政府提出說帖於和平會議，非不知此類問題，並不因此次戰爭而發生。然和平會議之目的，固不僅與敵國訂立和約而已，亦將建設新世界，而以公道、平等、尊敬主權爲基礎。徵以萬國聯合會（國際聯盟）約法，而益見其然。此次所提各問題，若不亟行修正，必致種他日爭持之因，而擾亂世界之和局，故中國政府深望和平會議熟思而解決之。

中國提案可分爲三類：

第一類，爲修改各國在華特權者，包括廢除勢力範圍，歸還租借地與租界，取消領事裁判權，關稅自主，停付庚子賠款，撤退外國軍警，裁撤外國郵電機關。

第二類，爲廢止二十一條。

第三類，爲歸還德國在山東的一切權利。

中國說帖提出後，大會主席以所提第一、第二兩類，不在和會權限之內，拒絕接受，實際只賸下第三類的提案，卽德國在山東的特權之交還問題。

山東德國特權交還中國案　關於此案，中國提出了充分理由，大要如下：

1. 由德國直接交還中國，手續較簡，且可免橫生糾葛。

2. 日本以武力佔據膠澳租借地、鐵路、及其他山東權利，乃在戰爭未終止以前，爲一種暫時的佔領，不得卽有佔據土地財產之證據。且自中國對德宣戰之日起，中國已爲交戰國，日本以武力佔據膠澳，實爲侵犯中國之主權。

3. 中國於一九一五年五月二十五日，與日本締結關於山東問題之條約，係日本以二十一條加諸中國以後所發生之事，中國之簽字，實由日本最後通牒所迫成。

4. 中國對德宣戰書中，曾聲明自宣戰之後，所有中德一切條約、合同、契約，一概取消，則所謂一八九八年三月之中德條約，德國所以取得膠澳租借地、鐵路、及其他權利者，亦當然包括在內。是德國所有租借之權，已爲中國所有，則德國對於山東，已無轉授與他國之權。

5.顧維鈞代表更聲明，山東是中國不可分的一部分，而且是中國文化搖籃，孔孟之鄉，中國人視之爲聖地，站在民族的利益與道義上，決不能出讓。

可是日本代表根據法律立場，亦自振振有詞。他們的理由是：一九一五年中日兩國所訂之條約，及一九一八年訂立之合同與換文，皆有法理上之根據，且不是暫時辦法。縱謂一九一五年的條約，可因中國對德宣戰而廢止，但在一九一八年，中國駐日公使章宗祥與日本訂立濟順、高徐二鐵路借款之合同時，關於山東問題之換文，中國且有「欣然同意」一語。

英法意三國與日本早有密約　巴黎和會雖有三十二國代表參加，實際控制大會的，是由英美法日意五強閣揆（美國總統）外長（美國國務卿）組成的「十人會議」，而「十人會議」又由非正式的「四人會議」（美總統及英法意閣揆，日本首相未出席和會）。四人中，又以美國總統威爾遜，英國首相勞合喬治（D. Lloyd George）及法國總理克里蒙梭（G.E.B. Clemencean）三人，左右一切。

不幸，英、法、意三國，與日本早有密約。先是，一九一七年初，德國恢復無限制潛艇戰，協約國大受痛苦。英國以驅逐艦不夠，要求日本海軍派遣驅逐艦至地中海，協助防潛作戰，日本則乘機提出要求，要英國承認德國在太平洋赤道以北的三羣島——馬利阿納羣島、加羅林羣島、馬紹爾羣島(Marianas, Carolines and Mashalls)——及德國在山東的一切權利，讓與日本。英國作此秘密承諾後，法國和意大利也跟着向日本作了同樣的承諾。

威爾遜有心無力　威爾遜是同情中國要求的，可是，關於中國問題，他在五強中是一對四，不能有多大作爲。不但如此，他所處的複雜環境，也很使他爲難。第一，在條約義務上，美日間有一個藍辛—石井協定（見前），承認日本在中國某些地方，有特殊利益。第二，一九一八年十月，美國選舉之前，威爾遜曾向選民呼籲，選出民主黨佔多數的國會，以證明「美國人民的忠貞」。他的措詞引起選民很大反感，結果適得其反，共和黨成爲參衆兩院的多數黨，威爾遜的聲望大受打擊。第三，威爾遜的最大希望，是組織國際聯盟，爲了換取聯盟組織及盟約的通過，在其他提案方面，他不得不對英法意日諸國，有所讓步。第四，意大利首相與英美法三巨頭之間，鬧得很不愉快，終於憤而回國。日本所提的種族平等案（Racial equality），最近方被否決，日本代表揚言，日本的山東權利如不獲通過，即將退出和會。威爾遜惟恐和會破裂，對於日本的山東權利要求，不得不遷就事實。

對德和約有關山東問題的條文　在這種狀況之下，我國山東問題提案的成敗，不問可知。五月四日，協約國以和約交與德國代表，關於山東權利問題者有三條，原文如下：

第一五六條　德國允將一八九八年三月六日，中德條約所規定膠澳租借地，暨鐵路、礦山及水底電線等項，與其他中德迭次所訂關於山東之各案，先後所規定德國享受之種種權利及所有權或特權，完全讓與日本，尤以一八九八年中德膠澳條約所規定者爲最要。至德國對於膠濟鐵路及其支路所有一切權利，連同附屬各該地之種種財產，如車站、機關、工場及車輛，並礦山、礦場與興辦各礦之一切材料，及附屬於各該項財產之權利及特權，現已爲日本所取得者，仍歸日本繼續享有。至德國之國有膠滬、膠煙等水底電線，及所有附於各該線之權利、特權及財產，亦一律歸日本所得，勿庸付費，並無附帶條件。

第一五七條　所有膠澳租借地內，德國之國有動產暨不動產，以及關於該租借地，德國或因自行興辦各業，與因直接或間接會支出經費所應得之權利，現已爲日本取得者，仍歸日本繼續享有，無庸付費，並無附帶條件。

第一五八條　自本約施行之日起，限三個月期內，德國須將關於膠澳之民事、軍政、財政、司法及其他行政之檔案、簿冊、暨各種詳圖及公文，均移交日本。至上開之一切文件，無論現在何處，務須如期交出。至於關於以上兩款所開德國之權利，及所有權或特權之各條約或合同，及所訂各辦法，所有其中要點，德國亦須於該期間內，詳細通知日本。

五四運動　巴黎和會提案失敗，我代表團向北京政府請示。北京政府受着日本公使的威脅利誘，惟恐日本借款（西原借款）停止，不顧各方反對，覆電代表團，指示兩項辦法，先行力爭保留，不得已時則可以簽字。

消息傳出，民情憤激，皆指斥曹汝霖、章宗祥、陸宗輿等親日派爲賣國賊。同時，各人民團體紛紛致電巴黎，籲請我國代表拒絕簽字。

五月四日，北京各大專學生三千餘人，齊集天安門開會，決議對巴黎和約拒絕簽字，並提出「內除國賊，外抗強權」的口號。會後列隊遊行，焚毀曹汝霖住宅，並毆打章宗祥。北京政府出動軍警彈壓，拘捕學生三十餘人。

學生被捕後，羣情益憤，學生運動如火如荼，各校皆組織講演隊外出宣傳，且查焚日貨，上書徐世昌請罷免曹汝霖、陸宗輿、章宗祥三人。五月二十日，北京學生宣佈總罷課，各地相繼響應。至五月底，全國各大城市的學校，全部罷課。

六月五日，上海、天津二處的工商界，亦舉行大規模罷工、罷市。留日學生與海外華僑亦紛紛響應，抗議電報如雪片飛來，一致堅請拒絕在和約上簽字。

北京政府在人民督責之下，於六月六日釋放被捕學生，罷免曹、陸、章三人職務，且不復堅持和約簽字主張。然對巴黎代表團，亦未發出新指示。

中國代表拒絕簽字　六月二十八日，爲對德和約簽字日。中國代表初請於和約內山東條款中聲明保留，繼請在和約全文之末聲請保留，皆被大會拒絕。最後要求不提保留，只聲明「不因簽字而不許將來提出重議」，也遭受拒絕。

於是，中國代表團遵從輿論，不待北京政府命令，自行斷然決定，拒絕簽字，並發表聲明，「中國政府保留對於德約之最後決定權」。

七月十日，北京政府亦正式下令，宣佈巴黎代表不簽字之經過，籲請國人鎮靜⑪。

第八節　華盛頓會議

美國總統威爾遜回國後，未幾卽因重病靜養，與國會失却連繫。國會在多數黨共和黨操縱之下，沒有批准巴黎和約⑫，也不參加國際聯盟。於是，國際間有許多戰後問題，無法解決。

造艦競爭與英日同盟兩大問題　其中最重大的國際問題，是列強的造艦競爭。英、日二國是財力不繼，美國是因爲國會不再撥款，三國政府都爲此一問題，感到十分苦惱。

次一重大問題，是英日第三次同盟將於一九二一年滿期，是否繼續下去，不但英日本身有其切身利害關係，美國也很關心。此時美日關係惡化，頗多利害衝突，美國自然不希望英國繼續爲虎作倀，再訂第四次英日同盟。英國則因戰後元氣未復，必須依賴美國的經濟援助，不得不遷就美國；且日本的許多背信行爲，也使英國寒心。於是，英美二國的輿論，時常提出限制軍備的要求，及英美聯合，中止英日同盟的呼聲。

一九二一年五月二十六日，美國參議院通過一項議案，請美國總統哈定（Warren Gamaliel Harding，共和黨）召開海軍減縮會議。六月二十九日，衆議院亦通過此案。恰好在這時候（六月下旬），英國正在倫敦召開帝國會議，加拿大及南非聯邦總理主張廢棄英日同盟，而英國首相及澳洲、紐西蘭二位總理，則顧慮英國亞洲屬地的安全及遠東商業利益，只想修改英日同盟，不願完全放棄。結果，採納外相寇松（Lord Curzon）的建議，促請美國召開會議，以討論亞洲及遠東的種種問題。

美國召開華盛頓會議　美國先以非正式的外交接觸，分別探詢英、法、意、日四國的意見。英國先已有此提議，自然贊成，法、意二國也表示同意，日本的態度則頗爲猶豫。日本此時是原內閣執政⑬，爲日本歷史上罕有的純粹政黨內閣。時在歐戰結束之後，對外貿易逆轉，工商不振⑭，而西伯利亞的出兵，耗費九億餘圓，海軍造艦競爭，更是不勝負荷。自財政經濟而言，日本內閣也很希望裁軍。但在另一方面，由於日美利害衝突，交惡已久，日本又很懷疑美國召開會議的動機，旨在迫使廢棄英日同盟，及抑制日本在華利益。最後，日本還是表示願意接受邀請，只附帶表明願望：「與其檢討過去的宿嫌，毋寧注意未來爲是。」

於是，美國遂正式邀請中、英、法、日、意五國，派遣代表至華盛頓開會。稍後又加邀比利時、荷蘭、葡萄牙三國，因爲這三國在遠東亦有利害關係。不過，中、比、荷、葡四國，並不參加裁軍會議，只參加華盛頓會議的遠東太平洋會議。

中國北京政府接受邀請，當即表示願意參加，但聲明中國代表在會中的地位，應與各國代表完全平等，美國亦即表示同意。中國出席代表爲駐美公使施肇基，駐英公使顧維鈞，大理院長王寵惠，及南方護法政府外交部次長伍朝樞四人。伍朝樞辭職不就，實際出席的只有三位全權代表。此外，上海各人民團體亦公推蔣夢麟、余日章二人爲國民代表，赴美進行國民外交，他們的工作做得很好，美國輿論都支持中國立場。

九國公約　一九二一年（民國十年）十一月十二日，華盛頓會議開幕，選舉美國國務卿許士（Charles Evans Hughes 亦譯休士）爲主席。會議最重要的成就，自然是英美日法意五強「海軍限制條約」，及以英美日法「四國協定」代替「英日同盟」，但與本書無關，不必敘述。

關於中國問題，我代表施肇基首先提出原則十條，各國代表皆無異議，遂由美國代表路德（Elihu Root 亦譯羅脫）歸納爲四項原則，作爲「九國公約」的第一條條文。「九國公約」共九條，節錄如下（引用傅啓學「中國外交史」摘錄文）：

第一條　除中國外，締約各國協定：（一）尊重中國之主權及獨立，暨領土與行政之完整。（二）

給予中國完全無礙之機會，以發展並維持一有力鞏固之政府。（三）施用各國之權勢，以期切實設立並維持各國在中國全境之商務實業機會均等之原則。（四）不得因中國狀況，乘機營謀特別權利，而減少友邦人民之權利，並不得獎許有害友邦安全之行動。

第二條　締約各國協定，不得彼此間及單獨或聯合，與任何一國或多國訂立條約或協定或協議或諒解，足以侵犯或妨害第一條所稱之各項原則。

第三條　為適用在中國之門戶開放，或各國商務實業機會均等之原則，更為有效起見，締約各國除中國外，協定不得謀取或贊助其本國人民謀取：（一）任何辦法，為自己利益起見，欲在中國任何指定區域內，獲取有關於商務或經濟發展之一般優越權利。（二）任何專利或優越權，可剝奪他國人民在華從事正當商務實業之權利，或他國人民與中國政府或任何地方官共同從事於任何公共企業之權利；抑或因其範圍之擴張，期限之久長，地域之廣濶，致有破壞機會均等原則之實行者。……中國政府擔任對於外國政府及人民之請求經濟上權利及特權，無論其是否屬於締結本約各國，悉秉本條上列規定之原則辦理。

第四條　締約各國協定：對於各該國彼此人民間之任何協定，意在中國指定區域內設立勢力範圍，或設有互相獨享之機會者，均不予贊助。

第五條　中國政府約定：在中國全國鐵路，不施行或許可何種待遇不公平之原則。……

第六條　締約各國除中國外協定：於發生戰爭時，中國如不加入戰團，應完全尊重中國中立之權利。中國聲明：中國於中立時，願遵守各項中立義務。

第七條　締結各國協定：無論何時，遇有某種情形發生，締約國中之任何一國，認為牽涉本條約規定之適用問題，而該項適用宜付諸討論者，有關係之締約各國，應完全坦白互相通知。

第八條　本條約未簽字之各國，如其政府經締約簽字各國承認，且與中國有條約關係者，應請其加入本約。

第九條　本條約經各締約國依各該國憲法上之手續批准後，從速將批准文件交存華盛頓，並自全部交到華盛頓之日起，發生效力。……

中國六提案　「九國公約」是原則性的，關於中國具體問題的討論，中國代表提出六個提案。各案的性質及討論結果如下：

一、中國關稅自主問題，決議：中國與各國開一特別會議，以規定徵收附加稅問題。入口關稅先增至實值百分之五，附加稅為百分之二·五，此次修改後四年，得再修改一次；嗣後則每七年修改一次。

二、取消領事裁判權問題，決議：由各國政府委派一人，合組一委員會，考察各國在華領事裁判權的現行辦法，及中國司法行政現況，建議各國政府自由取捨其全部或一部。

三、取消在華各國郵政問題，決議：依所規定條件撤銷——最重要的條件是，中國保證不變更現行的郵務行政，及續聘原有郵務總辦（法國人）。

四、在華外國駐軍，護路軍隊，警察，與電信設備問題，由於日本代表極力反對，僅決議：大會承認撤去外兵的原則，仍須由各國派遣代表，與中國代表三人，共同調查後，提出報告。

關於電訊設備問題，通過決議案五條，大要如下：

外國根據條約或事實上存留的電臺，仍可繼續經營。未得中國政府允許而存留的電臺，俟中國交通部確能辦理該項電臺時，得備價收回。

五、租借地問題，中國代表提出後，各國代表聲明如下：

法國：願將廣州灣交還中國。

日本：願將膠州灣交還中國；但聲明目前無意交還旅順、大連。

英國：願將威海衛交還中國；但聲明九龍租借地關係香港安全，應分別辦理。

六、撤銷二十一條及交還山東問題，前者僅由日本代表幣原喜重郎聲明，撤回「容日後再議」的第五號各項要求，本問題遂不獲提出大會討論。關於山東問題，經英美代表斡旋，改由中日二國代表直接開會商討，其經過如下：

中日直接談判　先是，自從中國代表在巴黎和會拒絕簽字於對德和約之後，日本很想與中國直接交涉，以解決全部爭端。然日本欲以一九一五年與一九一八年之條約與換文，及凡爾賽和約爲討論基礎，故被中國拒絕。此次，中國代表在華盛頓會議提出山東問題，日本代表反對在大會中討論。最後，由美國首席代表許士與英國首席代表白爾福伯爵（A. J. earl of Balfour）出面調停，中日二國代表乃在會外開會，直接談判，英美亦派代表列席。

自一九二一年十二月一日起，至一九二二年（民國十一年）一月三十一日止，中日代表連續開會二十六次，經過無數次的激烈辯論，始獲得最後協議。二月四日，中日代表簽定「解決山東懸案條約」及其附約，並由華盛頓會議主席向大會提出報告。

解決山東懸案條約 此條約分十一節二十八條，要點如下：

1. 日本歸還膠州租借地，限六個月移交完畢，並由中國開爲商埠。
2. 膠濟路及青島日軍（含憲兵）撤退。
3. 膠濟路及其支路與附屬產業等，由中國分年付款贖回。
4. 高徐、濟順兩路，由國際銀行團借款興築。
5. 膠濟路沿線礦山交還中國，日人亦得投資，但其股本不得超過華股。
6. 日人在膠州灣沿岸經營之鹽場，由中國政府公平收回。
7. 青島—上海間及青島—煙臺間，前德國海底電線交還中國，惟日本所設青島—佐世保間海底電線不在交回之列。
8. 濟南、青島二處日人所設之無線電臺，由中國備價收回。

會後，中日二國派員協議交接條件，於一九二三年（民國十二年）一月一日接收。鐵路償價爲四千萬日元，以國庫券照價交付，年息六厘。

①本章主要參考書籍：

李守孔「中國現代史」、黃大受「中國現代史綱」、張其昀「中華民國史綱」、蔣君章「中華民國建國史」、鄒魯「中國國民黨史略」、中央黨史史料編纂委員會「國父全集」、梁啓超「飲冰室全集」、張忠紱「中華民國外交史」、傅啓學「中國外交史」、王芸生「六十年來中國與日本」、陳博文「中日外交史」、李執中「日本外交史」、馮克「近百年美國對華外交政策」、胡邁譯「世界通史」、龍倦飛譯「美國全史」、李劍農「中國近百年政治史」、左舜生「中國近百年史資料續編」、吳相湘「中國現代史叢刊」、李毓澍「中日二十一條交涉」、余又蓀「日本史」、甘友蘭「日本通史」、坂本太郎「增訂日本史概說」、川上多助「日本歷史概說」、信夫淸三郎「日本近代外交史」、幣原喜重郎「外交五十年」、重光葵「日本之動亂」（徐義宗、邵友保合譯）、勝尾信彥「靑島戰役」（大日本戰史第七卷）、伊田常三郎「西伯利亞出兵」（同上）、箕作元八「一九一四—一九一八世界大戰史」、李則芬譯「美國軍事沿革史」第三冊、C. R. M. F. Cruttwell: A History of the Great War 1914-1918, Foster R. Dulles: China and America, J.K. Fairbank: The United States and China, The New Cambridge Modern History vol XII, chs XV, XVI 等。

②北平爲東經一一六度二十七分，此線以東的內蒙地區，包括熱河全部及察哈爾東部地區。

③日本未派員赴英遊說，或恃有同盟條約，或因此時適有明治天皇之喪。

④即上章第八節貸款淸廷之英、美、法、德四國銀行團，後來加上日、俄二國，而美國退出，故爲五國銀行團。

⑤王芸生的「六十年來中國與日本」，關於此次的人事調動，所記有誤。李毓澍的「中日二十一條交涉」，根據中央研究院保管的外交檔案，證明王氏所提出的二十一條談判經過之新證據，全屬僞造。

⑥The New Cambridge Modern History 說，日本的讓步，還是由於英國外相的忠告。（十二冊十五章）

⑦國民政府以五月九日爲國恥紀念日，直至抗戰勝利後才取消。

⑧據 The New Cambridge Modern History 說，日本本不願中國參戰，成爲協約國的一員。後因顧慮在美國慫恿之下，中國終必參戰，乃改變態度，主動促成中國參戰。（同上）

⑨美國促請中國參戰，曾允許貸款，然美國國會通過貸款與參戰國家之法案在先，中國宣戰在後，故不能獲此借款。美國建議改由英、美、法、日四國財團貸款中國，又遷延不決。段氏急不及待，遂向日本借款。

⑩這兩點譯文，引自胡邁譯（海思等合著）的「世界通史」。作者遍查各書的十四點中譯文，無論摘要的或全文的，似乎都不能完全表達原意。譯事很難說，無人敢稱師傅，茲從大英百科全書所載十四點全文，另將第一、第五兩點譯出，以供參考（本來想附原文，根據個人經驗，容易排誤，弄巧反拙，故作罷）。

第一點：以公開方式，達成公開和平盟約。此約已立，即不許再有任何種類的秘密國際諒解，只宜時常在輿論監督之下，坦白進行外交。

第五點：嚴格遵守下述原則，自由、坦率、及公正無私地調整所有殖民地要求——這原則是，當決定所有類此的主權問題時，對於當地有關人民的利益，及有待確定名稱的政府之合理要求，須作同等的考慮。

⑪九月間對奧匈條約，中國代表仍簽字。同月，中國政府單獨宣佈對德戰爭終了。民國十年五月二十日，訂立中德平等條約。

⑫美國要到一九二五年八月二十四日，始與德奧單獨媾和。

⑬原內閣首相原敬，為日本歷史上第一個無爵位的首相，日本史上稱為「平民內閣」，執政期間自一九一八年七月至一九二一年十一月。是月十四日，原敬被刺殞命，由高橋是清繼起組閣，故華盛頓會議正式開會時，是在高橋內閣期間。

⑭歐戰期間，自大正四年至七年（一九一五—一九一八），日本對外貿易連年出超。大戰結束後立即衰退，大正八年（一九一九）即轉為入超，大正九年（一九二〇）入超三億八千餘萬圓。自是年起，股票暴跌，公司行號紛紛倒閉，不景氣現象與日俱深。

第二十一章　國民政府初期的對日外交①

第一節　幣原的中日親善政策

幣原三原則　華盛頓會議後，英日同盟已廢，日本外交孤立，朝野多主張中日親善提携，爲日本外交另謀出路。大正十三年（一九二四），憲政黨總裁加藤高明組成「護憲三派」的聯合內閣，前駐美大使幣原喜重郎爲外相，他就是華盛頓會議中主持中日直接談判的日本全權代表②。幣原鑒於大隈內閣提出二十一條，徒然引起中國人民反日抵貨，至爲不智，他就任外相後，即修改對華政策，標榜三原則：（1）尊重中國主權，不干涉中國內政。（2）中國人民之合理要求，以誠意與同情接受之。（3）日本在中國之權益，以合理方法保護之。此即中日外交史上有名的「幣原三原則」，日本人則稱幣原外交政策爲「國際協調主義」，而當時的軍方及急進派，則罵幣原「軟弱外交」。

幣原外交政策的最初行動表現，請看重光葵的「日本之動亂」所述。

> 日本經過華盛頓會議，雖然是被動的，已經將對華政策加以根本更改，甚至由過去的以中國爲對象的發展政策，改成爲中日共同協力的善鄰政策……
>
> 一九二五年（民國十四年），在北京舉行關稅會議，……日本代表日置益大使在這次會議中，開頭就承認中國關稅自主權。……在此以前，於一九二二年（民國十一年），對於交還膠

濟路問題，已由王正廷和小幡公使之間，經交涉後，一步步的實現着。交還膠州灣和北京關稅會議，是幣原外交着手的第一步。

當時參加北京關稅會議的日本代表團隨員堀內千城，在其所著「在中國的暴風雨」中，也有一段會議的回憶：

日本在會議的開頭，率先承認中國國民多年宿望撤廢不平等條約中之稅權。全中國國民，特別是當時正在抬頭的青年中國人之間，認爲這是日本侵略政策、高壓政策的一百八十度大轉變，非常表示好感。（轉引自崔萬秋的「幣原外交與中國」——載在「百年來中日關係論文集。）

撥出部分庚款，用於文化事業　日本親華外交的另一表現，是撥出部分庚子賠款，舉辦對華文化事業。日本看到美國退還庚款，用於中國文化事業，及獎助留美學生，已收宏效，而英國此時亦有此議，故急起直追。

一九二三年（民國十二年，大正十二年）三月十二日，日本衆議院通過此一議案，北京政府教育部卽派朱念祖等至日，交涉此款用途。中國學術界人士，亦公推鄭貞文等赴日交涉，請將該款用於純粹文化事業，如研究所、圖書館等。

一九二四年（民國十三年，大正十三年）一月，北京政府的駐日公使與日本外務省交換意見，獲得協議，其要點如下：

一、日本舉辦對華文化事業，應尊重中國知識分子代表的意見。

二、庚子賠款項下之資金，應用於中國人所辦之文化事業。
三、在北京地方，設立圖書館及人文科學研究所。
四、在上海地方，設立自然科學研究所。
五、將來庚子賠款資金有盈餘時，應再舉辦下開事業：
1. 就適當地點設立博物館。
2. 在濟南地方，設立醫科大學，以病院附屬之。
3. 在廣東地方設立醫科學校及附屬病院。
六、爲舉辦上述事業，設總委員會於北京，設分會於各地。各委員會人數，規定中國方面十一人，日本方面十人，互選中國委員一人爲委員長。

一九二五年（民國十四年，大正十四年）五月，北京政府外交總長與日本駐華公使正式換文，接着就成立「東方文化事業總委員會」及「上海委員會」。總會舉柯紹忞爲會長，上海委員會舉嚴智鐘爲委員長，並已分別通過一九二六、二七（民十四、十五）兩年度預算，及研究事業範圍。

這個「東方文化事業委員會」，隸屬於日本外務省文化事業局，有點不倫不類，中國文化界人士紛紛反對。未幾，國民革命軍北伐，這個計畫遂被擱置。

關東軍阻撓郭松齡　然而，如前所述，日本內閣對於軍方，尤其是遠離本國的東北駐軍，是毫無辦法的。儘管幣原提出對華外交三原則，其關東軍依然獨行其是。民國十四年，就有日軍干涉中國內政的事。

是年冬，郭松齡與馮玉祥聯合，倒戈反奉。郭軍出關，連戰皆捷，聲勢浩大，眼看張作霖即將崩潰。十二月十五日，日本關東守備軍司令長官下令，增兵瀋陽，宣佈以南滿鐵路兩旁各二十里之地為中立區，不許交戰雙方的軍隊進入，否則一律繳械。其實，日軍是明阻郭松齡，暗助張作霖。張得日軍之助，開始反攻，遂擊敗郭軍，俘殺郭氏夫婦。

第二節　五卅慘案，日人因禍得福

日本紗廠虐待華工　列強根據不平等條約，在中國各通商口岸設立工廠，利用中國的原料與廉價勞工，從事經濟侵略。其中又以日本人所辦的工廠為最多，尤其是紗廠，僅上海一地，就有日本紗廠二十六家，佔上海中外紗廠總數三分之二。

第十八章已經說過，日本紗廠的工資低於其他紗廠，而工作時間又特別長，且常有虐待勞工情事，尤其是對待女工童工，虐待最甚。我國勞工，受五四運動的影響而開始覺醒，隨着國民革命的發展，在國民黨工人運動中開始產生勞工組織，到民國十二年，上海已有類似總工會的組織，稱為「上海工團聯合會」。民國十二、三年間，共產黨滲入工會，爭取勞工領導權，而勞工組織的行動，也就轉趨激烈。因此，各大都市，尤其是上海，常有工潮發生，而勞工人數最多，壓迫工人最甚的日本紗廠，罷工案件也就最多。

十四年二月，上海日人經營的內外棉紗廠第八廠堆積間，發現一個童工屍體，胸部受傷十餘處，係被紗廠日本管理員用鐵棍毆斃的。於是，全體工人大憤，實行罷工。後經上海總商會調停，日本廠主允諾不再打罵工人，及每兩週發薪一次，工人乃開始復工。

顧正洪被殺　五月初，日本各紗廠以男工屢起風潮，將男工盡行開除，易以女工，遂引起二十餘家日本紗廠大罷工。後由上海各團體調停，以改良工人待遇及發還儲金（儲金事參看十八章）為條件，工人再度復工。

五月十四日，內外棉十二工廠又因開除工人二名，引起罷工，內外棉所屬的第七廠工人，亦即響應。第七廠為織布廠，有織布機八百部，工人一千三百餘。五月十五日，廠方藉口紡紗廠罷工，存紗不足，將第七廠鎖閉。第七廠工人以內外棉各紡紗廠均未鎖閉，何以單獨鎖閉織布廠，羣情驚異，情緒緊張，趨向廠方交涉，發生爭執，遂起衝突。廠方日人遽用手槍射擊，當場擊傷工人八名，其中顧正洪一名，身中四槍，傷重斃命③。

因顧正洪之死，內外棉所屬的第五東廠，第五西廠，及第七、第八、第十二等五廠，同時聯合罷工。

日人也因造成血案，深懼事件擴大，乃用恐嚇方式，希望消弭於無形：

1. 請工部局派遣大隊巡捕到廠彈壓，並逮捕工人。
2. 由日本總領事矢田，通知中國官廳，要求取締工人行動。並聲稱，如中國官廳無力應付，日本將自動派兵來華鎮壓。
3. 警告上海各中國報館，不許刊載有利於工人的消息或宣傳，否則即將報館封閉，逐出租界。

五卅慘案　上海數家日報，前因刊載工潮消息，受過工部局嚴厲處分，不敢再發消息，顧正洪之死，社會並不知情。惟此時的上海學生聯合會與工會聯繫密切，工人乃向學生請援。五月二十一日，上海文治大學學生會，爲救濟死傷及罷工工人，舉行募捐演講，被租界巡捕捕去施文定、謝玉樹二人。二十二日，舉行顧正洪追悼大會，赴會的上海大學學生，又被普陀路巡警捕去朱義權、韓步先、趙振環、江錦淮四人。兩校敎職員前往保釋學生，捕房拒絕，學生大譁。

時馬超俊在滬主持工人運動，當卽邀集上海各工團幹部，及工商學界領導人，開會決定於五月三十日，在九畝地召開上海民衆大會，作正義聲援。並發動學生、工人等二千餘人，組成無數宣傳隊，分向市區各處宣傳。

五月三十日，講演隊在南京路、海寧路、老靶子路宣傳的，遭受租界巡捕干涉，發生衝突。巡捕大捕學生，南京路老巡捕房拘押三百餘人。羣衆憤怒，齊集捕房，要求釋放被捕學生，人數愈來愈多，衆至萬人。西捕頭愛伏生(Everson)突向羣衆開槍示威，印度巡捕多人，也跟着亂放排槍。羣衆頓時大亂，當場斃命四人，重傷二十餘人，被捕五十餘人。重傷的二十餘人中，數日後死去九人。

是日，九畝地民衆大會依時開會，會中得悉南京路慘案，悲憤塡膺。散會而歸的羣衆，在歸途中又被逮捕多人。是晚，葉楚傖、馬超俊、劉蘆隱等在環龍路四十四號國民黨上海總機關，召集各界領袖，舉行緊急會議，上海名人杜月笙、馮少山、王曉籟、陸伯鴻、余日章等皆親自到會，或派代表參加，決定自五月三十一日起，上海商人罷市，工人罷工，學生罷課，並通電國內外，請求一致援助④。

北大領導，反英不反日 那時候，國民革命軍正在從事統一廣東的戰役，政令尚不出本省，全國政治中心還在北京，學生運動也由北京學生領導。上海五卅慘案發生後，北京學生立即罷課響應，並領導全國，從事大規模反英運動。北京學生的領導中心是北京大學，他們對於這件事的反應很快。

五月三十一日，北京大學學生見報後，立即集會商討。上海五卅慘案起因於日本紗廠屠殺工人，而慘殺羣衆的則是英國巡捕，所以共產黨籍的北大學生，提出「打倒英日帝國主義」的口號。國民黨籍的學生則認爲英日同盟解體後，英日兩國的遠東利益，已有激烈衝突，我們同時打倒英日二國，勢將迫使英日合作，以壓迫中國的國民革命運動。且當時日本對北京政府的壓力很大，日本可利用北京政府力量，以摧殘新興的革命勢力。若暫時放鬆日本，集中對付英國，日本必取旁觀態度，坐視英人遭受打擊。大會照後一意見通過，反英不反日。北大領先罷課，各校繼之，全國各地學生及工商界又繼之，到處舉行反英示威運動，抵制英貨，不遺餘力。

隨着反英運動的普遍發展，英人又製造漢口、九江、沙基（廣州沙面）、重慶等慘案。八月，廣州的國民政府宣佈對英經濟絕交，發動省港大罷工，香港居民大部分離港回粵，香港變成了死市，英國在華商業一落千丈。

顧正洪案解決 五卅慘案所引起的民族運動，已以英國爲唯一目標，那個最初肇事的當事人日本，竟因禍得福，隨着中國反英運動的發展，日貨取代了英貨市場，日本對華貿易大增。至於上海日本紗廠慘殺顧正洪案，不久便由北京政府所派的上海交涉員，與日本總領事協議解決。日本紗廠與工人訂立條件六款，附件三款，大意如下：

一、廠方將來承認，依中國政府所頒佈的工會條例而組織的工會，有代表工人之權。

二、罷工期內，由廠方酌量撥款救濟。
三、日本紗廠，一律提高工資。
四、工資零數，作整數發大洋。
五、優待工人，不得無故開除。

附件三款：

一、紗廠賠償工人損失費一萬元。
二、撤退肇事日員二名。
三、補助工人罷工損失費十萬元。

第三節　田中奏摺

誤認中國革命成功不利於日本　隨着中國國民革命的發展，日本軍部，尤其是陸軍方面，漸漸地不安起來。他們認爲，一旦中國革命政府完成統一，必於日本不利，所以決不可讓中國革命成功。戴季陶先生的「日本論」（八六—八七頁）說：

本來，日本人的對華觀念和日本政府的對華方針，可說是無論什麼人，大體都差不多。維持在滿洲的特權和在直魯及三特區福建等的特殊地位，維持日本在中國的最優發言權、支配權，尤其是經濟的支配權；這幾種根本政策，現在政治上的人物，誰也沒有兩樣。當然，外務省系的人和參謀本部系的人，決沒有根本上的不同；然而，因爲對於世界關係的認識兩樣，所取的手段和所持的態度，就有很大的不同。……

（自從英國拋棄英日同盟之後）外交系的人，很留意中國人心的趨向，看到這一種情形（由排日熱轉變爲排英熱），很了解這是挽回中國民間排日風潮的機會，絕不願意再跟英國走。……

然而，最近二三年來，陸軍參謀本部內的英日協調論，却非常濃厚起來了。他們認爲中國的革命運動發展，絕不利於日本，而在南方中國，日本又沒有能獨行其意的勢力基礎。爲壓服中國革命運動計，他們想取一個「北日南英中協調」的政策。就是對於南部中國，英國獨立處理之；北部中國，日本獨立處理之；而對於中部，則日英兩國以協調的精神，取協調的形式。

田中內閣登臺　因此，軍部猛烈攻擊憲政會的內閣，對於幣原的「軟弱外交」，指摘尤甚。一九二七年（民國十六年，昭和二年）春，正當革命軍收復南京、上海的時候，日本憲政會的若槻內閣，因金融恐慌而被迫辭職，繼起組閣的是政友會總裁退役陸軍大將田中義一。

田中自任首相兼外相、拓相，又用政友會強硬派（親軍部派）首領森洛爲外務省政務次官。森洛一向主張積極侵華，與軍部極端分子連繫密切，田中用森洛來代他主持外務省，其外交態度不問可知。國人對田中義一都很熟悉，他一登臺，中日關係便突然緊張了。

田中組閣後，即由森洛發動，六月間，召開「東方會議」，協商對華侵略政策。（美國於大戰後在日本獲得東方會議紀錄，並由國家檔案局印行，然此文件的眞實性，不無可疑。）田中根據會議紀錄，於七月二十五日，致函宮內大臣一本喜德，請其代爲密奏東方會議決定的侵華方針，那就是舉世震駭的「田中奏摺」。田中奏摺是密件，所以檔案上沒有，日人因此否認有此奏摺；然其後事實的發展，一一與田中奏摺相符，連重光葵也不得不承認無從刷清，他寫道：「但後來發生的東亞形勢，和日本所採取的行動，恰似根據田中奏摺所寫的內容一致。因此，外國對於這奏摺存在的懷疑，更無從刷清了。」（徐邵合譯的「日本之動亂」）

田中奏摺的主要內容：

所謂滿蒙者，乃奉天、吉林、黑龍江及內外蒙古是也。廣袤七萬四千方里，人口二千八百萬人，較我日本帝國領土（朝鮮及臺灣除外），大逾三倍，其人口只有我國三分之一。不惟地廣人稀，令人羨慕，農礦森林等物之豐富，世無匹敵。我國因欲開拓其富源，以培養帝國恒久之榮華，特設南滿鐵道株式會社，藉日支共存共榮之美名，而投資於其地之鐵道、礦山、森林、鋼鐵、農業、畜產等業，達四萬四千餘萬圓，此誠我國企業中最雄大之組織也。且名雖半官半民，其實權無不操之政府。若夫付滿鐵公司以外交、警察及一般之政權，使其發揮帝國主義，形成特殊社會，無異朝鮮統監之第二，即可知我對滿蒙之權利及特益巨且大矣。故歷代施政於滿蒙者，無不依明治大帝之遺訓，擴展其規模，完成新大陸政策。……

歐戰以後，外交內政多有變化，東三省當局亦日漸覺醒。……益以華盛頓會議成立九國公約，我之滿蒙特權及利益，概被限制，不能自由行動，我國之成立，隨亦感受動搖。此種難關，如非極力打開，則我國之成立即不能堅固。……昔大正先帝陛下密召山縣有朋及其他重要陸海軍等，妥議對於九國公約之打開策。當時命臣前往歐美，密探歐美重要政治家之意見；

僉謂九國條約原係美國主動，其附和各國之內意，則多贊成我國之勢力增加於滿蒙，以便保護國際之貿易及投資之利益。此乃義一親自與英、法、意等國首領面商，頗可信彼等對我之誠意也。

獨惜我國乘彼等各國之內諾，正欲發展其計畫，而欲破除華盛頓九國公約之時，政友會內閣突然倒壞，致有心無力，不克實現我國之計畫。言念及此，頗為痛嘆！向之日俄戰爭，實際即日支戰爭。將來欲制支那，必以打倒美國為先決問題，與日俄戰爭之意，大同小異。**惟欲征服支那，必先征服滿蒙；如欲征服世界，必先征服支那**。倘支那完全可被我國征服，其他如中小亞細亞及印度南洋等異服之民族，必畏我敬我而降服於我。……

若夫華盛頓九國公約，純為貿易商戰之精神，及英美富國欲以其富力，征服我日本在支之勢力。即軍備縮小案，亦不外英美等國欲限制我國軍力之擴大，使無征服廣大支那領土之軍備能力，而置支那富源於英美富力支配之下，無一非英美打倒日本之策略也。

我國商品專望支那人為顧客，將來支那統一，工業必隨之而發達，歐美商品必然競賣於支那市場，於是我國對支那貿易必然大受打擊。民政黨所主張之順應九國公約，以貿易主義向滿直進云云者，不啻自殺政策也。故我之現勢及將來，如欲造成昭和新政，必須以積極的對滿蒙強取權利為主義，以權利而培養貿易，此不但可制支那工業之發達，亦可避免歐美勢力東漸。策之優，計之善，莫過於此。我對滿蒙之權利為司令塔，而攫取全支那之利源，以支那富源作征服印度南洋羣島，及中小亞細亞及歐羅巴之用。我大和民族之欲步武於亞細亞大陸者，握執滿蒙利權乃其第一大關鍵也。……

施爲之中心點，必須集中於東京，第一可以保守秘密，第二可杜絕支那政府探採我國之進行，第三可避事前被各國疑視，第四可以收縮滿蒙四頭政治爲統一，第五可保內閣與滿蒙關係官廳之接近，及可熔冶爲一爐，以使全力對付支那。爲應付此種利害起見，**乃依伊藤及桂太郎合併朝鮮之主旨，而設立拓殖省，以專管滿蒙進取之事務**，特以臺灣及朝鮮、樺太等殖民地付之掌管爲題，其實務仍以滿蒙進取爲目的，以期混淆世界耳目。……滿蒙新大陸之造成，爲日本立國上最重大之問題，故必須設立拓殖省以專管其事，使滿蒙政治中心點集中於東京。在滿蒙之官憲，只命其依令活動，使伊等不能在滿蒙隨地干涉施政之計畫，自然可以保守秘密。……

蔣田中談話　自是，「田中奏摺」便成爲日本侵華的基本方針。同年（十六年）九月間，國民革命軍蔣總司令訪問東京，曾與田中作了一次懇談，因田中毫無誠意，別無收穫，但也看出了日本政府的眞意所在。董顯光的「蔣總統傳」第八章，有一段紀錄如下：

蔣總統於九月二十八日乘船赴日本……想一探日本人此時對我國之意見，與其隱伏於表面之下的暗流。他並不知將受日人何種接待，他曾公開指責日軍進駐濟南，構成我國北伐之主要阻力，此時日本業已傳播甚廣。但當他抵東京時，日人甚表歡迎。……在東京時，蔣總統訪日本首相田中義一於其私邸，會談三小時。田中首問　蔣總統此次蒞日有何抱負？　蔣總統即以三事告之：第一，中日必須精誠合作，以眞正平等爲基礎，方能共存共榮，此則有待於日本對華政策之改善。換言之，不可在中國製造奴隸，應擇有志愛國者爲朋友，如此中日乃能眞正攜手合作。第二，中國國民革命軍以後必將繼續北伐，完成其革命統一的使命，希望日本不加干涉，且有以助之。第三，日本對中國之政策，必須放棄武力，而以經濟為合作之張本。田中對　蔣總統說，閣下為什麼不以南京為目標，以統一長江為宗旨，而急於繼續北伐呢？　蔣總統說，中國如不統一，東亞即不能安定，故中國從速完成北伐，也就是日本的福利。田中每當　蔣總統談及統一中國之語，輒為之變色。迨　蔣總統辭出時，謂綜合與田中談話的結果，可斷言其毫無誠意，其決不許我革命成功，國家統一，已灼然可見。因嘆曰，余此行之結果，不能轉移日本侵華之傳統政策，可決其為失敗；然於此可以窺見日本政府的眞意，亦未始不是一種收穫了。

第四節　日本第一次出兵山東

中日雙方謹愼從事　然田中義一是在一九二七年（民國十六年，昭和二年）四月二十日才組閣，我國民革命軍是在十五年十月攻下武昌，十六年三月攻克南京、上海。所以當革命軍到達長江流域期間，日本還是憲政會內閣，首相是憲政會總裁若槻，外相還是幣原，故中日關係還不算很壞，偶有衝突，雙方皆謹愼從事，避免擴大。日本之出兵阻撓革命軍北伐，是在北伐軍進展到山東的時候，也正是田中內閣登臺之初。現在仍從十六年年初的中日交涉說起，即先說漢口、南京二處的事，然後再說日本出兵山東。

民國十六年一月，漢口英國水兵殺傷中國民衆，國民政府遂將漢口英租界收回。然對於日本租界，並未提出同樣的要求。

同時，日本幣原外相亦於同月十八日，在日本議會中說明日本對華政策四點：1.尊重中國主權與領土的完整，並慎重避免干涉其內爭。2.促進兩國邦交的鞏固，及經濟上的合作。3.同情並協助中國人民，達到其真正的願望。4.對中國現時局勢，抱耐心與容忍的態度；同時用合理方法，保護日僑的正當利益。

漢口兩慘案　因此，由於雙方謹慎從事，漢口、南京事件，皆沒有擴大。漢口慘案的經過如下：十六年四月三日，漢口日本水兵坐人力車不付車錢，引起糾紛，日本水兵全部登岸，開槍射擊，殺傷我國民衆五十餘人。我國當局，拘捕行兇日本水兵六名，及日商四人。事後，國民政府向日本提出嚴重抗議，同時也聲明保護日僑。然日商紛紛歇業，相繼離漢，此案遂無結果。

五個月後，日商復業，在日租界與華界交接之處，堆積沙包，架設鐵絲網，堵塞交通，僅留一個出入口，由日兵防守。這些日本衛兵，常與中國行人發生小衝突。

九月二十一日，日輪沅江丸將開長沙，有徒手華兵數十名搭船，爲日本水手所拒，發生衝突。武漢衛戍司令部派兵彈壓，日兵竟開槍射擊，我方死三人，重傷十餘人，日兵亦有二人輕傷。我外交當局向日方抗議，最後議定結案辦法四條：

一、日本領事派員向中國當局道歉，中國方面亦派員到日本領事館慰問。

二、由雙方官署各出䘏金，按人分配。

三、日本駐漢口陸戰隊撤退回國。

四、日本肇事武官調離漢口。

南京事件　革命軍佔領南京之初，發生過一次意外事件。三月二十四日，第六軍政治部主任林祖涵（共黨分子），受俄顧問鮑羅廷之命，煽動士兵，加害南京外僑，並搗毀英、美、日三國領事館。當時停泊下關的外艦，有英、美、日軍艦各一艘，英、美軍艦藉口護僑，向城內開砲，居民死傷甚多。獨日本軍艦未發砲，其原因是，南京日本僑民早已聽說，西伯利亞俄軍採取報復行為，屠殺尼港（廟街）日僑數百⑤，現在亦恐華軍報復，故懇請日本艦長不要開砲。然日本國內則盛傳外務省禁止日艦開砲，軍方更痛斥幣原外交軟弱。若槻內閣的垮臺，雖起因於金融恐慌，與南京日艦沒有發砲一事，也大有關係。

事後，英、美、日、法、意五國，共同提出通牒，要求我方懲兇、道歉、賠償。三月三十一日，陳友仁外長分別答覆五國，除對英、美軍艦砲擊南京表示抗議外，其餘三點大致相同：1.答應視各國領事館及僑民損失情形，分別賠償。2.兩國共組委員會，調查事變責任，再議懲兇道歉。3.聲明國民政府對於外僑的保護極為注意，但外僑欲得合理保護，則非取消不平等條約不可，中國國民政府深願與各國開議，使兩國問題得到合理解決。

英、法、意三國對於陳外長覆文，極表不滿，欲五國聯合提出最後通牒，強迫國民政府承認其要求。此時，日本田中內閣剛好登臺，主張強硬對付革命軍，且向其他四國建議，出兵威脅，但因美國不肯參加，出兵及最後通牒之議皆作罷。各國改取靜觀態度，交涉暫停。（據幣原的「外交五十年」說，是他首先拒絕英法意的最後通牒提議。）

日本第一次出兵山東　田中內閣既然決定出兵，便不顧一切，以貫徹其主張。出兵上海、南京之議未成，便改向山東進兵。

革命軍攻下南京後，繼續北上，攻下蚌埠、徐州，進入山東省境。此時孫傳芳敗殘部隊不及二萬，張宗昌部又毫無戰鬭力，革命軍一舉卽可略取山東。

民國十六年（一九二七）五月二十七日，日本內閣通過出兵山東，由田中首相發表出兵聲明書：

茲徵於中國最近之動亂，尤其徵於南京、漢口及其他地方事件之實績，當兵亂之際，因中國官憲不得充分保護，致僑居之帝國臣民之生命財產，蒙重大之危害，甚至有毀損帝國名譽之暴動。現下華北動亂切迫之際，難保無有再生此種事件之虞。今也，前述動亂行將波及濟南地方，就僑居該地帝國臣民生命財產之安全，危懼之念，有不能不措置者。帝國臣民居住該地者達二千名之多數，而該地爲去海岸甚遠之腹地，到底不能依長江沿岸各地之海軍力量以保護之。因此，帝國政府爲預防不祥事件再發起見，不得不以陸軍保護僑居邦人之生命財產。然爲前述保護派兵之布置，須要相當之時日，而顧戰局正在刻刻變化，爲應急措置，決卽自駐滿洲部隊派遣約二千之兵於青島。

前述派陸軍前往保護，固不外爲期僑居邦人之安全，自衛上不得已之緊急措置，不惟對於中國及其人民，無何等非友好意圖，而對於南北任何方之軍隊，亦非干涉其作戰，妨礙其軍事行動者。帝國政府因自衛上不得已之措置而派兵，但自始無長久駐屯之意圖，至對於該地方之僑居邦人無受戰亂之憂時，當卽將派遣軍全部撤退。

我外交部嚴詞抗議 五月三十日，日本以出兵之舉通知北京政府外交部，該部於六月一日，向日本使館提出抗議。同時，南京國民政府外交部得到日本出兵的消息，亦即致電日本外務省，嚴詞抗議：

> 貴國此次出兵山東，聲明理由爲保護該地之日本僑民生命財產。查山東日僑生命財產有無危險，僅屬懸揣。國民政府遷都南京以來，迭次宣言，對於外人生命財產，按照國際公法竭力保護。乃本政府北伐軍隊將到山東境內之時，貴國政府突有派兵山東之舉，於公法上已毫無根據，於本國領土主權復有妨害，本政府不得不提出嚴重抗議。並聲明：如因此發生意外事故，貴政府應負完全責任。年來中日兩國國民感情日臻融洽，倘由此次舉動，頓起種種疑惑，足爲好感之障礙，殊屬可惜。應請貴國政府將已派出之軍隊即日撤退，是所切盼。

宣佈撤兵，保留再舉 北伐軍事因日本出兵而緩進，孫傳芳乘機收集散亡，重振旗鼓，不到幾個月，復有七萬之衆。是年，由於寧漢分裂，蔣總司令一度下野，孫傳芳趁勢反攻，自龍潭渡江，來勢洶洶。

日本迫於中國南北二政府的抗議，又見人民反日情緒激烈，國際輿論紛紛斥責。同時，孫傳芳元氣已復，日本出兵目的已達，遂於八月間宣佈撤兵。其撤兵聲明書於八月三十一日送達北京政府，仍謂保有「將來日本爲不得已而施行機宜之措置。」

第五節　濟南慘案

革命軍攻下濟南 龍潭之役，孫傳芳部渡江軍隊四萬人，大部被殲。同時，寧漢合作，十七年一月，蔣總司令復職。

四月間，蔣總司令統率四個集團軍，大舉北伐，其部署如下：

第三集團軍閻錫山部自山西出河北。

第二集團軍馮玉祥部在先，第四集團軍李宗仁部在後，循平漢路北進，協同第三集團軍略取河北。

蔣總司令自己兼統第一集團軍，沿津浦路北進。

第一集團軍攻勢凌厲，所向皆克。孫傳芳、張宗昌部屢敗，率殘部退守萊蕪、泰安、肥城、平陰之線。四月二十三日，濟南會戰，革命軍擊破泰安、肥城敵人防線，遂長驅直指濟南。

五月一日，自城西北進攻的三十七軍第三師，首先攻入濟南城內，敵人向黃河北岸狼狽逃竄。五月二日，蔣總司令親至濟南巡視。（總部駐在泰安）

先是，張宗昌派遣其參謀長金壽良至青島，與日方代表密洽，許以青島及膠濟路一切權利，要求日軍進駐濟南，阻撓革命軍前進，日軍遂再度出兵。

蔡公時殉難　日軍先遣三個中隊，佔領膠濟路各要點，續派第六師團一部約五千人，由師團長福田彥助親自率領，利用鐵道向濟南輸送。

五月二日，福田師團長到達濟南，因見革命軍已於先一日攻下此城，乃佔領濟南商埠，作防禦部署，並收容直魯軍閥的殘部，接收他們所遺下的無數械彈。又派鐵甲車巡邏城外，縱容軍閥便衣隊到處騷擾。

蔣總司令恐因外交糾紛，影響北伐，嚴令各軍約束所部，避免衝突。濟南城內，只留三千人擔任警備，其餘部隊一律撤出，繞道渡河，繼續北進。同時，召請日本領事談判，日領事佯允撤去警戒，實則挑釁愈甚。

五月三日，日軍藉故開槍，大事屠殺，中國軍民千餘人被害。是夜，更藉詞搜查我外交特派員公署，殺害特派員蔡公時等十餘人。此時，國民政府外交部長黃郛亦在濟南，不但交涉無效，其外交部辦事處亦被日軍侵入，辦事處衛兵二十餘名，皆被迫繳械。黃外長急電日本兼外務大臣田中，請立刻制止日軍暴行。這次日軍暴行，通稱五三慘案，其實五月三日只是慘案的開端，濟南慘案歷時很久。

蔡公時烈士像

五月四日，濟南英、美領事出面調停，局勢稍為緩和。然自是晚起，日軍再度射擊，並由青島運兵增加，且不斷以飛機大砲轟擊濟南城內人民。駐防城外的革命軍兩團，及一部津浦路警察，皆被日軍繳械。

福田的最後通牒　五月七日，福田師團長向革命軍提出最後通牒，限當晚十二時答覆，否則日軍即開始攻城。其最後通牒要求五個條件：

一、國民革命軍須離開濟南及膠濟路沿線兩側二十華里以外。

二、中國軍隊治下，嚴禁一切反日宣傳，及其他排日運動。

三、與騷擾及暴虐行爲有關之高級軍官，加以嚴重處罰。

四、在日本軍面前，與日本軍抗爭之軍隊，解除武裝。

五、爲監視實行右列各條件起見，將辛莊、張莊兩兵營開放。

蔣總司令於五月八日晨，派遣戰地政務委員會主席蔣作賓，向日軍交涉，申明中國軍隊離開鐵路沿線一條，影響北伐軍的行動，不能接受；其餘條件可考慮協商。蔣作賓交涉無結果，復派熊式輝、羅家倫二人，於八日正午左右，至日軍司令部交涉，亦無結果。

日軍大屠殺　福田旋即下令攻擊濟南城，槍殺各醫院傷病官兵，搶刼各公司行號，破壞黃河鐵橋及新城兵工廠，甚至派遣飛機至泰安，轟炸我總司令部。

五月九日，蔣總司令再派何成濬爲全權代表，前往濟南交涉，福田仍堅持所提五條件，不肯稍讓。

是日，日軍復擴大屠殺與轟炸。警備濟南城的革命軍部隊，於五月十日夜十一時撤退。日軍的殘殺，直至革命軍佔領平津後，山東日軍一部北調，形勢始漸見緩和。

這次濟南慘案，中國軍民傷亡一一、〇六二人；新城兵工廠的損失，在六百萬元以上；其他公私損失，無法估計。

濟南慘案發生後，國民政府即請美國主持公道，並請國際聯盟採取行動，制止日軍暴行。同時，也直接向日本政府，迭次提出抗議，然均無結果。只有中國人民的激烈反日運動，與雷厲風行的抵制日貨，曾使日本工商業大受打擊。此案一直拖到民國十八年，才與中國關稅自主問題合併談判，獲致解決。詳見第七節。

第六節　皇姑屯炸車與東北易幟

日人炸死張作霖　當濟南慘案發生時，張作霖曾致電蔣總司令，倡議息爭和平，表示願將駐在長城以南的奉軍，撤回關外。然張作霖並無誠意，迨五月十七日革命軍攻下德州後，張並不撤兵，反下令集中軍隊於滄州及保定。

五月下旬，張作霖以三十萬之衆，於平漢、津浦二線同時反攻。革命軍乘其攻勢頓挫，於五月三十日轉取攻勢。至是，張作霖下令總退卻，革命軍直向平津追擊前進。

此時，自保定、滄縣敗退的直、魯、奉軍殘部，集中於平津外圍，仍企圖負隅頑抗，保守平津。日本公使芳澤乘機與張作霖晤面，以保護張氏經大連歸瀋陽爲條件，脅迫張氏解決東北懸案。張作霖嚴峻拒絕，並立即撤兵出關。

六月二日，張作霖由北京起程時，芳澤猶迫其承認吉會等六鐵路之敷設問題，張作霖又斷然拒絕。日人深恨張氏不肯做傀儡，遂起殺張之心，乃由日本關東軍參謀河本大佐策畫，在瀋陽西北的皇姑屯車站埋置地雷。

六月四日，張作霖所乘列車經過是處，地雷爆發，張及其隨員多人，皆被炸死。第二次大戰日本投降之後，東京「遠東國際軍事法庭」已獲得證詞，將皇姑屯炸車案眞相，公佈於世。

重光葵的記述　關於此案的經過，重光葵在其所著的「日本之動亂」一書中，有更詳盡的敍述。

田中首相對東北問題的方針，是將東北作爲中國的特殊地區，和中國本土分開，並打算將所有問題，和當時東北實權者張作霖之間解決一切。所以田中首相對張作霖之野心勃勃向北京進展一節，不表贊同。但希望張作霖得日本的援助，在東三省獨立，脫離中央，建立日本與張的特殊關係，而照日本意見解決中國問題。事實上，張作霖本身已經在一九二二年（民國十一年）五月十四日宣佈東三省獨立。至於中國本土，田中首相仍希望援助國民黨，使其革命成功。但其代價，是希望中國默認日本與東北的特殊關係。

因此，田中首相對北伐中的蔣總司令亦有所聯絡。又曾派前任陸相山梨大將前往北京，勸告張作霖從速回到東北，專心治安。當時（民國十六年六月十八日）張作霖已在北京就大元帥，以中國元首自居。……（山梨大將）憤恨他的傲慢態度，無所成就的回到東京，報告一切。這件事，使日本軍部對張作霖，在感情上發生了很大的裂痕。

另一方面，芳澤公使負着與山梨大將同樣的使命，執行田中首相的訓令，這是一九二八（民國十七年）五月十八日的事。訓令的內容是說，如果張作霖不聽田中的勸告，而與國民革命軍發生衝突，因戰敗的結果回到東北的時候，日本軍或將在山海關阻止張的撤退。日本的態度，相當強硬。……

張作霖入關，到達北京之時，氣餤萬丈，連蘇聯在東北的中東鐵路和權益，也準備着手收回。那種氣象，絕不會向日本軍部低頭，更沒有把關東軍放在眼裏。日本軍部接到山梨大將的報告之後，對張作霖生了極度的惡感。那時關東軍認爲，除非把張作霖消滅，東北問題是無法解決的了。

一九二八年（十七年）五月，田中首相經過芳澤公使向張作霖發出強硬勸告之後，張在六月三日，勉強離京出關。所乘火車在未到瀋陽車站之前，因關東軍參謀河本大佐之陰謀，張作霖同多數隨員，於六月四日，被炸死於皇姑屯。……

繼承張作霖統治東北的，是其子張學良。張作霖之被炸死，是根據關東軍參謀之陰謀，這件事，後來根據東京「遠東國際軍事法庭」的證言，才公佈於世。但張學良在當時，已經感覺到這是日本的陰謀，以致他對日本抱了不共戴天之仇。

田中內閣所採取的對華積極政策，是日皇所極不滿意的。濟南事件解決同時，日皇曾督促田中首相調查張作霖被炸的眞相。……但田中首相缺乏實行的能力，陸軍首腦部又阻止進行追究。……軍部爲實現自己的計畫，已經達到連日皇也不放在眼裏的情況。

關東軍心勢日拙，國民政府完成統一　日本關東軍判斷，炸死張作霖之後，瀋陽必然會有大動亂，關東軍即乘機佔領，故陳兵於商埠一帶，並設置電網，如臨大敵，且不時向華軍挑釁。幸虧瀋陽當局鎭靜，日軍亦因需要掩飾其謀炸張作霖的行爲，未敢無故冒昧行動。六月十八日，張學良潛回瀋陽就職，東北形勢危而復安。

奉軍出關後，張宗昌、孫傳芳等殘部，仍盤據天津附近，企圖頑抗，且欲邀請日軍行動，重演濟南慘案。後因國民政府派員策反，徐源泉、鄭俊彥、李寶章等部反正，其軍心遂瓦解。孫傳芳隻身逃往大連，張宗昌、褚玉璞則挾其一部殘軍，退守灤河（冀東），最後仍被繳械。

七月十五日，蔣總司令與諸將領在北平西山集會，商討收復東三省問題。蔣總司令說：「東三省爲我重要國防地帶，然日本侵入已久，吾處置方法非愼重周詳不可。否則東亞戰禍之導火線如一旦爆發，將不可收拾矣。總理所以主張和平統一，吾必以至誠促使奉軍將領覺悟，欣然而來。」民國十七年十二月二十九日，張學良服從中央，瀋陽高懸靑天白日滿地紅的國旗。於是，國民政府完成統一，關東軍企圖促使東北獨立的陰謀完全失敗。

第七節　九一八以前的中日交涉

取消不平等條約的交涉　國民政府於民國十六年四月定都南京，當即宣佈中國之外交政策，在於取消不平等條約，及爭取國際平等地位。自是之後，政府不斷努力，與有關各國談判，要求廢除舊約，另訂平等新約。如上所述，日本田中內閣執政，正謀積極侵華，阻撓中國革命軍之統一，故在各國之中，反對我國修約提議者，亦以日本的態度最爲強硬。

然自十七年五月濟南慘案發生後，全國抵制日貨，日本工商界大受打擊，紛紛向田中內閣抗議。而且，日本出兵濟南，已未能阻撓革命軍克復平津，而炸死張作霖，更促成張學良服從中央。田中內閣的「強硬外交」顯然失敗，備受國會指摘。

自是之後，國民政府的統治權日益鞏固，國際地位亦逐漸提高。美國首先與我解決寧案（南京案件），重訂新約，同意中國關稅自主。歐洲各國亦繼美國之後，先後與我國談判換約。至是，田中內閣在內外情勢壓迫之下，其對華政策也就開始轉變。

中日談判，解決濟案與寧案 民國十八年（一九二九）一月，日本派遣芳澤來華談判，與我外交部長王正廷會談，決定先行解決濟南案件。幾經折衝，至三月二十八日獲致協議。中日兩國共同聲明「濟案爲最不幸事件」，彼此捐棄舊怨，以期邦交和睦。中國擔任保護日僑之責，日本則於兩週內撤退山東駐軍。

接着又進行解決寧案的談判。此案，中國早已與美、英、法、意四國分別結案，故談判順利，大致依照中國與英、美二國的解決辦法，即由中國道歉，並保證賠償、懲兇；各國則允諾修改舊約。五月二日，中日正式換文，解決寧案。

濟案、寧案解決後，即繼續討論修約問題。一八九六年所訂中日商約，及一九〇三年所訂續約（參看第十八章），已於民國十七年八月滿期，我國外長王正廷曾於十七年七月七日，聲明中國廢約原則，已滿期舊約一律作廢，另訂新約；並由政府公佈「舊約已廢新約未訂前適用之臨時辦法」七條。日本不承認我國公佈的臨時辦法，堅持新約未訂之前，舊約仍然有效。在雙方爲修約問題爭議期間，日本政局又有變動。

幣原復出，中日外交的一線轉機 如上所述，因濟南慘案，日本工商業不振，田中內閣已受着輿論的指責。迨張作霖被日人炸死後，日本輿論攻擊內閣愈烈，昭和天皇及元老們，尤不滿軍部的橫行。天皇嚴令田中內閣整頓軍紀，元老西園寺公爵主張追查責任，嚴懲兇手。田中義一已爲天皇所惡，又無法控制軍部，遂於一九二九年（民國十八年）七月二日提出辭呈⑥。

同日，民政黨總裁濱口雄幸受命組閣，幣原再度出任外相。此時日本經濟危機嚴重，內閣標榜合理化主義，即採用全面穩健政策，以解決經濟危機。幣原仍本其過去的對華三原則，主張放棄武力干涉，改以和平手段，以發展對華貿易。

幣原登台後，改派佐分利貞男爲駐華公使，繼續修約談判。中間由於佐分利回國述職時自殺（死因至今不明），中日談判中斷了一個時期。後以駐上海的日本總領事重光葵爲代辦，與我國王外長恢復談判，至民國十九年，始訂立中日關稅協定。日本承認中國關稅自主，但在附件中聲明，中國准許日本有重要關係之特定物品，於三年之內，仍維持民國十八年之稅率，以示對日本之優待。

修約談判經過曲折　關稅自主雖然重要，還只是談判的第一步，接着就觸到更困難的重訂平等商約之問題。中日談判的經過，頗爲曲折，日本當事人重光葵的「日本之動亂」，對於此事有詳細的記述：

一九二九年（民國十八年）七月，田中政友會內閣之後，出現了濱口民政黨內閣，恢復了幣原外交。芳澤駐華公使的後任，起用了內定駐蘇大使的佐分利，並由筆者前往協助。……佐分利到任，向國府各要人交換意見，並經考察各地之後，回到日本，預備向政府報告，並提供意見。但當時外務省因忙於軍縮會議的事⑦，對於中國問題，未能和新公使接洽。不久，佐分利在箱根自殺了，一般人並不了解爲什麼佐分利公使竟出此下策；但有識之士已經感到對華問題的解決，是如何的困難了。……

歡迎幣原外交復活的中國輿論，因佐分利公使的突死，發生了很大的動搖，認爲公使長期逗留東京而自殺，是因爲政治上的理由，沒有能實現公使意見的結果。日本方面，對佐分利公使的後任，提出了小幡大使。他……對幣原外交雖有深切的理解；但在中國的報紙上，認爲是幣原外交慢慢要轉移到田中外交的預兆，表示反對。小幡大使前曾以公使資格，多年駐於中國，曾任公使館參事，並追隨日置益公使，擔任交涉大隈內閣的所謂二十一條問題，曾表示過強硬的態度，中國政府因此拒絕了小幡的同意。並且當時的中國政府，在革命外交旗幟之下，所表示的態度，相當強硬，因此對日本的輿論漸趨惡化，排日風潮又突然激烈起來。……

幣原外相爲打開僵局，任命筆者爲代理公使，全權負責一切交涉。……筆者的任務，不單是掃除田中外交時代的混亂，更要繼續北京關稅會議以來的幣原外交，以期得到圓滿的結果。……中國方面，亦熟知筆者處理中國問題的態度，對筆者的任命駐華，表示歡迎，並且受到全面信任。筆者也將全副精神放在改善兩國關係上面，以期中日利害有所調和。例如將最大的關稅問題，首先解決，西原借款的債務整理問題也有了眉目，並且將着手處理不平等條約的法權問題。這樣，中日關係迅速的逐步改善。蔣委員長爲重建軍隊，排除過去的德國顧問，從日本招聘了多數的訓練員。國民革命軍統一了中國南北，日本的政府和軍部都和中國政府成立了良好的關係，使中日兩國關係開始走上軌道。各國也漸漸仿效日本的做法，這可算是幣原外交的全盛時期。可惜這個時期，不能繼續長久下去。

日本法西斯抬頭，中日關係開始黑暗　重光葵所謂可惜幣原外交的全盛時期，不能繼續長久下去，是因爲日本法西斯主義逐漸抬頭⑧，政黨政治即將結束。

一九三〇年（民國十九年）十一月十日，濱口首相在東京車站，被法西斯分子刺傷，初由幣原外相代理數月，至翌年四月，濱口因不能視事而辭職。

若槻禮次郎繼濱口組閣，在他的內閣期間，軍人跋扈愈甚，不及數月，即有九一八事變。從那時候起，中日關係便急轉直下，墮入黑暗的深淵了。

①本章主要參考書籍：

李守孔「中國現代史」、黃大受「中國現代史綱」、張其昀「中華民國史綱」、蔣君章「中華民國建國史」、汪大鑄「中國近代史」、李劍農「中國近百年政治史」、鄒魯「中國國民黨史略」、董顯光「蔣總統傳」、吳相湘「中國現代史叢刊」、張忠紱「中華民國外交史」、傅啓學「中國外交史」、戴季陶「日本論」、李執中「日本外交」、陳博文「中日外交史」、馮克「近百年美國對華外交政策」、馬超俊「中國勞工運動史」、國防部史政局「北伐戰史」及「北伐戰役大事記」、余又蓀「日本史」，甘友蘭「日本通史」，坂本太郎「增訂日本史概說」、川上多助「日本歷史概說」、信夫淸三郎「日本近代外交史」、幣原喜重郎「外交五十年」、重光葵「日本之動亂」（徐義宗、邵友保合譯）、J.K. Fairbank: The United States and China, Foster R. Dulles: China and America 等。

②華盛頓會議，日本全權代表爲海軍大臣加藤友三郎，貴族院議長德川家達，及駐美大使幣原喜重郎。加藤爲首席代表，專主海軍談判；德川爲英國留學生，其任務是與英國代表商洽英日同盟；幣原負責美國代表的疏通並主持中日談判事。幣原方患腎結石病，山東問題幾至決裂，幣原抱病出席，始獲協議。

③共產黨爲爭取工人領導權，將顧正洪名字寫成顧正紅，說是共產黨員，工人代表。並宣傳爲共產黨之工人烈士。

④五卅慘案的經過，諸說略有出入，大都多少受點共產黨宣傳的影響，本書的依據，係以馬超俊主編的「中國勞

工運動史」爲主。

⑤日本出兵西伯利亞之役，俄人深恨之。日軍撤退後，俄軍突襲尼港（Nikolaevsk），是處日僑七百餘人，全數被殺。尼港中文名廟街，位於黑龍江口。

⑥田中義一辭職後，不滿二月，即因狹心病暴死。他出身陸軍，而陸軍後輩不聽他的命，對他的打擊是很大的。

⑦一九三〇年一月開始的倫敦海軍會議。

⑧日本法西斯分子自稱革新派，以少壯軍人爲主，參看下章第二節。

第二十二章　自九一八至八年抗戰①

第一節　幾句閒話

自九一八至八年抗戰的經過，其本身就應該寫成一部鉅著，夾在本書裏面詳述，很不相稱。因此，這一章只算是開列一張大事記清單，聊備一格而已。

不但如此，由於事實的限制，也只能這樣做，因爲自民國以來的事，尤其是自九一八以至八年抗戰的經過，所有今人的著述，無論公私，實際還只能說是史料，未必便可以稱爲歷史。其中有許多事實眞相，還有待於發掘。說不定，今人所寫的「史」，也許有很多地方，會被後代史家推翻的。現在姑以近年所發現的事爲例，信手拈來，略舉數事爲證。

1.關於日本提出二十一條的談判經過，當時袁世凱政府的外交部次長曹汝霖，曾於民國二十二年，發表其致駐日公使陸宗輿的四封信，由大公報總主筆王芸生刊布於他所著的「六十年來中國與日本」。此書一出，傳誦一時，尤其是曹汝霖那四封信，皆視爲珍貴史料。不但王芸生自己誇言，「合而觀之，儼然此幕大交涉之縮影」；甚至蔣廷黻先生也說，曹汝霖的那四封信，「皆爲絕頂的好材料，袁政府可敬可悲的掙扎，於此無意中得着眞實。」

然而，李毓澍近著「中日二十一條交涉」（中央研究院近代史研究所專刊第十八號），根據院存北京政府檔案，從時間，有關人物的官職，曹信的措詞，以及其他許多事實的訛誤，赤裸裸的剝光了曹汝霖的偽裝，證實那四封信完全是曹氏晚年所揑造。而所謂「絕頂的好材料」也者，徒見曹氏之欲蓋彌彰而已。

2.民國二十四年五月，有所謂「河北事件」。日本華北駐屯軍司令梅津美治郎，先派其參謀長酒井，向何應欽將軍提出要求；日本軍部復派遣其駐華武官磯谷廉介，再向何將軍提出，共有六點要求。當時交涉經過，何梅之間只有口約，而無協定。後來，日方動輒自稱根據「何梅協定」，無惡不作，儘管我國否認，亦無如之何。去年，梁敬錞於「傳記文學」十一卷五期，發表「所謂何梅協定」一文，已經指出日方的證件不實。同刊十二卷第一期（五十七年元月號），梁先生又刋出日人岡田芳政寫給何應欽將軍的一封信，作爲無可否定的證詞。岡田是當年日本駐華武官室的職員，即磯谷的部下，他信上說：

數日前，磯谷閣下在千葉一宮患病，本人前往探視，當時病況適值小康，乃談及中國的往事和追憶。在談話中，磯谷親口對我說：「何梅協定完全是日本片面強迫中國而爲的，何將軍根本沒有簽字或蓋印，而日本方面故意宣傳，使人發生誤會，似眞有其事的印象。目前，日本防衛廳戰史室正在編纂『大東亞戰史』，有關此點，應該特別注意，必須明確證實一下。」他當面對本人如此說，並再三催促本人，迅速與何將軍連絡。且強調「戰史必須要正確的編纂，方可留傳後世。」

所謂「何梅協定」，一向被日方歪曲其詞，說得像煞有介事，使人有口難分。好在磯谷晚年懺悔，重視歷史的眞實性，而又有熱誠的岡田寫信給何將軍，今日才能眞相大白。然而，類此的事，而迄今未能揭穿眞相者，眞不知凡幾。

3.蘆溝橋事變起因，照我方紀錄，日軍在豐台演習中，「七月七日夜，揚言失踪士兵一名，要求入宛平城搜索，迫令我城內守軍撤退，守軍拒絕，日軍即開砲射擊城內。」然大川周明博士（日本法西斯派學者）所著的「日本二千六百年史」，及藤本弘道所著的「支那事變」等書，都說「日軍演習部隊，突被支那兵射擊。」這眞是秀才遇着兵，有理說不清。史家要審判類此公案，不知要費多少時間精力？

從上述數例，可見寫當代史是多麼冒險的事！黃大受先生編著「中國近代史」，仿通鑑長篇，不厭其詳；而新出的「中國現代史」（民國史）則非常簡略，比通鑑還略得多，大概也是有鑒於此罷。最後還有一件事要說，本書是中日關係史，這一章所述抗日戰爭經過，並不是完整的抗日戰史，凡不是與中日關係特別重要的事，例如抗戰期間中蘇關係的一波三折，中美、中英間的若干交涉與誤會，史廸威的一意孤行，以及共匪的陰謀搗亂等，這裏都從略了。又因行文從簡，有許多空軍的輝煌戰績，及海軍江防作業等，也沒有一一敍述。

第二節　九一八與一二八

日本法西斯抬頭　日本自昭和天皇即位（一九二六）以來，受着世界經濟恐慌的影響，及中國的不斷抵制日貨，輸出銳減，生產過剩，物價暴落，中小型企業紛紛倒閉，工人失業人數大增，農村亦因農產品跌價，而貧困不堪。由是社會不安，過激思想氾濫，多歸咎於政黨政治，認爲只有法西斯主義，方可挽救日本的當前危機。

一九三〇年倫敦海軍會議，締結海軍條約，英、美、日三強停止建造新艦。日本的過激分子，稱之爲外交失敗，指責內閣愈烈。未幾，濱口首相被刺，濱口內閣垮台，若槻禮次郎於昭和六年（一九三一）四月，組織第二次若槻內閣。

日本法西斯，與墨索里尼、希特勒所領導的德意法西斯黨不同，德意二國係政黨組織，發動羣衆，奪取政權，然後一黨專政。日本法西斯並無顯明的組織，也沒有公開出面的領袖，只是由一羣瘋狂的過激分子所形成的一個集團，尤以陸軍中級軍官爲中心。他們倡導「國家革新運動」，以消滅政黨政治，建立軍事獨裁爲目標。如前所述，早在田中內閣時代，儘管田中義一本人就是陸軍老前輩，其政策又是積極侵略滿蒙，然對於陸軍的少壯派，尚且無法控制。田中下台後，濱口內閣期間，陸軍，尤其是關東軍將校，更不受內閣的約束。他們獨行其是，繼續依循田中的侵略政策，在東北頻頻製造事端。迨濱口內閣已倒，若槻內閣登台，他們益無忌憚，遂發動九一八事變。

萬寶山事件　先是，日本政府奬勵移民東北，然東北冬季嚴寒，日本人不習慣，移民並不踴躍。自一九一二至一九三〇年（民國元年至十九年），東北日僑人數還只有九萬人，而在此同一期間，中國內地移民東北者則甚衆，僅山東一省，即有二十五萬人。後來，內田康哉出任南滿鐵路總裁，他鑒於日本移民成績不佳，乃改絃更張，奬勵朝鮮人移民東北。朝鮮人在日人慫恿之下，紛紛進入吉林省，強佔土地，與當地的中國人民迭起糾紛。

民國二十年（一九三一）夏天，長春萬寶里居民郝永德，以「長農稻田公司」名義，向長春縣萬寶山居民租到熟荒地五百響（每響十畝），既未經長春縣政府批准，又擅自轉租於朝鮮人耕種。朝鮮人導引伊通河水，攔河築壩，毀民田四百餘畝。若遇水漲，沿河兩岸四五千響民田，皆成氾濫。當地農民交涉無效，結隊前往填壕，與日警發生衝突。七月二日，日警開槍射擊，我國農民死傷數百人，是爲「萬寶山事件」。

事後，日人逞其歪曲宣傳，在朝鮮國內鼓動起排華風潮，華僑被殺一千多人，財產損失無算。

中村事件　「萬寶山事件」正在交涉中，日人又提出「中村失蹤事件」。民國二十年六月上旬，日本參謀本部的上尉軍官中村太郎，以現役軍官，僞裝農業專家，潛往東北各地，刺探軍事秘密。中村至哈爾濱，更欲前往興安，我哈爾濱當局以興安區多盜匪出沒，勸其勿往。中村不聽，於六月九日，擅自進入興安，遂告失踪。

八月十七日，日本駐瀋陽總領事森島，向遼寧省主席臧式毅抗議，臧主席當卽派員前往調查。同時，日本軍部卽以此爲藉口，向日本人民散發傳單，謂「日本在滿洲之特權與利益，現已處於危險狀態。」一面遂增兵東三省南部，準備製造釁端。

此時，張學良遊息北平，正過着美人醇酒生活。九月四日，東北邊防軍參謀長專程前往北平，向其報告。張學良一面再命派員調查，一面派遣其日籍顧問前往東京，聲明願意和平解決。同時又派楊汝和東渡日本，往晤日本外相幣原，會商解決東北懸案的折衷辦法。

日本陸軍當局，此時業已控弦待發，而張學良對於日方的陰謀竟毫無所悉，已不稍加戒備，又不轉報中央。

九一八事變 日本關東軍兵力已充，部署已定，乃於九月十八日夜間，派兵炸毀南滿鐵路長春線柳河鐵橋，誣爲華軍所爲，即派兵襲擊瀋陽北大營的中國軍隊。北大營駐軍奉參謀長榮臻之命，不抵抗而退。

榮臻電告張學良，張覆電指示：「仍應取絕對不抵抗主義」。張學良以爲日軍屢次進兵挑釁，佔一點便宜，最後還是撤退，故毫不在意。

日軍這次行動，是有周密計畫的，十九日一天之內，分途進兵，盡佔了營口、鞍山、瀋陽、鐵嶺、撫順、遼陽、長春等十八個城市。自二十日起，日本海空軍亦開始大規模行動，以配合其陸軍的發展。駐朝鮮三個師團，源源開往東北，五天之內，即將遼、吉兩省要地，一一佔領。

十月一日，日本組織僞「吉林長官公署」，以熙洽爲傀儡。又在遼寧成立「地方維持會」，以袁金鎧爲傀儡。

九一八事變，觀乎日本使用兵力之大，陸海空軍行動的協調一致，當然是由日本軍部所發動，事先早有周到的計畫。然根據日本外相幣原所記的內閣張皇失措情形（外交五十年），及重光葵電請日本政府禁止日軍獨斷專行等事來看，日本內閣對於此事，的確是不知情的。事後，若槻內閣仍想採取「不擴大方針」，卒因不能抑制軍閥，被迫於十二月十一日辭職。

政友會的犬養毅內閣繼若槻內閣之後，仍力圖恢復中日和平。結果，犬養毅只做了五個月首相，便做了五、一五事變的犧牲者②。犬養死後，由海軍大將齋藤實繼起組閣，名爲「舉國一致內閣」，實際上，日本已走上了軍國主義之途，內閣只有唯軍部的馬首是瞻，政黨政治名存實亡了。

國際聯盟與李頓調查團　九一八事變後，國民政府一面向日本提出嚴重抗議，一面向國際聯盟申訴。聯盟行政院一再促請日本撤兵，日本不但不理，且繼續進攻黑龍江，轟炸錦州，又派遣軍艦至中國沿海及長江一帶示威。

十二月十日，國際聯盟通過派遣五人調查團，前往東北實地調查。該團以英國的李頓爵士（The Earl of Lytton）爲團長，故稱「李頓調查團」。這個調查團差不多費了一年的時間，才於一九三二年（民國二十一年）九月四日完成一份報告書。報告書先分析事實，斷定日本發動九一八事變爲有計畫的侵略，「滿洲國」是日本的傀儡，尚屬公允。其建議則未免過於遷就事實，主張東北成立一個高度自治的政府，主權及行政仍屬中國，但允許日人享有充分的特權。一九三三年二月十四日，國聯大會討論此報告書，中國代表顏惠慶聲稱，中國無條件接受該報告書，日本代表松岡則表示不能接受。大會以四十二票對一票通過調查團報告書，日本於三月二十七日宣佈退出國際聯盟③。

國際方面，此時歐洲仍在不景氣中，英、法等國無意干涉日本的行動。只有美國國務卿史汀生(Herry Lewis Stinson) 發表過一次聲明，即史汀生「不承認主義」(Nonrecognition)。

最可惡的是蘇聯，竟在此時宣佈中立，不但不指責日本，反而痛斥西方列強，給日本很大鼓勵。到是年（一九三二）十二月，蘇俄外長李維諾夫（Maksim Maksimovich Litvinov），甚至提議締結「日蘇互不侵犯條約」。

且說日軍逐次擴張，十一月擊敗馬占山軍隊，佔領黑龍江。二十一年（一九三二）一月二日，佔領錦州，至是東三省全部皆為日軍所佔。

馬占山曾於二十一年五月，反攻哈爾濱，失敗後退入俄境。此外還有唐聚五在遼寧，李杜、丁超在吉林，蘇炳文在滿洲里，也各自發動義勇軍抗日，皆因眾寡懸殊而失敗。

一二八淞滬戰役　日本為達到其永久佔領東三省之目的，復在天津、青島、上海、福州等處，嗾使浪人，製造事端，企圖轉移目標及加大壓力，迫使中國承認東三省的既成事實。

二十一年（一九三二）一月十八日，有五個日本和尚，與上海三友實業社工人衝突。二十日，日本浪人火焚三友實業社，且毆打中國警察，搗毀商店。日本海軍司令鹽澤更誣稱那五個日本和尚被毆，即據此為藉口，要求上海市政府取締抗日運動。駐滬日領事復提出最後通牒，要求道歉、撫卹、懲兇及制止反日四事。上海市長吳鐵城於一月二十八日覆文，表示接受，日領事亦已認為滿意。然日軍進攻上海的計畫，業已準備就緒，突於是晚十一時，通知上海市政府，勒令華軍退出閘北。又於通知尚未送達之前④，即向閘北天通庵車站駐軍攻擊。駐防京滬一帶的十九路軍，被迫應戰，遂發生一二八淞滬抗日之役。中央亦急調第五軍至滬，增援十九路軍。

這次淞滬之戰，自一月二十八日戰至三月一日，日軍屢挫，逐次增加兵力，使用了四個師團及一旅陸戰隊，用兵十萬，四易統帥，其所受挫折之大可知。最後，國軍終因眾寡懸殊，裝備劣勢，退出淞滬，據守南翔一帶⑤。旋經國際聯盟對日本嚴重警告，及英、美、法三國的調停，至五月五日，簽訂「淞滬停戰協定」，日軍始撤退。

在一二八滬戰期間，日本軍艦亦駛至南京威脅。國民政府一度遷都洛陽，留蔣委員長坐鎮南京。

第三節　大戰前夕

僞滿洲國出現　日本爲便於控制東三省，決心組織僞滿傀儡國。二十年（一九三一）十一月，日人勾結漢奸，擾亂天津，乘機挾走寓居天津的清廢帝溥儀，送往旅順。

二十一年一月十六日，日人指使漢奸鄭孝胥、臧士毅、金梁、熙洽、張景惠等，在瀋陽舉行「滿洲善後會議」。二月十九日，復召開「東北行政委員會」，決議解散各地的「維持會」，籌備組織「滿洲國」。

三月九日，「滿洲國」僞組織成立於長春，日人以溥儀做傀儡，迫令其擔任終身執政，鄭孝胥爲內閣總理，改元「大同」。（二十三年三月一日，溥儀稱帝，改元康德）日本以武藤信義爲關東軍司令官兼駐僞滿大使，即東北的太上皇。

九月十五日，日本承認僞滿，簽訂「日滿議定書」。十六日，我政府向日本抗議，同時向聯合國特別大會控訴，並照會「九國公約」簽字國。

長城各口抗戰　日軍已肅清東三省各地的義勇軍，又見國際聯盟無力制裁，英法袖手旁觀，遂更進一步，侵略熱河、察哈爾。

二十二年一月一日，日軍先攻佔山海關及九門口。二月下旬，冒用僞滿軍名義，三路進攻熱河。熱河主席湯玉麟，不遵張學良命令，不戰而放棄承德。三月四日，日軍佔領承德，熱河全省淪陷。

張學良以督責無方免職，中央命何應欽主持北平軍事委員會分會（簡稱軍分會），並調遣國軍部隊北上，抵抗日軍繼續南侵。

四月二十二日起，日軍復南犯長城各口。我軍自右算起，商震部防守冷口，宋哲元部防守喜峯口，徐庭瑤部（十七軍）防守古北口，迭挫日軍的攻勢。此時，國軍主力正在江西圍剿共匪，未能大量抽調兵力，北上增援。戰至五月八日，日軍第六師團在冷口方面，突破萬福麟、宋哲元兩軍的接合部，遂沿平榆國道長驅直入。我軍退守白河之線，日軍進出懷柔—薊縣—玉田—丰潤之線，威脅平津。

至是，英使出面調停。五月三十日，中日雙方代表在塘沽開始談判。三十一日，成立「塘沽停戰協定」（日人稱北支停戰協定），劃冀東爲「非武裝區域」，日軍退至長城附近。

天羽聲明 是年（二十二年，一九三三）三月二十七日，日本退出國際聯盟，這是國聯所受的第一次打擊。同年十月十四日，德國也退出國際聯盟。接着，德國又於翌年（一九三四）三月十六日，宣佈廢除凡爾賽條約的軍備限制，恢復建軍。德國的態度，及歐洲局勢的緊張，顯然對日本具有很大的鼓勵。

二十三年（一九三四）四月十七日，日本外務省發言人天羽發表聲明，略謂「日本對華有其特殊地位與使命，與外國對華態度不能一致，爲無可避免之事。各國對中國的任何援助，日本一概反對。」五日後，日本駐美大使齋藤招待記者，更進一步宣告，此後「中國政府與外國商人訂立任何重要契約，皆須事先商之日本；否則，中國政府須負忽視日本警告之責任。」

大概日本還想取得中國政府的正式承認，又於六月間，在南京製造一個「藏本事件」。藏本英明爲日本駐南京副領事，二十三年六月八日突然失踪，日方誣稱已被中國人殺害。十二日，日本自上海派遣軍艦，並載運陸戰隊與警察等，開至南京，欲先襲佔下關，再與中國政府談判，造成城下之盟。十三日，我首都警察在明孝陵發現了藏本，交回日本使館，日人自知理屈，遂默然撤兵。南京一度滿城風雨，卒獲幸免於難。據藏本在我警局談稱，他是奉日本政府之命，秘密躲藏及自殺，以製造日本進攻南京的口實。然藏本不願自殺，日本陰謀終於失敗。

同年十二月，日本通知英、美、法、意四國，廢棄「華盛頓海軍條約」。至是，日本軍部一意孤行，決心獨霸東亞，甚至不惜與美國一戰，事實已很明顯。且從日本海軍年度預算的增加情形來看（參看下面的預算表），日本當自一九三二年（昭和七年，民國二十一年），即已開始秘密造艦。

廣田三原則　不過，日本陸軍也分二派，一是「皇道派」，一是「統制派」。皇道派的主張，對內爲天皇親政，實施國家社會主義；對外以確保及開發滿洲爲政策，暫不向外擴張。統制派則主張軍方完全統制政府，並對中國全面侵略。

一九三四年（昭和九年，民國二十三年）四月，號稱舉國一致齋藤內閣辭職。西園寺公推舉穩健的海軍大將岡田啓介組閣，希望新閣抑制軍人干政。因此，在岡田內閣中，皇道派抬頭，採取比較穩健的政策。其對華外交政策是，誘使中國承認僞滿，且於改善中日關係之外，也謀取途徑，改善日美、日俄的關係。

翌年（一九三五，民國二十四年），日本提議，中日兩國使節升格。五月，兩國互換大使。十月二十八日，日本外相廣田弘毅向中國駐日大使，提出對華三原則，內容如下：

一、中國政府須積極實行鞏固中日關係之計畫。

二、中國承認「滿洲國」，實現中日滿在華北之合作。

三、中日滿共同防止共產黨在中國之蔓延。

可是，廣田三原則不但我國不能接受，日本陸軍的「統制派」也不聽那一套。中日兩國剛互換過大使，日軍就在河北製造藉口了。

在日本國內，「統制派」反對政府更爲激烈。一九三四年（昭和九年，民國二十三年）冬天，有「眞崎事變」和「相澤事變」；一九三六年（昭和十一年，民國二十五年）二月二十六日，更爆發駭人聽聞的「二·二六事變」。那是陸軍步兵近衛第三旅團叛變，內相齋藤，藏相高橋是淸，教育總監陸軍大將渡邊錠太郎三人，被叛軍當場擊斃，侍從長鈴木貫太郎負重傷。首相岡田逃走，僅以身免。據說叛軍謀殺的對象，包括所有元老、重臣、財閥、政黨領袖及「皇道派」中心人物。

二·二六事變後，「統制派」完全控制了政府。初由外相廣田組成過渡內閣，到一九三七年（昭和十二年，民國二十六年）一月，陸軍大將林銑十郎組閣，而七七事變也就呼之欲出了。

華北製造許多事件　在上述中日談判期間，日人在中國，尤其是華北一帶，製造過許多事件。茲將民國二十四至二十六年七七事變之前的幾件大事，依時間順序，述其綱要如下：

二十四年（一九三五）五月，日本華北駐屯軍司令梅津美治郎，藉口天津日租界親日分子震報社長白逾桓與國權社長胡恩溥被暗殺事件，及孫永勤匪部在遵化附近搗亂事件，於五月二十九日及六月九日，先後派遣駐屯軍參謀長酒井及駐華武官磯谷廉介，要求何應欽將軍徹底解決河北諸問題。日方要求數點，最重要及後來引起爭執的事，是中央軍第二師（黃杰）與第二十五師（關麟徵）兩部離開河北。何將軍遵奉中央指示，全部接受，日方猶欲強迫其簽定書面協定，並加附幾個條件，但被何將軍拒絕。儘管如此，日方仍謂已獲得「何梅協定」，以後有許多非法行爲，動輒說是根據「何梅協定」（參看第一節）。

繼上述「河北事件」之後，日人又製造「察東事件」，壓迫中國撤退察哈爾駐軍（宋哲元部），並停止察省國民黨活動。

是年十二月，復指使僞軍李守信部，並秘密加入一部日軍，侵佔察北六縣。接着就利用錫盟副盟主德王，組織僞「蒙古自治軍政府」。

除進圖察綏之外，河北方面也是陰謀百出。同年（二十四年），日人策動「華北自治運動」，企圖製造第二僞組織，使華北五省脫離中央⑥，事爲山西的閻錫山及山東的韓復榘等所拒絕，其陰謀未獲逞。

同年十月，日本天津駐屯軍指使浪人及漢奸殷汝耕，製造「香河暴動」。十一月，命殷汝耕宣佈獨立，在通縣組織僞「冀東防共自治政府」，冀東非武裝地區二十二縣皆屬之。日人在冀東收買漢奸，偵察軍情，擾亂治安，無惡不作。

二十五年（一九二六）五月，日本增兵天津，並再度煽惑「華北自治」運動，復爲我五省將領所拒絕。

組織僞蒙，進犯綏東　六月，僞「內蒙自治軍政府」成立。十一月，日人發動僞蒙軍（含日人僞裝官兵）及王英部匪軍，合數萬人⑦，進犯綏遠東部，被我傅作義部晉綏軍及湯恩伯部的十三軍（陝北調來）擊潰。我軍乘勝反攻，收復百靈廟及大廟（綏北）。至是，李守信亦率所部偽軍反正。

同年十二月二日，青島日本紗廠罷工。三日，日本陸戰隊登陸，佔據青島，至十五日始撤退。

二十六年（一九三七）一月，日本飛機飛往青島、濟南等處，散發傳單。

同月，日本浪人在河南鄭州勾結漢奸，企圖暴動，被我地方當局破獲。

我國的抗戰準備　在日人着着侵略與頻頻作亂當中，中國政府依照蔣委員長「安內攘外」的大方針，一面以全力剿滅共匪，並與各地軍政大員相忍爲國，和平解決爭端，共赴國難；一面忍辱負重，繼續與日本外交談判。同時也積極準備抗戰，雖然日本不許我們大規模設防，抗戰的諸準備還是不遺餘力。不過，由於時間短促，到七七事變時，各種計畫多未完成。茲將大戰前幾年的所有國防準備，述其大要如下：

（甲）關於統一意志者：如新生活運動，廬山及峨嵋的訓練，全國著名教授的廬山座談會與講學等，旨在明恥教戰，爲抵禦外侮與復興民族，統一全國思想。

（乙）關於建立制度者：如國防會議的組織，兵役法的施行，學生軍訓制度的確立，及全國防空區的劃分與防空通信網的建立等。及七七事變既起，立法院又通過總動員法。

尤其重要的，是幣制的統一，法幣信用的建立。

（丙）關於建軍整軍者：

陸軍：整編「調整師」六十個師，以爲國防軍基幹，並建立如下之獨立特種部隊：騎兵十個師，輕砲兵三十團，重砲兵五團，戰車二團，裝甲兵二團，高射砲兵七團，化學兵五團，工兵三團，通信兵五團，交通兵四團，鐵道兵一團，鐵甲車五大隊。

空軍：空軍建設，多方面進行，如指撥專款，發行公債，發行航空獎券，及發動全國獻機祝壽等。至七七事變時，計有轟炸機三大隊，驅逐機三大隊，偵察機二大隊，攻擊機一大隊，共三一四架飛機。

海軍：我國缺乏工業基礎，又限於財力，自國民政府奠都南京以來，先後只建造「咸寧」、「永綏」、「民權」、「逸仙」、「民生」、「寧海」、「平海」等七艦，及寧字號砲艇十艘，改造「中山」等舊艦十二艘，總噸位只有五萬餘噸，只限於協助江防作戰及長江、珠江的封鎖。

(丁) 關於國防工事者：

1. 將全國重要戰略地區，分爲江浙、山東、冀察、晉綏、河南、福建、廣東、廣西等八個工程區，所有戰略要點，一律構築永久工事。至七七事變時，江浙、晉綏、河南三區的第一期工程已完成。

2. 各江防要塞或重建，或整理補充，如添置新砲，改善通信設施等。

(戊) 關於軍需工業者：悉力充實各軍需工廠的設備，並加設新廠。至七七事變時，所有步槍、重機槍、迫擊砲，十五公分以下的砲彈，一千公斤以下的炸彈，以及各種信管，化學品及防毒面具等，皆能大量生產。

（己）關於交通建設及動員準備者：

1. 鐵路：粵漢鐵路全線貫通，隴海、平綏二路向西延伸，又興建浙贛、湘黔、湘桂三條鐵路。

2. 內陸各省公路的聯接，及九省長途電話網的建立。

3. 輪船、汽車等的調查統計，沿江碼頭的增修，及水運工具的改良等。

（庚）關於經濟資源的開發及其動員準備者，設資源委員會主持其事，其主要工作分為三類：

1. 重工業類：如全國各地的鐵廠、銅廠、鋁鋅廠、煤礦、石油礦等冶礦業；氮氣工廠、無水酒精廠等化學工業；飛機發動機廠，原動機廠、工具廠、紡織廠等機器工業；水電廠及電工器材廠等電氣工業。

2. 特種礦業，如鎢、錦等的生產運銷統制。

3. 各種資料之調查統計，作為經濟動員之準備。

日本瘋狂備戰　在此同期間內，日本更是瘋狂備戰，不但要想征服中國，還想利用世界局勢的激盪，盡量擴充其海空軍，以期擊敗美國，征服世界。茲將一九三一至一九三七年上半年之間（即自九一八至七七事變前夕），有關日本軍事行動及整軍備戰等大事，列舉如下：

一九三一年（昭和六年）

九月，九一八事變。

一九三二年（昭和七年）

一月，發動一二八淞滬之戰。

三月，橫須賀設置海軍航空廠。
三月，組織偽滿洲國。
一九三三年（昭和八年）
一月一日，佔山海關。
三月，侵佔熱河。
三月，退出國際聯盟。
五月，突破長城各口。
九月，海軍軍令部改稱「軍令部」，部長改稱「總長」。
是年開始募集少年航空兵。
一九三四年（昭和九年）
三月，設海軍航空學校。
十二月，設對滿事務局。
十二月，宣佈廢除華盛頓海軍條約。
一九三五年（昭和十年）
五月，日本本土設立三個防衛司令部，東部設東京，中部設大阪，西部設小倉。
七月，設陸軍航空技術研究所，陸軍航空技術學校，陸軍航空本廠，飛行團司令部。
十月二十五日，參加第二次倫敦海軍會議。

一九三六年（昭和十一年）

一月十六日，日本退出倫敦會議。

二月二十六日，日本二、二六事變。

五月，陸海軍修改官制，陸海軍二部大臣及次官，限於現役將官擔任（恢復大正二年以前舊例）

七月，設立航空兵團司令部。

七月，設立陸軍戰車學校。

九月，制定帝國在鄉軍人會。

一九三七年（昭和十二年）

海軍無條約時代開始。

七月，發動七七蘆溝橋事變，開始全面侵略中國。

十一月，制定新大本營令，「以應戰時及事變之際的必要」⑧。

陸海軍預算大增　自一九二七至一九三五年，八個年度的陸海軍預算如下：（單位千圓）

年度	陸軍	海軍
一九二七（昭和二年）	二一八、一〇四	二七三、五三七
一九二八（昭和三年）	二四九、一〇六	二六八、一三二
一九二九（昭和四年）	二二七、二五五	二六七、六六五

一九三〇（昭和五年）	二〇〇、八二四	二四二、〇三五
一九三一（昭和六年）	二二七、四八八	二二七、一二九
一九三二（昭和七年）	三七三、五七五	三一二、八〇九
一九三三（昭和八年）	四六二、六四五	四〇九、九七五
一九三四（昭和九年）	四五三、二二五	四八八、五〇九
一九三五（昭和十年）	四九一、九七二	五二九、三七二

日本陸海軍兵力 日本陸軍平時最高額到過常備兵二十一師團。大正十三年（一九二四），關東大地震，日本元氣大傷；十四年，裁撤常備兵四個師團，番號爲第十三、第十五、第十七、第十八師團。此後直至九一八事變前，還是十七個師團。

一九三一年（民國二十年）九一八事變後，日本陸軍開始擴充，除恢復以前裁撤的四個師團外，又在滿洲成立獨立守備隊六個混成旅團，相當於三個師團。至一九三七年七七事變時，日本陸軍共爲二十四個師團，兵員九十三萬人。自一九三七至一九四一年，日本陸軍繼續擴充，到太平洋戰爭開始時共有五十一個師團，兵員二、〇二五、〇〇〇人。

陸軍航空隊，在一九三七年七七事變時有五十四中隊，兵員二萬人。至一九四一年太平洋戰爭開始時，有一五一中隊，飛機三千五百架（第一線機約占三分之一），兵員三五五、〇〇〇人。

日本海軍，依照華盛頓會議的限制，主力艦十艘，共三十萬噸，航艦爲八萬一千噸。依照倫敦會議的限制，重巡洋艦爲一〇八、四〇〇噸，輕巡洋艦一〇〇、四五〇噸，驅逐艦一〇五、五〇〇噸。

如上表所列，日本於一九三四年宣佈廢除華盛頓條約，一九三六年退出第二次倫敦會議，一九三七年海軍無條約時代開始。又根據上表之海軍預算增加年度，料想其海軍秘密擴充，早已於一九三二或三三年開始。

一九四一年太平洋戰爭開始時，日本海軍兵力如左：

戰鬥艦	一〇艘	三〇一、四〇〇噸	另建造中者二艘
航空母艦	一〇	一五二、九七〇	另建造中者四艘
重巡洋艦	一八	一五八、八〇〇	
輕巡洋艦	二〇	九八、八五五	
驅逐艦	一一二	一六五、八六八	
潛水艇	六五	九七、九〇〇	
其他	一五六	四九〇、三四八	
合計	三九一	一、四六六、一七七	

海軍兵員總數三十二萬二千人。

海軍飛機三千二百零二架。

商船千噸以上者共五百九十八萬噸，連千噸以下的船隻計算在內，有六百六十三萬噸。

日本的生產力，太平洋戰爭初期，依照原定的軍艦增產計畫，每年可造軍艦十三萬噸，緊急動員可造二十餘萬噸。陸海軍飛機生產量，一九四二年約八千架，一九四三年約一萬六千架，一九四四年約二萬四千架。

第四節　中國孤軍奮鬬

一九三六年（民國二十五年）三月七日，德國重佔萊因地區。五月九日，意大利佔領衣索匹亞（Ethiopia 昔名阿比西尼亞）首都，完全征服該國。同時，國際聯盟也就徹底崩潰。十月二十五日，德意二國建立羅馬柏林軸心。十一月二十五日，德日反共協定簽字，接着又成立意日反共協定。（後於一九四〇年結爲德意日三國同盟，稱柏林—羅馬—東京軸心。）

至是，日本軍部主戰派躍躍欲試。一九三七年一月，陸軍大將林銑十郎組閣，徹底排斥政黨，實行準戰時體制，而中日戰爭便無可避免了。

蘆溝橋事變　民國二十六年（一九三七，昭和十二年），日本平津駐屯軍河邊旅團所屬兩個聯隊，集中於北平城西南的豐台車站附近，舉行示威性的演習。七月七日夜，揚言失踪士兵一名，要求入宛平城內搜索，迫令我城內守軍撤退。守軍拒絕，日軍即向城內砲擊。守軍宋哲元部馮治安師吉星文團奮勇抵抗，遂燃起中日戰爭的火炬，是爲蘆溝橋事變，亦稱七七事變。

戰事已起，日軍即自朝鮮、東北各地，調兵入關。一面陽爲談判，以待其兵力集中。迨日軍集結十萬以上，遂大舉進攻，於七月十六日佔領豐台、宛平等處。十八日，設最高司令部於豐台，以香月清司爲司令官，三路會攻北平。

宋哲元部兵力分散，抵抗至八月四日，放棄北平。同時，天津亦爲日軍攻陷。

蔣委員長時在廬山主持訓練，於七月十七日發表廬山談話，重申我國國策，是希望和平而不求苟安，準備應戰而決不求戰。「最後關頭一到，我們只有犧牲到底！抗戰到底！唯有犧牲到底的決心，纔能博得最後勝利。若是徬徨不定，妄想苟安，便會陷民族於萬刼不復之地。」

接着，政府遂頒佈動員令，部署全面抗戰。

平綏、平漢二路戰事 日軍已陷平津，即以大約三師團的兵力，沿平綏路向西進攻。我湯恩伯軍守南口，高桂滋軍守赤城—延慶—懷來之線，激戰十餘日，屢挫敵人攻勢。統帥部命調衛立煌之一部，自石家莊繞道馳援，因山路崎嶇，行動遲緩。八月二十五日，衛軍未到，南口失陷。我張家口駐軍劉汝明部，原定協同傅作義部會攻張北，因協調不確實，反被敵人佔了機先。八月二十七日，張垣失守，劉汝明部退守口外，傅作義部退守柴溝堡。

此時，日軍以寺內壽一為華北派遣軍總司令，於攻擊南口同時，分兵一部，沿平漢路南下。我孫連仲部守良鄉，拒戰數日，退守馬頭鎮—琉璃河之線。敵軍已下南口，乃增兵平漢線，以坂垣征四郎為指揮官，進攻保定。敵軍陸空協同，火力熾盛，先後擊破孫連仲、劉峙二部，於九月十八日攻陷涿州，二十四日攻陷保定。

保定失守後，我第一戰區司令長官程潛統一指揮平漢路諸軍，保衛石家莊。時值晉北告急，衛立煌、孫連仲等部先後調往山西，平漢路兵力單薄，敵軍長驅直下。商震部逐次抵抗，於十月十日退出石家莊。

敵軍繼續南進，十一月五日攻陷安陽，十一日又陷大名。這時候，敵我主決戰是在山西戰場；平漢線上，敵我兩軍兵力皆不大，在漳河、衛河之線，隔河對峙。

晉綏戰場　沿平綏路西進的敵軍，以主力侵入晉北，一部西略歸綏。傅作義奉命退入山西，綏省兵力單薄，無法抵抗敵人的攻勢，歸綏於十月十三日，包頭於十月十六日，先後失陷。

晉北我軍逐次抵抗，退守平型關—雁門關之線。九月下旬，敵軍以一師團進攻平型關，被我軍擊退。旋復增兵續進，並以一部自鐵角嶺直趨繁峙。我軍以後方交通線已受威脅，乃於九月三十日夜，放棄平型關，向南撤退。

十月初，敵軍續向太原前進。我軍以衛立煌爲總司令，率領劉茂恩、王靖國、李默庵三部，防守忻口附近，受第二戰區司令長官閻錫山指揮。忻口之戰，自十月十三至十八日，我軍屢挫敵人攻勢，並迭次乘勝出擊，殲敵甚衆，爲華北作戰以來最光榮的一役。然我軍亦傷亡重大，軍長郝夢麟，師長劉家麒二將軍，皆於忻口之役，壯烈殉國。

此時，平漢路之敵，分兵沿正太路進攻晉東門戶。我孫連仲、馮欽哉、曾萬鍾等部防守娘子關附近，自十月八日至二十二日，迭破敵軍。二十二日起，敵人分遣另一縱隊，自井陘之東迂廻前進，我軍變更部署不及，娘子關要隘遂於二十六日失守。

晉北衛立煌部，因受晉東不利之影響，奉命放棄忻口，撤回太原附近。退卻期間，被敵人空軍轟炸，及機械化部隊的追逼，損失頗大。及退至太原北郊時，立足未穩，陣地即被敵人突破。

敵軍擊退衛立煌部，即開始攻擊太原。傅作義部守城，在敵人空軍轟炸與砲兵猛烈射擊之下，城垣崩壞，無法持久，於十一月九日突圍而出，太原遂告失守。

津浦線上　日軍在津浦路方面的攻勢，由西尾壽造的第二軍擔任。九月十日，敵軍在馬廠附近，擊破宋哲元部的五十九軍。二十一至二十四日，與龐炳勳的三十九師，戰於姚官屯。龐師苦戰四日，被迫放棄陣地，向南退卻。敵軍乘勝前進，遂佔領滄縣。

敵軍復自滄縣繼續南下，二十九日，進至馮家口、泊頭鎮之線。我第六戰區司令長官馮玉祥與副司令長官鹿鍾麟、親赴南皮督師，於三十日夜間發起攻勢，佔領馮家口、北霞口、及泊頭鎮附近的代莊。惟泊頭鎮始終攻擊不下，且通信連絡失靈，乃下令向南撤退。

此時，韓復渠派遣二師前來增援，與宋哲元部共守德縣。十月三日，敵軍進攻德縣，宋韓二部抵抗二晝夜，至十月五日，城陷。

至是，敵軍抽調一個師，轉用於平漢線。我最高統帥部獲悉敵軍轉用兵力，命韓復渠集團軍全力以赴，乘虛克復德縣，進圖滄縣，以牽制敵人。韓集團行動遲緩，攻勢尚未發起，敵軍的另一縱隊，已從慶雲、惠民，直下濟陽。韓集團被迫退回黃河南岸，焚毀鐵橋。

淞滬會戰　東戰場方面，亦於八月十三日揭開戰幕。是日，日軍以陸戰隊萬餘人，進攻我保安部隊。我京滬警備總司令張治中，指揮三個師馳援反攻，一度攻至滙山碼頭。同時，我空軍亦轟炸敵之陸戰隊司令部、滙山碼頭及公大紗廠等，並炸中敵主力艦「出雲」號。雙方空戰，互有損傷。然敵軍基地建築，非常堅固，終未攻下。

八月二十二日夜，敵第三、第十一兩師團，至吳淞北方及獅子、川沙等處登陸；我軍亦向吳淞、寶山、羅店、瀏河之線增兵。二十四日，我十五集團軍總司令陳誠，指揮四個師，向這方面敵人反攻，自是激戰十四晝夜，雙方傷亡皆重，各無進展。

中日援軍皆源源而至。我軍調整部署，第八集團軍總司令張發奎所部，仍擔任浦東防禦；陳誠的第十五集團軍，在長江右岸地區，改取守勢；張治中的第九集團軍在中央，繼續攻擊。

作戰至九月中旬，日軍已增加到五個師團及若干混成部隊，總兵力約十萬餘人。敵軍壓力增大，我軍於九月十八日被迫向後移動，調整防線，改守北站、揚行、施公廟、瀏河之線。

二十一日，我軍以兵力增大，第三戰區由蔣委員長自兼司令長官，顧祝同爲副司令長官，將所屬部隊區分爲右翼、中央、左翼三個作戰軍。

右翼軍總司令張發奎，指揮第八（張自兼）、第十（劉建緒）兩集團軍。

中央軍總司令朱紹良，指揮第九集團軍（朱自兼），稍後又增加二十一集團軍（廖磊）。

左翼軍總司令陳誠，指揮第十五（羅卓英）、第十九（薛岳）兩集團軍。

自十月七日至二十五日，演成蘊藻濱爭奪戰，屢進屢退，戰況空前激烈，雙方皆傷亡慘重。最後，我中央軍被迫退守江橋、小南翔之線。此時，日軍兵力已增至二十餘萬人。

放棄南京　十一月五日，日軍第十軍司令官柳川平助指揮三個師團，自杭州灣金山衛登陸，威脅我淞滬主力軍的側後方，第三戰區乃下令全面撤退。由於部隊多，道路少，及敵機的妨害，部隊在退卻中建制紊亂，無法據守吳福線已設陣地，即續向錫澄線退卻。敵軍急追，十一月二十五日，無錫又告陷落。

十一月二十六日，錫澄線失守。我軍主力退往浙皖贛三省邊區，一部退回南京，歸入首都衛戍部隊序列，參加南京防禦戰。

敵軍以第六、第九、第十二師團，及第五師團的一部，沿京滬路向南京急進。我首都衛戍部隊，大部皆自淞滬會戰之後，新近撤退到京，未及整頓補充，倉卒應戰。十二月四日，稜陵關、句容失守。八日，湯山及龍潭鎮亦相繼陷落。十三日，敵軍攻進雨花台；是日，我衛戍司令長官唐生智下令放棄南京，各軍分道突圍。

衛戍長官部的南京防禦計畫，原來是抱定犧牲決心，與城共存亡的，故未作退卻準備。現在事出倉卒，各自行動，大都不獲突圍，皆被日軍殺害。

日軍進入南京城後，大事殺戮，民衆被害者十萬以上，是爲南京大屠殺，慘無人道⑨。

日本製造僞組織 日本以爲攻下首都南京，中國必然屈服，乃請德國駐華大使陶德曼，於十二月二十二日，轉達我政府，提出和平條件，大要有四點：

一、中國政府放棄其抗日反滿政策，須與日本共同防共。

二、必要地區，劃爲不駐兵區，並成立特殊組織。

三、中國與日、滿經濟合作。

四、相當賠款。

同時並表示，談判時不停戰，須派員到其指定地點交涉。中國政府斷然拒絕。

日本欲罷不能，乃宣佈「不以國民政府爲對手」，利用漢奸，在各地成立僞組織，實行其割裂中國，以華制華政策。華北方面領先，於十二月十四日，由漢奸王克敏、湯汝和、王揖唐等，成立僞臨時政府，統治冀、察、綏、豫、魯五省。

二十七年三月二十八日，又以漢奸梁鴻志、溫宗堯等，在南京成立偽維新政府，劃蘇、浙、皖三省，為偽組織統治地區。

於是，各地偽組織皆自設銀行，發行偽幣。日軍則發行軍用票，強迫收購物資，以支持其長期侵略。政治上則提出「治安運動」口號，實行「清鄉」，以期消滅我黨政軍的敵後勢力。

中國調整軍事部署　國民政府遷都重慶，工廠及文機關先遷，統帥部及政府首長等暫駐武漢指揮。同時，成立國民參政會，稍後又頒佈「精神總動員綱領」，以統一意志，集中力量，從事長期抗戰。

政府遷漢之初的主要工作，為改組軍事委員會，以加強統帥部組織，並調整戰鬪序列。各戰區司令長官及其作戰地區如下：

第一戰區司令長官程潛——平漢路方面。
第二戰區司令長官閻錫山——山西。
第三戰區司令長官顧祝同——蘇、浙及皖南。
第四戰區司令長官由參謀總長何應欽兼——兩廣。
第五戰區司令長官李宗仁——津浦路方面。
第八戰區司令長官由委員長自兼，朱紹良代——甘、寧、青。
武漢衛戍總司令陳誠——防禦武漢及其以東的江防。

西安行營主任蔣鼎文——陝西。

福建綏靖公署主任陳儀——福建。

徐州會戰與台兒莊大捷　至二十六年年底，日軍使用於中國戰場的兵力，已達二十六師團之衆。佔領南京之敵，當即渡江北上，略取津浦路南段地區。自十二月下旬起，敵自南北併進，企圖打通津浦路。

津浦路北段，由於韓復渠作戰不力，濟南、泰安、濟寧、鄒縣先後放棄。統帥部爲整飭軍紀，將韓復渠逮捕至武漢正法，命孫桐萱代理該集團軍總司令，屬第五戰區司令長官李宗仁指揮。

二十七年二月初，第五戰區調整部署，以二十六（徐源泉）、二十一（廖磊）、十一（李品仙）三個集團軍，抑留津浦南段之敵，阻止其北上；同時以第三（孫桐萱）、二十二（孫震）兩集團軍及第三軍團（龐炳勳）等三部，反攻濟寧、汶上。這方面的攻勢，最初頗有進展，嗣因敵軍大增，一度陷於僵持狀態。

敵軍增援部隊，分由濟南、青島兩路前進，東圍臨沂，南陷嶧縣。我軍亦自後方及其他戰場，調兵增援。三月十二日，張自忠軍到臨沂，與守軍龐炳勳部協力反攻，敵第五師團的兩個聯隊，幾乎完全被殲。

敵軍第十師團磯谷部，自三月二十四日起，攻擊台兒莊。我守軍孫連仲部奮勇迎戰，其三十一師池峯城部扼守城寨，雖三面失陷，猶負隅頑抗。敵軍已爲孫集團吸引於台兒莊，我援軍湯恩伯軍團到達，遂乘虛側擊，孫連仲部亦同時反攻，大破敵軍。敵自臨沂方面派兵來援，又被湯軍團各個擊破。

台兒莊之戰，至四月六日結束，我軍大捷，殲滅敵軍第十師團的大部，及第五師團的一部。

敵自台兒莊失敗後，更由晉綏、蘇皖各戰場抽調兵力，轉用於山東及蘇北，參與徐州會戰。津浦南段之敵，以一部出蒙城、永城；津浦北段之敵，亦以一部進攻金鄉、魚台，企圖以雙鉗攻勢，包圍徐州。

五月中旬，我五戰區因態勢不利，向西撤退，五月十九日放棄徐州。敵軍繼續西進，先後攻佔蘭封、開封，進擾新鄭。六月七日，黃河決堤，水經中牟、尉氏，沿賈魯河南汎，敵我兩軍乃隔黃汎區對峙。

同時，平漢路方面之敵，亦於二十七年二月間恢復攻勢，攻下汲縣、新鄉。

同年春，山西之敵，沿同蒲路南下，佔領晉南各主要城市。我軍到處反攻游擊，使敵人迭受打擊。自是之後，山西戰場即以游擊戰爲主。

東戰場方面，我軍於二十六年十二月，放棄杭州、宣城、蕪湖。第三戰區積極發動敵後游擊，困擾敵人，戰區當面的正規作戰較少。

武漢會戰 敵軍已打通津浦線，即利用長江水漲季節，自二十七年六月開始，溯江西上，水陸並進。六月二十六日，敵軍突破馬當封鎖線。六月七日，佔領湖口。七月二十三日，敵軍在九江登陸。旋即分兵四路，進攻武漢，其路線如左：

江南敵軍二路，一沿南潯鐵路南進，掩護其左側背；一沿瑞武公路進出湖北咸寧，切斷粵漢路交通，並自南方攻擊武漢。

江北敵軍二路，一沿江西上，直指武漢；一沿大別山北麓西行，進攻信陽，迂廻武漢北部。同時，敵海軍除去馬當封鎖線的水中障礙，派遣艦隊溯江西上，協同江北岸西進的陸軍，攻擊我之江防要塞。

七月中旬，日本大本營以畑俊六爲華中派遣軍總司令，統轄第二、第十一兩軍，及一個直轄兵團（四個師），一個航空兵團（三個飛行團）。

同時，我統帥部亦因武漢會戰期近，將武漢衛戍部隊擴編爲第九戰區，仍以陳誠爲司令長官。並擴大第五戰區，將蘇北、皖中、皖北，一併劃入該戰區，使其負責江北岸之作戰。（田家鎮及漢口則屬第九戰區。）

八月下旬，敵軍開始總攻。我軍在武漢外圍，利用九宮山脈、幕阜山脈、廬山山脈、大別山脈等，構築陣地以待。各方面的戰鬪經過如下：

南潯方面，我薛岳兵團的第四、六十六、七十四等軍，自十月六日至十日，與敵軍一〇一、一〇六兩師團戰於萬家嶺，殲滅敵軍四個聯隊。大捷之日，正是雙十節那一天。其後，敵人增兵，我軍逐次抵抗，至十月三十一日，退守修河南岸，與敵對峙。

長江南岸方面，我張發奎兵團自八月二十二日起，先後在烏石街（瑞昌西北）、馬頭鎮、田家鎮要塞等處，激戰二月，迭予敵人重創。然敵人沿江作戰，海陸空協同密切，軍艦砲火猛烈，飛機不斷轟炸，我軍傷亡纍纍。至九月二十九日，田家鎮要塞終於陷落。

我空軍協助沿江作戰，炸沉敵人軍艦十二艘，並炸毀敵人前進機場數處。敵軍的前進，因此稍爲遲滯。

第五戰區在長江北岸及大別山北地區阻敵前進，幾經激戰，卒因砲火不及敵人，逐次被迫後退，先後放棄商城、信陽。十月下旬，敵第三師團向應山前進，威脅我第五戰區的退路。

十月二十五日，我軍放棄武漢。至十一月十二日，敵華中派遣軍，停止於信陽—岳陽—德安之線。

廣州失守　在武漢會戰期間，敵人亦分兵進攻閩、粵二省。進攻福建的敵人，兵力不大，在海軍砲火掩護之下，於二十七年五月十二日，佔領廈門。

進攻廣州之敵，為日軍第二十一軍，有兵力三個師團，飛機百餘架。十月十二日，在敵艦數十艘的強大砲火掩護之下，登陸於大亞灣。其主力連陷惠陽、博羅、增城，及樟木頭、石龍，兩路直趨廣州；一部經平山、橫瀝、平安，進出從化。

十月二十一日，廣州失守。

自太原、南京、濟南失守後，我軍即發動全面游擊戰，到處襲擊敵軍，牽制其行動，截斷其補給，迫使敵軍只能據守少數要點城市，鄉區皆為我游擊隊所控制，依舊奉行政令。武漢會戰後，統帥部移駐重慶，從新部署，更着重敵後游擊，頗收效果。

那些游擊戰的經過，無法一一細述，現在只將自二十八年至三十年十二月（太平洋戰爭爆發時）之間的好些會戰，依次略為敍述。

南昌會戰　武漢會戰後，日軍第二軍司令部撤銷，由十一軍統轄七個師，擔任武漢方面之作戰。

其第一線概在信陽—舊口—岳陽—德安之線，與我五、九兩戰區對峙。

二十八年二月，敵一〇一、一〇六兩師團向德安以南，第六師團向箬溪（武寧縣東），一一六師團之一部及艦艇數十艘向湖口，分別集中，企圖進攻南昌。

三月二十日，敵軍主力強渡修江，攻擊我七十九、四十九兩軍的第一線陣地。該兩軍主力，因河水暴漲，不能及時增援。二十三日，敵人突破我軍陣地，並利用其機械化部隊疾進，連陷安義、萬家埠、奉新，然後以主力向左旋廻，攻擊南昌。

我十九集團軍總司令羅卓英，急命第三十二軍自涂家埠撤退，回師保衛南昌。三月二十七日，該軍只到了兩團，而敵人業已兵臨城下，南昌遂告失守。二十九日，我武寧守軍亦放棄陣地，向後撤退。

四月上旬，統帥部令各戰區發動攻勢，迫使南昌附近的敵軍一一六師團及第六師團，分別調往他處。自四月二十一日起，我軍遂開始反攻南昌。

第九戰區前敵總司令羅卓英，指揮第十九（羅自兼）、第一（盧漢）、第三十（王陵基）三個集團軍，大舉反攻。第三戰區的三十二集團軍，亦派遣四個師，自東西進，參與南昌攻擊。十九集團自西南方向，三十二集團軍所部自東郊及南郊，會攻南昌，皆曾攻至城邊，但未能突擊入城。二十九軍軍長陳安寶陣亡，師長劉雨卿負傷。五月九日，攻擊停止。

在反攻南昌期間，第一集團軍反攻奉新，第三十集團軍反攻武寧，皆不克。

隨棗會戰　第五戰區奉命策應南昌會戰，於二十八年春季發動攻勢後，敵以第二十九師團集中信陽，第三師團集中應山，十六、十三兩師團及騎兵第四旅，集中鍾祥一帶，轉取攻勢。

四月三十日，應山之敵首先開始攻擊，爲我八十四軍及十三軍所阻，僅進展至厲山—江家河之線。

敵主力於五月一日開始，自鍾祥向北進攻，七日陷棗陽，十二日陷唐河、南陽。同時，信陽之敵亦攻陷桐柏。

第五戰區調第二集團軍（孫連仲）加入戰鬪，與諸軍協力反攻，夾擊敵人，先後克復新野、南陽、唐河，棗陽、桐柏等地。至五月二十日，敵軍退卻，我軍恢復原態勢。

第一次長沙會戰 我國兵役制度草創，流弊甚多，械彈也很缺乏，加之後方交通不便，故每一會戰之後，軍隊整補遲緩，動輒失去機先。日軍則在每次會戰之先，定有補充計畫，一切現成，又掌握着水陸交通線，故補充迅速。每乘我準備未完之際，輒先集中兵力於一處，實施有限目標之攻勢，使我軍永遠無法完成反攻準備。現在，南昌、隨棗兩會戰剛完，華中之敵又開始對湘贛發動攻勢了。

八月下旬，敵之第三、第六兩師團集中岳陽附近，三十三師團由崇陽推進通城，一〇一、一〇六兩師團，分由南昌、永修、武寧，向奉新、靖安一帶集中。

攻勢首先由奉新方面開始，那方面的日軍兩個師團，在會埠附近突破我軍陣地，繼續西進，十月二日攻陷找橋。羅卓英指揮三個集團軍，向敵反攻，敵軍轉經東北方，退返原防。

鄂南方向，敵三十三師團於九月二十二日開始南進，二十八日進至朱溪廠附近。同時，第十三師團之一部，自甕江向平江東進，以策應三十三師團。我楊森、夏楚中等軍，處處向敵側擊，敵三十三師團等遂向北回竄。

湘北方面的敵軍兩個師團，於九月十八日開始攻擊，二十三日渡過新牆河，繼續南進。二十六日，強渡汨羅河。三十日，敵軍先頭到達金井、上杉市、青山市、橋頭驛各附近。

第九戰區代司令長官薛岳命第一線各軍，以一部留在敵後，襲擊其交通線；主力實行遲滯作戰，逐次誘敵深入。同時，長官部控置新到的增援部隊於長沙附近，準備決戰。

敵軍以兵力分散，損失亦大，遂於十月一日開始退卻。八日，全部返回新牆河以北地區。

桂南會戰 先是，本年（二十八年，一九三九）九月一日，德軍侵入波蘭，第二次大戰爆發。日本欲早日結束對華戰爭，以便利用世界情勢的動盪，在國際舞臺上一顯身手，於九月十二日，撤銷其華中派遣軍司令部，任命西尾壽造爲中國派遣軍總司令，設總部於南京。所有華北方面軍，華中的第十一軍，江浙的第十三軍，及華南的第二十一軍等，皆歸中國派遣軍總司令統一指揮。日本大本營認爲，要想早日結束中國的戰爭，首須切斷中國的國際補給線。除壓迫英國封鎖滇緬路外，更欲以軍事行動，切斷中國與越南的交通。

初，日本大本營基於海軍準備南進的要求，早於民國二十八年二月，即已佔領了海南島。六月，又攻佔汕頭。西尾壽造到了中國後，即本着大本營的意圖，派兵加強第二十一軍，命其進攻南寧，以切斷桂越交通，並在桂南建築空軍基地，準備爲來日南進時之用。

十一月十五日，日軍第五師團（自青島調來）及臺灣旅團在欽州灣強行登陸，沿邕欽公路北進，二十一日到達鬱江南岸。二十三日強行渡江，擊破我十六集團軍（夏威）防線，二十四日攻陷南寧。

敵由南寧繼續前進，以一部向北，於十二月一日佔領高峯隘；主力向東北，於四日攻下崑崙關。此後，敵軍改取守勢，並分出一部兵力，擊破廣西民團，於十二月二十一日，一度攻陷龍州。

十二月中旬，我軍開始反攻，徐庭瑤的三十八集團軍自賓州南進，攻擊崑崙關；夏威的十六集團軍自西向東，攻擊高峯隘（最後以其一五九師參加崑崙關攻擊）；蔡廷鍇的二十六集團軍進出邕欽公路，破壞敵人的後方交通。徐庭瑤集團軍在空軍密切支援之下，幾經激戰，於三十一日克復崑崙關。敵第五師團的十二旅團，自中村旅團長以下八千餘人，全部被殲。同時，夏集團克復高峯隘之役，及蔡集團的敵後作戰，亦皆頗有斬獲。

敵軍由廣東方面，抽調近衛師團及十八師團之一旅前來增援。連同原有兵力，共約三個師團，編成第二十二軍，以久納誠一為軍司令官，隸屬於華南方面軍。（司令官安藤利吉）

二十九年一月二十五日，敵以一部向崑崙關正面攻擊，近衛師團沿邕永公路迂廻攻擊賓陽。戰鬪間，我三十八集團軍總司令部在賓陽被炸，各部連絡中斷，各自為戰。二月二日，賓陽、思隴被敵攻陷。然崑崙關守軍依然獨立抵抗，與敵激戰六晝夜，卒以後方補給斷絕，無法持久，乃分向隆山、都安、忻城等處撤退。

二月九日，敵軍放棄賓陽，集結南寧及其外圍據點，並將十八師團的一旅調回廣州歸建。我軍自三月起，開始反攻，未克奏效。六月間，敵分兵一部再攻龍州，七月二日佔領該城。

此時（一九四〇年六月），法國在歐洲戰敗，敵第五師團於九月間進入越南。我第四戰區立即開始反攻，九月二十八日，先克復龍州。十月杪，敵近衛師團與臺灣旅團放棄南寧，撤退至欽州附近，未幾復退出欽州。

我軍冬季攻勢　又在二十八年冬季，我統帥部命令各戰區發起全面攻勢，約於十二月初開始。這次攻勢，多以敵後作戰方式進行，規模很大，平均作戰期間約兩個月，斬獲及破壞敵人後方交通等，頗著戰績。

武漢之敵，受了我軍冬季攻勢之打擊後，深感大洪山、桐柏山一帶，我軍的威脅日增；而江漢平原的穀倉地區，也因我軍的游擊活動，使其徵糧困難。爲改善其戰略態勢，決心向我第五戰區，發動一次攻勢。

二十九年四月中旬，敵軍在鄂東、贛北等處，放棄一些外圍據點，自贛北、湘北抽調各一部兵力，連同湖北省內原有駐軍三個師團，分別集結於鍾祥、隨縣、信陽等處，準備向襄河東岸地區進攻。另由東北調來一個第四師團，預定待其到後，作爲後續部隊。

棗宜會戰　五月一日，敵軍分自信陽、隨縣、鍾祥三個地區發起，分五路進兵，八日，會師攻陷棗陽。我棗陽守軍突圍而出，頗有損失，一七三師師長鍾毅陣亡。

五月十日起，第五戰區司令長官李宗仁指揮各集團軍四面反攻，克復棗陽，將敵包圍於襄東平原，斃敵甚衆，奪獲敵砲六十餘門，戰車七十餘輛，汽車四百餘輛。但在追擊戰中，我三十三集團軍總司令張自忠不幸殉職。

敵後續部隊第四師團及十八旅團前來增援，再度進攻棗陽，將我軍主力吸引於該方面，然後移師西指，乘虛轉攻宜昌。

五月三十一日晚，敵自宜城歐家店間渡過襄河。一部北取襄陽、南漳，以爲掩護；主力經宜城、荆門，擊破馮治安軍，直指宜昌。同時，敵十三師團及第六師團的一部，亦沿漢宜路西進，在沙洋附近渡河。

江防軍郭懺所部兩個軍，本爲宜昌守軍。初因策應棗陽會戰，奉五戰區命令，全數進出襄河以東地區，攻擊敵人。現爲漢宜路當面之敵所吸引，不克回防。當敵軍自荆門南進時，宜昌還是空防狀態。

統帥部急調洞庭湖濱的新十二軍（鄭洞國），及在重慶附近整補的十八軍（彭善），馳救宜昌。然爲時已晚，長江輪船十分缺乏，十八軍輸送尤爲不易。新十二軍先頭一個師方到，倉皇應戰，宜昌遂告失守。十八軍先頭一師到後，一度反攻，突入宜昌，亦不克而退。

宜昌、沙市失陷後，統帥部於五、九兩戰區接合部，增設一個第六戰區，扼守長江門戶及洞庭湖西岸地區，調軍委會政治部部長陳誠爲司令長官。五、六兩戰區協力反攻漢宜路，宜昌敵軍的後方交通線大受威脅。

十一月中旬，敵人爲減輕我軍壓力，調集三個師團的兵力，向襄河兩岸突擊，是爲鄂中戰鬭。敵軍分別進攻隨縣、荆門等處，皆被擊退。

敵僞活動　二十八、二十九兩年間，日本苦於無法結束中國戰爭，乃加強僞組織的活動。先是，二十七年十二月十二日，日本首相近衛文麿發表「中日兩國調整關係之基本政策」，聲言「徹底擊滅抗日之國民政府，與新生之政權相提携，以建設東亞新秩序。」中國政府痛斥近衛聲明，美國也向日本表示不承認「東亞新秩序」。

汪精衛受其誘惑，潛往越南河內，旋又轉往香港，主張停止抗戰，對日求和。然各方一致聲討，抗日陣營愈固。二十八年六月，汪精衛到東京投靠，國民政府立即下令通緝。二十九年三月二十九日，汪精衛在南京成立偽國民政府，合併南北兩偽組織。

我政府為正視聽，當即照會各國，否認南京偽組織；並通緝附逆漢奸陳公博等七十七人。英美等國也表示不承認汪精衛的傀儡政權。德意軸心及其東歐附庸國家承認偽組織，我國立即與其絕交。

自是之後，日偽勾結愈緊。二十九年二月，日偽簽訂八種條約，如所謂「經濟合作」，「共同防共」，「承認偽滿」，「善鄰友好」……等。十一月，日偽又發表「日滿華共同宣言」，簽訂「調整中日關係條約」。在「共同防共」的名義之下，偽組織遂開始成立偽軍

然偽政權全是傀儡，並無羣眾，偽軍亦不甘助賊。日本也很明白，所以直至珍珠港事變前夕，還一再請托外人，向蔣委員長言和。且逐次降低條件，最後一次甚至表示願撤退華北日軍。蔣委員長每次皆斷然拒絕，不予考慮。

豫南會戰 現在回頭再說戰事。繼鄂中戰鬥之後，敵又於三十年一月下旬，集中七個半師團，戰車三百餘輛，裝甲車二百餘輛，飛機約一百架，大舉進攻豫南。敵人的攻擊部署，是以各一部兵力，分別在鄂省襄河兩岸及豫東、皖北三處，發動牽制攻擊；主力則沿平漢路兩側，向北進攻。

第五戰區司令長官李宗仁，遵奉統帥部的作戰指導，除留一師於西平外，主力分向鐵路兩側撤退，避開正面，自兩側打擊敵人。敵軍至西平撲空，乃於一月三十一日，分兵一部東攻上蔡，主力向

西，會攻舞陽。其後留一部據守舞陽，其第三師團主力繼續西進，經方城進至南陽、鎮平。敵鑒於我軍處處避實擊虛，求戰不得，補給困難，於二月三日開始撤退。六日，失地盡復，恢復戰前狀態。

敵自南陽退卻時，焚毀汽車三百餘輛。

豫南會戰之後，敵又於三月中旬，發動鄂西戰鬪。這次是小規模出擊性質，只使用三個聯隊，自宜昌附近渡江西進，北至天王寺，西至大橋邊，南至簡家沖附近，皆被六戰區守兵擊退。

上高會戰　接着又有上高會戰。三十年三月中旬，敵人在贛北集中兩師團半兵力，分三路西進，每路兵力約一師團。北路敵軍自安義經奉新向西南方向前進，中路敵軍自西山、萬壽宮經高安西進，南路敵軍先沿贛江前進，然後渡過錦江，折而向西，三路會師上高。

我十九集團軍總司令羅卓英指揮四個軍應戰，先命左右翼軍隊讓開正面，然後攻擊敵人側後方；待敵人進至上高附近時，集中兵力，將其包圍。會戰自三月十五日起，至四月二日止，作戰十九日，敵我傷亡皆大。

最後，敵軍突圍而走，斃敵岩永少將以下官兵萬餘人。

晉南會戰　晉南會戰亦稱中條山之戰，中條山東北接連太行山脈，西北與呂梁山相犄角，地形險要，前方瞰制豫北、晉南，後方屏障洛陽、潼關，爲黃河北岸的戰略要點及天然游擊基地。自二十七年以來，即由一、二兩戰區協力固守。敵軍迭次進攻，皆未能進入山區，即被我軍擊退。

三十年春，敵之華北方面軍欲確實控制黃河以北地區，以便進窺豫西，自華北、華中各地抽調兵力，共六師團又三個旅團之衆，向中條山大舉進攻。我第一戰區司令長官衞立煌亦適時增加中條山守軍，兵力增至七個軍，嚴陣以待。

五月七日，敵軍攻勢行動開始，一部自豫北沁陽西進，一部自陽城南攻，主力則從晉南絳縣—聞喜—夏縣間向東南前進，以垣曲爲會師目標。敵主攻方面來勢甚銳，八日卽攻陷垣曲。復以一部向西略地，一部向東接應豫北之敵，會師於邵源。陽城之敵，被我九十八軍所阻，初不獲逞。至十三日，始以一部自雪山迂廻，攻陷董封，我軍乃向後方轉進。

至是，中條山要地盡失，我軍除留置一部，在中條山內繼續游擊外，主力撤回河南岸，嚴守河防。是役，我新二十七師師長王竣壯烈殉國。

中條山會戰後，敵復於十月間佔領中牟及黃河橋橋頭堡，準備南侵。

第二次長沙會戰　三十年（一九四一）六月二十二日，德軍進攻蘇俄，日軍爲呼應德軍，而加強關東軍兵力。同時，在越南方面，日軍已於七月間開始，進佔越南南部，爲準備更向馬來半島投機冒險，也需要集結兵力。因此，對中國戰場，企圖來一次大規模攻勢，粉碎中國軍隊的戰力，以鞏固其佔領區，並抽調兵力，轉用於其他方面。

八月間，敵人一面使用大批轟炸機，空襲我大後方各都市，轟炸我之國防設施及工廠（重慶連續被炸）；一面集中其華中軍隊，進攻長沙，是爲第二次長沙會戰。

八月中旬，敵自鄂北、贛北抽調部隊，參與此次攻勢。集中於臨湘—岳陽間地區，共約六個師團，總兵力十二萬人，軍艦二十餘艘，汽艇二百餘隻，飛機百餘架。

我統帥部判斷敵人卽將進攻長沙，除命第三、第五、第六各戰區出擊，以牽制敵人外，並指導第九戰區司令長官薛岳，先行逐次抵抗，待敵深入至平江以南地區，然後轉移攻勢，殲敵於湘江東岸。

九月七日，敵軍先以一部，分由忠坊、西塘向大雲山進攻；同時又以海軍陸戰隊向洞庭湖西岸活動，威脅湘西。其主力於九月十七日拂曉開始，強渡新牆河。二十日，復由廣正面渡過汨羅江。我九戰區第一線部隊依照戰區指示，持久抵抗，逐次轉進至撈刀、瀏陽二河間地區，以待全面攻勢轉移。

二十七日，敵人的便衣隊竄入長沙，又以傘兵一部降落我軍後方，均被我軍殲滅。此時，我軍來自各方的增援部隊，皆已到達長沙附近，共有十個軍。戰區以時機已至，命令轉取攻勢，依照預定計畫，包圍敵軍於撈刀、瀏陽二河之間。敵軍損失慘重，於九月三十日下午突圍北走。我軍急追，八日越過新牆河，恢復會戰前的原來態勢。

第五節　與盟軍並肩作戰

太平洋戰爭爆發，美國積極援華　三十年（一九四一）十二月八日⑩，日本偷襲珍珠港，美國對日、德、意軸心國宣戰，英國對日宣戰，中國及其他十八個國家，也同時對軸心國宣戰。打了四年多的中日戰爭，現在才算正式交戰。於是，第二次世界大戰，東西打成一片，中、英、美三國在重慶舉行軍事會議，決定日軍如侵入緬甸，中國卽派遣陸空軍入緬，協同英軍作戰；美國則負責供應中國戰略物資。

三十一年元旦，中、美、英、蘇等二十六個國家，在華盛頓簽訂「反侵略共同宣言」，表示對軸心國作戰到底，決不單獨媾和。

一月三日，同盟國推舉蔣委員長為「中國戰區」盟軍最高統帥（旋以史廸威為參謀長），戰區包括中國、越南、泰國。

二月二日，美國宣佈貸款五億美元與中國。三日，英國也宣佈對華貸款五千萬鎊。

六月二日，在華盛頓簽訂「中美抵抗侵略互助協定」，通稱「租借物資協定」，美國以武器裝備供給中國，並協助訓練中國軍隊。中國獲得借款及租借物資，幣制漸見穩定，民心士氣一振。

至於美國空軍的協助，是將陳納德的飛虎隊擴充。先是，早在民國三十年春天，美國政府特許美國志願空軍來華服務。是年八月一日，成立飛虎隊⑪，在陳納德少將指揮之下，幾經作戰，頗著功績。太平洋戰爭已起，美國將飛虎隊改編為正式空軍，初隸駐印度的美國第十航空隊，後更擴編為第十四航空隊，仍以陳納德為司令，繼續在華作戰。

第三次長沙會戰　中國自從對日宣戰後，我統帥部除命令各戰區加強敵後游擊外，並各別指定部隊與目標，到處發動局部攻勢，打擊敵人。第四戰區為策應香港作戰，而對廣州大舉進攻，戰鬥尤為激烈。同時，為履行同盟協定，統帥部又抽調精銳部隊，準備入緬，協助英軍。

三十年十二月中旬，日軍為阻止我軍轉用兵力，乃發動第三次長沙會戰。其湘北主攻部隊約有三個半師團，集中於新牆河北岸，於十二月二十三日集中完畢，並有一個飛行團協同作戰。同時，又由其贛北部隊一個半師團，自南潯路方面出擊，以策應湘北攻勢。

我第九戰區司令長官薛岳，除以一部拒止南潯路敵人外，徹底集中兵力於湘北地區，仍用後退戰法，誘敵深入至撈刀河—瀏陽河之間，待增援部隊到達，再求決戰。

十二月二十三日，敵軍開始攻擊前進，二十四日渡過新牆河，二十七日渡過汨羅河，繼續南下。三十一年元旦，敵軍開始圍攻長沙，我第十軍防守這個刼餘的湖南省會，英勇抵抗。同時，戰區以新到的增援部隊三個軍，投入戰場，協同第一線各部隊，全面反攻。自二日至四日，戰況激烈，敵人幾經苦戰，於四日開始崩潰。

我軍立卽追擊，於敵人渡過撈刀、瀏陽、汨羅三江時，先後殲敵甚衆。一月十五日，敵人退過新牆河北岸。

贛北方面之敵，一度攻擊進展，陷高安、武寧，亦被我十九、三十兩集團軍各別擊退。至一月六日，恢復原態勢。

滇緬路之戰，中國資源未盡開發，工業還很幼稚，要支持長期抗戰，必需自國外輸入物資。日本大本營針對我們這個弱點，自七七事變以後，特別注意封鎖中國的對外交通。二十七年敵人佔領廣州，斷絕香港交通；二十八年桂南會戰，切斷了越桂國際路線；二十九年七月，日本乘歐戰方酣之際，壓迫英國封鎖滇緬公路三個月。

太平洋戰爭爆發後，日本於三十年（一九四一）十二月二十一日，與泰國訂了一個「十年同盟條約」；三十一年（一九四二）二月十五日，日軍佔領新加坡。此時，緬甸危在旦夕，而美國租借物資運至仰光者，堆積如山，正由滇緬公路搶運中。

在這種情形之下，日軍之加速進攻緬甸，及中國軍隊之入緬協防，皆爲必然的要求。然英國顧慮華軍入緬，將助長緬甸民族自治運動，最初並不歡迎中國軍隊的援助，以致坐失時機。迨仰光失陷後，我軍先頭第二百師，始到達仰光以北地區，與英軍並肩作戰。

入緬國軍在遠征軍第一路司令官羅卓英指揮之下，有第五軍杜聿明部，第六軍甘麗初部，及第六十六軍張軫部，共三軍十個師。軍事委員會最初派了一個參謀團駐在臘戍，由參謀次長林蔚主持，負責傳達統帥部命令。後來史廸威將軍(General Joseph W. Stilwell)到了中國，復以參謀長名義，指揮緬甸的華軍，羅卓英須接受他的指揮。

史廸威不明國軍狀況，作戰意見殊不一致，而中英間又不很協調，以致兵力逐次使用。中國軍隊先後在同古（Toungoo 亦譯東瓜、東吁）、棠吉（Taungyi 亦譯東枝）二處作戰，及仁安羌（Yenang-yaung）解英軍之圍等戰役，皆有很好的表現，迭次重創日軍。然終因指揮不統一，協同不確實，最後還是敗退了。

日軍於棠吉作戰不利後，其主力向東迂廻，直趨臘戍（Lashio）。四月二十九日，我軍放棄臘戍，敵更乘勢進入我國境內，五月三日佔領畹町，繼又攻陷龍陵。經我滇西各軍阻擊，挫其攻勢，雙方遂對峙於怒江兩岸。

在曼德勒（Mandalay 亦稱瓦城）附近作戰的第五軍部隊，於臘戍失守後，分成二部。軍長杜聿明率領二百師與九十六師向緬北轉進，經騰衝回到怒江東岸。緬北撤退途中，二百師一度與敵遭遇，師長戴安瀾陣亡。史廸威率領新二十二師（廖耀湘）與新三十八師（孫立人），退入印度，後在藍伽(Ramgarh)整訓擴充。

浙贛會戰　民國三十一年（一九四二）四月十八日，美國航艦飛機空襲東京、名古屋等處，然後飛來浙江降落。日本遭受空襲，民心恐慌，社會騷動。其大本營爲防止美機繼續轟炸，命令中國派遣軍，佔領並破壞浙江各機場。

敵十三軍主力，復得到華北調來的援兵，共有兵力約六個師團，於五月二十三日，在杭州、紹興、奉化之線集中完畢，卽沿浙贛鐵路兩側地區，廣正面攻擊前進。華中的敵十一軍，亦抽出兩個師團及三個支隊，在南昌附近集中，向贛東攻擊前進，以策應十三軍的作戰。

第三戰區司令長官顧祝同命第一線各軍逐次抵抗，待敵軍進至金華、衢州附近，卽依據已設陣地，打擊敵人；然後復讓開正面，攻擊敵人的側方及後方。贛東方面，除第三戰區部隊逐次抵抗外，並由第九戰區派遣三個軍，向東攻擊，以支援第三戰區。

敵十三軍由廣正面前進，以金華、蘭谿爲第一目標。五月二十八日，我軍放棄金蘭防線。敵軍至金華，分兵一部經麗水，出溫州；主力續向衢州前進，到達龍游附近時，復分兵斜略松陽、雲和。六月七日，敵軍陷衢州。繼續前進，六月十五日陷上饒。七月一日，與南昌東進之敵，會師橫峯，打通浙贛鐵路。

自是之後，敵人後方交通線過長，無力據守全線。富春江的新登、桐廬、建德，及贛東的弋陽、橫峯，皆被我軍先後克復。敵軍盡將各地機場破壞，於八月中旬開始撤退。初仍保有衢州附近地區，旋復放棄衢州，退守金華附近。

敵十一軍除派軍一部沿浙贛路東進，與浙東敵軍會師外，復以各一部，向東南攻陷臨川、南城、金谿、崇仁、宜黃；向南攻陷豐城、樟樹。我三、九兩戰區反攻部隊，處處打擊敵人，激戰最烈之處，爲臨川、南城的反攻。這部敵軍亦於破壞各地機場後，於八月底撤回南昌附近。至是，除金華附近數縣被敵盤據外，其餘各地皆已恢復戰前狀態。

鄂西會戰　日軍自二十九年佔領宜昌後，向以漢宜公路爲後方交通線，常受五、六兩戰區的攻擊。長江迂廻曲折，沿江大部地區仍在我軍控制之下。江南岸自華容以上，沿岸皆有六戰區部隊駐防；江北岸的沔陽、監利等湖沼地區，則爲我游擊隊根據地。又自太平洋戰爭發生後，日本船隻需要量大增，而損失復不少，長江輪船噸位較大的都已他調，下游水上運輸工具缺乏。敵人爲確保漢宜間交通安全，摧毀我六戰區的反攻準備，並乘機打通長江航道，將扣留在宜昌附近的中國船隻（約二萬噸），放至武漢下游地區，以補充滬漢間水上運輸能力，乃發動長江南岸之作戰。

自三十二年二月間起，敵軍先掃蕩沔監一帶的我江北游擊區。三月間，復派兵渡江，延攻華容、石首、藕池口一帶，佔領是處的沿江各要點。同時，更調集兵力，自五月上旬起，開始向我六戰區進攻。敵軍這次攻勢，使用四個師團，一個旅團及三個獨立支隊，總兵力約十萬人。

五月五日起，敵先從左翼開始攻擊，八日佔領南縣、安鄉。其後以一部留守南縣，一部陽攻津市、新安，主力則轉攻煖水街。至是，集結於宜昌—彌陀寺之間的敵人右翼部隊，亦開始渡江，數路併進，主力指向漁洋關，各一部分別進攻宜昌—宜都間長江西岸各要點。

第六戰區共有五個集團軍，兩個集團軍在江北，江防軍（吳奇偉）在沿江一帶，二十九集團軍（王纘緒）在洞庭湖濱，各爲當面之敵所牽制，第十集團軍（王敬久）在漁洋關附近，獨當敵人主攻，情勢危急。

此時，六戰區司令長官陳誠在昆明開始組織遠征軍，代司令長官孫連仲，初以敵人進攻洞庭湖濱，親至那方面指揮。及敵軍大舉渡江，眞面目企圖暴露後，蔣委員長急電陳誠回鄂指揮。陳於五月十七日飛返恩施，敵人已迫近漁洋關了。

二十三日，漁洋關失守。接着，敵主力卽移鋒北指，與宜昌之敵，會攻石牌。石牌要塞堅固，江防軍也比較精銳，敵人進攻石牌，損失頗大。六戰區乘機調集兵力，向敵包圍攻擊。加之六戰區道路破壞比較徹底，敵軍在是處山地作戰，運動補給皆很困難，被迫於五月三十一日開始退卻。我軍奮勇追擊，我空軍及美國十四航空隊，亦以大編隊陣容，攻擊敵軍，敵人在退卻中，損失甚大。

駐印軍反攻緬北　如前所述，史廸威率領着新二十二師及新三十八師退入印度，取得英方的同意，在藍伽整補訓練。其後復利用駝峯空運飛機回航之便，自國內空運官兵前往，除充實原有二師外，又新成立一個新三十師。這三個師編成新一軍，以鄭洞國爲軍長。三十三年四月，再由昆明空運第十四師與第五十師，前往印度藍伽，接受新裝備，準備反攻緬北。至是，駐印軍兵力共有五個師及戰車一營，砲兵一部。此外還有美軍一個步兵團，稱爲G團（詳下）。以上中美軍隊，統由駐印的美國陸軍第十航空隊擔任作戰支援。

爲配合駐印軍反攻緬北，打通中印公路，我統帥部又在雲南成立遠征軍，長官部設在楚雄。初以陳誠爲司令長官，後因陳誠病重，給假休養，於三十二年十一月，改命衛立煌接替。遠征軍兵力時有增減，到反攻緬北時，有十一集團軍（宋希濂）三個軍，二十集團軍（霍揆彰）兩個軍，及直屬長官部的第八軍。砲兵約有三個團，及一團重迫擊砲。

新建的中印國際公路稱雷多公路（Ledo Road），亦稱史廸威路，以印度東北阿密省（Assam）的鐵路終末點雷多爲起點，經中緬未定界的胡康河谷（Hukawng valley）、猛拱河谷（Mogaung valley）至猛拱城，然後從密支那（Myitkyina）南方，沿中緬國境南下，經八莫（Bhamo）繞至芒友（Mong-yu），與滇緬路連接。

雷多公路自民國三十二年（一九四三）春天開始建築，自雷多起點逐漸向外擴展。迨工程伸至中緬未定界後，駐印軍所派遣的築路掩護部隊，兵力也隨着增大。他們自三十二年十月底起，不斷肅清沿路的日軍第十八師團的部隊，至三十三年三月二十六日，佔領猛拱城。

當駐印軍正在猛拱河谷作戰期間，復以奇襲密支那之目的，以步兵兩團，配合美軍G團的兩個營[19]，編成突擊隊，迂迴前進。密支那敵軍爲一一四師團之一部，他們沒有料到中國軍隊竟會遠襲而來，猝不及防。五月十五日，中美突擊隊首先佔領密支那機場。接着遂利用空運增援，進攻密支那城。然日軍仍發揮其頑強作戰的特性，堅守不屈。迨我軍已克猛拱，大軍自陸上增援，加入攻城戰鬭，始於八月三日，攻下密支那城。

滇西緬北反攻戰役　當駐印軍進攻密支那期間，雲南遠征軍亦於五月十日開始，渡過怒江。以二十集團軍爲右翼，攻擊騰衝；十一集團軍爲左翼，攻擊龍陵、芒市。這一帶的日軍爲五十六師團，據守着各地的永久工事，頑強抵抗。由於敵人工事堅固，我軍重砲兵不足，逐次攻擊敵人據點，進展遲緩。至三十三年六月上旬，我軍克復臘猛街、鎮安街，曾一度攻入龍陵老城，旋復退出。迨雨季已臨，攻擊遂中止。

是年（三十三年）秋，我遠征軍於九月開始，自怒江西岸攻擊畹町；駐印軍於十月開始，自密支那向南攻擊；同時，英軍第三十六師亦發自猛拱，沿伊洛瓦底江（R. Irrawaddy）順流南下。遠征軍於九月七日克松山，十四日克騰衝，十一月三日克龍陵，三十四年一月二十日克畹町。駐印軍於十二月十五日克八莫，三十四年一月十五日克芒友。

三十四年一月二十七日，遠征軍與駐印軍會師芒友，中印公路全線打通。一月二十八日，雷多公路開始通車，第一個美國載重車隊，浩浩蕩蕩地自雷多開出。

同時，長達二千里的中印大油管，亦已大部完成。

這時候有二件大事。第一，美國召回史廸威，將「中緬印戰區」分開，以魏德邁將軍（General Albert C. Wedemeyer）繼任中國戰區參謀長兼中國戰區美軍司令。第二，由於日軍向柳州、貴陽大舉進犯，我遠征軍迫於國內情勢的要求，撤回雲南整補，駐印軍亦抽出十四師及新二十二師，空運回國。其餘駐印軍三個師，仍與英美軍隊協力，反攻緬甸本部。

常德會戰　現在回過來說中國國內的戰況，要先從常德會戰說起。

鄂西會戰後，我軍自各戰區抽調精銳部隊，開往滇印，接受美械裝備，準備反攻緬甸。華中敵軍爲牽制我軍，阻礙我抽調兵力，並摧毀我軍的反攻準備，又發動常德會戰。

三十二年十一月初，華中敵軍使用五個師團，一個旅團及三個獨立支隊，共約六師團兵力，還有僞軍四個師，自華容—藕池口—沙市之線發起，進攻湘西。其主力分爲三路，(1)由華容—安鄉—常德之線，（2）由津市－臨澧－常德之線，（3）由公安－煖水街－慈利－常德之線迂廻前進，會師於常德附近地區。

我第六戰區（孫連仲）除王耀武兵團在常德附近，第十集團軍（王敬久）在煖水街附近拒止敵人外，並調江防軍有力部隊自三斗坪南下，向津澧側擊敵人。第九戰區（薛岳）亦抽調李玉堂、歐震兩兵團，馳援常德。

十一月二十日起，敵軍逐漸到達常德附近，開始急攻。我七十四軍之五十七師擔任守城，先在外圍郊區作戰七日，復在常德市街戰七日，全師傷亡殆盡。十二月三日，常德失陷。

我增援部隊漸次到達，以主力反攻常德，攻勢凌厲，其他方面亦不斷地攻擊敵人的後方交通線。中美空軍也集中飛機一百架，前往常德附近，轟炸敵軍，支援地面部隊反攻。十二月八日，我軍克復常德，敵人開始退卻。三十日，我軍盡復原態勢。

這次常德會戰，我七十四軍作戰最爲壯烈，損失亦最大，其次爲第十軍與七十三軍。師長陣亡者，有許國璋、彭士量、孫明瑾三員。

開羅宣言　又在常德會戰進行之際，蔣主席（蔣委員長於本年十月十日就任國民政府主席仍兼軍委會委員長）與美國總統羅斯福，英國首相邱吉爾，於十一月二十三日在開羅舉行會議，會後發表開羅宣言，原文如下：

羅斯福總統，蔣委員長，邱吉爾首相，偕各該國軍事與外交顧問人員，在北非舉行會議後，發表概括之聲明如下：

三國軍事方面人員，關於今後對日作戰計畫，已獲得一致意見。我三大盟國，決心以不鬆弛之壓力，從陸海空各方面，加諸殘暴之敵人，此項壓力，已在增長中。

我三大盟國此次進行戰爭之目的，在於制止及懲罰日本之侵略，三國決不為自己圖利，亦無拓展領土之意思。三國之宗旨，在剝奪日本自從一九一四年第一次世界大戰開始後在太平洋所奪得或佔領之一切島嶼；在使日本所竊取於中國之領土，例如東北四省、臺灣、澎湖羣島等，歸還中華民國；其他日本以武力或貪慾所攫取之土地，亦務將日本驅逐出境。我三大盟國稔知朝鮮人民所受之奴役待遇，決定在相當時期，使朝鮮自由獨立。

根據以上所認之目標，並與其他對日作戰之聯合國目標相一致，我三大盟國將堅忍進行其重大而長期之戰爭，以獲得日本之無條件投降。

日軍最大一次攻勢——打通大陸交通　自從太平洋戰爭發生後，敵自中國戰場調走幾個精銳師團，日軍在中國戰區，即改取守勢。然其作戰指導，依然是以攻為守，利用交通便利及內線作戰的有利條件，並針對我軍整補遲緩的弱點，隨時轉用軍隊，集中優勢兵力於一個戰場，輪流進攻我之各戰區。其每次的攻勢，皆為有限目標之作戰，主要目的在於摧毀我軍的攻勢準備。日軍這種作戰指導，始終未嘗改變。

到了三十三年，由於太平洋美軍連續勝利，日軍節節敗退，損兵失地尚在其次，最使日本大本營焦慮的是軍艦與船隻的損失，因為日本與南洋間遙遠的海上交通線，已陷於難以維持的困境。於是，日本大本營乃有「打通大陸交通線」的新構想，企圖自中國東北以至新加坡之間，完成一條陸上交通線，以支持長期戰爭。

這是日軍在中國戰區最大規模的連續攻勢，稱爲「打通大陸作戰」，代名是「一號作戰」。其作戰構想是這樣的：以黃河南岸鄭州西北的霸王城爲起點，先打通平漢路南段，進而攻略長沙、衡陽、桂林、柳州、南寧，使平漢、粵漢、湘桂三條鐵路聯成一氣，全程一千四百公里。爲達成此一使命，特自關東軍方面，抽調精銳之師，由東北開來華北及華中，參與這次的連續大攻勢。使用兵力共十七個師團、六個旅團、一個戰車師團及一部騎兵。

這個「一號作戰」計畫，於一九三三年（昭和十八年，民國三十二年）擬定，是年十二月三十一日，提出御前會議，奉天皇裁可。其後之四個月爲準備時期，先着手兵力集中，補給準備，並進行黃河鐵橋的修復工程。攻勢於三十三年四月開始，首先打通平漢路南段，是爲豫中會戰。⑬

我軍戰力衰退　在此敵軍大攻勢開始期間，我軍則正在遭遇着重大難關。美國租借物資，由駝峰空運，三十二年才增至每月四千噸。而這有限的噸位，除分配中、美空軍各百分之二十外，剩下的百分之六十，則由史廸威一手控制着，等於凍結在昆明。

史廸威也有他的理想，他要在昆明裝備三十個師，用於反攻緬甸，首先打通陸上國際交通線。他不知道，中國各戰場要調走三十個精銳的師，第一線戰鬪力必然大受影響。而中國交通不便，軍隊及補充兵，必須數千里遙遙，在瘴癘地區徒步行軍，開往昆明，兵員損耗之大，不可想像。然史廸威堅持己見，我統帥部不得不遷就他。因此，各戰區已要調走精銳部隊，又得不到一點新裝備補充，連最急需的對抗戰車之火箭筒（Bazooka），也得不到一個。

同時，中國的兵工廠則因原料缺乏，械彈生產量銳減。據兵工署長俞大維說，三十二年六月間，七·九二步機彈的全國存量，只有四千萬粒，其中有一千萬，存於長江沿岸各倉庫的，專用於防範宜昌之敵。(見 The Stilwell Papers) 依照軍委會三十三年冬頒佈的戰鬪序列，各戰區及四個方面軍，共約二百五十個師，平均每師只有步機槍預備彈藥十二萬粒，大約等於一基數的五分之一⑭。

還有補充兵的素質，也每況愈下。我國徵兵初創，未上軌道，所徵壯丁多不合標準。而在遠征軍優先選拔之後，各戰區所能領到的補充兵，大都體弱不堪。加上營養不良，長途跋涉，待新兵到了部隊之後，一般都需要經過長時間調養，始能服役。

由此可見，即將來臨的豫南會戰，長衡會戰，桂柳會戰諸役，日軍之得以長驅直入，數月間打通一千四百公里的交通線，實由於日軍的空前大舉，及我軍戰力的衰弱；至於戰略戰術的是否有當，倒是次要問題了。

豫中會戰 且說，三十三年四月，敵自東北及華北調集四個師團，四個獨立旅，一個戰車師及一個騎兵旅，共約十五萬人，由華北方面軍司令官岡村寧次指揮，自黃河鐵橋（一月間修復）渡河，於四月中旬開始攻勢。五月初，敵華中軍派遣一部，自信陽北上；晉南敵軍亦派兵一部，自垣曲渡河，分別助攻。

我第一戰區副司令長官湯恩伯指揮四個集團軍當敵主攻，避開鐵路正面，從旁側擊。敵人於打通平漢路後，復向西圍攻洛陽。第一戰區司令長官蔣鼎文命劉戡兵團在龍門宜陽間拒止敵人，湯恩伯部主力亦調至龍門附近，協同反攻，以解洛陽之圍。

同時，第八戰區（胡宗南代）派遣兩個軍，東出閿鄉，迎擊垣曲渡河之敵。五戰區部隊則自豫南挺進，一度遮斷平漢路交通，未幾復被迫退出鐵路線。

河南戰場地形平坦，特別適於戰車及騎兵活動，我軍損失頗大。五月二十五日，洛陽失守。六月二日起，我一、八兩戰區部隊全面反攻，克復若干要點。敵復集結有力部隊，在戰車前導下，繼續西進，六月十日陷靈寶，十一日陷閿鄉。然自是之後，敵人攻勢衰退，至六月中旬會戰結束時，我第八戰區部隊收復閿鄉、虢略鎮、靈寶，與洛寧、陝縣之敵對峙。第一戰區部隊亦恢復舞陽、葉縣、魯山之線，與敵對峙。

長衡會戰 敵軍既已打通平漢線，遂由其華中軍作接力賽，開始發動長衡會戰，是為日軍「打通大陸交通」的第二階段作戰，由其十一軍司令官橫山勇指揮。

三十三年四、五月間，敵軍分自關東、華北及濱海地區，增兵華中，共集中八個師團及幾個獨立旅團，總兵力約十七萬人，於五月杪開始，進攻長沙。敵軍主力作二線部署，自岳州南下，渡過新牆、汨羅、撈刀三河，直取長沙。助攻部隊分為數路，一由洞庭湖西岸趨寧鄉；一經通城、平江、永安市，然後與主力會攻長沙；一經通城、長春街、東門市（瀏陽東方）出萍鄉、蓮花。

我九戰區（薛岳）各部隊分頭抵抗，皆不利。六月十九日，長沙失陷。

敵軍繼續南進，九戰區以歐震兵團在正面遲滯敵軍主力，並得四、七兩戰區的一部援兵，準備在衡陽附近地區，與敵人決戰。九戰區所有其餘部隊，皆已避開正面，轉從敵軍進路的兩側，攻擊敵人的側方及後方。

六月二十三日，敵先頭部隊開始包圍衡陽。我軍自外圍四面反攻，企圖解衡陽之圍，皆失敗。第十軍方先覺部四個師守衡陽，苦戰四十八日，迭使敵軍受創，終因傷亡殆盡，外援不至而不守。八月八日，衡陽失陷。

在長衡會戰中，戰鬪最激烈之處是長沙、衡陽的城市攻防，敵我雙方皆蒙受了很大的損失。據日人紀錄，衡陽攻城戰，日軍損失至重。日軍先後使用了五個師團，以攻擊方先覺部的四個師，作戰四十八日，爲中日八年戰爭中，最慘烈的一次城市攻防戰。日軍傷亡一九、三八〇人，內含軍官九一〇人。高級軍官有六八師團長佐久間中將受傷，五七旅團長吉摩源吉少將陣亡，聯隊長傷亡多人。

桂柳會戰　敵人佔領衡陽後，繼續執行其原定計畫，進圖桂林、柳州。九月上旬，敵新設第六方面軍，統一華中、華南之作戰，以岡村寧次爲司令官，轄十一軍、二十三軍、三十四軍。旋又自東北調來第二十軍，亦歸入第六方面軍序列。

岡村寧次以十一軍的五個師團，約十萬人，沿湘桂鐵路前進。廣東的二十三軍，以主力循珠江兩岸西進，以梧州爲攻擊目標；一部自雷州半島進攻容縣，策應梧州作戰。

我第四戰區（張發奎）原有部隊，只有十六集團軍（夏威）所屬的兩個軍。新自九戰區調來的兩個集團軍，及七戰區調來的一個集團軍，大都是參加過長衡會戰的部隊，殘破不堪，且多不能適時到達。

敵軍先頭部隊於九月八日佔領湘桂路上的黃沙河及全縣，掩護其主力集中。十一月十一日，敵十一軍主力五個師團大舉進攻，二十八日圍桂林，兼取平樂、陽朔。其二十三軍旣取梧州，復向柳州前進。

十一月十日，桂林失陷。十一日，柳州失陷。

敵軍既佔柳州，復分兵兩路，一部略取南寧等處，於十一月二十二佔領南寧。一部沿黔桂路追擊，十一月十五日陷宜山，二十一日陷河池，二十八日陷南丹，十二月五日陷獨山。

於是，貴陽告急，重慶震動。統帥部急調湯恩伯部至貴陽，又命六戰區分遣兩個軍，自湘西入黔。十一月初，湯部先頭一六九師至都勻，敵軍遂開始退卻。我軍向敵追擊，十二月十二日克復南丹，十三日克復車河。繼續反攻河池，不克，遂相對峙。

至是，自東北至越南的大陸交通線，已被敵軍全部打通。

湘粵贛邊區之作戰 此時，我九戰區長官部移駐湘贛邊區的汝城，四、九兩戰區部隊，共同控制着一段粵漢路，北起郴州，南至英德。

三十四年一月下旬，敵軍復發動攻勢，打通粵漢路，並掃蕩湘粵贛邊區。其六十八師團自耒陽南下，一〇四師團自清遠附近北上，奪取曲江，與六十八師團會師。我軍向郴州、良田、宜章、坪石等處反攻，與敵人一再發生爭奪戰，幾經得失，最後敵軍終於打通了粵漢鐵路。

接着，湘東之敵自茶陵出蓮花、遂川，粵北之敵自曲江出南雄、大庾，南北夾攻，會師贛縣。二月六日，贛縣失陷。

又在一月間，敵人在粵東沿海一帶，也發動局部攻勢。潮陽之敵西進，增城之敵東進，另一部陸戰隊，則在海豐登陸。至一月二十日，濱海各要鎮如陸豐、海豐、惠陽、博羅等，全部失陷。

青年從軍與反攻準備　三十三年與三十四年之交，敵我雙方及盟軍方面，都有許多大事，玆依時間次序，擇要一述：

(甲)我國

三十三年十月，爲改善兵役制度，成立兵役部⑮，以鹿鍾麟爲部長。

同月，號召十萬知識青年從軍，除分發駐印軍外，復編成青年軍九個師。

十一月一日，魏德邁將軍到中國，就任中國戰區參謀長。

同月，軍政部改組，以陳誠爲部長。

三十四年一月，戰時運輸管理局成立，以俞飛鵬爲局長。

同月，後方勤務部改組爲後勤總司令部，隸屬於軍政部。

同月二十八日，畹町舉行中印通車典禮。

二月九日，陸軍總司令部成立於昆明，以何應欽爲總司令。同時編成四個方面軍，司令官依次爲盧漢、張發奎、湯恩伯、王耀武。方面軍是反攻部隊，所屬各軍除原在雲南者早已獲得新裝備外，其餘被選定爲美械裝備者，則在湘黔桂各地接受裝備，並由美軍派員分駐各軍連絡，並負責訓練。

三月十日，中印油管工程完成。

(乙)敵僞方面

三十三年十一月十日，汪兆銘死於日本。

同月二十二日，岡村寧次繼畑俊六爲中國派遣軍總司令。

三十四年一月十日，日本小磯首相召開非常會議，討論結束戰爭方案。

(丙) 盟軍方面

三十三年（一九四四）六月四日，美英聯軍攻下羅馬。

八月二十五日，美英法聯軍收復巴黎。

九月十一日，美軍進入德境。

十月二十日，麥克阿瑟登陸菲律賓。

同月二十四至二十七，菲律賓海戰，日本海軍大敗。自是，日本艦隊實力已失，不復成軍。

同月二十四日，由基地起飛的美國空中堡壘，第一次轟炸東京。自是之後，對日本本土的戰略轟炸，與日俱增。

三十四年（一九四五）一月十七日，俄軍攻下華沙。

一月二十日，羅斯福就任第四屆總統。

二月十九日，美國陸戰隊進攻琉璜島。至三月十六日，該島日軍終止抵抗。

二月二十三日，美軍解放馬尼拉。

四月一日，美軍進攻沖繩島。

四月十二日，羅斯福總統病故，杜魯門繼任美國總統。

五月二日，俄軍佔領柏林。五月三日，英軍收復仰光。

五月七日，德國無條件投降。

豫西、鄂北會戰　敵軍鑒於中美空軍的日益活躍，中印公路通車，我反攻準備着着進步，乃分別在豫西、鄂北及湘西等處發動攻勢，以摧破我軍的反攻準備，並破壞重要機場。現在先說豫西、鄂北會戰。

鄂北方面的攻勢，於三十四年三月二十一日開始，敵軍兵力約二師團，發自荆門，分兩路北進。一路自襄河西岸地區向北攻擊，一路經鹽池廟、南漳前進，然後二路會攻襄陽。二十九日，襄陽失陷。同日，我軍反攻，克復南漳。敵分兵一部回攻南漳，主力續向北前進，三十日陷樊城；四月四日再陷南漳。敵又分兵一部，自襄陽進攻穀城，被我軍擊退。

我五戰區（劉峙）繼穀城之捷，乘勝全面反攻，敵軍遂開始退卻。我軍於四月十日再克南漳，十六日克襄陽，十八日克樊城。

豫西方面，敵軍步兵二師團半，戰車一師團，騎兵一旅團，亦於三月二十一日開始，分自沙河、舞陽、葉縣西進，三路會師南陽。二十五日，敵軍到達南陽，以一部監視此城，主力分南北二路，繼續西進。二十六日拂曉，南路的敵人快速部隊進至老河口、光化附近。北路敵軍亦於同日進抵內鄉附近，續向西峽口、重陽店等處攻擊。二十八日，另一股敵軍進攻文曲集、李官橋。

同時，洛寧附近之敵，亦向長水鎮攻擊。

我第五（劉峙）第一（胡宗南）兩戰區部隊協力反攻，至月底，失地一一克復。

湘西會戰　湘西會戰爲敵軍在中國戰場的最後一次攻勢，也是與中國新裝備部隊第一次交鋒[16]。

敵軍使用約六個師團的兵力，主力於四月十一日開始，自邵陽發起，分四路向洪江附近前進，其最後攻擊目標是芷江機場。我第四方面軍（王耀武）逐次遲滯敵人，最後在洞口附近與敵決戰。

另一部敵軍由湘桂路經新寧、武陽，向瓦屋塘迂廻前進，策應其主攻，並掩護其左側翼。我第三方面軍（湯恩伯）之九十四軍，自貴州出靖縣、綏寧，攻擊敵人側背，先頭第五師於五月一日克復武陽，敵軍以一個旅團反攻，激戰五晝夜，敵軍全旅潰敗。於是，敵軍左側暴露。我九十四軍主力部隊於五月六日到達武陽，立即開始追擊。

同時，十八軍自常德附近南下，歸第四方面軍指揮，向邵陽東北地區急進，自北方攻擊敵軍的側後方，與南方的九十四軍，形成雙鉗攻勢。陸軍總司令部復以駐印軍的新六軍（十四師、新二十二師），空運至芷江，為總預備隊。

洞口附近的敵軍主力部隊，屢攻失敗，且受中美空軍猛烈轟炸，傷亡重大。及其側後方已受威脅，遂開始全面退卻。五月八日，我第四方面軍全線轉移攻勢，復由攻勢轉為追擊。敵軍退卻途中，處處遭受我軍截擊，損失甚大。

反攻桂柳　敵自湘西會戰失敗，見我軍獲得新裝備後，戰鬭力大增，自知無力控制廣大地區，決心縮短戰線，放棄次要據點，集中兵力，以應付我軍反攻。

我統帥部於湘西會戰之前，即已策定收復桂柳及反攻廣州計畫，湘西會戰後立即付諸實施。先以收復桂柳為目標，命第二方面軍（張發奎）以一部出都陽山脈，收復南寧；第三方面軍（湯恩伯）以一部沿柳宜路反攻柳州，主力自湘桂邊區，攻略桂林。

第二方面軍於五月二十七日克復南寧，以一部向龍州，主力向柳州，分途追擊。一五六師於七月三日克復龍州，殘敵退入越南。

第三方面軍之二十九軍，於五月十九日克河池，六月六日一度克復宜山，敵人增兵反攻，得而復失。六月十四日，再克宜山，遂向柳州前進，與第二方面軍協力，進攻柳州。

六月二十九日，第二方面軍之四十六軍首先克復柳州。接着，即與第三方面軍之二十九軍，沿桂柳路齊頭併進。七月七日，我軍克復雒容，二十五日攻克永福、陽朔，兩部直逼桂林城郊。

同時，第四方面軍（王耀武）亦向邵陽、衡陽之敵攻擊，以策應桂林反攻。

第三方面軍主力進攻桂林，以二十六軍截斷桂林北方的湘桂路要點，阻敵增援及退路；九十四軍則自義寧逕攻桂林。在桂林外圍激戰數日，於七月二十八日克復桂林。

桂林之敵向全州逃走，第三方面軍命二十集團軍總司令李玉堂，指揮二十、二十六兩軍，向全州追擊，並以九十四軍的第五師爲預備隊。此時全州黃沙河河水暴漲，冲毀橋樑，敵軍車輛不得渡，爲爭取時間，完成架橋作業，乃向我追擊隊大舉反攻，旋被我第五師擊退。此爲抗日戰役的最後一次作戰，時在日本宣佈投降之後數日了。

桂柳反攻期間，各戰區亦同時轉取攻勢，直至日本宣佈投降爲止。較大的收穫，是在五月間收復福州。

第六節　日本投降

日本面臨崩潰　三十四年（一九四五）五月九日，德國無條件投降，歐洲戰爭結束，英美即將全力進攻日本，蘇俄亦自歐洲抽調軍隊，向西伯利亞輸送。美軍自四月一日起，開始攻擊沖繩島。美國空軍對日本本土的轟炸，與日俱增，七月份，對日本各大城市，一共投下四萬噸炸彈。日本艦隊已經消滅，英美聯合艦隊於七月十四日開到東京灣口，砲擊野馬畸，戰火已經燒到日本本土了。

在美國空軍戰略轟炸之下，日本的工業生產，亦已瀕臨窒息狀態。據日本政府統計，投降前夕，日本工業因空襲而損失的生產能力如下：

生產機械，百分之六十七。

工作機械，百分之六十五。

精密機械，百分之六十五。

電氣機械，百分之三十七。

鑄鋼業，百分之四十。

財政經濟尤爲嚴重，昭和十九年（一九四四，民國三十三年）國民所得爲七六八（一說八〇九）億日圓，財政支出則爲一、五八二（一說一六二五）億日圓，竟比國民所得大一倍。而在昭和二十年（一九四五），卽日本投降那年，這種逆差仍在繼續增大中。

銀行紙幣流通額的增加率，以昭和十四年（一九三九，民國二十八年）爲一百，昭和十九年末爲三七〇，昭和二十年七月末（投降前二週）爲五九二。

國內物價指數以昭和十二年（一九三七，民國二十六年）爲一百，投降前夕公定價（零售）爲一八四，黑市價爲三七七。

日本自知失敗業已註定，德國投降後，儘管鈴木內閣還聲明繼續作戰，暗中卻已請求蘇聯調停。然蘇聯別有居心，不但不把日本求和之意轉達英美，反而迅速增加其遠東兵力，等待機會，渾水摸魚。

七月十七日，杜魯門、邱吉爾與史太林三巨頭，在柏林附近的波茨坦（Potsdam）舉行會議，商討結束歐戰問題。會議前夕，（七月十六日）美國新墨西哥州原子彈試爆成功，杜邱接獲報告，即決定使用這種新武器，以縮短對日戰爭，並減輕蘇俄參戰的重要性。但在使用這種秘密武器之前，須先向日本提出警告。

英美二國徵得中國同意後，於七月二十六日，用中英美三國首長名義，發表波茨坦宣言⑰。這篇宣言是勸降文告，提出日本投降的基本條件：（1）永久剷除妄欲征服世界的勢力；（2）盟軍佔領日本；（3）限定日本領土；（4）日軍解除武裝；（5）懲罰戰犯及建立民主自由的政治。波茨坦宣言是日本投降及盟軍佔領日本改造日本的基本文件，不可不將其全文錄出。

波茨坦宣言

一、余等美國總統，中國國民政府主席，及英國首相，代表余等億萬國民，業經會商及同意，對日本應予以一機會，以結束此次戰爭。

二、美國英帝國及中國之龐大陸海空部隊，業已增強多倍，其由西方調來之軍隊及空軍，即將予日本以最後之打擊。此項武力，受所有聯合國之支持及鼓勵，對日作戰，不至其停止抵抗不止。

三、德國無效果及無意識抵抗全世界所有之自由人之力量，所得之結果，彰彰在前，可爲日本人民之殷鑒。此種力量，當其對付抵抗之納粹時，不得不將德國人民全體之土地工業及其生活方式摧殘殆盡。但現在集中對付日本之力量，則較之更爲廣大，不可衡量。吾等之軍力，加以吾人堅決之意志爲後盾，若予以全部實施，必將使日本軍隊完全毀滅，無可逃避。而日本之本土，亦必將全部摧毀。

四、現在業已到來，日本必須決定是否仍將繼續受其一意孤行，計算錯誤，使日本帝國已陷於完全毀滅之境之軍人統制，抑或走向理智之路。

五、以下爲吾人之條件，吾人決不更改，亦無其他另一方式；猶豫遲疑，更爲吾人所不容許。

六、欺騙及錯誤領導日本人民，使其妄欲征服世界者之威權及勢力，必須永久剷除。蓋吾人堅持，非將負責之窮兵黷武主義驅出世界，則和平安全及正義新秩序，勢不可能。

七、直至新秩序成立時，及直至日本製造戰爭之力量業已毀滅，有確實可信之證據時，日本領土經盟國之指定，必須佔領，俾吾人在此陳述之基本目的，得以完成。

八、開羅宣言之條件，必將實施；而日本之主權，必將限於本州、北海道、九州、四國，及吾人所決定之其他小島之內。

九、日本軍隊在完全解除武裝之後，將被允許返其家鄉，得有和平及生產生活之機會。

十、吾人無意奴役日本民族，或消滅其國家；但對於戰罪人犯，包括虐待吾人俘虜者在內，將施以法律之制裁。日本政府必須將阻止日本人民民主趨勢之復興及增強之所有障礙，予以消除。言論宗教及思想自由，以及對於基本人權之重視，必須成立。

十一、日本將被許維持其經濟所必需及可以償付貨物賠款之工業；但可以使其重新武裝作戰之工業不在其內。爲此目的，可准其獲得原料，以別於統制原料。日本最後參加國際貿易關係，當可准許。

十二、上述目的達到，及依據日本人民自由表示之意志，成立一傾向和平及負責之政府後，同盟國佔領軍隊當卽撤退。

十三、吾人警告日本政府，立卽宣佈所有日本武裝部隊無條件投降，並對此種行動有意實行，予以適當之各項保證；除此一途，日本卽將迅速完全毀滅。

原子彈投下廣島、長崎　波茨坦宣言發表後，日本首相鈴木貫太郎仍故作鎮靜，向記者發表談話，謂波茨坦宣言不値得日本重視。自然，鈴木是違心之論，他已經秘密電令駐俄日使佐藤，再請蘇聯出面調停。

美國總統杜魯門見鈴木談話，依然態度強硬，毫無接受波茨坦宣言之意，遂決心使用秘密新武器。八月六日，第一顆原子彈投下廣島，炸死五萬餘人，傷者十餘萬，四平方英哩的建築物，夷爲平地。日本舉國惶恐，全世界亦爲之震動。

蘇聯知日本卽將投降；於廣島原子彈爆炸後三日（八月八日）對日宣戰，出兵進入我國東北，以遂其趁火打刼的企圖。

八月九日，第二顆原子彈投落於長崎。

日本投降　九日夜，鈴木請日皇召開御前會議，日皇同意投降。八月十日下午，日本請瑞典轉達其投降書於同盟國，表示接受波茨坦宣言，只要求保留天皇爲元首。十一日，美國代表中英蘇四國提出覆文，承認天皇爲日本元首。

八月十四日，日本宣佈投降。

八月十五日，蔣委員長以中國戰區最高統帥名義，電令駐華日軍最高指揮官岡村寧次大將，指示在華日軍投降原則，並指派中國陸軍總司令何應欽一級上將，代表中國戰區最高統帥，接受日軍投降。

九月三日，日本投降代表重光葵、梅津美治郎，在東京灣美艦「米蘇里」(Missouri) 號艦上，正式向盟軍投降。盟國受降代表爲聯合國最高統帥麥克阿瑟上將，中國受降代表爲徐永昌上將。

中國受降　九月九日上午九時，中國戰區受降儀式在南京中央軍校大禮堂舉行，何應欽上將代表蔣委員長受降，岡村寧次代表日軍投降。降書原文爲下：⑱

降書

一、日本帝國政府及日本帝國大本營已向聯合國最高統帥無條件投降。

二、聯合國最高統帥部第一號命令規定「在中華民國（東三省除外）臺灣與越南北緯十六度以北地區內之日本全部陸海空軍與輔助部隊應向蔣委員長投降」。

三、吾等在上述區域內之全部日本陸海空軍及輔助部隊之將領，願率領所屬部隊向蔣委員長無條件投降。

四、本官當卽命令所有上第二款所述區域內之全部日本海陸空軍各級指揮官及其所屬部隊與所控制之部隊，向蔣委員長特派受降代表中國戰區中國陸軍總司令何應欽上將及何應欽上將指定之各地區受降主官投降。

五、投降之全部日本陸海空軍立卽停止敵對行動，暫留原地待命，所有武器彈藥裝具器材補給品情報資料地圖文獻檔案及其他一切資產等，當暫時保管。所有航空器及飛行場一切設備，艦艇船舶車輛碼頭工廠倉庫及一切建築物，以及現在上第二款所述地區內日本陸海空軍或其控制之部隊所有或所控制之軍用或民用財產，亦均保持完整，全部待繳於蔣委員長及其代表何應欽上將所指定之部隊及政府機關代表接收。

六、上第二款所述區域內日本陸海空軍所俘聯合國戰俘及拘留之人民，立予釋放，並保護送至指定地點。

七、自此以後所有第二款所述區域內之日本陸海空軍當卽服從蔣委員長之節制，並接受蔣委員長及其代表何應欽上將所頒發之命令。

八、本官對本降書所列各款及蔣委員長與其代表何應欽上將以後對投降日軍所頒發之命令，當立卽對各級軍官及士兵轉達遵照。上第二款所述地區之所有日本軍官佐士兵，均須負有完全履行此類命令之責。

九、投降之日本陸海空軍中任何人員，對於本降書所列各款及蔣委員長與其代表何應欽上將嗣後所授之命令，倘有未能履行或遲延情事，各級負責官長及違犯命令者願受懲罰。

奉日本帝國政府及日本帝國大本營命簽字人中國派遣軍總司令官陸軍大將岡村寧次（簽名蓋印）

昭和二十年（公曆一九四五年）九月九日午前九時　分，簽字於中華民國南京

代表中華民國、美利堅合衆國、大不列顛聯合王國、蘇維埃社會主義共和國聯邦、並爲對日本作戰之其他聯合國之利益，接受本降書於中華民國三十四年（公曆一九四五年）九月九日午前九時　分，在中華民國南京

中國戰區最高統帥特級上將蔣中正特派代表中國陸軍總司令一級上將何應欽（簽名蓋印）

臺灣光復　中國戰區分爲十六個受降區，十四個受降區在國內者，不必一一敍述，這裏只將越南、臺灣兩受降區的事，略爲記述如下：

越南北緯十六度以北地區：

日軍投降部隊有陸軍二十一師、二十二師之一部、及獨立第三十四旅等。

日軍投降代表爲土橋勇逸。

我受降官爲第一方面軍總司令盧漢。

受降地點：河內。

臺澎受降區：

日軍投降部隊有六個師團及六個獨立旅團等。

日軍投降代表為安藤利吉。

我受降官為臺灣省主席陳儀。

受降時間與地點：三十四年十月二十五日於臺北。

淪陷五十年的臺灣，至是光復，重歸祖國，劃為臺灣省。並定十月二十五日為臺灣光復節，每年是日舉行盛大慶祝。

繳械與遣俘　自三十四年九月十一日開始，至十月中旬止，日軍大部皆已遵命繳械完畢，集中待遣；惟蘇北、魯東、華北因共匪阻撓，遲至三十五年二月，始繳械完畢。日軍交出的武器裝備如下：

主要步兵武器

步騎槍	六八五、八九七枝
手槍	六〇、三七五枝
輕重機槍	二九、八二二挺
火砲	一二、四四六門

主要車輛

戰車	三八三輛
裝甲車	一五一輛
卡車	一五、七八五輛
馬騾	七四、一五九匹

飛機

可用者	二九一架
待修者	六二二架
不堪用者	一五一架
共	一、〇六八架

艦艇

軍艦	二六艘（只有三艘可出海，餘皆小艦）
魚雷快艇	六艘
小型潛艇	三艘
小砲艇	二〇〇艘
共計	五四、六〇〇噸

中國戰區的日俘、日僑總數爲二、〇二〇、三四五人，內分日俘一、二四〇、四七一人，日僑七七九、八七四人（此外還有韓國戰俘及僑民六五、四二三人）分別集中於沿海各重要城市，自三十四年十月開始遣送，至三十五年七月遣送完畢。

這次大戰，中日兩蒙其害，雙方損失之大，無可衡量。兩國政府公佈的有形損失如下：

日本的戰爭損失

軍民死傷及失踪

平民死亡 二九九、〇〇〇人

平民受傷及失蹤者 三六七、〇〇〇人

軍人死亡 一、五五五、〇〇〇人

軍人受傷及失蹤 三九九、〇〇〇人

因戰災或強制疏散而破家者 三、一〇〇、〇〇〇戶

一五、〇〇〇、〇〇〇人

艦船損失

海軍艦艇 六八二艘

一、九〇〇、〇〇〇噸

商船 二、三〇〇艘以上

八、六〇〇、〇〇〇噸

合計 三、〇〇〇艘以上

一〇、五〇〇、〇〇〇噸

總值一八〇億日圓

飛機損失 六五、八〇〇架

國有資產損失 依昭和二十四年（一九四九年）日本法定價格計算，爲四萬二千四百四十六億日

圓，佔戰爭結束時日本全國資產的百分之二十六。

中國的戰爭損失

陸軍官兵	
陣亡	一、三一九、九五八人
負傷	一、七六一、三三五人
失踪	一三〇、一二六人
病患	九三七、五五九人
空軍官兵	
陣亡	四、三二一人
負傷	三四七人
飛機損失	二、四六八架
平民及公教人員	
死傷	二〇、〇〇〇、〇〇〇人
流離失所者	一〇〇、〇〇〇、〇〇〇人

關於我國資產的損失，因戰後共匪作亂，未能進行調查統計。在抗戰六週年(三十二年七月六日)時，依韓啓桐的估計，我國所受戰爭損失，包含軍民傷亡，財產損毀，資源損失，約爲戰前國幣四四、九六七、五七一、〇〇〇元，或一三、二五九、〇〇〇、〇〇〇美元。中國人民平均負擔，約爲

每人國幣九四元，或美金二八元。（轉引自黃大受的中國現代史綱）若加上最後二年多的損失，這個數字可能還要加上一倍。

歷史性談話 日本投降之初，蔣委員長的廣播詞及何應欽上將的談話，將爲中日關係史上永垂不朽的歷史文獻。

蔣委員長係在三十四年八月十四日，日本正式宣佈投降後，對全國軍民及全世界人士的廣播，此處只引述其中關於我們對日態度的一段原文：

我們中國同胞須知「不念舊惡」及「與人爲善」，爲我民族傳統至高至貴的德性。我們一貫聲言，只認日本黷武的軍閥爲敵，不以日本的人民爲敵。今天，敵軍已被我們盟邦共同打倒了，我們當然要嚴密責成他忠實執行所有的投降條款；但我們並不要報復，更不可對敵國無辜人民加以汚辱。我們只有對他們爲他的納粹軍閥所愚弄、所驅迫而表示憐憫，使他們能自拔於罪惡。要知道，如果以暴行答覆敵人從前的暴行，以奴辱來答覆從前錯誤的優越感，則寃寃相報，永無終止，決不是我們仁義之師的目的。

南京受降的翌日，何應欽上將召見岡村寧次時，發表如下一段談話：

此次代表日本政府及日本大本營簽署降書的岡村寧次大將，即民國二十一年五月五日在上海簽訂「淞滬停戰協定」的日方代表，亦即二十二年長城戰役後，於五月三十一日簽訂「塘沽停戰協定」的日方代表，當二十二年至二十四年間，應欽任軍事委員會北平分會代理委員長之際，日人正在企圖策動所謂華北特殊化，對我方極盡壓迫之能事。其時，梅津美治郎爲華北駐屯軍司令官，岡村任關東軍參謀副長，均爲策畫主持之人。不意十二年後，日本終因無止境的侵略，自食其敗亡之果。而岡村大將則以昔年侵略之代表，一變而爲正式代表日本國家向我投降之降將；梅津大將則爲日本向我中英美蘇等聯合國投降之代表，亦足證強權之不足恃，而公理終必伸張。

民國四十五年（昭和三十一年），日本「文藝春秋」四月號，刊載一篇何應欽—岡村談片，茲摘錄如下（轉引自傅啓學的中國外交史）：

岡村：其次，使我不能忘懷的，是你的寬容敦厚。本來預先排定，我們進場的時候，應向全體敬禮，何先生不必還禮。可是，最後我在投降文件上蓋章，而由林參謀總長呈獻你的時候，你卻站起來給他囘禮。後來外國顧問團有沒有抗議？

何：是的，他們略有提到。

岡村：我看到這種情況，大受感動，西洋的道德觀念和我們究竟有些不同，何應欽先生的人品丰度，實在使我佩服。

何：那裏，彼此彼此。

岡村：還有一件事，應該向你深深感謝，就是我們打了敗仗，却沒有一個人變成俘虜，就是你的鼎助所賜。照國際的慣例，戰敗的軍隊應該繳械，分別拘集軍官與士兵，並分開受戰俘待遇。……但是，我們所受的稱呼，不是俘虜，而是「徒手官兵」，就是說沒有武裝的軍人。在簽字投降次日，九月十日清晨你召我去……你曾把中國的派令遞交給我，把日本全軍及僑民遣回事務委任我來辦理。那張派令是怎樣寫的？

何：中國戰區日本官兵善後連絡部長官。

岡村：是的，是的，是採用這樣軍隊式的派令，承認我的指揮權，這樣數達二百幾十萬的日人，因此才獲得順利地遣回。

何：那個派令，會使你正正堂堂的發佈命令。

岡村：我想這樣破例的辦法，一定是何應欽先生提案的。我後來聽說，當時有美軍顧問團在中國，問題並不簡單；但你却考慮到日本國民性，認爲讓他們自己維持秩序，保有組織，較爲妥當，由於你有這種意見，才決定了這種辦法。其次，中國會准許我們各人可以帶回行李三十公斤，這一點在日本雖然很少提起，但實際到過中國戰線的人，都非常感謝你們。

何：那裏，那裏。日本受轟炸的情形，我們很明白，並且我看過了由飛機上攝下來的照片，所以當時我想，如果日本軍民不帶他們的行李回去，他們回到日本可能什麼東西都沒有。數達二百萬的僑民及官兵回到日本，如果身無一物，他們必定很窮很苦，且要埋怨我們。一如岡村先生所說的，中國與日本的戰爭到這裏已經結束，今後是兄弟之邦，所以應該盡量促成和睦的關係。

兩張照片，値得深思 最後，作者選刊兩張照片於本書篇末，一爲甲午戰爭時，威海衛陷落後，北洋艦隊代表向日軍投降的照片；一爲五十年後，中華民國三十四年九月九日，何應欽上將代表中國戰區統帥，在南京中央軍校大禮堂，接受二百萬在華日軍的投降。

清北洋艦隊代表向日本軍司令官投降

何應欽將軍南京受降照片

這兩張照片排在一起，說明了五十五年間中日不愉快關係的前因後果，很值得中日兩國人士深思。但願這是最後一戰，中日二大民族永遠不再兵戎相見。

①本章主要參考書籍：李守孔「中國現代史」、黃大受「中國現代史綱」、張其昀「中華民國史綱」、傅啓學「中國外交史」、梁敬錞「九一八事變史述」、董顯光「蔣總統傳」、何應欽「八年抗戰之經過」、國防部史政局「中日戰爭史略」及「抗日戰役大事記要」、陸軍大學講義「抗日戰史」、魏汝霖等「抗日戰史」、陳水逢「日本文明開化史略」、余又蓀「日本史」、甘友蘭「日本通史」、坂本太郎「增訂日本史概說」、幣原重三郎「外交五十年」、重光葵「日本之動亂」（徐義宗、邵友保合譯）、岩淵辰雄「日本軍閥禍國史」（雲明譯）、實踐學社編「日本在中國方面之作戰紀錄」、服部卓四郎「大東亞戰史」（國防計畫局譯）、島田彥俊「滿洲事變」（大日本戰史第八卷）、藤本弘道「支那事變」（同上）、杉本和郎「大東亞戰爭總論」（同上）、岩田岩二「大東亞戰爭海戰史」（同上）、李則芬譯「歷代戰爭」第三冊及「美國軍事沿革史」第四冊、Winston S. Churchill: The Second World War, J. K. Fairbank: The United States and China, U. S. Army: Stilwell's Mission to China, Henry L. Stimson: The Far East Crisis, Recallections and Observations, General Stilwell: Stilwell Papers, General A. C. Wedemeyer: Wedemeyers Reports, Francis T. Miller: War in Korea and The Complete History of world war II 等。

②日本法西斯分子，有許多實行暗殺暴動的秘密團體，最著名的是「血盟團」、「櫻會」等。一九三二年五月十五日，他們發動大規模暗殺，欲殺盡各政黨領袖、元老及財閥，其計畫沒有完全實現，只有犬養毅首相被刺殞命。

③李頓調查團報告書很長，且沒有發生作用，本書不便詳述。讀者如須參考，除直接閱讀該報告書外，參考書最詳的有梁敬錞的「九一八事變史述」，簡略的可查各家外交史。

④日軍於十一時十分開始攻擊，其公文於十一時二十五分送到市政府時，雙方軍隊已經開始戰鬪了。

⑤國軍部隊爲十九路軍之六十、六十一、七十八，第五軍之八十七、八十八等五個師，總兵力不滿五萬人。日軍不但裝備優良，且有艦隊砲火支援。

⑥華北五省爲冀、魯、晉、察、綏，分屬三長官，冀察屬宋哲元，晉綏屬閻錫山，山東屬韓復榘。

⑦據岩淵辰雄著「日本軍閥禍國史」說：「這件事，是東條英機所計畫，採取蒙古自治之形式，由他的心腹田中龍吉率僞裝義勇軍而開始行動，但因遭遇到傅作義部的反擊，而終於失敗。在此次事件中，被驅使的日軍將校和士兵，以及其中的陣亡者，皆被戴上蒙古人的帽子，不但不發表其姓名，連他們遺族的恤金，都不發給。」

⑧日本大本營條例，初在明治二十六年（一八九三）制定，翌年即有甲午中日戰爭。其次於明治三十六年（一九〇三）修正，翌年即有日俄戰爭。這是第三次制度。第二次與第一次主要不同之處是，海軍軍令部長第一次隸屬陸軍參謀總長，第二次改爲平行的二幕僚長。第三次與第二次的主要不同，是將成立大本營的前提條件加上「事變之際」，以適應對中國的不宣而戰之狀況。

⑨此數字係根據「八年抗戰之經過」。另據「首都敵人罪行調查委員會」宣佈，軍民被集體射殺者十九萬多人，零星屠殺，屍體經收埋者十五萬具。

⑩國際日線（Date Line）爲界，東西方相差一日，故珍珠港事變日期，我國和日本的紀錄是八日，英美的紀錄是七日。

⑪飛虎隊的正式名稱爲「美國志願大隊」（American Volunteer Group 簡稱 AVG）。

⑫這是美軍的一個步兵團，曾受過叢林地突擊的特殊訓練，名爲加拉哈德部隊（Galahad Force），我駐印軍簡稱之爲G部隊。其指揮官爲梅利魯准將（Brig. Gen. Frank D. Merrill），美方通稱爲梅利魯部隊。按其代名加拉哈德，係用英國古代最有名的圓桌武士之名。

⑬軍事雜誌三十六卷，連載過趙慶昇譯的「第二次大戰中，日軍之打通大陸作戰」，可以參考。

⑭基數是用於會戰中一天消耗的彈藥量之概定標準。抗戰期間，我國各軍師編制已不一律，實有人員裝備更爲懸殊，此爲大約的估計。

⑮兵役原由軍政部兵役司主辦，因弊端百出，故擴大爲部，以期改善兵役。

⑯此時參戰的美械裝備部隊如十八軍、七十四軍、九十四軍等，方開始換裝，只領到部分美械。駐印軍運回兩個師，則沒有趕上參戰，敵軍即已敗退。

⑰蘇俄對日宣戰後，史太林亦在波茨坦宣言補行簽字，成爲四國宣言。

⑱何應欽將軍的「八年抗戰之經過」，有降書照相版。

中華史地叢書

中日關係史

作　　者／李則芬　著
主　　編／劉郁君
美術編輯／中華書局編輯部

出 版 者／中華書局
發 行 人／張敏君
行銷經理／王新君
地　　址／11494 臺北市內湖區舊宗路二段181巷8號5樓
客服專線／02-8797-8396　　　傳　　真／02-8797-8909
網　　址／www.chunghwabook.com.tw
匯款帳號／兆豐國際商業銀行　東內湖分行
067-09-036932　中華書局股份有限公司

法律顧問／安侯法律事務所
印刷公司／維中科技有限公司　海瑞印刷品有限公司
出版日期／2015年3月三版
版本備註／據1982年10月二版復刻重製
定　　價／NTD 960

國家圖書館出版品預行編目（CIP）資料

中日關係史 / 李則芬著. — 三版. — 臺北市
: 中華書局, 2015.03
面 ; 公分. — (中華史地叢書)
ISBN 978-957-43-2403-3(平裝)

1.中日關係 2.外交史

643.1　　　104006392

NO.G0014
ISBN 978-957-43-2403-3（平裝）